Orbis

RUDOLF SPIETH

MENSCHENKENNTNIS IM ALLTAG

Körpersprache
Charakterdeutung
Testverfahren

ORBIS VERLAG

Zeichnungen: Hans Grohe und August Lüdecke

Sonderausgabe 1994 Orbis Verlag für Publizistik GmbH, München
Gesamtherstellung Graphischer Großbetrieb Pößneck GmbH

ISBN 3 572-00795-X

An den Leser

Menschenkenntnis – wer behauptet nicht, sie zu haben! Jedoch – wie wenige Menschen sind imstande, aus den Äußerungen des anderen, aus seinem Verhalten, seiner Gestalt, seinen Bewegungen und seinen Aussagen ein wahrhaftiges Bild seines Charakters zu schaffen! Die beliebten Tests in populären Zeitschriften haben die Leser verwöhnt; manche glauben, mit ein paar verzwickten Fragen die Seele eines Menschen »testen« zu können. Das kann nicht einmal der geschulte Psychologe. Immerhin hat die Wissenschaft Verfahren zur Menschenkenntnis entwickelt, deren Anwendung auch für den aufgeschlossenen und verantwortungsbewußten Laien in Frage kommt.
Verantwortung aber trägt, wer über den anderen ein Urteil zu fällen unternimmt! Um sich dieses Urteils sicher sein zu können, braucht man ein gehöriges Stück Erfahrung, ein solides Wissen und ein bißchen Naturbegabung. Ein Stück Wegs in der Richtung auf eine fundierte Menschenkenntnis versucht dieses Buch zu führen.
Ein Stück Wegs! Den Weg zur Erfahrung menschlicher Psyche bis zu Ende zu führen, das ist unmöglich. Der Mensch ist ein zu kompliziertes Wesen, als daß ein anderer ihn ganz begreifen könnte! Wir vermögen immer nur Versuchsbohrungen im harten und unzugänglichen Gestein der menschlichen Seele zu machen.
Zunächst aber müssen wir wissen, wie denn die menschliche Seele im allgemeinen geartet ist. Zu diesen Erkenntnissen verhilft uns der II. Teil dieses Buches, »Der Mensch im Lichte der Psychologie«, worin wir über die Vorstellungen der Psychologie von der Seele, vom Seelenleben, von der Schichtung der Seele und vom Charakter informiert werden. Eine etwas schwere Kost, mit der man aber, gut gesättigt, die anderen Etappen unserer Reise in die Geheimnisse der menschlichen Seele besser übersteht.
Teil III heißt »Typenkenntnis als Weg zur Menschenkenntnis«. Hier werden wir mit den bekanntesten und wichtigsten Typenlehren vertraut gemacht. Sie bilden ein wichtiges Mittel für den Menschenkenner, das, richtig angewandt, bereits zu konkreten Ergebnissen führt.
Die meisten Erkenntnisse wird der Laie aus dem Teil IV ziehen – der deshalb auch der ausführlichste des Buches ist: »Körperliche Äußerungen seelischer Vorgänge«. Alle Teile des Körpers werden untersucht, sofern man aus deren Gestalt, deren Haltung und Bewegung Schlüsse auf die psychischen Zustände ziehen kann. Aufschlußreich können auch Handform und Handlinien sowie die Handschrift sein. Versehen mit diesem Sachwissen kann der Leser sodann ans Testen gehen (Teil V, »Der Mensch auf der Waage«). Er wird allerdings erfahren, daß diese psychologische Methode ein sehr schwer zu handhabendes Instrument ist.
Wer dies alles nun weiß, sieht sich einer erneuten Schwierigkeit gegenüber, wenn er seinen Mitmenschen innerhalb der Gruppe, der Betriebsgemeinschaft, dem Verein, der Clique begegnet. Denn »Der Mensch im Plural«, wie der VI. Teil des Buches überschrieben ist, verhält sich anders als ein Mensch als Individuum. Also müssen wir uns auch mit der Sozialpsychologie befassen, der Wissenschaft über das psychische Verhalten in der Gruppe.

Die psychologische Wissenschaft kennt kein Forschungsgebiet »Menschenkenntnis«. Wo sie sich mit jenen Fragen beschäftigt, die den Menschenkenner interessieren, da begnügt sie sich nicht mit subjektiver Überzeugungsgewißheit, sondern trachtet danach, ihre Aussagen beweisbar zu machen. Dazu hat sie im Bereich der sogenannten »Psychologischen Diagnostik« und der »Charakterologie« objektiv nachprüfbare Methoden entwickelt, deren Anwendung tiefergehende Kenntnisse vom Aufbau der Psyche voraussetzen. Dem Leser dieses Buches bleibt es nicht erspart, sich auch mit schwierigen Ideen und Methoden der Psychologie zu befassen. Dieses Bemühen wird sich lohnen. Um die Grenzen seines Vermögens wissend, wird er das innerhalb der Grenzen Liegende um so besser beherrschen.

Sollte unser Leser aber mit jener undefinierbaren besonderen Gabe des geborenen Menschenkenners versehen sein, die wir Intuition nennen, so bringen ihn die Lehren dieses Buches besonders weit.

Die Herausgeber dieses Buches haben die Hoffnung, daß alles hier Niedergelegte beitragen wird zu besserer Menschenkenntnis, besserer Menschenbehandlung, besserem Miteinanderleben unter den Menschen.

Verfasser und Verlag

INHALTSVERZEICHNIS

Im Vorhof der Psychologie

Der Mensch im Lichte der Psychologie

Typenkenntnis als Weg zur Menschenkenntnis

Körperliche Äußerungen seelischer Vorgänge

Der Mensch auf der Waage

Der Mensch im Plural

IM VORHOF DER PSYCHOLOGIE

Mit der Menschenkenntnis hat es eine merkwürdige Bewandtnis. Man schätzt sie zwar sehr hoch, doch glaubt fast jeder, er besitze sie in genügendem Maße und brauche sich daher nicht viel Gedanken darum zu machen. Andererseits ist leicht festzustellen, daß dort, wo Menschenkenntnis am nötigsten wäre, am wenigsten von ihr zu bemerken ist. So in der Kindererziehung, im Schulunterricht, im täglichen Umgang mit dem Freund, dem Bekannten, dem Ehegatten, im Betrieb, im Straßenverkehr und an sonstigen »Brennpunkten« der Begegnung mit Menschen. Wie oft könnte dort ein Quentchen Menschenkenntnis dazu verhelfen, das Klima zu verbessern und Reibungen zu vermeiden! Aber nirgends wird Menschenkenntnis gelehrt, weil man sie für eine Sache des »gesunden Menschenverstandes« hält.

Wenn wir unsere Kinder erziehen und unterrichten, wenn wir unseren Kollegen oder Angestellten gegenübertreten, so tun wir dies – meist unbewußt – unter bestimmten Vorstellungen von deren Wesensart und Reaktionsweise; diese Vorstellungen aber bedürfen oft dringend einer Revision; denn vielfach sind diese veraltet – oder falsch. Erst wenn es mit dem andern gar »nicht mehr geht«, wenn sich erhebliche Schwierigkeiten im Umgang einstellen, wird man nachdenklich, zweifelt vielleicht sogar an seiner eigenen Menschenkenntnis und fragt den Psychologen. »Bitte rasch ein Rezept für ein sicher wirkendes Mittel gegen Hemmungen, Verstimmung der Ehefrau, Lernstörungen bei meinem Sohn!«

Kein Psychologe ist imstande, auf derartige Fragen eine eindeutige Antwort zu geben. Um so weniger kann der Laie solche Probleme in der Art eines Einmaleins lösen. Um sich selbst und andere besser zu verstehen, muß man nämlich nicht nur die allgemeinen Erscheinungen des Seelenlebens kennen, sondern auch etwas über die unterschiedlichen Ausprägungen bei den einzelnen Menschen wissen.

Was würde man über einen Arzt denken, der keinerlei medizinische Ausbildung besitzt und sich in seiner Praxis lediglich auf sein Gefühl beruft? Mehr steht vielen sogenannten »Menschenkennern« auch nicht zur Verfügung. Ihr Wissen vom Menschen entspricht bezüglich seines Umfangs allenfalls etwa dem des Arztes aus der Zeit, als es auf der Universität weder eine Anatomie noch einen Röntgenapparat gab. Heute gehört es zu den Selbstverständlichkeiten des Arztes, daß er über die Struktur und Dynamik des Körpers genauestens Bescheid weiß.

In der Menschenkenntnis verläßt man sich jedoch nach wie vor vielfach auf sein Gefühl oder seinen »persönlichen Eindruck«. Wenn die dabei gewonnenen Eindrücke kritisch überprüft werden, ist gegen dieses *intuitive* Verfahren nichts zu sagen. Auch der Fachpsychologe kann in der Diagnostik nicht auf die *Intuition* (lat. intuēri = genau hinsehen) verzichten. Das Wort wird meist im Sinne von »Einfühlung« oder »Einsicht« gebraucht. Man versteht darunter das unmittelbare Innewerden und schlagartige Erfassen von Sachverhalten und Zusammenhängen, in unserem Fall vom »Wesen« des andern.

Das intuitiv Erfaßte läßt sich zwar nicht immer klar präzisieren, ist aber stets mit der Überzeugung verbunden, »so und nicht anders ist die Sache«. Daß man sich beim rein intuitiven Vorgehen bisweilen auch sehr täuschen kann, läßt sich allerdings nicht verheimlichen.

Ihm gegenüber steht das *diskursive* oder begrifflich-logische Verfahren, das auf verstandesmäßigem Weg und durch planmäßiges Vorgehen zu seinen Erkenntnissen gelangt. Man begnügt sich dabei nicht mit dem subjektiven Gefühl der Gewißheit, sondern will wissen, warum und wieso man zu dieser und jener Auffassung gekommen ist. Vor allem aber gibt man sich dabei Rechenschaft über die benützte Methode, die kritisch überprüft wird.

Die Anwendung dieses Verfahrens setzt freilich mehr Fachwissen voraus, als dem Menschenkenner eigen ist. Die Psychologie hat sich heute zu einem derart umfangreichen Wissenschaftsgebiet entwickelt, das nur in einem längeren Studium durchdrungen werden kann. Es gibt jedoch eine ganze Reihe psychologischer Tatsachen und Erkenntnisse, die auch dem Menschenkenner zugänglich sind und ihn in seinem Urteil sicherer machen können. Mit diesen wollen wir uns beschäftigen. Zunächst aber fragen wir, was es mit dem »ersten Eindruck« auf sich hat.

Erste Erprobung unserer Menschenkenntnis

Das Zusammenleben mit anderen Menschen zwingt uns alle mehr oder weniger, uns mit deren Eigenarten vertraut zu machen. Wir tun dies zumeist ohne viel Überlegung, einfach aus dem unbewußten Bedürfnis heraus, uns dadurch den Umgang mit dem andern zu erleichtern, seinen Launen weniger ausgesetzt zu sein und vielleicht auch, um ihn besser beeinflussen zu können. Freilich gibt es auch Leute, die sich aus purer Neugier mit ihrem lieben Nächsten beschäftigen, die nicht genug – vor allem aus der Intimsphäre – in Erfahrung bringen können und dann auch noch ihre Kenntnisse jedem, der sie hören will – oder auch nicht, mitteilen. Eine derartige Schnüffelei hat mit psychologischer Menschenkenntnis wenig zu tun.

Kennt man seine Mitmenschen?

Infolge des unterschiedlichen Interesses, das wir für die Menschen unserer Umgebung bekunden, wechseln unsere Bemühungen, Kenntnisse über sie zu erwerben oder zu vertiefen. Bei unserem Ehepartner und unseren Kindern und vielleicht auch bei unserem Chef oder anderen uns wichtig erscheinenden Personen werden wir uns verständlicherweise mehr darum bemühen als bei Leuten, mit denen wir weniger zu tun haben. Bei unseren »Sehbekannten« beschränken sich unsere Kenntnisse ihrer Person – neben dem Eindruck, den wir von der äußeren Erscheinung empfangen – zumeist auf das beobachtbare Umgangsverhalten, aus dem wir unter Umständen jedoch weitgehende Schlüsse ziehen.

Der Beobachter und sein Objekt

Man weiß zwar nicht viel über die Einkommensverhältnisse der »Leute von nebenan«, sieht aber Frau und Kinder stets auffallend gekleidet daherkommen – und vermutet, daß die Leute doch über ihre Verhältnisse leben müßten, überhaupt recht eingebildet seien und einen undurchsichtigen Charakter hätten. Alle folgenden Beobachtungen werden dann nach diesen ersten Vermutungen weiter ausgedeutet. Nach dem Grund unserer schlechten Meinung befragt, wissen wir oft nicht viel Konkretes zu sagen und berufen uns auf unseren gefühlsmäßigen Eindruck, der uns, wie wir vermeinen, bisher schon recht gute Dienste geleistet habe. »Bei Deinem Freund Kaltmann, den Du für einen soliden und seriösen Mann hieltest, hatte ich immer schon das Gefühl, daß er es dick hinter den Ohren hat – und die Erfahrung hat mir recht gegeben«, hören wir da von unserer Frau. Die Wissenschaft spricht hier von intuitiven Eindrücken, die tatsächlich bisweilen zu erstaunlichen Erkenntnissen führen können.
Die Fehler der alltäglichen Menschenbeurteilung rühren nach der Ansicht des spanischen Philosophen ORTEGA Y GASSET daher, »daß der Mensch das Geheimnis seiner Binnenwelt für undurchdringlich hält und seinen Körper wie eine Vermummung benützt, um sein Inneres, sein wahres Wesen zu verbergen. Als wäre dies möglich! Wie oft sagten wir gern zu unserem Nächsten: Warum machen Sie diese vergebliche Geste der Eitelkeit, wenn ich doch sehe, daß es nur eine Geste ist und daß Sie sich nicht für ein Genie halten, sondern im Gegenteil vor mir den Genialen spielen, damit ich Sie dafür halte und meine Überzeugung dann auf Sie übertrage?«
Wir verraten uns für den, der in der Beobachtung geübt ist, viel häufiger, als wir ahnen. Da der Beobachter uns jedoch aus Gründen der Höflichkeit nichts über seine Entdeckungen sagt, glauben wir schließlich an die Undurchdringlichkeit unserer Person. Durch dieses konventionell bedingte Schweigen verbleiben wir in unserem »Wahn«, und der Beobachter hat keine Möglichkeit zur Korrektur seiner Eindrücke. Hier liegt eine der Hauptursachen für die zumeist nur geringen Fortschritte, die wir in unserer Menschenkenntnis zu verzeichnen haben. »Man überlege sich«, sagt ORTEGA Y GASSET, »wie weit wir es in unserer Kenntnis des Nächsten bringen könnten, wenn wir uns nicht mit den ›Eindrücken‹ begnügten, die wir von ihm empfangen, sondern sie weiterverarbeiteten und zum Gegenstand einer fortlaufenden, geordneten und methodischen Untersuchung machten. Jede Ausgestaltung unseres Wissens vom Menschen muß dahinfallen durch die Zensur, die wir darüber verhängen.«

Fehler und Treffer bei der Menschenbeobachtung

Die Fähigkeit zu beobachten ist zwar allen Menschen angeboren, bedarf jedoch wie jede Anlage der Übung, insbesondere wenn es sich um die Erfassung des menschlichen Verhaltens handelt, das ja noch einer Deutung bedarf. Angesichts der Wichtigkeit der Menschenkenntnis für unser Leben ist es überraschend zu sehen, wie ungeübt die meisten Menschen in der exakten Beobachtung ihres Nächsten sind und wie wenig sie in der Lage sind, das Gesehene in Worte zu fassen. Wer sich mit seinen unreflektierten Eindrücken begnügt, muß damit rechnen, daß er sich bei der Beurteilung seines Nächsten täuscht.

Es kommt ziemlich oft vor, daß einer über seinen Bekannten, mit dem er schon viele gemeinsame Erlebnisse hatte und den er »recht gut« zu kennen glaubte, Dinge hört, die so gar nicht in das Bild passen wollen, das er sich von ihm gemacht hatte. »Er war doch immer so nett, kam so beschwingt zur Tür herein, hatte keine Sorgen, – und nun macht er solche Geschichten!« Hat er uns getäuscht, oder haben wir uns in unserer Beobachtung getäuscht?

In diesem Stadium der Erfahrung beginnt zumeist das Interesse an einer Vertiefung der eigenen Menschenkenntnis. Man zweifelt zwar vielfach noch nicht an der Unzulänglichkeit der angewandten Methoden, hat aber doch den Eindruck, daß man das eigentliche Wesen des andern noch nicht erkannt hat – und hält den andern für versteckt oder hinterhältig. Dabei übersieht man, daß man sich mit der Registrierung von Äußerlichkeiten, dem »Uneigentlichen«, begnügt hatte, anstatt genauer hinzusehen oder nach den Beweggründen des Verhaltens zu fragen.

Selbst Leute, die sich für »gute Menschenkenner« halten und berufsmäßig viel mit der Beurteilung von Menschen zu tun haben, wie Lehrer oder Personalreferenten, schneiden bei einer wissenschaftlichen Überprüfung ihres Beurteilungsvermögens nicht besonders gut ab.

Trotz gewisser Treffer in der alltäglichen Menschenbeurteilung wäre es jedoch irrig, Menschenkenntnis als eine Sache des gesunden Menschenverstandes zu betrachten. Wilhelm Busch, der Zeichner und Menschenkenner, hat zweifellos recht, wenn er sagt:

»Wie wolltest du dich unterwinden,
kurzweg die Menschen zu ergründen,
du kennst sie nur von außenwärts,
du siehst die Weste, nicht das Herz.«

Ist der erste Eindruck der beste?

Wenn wir einem anderen Menschen begegnen, der uns bislang noch nicht bekannt war, so empfangen wir einen bestimmten Eindruck, und sehr oft müssen wir daraufhin sofort reagieren. Deshalb ist die Frage von großer Bedeutung, wieweit unser *erster Eindruck* zuverlässig ist.

Wie entsteht der erste Eindruck?

Da steht an der Einfahrt zur Autobahn ein junger Mann und winkt. Sollen wir ihn mitnehmen oder nicht? Man hat doch schon so manches über unangenehme Folgen einer solchen Hilfsbereitschaft gehört und gelesen. Wenn wir nicht zu denjenigen Menschen gehören, die diesen Fall »grundsätzlich« geregelt haben, heißt es, sich rasch entscheiden – und zwar nach dem *ersten Eindruck*, den der Mann macht. In eine ähnliche, uns zur Entscheidung drängende Situation aufgrund eines ersten Eindrucks können wir in jeder Gesellschaft, am Urlaubsort und sonstwo geraten.

Machen wir uns jedoch zunächst klar, wann ein Eindruck überhaupt entsteht. Wenn wir nämlich durch die belebte Bahnhofstraße zu unserem Zug hasten, ist das Interesse am rechtzeitigen Eintreffen auf dem Bahnhof größer als dasjenige an den Menschen, die an uns vorübergehen. Würden wir nach irgendeinem dieser Menschen befragt – »der muß Dir doch begegnet sein!« –, müssen wir meist feststellen, daß wir uns nicht erinnern können, ihn gesehen zu haben, oder daß wir »keinen rechten Eindruck« von ihm empfangen haben. Voraussetzung für das Zustandekommen eines ersten Eindrucks ist also ein Bemerken des anderen oder eine Zuwendung zu ihm, die durch eine »Herausforderung« seitens des anderen ausgelöst wird. Daraus läßt sich eine wichtige Erkenntnis gewinnen, die uns später noch beschäftigen wird: Nicht alles, was uns umgibt, wird von uns zur Kenntnis genommen. Wir sehen weniger – unter Umständen auch mehr, als vor unseren Augen ist. Was für uns Reiz werden soll, muß uns irgendwie angehen; das heißt aber, daß die Reizwirkung von unserer Gestimmtheit und Einstellung abhängig ist.

Ist der erste Eindruck zutreffend?

Für den Empfang eines ersten Eindrucks genügen unter Umständen wenige Sekunden, innerhalb deren in uns eine Fülle von Vorstellungen entstehen können, aus denen wir uns ein mehr oder weniger umfängliches – und zutreffendes! – Bild von der Persönlichkeit des anderen machen. Über die Richtigkeit dieses Bildes könnte es keinen Zweifel geben, wenn unser Wahrnehmungsapparat so objektiv arbeiten würde wie eine Filmkamera und wir zudem in der Lage wären, das Bild in eindeutiger Weise zu entwickeln beziehungsweise in Worte zu fassen. Daß ersteres nicht der Fall ist, werden wir noch in dem Kapitel über die Wahrnehmungen sehen (s. S. 52–58).

Zur Entscheidung der uns bewegenden Frage wird es jedoch gut sein, wenn wir uns schon jetzt folgendes vergegenwärtigen: Jeder »Reiz«, der uns trifft – und der Eindruck, den wir von einem andern empfangen, ist ein solcher Reiz –, unterliegt auf dem Weg bis zu unserem Bewußtsein einem höchst subjektiven Verarbeitungsprozeß; dieser Prozeß verläuft verständlicherweise bei mir anders als etwa bei meinem Partner, der zwar denselben Reiz empfing, ihn jedoch in anderer Weise interpretiert und verarbeitet und daher zu einem anderen Eindruck kommen muß. Angesichts der Verschiedenartigkeit der Einstellungen unter den Menschen dürfen wir uns nicht wundern, daß sich die ersten Eindrücke, die verschiedene Personen von einem und demselben Menschen bekommen, nicht decken. Dies hindert jedoch den einzelnen nicht, seinen Eindruck für den richtigen und vielleicht sogar für den besten zu halten. Dieser Ansicht sind, nach den Ergebnissen der Umfragen der Meinungsforscher zu schließen, genau 50% der Befragten. Unter den andern zweifelten 47% an der Richtigkeit des ersten Eindrucks und nur 3% machten ihre Entscheidung vom einzelnen Fall abhängig.

Das Erlebnis des ersten Eindrucks ist also bei der Hälfte der Befragten mit dem Gefühl einer größeren Überzeugungsgewißheit verbunden. »Man sieht es doch, daß ...« der Betreffende zum Beispiel nicht intelligent ist, es dick hinter den Ohren hat, nicht zuverlässig ist und dergleichen mehr. Auf die Frage nach der Herkunft dieses Wissens bekommen wir jedoch zumeist keine voll befriedigende Antwort. Man weiß es selbst nicht so recht, woran man »es« eigentlich gesehen hat. Offenbar verschafft uns also der erste Eindruck ein Wissen, über dessen Herkunft wir uns keine klare Rechenschaft geben können. Und eben dies sollte uns dem ersten Eindruck gegenüber kritisch stimmen.

Die Skeptiker unter den von den Meinungsforschern Befragten haben vermutlich des öfteren erlebt, daß der erste Eindruck durch einen zweiten und dritten verändert werden kann. Diese Auffassung ist durch wissenschaftliche Überprüfungen bestätigt. So kam das Braunschweiger Forschungsinstitut für Arbeitspsychologie und Personalwesen aufgrund einer großen Zahl sorgfältig durchgeführter Eignungsprüfungen von Bewerbern für höhere Laufbahnen zu dem Ergebnis, daß die Urteile »auf den ersten Blick« überall dort, wo die Prüfer Entscheidungen diffizilen Charakters zu fällen hatten, unzuverlässig und nicht zu verantworten sind.

Andererseits fehlt es aber auch nicht an Untersuchungen, nach deren Ergebnis dem ersten Eindruck eine größere Chance zugebilligt werden muß. Es scheint Personen zu geben, die über so etwas wie einen »sechsten Sinn« verfügen. Zumeist handelt es sich dabei um sehr sensible Naturen, die zudem nicht nur ein ursprüngliches Interesse an Menschenbeobachtung hegen, sondern auch viel Umgang mit Menschen haben. Verständlicherweise findet man diesen Typ besonders häufig unter Ärzten, Geistlichen und Lehrern. Gute Menschenkenner gibt es bisweilen auch unter Hotelportiers und Verkäufern, die es dem Kunden sozusagen »an der Nasenspitze« ansehen, wie er zu behandeln ist.

Vielfach hört man, Frauen seien bessere Menschenkenner als Männer. Diese nicht unberechtigte Feststellung erklärt sich daraus, daß die Frauen, ihrer Rolle in unserer Gesellschaft entsprechend, mehr auf das Persönliche eingestellt sind als die Männer. Vergegenwärtigen wir uns einmal, was in den Köpfen von Herrn und Frau Direktor vorgeht, wenn ein leitender Angestellter mit seiner Frau bei ihnen seinen ersten Besuch macht. Was sieht vermutlich die Gattin, was der Chef? Wahrscheinlich fällt der Blick der Frau zunächst auf die Geschlechtsgenossin. Sie sieht »auf den ersten Blick«, daß »sie« nicht mehr so jung ist, wie sie sich kleidet, ihr Kleid nach Schnitt und Farbe vom Vorjahr stammt, der Schmuck, den sie trägt, nicht echt ist, sie sich anders gibt, als sie ist, und ihr überhaupt nicht zu trauen sei. Der Chef hingegen findet die Gattin seines Kollegen »einfach« charmant und noch sehr jung, weiß jedoch so gut wie nichts über Schnitt und Farbe des Kleids oder die Art des Schmucks zu sagen. Über die Person seines Mitarbeiters hat sich der Chef bereits ein Bild gemacht: Er hat bei der und der Firma eine leitende Stellung bekleidet, ist auf dem und jenem Gebiet recht tüchtig, versteht jedoch vom Hobby des Chefs so gut wie nichts, und so weiter. Seine Frau wiederum bemerkt, daß er sehr nervös ist, so einen merkwürdigen Blick hat, nicht recht aus sich herausgeht, vermutlich ehrgeizig ist und anderes mehr. Die Unterhaltung des Ehepaars über die Besucher nach deren Weggang möge sich der Leser selbst vorstellen. Wenn zwei dasselbe sehen, so müssen sich die Eindrücke nicht unbedingt gleichen.

Was sollen wir vom ersten Eindruck halten?

Wir können durch alles beeindruckt werden, das durch das Tor der Sinne auf uns einwirkt. Vielleicht ist es einmal der Geruch des anderen, der uns zuerst auffällt. Die Bemerkung, man könne diesen und jenen Menschen »nicht riechen«, ist oft durchaus wörtlich zu nehmen. Was tut man daher nicht alles, damit man »in einem guten Geruch steht«! Ein anderes Mal ist es unter Umständen die feuchte und kalte Hand, die wir fühlen und die uns in unangenehmer Weise »berührt«. Bei einem Ferngespräch ist es die Stimme, die unseren ersten Eindruck festlegt und uns zu weitgehenden Vorstellungen von der gesamten Person des Sprechers veranlassen kann. In erster Linie orientieren wir uns natürlich an dem, was wir sehen.

Hier ist ein weiterer Punkt zu beachten. Der Eindruck, den wir von einer Person erhalten, hängt von zwei Faktoren ab: erstens von unserer persönlichen *Einstellung*, von unseren Wünschen, zweitens von der Stärke des »Feldes«, das auf uns einwirkt. In dem Film »My fair Lady« bemerken wir sofort den Mann im Straßenanzug, der sich da unter das vornehme Publikum auf dem Rennplatz mischt – auch wenn unser Blick zunächst auf die Damen und ihre großen Hüte gerichtet war. Infolge seines Kontrasts übt nämlich der Straßenanzug eine »feldbeherrschende« Wirkung aus.

Worauf der einzelne sieht, läßt sich im voraus nicht sagen. Manche Leute achten vor allem auf das Benehmen, andere auf die Gestalt im ganzen oder auf die Beine im besonderen, wieder andere etwa auf die Kleidung und so weiter. Der Beobachter hat nun seinerseits die Möglichkeit, sich – sofern er sich beobachtet fühlt – danach zu richten, er wird also die Wirkung, die sein Verhalten eventuell auf den Beobachter ausübt, mit einkalkulieren. Der Eindruck, den wir in diesem Fall empfangen, ist also *manipuliert* und bisweilen so gut »gemacht«, daß wir es gar nicht merken. Gerade bei bewußt und geplant zustande gekommenen Erstbegegnungen, etwa anläßlich einer Vorstellung beim neuen Chef, ist der Besucher darauf bedacht, einen möglichst »guten Eindruck zu machen«. Er wird zu diesem Zweck vorher genau überlegen, was der andere etwa von ihm erwartet, worauf er achten wird, und danach wird er seinen »Auftritt« einrichten.

Woran der Eindruck sich orientiert

Wenn auch nie vorauszusagen ist, *wodurch* wir im einzelnen Fall beeindruckt werden, so wollen wir doch einmal das »Feld« der Beobachtung etwas genauer untersuchen, um den Quellen des ersten Eindrucks näher zu kommen. Dabei müssen wir uns jedoch von vornherein klarmachen, daß dieser kaum einmal nur einer einzigen Quelle entspringt.

Man hat die Vorgänge in der Seele, nicht ganz zu Unrecht, gelegentlich mit denen in einem Schaltwerk verglichen. Eine Datenverarbeitungsmaschine ist imstande, eine Vielzahl von Informationen in Bruchteilen von Sekunden derart zu verarbeiten, daß nicht mehr zu ersehen ist, welche Daten dabei den Ausschlag gegeben haben. Ähnlich müssen wir uns den Ablauf eines Wahrnehmungsprozesses vorstellen. Unsere Sinnesorgane empfangen in jedem Augenblick ihrer Tätigkeit eine Menge von Reizen, die uns jedoch nicht einzeln oder als Summe, sondern als Ganzheit, also in verwandelter Form zum Bewußtsein kommen. Wir ver-

meinen zwar vielfach einen bestimmten Eindruck auf diesen oder jenen Reiz zurückführen zu können, übersehen aber, daß bei dem Zustandekommen des Eindrucks ein ganzer Komplex von Reizen mitgewirkt hat. Es ist kaum möglich, eindeutig zu beweisen, daß etwa *diese* Eigenschaft ausschließlich aus dem Eindruck der Kleidung, *jene* aus einem solchen der körperlichen Erscheinung herrührt.
Wenn wir im folgenden also vom Testwert der Kleidung sprechen, so müssen wir uns stets vor Augen halten, daß dieser durch eine Reihe anderer Reize mitbestimmt wird. Dasselbe gilt für den Testwert des Benehmens und der körperlichen Erscheinung, dem wir uns im Anschluß zuwenden.

Vom Testwert der Kleidung

Es mag zunächst vielleicht etwas gewagt erscheinen, der Kleidung, die wir beliebig wechseln können, eine ausdruckspsychologische Bedeutung beizumessen. Niemand vermag sich jedoch des Eindrucks, der von der Kleidung des andern ausgeht, ganz zu entziehen. Jeder weiß auch, daß die Meinung über ihn durch seine Kleidung beeinflußt wird. Wer sich erstmals bei seinem zukünftigen Arbeitgeber vorzustellen hat, wird einen guten Anzug aus dem Schrank holen, weil er instinktiv vermutet, daß er nicht nur nach seinem Wissen und Können, sondern auch nach seiner äußeren Erscheinung, insbesondere seiner Kleidung, beurteilt wird. Was aber soll die Kleidung mit dem Charakter zu tun haben, so fragen wir uns? Wir sehen doch zunächst nur, daß der Anzug neu oder alt, frisch gebügelt oder nicht gereinigt ist, daß er modisch oder alltäglich ist, gar nicht zum »Übrigen« paßt oder »typisch« ist, eine persönliche Note trägt und dergleichen mehr. Daß alle diese beobachteten Tatsachen sehr verschiedene Ursachen haben können, liegt auf der Hand. Da besitzt vielleicht einer gerade keinen besseren Anzug, hält diesen für gut genug oder glaubt, es komme bei seiner Beurteilung doch in erster Linie auf seine Fähigkeiten und nicht auf solche »Äußerlichkeiten« wie einen Anzug an. Wenn er Glück hat, dann ist sein zukünftiger Chef auch dieser Meinung, oder aber er »sieht darüber hinweg«, weil die Fähigkeiten tatsächlich überragend sind. Aber selbst in letzterem Fall wird dieser sich fragen, warum der Mann nicht mehr Wert auf seine äußere Erscheinung legt. Inneres und Äußeres sollten doch übereinstimmen, meint er. Als Geschäftsmann weiß er zudem: Gut verpackte Ware verkauft sich leichter als schlecht verpackte. Manche sagen sogar: Aufmachung ist alles! Und wie halten wir's selbst? Stellen sich bei uns – bei Frauen noch mehr als bei Männern – nicht unwillkürlich sofort Urteile ein wie: solid, gepflegt, ordentlich, gediegen oder solche gegenteiliger Art, die sich keineswegs nur auf den Anzug, sondern auf die gesamte Persönlichkeit beziehen? Ja, wir gehen oft noch weiter und halten diesen und jenen geradezu für verkommen, unzuverlässig, schlampig oder eitel, angeberisch und unecht, obwohl wir doch nur einen Blick auf seine Kleidung geworfen haben.
Die besorgte Frage unserer Frauen vor einer Einladung: »Was soll ich nur anziehen?« ist daher durchaus verständlich. Man will doch im besten Licht erscheinen – und ein solches geht auch von der Kleidung aus. In Anbetracht ihrer Wirkung messen wir ja schon dem Kauf derselben eine mehr oder weniger große Bedeutung bei. Niemand wird, selbst im Ausverkauf nicht, das erstbeste Stück erwerben, sondern sich überlegen, ob

es einem auch »steht«, ob es einen »kleidet« und welchen Eindruck man darin etwa macht. Man weiß oder bekommt es von der Verkäuferin gesagt, daß man in diesem Kleid sportlich und jugendlich, in jenem würdig und vornehm wirkt. Je nach unserem Wunsch wählen wir dann das eine oder andere – in der stillen Hoffnung, daß wir darin auch von jedermann in der gewünschten Weise beurteilt werden.

Die Kleidung gehört also keineswegs zu den zufälligen »Äußerlichkeiten« der Person, sondern steht in einer charakteristischen Beziehung zu deren Wesen oder Wunschbild. Eben deshalb legen ja auch die Dichter und Schriftsteller zur Kennzeichnung des Charakters ihrer Gestalten so großen Wert auf die Beschreibung ihrer Kleidung. THOMAS MANN kennzeichnet den »überaus beliebten Sänger namens Müller-Rosé« in seinem Buch »Bekenntnisse des Hochstaplers Felix Krull« zunächst einmal durch die Schilderung seiner Kleidung. »Er trug einen schwarzen, mit Atlas ausgeschlagenen Pelerinenmantel, Lackschuhe zu schwarzen Frackhosen, weiße Glacés und auf dem schimmernd frisierten Kopf, dessen Scheitel nach damaliger militärischer Mode bis zum Nacken durchgezogen war, einen Zylinderhut. Besonders der Zylinder, der ihm auf leichtlebige Art schief auf der Stirn saß, ohne Stäubchen noch Rauheit, mit idealischen Glanzlichtern versehen, durchaus wie gemalt – und dem entsprach das Gesicht dieses höheren Wesens, ein Gesicht, das wie aus dem feinsten Wachs gebildet erschien.« Daß dies alles nur Tünche war, sollte Felix Krull erst später erfahren! Zunächst war er vom Glanz dieser Erscheinung fasziniert. »Sein Körper schien bis in das letzte Fingerglied von einem Zauber durchdrungen, für den nur die unbestimmte Bezeichnung ›Talent‹ vorhanden ist.« Als er ihn in der Garderobe wiedersieht, »nichts weiter am Leibe als eine Unterhose aus grauem Trikot«, muß er erkennen, daß es sich bei ihm um ein »verschmiertes und aussätziges Individuum, einen unappetitlichen Erdenwurm« handelte und nicht um ein »höheres Wesen«, wie die Kleidung zunächst vermuten ließ! Müller-Rosé wußte aber offenbar mehr von der Wirkung, die von der Kleidung ausgeht, als Felix Krull, der nicht bedachte, daß die Kleidung auch zur Vermummung des Wesens dienen kann. Der Sänger spielte jedenfalls seine Rolle so perfekt, daß sie glaubhaft wirkte und es schwer hielt, Schein und Sein zu unterscheiden. Man könnte freilich – wie Thomas Mann – weiter denken und fragen, ob diese Unterscheidung überhaupt berechtigt ist. »Wann zeigt der Glühwurm sich in seiner wahren Gestalt, wenn er als poetischer Funke durch die Sommernacht schwebt, oder wenn er als niedriges, unansehnliches Lebewesen sich auf unserem Handteller krümmt? Hüte dich, darüber zu entscheiden!«

Wir stoßen hier auf das sehr interessante Problem der *Rolle* und der *Maske*, dem wir in anderem Zusammenhang noch nachgehen werden (s. S. 171–176). Unser Beispiel dürfte jedoch gezeigt haben, daß das Kleid nicht unbedingt Ausdruck der Wesensart seines Trägers sein muß, sondern sowohl der *Dar*stellung einer bestimmten Lebensform dienen kann als auch der *Ver*stellung des Charakters. Im letzteren Fall wird die Kleidung sozusagen als Maske benützt, die den Zweck der Täuschung verfolgt, während das »Rollenkleid« das tatsächlich erstrebte – aber vielfach noch nicht erreichte – Wunschbild darstellt.

Ausdruckscharakter jedoch hat die Kleidung überall dort, wo der Träger aus irgendwelchen Gründen glaubt, ihr keine Beachtung schenken zu müssen. Man »läßt sich gehen«, weil einem die Einhaltung einer guten Form eine Last ist, die man nur auf sich nimmt, wenn man Eindruck machen will. Andererseits ist es jedoch auch denkbar, daß jemand aus der Schlichtheit und Bescheidenheit seines Wesens heraus jeglichen Aufwand in der Kleidung meidet, um ja keinen falschen Schein zu erwecken.

Freilich gibt es auch genügend Fälle, in denen der Kleidung keine größere Bedeutung zukommt. Niemand wird etwa aus der Uniform des Briefträgers oder der Schutzkleidung des Chemiewerkers weitgehende Schlüsse auf den Charakter des Trägers ziehen, es sei denn, das für einen ganz bestimmten Zweck geschaffene Kleidungsstück, sagen wir einmal die Reithose, würde beispielsweise auch im Theater bei der Opernpremiere getragen. Hier erregt diese Aufsehen, wirkt deplaciert und veranlaßt uns, den Träger für taktlos, arrogant oder spleenig zu halten.

Dieses Beispiel läßt leicht erkennen, wie ein solcher Eindruck entsteht. Was ins Auge fällt, ist zunächst ja nur das Kleidungsstück, das wir jedoch sofort in Beziehung bringen zu seinem ursprünglichen Zweck und dem Ort, an dem es getragen wird. Das Ergebnis des Vergleichs veranlaßt uns dann zu einem Urteil über die Angemessenheit oder Unangemessenheit des Aufzugs – und den Geschmack oder gar den Charakter des Trägers.

Was der einzelne von Fall zu Fall für schicklich hält, hängt teils vom Zeitgeschmack, teils von der Erziehung, der Einstellung und anderen Faktoren ab. Die in puritanischem Geist aufgewachsene Großmama wird vielleicht schon die Hosen und den hautengen Pulli ihrer 16jährigen Enkelin für unschicklich halten, während die Mutter keine Bedenken hat, ihre Tochter in dieser Kleidung in die Sportstunde zu schicken. Der Eindruck, den wir von der Kleidung empfangen, rührt also keineswegs etwa nur von den objektiven Gegebenheiten her, sondern ebensosehr von den Beziehungen, in die wir sie bringen und den Bedeutungen, die wir ihr geben.

Kleidungsstücke, die uns auffällig oder unangemessen erscheinen, veranlassen uns unwillkürlich zu der Frage, was den Träger gerade zu dieser Wahl veranlaßt haben könnte. Dabei ergeben sich zumeist sehr aufschlußreiche Einblicke in den Motivationsbereich der Persönlichkeit, die uns deren Tun und Lassen verständlich machen. Wir haben bereits eingangs erwähnt, daß der Kauf eines Kleidungsstückes unterschiedlichen Motiven entspringen kann. Der eine möchte etwa aus einem unbefriedigten Geltungsbedürfnis heraus mehr beachtet werden und wählt deshalb einen in Schnitt und Farbe auffälligeren Anzug als jener, der nüchtern und sachlich eingestellt ist und sich beim Kauf in erster Linie vom Gesichtspunkt der Haltbarkeit, Unempfindlichkeit und Preiswürdigkeit leiten läßt. Da sollen vielleicht aus ästhetischen Motiven gewisse Körperformen verdeckt, dort andere wieder betont werden. Der will seinen Reichtum, jener seine Zugehörigkeit zu einem bestimmten Stand oder Verein zeigen, würdig, demütig oder bescheiden erscheinen, den wirklichen oder vermeintlichen Erwartungen seiner Umgebung entsprechen – oder eine erotische Wirkung auf das andere Geschlecht ausüben.

Es bedarf jedenfalls keines besonderen Scharfblicks, um zu erkennen, daß beim Kauf so mancher Hütchen, Schuhe, Pelzmäntel nicht der profane Nutzwert maßgebend war, sondern daß zahlreiche andere Motive, nicht zuletzt auch modische, Pate gestanden haben. Dabei braucht der zur Schau getragene Zweck, etwa die züchtige Verhüllung bestimmter Körperpartien, keineswegs mit dem eigentlichen Motiv, der Erregung der Phantasie des Betrachters, übereinzustimmen.

Das Erstaunliche ist, daß dieses ganze Geflecht von Motiven vielfach schon auf den ersten Blick durchschaut wird. Aus dem Vergleich mit der Bewegungsweise, dem Gesicht oder der Sprache erkennen wir nämlich oft rasch, daß beispielsweise der gewählt vornehme Stil der Kleidung gar nicht zum ganzen Format und Niveau der Person paßt und daher unecht wirkt. Andererseits ist jedoch auch nicht zu verkennen, daß die Kleidung, selbst die nicht sichtbar getragene, auf den Träger zurückwirkt, ihm ein gehobeneres Lebensgefühl verleiht und ihn vielleicht geradezu verwandelt. Dafür gibt THOMAS MANN ein Beispiel. Sein Felix Krull hat sich einen feinen Gesellschaftsanzug zugelegt, »um darin von Zeit zu Zeit, gleichsam versuchs- und übungsweise ein höheres Leben zu führen, in einem eleganten Restaurant der Rue de Rivoli ... zu speisen und etwa nachher in einem guten Theater ... einen Logenplatz einzunehmen. Es lief dies, wie man sieht, auf eine Art von Doppelleben hinaus, dessen Anmutigkeit darin bestand, daß es ungewiß blieb, in welcher Gestalt ich eigentlich ich selbst und in welcher ich nur verkleidet war.«
Wir können die Psychologie der Kleidung hier nicht weiterbehandeln. Immerhin dürfte klargeworden sein, wie verwickelt die Beziehungen zwischen Mensch und Kleid sind und daß gegenüber dem ersten Eindruck, der von der Kleidung ausgeht, Vorsicht am Platze ist. »Kleider machen Leute, oder besser wohl umgekehrt: Der Mann macht das Kleid«, meint Felix Krull.

Vom Testwert des Benehmens

Bei einer Begegnung werden wir auch vom Benehmen des anderen beeindruckt. Nicht von ungefähr stellt uns die Sprache eine Fülle von Begriffen zur Kennzeichnung des Umgangsverhaltens zur Verfügung. Diese zu sammeln und zu sichten und sich zu vergegenwärtigen, was damit gemeint ist, kann jedem, der sich mit Menschenkenntnis befaßt, angelegentlichst empfohlen werden. Da stoßen wir nicht nur auf so bildhafte Begriffe wie bissig, ungehobelt, bäuerisch, hölzern, rauhbeinig, kratzbürstig, sondern auch auf solche allgemeinerer Art, wie routiniert, elegant, zart, sanft, respektvoll und dergleichen mehr.
Um den Testwert derartiger Feststellungen abschätzen zu können, müssen wir uns einmal fragen, was wir eigentlich sagen wollen, wenn wir einen Menschen als höflich, zuvorkommend, verbindlich oder linkisch, gehemmt und befangen bezeichnen. Nehmen wir als Beispiel den Begriff »höflich«. Seiner ursprünglichen Bedeutung nach betrachtet, besagt dieser Begriff, daß sich der Mensch der *am Hofe* des Königs oder eines Ritters üblichen Umgangsformen bedient. Im heutigen Sprachgebrauch will man damit zum Ausdruck bringen, daß er gute Manieren besitzt oder kurzweg manierlich ist. Behaupten wir mit der letzten Formulierung jedoch nicht schon mehr, als wir gesehen haben? Genau betrachtet beschränkt sich unser Urteil ja nicht mehr lediglich auf die Verhaltensweise, sondern erstreckt sich bereits auf die Seinsweise des Beurteilten. Wir schließen ganz unbewußt aus einem situativ bedingten Benehmen auf eine dauernde Wesensart und machen damit aus einer Eigenschaft des Verhaltens eine solche des Charakters – und dagegen erhebt der Charakterforscher LUDWIG KLAGES, und nicht nur er, gewichtige Bedenken. Für ihn sind die bisher genannten Begriffe nur Bezeichnungen für *Äußerungsformen*, die sehr unterschiedlichen Bereichen der Seele entsprungen sein können.

Betrachten wir noch einmal das höfliche Verhalten. Höflich kann ein Mensch sein: aus angeborener Bescheidenheit, anerzogener Rücksichtnahme, Verehrung oder Hochachtung des andern, aus Pflichtbewußtsein, geschäftlichen Gründen, Schlauheit, Berechnung und anderen Gründen. Die Höflichkeit kann also sowohl Ausdruck einer höheren als auch niedrigeren Gesinnung sein, von Herzen kommen oder der Überlegung entsprungen sein. Diese Vieldeutigkeit des Erscheinungsbildes macht den am Verhalten orientierten ersten Eindruck jedoch problematisch. Woran soll ich bei einer kurzen Begegnung erkennen, aus welchen Motiven sich der andere einer höflichen Form bedient? Wir berufen uns zwar bei unseren Beobachtungen gerne auf die damit einhergehende größere oder geringere Gefühlsgewißheit, vermögen aber vielfach nicht zu unterscheiden zwischen dem, was wir *ein*fühlen, und dem, was wir *heraus*fühlen. Wer sich mit hochgespannten Erwartungen zu einem Stelldichein mit einer verehrten oder geliebten Person begibt, ist viel leichter geneigt, alle Äußerungen seines Partners als Zeichen echter Zuneigung zu deuten, als jener, der hinter dem Gebaren des andern von vornherein nur Berechnung wittert.

Da wir alle wissen, daß unser Verhalten dem Beobachter Anlaß gibt, Schlüsse auf unseren Charakter zu ziehen, sind wir mehr oder weniger bewußt darauf bedacht, einen guten Eindruck zu »machen«. Man nimmt sich im Verkehr mit Fremden unwillkürlich zusammen, läßt sich nicht gehen, sondern bemüht sich, den Regeln des guten Tons gerecht zu werden. Wer dabei jedoch des Guten zuviel tut, muß damit rechnen, daß sein Benehmen gekünstelt und manieriert wirkt, ja vielleicht sogar als unecht empfunden wird. »Man merkt die Absicht, und man wird verstimmt.« Daraus allerdings – etwa unter Berufung auf das Wort von Goethes Mephisto: »Im Deutschen lügt man, wenn man höflich ist« – den Schluß ziehen zu wollen, man müsse alle konventionellen Formen meiden, sich völlig zwanglos geben und jedem unverblümt seine Meinung sagen, wäre ebenfalls verkehrt. »Wahre Höflichkeit verlangt gerade, daß man *nicht* lügt, wenn man einem andern verbindlich begegnet. Ihr tiefster Sinn ist, daß man sich dem andern gegenüber nicht bloß höflich *zeige*, sondern auch so *fühle*, wie man sich gibt. Mit andern Worten: Der Sinn der Höflichkeit geht nicht auf Verstellung des Ausdrucks, sondern auf Beherrschung des Gefühlslebens«, sagt Richard Müller-Freienfels. Wir freuen uns zwar, wenn sich unser Besuch bei uns »wie zu Hause fühlt«, empfinden es jedoch als taktlos, wenn er sich etwa allzu lässig im Polstersessel herumrekelt, seine Beine auf den Teetisch legt und seine Zigarettenasche in den Blumentopf fallen läßt, und wir schließen aus diesen Manieren auf eine »schlechte Kinderstube« oder eine allgemeine Unerzogenheit. Zumeist erlaubt jedoch das Verhalten keine so eindeutigen Schlüsse. Da wir zudem bei einer ersten Begegnung meist keine Möglichkeit zu einer umfassenden Beobachtung und abwägenden Beurteilung des Verhaltens haben, empfiehlt es sich, aus dem ersten Eindruck vom Benehmen keine zu weitgehenden Schlüsse auf den Charakter zu ziehen.

Vom Testwert der körperlichen Erscheinung

In engerer Beziehung zum »Wesen« des andern als das veränderbare Benehmen, scheint die körperliche Erscheinung zu stehen, von der wir bei jeder Begegnung einen bestimmenden Eindruck bekommen. Wenn wir einen Menschen gesehen und beispielsweise erkannt haben, wie groß und kräftig er ist und welches Alter und Geschlecht er hat, dann besitzen wir ein anschaulicheres Bild von ihm, als wenn uns etwa sein Tun und Lassen geschildert wird. Zumeist geht sogar von der körperlichen Gestalt eine stärkere Wirkung aus als vom Gebaren und der Kleidung. Wir sind leicht geneigt, einer großen und stattlichen Person mehr Energie zuzutrauen als einer kleinen und schmächtigen, wenngleich die Erfahrung lehrt, daß Größe und Kraft nicht unbedingt miteinander einhergehen. Die symbolische Deutung der leiblichen Erscheinung entspricht jedoch offenbar einem urmenschlichen Bedürfnis. Davon zeugen die vielen Versuche von Aristoteles bis Picard, dem Wesen des Charakters über das Studium seiner Leibeserscheinung näher zu kommen. Unwillkürlich verbinden wir mit dem Anblick der feingliederigen Gestalt die Vorstellung des psychisch Zarten und Sensiblen und schließen auf eine größere Gefühlsansprechbarkeit, unter Umständen aber auch auf eine geringere Widerstands- und Belastungsfähigkeit. Umgekehrt erweckt eine massige Person mit derbgeformtem Schädel und einer pratzigen Hand einerseits den Eindruck des Stabilen und Urwüchsigen, andererseits aber auch den des Plumpen und Schwerfälligen.

So selbstverständlich uns die Verbindung von körperlichen und seelischen Eigenschaften auch erscheint, so wenig handelt es sich dabei doch um einen gesetzmäßigen Zusammenhang. Wie leicht festzustellen ist, kann eine körperliche Schwäche sehr wohl durch geistige Stärke kompensiert werden. Eine kleine Person kann mehr Energie zur Entfaltung bringen als eine große, eine schmächtige zäher und widerstandsfähiger sein als eine füllige. Auch ist es keineswegs so sicher, daß Rundliche unbedingt gemüthafter veranlagt sind als Hagere. Wir werden dem Zusammenhang zwischen Körperbau und Charakter noch in dem Kapitel über die Typologie von Ernst Kretschmer nachgehen (S. 118–139).

Vorläufig handelt es sich nur darum, die Möglichkeiten und Grenzen einer physiognomischen Deutung im Rahmen einer ersten Begegnung abzustecken. Obwohl der französische Physiologe Th. Piderit schon im vorigen Jahrhundert den Nachweis erbracht hat, »daß die festen Formen der Schädel- und Gesichtsknochen für die psychologische Beurteilung eines Menschen vollständig unbrauchbar und wertlos sind«, wird im pseudowissenschaftlichen Schrifttum bis in unsere Tage hinein die Auffassung vertreten, daß sich Geist und Intelligenz in der hohen Stirne, der sogenannten »Denkerstirne«, auspräge und die Dummheit in der niederen. Weit verbreitet ist immer noch die Meinung, daß wulstige Lippen auf Sinnlichkeit, eine spitze Nase auf Neugier und ein breiter Schädel auf Erwerbssinn oder »Dickköpfigkeit« hindeute. »Ist dies gleich Tollheit, so hat es doch System«, sagt Piderit. Und eben ein solches System der Entsprechungen körperlicher Erscheinungen und seelischer Eigenschaften erhoffen sich manche Leute von der Psychologie.

All die vielen Bemühungen von Lavater über Gall bis Huter, bestimmte anatomische Einzelheiten mit psychischen Eigenschaften zu verketten und eine Art Bestimmungstabelle für Charaktereigenschaften zu schaffen, haben zu keinem wissenschaftlich befriedigenden Ergebnis geführt. Die Gehirnforschung hat zwar viel zur Klärung des Verhältnisses zwischen physiologischen und psychologischen Vorgängen beigetragen, die sogenannte Lokalisationstheorie der Phrenologen jedoch nicht zu bestätigen vermocht (S. 179–180). Intelligenz, Ehrlichkeit, Mitleid und andere psychische Eigenschaften »sitzen« nicht an bestimmten Stellen des Kopfes und können auch nicht an Formausprägungen am Schädeldach erkannt werden. Sie können sich überhaupt nicht im körperlichen Bereich sozusagen greifbar manifestieren, da sie als nicht-räumliche Erscheinungen aus einer ganz anderen, eben der seelischen, Seinsebene stammen.

Im übrigen entsteht der erste Eindruck auch gar nicht durch die Aneinanderreihung von Einzelmerkmalen der Leibeserscheinung. Wir empfangen vielmehr rein *intuitiv* oder, wie auch gesagt wird, »gefühlsmäßig« einen komplexen Gesamteindruck von der psychischen Verfassung des anderen, den wir erst nachträglich durch *Reflexion* zu bestimmten körperlichen Erscheinungen in Beziehungen bringen. Eben deshalb vermögen wir vielfach auch gar nicht sofort zu sagen, *woran* wir »gesehen« haben, daß es sich hier beispielsweise um einen triebhaften und dort um einen gemütswarmen Menschen handelt. Bei diesem Vorgang spielen – wie experimentelle Untersuchungen gezeigt haben – eine Fülle von Eindrücken mit, die verschiedenen Zonen des Gesichts oder des ganzen Körpers entstammen können. Ob diese Fähigkeit zur Erfassung der Wesensart eines Menschen der sogenannten Intuition, dem Gefühl oder dem Instinkt zuzuschreiben ist, soll in diesem Zusammenhang nicht weiter untersucht werden.

Wir halten fest, daß der erste Eindruck durch eine subjektive Gesamtschau zustande kommt; über deren Entstehung aber besitzen wir keine wissenschaftlich stichhaltigen Angaben.

Körperliche Erscheinungen können trotzdem eine symptomatische Bedeutung haben. Die körperliche Blässe etwa läßt sich als Anzeichen einer körperlichen Störung auffassen, und wir halten den Betreffenden für krank (falls die Blässe nicht seinem Normalzustand entspricht) oder führen das Aussehen auf Überarbeitung zurück. Diese Zusammenhänge leuchten ein. Wir dürfen aber nicht so weit gehen, zu behaupten, der Blasse sei ein weichlicher Schwächling, besitze keine Energie und Widerstandskraft und dergleichen mehr. Dies kann zwar zutreffen, doch ist die Blässe dafür kein untrügliches Symptom.

»Man darf sich das Urteil über seine Mitmenschen aufgrund ihrer körperlichen Erscheinung nicht zu leicht machen«, schreibt der Genetiker A. Scheinfeld in seinem »Handbuch der Vererbungslehre«. »Die exakte Wissenschaft hat zwischen den Erbfaktoren, die das Aussehen bestimmen, und denjenigen, die die Charakter- und Gemütseigenschaften prägen, keinerlei Zusammenhänge nachweisen könnnen.« Trotzdem hat die sogenannte Konstitutionstypologie von Ernst Kretschmer ihre Berechtigung, worin bestimmte Zusammenhänge zwischen Konstitutionstypus und Temperament nachgewiesen wurden (S. 118–139).

Andere Eindrucksfelder

Mit den genannten Gebieten der Beobachtung sind die Möglichkeiten zur Gewinnung eines ersten Eindrucks noch keineswegs erschöpft. Erinnert sei nur daran, wie stark unser Urteil durch die *Umwelt* beeinflußt werden kann, etwa durch die Menschen, die der Beobachtete um sich hat, den Raum, in dem er sich befindet, die Bücher, Bilder und Gebrauchsgegenstände, die er besitzt, und nicht zuletzt die Arbeit, die er verrichtet. Die Milieuschilderung ist daher mit Recht ein sehr beliebtes Mittel zur Charakterisierung einer Person, dessen sich die Dichter und Schriftsteller in reichem Maße bedienen. Man denke nur an die minutiöse Schilderung all der Habseligkeiten der Jungfer Züs Bünzlin in GOTTFRIED KELLERS Novelle »Die drei gerechten Kammacher« oder an ADALBERT STIFTERS Beschreibung des Wohnraums seines Hagestolzes.

Was der erste Eindruck erbringt

So groß die Fülle der Beobachtungsmöglichkeiten ist, so reichhaltig ist das Ergebnis des ersten Eindrucks. Und das Ergebnis ist nicht nur vielseitiger, es unterscheidet sich von den auf anderen Wegen – z.B. durch Tests – gewonnenen Erkenntnissen auch durch sein mehr *globales* Gepräge. Ein Test erfaßt zumeist nur einen eng begrenzten Funktionsbereich der Psyche, der kein Urteil über die Gesamtstruktur der Person zuläßt, während der erste Eindruck fast stets ein ganzheitliches Bild des Charakters vermittelt.

Die Schnelligkeit des ersten Eindrucks

Erstaunlich ist, daß mitunter schon Sekunden genügen, um zu einem umfassenden Bild eines uns bisher gänzlich unbekannten Menschen zu kommen. Da sehen wir vielleicht beim Nachhausegehen abends einen Menschen in ein Nachbarhaus eintreten, der uns »sofort« einen verdächtigen Eindruck machte. Befragt, wie er ausgesehen habe, wissen wir nicht nur über seine Größe und seine Kleidung Angaben zu machen, sondern unter Umständen auch über sein ungefähres Alter, seine soziale Zugehörigkeit, Nationalität, Gangart und anderes. Haben wir aber Gelegenheit, mit jemanden ein paar Minuten zu sprechen, dann erhöht sich die Zahl unserer Eindrücke weiterhin. Wir finden, daß er vertrauenswürdig, aufrichtig, taktvoll, bescheiden, vielleicht auch etwas weich und nachgiebig, oder aber versteckt, gehemmt, eigenwillig sei.

Das sind nun nicht lediglich Wiedergaben des tatsächlich Gesehenen, sondern bereits Deutungen und Bewertungen. Was im ersten Eindruck zum Bewußtsein kommt, ist also das Ergebnis eines höchst persönlichen Verarbeitungsprozesses, an dem unter anderem Gefühle, Einstellungen, Erinnerungsvorstellungen und Wertmaßstäbe mitgewirkt haben – alles Bereiche, denen ein stark subjektiver Zug anhaftet. Der Beobachter meint zwar vielfach, er habe den anderen »an sich«, seinem Wesen nach, erkannt, in Wirklichkeit hat er ihn lediglich in seiner Bedeutung für ihn selbst beurteilt.

Das Ausbleiben des ersten Eindrucks

Hin und wieder geschieht es, daß der Beobachtete einen »nichtssagenden Eindruck« macht. Das kann entweder als Werturteil über die gesamte Person aufgefaßt werden oder aber als »Fehlanzeige«: Man hat keinen Eindruck und weiß daher auch nicht, was man von diesem Menschen halten soll. Das Ausbleiben eines Eindrucks kann verschiedene Ursachen haben.

Es kann sein, daß dem Beobachter die *Begabung für Menschenkenntnis* fehlt. Wer für die Erfassung individueller Unterschiede kein Organ besitzt, empfängt keine Eindrücke, auch wenn viel zu sehen wäre. Ohne ein stärkeres Interesse an der Beobachtung anderer bilden sich auch keine Erfahrungen und Vergleichsmaßstäbe heraus, was zur Folge hat, daß die Eindrücke dünn und farblos bleiben. Ist der Beobachter hingegen aufgeschlossen, dann sieht er verständlicherweise viel mehr. Ebenso steigert sich der Umfang und die Güte des Eindrucks mit zunehmender Reife und Intelligenz. Das Urteil des Schulanfängers über seine Lehrerin ist zumeist recht einseitig, weil es dem kleinen Mann sowohl an Vergleichsmöglichkeiten als auch an Beurteilungsvermögen mangelt. Dasselbe gilt für den Unintelligenten, dem es an den nötigen Voraussetzungen fehlt, um sich von der Wesensart des Intelligenten ein zureichendes Bild machen zu können. Wir vermögen nur das zu begreifen, was wir selbst wenigstens ansatzweise schon besitzen.

Die Qualität des ersten Eindrucks hängt weiterhin von der *Eigenart der zu beurteilenden Person* ab. Fehlt es dieser an Aufgeschlossenheit und Äußerungsfähigkeit, dann muß der Eindruck kümmerlich bleiben. Manche Menschen haben überhaupt kein Bedürfnis, sich zu äußern. Von einer Spielart dieses Typs schreibt Ernst Kretschmer: »Sie sind wie kahle römische Häuser, Villen, die ihre Läden vor der grellen Sonne geschlossen haben. – Wir sehen einen Menschen, der wie ein Fragezeichen uns im Wege steht; wir fühlen etwas Fades, Langweiliges und doch unbestimmt Problematisches.« Fragwürdig bleibt der Eindruck auch dann, wenn der andere sich bewußt verschließt und sich gar nicht zu erkennen geben will. Wir vermögen dann allenfalls zu sagen, daß er nicht aus sich herausgehe, »zugeknöpft« oder versteckt sei. Freilich kann der Anblick einer solchen Fassade oder Maske den dafür Empfänglichen erst recht zu Beobachtungen anregen, die ihn unter Umständen zu einer Fülle von Vermutungen veranlassen – über deren Richtigkeit jedoch keine Gewißheit besteht.

Neben der Begabung für Menschenkenntnis und der Eigenart des zu Beobachtenden hängt das Ergebnis des ersten Eindrucks von der *Art der zu beurteilenden Eigenschaft* ab. Es ist nämlich leichter, vom Benehmen und Verhalten eines anderen einen Eindruck zu bekommen als etwa vom Umfang seines Wissens oder dem Grad seiner Intelligenz. Experimentelle Untersuchungen haben ergeben, daß im ersten Eindruck weit mehr Feststellungen über die Eigenart des Temperaments und des Gemüts als über solche der Begabung oder der Werthaltung enthalten sind. Ferner ist nicht zu übersehen, daß uns diejenigen Eigenschaften unseres lieben Nächsten am meisten auffallen, die wir selbst besitzen – oder besitzen möchten – oder die diesen direkt entgegengesetzt sind. Was keinen Bezug zu irgendeiner Seite unseres Wesens hat, beeindruckt uns auch nicht.

Die Subjektivität des ersten Eindrucks

Das Bild, das der erste Eindruck vermittelt, trägt, wie wir gesehen haben, stark perspektivische Züge, denn es erfaßt vor allem solche Eigenschaften, die im Gesichtswinkel des Beschauers liegen. Der korrekte Beurteiler bringt diese Tatsache vielfach durch die Bemerkung: »Meiner Ansicht nach ...« zum Ausdruck. Es ist zwar durchaus möglich, daß mehrere Beobachter zu demselben Eindruck gelangen, damit ist jedoch noch nichts über dessen Zuverlässigkeit gesagt. Oft kommt dieser gemeinsame Eindruck nämlich durch weitverbreitete *Gruppen*-Vorurteile zustande, und er erlangt dadurch den Charakter des Selbstverständlichen. »Man«

weiß doch, wie die und die sind, womit Vertreter einer Rasse, eines Volkes, eines Geschlechts oder sonst einer Gruppe gemeint sein können, beachtet dann auch nicht mehr die vorhandenen individuellen Züge, weil der Beobachtete, gekennzeichnet durch das Gruppenmerkmal, ja auch »so einer« ist.

Glaubt man aufgrund irgendwelcher Erinnerungs- oder Ähnlichkeitsvorstellungen den Typ gefunden zu haben, dem der Beobachtete angehört oder angehören soll, dann macht sich die Tendenz bemerkbar, nur noch typische Eigenschaften zu sehen. Es tritt das ein, was die Wissenschaft als *Halo-Effekt* bezeichnet. »Ein hervorragend guter oder schlechter Zug in einer Person wirft seine Schatten über alle Urteile, die sich auf diese Person beziehen«, sagt G. W. ALLPORT. »Wir werden unaufmerksam gegen andere Anzeichen oder vernachlässigen sie zugunsten eines hervorstechenden Eindrucks. Experimente haben gezeigt, daß Individuen, die schön, gesund und sauber aussehen und ein lächelndes Gesicht zeigen, im allgemeinen als intelligent *beurteilt* werden, obwohl es wenig oder überhaupt keine Beziehung zwischen diesen Zügen und der intellektuellen Fähigkeit gibt.«

Neben dieser Neigung zur »Schwarz-Weiß-Zeichnung« gibt es die zur *Grau-in-Grau-Färbung*. Wenn man nämlich keine hervorstechenden Eigenschaften erkennen kann, dann nähern sich alle Urteile, zu denen man sich im Lauf der Beobachtung veranlaßt sieht, dem »uncharakteristischen Mittelwert«. Dabei spielt auch die statistisch erwiesene Scheu vor Extrem-Urteilen mit. Erscheint uns der andere nämlich weder sympathisch noch unsympathisch, dann besteht auch kein Anlaß zu einer Über- oder Unterschätzung seiner Person im ganzen, was zur Folge hat, daß man nur noch Eigenschaften durchschnittlicher Art sieht.

Eine dritte Fehlerquelle ergibt sich aus der weitverbreiteten *Tendenz zur Projektion*. Viele Menschen neigen dazu, ihre eigenen – oft unbewußten – Konflikte, Schwächen und Wünsche auf andere zu übertragen, das heißt: in sie hineinzusehen, ja sogar sie ihnen zum Vorwurf zu machen, obwohl diese die betreffende Eigenschaft gar nicht besitzen, was verständlicherweise zu einer Verfärbung, wenn nicht Verfälschung des Bildes führen muß.

Wir werden daher gut daran tun, dem ersten Eindruck nicht blindlings zu vertrauen, sondern ihn durch einen zweiten, und wenn nötig dritten, Eindruck zu überprüfen und zu vertiefen. Da die Überzeugung von der Richtigkeit des gewonnenen Bildes zumeist sehr stark ist, besteht leider meist gar keine Veranlassung zur Nachprüfung. Zudem gibt man auch nicht gerne zu, daß man sich getäuscht hat. Dazu bedarf es schon zwingender Erfahrungstatsachen, zu denen man jedoch nicht gelangt – weil es oft zu keiner weiteren Begegnung kommt. Infolgedessen kann sich die Meinung, der erste Eindruck sei der beste, sehr lange erhalten.

Zuverlässige Menschenbeurteilung

Nicht nur bei der Gewinnung des »ersten Eindrucks« treten Fehlerquellen auf, sondern auch im weiteren Umgang mit Menschen. Manche Schwierigkeiten der Menschenbeurteilung werden uns erst bewußt, lange nachdem wir die erste Begegnung hatten. Der erste Eindruck stellt sich ja meist ohne unser Dazutun ein. Man hat ihn sozusagen »unbewußt« bekommen. In der späteren Begegnung suchen wir nun nach dessen Bestätigung und Vertiefung. Und wenn der Mensch, mit dem wir zusammengetroffen sind, gar keinen Eindruck auf uns gemacht hat, möchten wir uns bei der erneuten Begegnung einen solchen verschaffen.

Fehlerquellen bei der Beurteilung

Wenn wir zu einem zuverlässigen Urteil kommen wollen, müssen wir bestimmte Fehler von vornherein vermeiden. Verhältnismäßig leicht gelangt man ja zu Feststellungen folgender Art: »Er ist gut, schlecht, ehrlich, verlogen, taktvoll, frech ...« Dies sind jedoch moralische Urteile und keine psychologischen. Obwohl Kenntnisse über derartige Eigenschaften für den Umgang mit einem Menschen sehr wichtig sind, dürfen wir uns nicht mit ihnen begnügen.

Zumeist fallen uns noch andere Eigenschaften auf. Wir entdecken die *Rolle*, die der Beobachtete uns gegenüber spielt oder spielen will. Wir sind uns jedoch viel zu wenig bewußt, daß jeder Mensch mehrere Rollen zu spielen hat und die von uns wahrgenommene vielleicht nur die Freizeit- oder Sonntagsrolle darstellt. Man muß also danach trachten, auch die anderen Rollen kennenzulernen (S. 171–176).

Falls der Beobachter nur das bemerkt, was er zu sehen *wünscht*, nützt auch die Erweiterung des Beobachtungsfelds nicht viel. »Er ist doch so nett zu mir!« Man will die Schattenseiten nicht sehen und ist nur zu leicht bereit, offenkundige Schwächen des andern aus der augenblicklichen Situation heraus zu erklären und zu entschuldigen.

Zu einer Verfälschung des Urteils kommt es auch durch das *Vorurteil*, das man unbewußt hat. »Die sind doch alle so!« Dabei ist der andere gar nicht so wie die Mehrzahl der Gruppe, der man ihn kurzerhand zugeordnet hat. Kurz und gut: Wer nach Menschenkenntnis trachtet, muß zunächst einmal seine persönliche *Einstellung* kennen, mit der er an die Beobachtung herangeht (S. 155 f., 367 f.). Die meisten Menschen sind sich nämlich gar nicht bewußt, daß sie alles, was ihnen begegnet, von ihrem ganz persönlichen Standpunkt aus betrachten. Unter diesem Perspektivismus der Betrachtung erscheint dann manches zu groß und vieles zu klein. Oft bleibt dann die Beobachtung an Nebensächlichkeiten oder Zufälligkeiten hängen und dringt nicht zur Eigenart des Menschen vor.

Sieben Voraussetzungen für die Beurteilung

An eine gute Persönlichkeitsbeurteilung sind folgende Anforderungen zu stellen:

1. Die Beurteilung ist von der *Beobachtung* reinlich zu trennen. Vorrang hat die Beobachtung. Die Bewertung darf nicht zu früh erfolgen.
2. Die *moralische* Bewertung eines Verhaltens darf nicht mit der psychologischen Beurteilung verwechselt werden. Es ist etwas anderes, ob ich sage: Er ist ehrlich oder: er ist temperamentvoll.
3. Die Beobachtung muß *objektiv* sein. Die Tatsachen sollen frei von persönlichen Sympathie- und Antipathiegefühlen erfaßt werden. Dies hat unter anderem zur Voraussetzung, daß man seine eigene Einstellung kennt.

4. Die Beobachtung soll möglichst *individuell* sein. Sie darf nicht zu klischeehaft sein. In der Psychologie des Alltags begnügt man sich allzugern mit Typisierungen, das heißt mit der Einordnung des einzelnen in eine Gruppe, sagt also: Das ist doch ein typischer Pedant, Sanguiniker, Schwätzer, Amerikaner usw. und bemüht sich viel zu wenig um die Erkenntnis dessen, was den einzelnen von diesen Gruppen unterscheidet, also um seine höchstpersönliche Eigenart, und das heißt seinen Charakter.
5. Die Beobachtung muß *ganzheitlicher* Art sein. Oft bleibt der Beobachter an irgendwelchen hervorstechenden Einzelerscheinungen hängen, von denen nicht ohne weiteres gesagt werden kann, ob sie »wesentlich« sind oder nicht. Dies läßt sich meist erst im Vergleich mit anderen Eigenschaften und im Hinblick auf die Struktur der gesamten Persönlichkeit feststellen. Die Einzelmerkmale müssen daher stets in ihrer gegenseitigen Verflechtung gesehen werden. Es läßt sich zwar leicht beobachten, daß einer gehemmt ist, aber schwer sagen, woher diese Hemmung rührt und mit welchen anderen Erscheinungen sie zusammenhängt (S. 365).
6. Die Beobachtung sollte möglichst *planmäßig* erfolgen, das heißt rund um die ganze Persönlichkeit führen. Sie darf sich nicht nur etwa auf Eigenschaften des Verstandes erstrecken, sondern muß auch solche des Gefühls und des Willens erfassen und die Interessen, das Können und das Verhalten mit einbeziehen.
7. Schließlich soll die Beobachtung *zuverlässig* sein. Dies setzt eine kritische Überprüfung der Einzelbeobachtungen voraus. Man darf nicht aufgrund eines gelegentlichen Versagens kurzerhand beispielsweise auf Haltlosigkeit, Dummheit oder Unreife schließen. Ein guter Menschenkenner wird sich also vor voreiligen Verallgemeinerungen seiner Beobachtungen hüten müssen.

Um all diesen Anforderungen gerecht werden zu können, bedarf es freilich einer Reihe von Kenntnissen. Vielfach wird zwar behauptet, die Menschenkenntnis sei eine Sache des sogenannten »gesunden Menschenverstands«. Wenn dem so wäre, könnten wir uns glücklich schätzen und uns die Mühe des Studiums eines psychologischen Buches ersparen. Leider machen wir jedoch nur allzuoft die Beobachtung, daß es manchen unserer Mitmenschen an psychologischem Wissen und Verständnis zu fehlen scheint.

Kennen wir uns selbst?

Dichter und Denker aller Zeiten haben den Menschen immer wieder vor die Aufgabe gestellt, sich selbst zu erkennen. Schon die alten griechischen Philosophen hatten Jahrhunderte vor Christus am Apollotempel zu Delphi die Inschrift angebracht: »Erkenne dich selbst!« Offenbar waren sie der Überzeugung, daß Selbsterkenntnis dem Menschen nicht schon von Natur aus eigen ist, sondern von ihm erst errungen werden muß.

Optimistische Meinungen

Viele Menschen halten es für einfach, Menschenkenntnis zu erwerben; sie sind in dieser Beziehung optimistischer als die Philosophen und – die Psychologen. Auch der Laie, der zugibt, daß er sich über andere schon manchmal getäuscht hat, ist doch zumeist der festen Überzeugung, daß es niemand gibt, der ihn besser kennt als er selbst.

Die Meinung, daß der dauernde Umgang mit sich selbst mit Naturnotwendigkeit zur Selbsterkenntnis führen müsse, ist für die meisten Menschen eine absolute Selbstverständlichkeit – an der zu zweifeln fast schon eine Beleidigung darstellt.

Tatsächlich gibt es viele Dinge, die man nur selbst weiß. Was ich zum Beispiel gestern, als ich allein meinen Abendspaziergang machte, gedacht, gefühlt und gewünscht habe, weiß nur ich allein. Mancher bildet sich auch ein, zu wissen, daß er mehr Gemüt und mehr Intelligenz besitze, als ihm andere zutrauen. Erfüllt dieses Wissen aber bereits den Tatbestand der Selbsterkenntnis? Wenn wir einen andern zu erkennen trachten, dann wollen wir doch etwas über dessen »Charakter« erfahren. Wissen Sie aber, was Sie für einen Charakter besitzen?

Versuchen Sie doch bitte einmal aufzuschreiben, was Sie an sich selbst für »charakteristisch« halten! Zeigen Sie dieses »Charakterbild« ihrer Frau, ihrem Mann oder einem ihrer Bekannten – und Sie werden viel Heiterkeit ernten. Diese haben nämlich zumeist ganz andere Vorstellungen von ihrem Charakter als Sie selbst. »Das ist es ja eben«, werden Sie sagen, »die andern kennen mein ›wahres‹ Wesen gar nicht!«

Um zu prüfen, wie es um die Kenntnis des eigenen Wesens bestellt ist, haben Psychologen folgendes Experiment gemacht. Sie baten eine größere Anzahl gebildeter Männer und Frauen um ihr Einverständnis zu einem psychologischen Versuch, dessen Ergebnis sie selbst beurteilen sollten. Teils wurden mit den Versuchspersonen verschiedene Tests durchgeführt, teils wurde ihnen gesagt, daß ihre Handschrift graphologisch untersucht würde. Nach einer gewissen Zeit erhielten alle am Versuch beteiligten Personen einen verschlossenen Briefumschlag, in welchem – angeblich – »ihr« Charaktergutachten steckte; tatsächlich jedoch erhielten sämtliche Versuchspersonen ein und dasselbe »Einheitsgutachten« – und fanden es von wenigen Ausnahmen abgesehen als »ganz ausgezeichnet«. Es hatte folgenden Wortlaut:

»Im Grund Ihres Wesens sind Sie ein aufrichtiger Mensch, dem es von Natur aus nicht liegt, mit seinen Meinungen und Gefühlen zurückzuhalten. Dies hat Ihnen schon manche Enttäuschung eingetragen. Andererseits können Sie bestimmten, Ihnen weniger sympathischen Menschen gegenüber recht zurückhaltend sein. Im Kreise vertrauter Personen aber sind Sie gesellig, heiter, ja oft ausgelassen, können sich ganz dem Augenblick hingeben. Es kommen allerdings auch Stunden bei Ihnen, wo Sie das Bedürfnis haben, mit sich allein zu sein, wo Sie trübe Stimmungen, Zweifel an sich selbst zu überwinden haben. Sie stehen den Fragen des Lebens ernst gegenüber, wenn das viele Menschen auch nicht bei Ihnen vermuten. Aber Sie machen sich Gedanken über das Leben, sammeln Erfahrungen über andere Menschen, suchen deren Wesen zu ergründen. Sie begnügen sich also nicht mit einem oberflächlichen Dahinleben, sondern suchen über alles Klarheit zu gewinnen. Sie sind kein Pedant oder Kleinigkeitskrämer, aber doch bemüht, ihre Tagespflichten gewissenhaft zu erledigen. Sie stehen bei Ihrer Arbeit nicht gern unter fremder Aufsicht, dazu sind Sie ein zu selbständiger Mensch.«

Die Mehrzahl der Beteiligten scheint also nur zu leicht bereit zu sein, sich mit irgendwelchen geschickt abgefaßten charakterologischen Aussagen zu identifizieren, wenn diese ihnen in »wissenschaftlichem« Gewand dargeboten werden. Auf dieser Leichtgläubigkeit und – Unwissenheit über sich selbst beruht nicht zuletzt auch der Erfolg der Hellseher und Astrologen. Infolge dieser – wie die Psychologen sagen – *Projektions-Bereitschaft* werden deren Aussagen zumeist als »völlig zutreffend« empfunden.

Skeptische Gegenmeinungen

Kritischere Geister verhielten sich der Selbsterkenntnis gegenüber von jeher skeptischer. So meinte zum Beispiel der Dichter und Philosoph HERDER: »Wir gehen mit einem zwar lebendigen, aber verworrenen Bewußtsein unser selbst wie im Traum einher.« GOETHE, der sich viel mit dieser Frage beschäftigt hatte, äußerte Kanzler Müller gegenüber: »Ich behaupte, der Mensch kann sich nie selbst kennenlernen; sich nie rein als Objekt betrachten. Andere kennen mich besser als ich mich selbst.« An anderer Stelle sagt er: »Ich bekenne, daß mir von jeher die so bedeutend klingende Aufgabe: Erkenne dich selbst! immer verdächtig vorkam, als eine List geheim verbündeter Priester, die den Menschen durch unerreichbare Forderungen verwirren und zu einer falschen inneren Beschaulichkeit führen wollen. Der Mensch kennt nur sich selbst, insofern er die Welt kennt. Ich habe daher in reiferen Jahren große Aufmerksamkeit gehegt, inwiefern andere mich wohl erkennen möchten, damit ich in und an ihnen wie an soviel Spiegeln über mich selbst deutlicher werden möchte.«

In der Selbstreflexion werden uns stets nur Teile eines selbst zurecht gemachten Bilds bewußt. Jeder besitzt sozusagen drei Charaktere:

1. einen, von dem er glaubt, daß er ihn besitze; sein subjektives *Selbstbild*;
2. einen, den er zu haben wünscht; sein Leit- oder *Wunschbild*;
3. einen, von dem er nichts weiß; sein *Wesensbild*.

Gemäß einer weitverbreiteten menschlichen Schwäche, erkannte Fehler zu entschuldigen und zu beschönigen, sind viele Menschen in Unkenntnis ihres wahren Charakters nur allzuleicht geneigt, ihr Wunschbild für das eigentliche Bild ihres Charakters zu halten.

»Inwendig lernt kein Mensch sein Innerstes erkennen«, sagt GOETHE in »Tasso«, »denn er mißt nach eigenem Maß sich bald zu klein und leider oft zu groß.«

Die meisten Psychologen sind der Meinung, daß das Streben nach Selbsterkenntnis allermeist nur zu einem – Selbstbetrug führt. Was uns zum Bewußtsein kommt, sind unsere Verhaltensweisen und unsere Erlebnisse. Worauf sich diese gründen und welchem Nährboden sie entwachsen sind, bleibt uns so dunkel wie das, was die Psychologie unter »Wesen« und »Charakter« versteht.

Wir dürfen uns den Charakter ja nicht in der Art eines konkret erkennbaren Gegenstands vorstellen, der zwar an verborgener Stelle sitzt, aber nach einigem Bemühen doch zu fassen ist. Was die Psychologie unter »Charakter« versteht, ist ein sehr kompliziertes gedankliches Gebilde, mit dem wir uns noch eingehend befassen werden. Seine Erkenntnis erfordert – wie alle Erkenntnis – gewisse »Vor-Kenntnisse«, die dem Leser durch dieses Buch vermittelt werden sollen. Wenn ich keine Kenntnisse von der Funktionsweise des Motors in meinem Wagen besitze, dann nützt mir auch die Öffnung der Motorhaube und der Griff nach Werkzeugtasche nicht viel. Wer nach Menschenkenntnis und Selbsterkenntnis trachtet, muß sich also zunächst einmal mit der Beschaffenheit des »Gegenstandes«, in unserem Fall also mit der Psyche befassen. Und von dieser wiederum erkennt man mehr beim andern als bei sich selbst, denn: »Jeder ist sich selbst – der Fernste!« sagt Friedrich Nietzsche. Eben deshalb gibt Friedrich Schiller uns auch den Rat:

»Willst Du Dich selber erkennen,
So sieh, wie die andern es treiben;
Willst Du die andern verstehen,
So blick in Dein eigenes Herz.«

Was von der Psychologie zu erwarten ist

In seinen Nöten und Schwierigkeiten schaut der Menschenkenner verständlicherweise nach der Psychologie, jener Wissenschaft, die es nach der Meinung vieler Zeitgenossen mit der Enträtselung der Seele zu tun hat. Sie soll ihm nicht nur zum Verständnis des eigenen, sondern auch des fremden Seelenlebens verhelfen. Er erwartet von ihr möglichst bündige Anweisungen, mit deren Hilfe er rasch und sicher zum Ziel seiner Wünsche gelangen kann.
Dabei geht er von der stillschweigenden Voraussetzung aus, als ob sich die Psychologie in der Menschenkenntnis erschöpfe und das Wort »Psychologie« eigentlich nur ein vornehmerer Ausdruck für Menschenkenntnis sei. Dem ist jedoch nicht so. Zwar beschäftigen sich beide mit dem Seelenleben des Menschen, jedoch aus ganz verschiedenen Absichten und in sehr unterschiedlicher Weise. Davon kann sich jeder überzeugen, der einmal einen Blick in eine psychologische Fachzeitschrift geworfen hat. Die Themen, die dort behandelt werden, entsprechen zum größten Teil nicht den Fragestellungen des nach Menschenkenntnis trachtenden Laien. Selbst eines der wissenschaftlichen Lehrbücher, das den vielversprechenden Titel »Einführung in die Psychologie« trägt, dürfte ihm kaum das bringen, was er sucht.

Womit beschäftigen sich eigentlich die Psychologen?

Wie unklar die Vorstellungen über Wesen und Aufgabe der Psychologie sind, kann der Leser leicht durch eine Umfrage in seinem Bekanntenkreis feststellen. Der eine hält die Psychologie für eine »Magie«, also eine Geheimwissenschaft, die mit fragwürdigen Mitteln arbeitet, der andere für eine Art Seelsorge-Ersatz, verwechselt Psychologie mit Theologie, mit Psychiatrie oder Psychotherapie, hält die Psychologen für »Tester« oder wirft sie kurzerhand in einen Topf mit Wahrsagern, Chiromanten oder Astrologen.
Die wenigsten wissen, daß die Psychologie ein stark verzweigtes Wissenschaftsgebiet ist – in welchem das Problem der Menschenkenntnis nur eines unter vielen ist. Es würde viel zu weit führen, dem Leser eine hinlänglich klare Vorstellung von den zahlreichen Sparten der Psychologie zu geben. Wir müssen uns hier lediglich mit der Aufzählung der Namen

einiger Zweige der Psychologie begnügen. Vom Vorhandensein einer *Werbe-*, *Entwicklungs-* und *Sexualpsychologie* hat wohl jeder schon etwas gehört. Weniger bekannt ist etwa die *Arbeits-* und *Betriebspsychologie*, die *Sozialpsychologie*, *Völkerpsychologie* oder *Tierpsychologie*. Nahezu unbekannt sind beispielsweise die Gebiete der *forensischen* (das heißt gerichtlichen) *Psychologie*, der *Musikpsychologie* oder der *Gestaltpsychologie*. Innerhalb der einzelnen Sparten gibt es wieder vielerlei »Schulen«, die von unterschiedlichen Voraussetzungen ausgehen und ihre eigenen Methoden entwickelt haben.
Mit den schlichten Fragen: Wie erkenne ich die Eigenart meines lieben Nächsten? Wie lerne ich ihn besser verstehen? Wodurch unterscheiden sich eigentlich die Wesensarten der verschiedenen Menschen? befaßt sich eingehender nur die sogenannte *Charakterologie*. Diese hat wiederum vielerlei Beziehungen zu anderen Gebieten der Psychologie, insbesondere auch zur sogenannten *Allgemeinen Psychologie*.

Alltagspsychologie und wissenschaftliche Psychologie

Der Laie, der sich der Psychologie zuwendet, erwartet von ihr zumeist nur eine Befriedigung seines diagnostischen Bedürfnisses. Er möchte von ihr ein möglichst sicher wirkendes Mittel in die Hand bekommen, einen Test »oder so etwas«, mit dessen Hilfe er rasch zum Ziel seiner Wünsche gelangt, nämlich zur Erkenntnis dessen, wie der andere »eigentlich« ist. Über die Beschaffenheit dieses »Eigentlichen« hat er zumeist mehr oder weniger verschwommene Ansichten – in den meisten Fällen jedoch völlig andere als die Psychologie.
Es ist eine leidige Tatsache, mit der wir uns abfinden müssen, daß sich Alltagspsychologie und wissenschaftliche Psychologie weit auseinander entwickelt haben. Sie gehen nicht nur von andersartigen Fragestellungen aus, sondern arbeiten auch mit unterschiedlichen Methoden und Begriffen. Vieles, was dem Menschenkenner selbstverständlich ist, wie zum Beispiel der Zusammenhang zwischen hoher Stirn (Denkerstirn) und Intelligenz, erscheint dem Psychologen als höchst fragwürdig. Wo der Menschenkenner die absolute Überzeugung hat, daß dieser dumm und jener intelligent ist, hält sich der Psychologe vorsichtig zurück. Er versucht, zunächst einmal klar darüber zu werden, was unter Intelligenz zu verstehen sei und mit welchen Methoden dieses Phänomen untersucht werden kann, um Aussagen über Gradunterschiede bei einzelnen Menschen machen zu können.
Was der Menschenkenner unmittelbar, das heißt intuitiv, erfaßt, muß sich der Psychologe – wegen seines Anspruchs auf höchste Exaktheit – erst mühsam erarbeiten. Der bekannte Wiener Psychologe Hubert Rohracher muß daher resigniert bekennen: »Wir haben keine Instrumente, mit denen man konstatieren könnte, ob ein Blick offen, listig oder verträumt ist. Die wissenschaftliche Psychologie kann zwar Empfindungsschwellen mit einer Genauigkeit von Tausendstel Millimetern oder Tausendstel Sekunden messen, aber sie kann auch mit ihren kompliziertesten Apparaten einen gequälten nicht von einem verlegenen Gesichtsausdruck unterscheiden.« Die weitverbreitete Meinung, daß die Psychologie über unfehlbare Mittel und Wege zur »Entlarvung« auch des verstecktesten Charakters verfügen würde, ist irrig. »Methoden, mit denen

man den Charakter eines Menschen rasch und sicher feststellen kann, gibt es nicht«, sagt ROHRACHER. Dies gilt auch für die in unseren Illustrierten angebotenen Tests zur Bestimmung einzelner Charaktereigenschaften.

Wie der Autor dieses Buches vorgeht

Man muß viele Wege und psychologische Verfahrensweisen kennen, um der Eigenart eines Menschen näher zu kommen. Auch der mit größter Überzeugungsgewißheit verbundene »persönliche Eindruck« bildet noch keine Garantie für ein objektiv richtiges Urteil. Wer seine Menschenkenntnis verbessern will, wird sich daher nicht der Mühe entziehen dürfen, sich mit den Ergebnissen der charakterkundlichen Forschung vertraut zu machen.

Wir werden uns zunächst mit den *Vorstellungen vom Seelenleben* befassen, welche die wissenschaftliche Psychologie entwickelt hat (S. 43–87). Danach geben wir dem Leser eine gedrängte Übersicht über die typischen Formen menschlicher Charaktere (*Typologie*, S. 88–165). Der vierte Teil führt ihn in das Kerngebiet der Charakterkunde: die *Ausdruckspsychologie* (S. 166–263). Das Studium dieses Teils wird ihm am meisten Anregungen zur Bereicherung und Vertiefung der Menschenkenntnis geben. Der fünfte Teil soll den Leser über die Möglichkeiten und Grenzen der wissenschaftlichen Testverfahren informieren (S. 264–351), und der letzte Teil schließlich soll ihn mit den Abwandlungen des Charakters durch die *Umwelt* vertraut machen (S. 352–395).

DER MENSCH IM LICHTE DER PSYCHOLOGIE

Psychologie heißt wörtlich »Lehre von der Seele« (griech. psyché = Seele). Tatsächlich beschäftigten sich die Philosophen, denen die Pflege der Psychologie bis ins 19. Jahrhundert hinein anvertraut war, mit der Frage nach der Beschaffenheit der Seele, ihrem Sitz und ihrem Verhältnis zum Körper, während sich die Psychologen von heute mit den Erscheinungen des Seelen*lebens* befassen. Bis jetzt gelangten die Gelehrten nicht zu einer einheitlichen Auffassung über die *Seele.* Wir sprechen zwar mit größter Selbstverständlichkeit von der Seele des Menschen, sogar von einer Seelenheilkunde, machen uns aber wenig Gedanken darüber, wie die Seele eigentlich beschaffen ist. Ebenso ist es mit dem *Charakter.* Er wird vielfach als etwas Feststehendes, als eine unverrückbare Tatsache hingenommen, und man macht sich wenig Gedanken darüber, mit welcher Problematik auch dieser Begriff verbunden ist.

Was ist die Seele?

Für die Menschenkenntnis des Alltags ist es unvermeidlich, sich zunächst mit den grundsätzlichen Fragen der Psychologie und Charakterologie auseinanderzusetzen. Ohne diese Vorkenntnisse ist ein Erfassen der Detailfragen nicht möglich. Wir werden also zunächst die Auffassungen über das *Wesen der Seele* erörtern, dann die Vorstellungen der Psychologie über die *Bereiche des Seelenlebens* und schließlich die Antwort der Psychologie auf die Frage nach dem *Aufbau und Werden des Charakters.* Zwar handelt es sich in allen diesen Fällen um verschiedene Hypothesen, also um Annahmen, Vorstellungen, die insgesamt doch ein Annähern an die »Wahrheit« ermöglichen.

Die Vorstellungen von der Seele

Vielen gilt es als ausgemacht, daß der Mensch ein Wesen sei, das einen Körper und eine Seele »besitze«. Sie sind erstaunt zu hören, daß dies nur eine der vielen Auffassungen vom Wesen des Menschen ist. Diese Theorie hat zwar seit ihrer Verkündigung durch den griechischen Philosophen PLATON (427–347 v. Chr.) viele Anhänger gefunden, ist jedoch keineswegs absolut gültig.

Dualismus – Monismus

Nach der *dualistischen Auffassung* (lat. duo = zwei) sind Leib und Seele zwei völlig *wesens*verschiedene Erscheinungen, die insbesondere im christlichen Denken auch noch als *wert*verschiedene empfunden wurden: der Leib oder das »Fleisch« als der irdische, niedere und vergängliche, die Seele als der göttliche, höhere und unvergängliche Teil des Menschen, der eines Tages als »Hauch« den Leib verläßt. Vielfach wurde die Seele mit dem Wind verglichen, der zwar unsichtbar, aber dennoch wirklich und wirksam ist.
Die Frage nach der »Substanz« der Seele beschäftigte die Philosophen bis ins späte Mittelalter hinein. Nach RENÉ DESCARTES (1596–1650) soll die Seele eine ausgedehnte, unstoffliche, unteilbare und unzerstörbare Substanz sein.
Eng verbunden mit der Frage nach der Substanz war die nach dem »Sitz« dieser Substanz. Dieser wurde bald in den Bauch, in das Zwerchfell, in das Blut, in das Herz oder in den Kopf verlegt. In materialistischer Sicht ist jedoch so etwas wie eine Seele weder hier noch dort zu sehen oder zu begreifen. Konsequenterweise leugnet daher auch der Materialist – im philosophischen Sinne – die Existenz einer selbständigen Seele. Seiner Auffassung nach gibt es nur eine einzige Substanz, nämlich die Materie. Was wir »Seele« zu nennen pflegen, sei nichts anderes als eine Art »Ausschwitzung« der Materie. Diese *materialistische* und *monistische* Theorie (lat. materia = Stoff; griech. monos = allein, einzig) ist freilich ebensowenig beweisbar wie die dualistische und noch weniger befriedigend als diese. So einfach lassen sich die Schwierigkeiten bei der Bestimmung des Seelischen nicht aus der Welt schaffen.
Für den gesunden Menschenverstand ist jedenfalls an der Existenz einer vom Körper unterscheidbaren Seele nicht zu zweifeln. Über ihre Beschaffenheit und ihr Verhältnis zum Körper gehen allerdings die Ansichten bis zum heutigen Tag noch weit auseinander. Für das streng wissenschaftliche Denken ist die Existenz einer unsterblichen immateriellen Seele weder beweisbar noch widerlegbar. Damit soll freilich weder der Philosophie noch der Religion das Recht bestritten werden, Aussagen über die Seele in diesem Sinne zu machen. So wie es beispielsweise über das Wesen des Lichts verschiedene Theorien gibt, so müssen wir uns auch im Bereich des Seelischen mit der Existenz verschiedener Hypothesen, das heißt: Annahmen, abfinden. Keine derselben kann für sich den Anspruch erheben, allein gültig zu sein.
Jede Hypothese besteht nur so lange zu Recht, bis sie durch eine einleuchtendere ersetzt werden kann. So bewirkten die bahnbrechenden Gedanken des Königsberger Philosophen IMMANUEL KANT (1724–1804) einen Wendepunkt in dem jahrhundertelangen Streit um die Bestimmung

der Seele. Er lehrte, daß wir nur das denkend erkennen können, was uns aufgrund unserer Sinnesanlagen zugänglich ist. Da unser gesamter Sinnesapparat jedoch nur auf die Erfassung von »Erscheinungen« abgestellt sei, bleibe uns die Erkenntnis des »Dings an sich«, das heißt: des wahren Wesens der Dinge verschlossen. Auf unser Problem angewandt bedeutet dies: Das Wesen der Seele oder gar ihre Substanz vermögen wir infolge der Beschränktheit des menschlichen Erkenntnisvermögens nicht zu erkennen.

Die moderne Psychologie

Um aus den uferlosen Spekulationen über die Substanz und Beschaffenheit der Seele herauszukommen, beschränkte sich die Psychologie des 19. Jahrhunderts auf die Erforschung dessen, was von der Seele in *Erscheinung* tritt. Dies führte zur Verselbständigung und Herauslösung der Psychologie aus dem Verband der Philosophie. Während letztere sich nach wie vor mit der Seele als einer unkörperlichen und unsterblichen Kraft beschäftigte, wandte sich die von der Naturwissenschaft beeinflußte Psychologie der Beobachtung und Beschreibung der *seelischen Vorgänge* (S. 47–50) zu.

Die Abwendung von den rein philosophisch zu lösenden Fragen war so energisch, daß diese neuere Psychologie geradezu als »Psychologie ohne Seele« bezeichnet wurde. Freilich konnte sich auch diese Psychologie nicht der Frage nach den Ursachen der seelischen Vorgänge entziehen. Der Wandel des Seelenbegriffs ist jedoch unverkennbar. Mit der »Seele« in der ursprünglichen Bedeutung des Wortes hat die moderne Psychologie nichts mehr zu tun. Es ist daher auch nicht verwunderlich, daß allen Ernstes gefordert wurde, den Begriff Psychologie für diese Wissenschaft fallen zu lassen. Dies ließ sich allerdings nicht durchführen. Im Sprachschatz der modernen Psychologie taucht jedoch der Begriff »Seele« nur noch selten auf, und wo er gebraucht wird, hat er die Bedeutung von »Seelenleben«. Die Psychologie ist also zu einer *Wissenschaft vom Seelenleben* geworden, zur Lehre von den psychischen Vorgängen, ihren Ursachen und Wirkungen.

Das Leib-Seele-Problem

Was sind nun eigentlich »psychische Vorgänge«? Wo hört der psychische Vorgang auf und wo fängt der körperliche an? Wir kommen damit zu der Frage nach dem Zusammenhang von Leib und Seele.

Die Tatsache, daß die Grenzen zwischen Leib und Seele fließend sind, hebt den Unterschied, ja den Gegensatz zwischen ihnen nicht auf. Mein Denken, Fühlen und Wollen hat zwar einen intakten Körper zur Voraussetzung, doch haftet den Ergebnissen dieser Funktionen, also meinen Gedanken, Gefühlen und Entschlüssen nichts Materielles an. Sie haben weder Gewicht noch Länge oder Breite, sind aber dennoch vorhanden und erkennbar.

Daß sich die körperliche und die psychische Seite unseres Wesens gegenseitig beeinflussen, ist auch dem einfachsten Verstand erkennbar. Ermüdung und Krankheit beeinträchtigen nicht nur unser physisches, sondern auch unser psychisches Leistungsvermögen. Verstimmung und andauernder Ärger »schlagen« sich vielfach auf den Magen, stören die

Darmfunktionen und können zu einem Magengeschwür führen. Wie diese Beeinflussung im einzelnen vor sich geht, wissen wir allerdings nicht. Daher fällt es ja auch dem Arzt nicht immer ganz leicht zu sagen, inwieweit eine Krankheit biogen (vom Körper) oder psychogen (von der sogenannten Seele her) bedingt ist.
Zur Erklärung des Zusammenhangs von Körper und Seele werden die verschiedensten Hypothesen herangezogen.

Wechselwirkungstheorie. Die bereits von RENE DESCARTES (1596–1650) entwickelte Wechselwirkungstheorie wirkt zwar bis zum heutigen Tag nach, befriedigt jedoch wenig. Nach ihr besteht zwischen körperlichen und seelischen Vorgängen ein kausales (= ursächliches) Verhältnis, das wechselseitige Beeinflussungen ermöglicht. Es läßt sich jedoch schlecht vorstellen, wie zwei so wesensverschiedene Kräfte aufeinander einwirken sollen und wie etwa das Gefühl der Trauer und des Schmerzes das Tränenvergießen bewerkstelligen soll.

Parallelitätstheorie. Noch weniger befriedigend ist die auf G. W. LEIBNIZ (1646–1716) zurückgehende Parallelitätslehre. Danach kann es zwar zwischen den beiden wesensverschiedenen Ablaufreihen keine kausalen Beziehungen geben, wohl aber eine vom Schöpfer gesetzte »prästabilierte Harmonie«, das heißt: eine vorherbestimmte Übereinstimmung. Diese bewirke die Parallelität der unabhängig voneinander ablaufenden Prozesse.

Zwei-Seiten-Theorie. Auch die sogenannte »Zwei-Seiten-Theorie«, die lehrt, daß das Seelische und das Körperliche im Grunde identisch und nur zwei Seiten einer uns unbekannten Erscheinung seien, trägt rein spekulativen Charakter.

Ergebnisse der empirischen Forschung. Etwas mehr Licht in diese Zusammenhänge brachte die empirische Forschung. Sie zeigte zum Beispiel, daß das gesamte Trieb- und Gefühlsleben einschließlich der geistigen Leistungsfähigkeit von der Tätigkeit bestimmter *innersekretorischer Drüsen* abhängig ist. So führt eine Unterfunktion der Schilddrüse zur Verblödung und zu körperlichen Störungen und Abartigkeiten, eine Überfunktion zu erhöhter Erregbarkeit. Ebenso bekannt ist, daß die Entfernung der Keimdrüsen (beim Manne der Hoden, bei der Frau der Eierstöcke) zu weitgehenden psychischen Veränderungen führt.
Der *Gehirnforschung* ist der Nachweis gelungen, daß einzelne psychische Funktionen von der Tätigkeit bestimmter Gehirnpartien abhängig sind. Man kennt zum Beispiel die Zentren für die Reizverarbeitung, das Affektgeschehen und das Sprachverständnis und weiß, wo die Region der Seh-, Tast-, Schmerz- und Temperaturempfindungen liegt. Man vermag sogar durch eine elektrische Reizung der Sehsphäre Licht- oder Farberlebnisse zu erzeugen. Die von dem Phrenologen F. J. GALL entwickelte Lokalisationstheorie, die jeder Seelenfunktion einen bestimmten Sitz im Gehirn zuschrieb, ließ sich dadurch allerdings nicht bestätigen (S. 179–180). Die Gehirnforschung neigt heute vielmehr eher zu einer ganzheitlichen Auffassung (S. 180).
Allgemein bekannt ist auch die Wirkung des *Alkohols* auf unsere Stimmung und Haltung. Schon durch ein paar Gläschen Wein oder Schnaps wird unsere Reaktionsfähigkeit erheblich herabgesetzt. Wir fühlen uns zwar erhoben, ver-

lieren vielleicht auch vorhandene Hemmungen, vermögen aber nicht mehr klar zu denken. Erst recht führt der Genuß von *Rauschgiften* wie Opium, Haschisch und Morphium zu einer völligen Veränderung unseres Denkens, Fühlens und Wollens. Und einige Tropfen Äther oder Chloroform genügen vollauf, um einen Menschen bewußtlos zu machen.

Der heutige Standpunkt. So aufschlußreich die eben genannten Forschungsergebnisse auch sind, so wenig vermögen sie doch zu klären, auf welche Art und Weise die beiden wesensverschiedenen Sphären des Leibes und der Seele aufeinander einwirken.

Das uralte Leib-Seele-Problem, das die Philosophen schon seit Jahrhunderten beschäftigte, vermochte auch durch die empirische Forschung bis heute noch nicht restlos geklärt zu werden. Was Wunder, daß es von vielen Denkern als ein Scheinproblem abgetan wurde. »Jede mögliche Theorie zur Klärung des Leib-Seele-Problems führt zu Absurditäten«, sagt der Philosoph KARL JASPERS.

Die empirische Forschung vermochte zwar zu beweisen, daß unser Denken, Fühlen und Wollen an gewisse physikalisch-chemische Gehirnprozesse gebunden ist, jedoch nicht zu erklären, *wodurch* diese Verbindung zustande kommt. Der große Physiologe CH. SHERRINGTON sagt daher mit Recht: »Es ist ein weiter Weg von einer elektrischen Reaktion im Gehirn bis dahin, plötzlich eine Welt vor sich zu sehen mit all ihren Farben und Schattierungen. Schon Aristoteles hat vor zweitausend Jahren gefragt, in welcher Weise die Seele an den Körper gebunden sei. Diese Frage stellen wir auch heute noch.«

Was sind seelische Vorgänge?

Wie wir gesehen haben, beschäftigt sich die moderne Psychologie mit dem sogenannten Seelenleben, womit die Gesamtheit der psychischen Vorgänge gemeint ist. Was sind nun aber psychische Vorgänge?

Wenn wir beim Lesen dieser Zeilen unser Interesse einmal auf das konzentrieren, was beim Lesen in uns geschieht, wenn wir also sozusagen bei dieser Tätigkeit zuschauen, dann stoßen wir auf mancherlei psychische Vorgänge. Lesen setzt zunächst einmal Sehen voraus. Wie kompliziert die dabei ablaufenden Prozesse sind, ist erst durch die Sinnesphysiologie offenbar geworden. Mit der Abbildung des Gesehenen auf der Netzhaut ist es nämlich nicht getan. Das Aufgenommene muß ja nun zu einer Wahrnehmung verarbeitet werden. Dies hat zur Voraussetzung, daß ich die Bedeutung der einzelnen Buchstaben der Wörter kenne, also ein gewisses Wissen besitze, ohne das mir das Gesehene nicht nützt. Um etwas mit der Wahrnehmung anfangen zu können, muß ich jedoch nicht nur über ein gut funktionierendes Gedächtnis, sondern auch über ein gewisses Denkvermögen verfügen. Mancher kann zwar gut lesen, versteht aber nicht, was mit den Sätzen eigentlich gemeint ist, weil es ihm an den dazu nötigen Voraussetzungen, an Wissen und Erfahrung fehlt. Nehmen wir nun an, wir hätten das Gelesene verstanden, dann stellen sich bei uns zumeist ohne unser Dazutun Gefühle, Vorstellungen, Erwartungen und Wünsche ein, die uns unter Umständen zu neuen Taten veranlassen. All die genannten Erscheinungen bezeichnet man als *psychische Vorgänge*, deren Erforschung sich die Psychologie zur Aufgabe gemacht hat.

Unsere eben vorgenommene Selbstbeobachtung hat uns jedoch nur einen

kleinen Teil der psychischen Erscheinungen zum Bewußtsein gebracht. Neben dem *Denken, Fühlen* und *Wollen,* den *Sinneswahrnehmungen* und *Vorstellungen,* dem *Gedächtnis* und der *Phantasie* beschäftigt sich die Psychologie auch noch mit den *Trieben* und *Instinkten,* den *Träumen* und sogar mit dem *Unbewußten* sowie all den vielen individuellen Besonderheiten, die diese Erscheinungen zeigen. Ihre erste Aufgabe besteht zunächst einmal darin, die einzelnen Erscheinungen und Vorgänge gegeneinander abzugrenzen, sie zu bezeichnen und zu beschreiben.
Schon dies ist gar nicht so einfach, wie es zunächst aussieht. Die einzelnen Erscheinungen durchdringen sich nämlich gegenseitig mehr oder weniger, sie sind also komplexer Natur. Selbst ein relativ einfach erscheinender Wahrnehmungsvorgang stellt ein ganzes Bündel von Prozessen dar, dessen Zergliederung auf erhebliche Schwierigkeiten stößt. Erst recht gilt dies für so komplizierte Vorgänge wie die des Denkens oder des Wollens. Nach der Beschreibung und Abgrenzung der Erscheinungen geht es der Psychologie aber vor allem um die Herausarbeitung der Gesetzmäßigkeiten, der Vorgänge, ihrer Ursachen und Zusammenhänge.

Wie gliedert sich das Seelenleben?

Wie alle Wissenschaft, so versucht auch die Psychologie, die Gegenstände, mit denen sie sich befaßt, zu ordnen und die von ihr ermittelten Tatsachen zu klassifizieren. Dabei hat sie wiederum mehr Schwierigkeiten zu überwinden als beispielsweise die Naturwissenschaften, deren Gegenstände greifbar sind. Es ist daher auch nicht verwunderlich, daß die Psychologie noch zu keinem allgemein verbindlichen System der Erscheinungen des Psychischen gekommen ist.

Versuche einer Gliederung. Nach Ansicht des griechischen Philosophen ARISTOTELES (384–322 v.Chr.) bilden Empfindungen und Wahrnehmungen das Fundament unserer Kenntnis der Außenwelt. Aus ihnen entstehen die Vorstellungen, die ihrerseits wieder den Rohstoff für das Denken bilden. Als weitere psychische Erscheinungen nennt er die Gefühle und den Willen, die Begierden und die Leidenschaften.
Durch all die Jahrhunderte hindurch bis zur Gegenwart hinein sind immer wieder neue Gliederungsversuche gemacht worden, von denen jedoch keiner allgemeine Anerkennung gefunden hat. Verstandlich betrachtet lassen sich zwar einzelne psychische Erscheinungen voneinander unterscheiden; im Erleben gehen sie jedoch ohne scharfe Grenzen ineinander über.

Der Entwurf von Rohracher. Der Wiener Psychologe HUBERT ROHRACHER versuchte, die verschiedenartigen psychischen Erscheinungen in eine engere Beziehung zueinander zu bringen. Seiner Ansicht nach gibt es zwei große Gruppen psychischer Phänomene:

1. solche, die Ziele setzen und Aufträge erteilen, wie zum Beispiel der Wille und die Triebe (diese nennt er psychische Kräfte);
2. solche, die jene Aufträge ausführen, das heißt der Erreichung der gesteckten Ziele dienen, wie z. B. das Denken oder die Wahrnehmungen (diese nennt er psychische Funktionen).

Die Psychologie, so meint er, hat von der Tatsache auszugehen, daß jedes Lebewesen durch das Vorhandensein bestimmter treibender Kräfte gekennzeichnet ist. Zu ihnen gehören vor allem die *Triebe,* wie der Nahrungs- oder Geschlechtstrieb, und der *Wille*. Sie bringen den Organismus sozusagen erst in Fahrt, wecken Bedürfnisse und stellen Ziele, die mit Hilfe bestimmter Funktionen, wie zum Beispiel des *Denkens*, befriedigt oder erreicht werden können. In engster Beziehung zu diesen treibenden Kräften stehen die *Gefühle* und *Interessen*, von denen ebenfalls aktivierende Wirkungen ausgehen. Unser Denken und unser Gedächtnis, unser gesamter Sinnesapparat tritt erst in Funktion, wenn er durch diese Kräfte erregt wird. Wenn ein Tier keinen Hunger hat, beachtet es das ihm gebotene Futter nicht. Wer kein Interesse am Fußballspiel hat, den wird auch das interessanteste Länderspiel nicht dazu veranlassen, sich auf den Weg zum Stadion oder zum Bildschirm zu machen.

Das Gesetz der funktionalen Aktivierung. Die Einteilung des Seelenlebens durch ROHRACHER unterscheidet sich von den meisten Klassifikationen dadurch, daß sie die einzelnen psychischen Vorgänge und Zustände nicht zusammenhanglos nebeneinanderstellt, sondern von ihren gegenseitigen Beziehungen ausgeht. Das von ihm aufgestellte *Gesetz der funktionalen Aktivierung* gilt für sämtliche Lebewesen. Sowohl beim Menschen als auch bei Tieren »funktionieren« beispielsweise die Sinnesorgane nur auf Reize oder Antriebe.

Allgemein gesagt gilt daher: »Wahrnehmung, Gedächtnis und Denken treten nur in Funktion, wenn sie von äußeren Reizen oder von Trieben, Interessen, Gefühlen oder Willenserlebnissen aktiviert werden.«

Um einen Menschen zu verstehen, müssen wir also den Umfang und die Stärke der treibenden Kräfte und die Beschaffenheit der ihm zur Verfügung stehenden Funktionen festzustellen versuchen. Hierbei werden wir bemerken, daß der eine mehr durch seine Triebe, der andere mehr durch seine geistigen Interessen oder seinen Willen aktiviert wird, bei diesem vielleicht das Gedächtnis und bei jenem das Denken nicht mehr so recht funktioniert.

Wie erhalten wir Kenntnis von den seelischen Vorgängen?

Wenn Sie einen Ihrer Bekannten fragen, wie er eigentlich dazu komme, den netten Herrn, mit dem Sie in seinem Beisein gestern zufällig ins Gespräch kamen, für einen hinterhältigen Menschen zu halten, dann wird er wahrscheinlich sagen, er hätte »eben so das Gefühl gehabt«, daß diesem nicht so recht zu trauen sei. Vielleicht pocht er dabei auch auf seine ihm angeblich angeborene Menschenkenntnis, die ihn noch nie getrügt habe oder behauptet, daß er dies etwa am Blick des Betreffenden »sofort« gesehen habe. Wie sehr man sich dabei täuschen kann, haben wir eingangs bereits schon gesehen.

Allen Erfahrungen zum Trotz macht sich der Menschenkenner im allgemeinen nicht viel Gedanken über die von ihm vielfach unbewußt benützten Methoden. Bisweilen ist er von seiner Methode sogar so überzeugt, daß er auf sie »schwört«, obwohl diese unter Umständen von der Wissenschaft längst als untaugliches Mittel abgelehnt worden ist. Wenn auch nicht zu bezweifeln ist, daß wir auf diesem Wege, mit dem sogenannten *intuitiven Verfahren*, oft zu ganz erstaunlichen Erkenntnissen kommen (S. 20), so bedarf die Wissenschaft doch noch anderer Mittel und Wege.

Im Gegensatz zum Menschenkenner muß der wissenschaftlich arbeitende Psychologe über die Methode, mit deren Hilfe er zu seinen Erkenntnissen gekommen ist, genaue Rechenschaft ablegen können. Wissenschaftliche Ergebnisse müssen jederzeit nachprüfbar sein. Dies ist aber nur möglich, wenn die Methoden ihrer Gewinnung genau bekannt sind. Die weit verbreitete Meinung, als ob die Psychologie über geheimnisvolle, schnell und absolut sicher wirkende Mittel zur Durchleuchtung auch der hintersten Winkel der Seele verfüge, ist – leider oder Gott sei Dank – unzutreffend. Um den Leser nicht zu enttäuschen, sei gleich hier bemerkt, daß ihm die Psychologie keine »alleinseligmachende Methode« zur Menschenkenntnis anbieten kann. Es gibt viele, ja sehr viele psychologische Methoden, über deren Wert sich die Psychologen selbst noch keineswegs einig geworden sind. Wir können in diesem Zusammenhang nicht auf den *Methodenstreit* eingehen, der in Psychologenkreisen immer wieder einmal aufflackert und zur Bildung bestimmter »Schulen« geführt hat, die sich oft heftig befehden. Es genügt zu wissen, daß es auch in der Psychologie, wie in andern Wissenschaften, beispielsweise in der Medizin, vielerlei Methoden unterschiedlichen Gewichts gibt.
Hier seien kurz die wichtigsten Methoden genannt:

Selbstbeobachtung. Wenn ich von einem Naturvorgang, beispielsweise dem Wachstum eines Keims, Kenntnis erhalten will, dann muß ich den Vorgang oder Gegenstand beobachten. Durch Sehen stelle ich fest, daß die Wurzeln trotz Drehen des Keimlings nach unten, die Blätter nach oben wachsen. Die Beobachtung ist das A und O aller wissenschaftlichen Erkenntnis. Psychische Vorgänge kann man aber weder sehen noch hören oder begreifen. Daß ich in diesem Augenblick lese und denke, kann nur ich selbst feststellen. Andere schließen vielleicht aus meiner Haltung und meinen Gesichtszügen, daß ich dies tue, sicher weiß es nur ich selbst.
Die grundlegende Methode der Psychologie ist daher trotz der Mängel, die ihr anhaftet, die Selbstbeobachtung. Woher soll ich denn wissen, was eine Vorstellung, ein Traum, ein Gefühl ist, was man unter Gedächtnis, Denken und Phantasie versteht, wenn ich nicht all diese Phänomene zunächst einmal in mir selbst entdeckt hätte? Mit einem blind Geborenen kann ich nicht über die Farbe reden, weil er kein Farberlebnis hatte.
Allerdings erfordert die Selbstbeobachtung gewissermaßen eine Zweiteilung meines Ichs: ein Teil, der den Vorgang in Gang hält, ein zweiter, der ihn beobachtet. Daß dies nicht immer so ohne weiteres gelingt oder zu einer Beeinflussung des Vorgangs führt, kann jedermann bei sich selbst feststellen. Beobachten Sie sich einmal, wenn Sie in Wut entbrannt oder in Liebe erglüht sind! Objektive Feststellungen werden Ihnen dabei kaum möglich sein.
Man unterliegt jedoch nicht nur leicht der Gefahr der *Selbsttäuschung*, sondern vermag seine Beobachtung auch nur schwer in Worte zu fassen, ganz abgesehen davon, daß sich die Resultate der Beobachtung beispielsweise auch nicht in Zahlenwerten ausdrücken lassen.

Fremdbeobachtung. Die eben beschriebenen Mängel haben dazu geführt, die Selbstbeobachtung durch die Fremdbeobachtung zu ergänzen. Was ich dabei beobachte, ist allerdings nicht das seelische Erleben selbst, sondern ein Verhalten, aus dem ich auf dieses schließe. Da jedoch der Beobachtete sein Verhalten beherrschen und steuern und mich dadurch täuschen kann, hat auch die Fremdbeobachtung ihre Fehler. Zur Überwindung dieser Mängel ist die Psychologie daher schon früh dazu übergegangen, sich des Experiments zu bedienen.

Experiment. Der Unterschied experimenteller Verfahren gegenüber den eben genannten Methoden besteht vor allem darin, daß die Beobachtungsgelegenheit bewußt herbeigeführt wird und der Beobachter somit nicht warten muß, bis sich eine solche ergibt. Zudem hat es der Beobachter in der Hand, die Bedingungen, unter denen das Experiment stattfinden soll, genau zu bestimmen und zu variieren. Er kann zum Beispiel den zu dem Versuch herangezogenen Personen, den sogenannten »Versuchspersonen«, bald mehr, bald weniger Zeit zur Lösung einer bestimmten Aufgabe geben und den Schwierigkeitsgrad derselben verändern. Ferner hat das Experiment den Vorteil, daß es wiederholt und kontrolliert werden kann und das Ergebnis unter Umständen in Zahlen ausdrückbar ist.
Allerdings hat auch diese Methode gewisse Nachteile. Da nämlich die zu dem Versuch herangezogenen Personen zumeist wissen, daß ihr Verhalten beobachtet wird, entbehrt dieses oft der Ungezwungenheit. Trotzdem kann die Psychologie auf experimentelle Verfahren, die im diagnostischen Bereich als Tests bezeichnet werden, nicht verzichten. Erst das Experiment ließ jene systematischen Massenbeobachtungen zu, die zur Erkenntnis des Gesetzhaften notwendig sind. Ohne das Experiment wären die Fortschritte der modernen Psychologie nicht denkbar. Unsere Kenntnisse über die Vorgänge beim Lernen verdanken wir zu einem großen Teil den von den Amerikanern entwickelten *Tierversuchen.* Das Experiment bildet auch die Grundlagen zur Entwicklung all der bekannten Testverfahren.

Die Vorstellungen vom Seelenleben

Welches sind nun die wichtigsten psychischen Erscheinungen? Dies zu wissen, ist auch für die Menschenkenntnis wichtig. Im Umgang mit einem Menschen interessiert uns allerdings zunächst einmal die individuelle Ausprägung dieser Erscheinungen. Man will wissen, ob dieser Mensch, mit dem man es eben zu tun hat, viel oder wenig Intelligenz besitzt, ob er ein gemütvoller, willensstarker oder willensschwacher Mensch ist, ob mit ihm gut oder schlecht auszukommen sein wird und vieles andere mehr. Die Verständigung über die individuellen Eigenschaften eines Menschen stößt jedoch vielfach auf Schwierigkeiten, weil wir uns über die Grunderscheinungen und Grundbegriffe nicht einig sind. Wer vermag schon frei heraus zu sagen, was er unter »Wille«, »Temperament« oder »Intelligenz« versteht? Oft werden diese Begriffe in der Umgangssprache in ganz anderem Sinn gebraucht als in der Psychologie. Wir werden daher gut daran tun, uns einmal zu vergegenwärtigen, wie sich die Psychologie die einzelnen seelischen Erscheinungen vorstellt. Infolge deren Eigenart, die nicht so offen zutage liegt wie etwa bei den Gegenständen der Mineralogie, werden wir uns auf Schwierigkeiten gefaßt machen müssen. – Nacheinander werden behandelt: Wahrnehmungen, Gedächtnis, Triebe, Willen, Gefühle, das Unbewußte.

Die Entstehung unseres Weltbilds durch die Wahrnehmung

Die Psychologie bezeichnet all das, was uns durch die Funktion der Sinnesorgane zum Bewußtsein kommt, als *Wahrnehmung*. Auf ihnen beruht unsere gesamte Information über die Außenwelt. Die Hauptfrage für uns und die Psychologie ist die: Entspricht das so gewonnene Weltbild der Wirklichkeit? Werden wir durch unsere Sinne auch richtig informiert? Wie geht das Wahrnehmen, insbesondere das Sehen, überhaupt vor sich? Diese Fragen sollen uns hier in erster Linie beschäftigen.

Der »Augenschein«. Im allgemeinen gilt der Augenschein als untrüglicher Beweis für die Objektivität unseres Urteils. »Was ich gesehen habe, das habe ich gesehen!« Das heißt: An meinem Eindruck ist nicht zu zweifeln, der ist richtig, daran glaube ich.
Ist dem aber wirklich so? »Sehen« wir nicht auch oft das, was wir »glauben«? Wer schon die Aussagen von Zeugen eines Verkehrsunfalls miteinander verglichen hat, der weiß, daß diese keineswegs immer miteinander übereinstimmen. Und dies nicht etwa deshalb, weil der eine oder andere Zeuge bewußt eine falsche Aussage macht, sondern weil er gemäß seiner ihm selbst kaum bewußten Einstellung gar nicht zu einem objektiven Bild kommen kann.
Dichter vergleichen unsere Augen oft mit Fenstern, durch welche das Licht und alle Dinge der Welt in unser Inneres eindringen. Wenn wir das auf unserer Netzhaut sichtbare Bild der Welt mit der Wirklichkeit vergleichen, könnte tatsächlich vermutet werden, daß es sich beim Sehen um ein objektives Abbilden der Wirklichkeit handelt. Aber zwischen dem Netzhautbild und dem, was durch dieses im Gehirn ausgelöst wird, besteht ein beträchtlicher Unterschied. Die Sendung kommt dort ganz anders an, als sie aufgegeben wurde.

Wie alt ist diese Frau? Die – vielleicht – verblüffende Lösung steht im Text rechts

Drei Bildproben. Betrachten Sie doch einmal aufmerksam das nebenstehende Bild. Für wie alt halten Sie die Dame? Wir wollen dabei nicht kleinlich verfahren, sondern lediglich fragen, ob es sich dabei um eine jüngere oder ältere Dame handelt. Wenn Sie »im Bild« sind, dann zeigen Sie die Abbildung einmal einem Ihrer Bekannten. Sie werden dabei eine höchst interessante Beobachtung machen. Vermutlich hält nämlich ein anderer Beobachter die Dame für wesentlich jünger – oder älter als Sie vermuteten. Wie alt die Dame nun »in Wirklichkeit« ist, läßt sich nicht sagen – weil man nämlich von dem Bild je nach Einstellung zwei ganz verschiedene Eindrücke erhalten kann. Vielleicht gelingt es Ihnen, das Bild auch einmal so zu sehen,

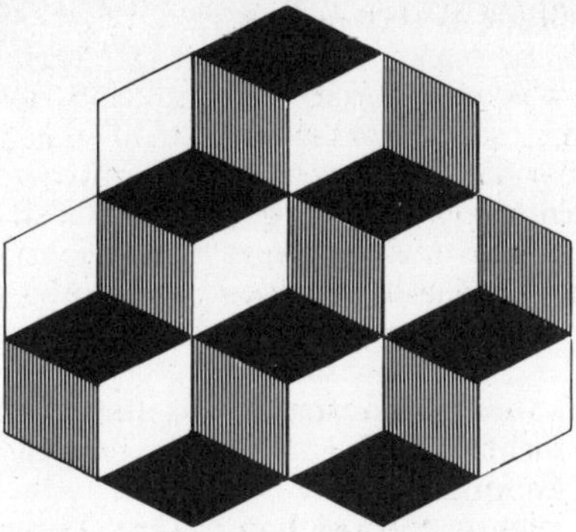

Sind hier 6 oder 7 Würfel abgebildet? (Der Neckersche Würfel, nach Wellek)

wie es Ihr Bekannter gesehen hat. Wenn Ihnen dies nicht möglich ist, so beweist dies, daß sich die Linien der Zeichnung bei Ihnen schon so fest in einer bestimmten Weise formiert haben, daß Sie nur noch die alte oder die junge Dame zu sehen vermögen.

Um nicht den Eindruck aufkommen zu lassen, als ob es sich hier um eine Zufallserscheinung handeln würde, betrachten wir noch ein anderes »Umschlagbild« (oben links). Je nach Einstellung werden Sie 6 oder 7 Würfel sehen. Wenn Ihnen der »Umschlag« nicht gelingt, dann drehen Sie das Bild zur Seite. Unter Umständen können Sie dabei den Zerfall der bisherigen Gestalt und das Zusammenschießen der Linien zu einer neuen beobachten. Sie haben den Eindruck, als ob Sie die Würfel plötzlich von unten oder aber in Form einer Pyramide aufeinandergestellt sehen würden. Wer Glück hat, kann das Kippen von der einen in die andere Gestalt sogar ohne Lageveränderung des Bilds erreichen.

Oder betrachten Sie einmal die Abbildung unten. Je nachdem, ob Sie das Schwarze oder das Weiße für den Hintergrund halten, sehen Sie einen Becher oder zwei Gesichter im Profil.

Wie ist dies zu erklären? Tatsache ist, daß das Objekt der Beobachtung, das Damenbildnis, die Würfelzeichnung oder das Becherbild, stets dasselbe geblieben ist. Wenn sich trotzdem der Eindruck verändert, so kann dies nur durch Veränderungen auf der Subjektseite, also beim Betrachter, erklärt werden. Was sich geändert hat, ist also unsere Einstellung. Wir geben beispielsweise bei dem Damenbildnis der weißen Fläche in der Mitte des Bildes einmal die Bedeutung einer Wange, das andere Mal die einer Nase. Beim Würfelbild beruht die Veränderung auf der durch mich bewirkten Verlagerung der Würfelkanten, entweder nach vorn oder nach hinten, also wiederum auf einer Einstellungsveränderung.

Unbewußte Einstellung. Was wir sehen, hängt also nicht allein vom Reizgegenstand, sondern auch von der Reizverarbeitung ab, die zu ganz unterschiedlichen Eindrükken führen kann. Wie stark die zunächst unbewußte Einstellung das Ergebnis des Sehens beeinflußt, konnte der Gestaltpsychologe Wolfgang Metzger an einem sehr einleuchtenden Beispiel zeigen. Betrachten Sie einmal die Schriftzeichen auf der nächsten Seite. Diese merkwürdigen Gebilde erscheinen

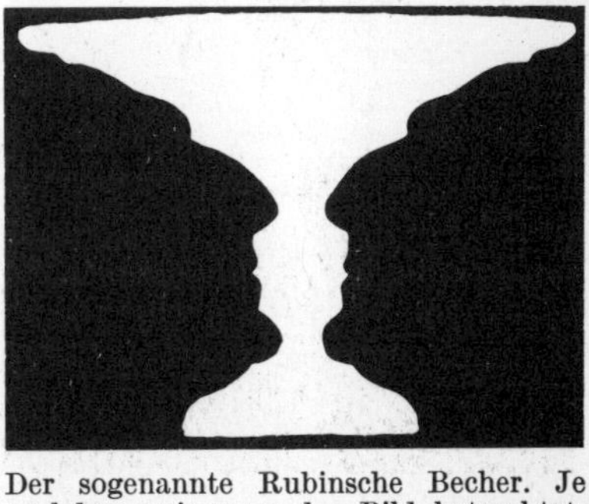

Der sogenannte Rubinsche Becher. Je nachdem, wie man das Bild betrachtet, erscheinen ein Becher oder zwei Köpfe

den meisten Betrachtern zunächst als »Runen«. Daß es sich bei diesen jedoch um ganz gewöhnliche Druckbuchstaben handelt, entdecken wir erst, wenn wir uns »umgestellt« haben. Von Kind auf sind wir gewohnt, beim Lesen unsere Aufmerksamkeit auf das Schwarzgedruckte zu richten. Was »schwarz auf weiß« gedruckt ist, läßt sich mühelos lesen. Auf unserem Bild gelingt das Lesen aber erst, wenn wir das Weiße, also das, was im Normalfall den Zwischenraum ausmacht, ins Auge fassen. Wer sich auf dieses einstellt, vermag nun mit einem Male die zuvor rätselhafte Inschrift zu entziffern und liest: »Hier ruht in Frieden Till Eulenspiegel 63 J.«

Fragwürdige »Objektivität«. Wir haben aus dem Vorstehenden gelernt, daß es mit der vermeinten »Objektivität« unserer Wahrnehmung nicht gerade zum besten bestellt ist. Wir sehen nie die »reine Wirklichkeit«. Was durch das Tor des Auges ins Licht unseres Bewußtseins tritt, stellt bereits eine *individuelle Verarbeitung* der gegenständlichen Welt dar. Glücklicherweise bleibt ein Stuhl mindestens für die erwachsenen Mitbewohner meines Hauses ein Stuhl und ein Tisch ein Tisch. Nicht so selbstverständlich ist dies bei unseren Kleinen. Gemäß ihrer ganz anderen Vorstellung von diesen Gegenständen kommt es oft zu erheblichen Zweckentfremdungen dieser. Ihr vielfach respektloser Umgang mit den Dingen der Erwachsenenwelt

rührt vor allem aus der Unkenntnis der Bedeutung dieser Gegensätze. Zumeist haben unsere »Seh-Dinge« für uns eine feste Bedeutung, die sich jedoch sowohl für uns als auch für unsere Umgebung gelegentlich verändern kann. Dabei bekommt dann plötzlich vielleicht ein harter Gegenstand die Bedeutung eines Hammers, weil mir im Augenblick kein richtiger Hammer zur Verfügung steht.
Oder stellen Sie sich vor, ein Tourist, ein Geologe und ein kleiner Junge hätten einen Alpengipfel erklommen. Wo der Tourist eine »herrliche Landschaft« sieht, da sieht der Geologe Gebirgsfalten und Erosionserscheinungen, während der kleine Junge zu der von den beiden nicht beachteten Schneemulde eilt, um Schneebälle zu machen. Und wer hätte nicht schon erlebt, daß er nach irgendwelchen Erkundungen oder Erfahrungen eine Sache oder Person »mit ganz andern Augen« sieht.

Unsere Eigenwelt. Die »Welt« ist uns also keineswegs in so eindeutiger Weise gegeben, wie wir vielfach annehmen. Was von ihr auf uns wirkt oder wirken soll, muß in irgendeiner Beziehung zu unseren bisherigen Erfahrungen oder Interessen stehen. Aber nicht nur diese, sondern auch Alter und Geschlecht, Stand und Beruf, Volks- und Staatszugehörigkeit und noch viele ande-

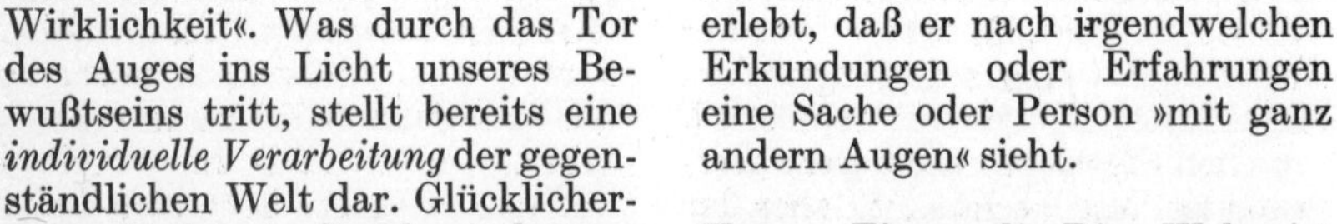

Eine unbekannte Schrift? Um sie zu entziffern, betrachten Sie die beiden Zeilen lange und aufmerksam! Die Zeile oben rechts enthält zusammenhanglose Buchstaben. Aber welche?

re Faktoren wirken in bestimmender Weise auf die Einstellung und das Weltbild ein.

Die in einem Gespräch zutage tretende Unterschiedlichkeit kann so groß sein, daß der Eindruck entsteht, der Partner lebe »in einer ganz andern Welt«. Dabei bewegen sich beide in derselben Umgebung. Wie wenig jedoch von dieser auf uns zu wirken vermag, wird uns klar, wenn wir uns vergegenwärtigen, daß unser Auge nur für einen kleinen Teil der vorhandenen Strahlungen empfänglich ist.

Trotzdem ist das menschliche Weltbild noch viel reichhaltiger als etwa das einer Fliege oder eines Hunds, über deren Eigenwelten uns die Verhaltensforscher viel Interessantes erzählt haben. Die Entdeckungen dieser und der Tierpsychologen lassen erkennen, daß bei weitem nicht alles, was uns umgibt, auch zu unserer Umwelt gehört.

Nur was irgendwie für uns von Bedeutung ist, wird ein Teil unserer Umwelt. Wir alle leben in einer mehr oder weniger umfangreichen Eigenwelt, die sich oft sehr stark von den Eigenwelten anderer unterscheidet. Mit Recht sagt daher der berühmte Umweltforscher JAKOB VON UEXKÜLL: »Der Mensch lebt in einer für ihn alles umfassenden Seifenblase, die mit ihm entsteht, mit ihm sich verändert und mit ihm verschwindet.«

Es wäre nun sehr interessant, hier beispielsweise die Eigenwelt der Frau mit derjenigen des Mannes zu vergleichen. Stellen Sie sich vor, ein Ehepaar würde einen Einkaufsbummel durch eine Geschäftsstraße der Stadt machen. Die Frau ist höchstwahrscheinlich auf Mode-, Wäsche- oder Schmuckgeschäfte eingestellt; der Mann vermutlich mehr auf Sport- und Lebensmittelgeschäfte oder – auf andere Frauen. Um sich gegenseitig besser zu verstehen, empfiehlt es sich daher, die Welt einmal auch mit den Augen des andern zu sehen.

Objekte in ihrer Umgebung. Unsere Wahrnehmung wird fernerhin durch den Zusammenhang bestimmt, in welchem der Gegenstand erscheint. Sicher haben auch Sie schon beobachtet, daß der Mond, den wir über dem nahen Wald aufgehen sehen, uns wesentlich größer erscheint als jener, der senkrecht über uns steht. Der Versuch, den großen aufgehenden Mond fotografisch festzuhalten, hat jedoch ein enttäuschendes Ergebnis: die Linse des Apparats läßt sich nämlich nicht täuschen. Der Mond auf dem Bild ist bei weitem nicht so groß, wie ihn das Auge gesehen hat.

Obwohl sich Philosophen, Psychologen und Physiologen schon viel mit dieser und ähnlichen Erscheinungen beschäftigt haben, sind noch keine restlos befriedigenden Erklärungen gefunden worden. Der Mond ist auf jeden Fall am Horizont weder größer noch näher bei uns, als wenn er im Zenit steht, er scheint uns jedoch im Vergleich mit der uns nahe liegenden Landschaft größer als im Vergleich mit den uns ferne stehenden Sternen.

Optische Täuschungen. Größentäuschungen erliegen wir auch bei der Betrachtung des folgenden Bildes. Es ist kaum zu glauben, daß die drei Männer auf der Abbildung S. 56 oben links tatsächlich gleich groß sind. Wider besseres Wissen erscheint uns jedoch der durch die perspektivische Darstellung in den Hintergrund gerückte Mann größer als der vordere.

Eine der bekanntesten optischen Täuschungen ist die sogenannte Müller-Lyersche Täuschung (Abbildung S. 56 unten). Die beiden Strecken a und b sind genau gleich groß. Die Strecke a erscheint uns

Eine optische Täuschung: Wer ist von diesen drei Männern der größte?

jedoch infolge der nach außen laufenden Endlinien größer als die Strecke b mit ihren nach innen verlaufenden Linien. Auch hier vermögen wir uns nicht vom Zwang der Wirkung des Umfelds frei zu machen.

Nicht weniger eindrucksvoll ist die Sandersche Täuschung (auf dieser Seite unten). Wie Sie durch Nachmessen leicht feststellen können, sind die beiden Strecken AB und AC gleich groß. Da sie uns jedoch in verschiedenen Parallelogrammen erscheinen, halten wir AB für größer als AC.

Vom Gestaltcharakter. All diese Erscheinungen offenbaren übrigens noch ein weiteres Kennzeichen der optischen Wahrnehmung, nämlich deren Gestaltcharakter. Was soll damit gesagt werden?

Der Begriff der *Gestalt* spielt in der modernen Psychologie eine große Rolle. Im Gegensatz zu der Psychologie des 19. Jahrhunderts, der sogenannten *Elementenpsychologie*, lehrt die *Gestaltpsychologie*, daß die Wahrnehmung nicht durch eine *Assoziation* (lat. ad = zu, an + socius = Genosse, also Vergesellschaftung oder Verknüpfung) von Elementen zustande kommt, sondern durch die Erfassung sinnhafter Ganzheiten. Entsprechend ihrer mechanistischen Auffassung vom Seelenleben ging die Elementenpsychologie von der Annahme aus, daß alle seelischen Erscheinungen zusammengesetzte Gebilde seien und sich dementsprechend aus ihren Teilen, den Elementen, erklären ließen. Als letzter, nicht weiter teilbarer Bestandteil der Seele erschien ihr die *Empfindung*. Diese darf jedoch nicht mit *Gefühl* gleichgesetzt werden.

Stellen Sie sich vor, Sie würden an einem schönen Sommertag auf einer Wiese liegen und hätten nichts vor, als sich auszuspannen.

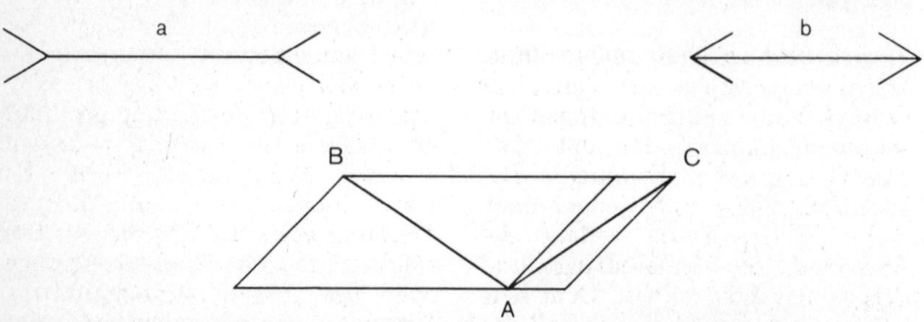

Zwei geometrisch-optische Täuschungen. Oben: die Müller-Lyersche, unten: die Sandersche Täuschung. Die Strecken a und b sowie AB und AC sind gleich lang!

Sie können im Wachzustand zwar alle Gedanken an Geschäft und Betrieb ausschalten, nicht aber die Tätigkeit ihrer Sinnesorgane. Und diese registrieren nun irgendwelche Düfte, Geräusche und Lichtreize, die Sie jedoch nicht weiter »zur Kenntnis nehmen«. In diesem Fall würden Sie sich *empfindend* verhalten.

Sobald Sie jedoch nun Ihr Denken und Ihre Erfahrung zu Hilfe nehmen, um festzustellen, was das für ein Duft, Geräusch oder Lichtreiz ist, und zu dem Ergebnis kommen: das ist »Heuduft«, »Vogelgezwitscher« oder »Himmelsbläue«, dann sind Sie zu einer Wahrnehmung gekommen. Wenn Sie diese Reize als angenehm empfinden und wohlig genießen, dann erst spricht die Psychologie von einem *Gefühl.*

Das Ganze läßt sich überhaupt nicht aus der Summe der Teile erklären. Es muß also noch eine Eigenschaft haben, die gar nichts mit den Eigenschaften der Teile zu tun hat. Diese bezeichnet die Gestaltpsychologie als die *Gestaltqualität,* die wir im Wahrnehmungsakt zuallererst erfassen. Erst durch unsere Fähigkeit zur Erfassung von Gestalten kommt in das Chaos der Reize eine Ordnung, werden senkrechte, waagerechte und schräge Striche im einen Fall zu einem Komplex von sechs, im andern zu sieben Würfeln oder wird aus einer Vielzahl von Strichen ein altes oder junges Gesicht.

Wahrnehmung durch andere Sinne. Wir haben bisher nur von *einer* Gruppe von Wahrnehmungen gesprochen, nämlich den optischen oder Gesichtswahrnehmungen. Bekanntlich besitzen wir jedoch noch mehr »Tore«, durch welche die Außenwelt in uns eindringt und sich bemerkbar macht. Dem herkömmlichen Denken nach soll der Mensch fünf Sinne besitzen: den Gesichts-, Gehör-, Geruchs-, Geschmacks- und Tastsinn. Die neuere Forschung schreibt ihm jedoch noch mehr Sinne zu. Über deren genaue Zahl herrscht – merkwürdigerweise – keine Einigkeit. Bestimmt ist aber noch mit einem Gleichgewichts- und einem Temperatursinn zu rechnen. Die Haut vermittelt uns beispielsweise nicht nur Tastempfindungen, sondern auch Kälte-, Wärme- und Schmerzempfindungen.

All diese Organe liefern uns keine fix und fertigen Bilder der Außenwelt, sondern sozusagen nur die Rohstoffe zu diesen. Wie wir bei der Betrachtung des Gesichtssinns erkannt haben, ist zunächst schon der Umfang dessen, was in uns eindringt, nicht nur vom Fassungsvermögen des betreffenden Organs, sondern auch von der Einstellung abhängig (S. 53). Dies gilt für alle Sinneswahrnehmungen. Tiere vermögen infolge der andersartigen Konstruktion ihrer Sinnesapparate teils mehr, teils weniger zu erfassen als wir. Der Geruchssinn des Hundes oder gar der Orientierungssinn der Vögel ist weit leistungsfähiger als der des Menschen. Doch verfügen auch nicht alle Menschen über denselben Entwicklungs- und Ausprägungsgrad der einzelnen Sinne.

Verfeinerung einzelner Sinne. Bei manchen Menschen scheinen bestimmte Sinnesorgane in ungewöhnlichem Maße verfeinert zu sein. Dem einen wird ein besonders guter »Riecher«, dem andern eine hervorragend feine Zunge und einem dritten ein ungewöhnlich scharfes Auge zugeschrieben. Es wäre jedoch irrig, die höhere Leistung etwa auf organische Besonderheiten der Nase, der Zunge oder des Auges zurückzuführen. Vielmehr beruht diese auf der besseren, das heißt exakteren und gründlicheren Verarbeitung der empfangenen Reize, also auf einer höheren geistigen Leistung. Zu dieser kommt der Mensch vor allem durch Konzentration und Erfahrung. So wie wir durch die Blende unserer photographischen Kamera deren Tiefenschärfe regulieren können, so vermögen wir auch unsere Aufnahme-Apparatur bald mehr auf Gesichts-, Gehör- oder Geruchswahrnehmungen einzustellen. Die Konzentration eines Sinnes auf ein bestimmtes Objekt kann so stark sein, daß andere Reize nicht mehr bemerkt werden. Es ist durchaus möglich, daß durch eine überstarke optische Konzentration unsere Hörfähigkeit herabgesetzt wird.

Illusionen. Gelegentlich spielt uns aber auch unsere Verarbeitungs-Apparatur einen Streich. Wer wäre nicht schon einer Illusion erlegen! Von einer solchen sprechen wir, wenn wir einen tatsächlich erhaltenen Sinneseindruck falsch deuten, ihn also gemäß unseren Wünschen und Erwartungen ohne genügende Berücksichtigung der realen Gegebenheiten verarbeiten. Dies ist leicht dann der Fall, wenn wir etwa beim Gang in der Dämmerung auf einer Wiese ein »Etwas« bemerken, dies für eine kauernde Gestalt halten, während es sich in Wirklichkeit um einen Heuhaufen handelt.

Vorstellungen. Noch schlimmer wird die Sache, wenn wir eine Vorstellung mit einer Wahrnehmung verwechseln. Im Wachbewußtsein vermögen wir beide sehr wohl zu unterscheiden. Der Hund meines Nachbarn, der mir eben über den Weg läuft, ist eine Realität. Ich sehe ihn nicht nur, sondern kann ihn auch ergreifen, habe also sicher eine Wahrnehmung gemacht. Anders, wenn ich mir Gedanken über einen Hund mache, den ich mir demnächst kaufen will. In diesem Fall existiert der Hund lediglich in meiner Vorstellung.

Die Wahrnehmung unterscheidet sich also von der Vorstellung durch das mit ihr verbundene Bewußtsein der Realität des Gegenstandes. Wer Gestalten »sieht« oder Stimmen »hört«, die außer ihm niemand wahrnimmt, weil nichts dergleichen in Wirklichkeit vorhanden ist, der phantasiert oder ist einer sogenannten Halluzination zum Opfer gefallen.

Obwohl sich Vorstellungen und Wahrnehmungen deutlich unterscheiden lassen, besteht zwischen ihnen ein enger Zusammenhang. Vorstellen kann ich mir nämlich nur das, was ich in irgendeiner Form schon einmal mit irgendeinem meiner Sinne wahrgenommen habe. Dies schließt nicht aus, daß ich mir sehr wohl einen Menschen mit Flügeln oder ein Wesen halb Tier, halb Mensch vorstellen kann, obwohl ich noch nie etwas Derartiges gesehen habe. Alle derartigen Phantasiegestalten sind aus Elementen früherer Wahrnehmungen zusammengesetzt.

Wie das Gedächtnis funktioniert

Es gehört mit zu den Eigentümlichkeiten der menschlichen Psyche, daß das einmal Gesehene, Gehörte und Erlebte mehr oder weniger deutlich erkennbare Spuren hinterläßt. Der Begriff der Spur darf freilich nur bildlich verstanden werden, denn zu sehen ist nichts von ihr. Es zeigt sich auch hier wieder, wie schwer es ist, psychische Vorgänge und Erscheinungen zu veranschaulichen, ohne dabei Vergröberungen anheimzufallen. Die Fähigkeit, Bewußtseinsinhalte aufzubewahren und sie in späterer

Zeit wieder hervorzuholen, wird dem *Gedächtnis* zugeschrieben. Man denkt dabei oft an ein klar abgrenzbares »Vermögen«, das bei dem einen größer, bei dem anderen kleiner sei. Manche stellen sich das Gedächtnis auch als eine Art Abstellraum der Seele vor, in dem all das gestapelt wird, was einmal aktuell war. Da sich jedoch offenbar nicht alle Eindrücke gleich gut stapeln lassen, muß man diese »eintrichtern« oder »einpauken«. Aber gerade diese »eingebläuten« Gehalte scheinen oft wenig zu haften.

Das Gedächtnis ist jedoch ein viel komplizierteres Gebilde, als diese mechanistischen Vorstellungen vermuten lassen. Es darf so wenig wie die Wahrnehmungsvorgänge als ein isolierbarer Teil des Seelenlebens aufgefaßt werden. Seine Funktionsweise ist genauso wie alle übrigen psychischen Vorgänge in den Gesamtfunktionsbereich eingebettet und dementsprechend von Gefühlen, Interessen, Strebungen und dergleichen abhängig.

Drei Funktionen des Gedächtnisses. Gemeinhin denkt man beim Begriff des Gedächtnisses an die Fähigkeit, Vorstellungen zu reproduzieren. Das Gedächtnis bewahrt jedoch auch Gefühle, Ideen und Einstellungen auf. Genau betrachtet übt das Gedächtnis eine dreifache Funktion aus.

Zunächst handelt es sich bei ihm um die Fähigkeit, sich überhaupt etwas zu *merken* oder sich *einzuprägen*. Des weiteren um die Fähigkeit, dieses zu *behalten und aufzubewahren*, und schließlich um die Fähigkeit des *Sich-Erinnerns*. Das Gedächtnis wäre danach die Fähigkeit, Bewußtseinsinhalte aufzufassen, zu bewahren und zu reproduzieren. Merkfähigkeit, Behaltefähigkeit und Reproduktionsfähigkeit »funktionieren« bei uns jedoch nicht immer in derselben Weise und sind zudem bei den einzelnen Menschen verschieden gut ausgebildet. Eben deshalb spielt auch das Gedächtnis bei der Persönlichkeitsbeurteilung eine Rolle.

Merkfähigkeit. Betrachten wir zunächst einmal die Merkfähigkeit. Oft wissen wir gar nicht, daß diese funktionierte. Wir haben uns »ganz unbewußt«, besser gesagt unbeabsichtigt etwas gemerkt. Eigentlich wollten wir uns die Sache oder den Vorgang gar nicht merken. Weil die Wahrnehmung jedoch mit großem Interesse erfolgte und von Lustgefühlen begleitet war, hat sie sich leichter eingeprägt als eine belanglosere.

Für den Bildungserwerb ist das absichtlich betriebene Merkenwollen, das bewußte *Lernen*, wichtig. Die moderne Psychologie ist nicht müde geworden, Licht in den Verlauf dieses Prozesses zu bringen. Es würde zu weit führen, auf die insbesondere für die Pädagogik höchst aufschlußreichen Ergebnisse der Lernpsychologie einzugehen. Wichtig für uns erscheint vor allem die Feststellung, daß der Vorgang des Merkens um so besser gelingt, je aktiver die Beteiligung der Gesamtperson ist, vor allem aber auch der Gefühle, Neigungen und Interessen.

Schüler versuchen vielfach, sich den Lernstoff *mechanisch*, durch stete Wiederholung, anzueignen. Meist vermögen sie dabei jedoch nur schwer bei der Sache zu bleiben, weil sie mit ihrem Interesse bei ihren Hobbys sind. Erwiesenermaßen lernt man leichter, wenn einen der Stoff interessiert, der Lernvorgang also, wie man sagt, gut *motiviert* ist. Auch dann geht das Einprägen beim einen schneller, beim anderen langsamer vonstatten, wobei zweifellos nicht nur die Begabung, sondern auch der Beruf, das Geschlecht und das Alter eine Rolle spielen. Im allgemeinen nimmt die Merkfähigkeit bis etwa zum 25. Lebensjahr ständig zu, läßt dann langsam nach, beim Geistesarbeiter weniger, beim Handarbeiter mehr, und versiegt allmählich im Greisenalter. Dabei soll allerdings nicht geleugnet werden, daß die Behalte- und Reproduktionsfähigkeit oft noch recht gut ist.

Zusammenfassend kann gesagt werden, daß das Merken und Einprägen um so erfolgreicher ist, je mehr der Stoff der Lebensthematik entspricht und je größer das Interesse, die Aufmerksamkeit und Gefühlsbeteiligung ist. Für die Technik des Einprägens ist wichtig, daß dieses sinnvoll erfolgt und die Wiederholung auf verschiedene Zeiten verteilt wird.

Behaltefähigkeit. Das vielgerühmte »gute Gedächtnis« zeichnet sich in erster Linie durch die Fähigkeit aus, das Erworbene zu behalten. Dabei kommt es nicht nur auf die Menge, sondern auch auf die Qualität an. Nebensächliches kann bedenkenlos vergessen werden. Wesentlich ist, daß das Bedeutsame einer Sache behalten wird und jederzeit zur Verfügung steht. Dies ist um so eher der Fall, je mehr es gelingt, den Merkstoff zu verarbeiten und mit dem Vorhandenen zu verknüpfen. Die Erfahrung hat gelehrt, daß all das, was gefühlsbetont gelernt wird, besonders gut haftet. Vieles, ja allzu vieles von dem, was wir in der Schule gelernt haben, vergessen wir. Oft aber erinnern wir uns noch erstaunlich gut an die Person eines Lehrers und wissen, daß dieser interessant und jener langweilig unterrichtet hat.

Die Gedächtnisforschung hat sich sehr eingehend mit dem Problem des *Vergessens* befaßt. Was und wieviel vergessen oder behalten wird, ist keineswegs zufällig. Manche Psychologen behaupten, daß überhaupt nichts vergessen würde. Erinnerungen würden allenfalls unterdrückt oder verdrängt werden. Experimentelle Untersuchungen haben ergeben, daß das Vergessen schon sehr früh einsetzt, dann aber langsamer verläuft. Dabei ist wieder zu beachten, daß Sinnvolles viel weniger vergessen wird als Sinnloses. Ob unlustbetonte und schmerzhafte Erlebnisse schneller vergessen werden als lustbetonte und angenehme, läßt sich nicht mit Sicherheit sagen. Zweifellos bleiben jedoch alle Erlebnisse, die mit starken Gefühlen verbunden sind, länger haften als gefühlsneutrale. Peinliche Erlebnisse zeigen oft eine erstaunliche Beharrungstendenz und geben Anlaß zu Komplexbildungen.

Reproduktionsfähigkeit. Die wichtigste Funktion des Gedächtnisses ist nun aber die, das Behaltene dienstbar zu machen. Dies kann auf verschiedene Weise geschehen. Um festzustellen, ob das aufgegebene Gedicht gelernt und behalten ist, muß es der Schüler dem Lehrer vortragen. Der Wert des Gelernten bemißt sich geradezu danach, in welchem Maße etwa fremdsprachliche Kenntnisse, Namen, Telefonnummern, Melodien, chemische und mathematische Formeln und vieles andere mehr verfügbar sind. Erfahrungsgemäß gelingen die Reproduktionen all dieser Daten nicht jedem gleich gut. Der eine hat beispielsweise ein gut funktionierendes Gedächtnis für Worte, der andere eines für Zahlen. Erinnert sei an die im Fernsehen gelegentlich auftretenden Gedächtniskünstler, die nach kurzem Memorieren Hunderte von Telefonnummern reproduzieren können. Wieder andere können sich in hervorragendem Maße an Örtlichkeiten erinnern, die sie schon einmal

besucht und gesehen haben, und vermögen genaue Angaben über alle Details zu machen.
An manche Dinge erinnern wir uns leicht, an andere nur schwer. Kommt es nicht zu einem unmittelbaren Aufsteigen der gesuchten Vorstellungen, dann müssen wir uns besinnen. Schließlich stellt sich dann nicht nur das Gesuchte, sondern auch ein *Bekanntheitsgefühl* ein. Zu einem solchen kann es auch bei Dingen kommen, die wir gar nicht zu reproduzieren vermögen. Mancher ist gar nicht in der Lage, etwa eine in der Oper gehörte Arie wiederzugeben, erinnert sich aber sofort, diese gehört zu haben, wenn sie ihm etwa aus dem Radio entgegentönt.
Beim Wiedererkennen unterliegt man oft erheblichen Täuschungen. Das sogenannte »Déjà-vu«-Erlebnis (franz. déjà vu, sprich: dehschawü, »schon gesehen«) kann sich beispielsweise auch bei der Begegnung mit Menschen einstellen, die wir noch nie gesehen haben, deren Gesicht, Sprech- oder Bewegungsweise uns jedoch so vertraut vorkommt, daß wir glauben, den Betreffenden schon einmal gesehen zu haben. Dies kann in geradezu krankhafter Häufung auftreten.

Was heißt Denken?

Die wichtigste, gleichzeitig aber auch komplizierteste psychische Funktion ist zweifellos die des Denkens. Mit ihrer Erforschung haben sich Philosophen und Psychologen schon seit Jahrtausenden beschäftigt. Während sich die Philosophen vor allem mit den Inhalten des Denkens und seiner Bedeutung für das Geistesleben beschäftigten, ging es den Psychologen darum, den Vorgang des Denkens und seine Beziehungen zu den übrigen geistigen Funktionen zu erforschen.
Im alltäglichen Bewußtsein hat das Denken weithin Selbstverständlichkeitscharakter. Wir fordern unbedenklich ein Schulkind zum Nachdenken auf, vermögen ihm aber nicht zu sagen, wie es dies machen soll. Was heißt denn Denken? Der Philosoph ALOYS WENZL gibt darauf folgende Antwort: »Denken ist die Fähigkeit, Bedeutungen, Beziehungen und Sinnzusammenhänge zu erfassen und herzustellen, um dadurch theoretisch oder praktisch Aufgaben zu lösen.«

Abstraktion. Obwohl sich das Denken vielfach auf die Praxis bezieht und sich anschaulicher Vorstellungen bedient, ist es im Gegensatz zum Vorstellen *unanschaulich*. Damit haben wir eine wesentliche Seite des Denkens erfaßt, die insbesondere dem Kind das Denken erschwert.
Bei den oben zitierten Worten »Bedeutungen, Beziehungen und Sinnzusammenhänge« handelt es sich um *abstrakte Begriffe*, die auch der Intelligente nicht »be-greifen« kann. Um sie zu verstehen, muß man sich den Sachverhalt erst veranschaulichen. Dies ist bereits wieder eine Leistung des Denkens, ebenso übrigens wie die, eine Reihe von anschaulichen Begebenheiten »auf den Begriff« zu bringen.
Wir sehen also: Beim Denken wird mit Begriffen gearbeitet, die teils mehr, teils weniger anschaulicher Natur sind. Wenn ich sage: Dort steht ein Mensch, kann sich jedermann etwas vorstellen. Er denkt dabei etwa an Herrn Müller oder Fräulein Meier. Der Erwachsene ist sich jedoch zumeist nicht bewußt, daß der Erwerb eines solchen Allgemeinbegriffes wie »Mensch« für das Kind gar nicht so einfach ist. Es muß nämlich lernen, von den

vielen individuellen Besonderheiten der Personen seines Umgangs abzusehen und nur noch auf das ihnen allen Gemeinsame zu achten.
Noch viel schwieriger ist es, zu Begriffen wie »Wahrheit«, »Gerechtigkeit«, »Tapferkeit« und anderen zu kommen, weil für diese gar keine anschaubaren Vorstellungen vorhanden sind. Der Mensch muß schon viel erlebt haben und viel wissen, um derartige Begriffe mit Sinn füllen zu können. Denken heißt also einerseits Sinn erfassen und andererseits Sinn geben.

Anreize zum Denken. Denken entzündet sich an einer Fragwürdigkeit, einem Problem; wem eine Sache nicht fragwürdig erscheint, der denkt auch nicht über sie nach. Dem kleinen Schüler ist vieles von dem, was sein Lehrer für nachdenkenswürdig hält, kein Problem. Darum denkt er auch nicht nach. Er hält den Gegenstand oder die Erscheinung für selbstverständlich, bis es dem Lehrer gelingt, ihm dessen fragwürdige Seite deutlich zu machen.
Denken setzt immer dann ein, wenn wir uns vor eine Aufgabe gestellt sehen, die wir mit unseren bisherigen Mitteln nicht zu lösen vermögen. Denken hat also den Charakter eines Mittels, das ich für die Erreichung eines bestimmten Zwecks einsetze.
Ein Beispiel soll uns dies noch verdeutlichen. Karlchens elektrische Eisenbahn läuft plötzlich nicht mehr. Für den Vater heißt das zu lösende Problem: Wie bringe ich die Bahn wieder in Fahrt? Darüber muß er rasch nachdenken, um die Ursache der Störung zu finden. Karlchen meint: Sicher ist Oma auf die Leitung getreten, weil er sich vorstellt, daß der Strom in ähnlicher Weise durch den Draht läuft wie das Wasser durch den Gartenschlauch. Aufgrund seines Wissens, seiner Erfahrung und seines Kombinationsvermögens findet der Vater jedoch, daß die Störung auf einem Wackelkontakt beruhen muß. Mit Hilfe seines Nachdenkens hat er also die Ursache »er-mittelt« und den Zweck, die Eisenbahn wieder in Gang zu bringen, erreicht.
Daß die Lösung wirtschaftlicher, politischer oder wissenschaftlicher Probleme den Einsatz weit größerer Denkmittel erfordert, liegt auf der Hand. Im Prinzip hat das Denken jedoch auch hier *funktionalen* Charakter. Es bedient sich zwar anschaulicher Gegebenheiten, operiert aber wie beim Mathematiker, Philosophen oder Atomphysiker in unanschaulichen Bereichen.

Nachdenken. Die schlichteste Form des Denkens ist das »Nach-Denken« eines bereits Vorgedachten, und zwar durch Erfassen des Sinnzusammenhangs. Diese Form des Denkens wird vor allem vom Schüler erwartet. Der Zweck der Beschäftigung mit den Unterrichtsstoffen ist ja ein doppelter: einmal soll sich der Schüler dabei Kenntnisse erwerben, andererseits Einsichten gewinnen und das Denken erlernen.
Inwieweit ihm das letztere gelungen ist, zeigt sich dann im sogenannten *logischen Denken.* Dabei handelt es sich um eine gedankliche Verknüpfung verschiedener Sachverhalte, die einzeln beurteilt und in eine sinnvolle Beziehung zueinander gebracht werden müssen. Die Intelligenztests für Schulkinder (S. 280–290) prüfen diese Fähigkeit des Denkens.

Neudenken. Die höchste Form des Denkens stellt das *schöpferische* oder *produktive Denken* dar. Im Gegensatz zum Nach-Denken handelt es sich hier um ein Voraus- oder Neu-Denken. Das schöpferische Denken bewegt sich nicht in den überlieferten Bahnen, sondern sucht neue Wege. Oft steht es geradezu im Gegensatz zu dem hergebrachten Denken, wie bei den Genialen, bei den Entdeckern und Erfindern. Produktiv ist dieses Denken auch insofern, als es nicht nur Aufgaben löst, die zuvor noch niemand gelöst hat, sondern diese Aufgaben auch selbst stellt.

All die Fortschritte im Bereich der Technik, der Medizin und aller anderen Wissenschaftsgebiete verdanken wir Menschen, die zu einem schöpferischen Denken fähig sind. Die Gewinnung einer eigenen Meinung, deren Formulierung und Vertretung erfordert jedoch nicht nur geistige Arbeit, sondern auch persönliche Selbständigkeit. Es gehört Mut und Reife dazu, eigene Wege zu gehen und sich mit seiner Meinung in Gegensatz zu derjenigen der Umwelt zu stellen. Viel bequemer ist es, sich dem anzuschließen, was »man« denkt.

Denkenlernen. Denken können setzt zweifellos eine gewisse Begabung voraus, ist aber letzten Endes ein Effekt der Übung. Das Denkenlernen vollzieht sich, wie die moderne Psychologie zeigen konnte, in einer gesetzmäßig bestimmbaren Stufenfolge.

Einer verständigen Mutter kann es kaum entgehen, daß sie von ihrem Kind um das dritte und vierte Lebensjahr herum fortgesetzt mit Warum-Fragen bedrängt wird. Warum geht die Sonne unter? Warum wird das Bügeleisen heiß? Warum können die Fische nicht fliegen? Da dieses Fragebedürfnis für alle Kinder dieser Altersstufe charakteristisch ist, spricht die Psychologie geradezu von der Stufe des *Fragealters*, das im fünften Lebensjahr seinen Höhepunkt erreicht.

Zur Ergänzung seines kausalen Bedürfnisses bedient sich das Kind oft noch längere Zeit des sogenannten *magischen Denkens*. Die Dinge scheinen ihm durch rätselhafte Kräfte gelenkt zu werden, auf die man mittels geheimnisvoller Praktiken Einfluß gewinnen kann. Dieses vorrationale Denken ist nicht nur bei Kindern, sondern auch bei Völkern auf primitiver Kulturstufe und – bei vielen Erwachsenen der Hochkulturen anzutreffen. Man muß toi-toi-toi sagen, dreimal an die Tischkante klopfen oder ein Amulett tragen, um sich vor Unglück zu bewahren.

Denken erfordert das Erfassen von Beziehungen, ob mehr auf anschaulich-konkretem oder begrifflich-abstraktem Weg, ist eine Sache der Entwicklungshöhe des Denkens. Die Fähigkeit zur Erfassung und Herstellung dieser Beziehungen und Sinnzusammenhänge bezeichnet man als *Intelligenz*. Der Ausprägungsgrad dieser Fähigkeit ist durch Intelligenztests meßbar geworden. Diese erlauben es zum Beispiel, das sogenannte »Intelligenz-Alter« (S. 289) eines Kindes festzustellen, das Schlüsse auf das Niveau der geistigen Entwicklung zuläßt.

Die Welt der Triebe

Eine bestimmte Gruppe psychischer Erscheinungen nennt Hubert Rohracher »Kräfte« (S. 48). Durch sie werden die eben betrachteten Funktionen sozusagen erst in Gang gesetzt.

Triebe zu haben, scheint manchen Menschen peinlich zu sein. Sie fühlen sich mit diesen auf die Stufe des Tieres gestellt oder denken nur an den einen Trieb, nämlich den Geschlechtstrieb. Es läßt sich jedoch nicht leugnen, daß der Mensch von Trieben erfüllt ist. Im Unterschied zum

Tier besitzt er aber einen Willen, mit dessen Hilfe er diese unter seine Kontrolle bringen kann. In dieser Fähigkeit, den Trieben gegenüber Stellung zu beziehen, sie zu bejahen oder zu verneinen, sie zu steuern und zu beherrschen, sehen viele das Hauptkennzeichen des Menschen.

Die Grundtriebe. Bei dem Wort Trieb denkt jeder unwillkürlich zunächst an jene beiden Grundtriebe, den *Geschlechts-* und den *Nahrungstrieb*, die den Trieb sozusagen in seiner Standardform zeigen. An sie dachte auch FRIEDRICH SCHILLER in seinem Vierzeiler

»Einstweilen, bis den Bau der Welt
Philosophie zusammenhält,
Erhält sie (die Natur nämlich) das Getriebe
Durch Hunger und durch Liebe.«

An diesen beiden Trieben läßt sich das Wesen des Triebs am deutlichsten erkennen.

Wie jedermann weiß, bedürfen Triebe keines Erregers. Sie stellen sich von selbst ein. Der Trieb zu essen und zu trinken, einen Geschlechtspartner zu suchen, kommt ohne Dazutun des Denkens und des Willens und ohne Mitwirkung des Bewußtseins über einen. Er entsteht also von innen heraus und wird als Drang empfunden, von dem einen stärker, von dem andern schwächer, je nach dessen Veranlagung. Triebe können freilich auch durch äußere Reize geweckt werden, etwa durch den Anblick leckerer Speisen oder durch die Betonung und Hervorkehrung sexueller Reizmittel.

Wie die meisten Triebe, so sind auch diese beiden von Gefühlen begleitet. Die Nichtbefriedigung schafft Unbehagen, steigert die Erregung und mobilisiert immer mehr Kräfte. Die Befriedigung des Triebs hingegen erzeugt Lust.

Andere Triebe. Daß der Mensch nicht nur einen Nahrungs- und Geschlechtstrieb besitzt, weiß jeder. Schwieriger ist es schon, die genaue Zahl seiner Triebe anzugeben. Viele der »Triebe« oder »Sinne«, von denen beispielsweise die Phrenologen reden (S. 180) sind aber nichts anderes als Verhaltensweisen. Sie entspringen keineswegs erblichen Dispositionen, sondern sind allenfalls nur Folgeerscheinungen oder Kombinationen solcher, wie zum Beispiel der von ihnen genannte »Zerstörungstrieb«, »Kindersinn« oder »Massensinn«.

Gliederung der Triebe. Ein allumfassender Gesichtspunkt für die Gliederung der Triebwelt ist bis jetzt noch nicht gefunden worden. Manche Psychologen und Philosophen wollen das gesamte Triebgeschehen auf eine einzige Wurzel zurückführen. Als Generalnenner, der sozusagen den Schlüssel zum Verständnis der gesamten menschlichen Natur abgeben soll, erscheint bei den einen der *Selbsterhaltungstrieb*, bei den anderen der *Sexualtrieb* oder der *Machttrieb*. Andere wieder nehmen eine größere Zahl von Trieben an, unter denen beispielsweise auch die Angst, das Mitleid und die Neugier erscheinen. Wieder andere wollen auf jegliche Differenzierung und Einteilung verzichten, da es ein System von menschlichen Triebfedern nicht geben könne.

HUBERT ROHRACHER (vgl. S. 48) versucht eine Gliederung der Triebe nach den Gebieten, in welchen ihre Ziele liegen, und kommt dabei zu folgenden vier Gruppen:

① *Erhaltungstriebe* oder vitale Triebe. Zu ihnen zählt er beispielsweise den Nahrungs- und Geschlechtstrieb, den Fluchttrieb, Mutter- und Pflegetrieb, ferner den Bewegungs- und Schlaftrieb, kurz alles, was der Erhaltung der Gattung und des eigenen Lebens dient.

② *Gesellschaftstriebe* oder soziale Triebe. Dazu rechnet er alle Drangerlebnisse, die zur Bildung von Gemeinschaften drängen und etwas mit der persönlichen Stellung innerhalb der Gemeinschaft zu tun haben, wie zum Beispiel den Geselligkeitstrieb, den Machttrieb, die Habgier, die Eifersucht, den Geltungsdrang und die Hilfsbereitschaft.

③ *Genußtriebe* oder hedonistische Triebe. Das sind diejenigen Triebregungen, die nicht unmittelbar in den organischen Anlagen begründet sind, sondern lediglich einem angezüchteten Lustbedürfnis entspringen, das wir als Sucht bezeichnen. Zu ihnen gehört vor allem das Rauchen und das Trinken von Alkohol.

④ *Kulturtriebe* oder Interessen. Darunter versteht ROHRACHER all die Drangerlebnisse des Kulturmenschen, die zwar nicht für die Erhaltung des Individuums oder die Fortpflanzung der Art, wohl aber für den kulturellen Fortschritt der Menschheit wichtig sind. Der Drang zur Forschung, zur Erkenntnis, zur schöpferischen Gestaltung im Bereich der Kunst, zur Schaffung metaphysischer Systeme und ähnliche Bestrebungen können bei bestimmten Menschen so stark sein, daß sie der Befriedigung dieses Triebs ihr ganzes Leben widmen.

Freilich gibt es daneben noch eine Reihe von Trieben, die sowohl der einen als auch der anderen Gruppe zugezählt werden können oder aber in dem System gar nicht unterzubringen sind.

So kann zum Beispiel der Spieltrieb einerseits als sozialer Trieb, andererseits aber auch als Drang, bestimmte Funktionen zu üben und zu betätigen, aufgefaßt werden, so daß noch an eine weitere Gruppe, die Funktionstriebe, zu denken wäre.

Reflexe und Instinkte. Bewirkende Kräfte ähnlicher Art wie die Triebe sind die *Reflexe* und *Instinkte*. Auch sie kommen ohne Veranlassung des Bewußtseins zustande und haben dranghaften Charakter.

Diese Kräfte dienen bei Mensch und Tier einerseits der Regulierung lebenswichtiger Funktionen, wie zum Beispiel der Atmung und der Herztätigkeit, andererseits der Herbeiführung »instinktiver« Verhaltensweisen, zu denen beispielsweise die Schutz-, Abwehr- und Fluchtbewegungen gehören.

Die Reflexe stellen eine unmittelbare, stets gleichbleibende Antwortbewegung auf einen Reiz oder, wie die Psychologie sagt, »Auslöser« dar.

Die Abgrenzung der Reflexe gegenüber den Instinkten ist schwierig. Sie sind wie diese ebenfalls angeboren und dienen ganz bestimmten biologischen Zwecken. Ausgesprochen instinkthaft ist zum Beispiel schon die Saugbewegung des Säuglings, aber auch die Vorliebe kleiner Mädchen für Puppen oder ihr Interesse für Kleinkinder. Kleine Jungen spielen eher mit Hunden und Katzen oder wenden sich Kampfspielen zu.

Über die Instinkte der Tiere wissen wir weit mehr als über die bei Menschen. Die tierischen Instinkte dienen in erster Linie der Erhaltung der Art, der Brutpflege, der Beschaffung von Nahrung, der Verteidigung. Diese Verhaltensweisen brauchen natürlich nicht erlernt zu werden.

Aus Tierversuchen geht hervor, daß Instinkthandlungen einer inneren Nötigung entspringen und – einmal in Gang gesetzt – in starrer Form ablaufen. Dies schließt jedoch nicht aus, daß sich bei höherentwickelten Tieren der Zwang zur Handlung lockert, wodurch das Tier in die Lage gerät, in bestimmtem Umfang zu lernen.

Der Wille

Im Gegensatz zum Tier vermag sich der Mensch vom Zwang der Triebe freizumachen. FRIEDRICH NIETZSCHE bezeichnete daher den Menschen als »das nicht festgestellte Wesen«. Er allein vermag zu dem, was aus der Triebsphäre emporquillt, zu seinen Begierden und Gelüsten Stellung zu nehmen. Aus unmittelbarer Erfahrung wissen wir, daß der Mensch zu seinen Triebwünschen ja oder nein sagen kann. Er kann diese unterdrücken und verdrängen oder ihnen nachgeben und sie fördern. Das Kleinkind unterliegt zwar noch weithin dem Triebzwang. Es verlangt für jedes sich meldende Bedürfnis sofortige Befriedigung. Je reifer der Mensch wird, um so mehr bemüht er sich, zwischen Reiz und Reaktion eine Besinnungspause einzuschalten, um die Folgen seines Verhaltens zu überlegen. Er kann dem sich meldenden Trieb die Befriedigung versagen oder diese auf später verschieben. Tauchen mehrere Bedürfnisse gleichzeitig auf, dann hat er die Möglichkeit der Wahl und der Entscheidung. Die Kraft, welche diese bewirkt, bezeichnet man als den Willen.

Willenshandlung. Mein Ich weiß es, wenn es etwas will. Willenshandlungen laufen nämlich im Gegensatz zum Instinktgeschehen nie ohne Beteiligung meines Bewußtseins ab, ohne ein sich entscheidendes Ich. Es gibt wohl unbeabsichtigte Handlungen, aber kein unbewußtes Wollen.

Es ist daher unrichtig zu sagen, ein Säugling, der sich durch sein Schreien bemerkbar macht, »wolle« nun getragen werden oder seine Nahrung haben. Da das Ich-Bewußtsein beim Säugling noch fehlt, kann sein Schreien lediglich als eine Triebäußerung aufgefaßt werden. Auch beim Erwachsenen entspringt bei weitem nicht alles, was er tut, dem Willen in psychologischem Sinn. Viele unserer Handlungen laufen rein gewohnheitsmäßig ab. Man »denkt sich nichts dabei«, steckt den Schlüssel ins Schloß, hängt den Hut an den Ständer, zieht seine Uhr auf und weiß zumeist gar nicht, wann man diese Handlung vollzogen hat.

Willenskraft. Für unser Bewußtsein bedeutet diese Steuerung unseres Verhaltens durch »willensfremde« Kräfte eine große Entlastung. Die echte Willensentscheidung erfordert nämlich viel Kraft, über deren Herkunft und Ausmaß die Meinungen weit auseinandergehen.

Vielfach dachte man sich, der »Wille« sei eine in der Seele vorhandene Energie, die dem »Ich« zu beliebigem Einsatz zur Verfügung stände. Man brauche den Willen nur herbeizurufen, dann vollbringe er »alles«. Dem ist jedoch, wie die Erfahrung lehrt, leider nicht so. Man kann zwar alles, was man will, wenn man will, was man kann, sagte schon der Kirchenvater AUGUSTIN.

Die vielberufene »Macht des Willens« ist jedoch nicht so groß, wie man gemeinhin annimmt. So vermag man sich zum Beispiel auch »beim besten Willen« nicht ruckartig in irgendwelche Gefühlszustände zu versetzen oder Sinnesempfindungen herbei- oder wegzuzaubern. Man kann zwar sein Beileid zum Ausdruck bringen, aber weder Leid- noch Lust- oder Liebesgefühle auf willensmäßigem Weg erzeugen, es sei denn durch Suggestion oder Hypnose. Wie schwer es ist, seinen Willen gegenüber starken Trieben aus dem Vitalbereich durchzusetzen, weiß jedermann. Oft erweist sich eben das »Es will« stärker als das »Ich will«.

Willensstärke. Daß man seinen Willen stärken kann, unterliegt keinem Zweifel. Fraglich ist jedoch, ob es »Willensstärke« als selbständige Kraft gibt oder nicht. Jedenfalls gibt es willensstarke und willensschwache Menschen, solche, die sich ihren Trieben gegenüber durchsetzen können, und solche, denen dies nicht gelingt.

Man versteht den Willen wohl am ehesten, wenn man ihn als Ausfluß der Gesamtstärke der Persönlichkeit betrachtet. Kennzeichen einer willensstarken Persönlichkeit sind zum Beispiel: Selbstbewußtsein, Tatkraft, Initiative, Entschlossenheit, Durchsetzungsfähigkeit, Ausdauer, Zähigkeit, Konzentrationsfähigkeit und Selbstbeherrschung. Der willensschwache Mensch ist nicht nur durch das Fehlen dieser Eigenschaften gekennzeichnet, sondern beispielsweise auch durch Haltlosigkeit, Unberechenbarkeit und Unbeständigkeit, unter Umständen auch durch Triebschwäche und allgemeine Ziellosigkeit.

Die »Willensstärke« kann sich im Umgang allerdings auch in negativer Weise auswirken, und zwar in Eigenwilligkeit, Sturheit, Härte gegen andere und Rücksichtslosigkeit. Umgekehrt können aber auch Willensschwache positive Eigenschaften haben. Sie sind vielfach umgänglicher, lenkbarer, nachgiebiger und natürlicher als die Willensstarken.

Zum Wollen gehören also zunächst einmal Energien und dann ein Ich, das diese Ziele setzt. »Ein Mensch, der will, befiehlt einem Etwas in sich, das gehorcht, oder von dem er glaubt, daß es gehorcht«, sagt Friedrich Nietzsche.

Willensentscheidung. Das Wollen stellt, wie wir gesehen haben, eine Machtäußerung dar, aber nicht der Triebe, sondern des Ichs. Ich will. Es ist zwar durchaus möglich, daß sich das Ich mit einem Trieb, einer Strebung oder einem spontan auftauchenden Interesse identifiziert. Aber es wählt und entscheidet und vermag die Entscheidung zu begründen. Der Mensch handelt immer *aus* »etwas«: aus Berechnung, Liebe, Ehrgeiz, Angst, Minderwertigkeitsgefühl.

Damit soll nicht gesagt werden, daß dem Menschen das wahre Motiv seines Handelns auch stets bewußt ist. Oft schützt er ein edleres Motiv vor, um sein Tun besser zu rechtfertigen.

Von einer *Willenshandlung* sprechen wir also immer dann, wenn das Ich dabei beteiligt ist und sich entscheidet. Dabei spielt es keine Rolle, ob es sich um eine wichtige oder alltägliche Entscheidung handelt.

Entschlußlosigkeit. Oft läßt sich »beim besten Willen« kein Grund für eine Entscheidung nach der einen oder anderen Seite finden. Die Psychologie führt diese Entschlußlosigkeit auf die sogenannte *Motivleere* zurück.

Ein Entschluß ist nur beim Vorhandensein miteinander konkurrierender Motive möglich. Fehlt es an diesen, also an der Wahlmöglichkeit, dann kommt auch keine Willenshandlung zustande. Wenn ich überhaupt nur *ein* Ziel sehe, brauche ich mich ja nicht zu entscheiden, sondern kann mich treiben lassen. Sobald ich zwei oder mehr Beweggründe vor Augen habe, kommt es zum »Kampf der Motive«.

Willensmotive. Motivierend (die Entscheidung beeinflussend) wirken kann alles, was aus der Trieb-, Gefühls- und Interessensphäre stammt. Als Beispiel seien wenigstens einige Beweggründe genannt:

1. Unternehmungslust, Schaffensfreude, Tatendrang, Begeisterungsvermögen;

2. Wissensdurst, Liebe zur Sache, Gerechtigkeitsgefühl, Neugier;
3. Mitgefühl, Hilfsbereitschaft, Uneigennützigkeit;
4. Selbstsucht, Erwerbssinn, Neid, Haß, Mißgunst;
5. Ehrgeiz, Geltungsbedürfnis, Eifersucht.

Mehr oder weniger bewußt werden im Akt der Entscheidung die einzelnen Motive gegeneinander abgewogen, unter Umständen auch die Folgen bedacht, welche die eine oder andere Entscheidung nach sich ziehen kann. Entspricht das auftauchende Begehren der Lebensthematik der Persönlichkeit, dann ist der Wahlakt kurz. Wer freilich nicht weiß, was er seinem innersten Wesen nach eigentlich ist und will, wird stets Schwierigkeiten bei der Entscheidung haben. Vielfach ist die Unentschiedenheit und Entschlußunfähigkeit auf die Unklarheit über sich selbst zurückzuführen. In jeder echten Willensentscheidung offenbart sich daher etwas von der Rangordnung der Motive einer Persönlichkeit.

Mit der Entscheidung ist der Willensakt jedoch noch nicht abgeschlossen. Sie besagt ja zunächst nur, welchem Ziel zugesteuert werden soll: ob nach Geld, Ruhm und Ehre, Macht oder Liebe zu streben sei. Nun muß die Tat folgen.

Willensprozeß. Wir fassen zusammen: Wollen setzt zunächst einmal Beweggründe oder Motive voraus. Wo es an diesen fehlt, kommt es zu keiner Willenshandlung. Wollen erfordert aber auch Entscheidungen. Kann das Ich sich nicht entscheiden, dann kommt es auch zu keiner Tat. Aber die Entscheidung genügt noch nicht. Wo es nämlich an der Energie zur Verwirklichung der Entscheidung fehlt, da bleibt es beim Wünschen.

Der gesamte Willensprozeß vollzieht sich also sozusagen in drei Akten. Fällt einer derselben aus, dann kommt es zu keiner Willenshandlung. Wenn Sie sich also einmal über die »Willenlosigkeit« eines Ihrer Bekannten ärgern, dann fragen Sie sich doch, in welchem Akt er versagt.

Die Gefühle

Was Gefühle sind, braucht niemandem erklärt zu werden. Von frühester Jugend an sind jedem mindestens die Gefühle der Freude, des Leids, der Angst und des Schmerzes bekannt. Für zahlreiche weitere Gefühlszustände hat unsere Sprache ein besonderes Wort. Erinnert sei nur an folgende Gefühle: Sorge, Kummer, Trauer, Scham, Haß, Zorn, Wut, Ärger, Eifersucht, Neid, Liebe, Mitleid. Allerdings gehen die Theorien über die Entstehung der Gefühle und die Meinungen über Art, Zahl und Gliederung derselben weit auseinander.

Gefühle sind zweifellos die subjektivsten Erscheinungen des Seelenlebens. Was ich im Augenblick fühle, weiß nur ich selbst. Ich kann einem anderen vielleicht zur Not eines meiner Gefühle beschreiben. Ob dieser jedoch, wie er behauptet, mitfühlt, vermag ich nicht festzustellen. Auch auf dem Weg über die Beobachtung sind Gefühle schwer bestimmbar.

Mit experimentellen Methoden ist dem Gefühlsleben kaum beizukommen, denn das im Versuch erfaßte Gefühl ist nicht das im Alltag erlebte. Vielfach beschränken sich daher die Psychologen auf die Beschreibung und Klassifizierung der frei beobachtbaren Gefühlsvorgänge oder auf die Erforschung der Gefühlserregbarkeit. Aus der Fülle der dabei gewonnenen Erkenntnisse greifen wir einige für die Menschenkenntnis wichtige heraus.

Entstehung der Gefühle. Man bezeichnet auch die Gefühle als »psychische Kräfte« (S. 48); denn wir haben oft das Empfinden, daß uns das eine Gefühl beschwingt, erhebt und beflügelt, also aktiviert, das andere bedrückt, hemmt oder lähmt. Viele Gefühle versetzen uns in einen Spannungszustand, dessen Lösung wir als angenehm empfinden.

Wie wir bereits bei der Betrachtung der Willensvorgänge gesehen haben (S. 66–68), lassen sich Gefühle nicht willkürlich erzeugen. Sie überfallen uns, kommen ungewollt und unbewußt, treten aber, wenn sie da sind, ins Bewußtsein. Oft weiß man gar nicht, wie man zu einem Gefühl gekommen ist. In anderen Fällen glaubt man den Anlaß zu kennen. Man weiß, daß man über dies oder das in Freude, Trauer oder Angst geraten ist.

Empfänglichkeit für Gefühle. Obwohl Gefühle ansteckend wirken – wenn andere lachen, lacht man auch –, ist es schwierig, sich in einen bestimmten Gefühlszustand zu versetzen. Ich kann nicht sagen: Ich will dich von nun ab lieben. Auch die Aufforderung, sich zu schämen, hat nicht viel Sinn, wenn der andere nicht weiß, was Scham ist. Manchen Menschen scheinen überhaupt bestimmte Gefühle, wie zum Beispiel das Gefühl des Erhabenen oder das Taktgefühl, ganz oder teilweise abzugehen.

Die Empfänglichkeit für Gefühle scheint nicht bei allen Menschen gleich groß zu sein, wie übrigens auch die Stärke und Nachhaltigkeit der Gefühlseindrücke, die zudem von der körperlichen Verfassung abhängig sind. Wenn wir krank oder ermattet sind, haften Unlustgefühle viel länger als im Normalzustand.

Umfang, Art und Grad der Gefühlsfähigkeit stehen zweifellos auch in engstem Zusammenhang mit dem Format und der Reife der Persönlichkeit. Dies gilt besonders für die sogenannten höheren Gefühle, wie die religiösen, ethischen und ästhetischen Gefühle. Je differenzierter und durchformter eine Persönlichkeit ist, um so reichhaltiger ist auch ihre Gefühlswelt.

Gliederung der Gefühle. Die Aufgliederung der Gefühlswelt hat den Psychologen von jeher viel Kopfzerbrechen bereitet. Der Wiener Psychologe Hubert Rohracher (vgl. S. 48 und 64) versuchte eine solche unter dem Gesichtspunkt der Herkunft der Gefühle und kam dabei zu folgenden Unterscheidungen:

① *Persönlichkeitsbedingte Gefühle,* deren Wurzeln im geistigen Bereich der Persönlichkeit liegen. In ihnen drückt sich die individuelle Stellungnahme der Persönlichkeit zu den Bereichen des Religiösen, Ethischen, Ästhetischen und Logischen aus. Auch Sympathie- und Antipathiegefühle sowie das Takt- und Gerechtigkeitsgefühl gehören hierher.

② *Triebbedingte Gefühle,* und zwar

a) vitale Triebgefühle, wie zum Beispiel Lust bei der Triebbefriedigung und Unlust bei versagter Befriedigung, Angst, Furcht, Schreck und andere;

b) soziale Triebgefühle, wie zum Beispiel Neid, Eifersucht, Haß, aber auch Mitleid und Mitfreude.

③ *Empfindungsbedingte Gefühle,* wie zum Beispiel Schmerz, Lust, Wohlgeschmack, Wohlgeruch und dergleichen.

Frustration. In dem System von Rohracher lassen sich – wie auch sein Urheber einräumt – keineswegs alle Gefühle unterbringen. In der neueren psychologischen Literatur stößt man oft auf den Begriff der *Frustration,* der für

einen etwas eigenartigen Gefühlszustand eingeführt wurde. Es handelt sich hier um Gefühle, die durch eine »Erwartungs-Enttäuschung« oder »Wunsch-Versagung« entstehen (lat. frustra = vergebens). Nehmen wir an, ein Beamter oder Angestellter hätte 20 oder 30 Jahre lang seinen Posten zur Zufriedenheit seiner Vorgesetzten ausgefüllt. Verständlicherweise hegt er mit der Zeit die Erwartung, eine gehobenere Funktion zu bekommen. Bleibt ihm diese aus irgendwelchen Gründen versagt, dann fühlt er sich enttäuscht oder *frustriert*, wird verärgert, läßt in seiner Leistung nach und sucht nach einer Ersatzbefriedigung. Unter Umständen kann dieser Enttäuschungszustand zu einer Neurose, das heißt einer schweren Störung des psychischen Gleichgewichts führen, die sich unter Umständen auch in körperlichen Leiden bemerkbar macht.
Frustrationsgefühle können schon im frühen Kindesalter als Folge zu strenger Erziehung auftreten. Ihre Ursachen beruhen also ganz allgemein auf Enttäuschungen in lebenswichtigen Angelegenheiten, bei Frauen insbesondere auch auf Fehlschlägen im Liebesleben. Je nach Temperament führt die Frustration zu *Aggressivität* (lat. aggredi = herantreten, angreifen), einer erhöhten Reizbarkeit und Angriffslust, oder zur *Regression* (lat. re-gredi = zurücktreten, -weichen), einem müden Sich-Zurückziehen und Aufgeben des Kampfes.

Minderwertigkeitsgefühl. Das Minderwertigkeits- oder *Insuffizienzgefühl* kann ebenfalls Anlaß zur Bildung einer Neurose geben. Der Begriff spielt in der von Alfred Adler entwickelten *Individualpsychologie* eine große Rolle.
Das Minderwertigkeitsgefühl entsteht durch irgendwelche Beeinträchtigungen des Selbstwertgefühls. Hat jemand den Eindruck, er sei zu groß oder zu klein, zu dick oder zu dünn geraten, besitze zu wenig Mut, Intelligenz oder Sprachgewandtheit, so stellt sich mitunter ein Minderwertigkeitsgefühl ein. Anlaß dazu gibt unter Umständen die dauernde, als unberechtigt empfundene Kritik von Eltern und Lehrern an den Leistungen eines Kindes. Oft entsteht ein Minderwertigkeitsgefühl auch durch übertriebene Selbstkritik.
Die vermeintlichen Schwächen körperlicher oder geistiger, insbesondere intellektueller Art lösen häufig *Kompensationsversuche* aus, die den Ausgleich der erlebten Minderwertigkeit herbeiführen sollen. Angeberei jeglicher Art beruht zumeist auf der *Überkompensation* eines Minderwertigkeitsgefühls. Wer angibt, hat's nötig. Wird das Minderwertigkeitsgefühl ins Unterbewußtsein verdrängt, dann bildet sich leicht ein sogenannter Minderwertigkeitskomplex, dessen Beseitigung eine psychotherapeutische Behandlung erfordert (s. auch S. 382).

Affekte. Plötzlich auftretende, heftige Gefühlserregungen oder Gefühlsaufwallungen nennt man Affekte. Affektiv veranlagte Naturen »kochen« leicht über, bekommen Tobsuchtsanfälle, werden »blind« vor Wut und lassen sich in diesem Zustand zu unbedachten Handlungen, den vielgenannten *Affekthandlungen* hinreißen.

Stimmungen. Im Gegensatz zu diesen oft sehr rasch abklingenden Erregungszuständen des Affektes gibt es aber auch lang andauernde Gefühlszustände, die man als Stimmungen bezeichnet. Manche Menschen sind nicht nur tage-, sondern wochen- und monatelang in einer gehobenen, lebensfrohen oder ge-

drückten und mißmutigen Stimmung, deren Ursache sie – im Gegensatz zu den Gefühlen – oft nicht genau angeben können.
Vielfach wird angenommen, daß jeder Mensch von einer tiefsitzenden stabilen *Lebensgrundstimmung* erfüllt ist. Diese kann entweder mehr optimistischer oder mehr pessimistischer Art sein und mehr oder weniger in die Erscheinung treten.
Nicht beherrschte Stimmungen nennt man *Launen*, die besonders bei labilen Naturen anzutreffen sind.
Die stabil bleibende Gefühlsverfassung oder Lebensgrundstimmung wird vielfach als das *Gemüt* des Menschen bezeichnet, ein Begriff, den nur die deutsche Psychologie kennt. Man spricht in diesem Zusammenhang dann von einem gemütsreichen oder gemütsarmen, einem gemütswarmen oder gemütskalten Menschen.

Das Unbewußte

Die Psychologie des 19. Jahrhunderts beschränkte ihre Arbeit auf die Erforschung der Bewußtseinsvorgänge. Was nicht, wie Wahrnehmen und Vorstellen, Denken und Wollen, in das Licht des Bewußtseins tritt und sichtbar wird, war für sie kein Gegenstand der Forschung. Konsequenterweise konnte sie sich daher auch nicht mit einer Erscheinung beschäftigen, von der zwar die Philosophen und Dichter sprachen, die jedoch schon ihrem Namen nach gar nicht bewußt werden kann, nämlich mit dem *Un*bewußten.
In der Psyche geht zwar vieles unbewußt vor sich, wie wir bei der Betrachtung der Wahrnehmungs- und Denkprozesse gesehen haben. Immerhin wissen wir aber etwas von den Gegenständen unserer Wahrnehmung, unserer Gedanken und Gefühle. Von dem aber, was in der sogenannten Tiefenpsychologie als das Unbewußte bezeichnet wird, *kann* ich jedoch nichts wissen. Wir werden uns daher zu fragen haben, woher andere, insbesondere die Psychologen, etwas davon wissen.
Mit dem Unbewußten ist es freilich ebenso wie mit allen Erscheinungen des Seelenlebens: Zu sehen und zu greifen gibt es hier wenig. Gewisse Erfahrungstatsachen lassen sich jedoch durch die Annahme eines Unbewußten besser erklären als ohne diese Annahme.

Auffassungen vom Unbewußten. Der erste, dem eine durch Erfahrung begründete Theorie über das unbewußte Seelenleben gelang, war der Wiener Nervenarzt SIGMUND FREUD (1856–1939). Allerdings haben vor ihm schon andere auf die Bedeutung des Unbewußten für das Seelenleben hingewiesen, wie zum Beispiel der Romantiker C. G. CARUS (1789–1861).
An die Schwelle, die das Bewußte vom Unbewußten trennt, setzt FREUD einen Wächter, sozusagen als »Zensor«, der aus den Tiefenbereichen der Seele nur das hindurchläßt, was dem Ichbewußtsein verträglich ist, das andere aber »verdrängt«. Das Unbewußte in diesem Sinne wäre also das, was das Ich nicht wissen soll und darf.
Dies ist jedoch nur eine der Auffassungen vom Unbewußten. Es gibt noch zahlreiche andere. Nach LUDWIG KLAGES ist das Unbewußte die Wurzel des Bewußtseins, der Urgrund des Lebendigen, in den gedanklich eindringen zu wollen »ebenso hoffnungslos wie vermessen wäre«. Aus ihm entspringen die göttlichsten und die teuflischsten Gedanken.

Das Unbewußte ist, wie PHILIPP LERSCH sagt, der allem Erleben vorgeordnete Lebensgrund. Dieser ist sozusagen der Quelltopf, aus dem das bewußte Leben gespeist wird. Aus ihm dringt jedoch nur ein kleiner Teil an die Oberfläche. Was wir von ihm sehen, sind gewissermaßen nur die beleuchteten Wellenkämme eines bewegten Meeres. Was in diesem Sinn als das Unbewußte bezeichnet wird, ist am Zustandekommen aller seelischen Vorgänge beteiligt, gleich ob es sich dabei um ein Sehen oder Hören oder ein Denken, Fühlen oder Wollen handelt.

Wirkungsweisen des Unbewußten. Das Unbewußte zeigt sich beispielsweise in den sogenannten *Fehlleistungen*, die oft »sehr tief« blicken lassen, weil man unbeabsichtigt etwas sagt, was man gar nicht sagen wollte, oder dauernd etwas vergißt, was man eigentlich behalten sollte. Die Tiefenpsychologie erklärt dieses Versprechen und Vergessen aus den einander widersprechenden Absichten des hellwachen Bewußtseins und des Unbewußten. Eigentlich wollte Herr Tugendreich sagen: »Da kamen Dinge zum Vorschein...«, sagte aber: »Vorschwein«, weil er diese Dinge als Schweinereien betrachtete, den harten Ausdruck jedoch nicht gebrauchen wollte.

Die stärkste Ausstrahlung des Unbewußten stellen zweifellos die Träume dar. Daher bezeichnet FREUD die Beschäftigung mit den Traumbildern geradezu als den *Königsweg zum Unbewußten.*

Einen Zugang zum Unbewußten hat sich die Psychologie durch die projektiven Tests (S. 321–333) geschaffen, die – entgegen der Zensur des Bewußtseins – ebenfalls etwas von den geheimen Wünschen, Sorgen und Nöten der Seele enthüllen. Über die Beschaffenheit und Wirkungsweise des Unbewußten gehen die Ansichten der einzelnen tiefenpsychologischen Schulen noch weit auseinander. Ihre Hauptvertreter SIGMUND FREUD, ALFRED ADLER (1870–1937) und C. G. JUNG (1875–1961) sind sich jedoch darüber einig, daß

① *nichts* im Seelenleben *zufälliger Natur* ist, auch wenn die Ursachen des Geschehens nicht klar zu erkennen sind;

② ein Großteil der Antriebe unseres Denkens und Handelns *unbewußter* und emotionaler, nicht rationaler Art ist;

③ unangenehme Erlebnisse, insbesondere Konflikte, vom Bewußtsein ins Unbewußte *verdrängt* werden und von dort aus weiter rebellieren;

④ das Ich sich gegen die Bewußtmachung verdrängter Komplexe *wehrt*, um sich die peinliche Einsicht in die Konfliktsituation zu ersparen;

⑤ der *Traum* die stärkste Ausstrahlung des Unbewußten darstellt und seine Ausdeutung daher den Schlüssel zum Verständnis der Seele in sich birgt;

⑥ die psychischen Konflikte Erwachsener, die zum Ausbruch einer Neurose führen, auf unbewältigte *frühkindliche Erlebnisse* zurückzuführen sind, denen eine entscheidende Bedeutung für die Gesamtentwicklung der Persönlichkeit zukommt;

⑦ psychische Konfliktsituationen und Neurosen nur durch eine *Analyse* geheilt werden können, wobei der Patient unbewußt seine Konflikte auf den Psychotherapeuten »überträgt« und ihm eben dadurch wichtige Einblicke in sein Seelenleben gewährt.

Tiefenpsychologie. Obwohl man schon vor der Zeit FREUDS eine gewisse Kenntnis vom Unbewußten hatte, gaben doch erst seine Ideen

den Anstoß zu einer intensiveren Beschäftigung mit diesem Bereich der Seele. Die Theorien FREUDS und seiner Nachfolger über das Wirken des Unbewußten fanden zwar nicht allgemeine Anerkennung, führten jedoch zu einer stärkeren Beachtung der Triebwelt und einer dynamischeren Auffassung des Seelenlebens.
Man sah, daß das menschliche Denken und Handeln in ganz verschiedenen Bereichen wurzelt und daß das Ich, repräsentiert durch das Bewußtsein, sozusagen ein Spannungsfeld darstellt, auf welchem die Forderungen aus der Tiefe, dem Bereich des »Es«, mit denen des »Über-Ich«, das heißt, des Gewissens und der Gesellschaft, zusammenstoßen.
Um den Gegensatz seiner Betrachtungsweise zu derjenigen seiner Zeit, die sich auf die Erforschung der Bewußtseinsvorgänge beschränkte, zu betonen, bezeichnete FREUD sie als *Tiefenpsychologie*.
Nach S. FREUD erscheint der Mensch als ein äußerst *konfliktträchtiges* Wesen. Der *erste Konflikt* entsteht seiner Meinung nach schon in der frühen Kindheit. Nur zu bald stoßen nämlich die Triebwünsche des Säuglings und des Kleinkinds auf den harten Widerstand der Wirklichkeit. In dieser leidvollen Begegnung wird sich das Individuum seines Ich bewußt und hat nun nur die Wahl, sich den Forderungen der Realität zu unterwerfen, was nur durch einen Triebverzicht möglich ist, oder sich auf die Befriedigung seiner Wünsche zu versteifen.
Der *zweite Konflikt* entsteht in der Auseinandersetzung mit dem »Über-Ich«, dem der Mensch wiederum einen Teil seiner Triebe zum Opfer bringen muß. Die Gesellschaft verbietet ihm nämlich die restlose Befriedigung der aus der »Tiefenperson«, dem Es, aufsteigenden Wünsche. Falls ihm nun nicht deren Vergeistigung möglich ist, bleibt ihm nichts anderes übrig, als diese wieder ins Unbewußte zu »verdrängen«. Diese verdrängten Wünsche sind nun aber nach FREUD vielfach die Ursachen der *Neurosen*, deren Heilung nur auf analytischem Weg möglich ist. Die Behandlung wird dadurch eingeleitet, daß das Verdrängte ins helle Licht des Bewußtseins gehoben und von diesem verarbeitet wird. Diesem Verfahren hat FREUD den Namen *Psychoanalyse* gegeben.
C. G. JUNG und ALFRED ADLER stellten nicht nur neue Theorien über das Unbewußte auf, sondern gingen auch andere Wege zu seiner Ergründung.

Die Vorstellungen vom Ganzen des Seelenlebens

Obwohl die Lehren FREUDS und seiner Anhänger auf viel Widerspruch stießen, haben sie doch zu der Einsicht geführt, daß sich das Seelenleben nicht im Bewußtsein erschöpft. Mehr und mehr setzte sich der Gedanke durch, daß in ihm mit sehr unterschiedlichen Sphären zu rechnen ist. FREUD nannte drei solcher Bereiche, den des »Es«, des »Ich« und des »Über-Ich«. Da diese als wesens- und gewichtsverschieden gedacht wurden und ihnen eine unterschiedliche Bedeutung im Gesamtgefüge der Psyche zugeschrieben wurde, ergaben sich für die Gliederung des Seelenlebens neue Probleme.
Wie soll man sich den Aufbau und das Zusammenwirken der Teilbereiche vorstellen? Die Summe der seelischen Einzelerscheinungen ergibt jedenfalls noch kein Bild von einem Menschen. Was gehört zu dessen Vorder-

und Hintergrund? Schon die Umgangssprache weiß etwas vom Abgründigen und Untergründigen des Menschen. Manche Menschen bezeichnen wir als oberflächlich, womit wir zum Ausdruck bringen wollen, daß ihre Gedanken und Gefühle nicht in die Tiefe reichen. Andere erscheinen uns fassadenhaft oder kernlos. Alle diese Begriffe stellen Anleihen aus der gegenständlichen Welt dar, ohne die wir uns über die ungegenständliche Welt des Seelischen nicht verständigen können.
Auch die wissenschaftliche Psychologie kommt ohne derartige Modellvorstellungen nicht aus. Trotz vieler Einwendungen hat sich in der deutschen Psychologie das Modell der *Schicht* immer mehr durchgesetzt.

Das Schichtmodell

Das Seelische läßt sich als ein hierarchisch geschichtetes Gebilde betrachten. Der Begriff der Schicht wurde aus der Geologie übernommen, hat aber mit dem dort gemeinten Gegenstand nicht viel zu tun. Durch den Begriff der Schicht soll zunächst einmal zum Ausdruck gebracht werden, daß die seelischen Bereiche wie Erdschichten aufeinander gelagert sind, verschiedene Mächtigkeit und verschiedenes Alter besitzen. Ihrer Entstehung nach betrachtet gibt es jüngere und ältere, stärkere und schwächere Schichten. Je tiefer eine Schicht liegt, um so älter und mächtiger ist sie. Höhere Schichten unterliegen – wie die Erdschichten – rascher der Abtragung und dem Verschleiß als tiefere. Im Gegensatz zu den geologischen Schichten denkt man sich die psychologischen jedoch nicht als getrennt und beziehungslos übereinanderliegende Bereiche, sondern als solche, die auseinander hervorgegangen sind und sich durchdringen.
Neben dieser *vertikalen* Schichtung ist jedoch auch eine *horizontale* gebräuchlich. Nach dieser unterscheidet man Kern- und Mantelschichten, innere und äußere Bereiche. Henrik Ibsen bezweifelte allerdings, daß der Mensch einen Kern habe. Er verglich dessen Wesen eher mit – einer Zwiebel und läßt seinen Peer Gynt sagen:

»Wie, lauter Häutchen? – Ich wüßte doch gern
Kommt nicht zuletzt ein fester Kern?
Wahrhaftig nein! Bis ins innerste Innere
Bloß lauter Häutchen, nur dünnere und dünnere;
Die Natur ist witzig ...«

Platons Schichtvorstellung. Die Idee, das Seelenleben als ein geschichtetes Gebilde zu betrachten, ist uralt. Der griechische Philosoph Platon (427–347 v. Chr.) unterschied drei übereinander gelagerte seelische Bereiche. Als oberste, höchste und wertvollste Schicht erschien ihm das *Logistikon* (griech. logos = Wort, Sprache, Geist), die Geistschicht, die ihren Sitz im Kopf hat, nach Wahrheit und Erkenntnis trachtet und als denkender und vernünftiger Teil der Seele die andern Teile zu lenken hat. Unter dieser liegt die Schicht des *Thymos* (griech. thymos = Gemüt, Gefühl), die Schicht des Gefühls, der Seele und des Muts, die ihren Sitz in der Brust hat. Sie ist durch Befehl und Wort zu lenken, während die niedrigste Schicht, die *Epithymia* (griech. epi = auf, bei + thymos), die Triebschicht, nur der Peitsche gehorcht. Sie hat ihren Sitz im Unterleib und repräsentiert den sinnlich begehrenden Teil der Seele, der nach leiblichen Genüssen trachtet.
In jedem Menschen finden sich

zwar alle drei Schichten, jedoch nicht in derselben Stärke. Je nach der Vorherrschaft einer dieser Schichten ergeben sich drei Typen von Menschen: Verstandesmensch, Willensmensch und Triebmensch. Im Idealfall sollte die Geistschicht am stärksten ausgebildet sein.

PLATON gebraucht zur Veranschaulichung seiner Vorstellung von der Schichtung der Seele das Bild des Wagenlenkers. Als der oberste und denkende Teil der Seele hat der Wagenlenker die beiden niedrigeren Vermögen, repräsentiert durch zwei Rosse, zu lenken.

Schichtlehre und Entwicklungspsychologie. Mit Hilfe des Platonischen Schichtmodells versuchten zahlreiche Philosophen bis in die Neuzeit herein ihre Vorstellungen vom Aufbau der Seele zu veranschaulichen. Ihre empirische Begründung erfuhren diese philosophischen Schichtlehren erst durch die Entwicklungspsychologie und Neurologie.

Das Kind ist ja nicht, wie man lange Zeit annahm, ein kleiner Erwachsener. Dazu fehlt es ihm nicht nur an Erfahrung, sondern vor allem an den höherentwickelten geistigen Funktionen. Auf der Stufe des *Säuglings* hat der Mensch im wesentlichen nur triebhafte Bedürfnisse. Er lebt also sozusagen ganz aus und in der Triebschicht. Das »Es« drängt ihn zu essen, zu trinken, zu schlafen und zu strampeln. Auf der nächsten Stufe seiner Entwicklung ist er vorwiegend ein *Gefühlswesen*, das oft erst recht spät in den Vollbesitz seiner geistigen Kräfte gelangt.

Wie wir aus der Erfahrung wissen, bleiben die Bedürfnisse der niederen Schichten auch auf fortgeschritteneren Entwicklungsstufen erhalten. Die im Laufe der Entwicklung sich bildende höhere Schicht vermag die tiefere nicht auszulöschen. Sie überlagert sie lediglich, lebt sogar aus deren Kraft und versucht sie zu beherrschen und zu zügeln – was ihr jedoch nicht immer restlos gelingt. Wenn sich der Erwachsene entspannt, das heißt vom Zwang des Alltags befreit, dann spielt er wieder. Die »Primitivperson« in ihm kommt wieder zu ihrem Recht.

Schichtlehre und Gehirnforschung. Die Gehirnforschung konnte nachweisen, daß sich das Erregungszentrum der Triebe und Instinkte im entwicklungsgeschichtlich ältesten Teil des Gehirns, nämlich dem Stammhirn, befindet. Die sogenannte »Tiefenperson« oder »Primitivperson« lebt sozusagen aus diesem Bereich heraus. Erst auf einer – stammesgeschichtlich betrachtet – höheren Stufe entwickelt sich das Großhirn, die Cortex oder Rindenschicht. Dieser Teil des Gehirns gilt als Erregungszentrum der Bewußtseinsvorgänge, insbesondere des Denkens und Wollens.

Schichtlehre und Entwicklungsgeschichte. Das soeben Gesagte wird auch bestätigt durch die Hirnentwicklung in der Tierreihe. Bei niederen Tieren ist nur das Althirn entwickelt. Mit dem Aufsteigen in der Wirbeltierreihe nimmt nicht nur die Differenzierung des Gehirns zu, sondern gewinnt auch das Neuhirn mehr und mehr an Bedeutung.

Die drei Hauptschichten

Die bisher aufgeführten Tatsachen gaben den Psychologen die Berechtigung, sich des *Modells der Schicht* zu bedienen. Über die Zahl der Schichten konnten sie sich allerdings noch nicht einigen. Zumeist werden drei

Hauptschichten angenommen, die von den Schichttheoretikern wie Erich Rothacker, H. F. Hoffmann und Philipp Lersch in unterschiedlicher Weise noch weiter aufgegliedert werden.

Vitalschicht. Von fundamentaler Bedeutung im wörtlichen Sinn ist die Vitalschicht. Diese Schicht des Lebens schlechthin (lat. vita = Leben; vis = Kraft) ist nicht nur die älteste, sondern auch die mächtigste Schicht. Aus ihr sind alle übrigen Schichten hervorgegangen. Sie wirkt auch noch in alle anderen hinein und stellt sozusagen das Energiezentrum der gesamten Persönlichkeit dar. Eine vitalschwache Natur hat es viel schwerer, sich im Lebenskampf zu behaupten und durchzusetzen, als eine vitalstarke.

Vitalität darf allerdings nicht gleichgesetzt werden mit körperlicher Fülle. Ein athletisch gebauter Mensch kann vital sein, muß es aber nicht. Vitalität ist vielmehr Ausdruck ursprünglicher psychischer Lebendigkeit und Spannkraft, Ausdruck dessen, was als »seelischer Elan« bezeichnet wird. Eine vitale Persönlichkeit besitzt Schwung und Frische, ist temperamentvoll und schaffensfreudig, spricht leicht auf Anregungen an und setzt ihre Entschlüsse rasch in die Tat um. Die Vitalität wirkt sich in allen Bereichen aus, nicht zuletzt in den Regionen des Sinnlichen.

Aus dieser Schicht bezieht nun auch die der *Triebe* ihre Kraft. Dieser Bereich des Vegetativen besitzt, wie wir gesehen haben, seinen eigenen Steuerungsapparat. Den Trieben braucht nicht »von oben« her befohlen zu werden, was sie zu »treiben« haben. Sie treten unbewußt in Aktion, wirken also von selbst – sofern sie nicht durch den Willen daran gehindert werden. Auf niedrigerer Entwicklungsstufe halten sie das Heft allein in der Hand. Der »Primitive« und der »Triebmensch« unserer Zeit wird von dieser übermächtigen Schicht oft weithin beherrscht. Ihr gesamtes Denken, Fühlen und Wollen ist stark triebhaft durchsetzt.

Da die verschiedenen Triebe nicht bei allen Menschen in gleichem Maße ausgebildet sind, ergeben sich hinsichtlich der Triebstruktur große individuelle Unterschiede, die in der Menschenkenntnis zu beachten sind. Es gibt Menschen mit ausgesprochen starkem Tätigkeitsdrang, mit Erlebnisbedürfnis, Genußstreben, Geschlechtstrieb und Selbsterhaltungstrieb und solche, bei denen all diese Triebe oder auch einzelne von ihnen nur schwach entwickelt sind.

Gefühlsschicht. In engster Verbindung mit der Vitalschicht, aber doch unterscheidbar von ihr, steht die der Gefühle. Sie ist eine ausschließlich menschliche Schicht. In ihr ist »die Seele« im Sinne von Ludwig Klages beheimatet. Aus dieser Schicht entspringen die Mythen und Werke der Dichtung, aus ihrer Kraft leben die Kinder und Künstler, die Frauen und die Pykniker.

Die Eigenart dieser Schicht macht sich zunächst einmal in der *Lebensgrundstimmung* bemerkbar, die der gesamten Person ihre unverkennbare Tönung gibt (S. 71).

Die Gefühlsschicht ist, wie die Vitalschicht, bei den einzelnen Menschen sehr unterschiedlich ausgebildet. Es gibt gefühlsreiche und gefühlsarme Menschen, solche, die rasch oder langsam ansprechen und mitgehen, und solche, die nur an der Oberfläche oder bis in die Tiefe berührt werden. Diese Schicht ist nach Erich Rothacker der Bereich der »beseelten Tiefenperson«, der zwar oberhalb der Triebschicht, aber noch unterhalb der Personschicht liegt.

Personschicht. Eine wesentlich später zur Entwicklung kommende Sphäre ist die sogenannte Personschicht, die zum Oberbau der Person gehört. Ihr ist – wie dem Reiter gegenüber dem Pferd – die Aufgabe gestellt, die Kräfte der Tiefe zu *lenken*. Dazu verfügt sie über Denk- und Willensfunktionen. Je stärker diese sind, um so mehr zwingen sie die Triebkräfte in ihre Dienste, und um so weniger werden sie von den Gefühlen überschwemmt.

Hier wird sich der Mensch auch seiner selbst bewußt. Daher wird diese Schicht von ROTHACKER auch als die *Ich-Schicht* bezeichnet. Das Ichbewußtsein entwickelt sich erst im Verlauf des dritten Lebensjahres, was aber nicht heißt, daß es zu dieser Zeit auch schon seine volle Ausbildung erlangt hätte. »Der Organismus ist zwar fertig, wenn wir zur Welt kommen, nicht aber die Persönlichkeit«, heißt es bei dem französischen Psychologen P. JANET. Manche Menschen kommen zeitlebens nicht zu einem vollen und kräftigen Bewußtsein ihres Ich. Und selbst bei normalen Erwachsenen ist das Ich nicht dauernd tätig. Es befindet sich zwar in permanenter Funktionsbereitschaft, so etwa wie der Pilot bei der Blindflugsteuerung seiner Maschine, greift aber nur ein, wenn die Steuerungsfunktionen der tieferen Schichten nicht oder nicht seinem Willen gemäß funktionieren. Diesem Bereich entspringen nun sämtliche geistigen Leistungen, weshalb für ihn auch der Begriff *Geist-Schicht* gebraucht wird. Zwar quellen auch aus der Tiefe gedankliche Einfälle und Ideen; gefaßt und verarbeitet werden sie jedoch erst durch den Geist. Fehlt es dem Ich an ordnender Kraft, dann verfliegen die Einfälle wieder ungenützt. Die Geist-Schicht ist bei den einzelnen Menschen natürlich sehr unterschiedlich ausgeprägt.

Widerstreit der Schichten

Die Unterschiedlichkeiten unter den Menschen ergeben sich durch die Stärke der einzelnen Schichten sowie durch ihr Verhältnis untereinander. Wohl jeder Mensch empfand schon den Widerspruch zwischen der »Stimme des Herzens« und der »Stimme der Vernunft«.

Neigung oder Verstand. Oft stehen wir vor der Frage, ob wir unseren Neigungen oder unserem Verstand folgen sollen. Eine allgemein gültige Regel läßt sich hier nicht aufstellen. Wer sich jedoch in Herzensangelegenheiten nur von der Vernunft leiten läßt, gilt mit Recht als kalter Rationalist. Andererseits ist es unklug, sich da von seinen Gefühlen bestimmen zu lassen, wo nur klares Denken zum Erfolg führt.

Trieb oder Wille. Polare Spannungen bestehen auch zwischen Trieb und Wille. Welcher der beiden Kräfte der Vorzug zu geben ist, hängt von der Situation ab. Wer zum Beweis seiner »Willensstärke« alles Triebhafte »aus Prinzip« verdrängt und stets nur seiner Vernunft folgt, braucht sich nicht zu wundern, wenn sein Verhalten allmählich neurotische Züge annimmt. Doch gibt es auch wieder Situationen, in denen man nicht die »Besinnung verlieren« darf, sondern einen »kühlen Kopf« behalten muß.

Vorrang einer Schicht. Für den Umgang mit einem Menschen ist es von größter Wichtigkeit zu wissen, wo er seinen Schwerpunkt hat. Liegt dieser im Bereich der Gefühle, dann wird man von ihm vielfach nicht so viel Scharfsinn erwarten dürfen wie von einem Verstandesmenschen. Habe ich einen sturen Prinzipienreiter vor mir, dann ist wohl anzunehmen, daß er einen stärkeren Willen besitzt. Oft fehlt es ihm aber an Herz und Verstand.

Ungünstig ist es zumeist, wenn *eine* Schicht die Alleinherrschaft ausübt und die Ansprüche aller anderen Schichten unterdrückt. Ebenso ungünstig ist aber auch das Vorhandensein mehrerer gleich starker Schichten, von denen jede herrschen will. Dadurch kommt der Mensch in Zwiespalt mit sich selbst. Beim harmonischen Menschen stehen die einzelnen Schichten in einem ausgewogenen Verhältnis.

Was ist der Charakter?

Die vorangegangenen Betrachtungen über die Vorstellungen der Psychologie von der Seele und vom Seelenleben mögen vielleicht manchem Leser etwas abwegig erschienen sein. Er sagt sich: Was soll ich mit der Beschreibung der einzelnen seelischen Erscheinungen und den Ausführungen über Schichtung und Gliederung des Seelenlebens anfangen? Sein Anliegen ist die Menschenkenntnis. Er will wissen, wie der und jener, mit dem er es gerade zu tun hat, »eigentlich« ist; was er für einen Charakter hat. Wir können diese Aufgabe aber nur erfüllen, wenn wir wissen, wie sich die Psychologie den *Aufbau der Seele* vorstellt und was eigentlich alles beachtet werden muß, um das Wesen eines Menschen zu erfassen. Deshalb müssen wir unsere Aufmerksamkeit noch eine Zeitlang dem Begriff des *Charakters* und den wissenschaftlichen Aussagen darüber zuwenden.

Die Vorstellungen vom Charakter

Mit Unterschieden in der seelischen Struktur, die ja dem Einzelmenschen erst sein spezifisches Gepräge geben, hat sich die Psychologie verhältnismäßig spät beschäftigt. Einer der ersten, der diese Fragen aufgriff, war Ludwig Klages (1872–1956); 1910 erschien sein Werk »Prinzipien der Charakterologie«. Nach Klages haben sich viele Gelehrte mit der Erforschung des Charakters beschäftigt, so daß sich mit der Zeit ein besonderer Zweig der Psychologie herausbildete, eben die *Charakterologie*.

Der Bereich der Charakterologie

Die Charakterologie befaßt sich mit der Definition des Begriffs »Charakter«, mit der Erforschung seines Aufbaus und seiner Entwicklung, der Kennzeichnung seiner typischen Formen und mit den Methoden zum Erkennen der einzelnen Charaktereigenschaften.

Definition des Begriffs. Im allgemeinen Sprachgebrauch wird »Charakter« oft in moralischem Sinn verwandt. Es ist aber nicht Sache der Psychologie, ein sittliches Werturteil über einen Menschen abzugeben.

Unter den Psychologen gehen bedauerlicherweise die Ansichten über den Begriff des Charakters noch weit auseinander. Seiner wörtlichen Bedeutung nach besagt der Begriff soviel wie Gepräge; mit der Rede vom »Charakter« soll also zum Ausdruck gebracht werden, daß es sich bei dieser Erscheinung um etwas Eigenartiges, Festgefügtes und nicht dem Wechsel Unterworfenes handelt.

Wenn in der Psychologie von Charakter gesprochen wird, dann wird eine Struktur oder Gestalt gemeint. Einer solchen haftet eine relative Beständigkeit an. Es hätte ja nicht viel Sinn, nach dem Charakter zu fragen, wenn sich das damit gemeinte Eigenschaftsgefüge dauernd verändern würde.

PH. LERSCH definiert den Charakter als ein ganzheitliches Gefüge von Dispositionen, die als relativ beharrende Eigenschaften der Wirklichkeit eines Menschen ein begrifflich bestimmbares Gepräge verleihen, »relativ beharrend« deshalb, weil die Dispositionen, das heißt die Anlagen, nicht als starre, sondern als sich langsam verändernde Gebilde aufgefaßt werden müssen. Diese Vorstellung vom Charakter hatte wohl auch GOETHE im Auge, als er von »geprägter Form, die lebend sich entwickelt« sprach.

Der »Kern« des Charakters. Wenn wir vom Charakter reden, so gehen wir davon aus, daß der Mensch sozusagen einen »Kern« besitze, der sich nur wenig verändert und als Organisationszentrum fungiert. Darüber spricht auch das Gedicht von FRIEDRICH SCHILLER. Dem »Kern« wäre es dann auch zuzuschreiben, daß das gesamte Verhalten des Menschen einen die Zeit überdauernden, gleichbleibenden Stil zeigt. Dies zu erkennen, wäre Aufgabe des Menschenkenners:

»Des Menschen Taten und Gedanken, wißt!
Sind nicht wie Meeres blindbewegte Wellen.
Die innere Welt, sein Mikrokosmos, ist
Der tiefe Schacht, aus dem sie ewig quellen.
Sie sind notwendig, wie des Baumes Frucht,
Sie kann der Zufall gaukelnd nicht verwandeln.
Hab ich des Menschen Kern erst untersucht,
So weiß ich auch sein Wollen und sein Handeln.«

FRIEDRICH SCHILLER

Über die Zusammensetzung dieses *Kerns* gehen die Ansichten der Psychologen allerdings auseinander. Bei dem einen umfaßt er die Gesamtheit aller typischen Anlagen, Kräfte und Funktionen, bei den andern nur einen Teil derselben.

Persönlichkeit, Person, Individuum. In der angelsächsischen Psychologie gibt es den Begriff »Charakter« kaum. Wo er auftaucht, wird er im Sinne von *Persönlichkeit* gebraucht. Dieser Begriff hat zwar mit dem des Charakters manches gemein, unterscheidet sich jedoch deutlich von ihm. Seinen Charakter hat man sozusagen von Natur aus. Zur Persönlichkeit hingegen muß man sich emporbilden.

Wer sich nicht zur Höhe einer Persönlichkeit emporgearbeitet hat, der ist bei den Psychologen – eine *Person*. Damit soll zum Ausdruck gebracht werden, daß es sich um einen Menschen eigener Prägung handelt, der sich seines Selbst bewußt ist, seine Stärken und seine Schwächen haben kann, aber noch keine ausgesprochene Persönlichkeit darstellt.

Man wird jedoch auch nicht als »Person« geboren, sondern als – *Individuum*. Das Person-Bewußtsein stellt sich nämlich erst mit dem Erwachen des »Ich« ein. Je mehr sich dieses entwickelt, je mehr der Mensch Herr über seine Triebe wird und sein Tun und Lassen durch eigenes Denken zu bestimmen vermag, um so mehr erhebt er sich über die Stufe des Individuums und wird zu einer selbständigen Person. Zuvor aber ist der Mensch wie alle Lebewesen ein Individuum.
Die Entwicklung des Menschen verläuft also vom *Individuum* über die *Person* zur *Persönlichkeit*, womit jedoch nicht gesagt werden soll, daß jeder Mensch auch die höchste Stufe erreicht.

Von den Charaktereigenschaften

Die schier unübersehbare Fülle psychischer Unterschiede unter den Menschen hat GOETHE zu dem Ausspruch veranlaßt: Individuum est ineffabile. Frei übersetzt: Was die Eigenart des Individuums ausmacht, ist unaussprechbar, unfaßbar. Noch heute steht nicht nur der Menschenkenner, sondern auch der Psychologe vor der Schwierigkeit, die intuitiv erfaßte seelische Eigenart des anderen in Worte zu fassen. Nur zu oft haben wir alle schon erlebt, daß uns einfach das richtige Wort fehlt, um das zum Ausdruck zu bringen, was wir in der Begegnung mit diesem oder jenem Menschen als »wesentlich«, das heißt: zu seinem Wesen gehörend, empfunden haben. Um mich mit einem andern über das »Wesen« eines Menschen unterhalten zu können, muß ich bestimmte Begriffe haben, die ihm das Gemeinte verständlich machen. Zu diesem Zweck stellt uns die Sprache eine große Anzahl von Eigenschaftsbegriffen zur Verfügung, die man kennen muß, wenn man einen Menschen »charakterisieren« will.
Trotzdem – mit einer Summe von Einzelbegriffen – etwa: intelligent, gutmütig, willensschwach, egoistisch – kann man sich kein Bild von einer Person machen. Das Ganze einer Person ist mehr als die Summe ihrer Teile. Weiterhin ist es überhaupt fraglich, ob man jemanden richtig gekennzeichnet hat. Zudem haben wir gar keine Möglichkeit, das Vorhandensein einer von uns behaupteten Eigenschaft zu beweisen. Eine Charaktereigenschaft kann man ja nie direkt etwa so wahrnehmen wie eine Farbe, sondern immer nur auf dem Weg über ein Verhalten, von dem ich auf eine Eigenschaft schließe. Ob zu Recht oder zu Unrecht – ist Sache des psychologischen Geschicks. Denn: Mancher gibt sich viel energischer, selbstsicherer, höflicher und intelligenter, als er eigentlich ist. Wenn einer in einer Unterhaltung schweigt, braucht er nicht dumm zu sein. Vielleicht ist er verstimmt oder gehemmt oder berechnend. Das Verhalten ist jedenfalls keineswegs immer eindeutiger Art.
In unserer Menschenkenntnis gehen wir von der stillschweigenden Voraussetzung aus, daß »hinter« jeder Verhaltensweise eine bestimmte Eigenschaft stecke, sozusagen als deren Ursache. Dies wird übrigens von den sogenannten *Behavioristen* unter den Psychologen bestritten. Der *Behaviorismus* (in dem Begriff steckt das englische Wort behaviour = Verhalten, Benehmen) beschränkt sich auf die Beschreibung des psychischen Verhaltens und verzichtet auf den Gebrauch der hergebrachten charakterologischen Eigenschaftsbegriffe.
Trotz dieser Bedenken können wir im Alltag nicht ohne charakterologische Begriffe auskommen. Allerdings dürfen die menschlichen Charaktereigenschaften nicht als irgendwie und -wo ruhende, unveränderliche

Gebilde betrachtet werden, die dauernd in die Erscheinung treten. Sie sind keineswegs starr, sondern entwickeln sich und haben – was der Menschenkenner besonders beachten muß – unterschiedliches Gewicht. Wenn ich sage: Der Mann ist temperamentvoll, dann habe ich eine wesentlichere – das heißt: mehr zum Wesen gehörende – Eigenschaft genannt, als wenn ich sage: Er ist höflich. Wohl kann es in einem bestimmten Fall sehr wichtig sein, daß einer höflich ist; trotzdem ist »höflich« eine *Verhaltenseigenschaft* und »temperamentvoll« eine *Wesenseigenschaft.*

Verhaltenseigenschaften können zwar auch im Wesen wurzeln, sind aber nicht in dem Maß Teil desselben wie die Wesenseigenschaften. Wer einen Menschen beurteilen will, wird daher gut daran tun, sein Augenmerk auf die Erfassung grundlegender Eigenschaften zu richten und sich über das Verhältnis von Grund- und Folgeeigenschaften klar zu werden.

Eine gute Charakterbeschreibung darf sich nicht in der Aufzählung einzelner Eigenschaften erschöpfen, sondern muß stets deren Eingebettetsein in die Gesamtstruktur des Charakters sichtbar machen. Dazuhin muß deutlich werden, ob es sich bei der genannten Eigenschaft um ein dominantes und gewichtiges oder mehr unwesentliches und beiläufiges Merkmal handelt.

System der Beschreibungsbegriffe

Unter den zahlreichen Versuchen der Psychologen, das Gestrüpp der Eigenschaftsbegriffe zu ordnen und die einzelnen in ein Verhältnis zueinander zu bringen, hat sich derjenige von Ludwig Klages für die Praxis der Menschenkenntnis als besonders brauchbar erwiesen.

Er unterscheidet folgende Gruppen von Eigenschaften:

Mengeneigenschaften. Das sind diejenigen Eigenschaften, von denen man ein Mehr oder Weniger, also bildlich ausgedrückt: eine bestimmte Menge besitzt. Sie bilden den Stoff des Charakters. Man stößt auf sie über die Frage: Was hat er? Zu ihnen gehören die Begabungen und Fähigkeiten. In diesem Bereich begegnen uns beispielsweise folgende Eigenschaften, wobei jeweils verschiedene Grade derselben zu unterscheiden sind:

① *Auf der Verstandesseite:* intelligent, gedankenreich, kritisch, selbständig, kombinationsfähig, schlagfertig, beweglich, phantasievoll, nüchtern und andere.

② *Auf der Willensseite:* willensstark, energisch, tatkräftig, aktivistisch, entschlossen, ausdauernd, zäh, fleißig, zielstrebig, belastungsfähig, selbstbeherrscht, bedächtig, zögernd, schwankend, stetig und andere.

③ *Auf der Gefühls- und Gemütsseite:* heiter, ernst, bedrückt, zuversichtlich, ängstlich, oberflächlich, tief, weich, hart, kalt, warm, zart, robust, launisch, gleichmütig und andere.

④ *Bezüglich der Vitalität:* frisch, beschwingt, impulsiv, triebstark, matt, schwunglos, träg, dünn und andere.

Richtungseigenschaften. Darunter versteht er diejenigen Eigenschaften, die den andern die Richtung geben. Sie bilden die Artung des Charakters. Nehmen wir an, ein Mensch hätte eine größere »Menge an Energie«. Damit ist noch nichts darüber gesagt, was er mit dieser anfängt. Es kann sein, daß er diese lediglich dazu benützt, seine egoistischen Triebe durchzusetzen, und uns daher als herrisch, eigenwillig und stur erscheint. Doch ist es ebensogut möglich, daß er diese in den Dienst selbstloser Zwecke stellt, etwa ein energischer Förderer des Friedens wird, sich mit aller Energie der Forschung widmet und so weiter. Wenn man einen Menschen kennenlernen will, muß man also stets fragen: »Wodurch wird er zum Handeln veranlaßt?« Wir könnten auch sagen: Was sind seine Interessen oder Triebfedern? Sind diese mehr egoistischer oder selbstloser Art? Diese Interessen darf man jedoch nicht mit den Begabungen verwechseln. Es kann einer zum Beispiel durchaus Interesse für Musik haben, ohne daß ihm eine entsprechende Begabung zur Verfügung steht. KLAGES unterscheidet:

① *Geistige Triebfedern:* Erkenntnisdrang, Begeisterungsfähigkeit, Gestaltungsbedürfnis, Wahrheitsliebe und andere.

② *Persönliche Triebfedern:* a) solche der Hingabe, wie Wohlwollen, Güte, Teilnahmebereitschaft, Mitgefühl, Aufopferungsfähigkeit, Pflichtbewußtsein und andere; b) solche der Selbstbehauptung, wie Selbstsucht, Erwerbssinn, Eigennutz, Herrschsucht, Ehrgeiz, Berechnung, Neid, Geltungsbedürfnis, Unduldsamkeit und andere.

③ *Sinnliche Triebfedern:* Dazu gehören alle Eigenschaften, die aus der Stärke oder Schwäche des sinnlichen Genußbedürfnisses heraus entspringen, wie Genußsucht, Mäßigung, Geschlechtsbegierde, Rauschverlangen, Trunksucht und andere.

Verhältnis- oder Ablaufeigenschaften. Das sind diejenigen Eigenschaften, die sich aus der Beschaffenheit des Temperaments ergeben, das heißt in diesem Zusammenhang, aus dem Ablauf der seelischen Prozesse. Verhältniseigenschaften nennt sie KLAGES deshalb, weil durch sie das Verhältnis von Antrieb und Widerstand bestimmt wird.

Ein Beispiel: Was sich bei einem Menschen an »Erregtheit« äußert, hängt zunächst einmal von seiner Reizempfindlichkeit und Beeindruckbarkeit ab, des weiteren aber auch von dem Grad seiner Selbstbeherrschung. Manch einer ist »zutiefst« erregt, läßt sich aber nichts davon anmerken. Ein anderer »schäumt« vor Wut mangels Beherrschung, beruhigt sich aber nach kurzer Zeit wieder, weil die Erregung nicht tief ging. Impulsiv kann einer sein aus der Stärke der Vitalität oder aus der Schwäche des seelischen Widerstands. Das Insgesamt dieser Eigenschaften bestimmt das Gefüge des Charakters. Wir stoßen auf sie über die Frage: Wie reagiert er? KLAGES unterscheidet:

① *Gefühlserregbarkeit:* überschwenglich, temperamentvoll, ansprechbar, verschlossen, lahm, stumpf und andere.

② *Willenserregbarkeit:* lebhaft, beweglich, entschlußfreudig, bedächtig, ruhig, reizbar, schwerfällig und andere.

③ *Äußerungsfähigkeit:* flüssig, gehemmt, gezwungen, überwacht und andere.

Aufbaueigenschaften. Sie bestimmen die Tektonik des Charakters und ergeben sich auf die Frage: Wie vertragen sich die Eigenschaften? Wenn GOETHES Faust klagt: »Zwei Seelen wohnen, ach, in meiner Brust!«, so bringt er das zum Ausdruck, was KLAGES mit dieser Gruppe von Eigenschaften meint. Die Antriebe, Interessen und Neigungen eines Menschen können sich nämlich widersprechen.

Es ist eine leidige Tatsache, daß

sich nicht alle Eigenschaften eines Menschen gleich gut miteinander vertragen. Da besitzt einer vielleicht starke geistige Interessen, die nur durch entsagungsvolles Arbeiten zu befriedigen sind, gleichzeitig aber ist in ihm ein ebenso starkes Triebleben, das seine Rechte verlangt und die geistige Arbeit behindert.
Je nach der Übereinstimmung oder Widersprüchlichkeit der Eigenschaften ist der Aufbau des Charakters einheitlich oder uneinheitlich, harmonisch oder zwiespältig, ausgeglichen oder verspannt, stabil oder labil.

Betragenseigenschaften. Aus ihnen ergibt sich die Haltung des Charakters. Hier wird gefragt: Wie benimmt er sich? Darauf erhalten wir eine Unmenge von Eigenschaften, die vielfach nicht so tief sitzen wie die vorgenannten und vielfach auf dem Zusammenspiel mehrerer Anlagen beruhen. Zu denken wäre hier an Eigenschaften wie: vorlaut, zurückhaltend, korrekt, nachlässig, dreist, breitspurig, ungeschliffen, fahrig und andere.

Folgeeigenschaften. Sie sind das Ergebnis der Auseinandersetzung der ursprünglichen Charaktereigenschaften mit den Anforderungen der Umwelt. Man erhält sie auf die Frage: Wie verhält er sich gegenüber der Umwelt?
Für KLAGES sind dies keine eigentlichen Charaktereigenschaften mehr. Sie lassen sich von den Betragenseigenschaften nicht reinlich trennen. Als Beispiel seien genannt: gewandt, unbeholfen, höflich, taktvoll, rücksichtslos, barsch, frech, schroff, natürlich, zwanglos, affektiert, bescheiden, schlicht, verbindlich, entgegenkommend, gemessen und andere.
Bei einer Begegnung mit einem Menschen fallen uns diese Eigenschaften zumeist zuerst ins Auge und gaben seit jeher Anlaß zur Bildung von Typen. Genannt seien hier wenigstens: Der Angeber, der Streber, der Pedant, der Leisetreter, der Hitzkopf (vgl. S. 94–97).

Verändert sich der Charakter?

Eine wichtige Frage für den Menschenkenner ist die nach der Beständigkeit der Charaktereigenschaften. Wer einen Mitarbeiter für seinen Betrieb oder gar einen Partner fürs Leben sucht, der möchte wissen, mit welchen Eigenschaften bleibender Art er bei diesem rechnen kann. Es fragt sich also, ob es solche die Zeit überdauernde Charaktereigenschaften gibt oder nicht und ob man diese erkennen kann.
Leider gehen auch bezüglich dieser Frage die Antworten nicht nur bei den Laien, sondern auch bei den Wissenschaftlern noch weit auseinander.
Es gibt unter den letzteren ausgesprochene Vertreter der sogenannten *Milieutheorie*, die besagt, daß der Mensch ein Produkt seiner Umwelt sei, und solche der *Vererbungstheorie*, die lehrt, daß der Charakter eines Menschen im wesentlichen durch seine Anlagen bestimmt werde.

Milieutheorie – Vererbungstheorie

Die russischen und viele amerikanische Psychologen sind sich auffälligerweise ziemlich einig in der Frage, ob der Charakter schicksals- oder milieubestimmt sei. Einer der bedeutendsten amerikanischen Psychologen, JOHN B. WATSON (1878–1958), behauptete: Alles, was ein Mensch denke, fühle und tue, sei zum größten Teil angelernt oder durch Gewohnheit erworben. Seiner Ansicht nach gibt es »keine Vererbung von Fähigkeiten, Talent, Temperament, seelischer Konstitution und Charaktereigenschaften. Auch diese Dinge hängen von der Übung ab, die schon in der Wiege beginnt«.

Wesentlich anderer Auffassung ist der berühmte englische Psychologe und Vererbungsforscher Sir Francis Galton (1822–1911), der sagte: »Es gibt keine Ausflucht vor der Folgerung, daß die Vererbung weit stärker als die Umwelt ist, wenn die Umweltunterschiede nicht das übertreffen, was man gewöhnlich bei Personen derselben Gesellschaftsschicht und in demselben Lande findet.«

Ein deutscher Psychologe, Kurt Gottschaldt, der diese Dinge eingehend erforscht hat, kam zu folgendem Ergebnis: »Die individuelle Grundstimmungslage eines Menschen scheint, was Tönung, Stabilität, Reagibilität und Entfaltung im Lauf der Entwicklung anbelangt, im wesentlichen erblich-konstitutionell angelegt zu sein« (Reagibilität = Reaktionsfähigkeit; konstitutionell = anlagebedingt). Ebenso gehört seiner Auffassung nach das Temperament eines Menschen zu denjenigen Eigenschaften, die zeitlebens konstant bleiben.

Veränderbarkeit der Anlagen. Wir dürfen uns die sogenannten »Anlagen« nicht als ein für allemal gegebene Wirkzentren vorstellen. Was aus ihnen wird, hängt ganz wesentlich von der Umwelt ab. Manche Anlagen verkümmern, weil es ihnen an »Nahrung« fehlt; andere entwickeln sich überraschend gut, weil sie das ihnen gemäße »Klima« gefunden haben.

Eines dürfte keinem Zweifel unterliegen: Wo keine Anlagen vorhanden sind, kann sich nichts entwickeln! Ein Farbenblinder wird in der farbigsten Umgebung zu keinem Farbseher. Man kann sich auch nicht durch einen Willensentschluß von einem intelligenzschwachen in einen intelligenzstarken Menschen verwandeln.

Bildungsfähigkeit der Anlagen. Obwohl in jedem Menschen Anlagen vorhanden sind – »von selbst« entwickeln sie sich nicht. Nur das Wachstum vollzieht sich ohne unser Dazutun. Die geistigen Anlagen entwickeln sich nur in der Auseinandersetzung mit einer ihnen gemäßen Umwelt.

Kinder aus Arbeiterkreisen sind nicht etwa deshalb nur zu einem geringen Prozentsatz in den höheren Schulen anzutreffen, weil es ihnen an der nötigen Begabung fehlt, sondern weil sie vielfach in einem geistfremden Milieu aufwachsen und von zu Hause zu wenig Anregungen erhalten. In der höheren Schule, also in einem geistigen Milieu sich zu behaupten und vorwärts zu kommen, setzt bei ihnen nicht nur gute Anlagen, sondern auch einen stärkeren Willen voraus. Wenn auch eine geistige Leistung in erster Linie vom Vorhandensein entsprechender Anlagen abhängig ist, so ist doch damit die Möglichkeit der Erziehung keineswegs ausgeschlossen. Anlagen entfalten sich ja nur durch Anregungen von außen.

Wenig bildbare Anlagen. Nicht alle Anlagen sind in gleichem Maße bildbar. Am wenigsten veränderlich ist zum Beispiel die *Konstitution.* Wer zum Dickenwachstum veranlagt ist, tut schwer, schlank zu werden.

Auch das *Entwicklungs- und Reifetempo* läßt sich kaum beeinflussen. Daß man seine *Vitalität* und *Grund-*

stimmung nicht verändern kann, haben wir erwähnt (S. 64 und 71). Viel zuwenig beachtet wird meist die Tatsache, daß auch das Temperament zu den am meisten konstant bleibenden Merkmalen gehört. Eben deshalb läßt sich beispielsweise das Arbeitstempo bei einem Menschen nicht beliebig steigern. Ein »ruhig« veranlagter Mensch wird zeitlebens kein fixer Arbeiter. Man hat schon früh das Temperament als Gesichtspunkt zur Bildung von Typen benützt (S. 106–111) und vier Temperamentstypen fixiert (Phlegmatiker, Melancholiker, Choleriker und Sanguiniker).

Es soll nun nicht bestritten werden, daß man sein Temperament beherrschen kann. Sowenig sich jedoch an der PS-Zahl eines Motors etwas ändert, wenn der Fahrer mit angezogener Handbremse fährt, sowenig ändert sich etwas an der anlagemäßig gegebenen Lebhaftigkeit durch bewußte Unterdrükkung der Impulsivität.

Stärker bildbare Anlagen. Besser beeinflußbar sind die *Begabungen* aller Art. Aus intellektuellen, künstlerischen, musikalischen, technischen und anderen Anlagen kann innerhalb eines gewissen Spielraums viel herausgeholt werden.

Das Maß der genannten Anlagen durch Tests zu bestimmen ist sehr schwierig. Wir erfassen ja durch einen Test nie die Anlage selbst, sondern nur eine augenblickliche Leistung. An dieser sind aber bereits schon Umweltwirkungen beteiligt.

Aufgrund der erbpsychologischen Untersuchungen von KURT GOTTSCHALDT ist anzunehmen, daß *Intelligenzleistungen* mindestens zwei- bis dreimal mehr von der Anlage als von der Umwelt abhängen. Die *Gefühlsverfassung* eines Menschen ist seiner Ansicht nach sogar fünf- bis sechsmal mehr von den Anlagen und die *Grundstimmung* ausschließlich von diesen abhängig.

Die am meisten bildbaren Anlagen. Am stärksten zu beeinflussen und zu verändern sind die *Interessen*, *Gesinnungen*, *Wertschätzungen* und *Verhaltensweisen*. Und da diese uns im Umgang mit Menschen meist zuerst auffallen, sind wir leicht geneigt, den Einfluß der Umwelt, insbesondere der Erziehung, für größer zu halten, als er tatsächlich ist.

Die *Wertmaßstäbe* erwirbt man sich sehr früh, und zwar im Umgang mit der Mutter und der näheren Umwelt. Was sie für gut, schön und richtig hält, bleibt vielfach maßgebend für das ganze Leben.

Ähnliches gilt für die *Interessen*, *Gesinnungen* und *Gewohnheiten*. Sie halten oft das ganze Leben, insbesondere wenn die Umwelt gleich bleibt. Aus diesem Grunde werden sie oft für vererbt gehalten. Man sollte sich davor hüten, jede Dauereigenschaft auf eine Erbanlage zurückzuführen. Oft handelt es sich nur um frühe und starke Prägungen, deren Dauerhaftigkeit allerdings genetisch, das heißt anlagemäßig, bedingt ist. Prägungen in Wachs wahren nicht so lange ihre Gestalt wie Prägungen in Metall!

Was wir an *Eigenschaften* und *Verhaltensweisen* bei einem Menschen entdecken, ist nicht alles im selben Maße beständig. Manche Eigenschaften verändern sich oft überraschend schnell, wie zum Beispiel Zu- oder Abneigung und gewisse Bedürfnisse und Anschauungen. Andere wieder erhalten sich sehr zäh, hierher gehören etwa alteingeschliffene Gewohnheiten oder Reaktionsweisen.

Stabil – Labil. Es gibt umweltstabile und umweltlabile Anlagen. Die ersten entwickeln sich weithin unabhängig von Umwelteinflüssen, die letzten bedürfen zu ihrer Entfaltung bestimmter Anreize von außen. Je tiefer eine Anlage im Schichtsystem »sitzt«, um so weniger unterliegt sie äußeren Einflüssen, und um so mehr erhält sie sich konstant. Doch sind – wie wir bereits gesagt haben – nicht alle Eigenschaften mit hoher Konstanz deshalb auch im Erbgefüge verankert.

Sippen- und Zwillingsforschung

Um mehr Licht in die Probleme der Veränderbarkeit der Anlagen zu bringen, hat sich die Psychologie vor allem zweier Forschungsmethoden bedient: der Sippenforschung und der Zwillingsforschung. Beide Methoden sind nicht unangefochten geblieben. Wir wollen uns hier jedoch nicht auf die Kritik der beiden Forschungszweige einlassen, sondern sie nur kurz darstellen.

Sippenforschung. Es ist eine nicht zu bestreitende Tatsache, daß in bestimmten Familien *Sonderbegabungen* in gehäuftem Maße vorkommen. Es gibt ganze Musikersippen, wie zum Beispiel diejenige von JOHANN SEBASTIAN BACH, in der über sechs Generationen hinweg hervorragend begabte Musiker aufgetreten sind; Mathematikersippen, wie die von BERNOULLI, in der in vier Generationen acht bedeutende Mathematiker auftauchen; Malersippen, wie die von TIZIAN, in der neben dem berühmten TIZIANO VECELLI noch acht bedeutende Maler vorhanden sind.
Über die Vererbung des *Schwachsinns* liegen auch zahlreiche Untersuchungen vor.

Zwillingsforschung. Bekanntlich unterscheidet man zwischen eineiigen und zweieiigen Zwillingen. Die eineiigen Zwillinge, EZ genannt, entstehen durch Teilung eines befruchteten Eis im Mutterleib, besitzen daher die gleiche Erbmasse, sind stets gleichgeschlechtlich und ähneln sich erscheinungsmäßig zum Verwechseln. Die zweieiigen Zwillinge, ZZ genannt, hingegen sind sich nicht ähnlicher als gewöhnliche Geschwister.

Verständlicherweise richtete die Zwillingsforschung ihr Augenmerk vor allem auf die EZ. Wenn nämlich die Milieutheorie mit ihrer These, der Mensch sei im wesentlichen ein Produkt seiner Umwelt, recht hätte, dann müßten sich mindestens die getrennt aufgewachsenen EZ zu verschieden gearteten Charakteren entwickeln. Zeigen sie jedoch trotz unterschiedlicher Milieueinflüsse dieselben Charaktereigenschaften, so muß angenommen werden, daß bei der Persönlichkeitsentwicklung der Erbfaktor eine ausschlaggebende Rolle spielt.
Zahlreiche Forscher beschäftigten sich mit der *Intelligenz* der Zwillinge, verglichen Schulzeugnisse und Testleistungen und kamen zu dem Ergebnis, daß die Schulzeugnisse der EZ in weit höherem Maße miteinander übereinstimmten als diejenigen der ZZ und daß die Testleistungen der EZ sich in außergewöhnlich hohem Maße glichen. Ferner konnte festgestellt werden, daß Schwachsinn, wenn er bei Zwillingen auftritt, die EZ stets gleichermaßen erfaßt, während dies bei den ZZ nur zu 45% der Fall ist.
Die EZ stimmen ebenfalls in ihren *allgemeinen Charaktereigenschaften*,

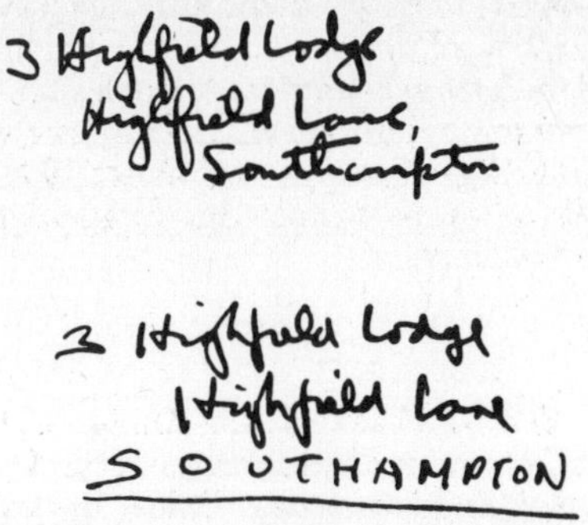

Die Schriften eines erwachsenen, eineiigen englischen Zwillingspaares

wie Temperament, Stimmung, Selbstvertrauen und Kontaktfähigkeit, in hohem Maße miteinander überein. Die »Harmonie« geht sogar so weit, daß die EZ, falls sie zu Verbrechen neigen, in $^2/_3$ der Fälle beide kriminell werden und dieselbe Art von Verbrechen begehen. Bei den ZZ gleichen Geschlechts hingegen kommt dies nur in $^1/_3$ der Fälle vor.
Überraschend ist auch der hohe Grad der Ähnlichkeit der *Handschriften* von EZ, wie die Abbildungen nebenan und auf S. 233 zeigen.

Ergebnisse für die Erziehung

Aus den skizzierten Untersuchungen geht hervor, daß die Charaktereigenschaften eines Menschen zu einem wesentlichen Teil durch die Veranlagung festgelegt sind. Nach ihnen zu fragen, hat also seinen guten Sinn. FRIEDRICH SCHILLER sagt daher zweifellos mit Recht:

»Hab' ich des Menschen Kern erst untersucht,
So weiß ich auch sein Wollen und sein Handeln.«

Es ginge allerdings zu weit, daraus den fatalistischen Schluß zu ziehen, daß alle Erziehungsbemühungen erfolglos seien. Im Gegenteil: Die Anlage ist etwas sehr Plastisches, das ohne Erziehung überhaupt nicht zur Entwicklung kommt (S. 84–86). Zudem läßt sich in den meisten Fällen nicht mit Sicherheit feststellen, was an Anlagen in einem Menschen überhaupt vorhanden ist. Es bleibt daher für den Erzieher gar nichts anderes übrig, als immer wieder den Versuch zu machen, vermutete Anlagen anzusprechen und sie so weit wie möglich zur Entfaltung zu bringen. Wenn dann trotz Strenge und Nachhilfe nicht alle Wünsche ehrgeiziger Eltern in Erfüllung gehen, so liegt dies vermutlich doch – in den Anlagen.

TYPENKENNTNIS ALS WEG ZUR MENSCHENKENNTNIS

Allgemeine Erkenntnisse über das Seelenleben – wie sie dieses Buch in den vorausgehenden Kapiteln zu vermitteln versuchte – sind zwar für eine psychologische Betätigung notwendig, aber sie befriedigen noch nicht das Interesse des Menschenkenners. Er möchte nicht nur das *Allen-Gemeine* wissen, sondern in erster Linie das *Besondere,* also das, wodurch sich der einzelne vom anderen unterscheidet. Die Beschäftigung mit diesen individuell bedingten psychischen Erscheinungen heißt in der Psychologie *Charakterologie* oder Charakterkunde.

Nun ist es gar nicht so einfach, eine Person nach bestimmten äußeren Merkmalen zu beschreiben. Das verstehen höchstens die Paßbehörden, die eine Person mit Hilfe einer verhältnismäßig kleinen Anzahl von Kennzeichen so zu »charakterisieren« glauben, daß sie nicht mit einer andern verwechselt werden kann; vielfach bleibt sogar die vorgesehene Rubrik »Besondere Kennzeichen« leer, weil der betreffende Mensch keine besitzt, für die sich das Amt interessiert. Zur psychologischen Kennzeichnung einer Person, also zu einer echten *Charakterisierung,* benötigen wir weit mehr Beschreibungsbegriffe als die Behörden. Solche Begriffe aber fehlen leider oft in der Praxis. Auch der wissenschaftlichen Psychologie ist es bis zum heutigen Tage noch nicht gelungen, genügend Begriffe festzulegen, mit denen man einen Menschen eindeutig beschreiben kann. Die Psychologie verfügt nicht wie die Botanik über einen ausgearbeiteten und ausführlichen Katalog von Beschreibungsbegriffen, mit denen sich jede Pflanze bestimmen läßt. Vielmehr kann die Psychologie nur Hinweise und Anregungen geben, um dem schwer faßbaren »Gegenstand« ihrer Forschung, der menschlichen Psyche, auf verschiedenen Wegen näher zu kommen. Einer dieser Wege ist die *Typenpsychologie.* Ihr ist dieser dritte Teil des Buches gewidmet. Wir werden die wichtigsten Typenlehren kennenlernen und ihre Eignung für die Menschenkenntnis prüfen.

Wesen und Wert der Typenpsychologie

Leider müssen wir unsere Betrachtung der Typenpsychologie gleich mit dem Hinweis beginnen, daß sie, ebensowenig wie die allgemeine Psychologie, das Anliegen des Menschenkenners voll zu befriedigen vermag. Zwar geht sie über das Allgemeine hinaus, dringt aber noch nicht zum Einmaligen, ganz Besonderen der Persönlichkeit vor. Sie verweilt sozusagen im Vorhof, nämlich beim Typischen. Typisch werden diejenigen Merkmale genannt, die zwar für den einzelnen kennzeichnend sind, die er jedoch gleichzeitig mit einer Gruppe anderer Menschen gemein hat. Wir dürfen uns aber nicht wundern, wenn es zu seiner Erfassung sehr viele verschiedene Methoden gibt und daß wir auch auf eine Fülle von Typen und Typensystemen stoßen.

»Typisch« und »Typus«

Wenn wir von einem Bekannten, etwa einem Arzt, hören, er habe in seiner Praxis einen »typischen Fall« zu bearbeiten, so deutet er damit an, daß ihm zuvor schon ähnliche Fälle begegnet seien und dieser ihm daher nicht mehr neu ist. Es müssen diesem Fall aber auch Merkmale anhaften, die ihn von durchschnittlichen Fällen unterscheiden. Der Fall, von dem unser Bekannter sprach, muß sich also einerseits durch besondere Ausgeprägtheit seiner Merkmale vom Alltäglichen abheben, und andererseits muß er mit andern Fällen eine gewisse Ähnlichkeit haben.
Typisch ist eine Erscheinung nicht an sich, sondern immer nur in Hinsicht auf eine andere Erscheinung. Wir heben mit dem Begriff des *Typus* den Fall aus dem Bereich des Durchschnittlichen heraus, ordnen ihn aber gleichzeitig in eine Reihe uns bekannter ähnlicher Fälle ein.

Der Typus – volkstümlich

Was geht in uns vor, wenn wir einem uns bislang unbekannten Menschen begegnen? Unter Umständen entdecken wir bei ihm sofort eine ausgeprägte Eigenschaft, die für uns zum Kennzeichen seiner gesamten Person wird. »Ein typischer Angeber!« Falls uns jedoch keine solche Eigenschaft auffällt, nehmen wir unsere Erinnerungsvorstellungen zu Hilfe, die es uns vielfach ermöglichen, den Betreffenden in Beziehung zu einem uns Bekannten zu bringen. Er erinnert uns etwa an einen früheren Freund, von dem uns eine gleiche Eigenart geläufig ist. Damit ist nichts über die nur ihm eigene Individualität gesagt, wir haben ihn lediglich als »auch so einen, wie den« gekennzeichnet, etwa als typischen Beamten, Gelehrten oder Wiener. Selbst wenn wir bei dem Betreffenden nur *ein* Merkmal der Gruppe festgestellt haben, sind wir vielfach schon bereit, ihm auch alle übrigen zuzuschreiben.

Der Typus – psychologisch

Die wissenschaftliche Typenpsychologie verfährt im Prinzip ähnlich wie die Psychologie des Alltags. Auch die Typenpsychologie zielt nicht auf die Erfassung des ganz Besonderen, Einmaligen, sondern auf einen bestimmten *Merkmalskomplex*, den der gegebene Fall mit einer Gruppe anderer Fälle gemein hat. Damit übt sie, wie es übrigens jede Wissenschaft tut, eine Ordnungsfunktion aus. Sie versteht die Einzelerscheinung aufgrund ihrer Gruppenzugehörigkeit. Dies setzt freilich voraus, daß der Einzelfall auch tatsächlich die wesentlichsten Kennzeichen der Gruppe aufweist.

Nicht jeder, der in den USA geboren ist, also das Kennmerkmal »Amerikaner« trägt, muß deshalb auch all die Eigenschaften besitzen, die etwa ein Deutscher mit dem Begriff des »Ami« oder »Yankee« verbindet. Es bedarf vielmehr einer genaueren Prüfung, ob der zu Beurteilende tatsächlich über eine gewisse Anzahl jener Kennzeichen verfügt, die zum Merkmalskomplex der Gruppe gehören, der er zugeordnet werden soll. Was sonst noch an Eigenschaften vorhanden ist, bleibt unberücksichtigt. Durch den Akt der Typisierung wird also nicht der gesamte Komplex an Eigenschaften erfaßt. Das muß sich der um Menschenkenntnis Bemühte klarmachen: Wenn wir einen Menschen einem bestimmten Typus zugeordnet haben, so ist damit seine Charakterisierung noch keineswegs abgeschlossen, wir haben lediglich eine Zwischenstufe erreicht.

Dem Begriff des Typus kommt also wohl eine *akzentuierende* (akzentsetzende), aber keine *determinierende* (abgrenzende) Bedeutung zu (wie zum Beispiel dem Begriff der Gattung). Zum Wesen einer Tier- oder Pflanzengattung gehört, daß alle ihre Glieder durch einen klar nachweisbaren Bestand an Merkmalen gekennzeichnet sind, der sie von den Vertretern anderer Gattungen unterscheidet. Wenn uns die Gattung eines Tieres bekannt ist, so wissen wir auch seine wesentlichen Eigenschaften. Das aber ist aus der Kenntnis des Typus nicht möglich. Wenn ich nämlich höre, daß sich mein Aquarienfreund einen neuen Fisch zugelegt hat, so weiß ich auch ohne vorherige Nachprüfung, daß es sich dabei um ein Tier mit Kiemen, Flossen, wechselwarmem Blut handelt. Sagt er mir dagegen, daß sein Chef ein Pedant sei, dann hat er damit lediglich dessen Einstellung zur Ordnung gekennzeichnet, aus der ich jedoch keinen Schluß auf dessen Aussehen, Allgemeinbildung, Interessen ziehen kann.

Der *Typusbegriff* hat wohl ein festes Zentrum, aber keine festen Grenzen. Jeder Mensch ist mehr und noch anderes als ein Repräsentant eines bestimmten Typus. Aber er wird uns in seiner Einzigartigkeit durch die Zuordnung zu einem Typus verständlicher. Und hier liegt zunächst einmal ein nicht zu unterschätzender Wert der Typenpsychologie. Sie lehrt den einzelnen als Fall einer bekannten Gruppe verstehen, ordnet die mannigfaltigen psychischen Erscheinungen, die uns bei jedem Menschen begegnen, und läßt uns die *Dominanten* (die Schwerpunkte) in Aufbau des Charakters deutlicher erkennen. Man darf nur nicht erwarten, daß sich jeder Fall gleich gut durch eine bestimmte Typologie erschließen läßt. Es gibt allerdings auch Vorgänge, wo die Feststellung des Typus genügt, etwa die Vorauslese bei Bewerbereinstellungen.

Der Typus – philosophisch

Man kann das Typische auch als eine Verdichtung des Wesentlichen betrachten. Das tun manche Denker und Philosophen. Sie fassen also den Begriff des Typus nicht nur *divisiv* (aufgliedernd) auf, sondern auch in einem *ontologischen* (seinsbestimmenden) Sinne, wie im Platonischen Denken. PLATON ging es dabei um die Erkenntnis der den Dingen innewohnenden und sie gestaltenden *Idee*, GOETHE um das *Urbildliche* der Erscheinungen. Beide gebrauchen den Begriff des Typus als ein Mittel zur Erfassung des Wesentlichen, wahrhaft Lebendigen, Schöpferischen und Ewigen in den Dingen, durch das die Einzelerscheinung sowohl im erkenntnistheoretischen als auch im existentiellen Sinn überhaupt erst möglich wird. Die Einzelerscheinung ist in dieser Sicht nicht etwas Zufälliges, sondern Spezialfall einer allgemeinen Gesetzlichkeit, die erfaßt sein muß, wenn man die individuelle Erscheinung verstehen will:

»Alle Glieder bilden sich aus ew'gen Gesetzen,
Und die seltenste Form bewahrt im Geheimen das Urbild.« Goethe

Die Erkenntnis dieses Urbildlichen, Typischen bildet somit den Schlüssel zum wahren Verständnis der Mannigfaltigkeit der Erscheinungen. In dieser Denkweise fällt die Frage nach dem Wesen und letzten Sinn eines Dings zusammen mit der Frage nach dem Typus.
Dieser *Urtyp* schimmert jedoch in der Einzelerscheinung auch im besten Fall nur durch deren Oberfläche hindurch, stellt sich also nie in einer solchen vollkommen dar. GOETHE glaubte zwar einmal, auf einer Reise nach Italien, den Urtyp der Pflanze gefunden zu haben, jenes Modell, mit dessen Hilfe man neue Pflanzen ins Unendliche erfinden könnte, mußte dann aber doch diesen Gedanken als eine »alte Grille« wieder fallen lassen. Der Typus im Sinne Goethes ist nur der geistigen Schau zugänglich und kann nicht auf metrischem und statistischem Weg erfaßt werden.

Überblick über die Typenpsychologie

In der Typenpsychologie dient der Begriff Typus – anders als im zuletzt angedeuteten Sinne – zumeist der Klassifizierung. Wir ordnen und gliedern mit ihm die Fülle der individuellen Erscheinungen. Um aber diese Ordnung durchführen zu können, brauchen wir Maßstäbe, ordnende Prinzipien. Hier soll zunächst ein Überblick über die verschiedenen Typensysteme gegeben werden.

Prävalenztypen: Typisierung im Alltag

In der *Psychologie des Alltags* macht man sich um die Gesichtspunkte der Typenbildung nicht viel Gedanken. Irgendeine hervorstechende Eigenschaft genügt, um für die gesamte Persönlichkeit das Stichwort oder das Kennmerkmal zu geben; man spricht bei diesem Verfahren von *Prävalenztypen* (S. 95). Dabei wird jedoch leicht übersehen, daß die Reichweite der einzelnen Merkmale sehr verschieden ist. Es ist keineswegs immer gesagt, daß die zum Kennmerkmal erhobene Eigenschaft nun auch tatsächlich den betreffenden Charakter bestimmt.

Partialtypen: Typisierung nach Einzelmerkmalen

Die *Typenpsychologie* geht natürlich im Gegensatz zur Psychologie des Alltags systematisch vor. Sie sucht nach solchen Merkmalen, die einerseits in der Persönlichkeit fest verankert – also nicht beliebig auswechselbar – sind, andererseits als bestimmendes (organisierendes) Prinzip eines umfassenderen Seelenbereichs betrachtet werden können.

Der Psychologe kann sich, um zu einem Ordnungsprinzip zu gelangen, auf die Untersuchung einzelner psychischer Bereiche beschränken. Es werden dabei solche *partielle Funktionen* beobachtet wie die Aufmerksamkeit, das Gedächtnis oder die Vorstellungsfähigkeit. Man kommt auf diese Weise zur Aufstellung sogenannter *Partial-* oder *Funktionstypen* (von pars = lat. Teil, weil es sich um enge Teilbereiche der Psyche handelt; oder lat. functio = Verrichtung, Tätigkeit). Am bekanntesten sind die Unterschiedlichkeiten im Bereich des Vorstellungslebens. Je nach dem Sinnesorgan, dessen sich der Betreffende in bevorzugter Weise bedient, spricht man zum Beispiel von einem *visuellen*, *akustischen* oder *taktilen* Typ, je nachdem, ob die Sinneseindrücke mehr mit den Augen, dem Gehör oder dem Tastsinn erfaßt werden. (Diesen Verschiedenartigkeiten in der Auffassungs- und Reproduktionsweise müssen besonders die Lehrer Rechnung tragen und danach trachten, ihren Schülern die Unterrichtsstoffe sowohl auf optischem als auch auf akustischem Weg nahezubringen).

Totaltypen: Typisierung nach ganzheitlichen Merkmalen

Anders als die Partialtypen gründen sich die *Totaltypen* auf Unterschiede in der Charakterstruktur, welche die *ganze* (totale) menschliche Psyche prägen. Diese Totaltypen sind für die Menschenkenntnis weit wichtiger als die Partialtypen. Angesichts des komplizierten Baus der menschlichen Psyche ist es nicht verwunderlich, daß wir auf eine größere Anzahl von Typensystemen stoßen. Diese wurden nicht nur unter verschiedenen Gesichtspunkten, sondern auch mit Hilfe verschiedener Methoden gewonnen.

Biologische Typensysteme. Als besonders fruchtbarer Gesichtspunkt zur Typenbildung erwies sich das *Geschlecht*, da von ihm tiefgreifende Wirkungen auf alle Bereiche der Persönlichkeit ausgehen (S. 139–145). Dasselbe gilt für die *Rassen-* und *Stammeszugehörigkeit*, die ebenfalls zur Aufstellung von Typensystemen Anlaß gaben (S. 98–105). Stark biologisch fundiert sind neben den Geschlechts-, Rassen- und Stammestypen jedoch auch die *Konstitutionstypen*, die der Tübinger Psychiater Ernst Kretschmer seiner vielbeachteten Typenlehre zugrunde gelegt hat; Kretschmer hat die engen Beziehungen zwischen Körperbautypen zu bestimmten Temperamentsformen nachgewiesen (S. 121–132).

Psychologische Typen. In Anlehnung an Kretschmer gelangte Gerhard Pfahler zu einer mehr psychologisch begründeten Typengliederung, die auf Unterschiedlichkeiten des sogenannten *Grundfunktions-Gefüges* aufbaut. Zu den Grundfunktionen der Persönlichkeit rechnet Pfahler die Aufmerksamkeit, Perseveration (Haltefestigkeit), Gefühlsansprechbarkeit und die Lebensenergie. Sie sind die »nach Art und Stärke angeborenen Voraussetzungen seelischen Geschehens und Wachstums«. Durch ein kombinatorisches Verfahren kommt er zu seinen zwei Haupttypen, dem *Typus der festen Gehalte* und dem *Typus der fließenden Gehalte* mit je sechs Untertypen. Zu den sogenannten »komplexen Typen« des *Extravertierten* und *Introvertierten* kam der Schweizer Arzt C. G. Jung im Hinblick auf das unterschiedliche Verhalten der Persönlichkeit zur Umwelt (S. 154–159).

Allgemein bekannt ist auch die Tatsache, daß Menschen gleicher Altersstufe ähnliche Züge tragen, aus deren Verdichtung sich der *Alters-* und *Entwicklungstyp* (S. 146–154) ergibt.

Der geisteswissenschaftliche Zugang. Von einem völlig anderen Gesichtspunkt ging EDUARD SPRANGER aus, dessen Typen nicht biologisch, sondern geisteswissenschaftlich fundiert sind (S. 159–165). Kennzeichnend für sie ist ihre Wertzuwendung oder Interessenrichtung, die zu typischen Verhaltensweisen führt. SPRANGER bezeichnet seine Typen ausdrücklich als *idealtypische Konstruktionen*, womit er sagen will, daß sie keine Abbilder der Wirklichkeit sind; sie kamen also nicht auf empirischem Wege zustande, wie die sogenannten Realtypen (zu denen beispielsweise die Typen von KRETSCHMER [S. 121–132] gehören) sondern auf konstruktivem Wege. Die typologischen Systeme unterscheiden sich also, wie man sieht, auch durch ihr Verhältnis zur Realität. Obwohl man dem Idealtyp nicht im Alltag begegnet, stellt er doch einen wertvollen Maßstab zur Beurteilung der Interessenverbundenheit des einzelnen dar.

Andere Typologien. Mit den aufgeführten Beispielen sind die Möglichkeiten zur Typenbildung noch keineswegs erschöpft. Aus dem Vergleich der Menschen verschiedener Zeitalter ergeben sich *historische Typen*, wie etwa der gotische Mensch oder Renaissancemensch; aus der Zugehörigkeit zu bestimmten soziologischen Gruppen lassen sich Ansätze zur Aufstellung von *Berufs-* und *Standestypen* gewinnen. In der kunstgeschichtlichen Betrachtung werden *Stiltypen* unterschieden, unter denen der lineare und der malerische Typ HEINRICH WÖLFFLINS und der Typ des Romantikers und des Klassikers von WILHELM OSTWALD am bekanntesten geworden sind. Erinnert sei schließlich noch an die Unterscheidung, die FRIEDRICH SCHILLER in seiner Abhandlung »Über naive und sentimalische Dichtung« getroffen hat. Trotz der Fragwürdigkeit ihrer Fundierung erfreuen sich die *astrologischen Typen* einer großen Beliebtheit.

Wie bedienen wir uns der Typologien?

Die Fülle der Aspekte, unter denen es zu Typenbildungen gekommen ist und immer noch kommt, ist nicht nur für den Laien verwirrend. Auch Wissenschaftler haben sich um eine Vereinfachung und Vereinheitlichung bemüht, und es gibt moderne Versuche, die verschiedenen typologischen Ansätze miteinander zu verbinden oder gar zu vereinigen. Zu einem einheitlichen typologischen System, ähnlich etwa dem klassifikatorischen System der Biologie, wird es jedoch nie kommen. Dazu ist der Gegenstand, mit dem sich die Typologie beschäftigt, die menschliche Persönlichkeit, zu vielgestaltig.

Für die Praxis der Menschenkenntnis ist es vorteilhaft, möglichst viele Typologien zu beherrschen. Wer nur über ein einziges Typensystem verfügt, wird bald erkennen, daß dieses nicht einmal genügt, um seine Bekannten zu erfassen. Soundso viele erweisen sich nämlich in Hinsicht auf den gewählten Typenaspekt als untypisch, sind also beispielsweise hinsichtlich ihrer Wuchstendenz weder rund- noch schlankwüchsig, sondern eben durchschnittlich. Typen dürfen nicht mit Sammelschachteln verglichen werden, in die sich die ganze Menschheit restlos einordnen ließe. Sie sind vielmehr als Aspekte zu betrachten, unter denen die Vielfalt individueller Gestalten geordnet und verstanden werden kann.

Welche der im folgenden beschriebenen Typengliederungen nun im Einzelfall zu bevorzugen ist, kann nicht generell entschieden werden. Da jede Typologie nur immer einen Teil des Menschen erfaßt, kann jedes Individuum selbstverständlich vielerlei Typen angehören. Unter dem Aspekt der Konstitution erscheint einer vielleicht als typischer Leptosomer, in anderer Hinsicht als typischer Beamter, typischer Junggeselle und typischer Berliner. Beim Anlegen des »typologischen Maßes« kommt es also auf den verfolgten Zweck an.

Daneben ist eines zu beachten: So wertvoll der Beitrag der Typenpsychologie für die Menschenkenntnis auch ist, so wenig vermag sie doch die Charakterologie zu ersetzen. Während die Typenforschung den einzelnen in Hinsicht auf die Zugehörigkeit zu bestimmten Gruppen sieht, betrachtet ihn die Charakterforschung in bezug auf seine Einzigartigkeit und seine Personalität. Wo also die eine Wissenschaft das Allgemeine des Falls heraushebt, zielt die andere gerade auf das Besondere und Individuelle. Typenkenntnis kann daher nie letztes Ziel, sondern immer nur Mittel zur Menschenkenntnis sein. Sie ist sozusagen eine Zwischenstation auf dem Weg zum Verständnis der Persönlichkeit.

Vorwissenschaftliche Typen

Wer sich längere Zeit mit einer Sache beschäftigt und hier gewisse Kenntnisse und Erfahrungen gewonnen hat, wird unwillkürlich das Bedürfnis empfinden, die Fülle der Einzelerscheinungen zu systematisieren und zu katalogisieren. Nehmen wir an, er ist Briefmarkensammler, so wird er sich nach gewisser Zeit nicht mehr mit der bloßen Anhäufung von Marken begnügen, sondern danach streben, seine Sammlung übersichtlich zu ordnen. Dabei hat er nun vielerlei Möglichkeiten. Er kann seine Schätze nach Ländern oder Motiven, nach Zeiten oder Werten oder sonst einem Gesichtspunkt ordnen. Hat er sich für eine Motivsammlung entschieden, so entstehen wieder neue Möglichkeiten; er betrachtet sein gesamtes Material etwa unter biologischem, technischem oder landschaftlichem Aspekt, der jeweils wieder eine Reihe von Untergliederungen zuläßt. Er ist damit zwar zu keiner tieferen Erkenntnis seiner Objekte gekommen, sieht jedoch jetzt Zusammenhänge und hat einen Überblick.

Ansätze zur Typenbildung

Ähnlich wie der Sammler verfährt auch der Menschenkenner. Nur interessiert er sich mehr für das »Wesen« seiner Objekte. Wenn wir erst eine Reihe von Menschen kennengelernt haben, beginnen wir mit der Ordnung unserer Bekanntschaften. Wir vergleichen die Verhaltensweisen und Eigenschaften der einzelnen untereinander oder mit einem Idealbild, das wir uns im Laufe der Zeit zurechtgelegt haben. Wenn wir nunmehr eine neue Bekanntschaft machen, so stellen wir vielleicht fest, daß der andere »auch so einer« ist; damit meinen wir: daß er die Merkmale einer

bestimmten Gruppe besitzt. Vielfach genügt uns schon ein einziges Merkmal, um den andern als Vertreter dieser oder jener Gruppe, für die wir hier den Begriff des *Typus* gebrauchen, aufzufassen. Auf diese Weise gelangen wir dann zu der Feststellung, daß es sich hier um einen typischen Beamten, dort um einen Geizkragen, Angeber oder Trottel handelt.
Obwohl wir damit nur eine bestimmte Seite der Person gekennzeichnet haben, von der wir nicht einmal wissen, ob sie zu den wesentlichen Seiten gehört, begnügen wir uns im Alltag zumeist mit Etikettierungen dieser Art. Wir erleichtern uns durch sie die Verständigung mit anderen, sofern diese dasselbe Bild von der gewählten Typenbezeichnung besitzen wie wir, was nicht selbstverständlich ist. Es ist durchaus möglich, daß wir uns weder über das Vorhandensein des als typisch bezeichneten Kennzeichens bei der Person noch über die Merkmale des Typs an sich einig sind. Unter Männern gebraucht man – zum Beispiel beim Autofahren – häufig den Ausdruck: »Das ist typisch weiblich!« Daraus entwickeln sich dann oft Auseinandersetzungen über die Frage, was denn eigentlich zum »Typisch-Weiblichen« gehöre, aber auch über die Einschätzung des tatsächlichen Verhaltens der Dame am Steuer.
Trotz der fließenden Grenzen des Typusbegriffs und der Willkürlichkeit bei der Merkmalsbestimmung erfreut sich die Typisierung in der Alltagspraxis der Menschenbeurteilung einer großen Beliebtheit. Da diese Typen zumeist in Hinsicht auf eine *prävalierende* (= hervorstechende) Eigenschaft zustande kommen, nannte sie der Psychologe RICHARD MÜLLER-FREIENFELS: *Prävalenztypen*. Wieviel es deren gibt, vermag niemand zu sagen. Sie entstehen unter den verschiedensten Gesichtspunkten und sind deshalb auch nicht leicht zu gliedern. Erläutern wir den Grundgedanken der Prävalenztypologie an einem klassischen Beispiel!

Ein Menschenkenner der Antike. Wer es mit der Ordnung allzu genau nimmt, wird *Pedant* genannt, wer mehr verspricht, als er zu halten vermag, wird zum *Angeber*, und so fort. Schon im Altertum hat es solche Typen gegeben, wie den *Geizhals*, den *Verschwender*, den *Leisetreter*, den *Rechthaber*. Sie alle und noch andere wurden schon im 4. Jahrhundert vor Christus von dem griechischen Philosophen THEOPHRAST beschrieben. In seinem 99. Lebensjahr hat er Charakterbilder entworfen, die vielen späteren Schriftstellern immer wieder zum Vorbild wurden. Über den *Angeber* oder *Aufschneider* weiß er folgendes zu berichten:
»Aufschneiderei kann man ein Beanspruchen von Vorzügen nennen, die man in Wahrheit gar nicht besitzt. Der Aufschneider steht etwa am Kai und erzählt den Ausländern, er habe viel Geld auf dem Meere schwimmen. Dann macht er genaue Ausführungen über die Bedeutung des Seerisikos und wieviel er selbst schon verdient und verloren habe. Während er so den Mund voll nimmt, schickt er seinen Sklaven zur Bank. Auf seinem Konto hat er eine ganze Drachme. Auf dem Pferdemarkt für die edleren Rassen tut er, als wäre er zum Kauf entschlossen. Und an den Stoffauslagen sucht er Kleidung bis zum Betrag von zwei Talenten aus, worauf er dem Sklaven Vorwürfe macht, daß er kein Geld mitgenommen habe. Er wohnt in einem Mietshaus und erzählt jedem, der es nicht besser weiß, er habe es von seinem Vater geerbt. Er beabsichtige aber, es zu verkaufen, weil es ihm für seine Gäste zu klein sei.«
Den *Geizhals* kennzeichnet THEOPHRAST durch die Schilderung des knauserigen Verhaltens in zahlreichen Situationen: »Wenn sein Diener

einen Topf oder einen Teller zerbricht, zieht er den Wert von dessen Kost ab. Wenn seine Frau ein Kupferstück fallen läßt, rückt er Möbel, Betten und Truhen ab und kriecht hinter die Gardinen. Er verbietet jedermann, eine Feige in seinem Garten zu pflücken, über sein Land zu gehen, eine Olive oder eine Dattel wegzunehmen. Jeden Tag sieht er nach, ob die Grenzpfähle seines Besitztums nicht verrückt worden sind. Wenn er seine Bekannten einlädt, ist er sehr darauf bedacht, ihnen nur ganz kleine Stücke Fleisch anzubieten. Alle diese Kleinigkeiten, sagt er, summieren sich in einem Jahr. Summa summarum sind die Kisten des knauserigen Mannes muffig und die Schlüssel verrostet, seine Angehörigen tragen eine Tunika, die kaum bis an die Oberschenkel reicht; eine lächerlich kleine Ölflasche versorgt sie bei der Salbung.«

Das Verfahren von Theophrast. Theophrast geht bei seinen Charakterschilderungen so vor, daß er die *dominierende* (oder prävalierende, die beherrschende, auffälligste) Eigenschaft eines Menschen an zahlreichen Beispielen als die Haupttriebfeder des Charakters darstellt. Sie scheint ihm von so stabiler und durchprägender Wirkung zu sein, daß sich aus ihr das gesamte Verhalten verstehen und vorausbestimmen läßt, und zwar unabhängig von der jeweiligen Situation. Da ihm die dominierende Eigenschaft als Stilgesetz der Persönlichkeit erscheint, interessieren ihn die anderen Eigenschaften, die der Angeber oder Geizhals noch besitzt, so wenig wie die Frage, ob diese Eigenschaften schon von Natur aus vorhanden sind oder sich erst durch die besonderen Lebensumstände herausgearbeitet haben.

Typen des Alltags

Der Menschenkenner des Alltags bleibt in seinem Denken sozusagen »im Bild« – und fährt dabei nicht schlecht, sofern es dem Bild nicht an »Tiefenschärfe« fehlt. Ob ein »Typ des Alltags« (ein Prävalenztyp, wissenschaftlich gesprochen) an innerem Gewicht gewinnt, hängt davon ab, welchem Gesichtspunkt er seine Entstehung verdankt. Schließlich lassen sich auch Typen im Hinblick auf äußere Merkmale, beispielsweise die Haarfarbe, bilden, doch ist deren charakterologischer Aussagewert gering.

Typisierung nach Eigenschaften. Wesentlicher für die Gesamtstruktur des Charakters als die leibliche Äußerlichkeit ist die Beachtung der Vitalschicht; je nachdem, ob sie stark oder schwach ist, entstehen Typen wie der *Kerl*, der *Draufgänger* oder der *Leisetreter*, der *Pantoffelheld*. Richtet sich der Blick mehr auf Eigenarten der geistigen Seite, dann kommt es zu Typen wie dem *Theoretiker*, *Problematiker*, *Grübler*, *Oberflächlichen*, *Rechthaber* und anderen. Besonders reichhaltig wird die Palette der Typen, wenn der Gefühlsbereich ins Auge gefaßt wird. Da stoßen wir dann auf den Typ des *Gemütsmenschen*, *Sentimentalen*, *Empfindsamen*, *Rauhborsts*, *Schelms* und andere. Unter Beachtung der Störungen in den Tiefenbereichen der Person entdecken wir etwa den Typ des *Gehemmten*, der zahlreiche Spielarten aufweist, wie etwa den *Befangenen*, *Zaghaften*, *Einzelgänger*, aber auch den des *Verkrampften*, *Jähzornigen* und *Aggressiven*. Diese Typen grenzen jedoch bereits an die aus der medizinischen

Psychologie und Psychiatrie stammenden Defekttypen, wie den *Hysteriker*, *Neurotiker* und *Psychopathen.*

Unter den volkstümlichen Typen finden sich auch weniger wurzeltiefe Erscheinungen. Sie fallen durch ihr von Situation zu Situation wechselndes Verhalten auf, erscheinen etwa hier als *Biedermann*, dort als *Vereinsmeier* und in der Familie vielleicht als *Pascha.* »Jeder ist jedem gegenüber anders«, sagt MÜLLER-FREIENFELS, der sich dieser durch den Alltag bestimmten Typen besonders angenommen hat.

Um einen Menschen wirklich zu kennen, muß man ihn in verschiedenen Rollen gesehen haben. Von einer einzelnen Rolle her ist selten jemand richtig zu beurteilen (vgl. S. 26 und 171–176).

Käufertypen. Die Reihe der Gesichtspunkte, unter denen es zur Bildung von Prävalenztypen kommen kann, ist mit den bisher aufgezählten Möglichkeiten noch nicht erschöpft. Wirtschaft und Handel rechnen mit bestimmten Verbraucher- und Käufertypen, deren Verhaltensweise ermittelt werden muß, um eine gezielte Werbung treiben zu können. Jede Verkäuferin mit Erfahrung weiß von typischen Einstellungen und Gewohnheiten ihrer Kunden zu berichten. Der Wirtschaftspsychologe HEINZ DIRKS hat einige dieser Käufertypen näher gekennzeichnet.

Der Typ des *Zielbewußten* weiß, was er will. »Er tritt mit durchdachten Absichten vor den Ladentisch. Er ist sachlich in der Verhandlung, läßt sich auch nicht leicht beeinflussen. Wenn der Verkäufer versucht, ihn zu etwas zu überreden, so faßt er das als eine unzulässige Einmischung in seine persönlichen Angelegenheiten auf. Sein gut fundiertes Selbstbewußtsein sträubt sich dagegen, einer fremden Absicht Raum zu geben. Man wird ihn nur dann zu einem Abschluß des Kaufs bewegen, wenn man ihn mit sachlichen und vernünftigen Argumenten überzeugen kann.«

Ganz anders der *Unsichere*, dem es schwerfällt, sich zu irgend etwas zu entschließen. »Er erlebt sofort wieder seine persönliche Unsicherheit, wenn etwa seine Unkenntnis in einer sachlichen Frage oder einem fachlichen Argument sichtbar wird. Er sucht deshalb oft im Verkäufer einen Menschen, dem er vertrauen kann. Wenn der Verkäufer ihm dieses Vertrauen vermitteln kann, ist er schnell bereit, sich anzuschließen und seine Entscheidung in dessen Sinne zu fällen.«

Berufstypen. Eine stark typprägende Wirkung übt natürlich der Beruf aus. Als Beispiel sei nur an den Beruf des *Lehrers* erinnert. Wir alle haben während unserer Schulzeit die verschiedensten Typen kennengelernt. Es zeugt allerdings von wenig Kenntnis und Verständnis, wenn man etwa Extremvarianten wie den *Pauker* oder den Schulmeister als typische Vertreter dieses Berufsstands betrachtet. Die Aufgaben der Lehrer an den einzelnen Schulen sind viel zu unterschiedlich, um sozusagen von einem Standard-Typ bewältigt werden zu können. Neben den *Pestalozzi-Typen* männlichen und weiblichen Geschlechts, die sich in erster Linie dem Kind verpflichtet fühlen, gibt es die mehr *sachlich-nüchternen Typen*, die ihrer *Wissenschaft* dienen wollen, die Stundenhalter, Moralisten und noch viele andere. Auch in diesem Beruf ist sowenig wie in anderen Berufen damit zu rechnen, daß jeder Angehörige dieses Standes ein »Berufener« wäre, also dem Idealtyp nahe käme.

Rassen-, Volks- und Stammestypen

Mit der Zugehörigkeit eines Menschen zu einer Rasse, einem Volk oder einem Stamm verbindet man bestimmte Vorstellungen. Man glaubt zu wissen, daß ein Asiate anders reagiert als ein Mitteleuropäer, daß ein Schwede anders aussieht als ein Südländer und daß ein Friese ein anderes Temperament hat als ein Rheinländer. Das scheinen Selbstverständlichkeiten zu sein, aber auch diese uns so natürlich vorkommenden Gegebenheiten sind mehr durch eine allgemeine Verständigung, sozusagen einen Consensus, entstanden, als daß sie genau der Wirklichkeit entsprächen. Die Volkszugehörigkeit ist, um nur auf ein Beispiel hinzuweisen, wahrscheinlich weniger wichtig für den Charakter und die Haltung eines Menschen als das Milieu, das ihn umgibt: Ein Reisbauer aus Japan ist womöglich einem Alpenbauern in bezug auf bestimmte Vorstellungen ähnlicher als ein Universitätsprofessor aus Tokio seinem Kollegen in Frankfurt.

Rassen

Von Rassen und Rassentypen spricht man bei uns im Gegensatz zu den dreißiger Jahren sehr wenig. Von den Nationalsozialisten wurde die Rassenlehre für ihre Zwecke ausgebeutet, und sie hat in der Folge ein ungeheures Unheil hervorgerufen. Wegen dieser politischen Belastung hat sich lange Zeit kaum jemand an die Erforschung dieses Gebietes herangewagt, und die Rassenkunde weist noch heute, wie der Anthropologe EGON Freiherr von EICKSTEDT feststellte, »eine schlotternde Leere« auf.

Dabei eignen sich die Rassen infolge der genetischen (erbmäßigen) Bedingtheit durchaus zur Bildung von Typen. Man muß sich allerdings – gerade im Hinblick auf die Verzerrung in der nationalsozialistischen Zeit – darüber im klaren sein, was man unter einem Rassentyp versteht.

Der Begriff der Rasse

Man wird oft dazu verleitet, das Hauptmerkmal der Rasse in der körperlichen Beschaffenheit zu sehen. Als einen »Neger« beispielsweise bezeichnen wir einen Menschen mit schwarzer Hautfarbe. Von diesen wird eine solche Definition jedoch abgelehnt; sie sehen sich selbst nicht als heterogene Gruppe.

Tatsächlich sind äußere, also biologische, Kennzeichen weniger wichtig als die psychologischen und kulturellen Besonderheiten.

So unbezweifelbar es ist, daß sich die Menschheit im Laufe ihrer Entwicklung in biologisch unterschiedliche Rassen aufgespalten hat, so schwierig ist es jedoch, deren psychische Eigenart zu erfassen. Einige Forscher haben versucht, den Begriff der Rasse auf die erkennbaren, erblich bedingten psychischen Gruppeneigenschaften zu beschränken und den geistig-seelischen Bereich ganz auszuklammern. Diese Einengung der Sicht wird jedoch der Wirklichkeit nicht gerecht. Wie die Erbforschung beweisen konnte, wurzelt eben auch der geistig-seelische Bereich im Anlagengefüge.

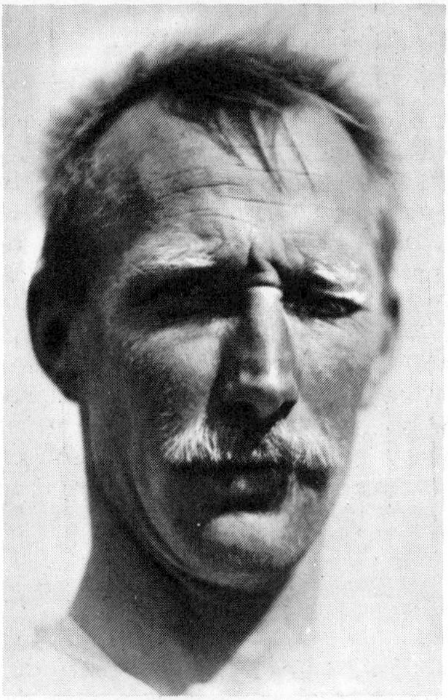

Einige Rassentypen, aufgenommen von dem Rassenforscher Ludwig Ferdinand Clauss. Der Leistungsmensch: nordfriesischer Bauer (links oben); der Darbietungsmensch: südländisch-»westischer« Typ (rechts oben); der Erlösungsmensch: der jüdische Philosoph Martin Buber (links unten); der Offenbarungsmensch: ein Beduine (rechts unten). (Mit Genehmigung des Autors und des Verlegers entnommen aus dem Buch von L. F. Clauss, Die Seele des Anderen, Verlag Bruno Grimm, Baden-Baden, 1958)

Versuche zur Einteilung der Rassen

Einer der namhaftesten Anthropologen, EGON Freiherr von EICKSTEDT (*1892), unterscheidet drei Großrassen: die *europide*, *mongolide* und *negride* Rasse, die jeweils wieder in zahlreiche Untergruppen zerfallen. Die europide Gruppe gliedert er beispielsweise folgendermaßen auf: *nordider*, *dalofälischer*, *osteuropider*, *mediterraner*, *alpiner* und *dinarider* Typ.

Bekanntgeworden sind diese Rassentypen unter den Begriffen von H. F. K. GÜNTHER (*1891), der von *nordischer*, *fälischer*, *ostischer*, *westischer* und *dinarischer* Rasse sprach. Angesichts der starken Völkerbewegung und -vermischung darf natürlich nicht angenommen werden, daß sich diese Rassen rein erhalten hätten. Ebensowenig dürfte es gelingen, alle Europäer in diesem System unterzubringen. Abwegig wäre es auch, irgendwelche Wertunterschiede zu statuieren und von »höheren« und »niederen« Rassen zu sprechen.

Andererseits ist aber auch nicht zu übersehen – was jedem Pferde- und Hundezüchter bekannt ist –, daß mit den körperlichen Unterschieden der Rasse auch solche psychischer Art verbunden sind. Diese betreffen vor allem das Temperament, die Gestimmtheit, die Neigungen und Interessen und das spezifische Wertverhalten – das heißt: solche seelischen Bereiche, die zur Ausformung des für eine Rasse typischen Lebensstils führen. Die Unterschiede der einzelnen Rassen liegen ja nicht so sehr im Besitz gerade dieser oder jener Eigenschaft, sondern mehr in der Art und Weise, wie sich diese auswirkt, also in der *Stilform* der Bewegung und Handlung. Intelligenz- und Begabungsunterschiede kommen in jeder Rasse vor, wesentlich ist jedoch, in welcher Weise sich die Begabungen äußern. In jeder Rasse gibt es mehr oder weniger musikbegabte Menschen, aber jede macht wieder ihre eigene Musik. »Wie sie melodisch schwingt, was für eine Art von Melodie sie demnach entwickelt und sich hierin vom anderen Wie, von anderen Weisen des Schwingens unterscheidet: darin und einzig darin bekundet sich Rasse«, sagt L. F. CLAUSS, der sich eingehend mit diesen Stilunterschieden beschäftigt hat.

Die Rassentypologie von Clauss

Die bekannteste Rasseneinteilung, die zwar auch nicht unwidersprochen blieb, aber in ihrer Art einzigartig ist, ist die des eben genannten Rassenforschers LUDWIG FERDINAND CLAUSS (*1892). Sie beruht in erster Linie auf der Deutung des mimischen Geschehens.

CLAUSS versuchte sich so in die Menschen einer anderen Rasse einzuleben, daß er schließlich so zu sehen, zu empfinden und zu denken vermochte wie sein Gegenüber und mit der Zeit auch dessen Mimik und Gebaren einnahm. Aufgrund seiner Beobachtungen glaubt er, jede Rasse aus einer gestaltenden Idee heraus erfassen zu können, die als Stilgesetz das gesamte Denken, Fühlen und Handeln durchdringe. »Eine Rasse erforschen heißt für uns: den Sinn ihrer leiblichen Gestalt erkennen; und dieser Sinn ist nur aus der seelischen Gestalt verstehbar. – Die Welt des anderen mit den Augen des anderen zu sehen, inwendig also an seine Stelle treten, heißt ihn ›verstehen‹.«

CLAUSS beschrieb vor allem sechs Rassentypen, die im folgenden kurz skizziert werden sollen (dazu Bildtafel S. 99).

Der nordische Typ. Ihn nennt Clauss den *Leistungsmenschen*, »weil die Leistung der bestimmende Wert der inneren Wertordnung des Menschen ist: er begreift die Welt als etwas, das ihm entgegengestellt ist, damit es nach ihm ausgreife und er es angreife durch schöpferische Leistung. Er trägt seinen Namen daher, daß er nur im Leisten ganz er selbst ist«. Dieser Stil prägt sich in seiner gestrafften und beherrschten Haltung aus, der etwas Herrisches und Distanziertes anhaftet. Menschen dieser Art meiden Umschweife und Aufwand, sind kühl und sachlich eingestellt und an ein zielbewußt-ausgreifendes, selbständiges Handeln gewöhnt (Abb. S. 99, oben links).

Der westische Typ. Der Mensch dieses Typs zielt auf Darbietung, auf Gefallenwollen vor einer zuschauenden Gruppe. »Alle Linien streben nach leichtflüssiger Gefälligkeit. Sie schwingen gleichsam aus sich selber heraus, aber nicht zum Ausgriff auf ein Objekt, an dem etwas zu leisten wäre, sondern zum Spiel vor einem Zuschauer, dem es zu gefallen gilt.« Dieser Typ heißt deshalb auch *Darbietungsmensch* (S. 99, oben rechts).

Der fälische Typ. Das Wesen dieses Menschen sieht Clauss im Verharren und Verharrenmüssen. Dies drückt schon die Schwere und Wucht der äußeren Gestalt aus, die durch einen langen Schädel, ein breites Gesicht, eine kräftige Nase, einen breiten Rumpf und starke Gliedmaßen gekennzeichnet ist. Menschen dieser Art halten treu am Hergebrachten, an ihrer Scholle und am Glauben ihrer Väter fest. »Wie der *Verharrungsmensch* sich absperrt gegen das Außen, so sperrt er auch das, was er in sich trägt, in sich ein und läßt es nicht wieder hinaus. Das ist fälischer Stil der Innerlichkeit.«

Der wüstenländische und der vorderasiatische Typ. Mit besonderer Liebe wandte sich Clauss dem Studium einiger außereuropäischer Rassen zu. Vertreter der »wüstenländischen« Rasse erscheinen ihm als *Offenbarungsmenschen*. Er erlebt sich selbst und die Dinge um ihn herum im stetigen Wandel, bereit zu nehmen, was ihm durch die Gunst Gottes geschenkt wird. »Das Leben fällt ihnen von Augenblick zu Augenblick zu, und ihre seelische Grundhaltung ist die des Auffangens der Beute. Die Haltung bleibt stilhaft dieselbe, ob die Beute ein Pfennig ist oder eine göttliche Offenbarung« (S. 99, unten rechts). Diesen gegenüber steht eine Gruppe vorderasiatischer Menschen, deren Dasein »auf Erlösung vom arteigenen Zwiespalt« zielt – die *Erlösungsmenschen* (unten links). »Erlösung wird hier aber nicht erreicht etwa durch eine Schließung, eine Heilung des Zwiespalts: durch eine Zusammenfassung der beiden Hälften des Daseins – der sinnlichen und der geistigen – zu einer ganzen fleischlich-geistigen Gesamtgestalt. Erlösung bedeutet im Stil dieser Rasse eine Vernichtung der einen Seite des Daseins, zum Beispiel durch Askese.«

Völker

Die Rasse wird als eine »biologisch-lebensräumliche Einpassungsform« bezeichnet, das Volk dagegen als eine »kulturell-sprachverbundene Fortpflanzungsgemeinschaft« (E. v. Eickstedt). Anders ausgedrückt: Ein Volk, dessen Glieder durchaus verschiedenen Rassen entstammen können, wird in erster Linie durch seine Sprache, Kultur und Geschichte geprägt, während eine Rasse zuerst durch biologisch-somatische Faktoren gekennzeichnet ist. Welch prägende Kraft von der Umwelt, zu der auch Raum und Wirtschaft gehören, ausgeht, läßt sich besonders gut am Beispiel der Vereinigten Staaten von Amerika erkennen, die bisher auf alle Einwanderer wie ein Schmelztiegel wirkten, aus dem »Amerikaner« hervorgingen.

Wie lernt man den Volkstypus kennen?

Die Kenntnis der typischen Eigenarten und Verhaltensweisen der Angehörigen eines Volkes ist im Zeitalter des Massenverkehrs wichtiger als die Kenntnis der Rassentypen. Mit der Erforschung des Volkscharakters beschäftigen sich unter anderem die Völkerpsychologie, Soziologie, Literaturwissenschaft. Trotz zahlreicher Einzeluntersuchungen über die Mentalität der verschiedenen Völker, den Volksgeist und die Volksseele, wissen wir jedoch noch viel zu wenig über deren Eigenart, um schon typische Bilder etwa *des* Engländers, Franzosen oder Russen zeichnen zu können. Freilich bringt jeder Besucher eines anderen Landes ein mehr oder weniger klares Bild vom Charakter der ihm bislang fremden Menschen mit nach Hause. Doch setzt sich dieses Bild zumeist aus verallgemeinerten Einzelerfahrungen zusammen. Da sah vielleicht einer in Syrakus am hellichten Tag eine Reihe Männer herumlungern, nicht wissend, daß diese gerne arbeiten würden, wenn sie Gelegenheit dazu bekämen, und schon hat sich bei ihm eine nationale *Stereotype* (Urteilsschablone) gebildet: *die* Italiener sind Nichtstuer. Die Feststellungen unserer Unternehmer, daß die italienischen Gastarbeiter im Durchschnitt nicht weniger fleißig sind als die deutschen Arbeiter, hat daher einiges Aufsehen erregt. Erstaunt ist man ja auch immer wieder, nicht bei jedem Wiener das berühmte »goldene Wienerherz« zu entdecken und nicht bei jeder Französin den »Pariser Charme«. Wenn wir uns fragen, woher wir denn die Kenntnis dieser als »typisch« erachteten Eigenschaften haben, dann stoßen wir etwa auf Bilder, die uns Film, Fernsehen, Presse und die Karikaturisten vermittelt haben.

Um zu einer gewissen Klarheit über typische nationale Eigenschaften zu kommen, hat man in letzter Zeit groß angelegte Befragungen durchgeführt. Dabei stellte man zum Beispiel fest, daß im Jahre 1942 nur 9% der befragten Amerikaner die damals mit ihnen verbündeten Russen für »grausam« hielten; im Jahre 1948 waren jedoch 50% der Amerikaner dieser Meinung. So rasch kann sich also bei einer Verschiebung der politischen Verhältnisse die Meinung über den Volkscharakter ändern.

Eine Untersuchung der UNESCO im Jahre 1948/49 hat weitere, sehr interessante Einblicke in die Volksseele eröffnet. In acht Ländern wurden jeweils etwa 1000 Personen darüber befragt, welche der ihnen genannten Eigenschaften sie bei ihrem eigenen Volk und welche sie bei andern Völkern zu finden glaubten. Eine kleine Kostprobe des Ergebnisses gibt die Tabelle S. 103. Die Zahlen geben jeweils den Prozentsatz der für eine bestimmte Eigenschaft abgegebenen Ja-Stimmen an. Wie man sieht, halten sich die Deutschen für ein sehr arbeitsames Volk, während sie den anderen weit weniger in dieser Hinsicht zutrauen. Zwar schreiben sich die meisten Völker nur gute Eigenschaften zu; doch tun die Deutschen in ihrer Selbsteinschätzung gegenüber den anderen etwas des Guten zuviel.

Beurteilte Eigenschaft	Selbstbeurteilung			Fremdbeurteilung		
	Wie sie sich selbst sehen:			Wie die *Deutschen* die andern sehen:		
	Deutsche	Holländer	Amerikaner	Amerikaner	Russen	Franzosen
1. Arbeitsamkeit	90	62	68	19	12	4
2. Intelligenz	64	49	72	34	4	22
3. Fortschrittlichkeit	39	43	70	58	2	7
4. Friedlichkeit	37	68	82	23	5	12
5. Grausamkeit	1	0	2	2	48	10

Aufgaben der Völkerpsychologie

Eine wichtige Aufgabe hätte die Völkerpsychologie zu erfüllen; denn was uns bis heute fehlt, das sind objektive Angaben über die Neigungen, Interessen und Verhaltensweisen der Völker, mit deren Angehörigen wir es im Alltag zu tun haben. Um der »Gruppenindividualität« eines Volkes näherzukommen, bedarf es allerdings sorgsamer, langdauernder Beobachtungen, die nicht nur eine Vertrautheit mit den psychologischen Methoden, sondern auch ein hohes Maß an Einfühlungsvermögen voraussetzen. Nach Ansicht von Kennern auf diesem Gebiet liegt jedoch bis heute von keinem Volk eine wirklich stichhaltige und systematische psychologische Analyse vor, welche die biologischen Voraussetzungen einigermaßen säuberlich von dem kulturellen und zivilisatorischen Überbau zu trennen versucht hätte. Das aber wäre die Vorbedingung für eine »Völkertypologie«. Bis dahin bleibt für den einzelnen Menschen die Aufgabe, in der Begegnung mit Vertretern anderer Völker sich der Fragwürdigkeit gewisser Klischees bewußt zu werden und nicht vorschnell von den Einzelerfahrungen auf den Typus des Volkes zu schließen.

Stämme

Völker wie Rassen haben ihre Untergliederungen: *Stämme* und *Schläge*. Wer einige Auslandserfahrungen hat, der weiß, daß die Süditaliener von anderem Schlag sind als die Norditaliener, ein Baske sich erheblich von einem Andalusier unterscheidet und ein Bauer vom Berner Oberland wenig mit einem Genfer Geschäftsmann gemein hat, obwohl sie demselben Volk angehören. Noch vielfältiger sind die Unterschiede unter den deutschen Stämmen. Dieser stammesmäßigen Zerklüftung des deutschen Volkes ist es wohl auch zuzuschreiben, daß wir als Gesamtvolk dem Ausland immer etwas rätselhaft erscheinen.

Versuche zur Deutung der Stammescharaktere

Aussichtsreicher als das Wesen des Deutschen zu ergründen, erscheint es, der Wesensart der deutschen Stämme näherzukommen. Die Stämme unterscheiden sich durch ihre äußere Erscheinung, ihre Sprache und ihre Verhaltensweise so deutlich voneinander, daß man zumindest in dieser Hinsicht typische Bilder dieser Stammeszüge entwerfen kann.

Urteil eines Dichters. Einer der's wissen muß, der schwäbische Dichter AUGUST LÄMMLE, sagt über seine Landsleute, die Schwaben und Franken, die miteinander im Bundesland Baden-Württemberg

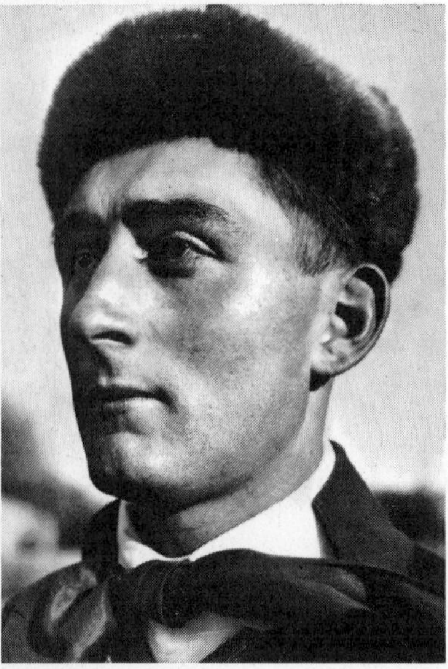

Einige Vertreter deutscher Stämme, deren Aussehen man als »typisch« bezeichnen kann; es handelt sich durchweg um bäuerliche Menschen. Links oben: eine Friesin von der Insel Sylt in ihrem reichen Filigranschmuck, der zur Tracht der Nordfriesinnen gehört. Rechts oben: ein Niedersachse (fälischer Rasse). Links unten: ein Franke in seiner traditionellen Tracht. Rechts unten: ein schwäbischer Bauer (aus Württemberg)

leben, folgendes: »Der *Schwabe* ist Fremden gegenüber leicht scheu, verlegen, mißtrauisch. Es geht ihm das Wort, namentlich das höfliche, nicht leicht durch das Gehege der Zähne. Seine Frömmigkeit, seine Weichheit, seine Güte sucht er namentlich vor Fremden hinter einem kurz angebundenen Wesen zu verstecken. Grobheit ist ihm oft ein Zeichen von Aufrichtigkeit und Männlichkeit, die er über alles stellt. Der *Franke* ist entgegenkommend, gefällig, Fremden gegenüber ohne jede Scheu, sowohl im Reden wie in seinem ganzen Gehabe. Auch eignet ihm ein gut Stück Vorsicht und Mißtrauen, ja diese Vorsicht ist der Kern seines Wesens; aber er weiß das zu verbergen, er ist viel zu höflich, es zu zeigen: die gute Form, das ist seine Sache und sein Stolz. Für Grobheit gebraucht er das Wort Dummheit. Er hält mit seinem Urteil zurück; gezwungen, Farbe zu bekennen, äußert er sich so, daß er sich damit zu nichts verpflichtet. Wo der Franke lächelt, da lacht der Schwabe, wo der Franke kirchlich ist, da ist der Schwabe fromm.«

Die Antlitzkunden von Hellpach und Clauss. Der Psychologe und Politiker WILLY HELLPACH (1877–1955) ging dem Wesen der deutschen Stämme auf physiognomischem Weg nach. Er suchte durch eine schauend-einfühlende Betrachtung des Gesichts das Typische des schwäbischen, fränkischen, bayrischen, sächsischen Stammes und anderer zu ergründen. Er betrachtete »Gesichtsganzheit« als ein mehrfach geschichtetes Gebilde, in welchem sich rassisch-konstitutionelle Faktoren mit zeit- und schicksalsbedingten vermischt haben. Er sprach daher von einer »Dreifaltigkeit des Menschengesichts« und sucht das *Naturgesicht* vom *Trachtgesicht* und *Erlebnisgesicht* zu unterscheiden (s. auch S. 186).

Mit dem Naturgesicht werden wir geboren, das Trachtgesicht legen wir uns je nach den äußeren Verhältnissen zu, und im Erlebnisgesicht spiegelt sich unser Schicksal. In allen dreien wirken sich ganze Bündel von Faktoren aus. HELLPACH wandte sich im besonderen dem Studium des Erlebnisgesichts zu, um aus ihm Schlüsse auf die seelische Eigenart der verschiedenen deutschen Stämme zu ziehen. Dabei ging er nicht statistisch oder messend vor, sondern schauend, und verzichtete auf Bestimmungen anthropologischer und erbbiologischer Art. Er meinte: »Man muß sich endlich einmal darüber klar werden, daß es viele organische Verhältnisse gibt, die durch ein Maßnehmen nicht ›exakter‹, sondern im Gegenteil unbestimmter und wesenloser zur Darstellung gelangen.« Zur Stützung seiner Methode wartete er mit einer Reihe typischer Bilder von Vertretern der deutschen Stämme auf. Auch wer mit seiner Antlitzkunde als Beitrag zur Wesensergründung der Volksstämme nicht ganz einig ist, wird durch sie zu einem schärferen Beobachten angeregt.

Noch aufschlußreicher als die Bilder von HELLPACH sind die von L. F. CLAUSS, der sich ebenfalls mit der ausdruckspsychologischen Deutung des Gesichts der deutschen Stämme beschäftigte.

Aussagen über einzelne deutsche Stämme

Sehr viel wurde schon über die Wesensart der deutschen Stämme gesagt, so viel, daß es in diesem Rahmen nicht dargestellt werden kann. Außerdem haben die Stämme auch noch ihre »Schläge«, also Varianten innerhalb des Stammes. Grundsätzlich sollte man nicht sagen: *Die* Bayern, Rheinländer, Sachsen *sind* so und so, sondern: einem Teil von ihnen werden die und die Eigenschaften zugeschrieben, was freilich wiederum sehr von der Wesensart des Beurteilers abhängt.

Rheinländer und Westfalen. Die zuletzt gemachte Bemerkung wird deutlicher, wenn wir an den Eindruck denken, den der Rheinländer vielfach von seinem Nachbarn, dem Westfalen, hat. Aus der Sicht des fröhlichen, munteren, regsamen und gesprächigen Rheinländers, der zwischen Mainz und Düsseldorf, insbesondere aber um Köln herum beheimatet ist, erscheint der Westfale doch oft als trocken, schwerfällig, einsilbig, zugeknöpft, ja sogar hinterhältig, während dieser wiederum seinen weinfrohen Nachbarn für oberflächlich, hochfahrend und unzuverlässig hält. Was ist richtig?

Die Niedersachsen. Die Niedersachsen, die Artverwandten der Westfalen, hält man mit gewisser Berechtigung für ernst, streng, kühl und verschlossen. Es sind Menschen, deren Haltung mehr durch den Willen als durch das Gefühl bestimmt wird, womit ihnen das letztere freilich keineswegs abgesprochen werden soll.

Die Schwaben. Sie stehen, besonders bei den Norddeutschen, in dem Ruf, heitere und gemütliche Leute zu sein, bis man entdeckt, daß sie auch dickköpfig, »verdruckt«, undurchsichtig und ungesellig sein können. »Man schaut eigentlich nie auf den letzten Grund eines schwäbischen Innenlebens«, sagt W. HELLPACH, der am Oberrhein seine Wahlheimat gefunden hatte und die Schwaben aus jahrzehntelanger Erfahrung zu kennen glaubte. »Meint man, auf den klaren Verstand rechnen zu dürfen, so sieht man sich plötzlich dem empfindsamen, oft mimosenhaft verletzlichen Gemüt gegenüber, und appelliert man an dieses, so tritt einem der starre, nicht selten bockige Wille entgegen; es kann aber auch sein, daß einen, wo man an ein Gefühl sich zu wenden meinte, plötzlich die Nüchternheit des Verstandes befremdet.«

Die Bayern. Den Schwaben gegenüber scheinen die Bayern, besonders die Altbayern im Winkel zwischen Donau und Lech, viel einheitlicher zu sein. HELLPACH bezeichnet sie als heiter, lässig, kampflustig und musisch. Ob sie sich selbst so erscheinen, ist eine andere Frage. Sie besitzen jedoch sicherlich etwas von der Farbenfreudigkeit der Romanen und von der Musikalität der Slawen, lieben das Urwüchsige und Deftige und wollen ihre »bairische Ruh ham«.

Temperamentstypen

Wer von Sanguinikern, Cholerikern, Phlegmatikern und Melancholikern spricht, ist sich zumeist nicht bewußt, daß er sich hier uralter Typenbezeichnungen bedient, die schon im 5. Jahrhundert vor Christus von griechischen Ärzten und Philosophen gebraucht worden sind. Bereits damals hatten diese Denker und Forscher das Bedürfnis, die Unterschiedlichkeiten der menschlichen Natur ihrer Zufälligkeit zu entkleiden und sie auf biologische und kosmologische Ursachen zurückzuführen.

Ursprung und Entwicklung der Lehre von den Temperamenten

Während die Astrologen das Sosein des Menschen aus der Konstellation der Sterne im Augenblick der Geburt zu erklären suchen, leitete der griechische Arzt HIPPOKRATES dessen Eigenart aus der Mischung der »Körpersäfte« (der *humores*) ab. Der Ansicht seiner Zeit entsprechend nahm er an, daß die Welt aus vier Elementen – Feuer, Wasser, Erde und Luft – bestünde. Diese Elemente, so meinte er, würden nun auch in flüssiger Form die Grundsubstanz des Menschen bilden. Den erdigen Bestandteil wollte er in der sogenannten *schwarzen Galle* gefunden haben, den feurigen in der *gelben Galle*, den wässerigen im *Schleim* und den luftigen im *Blut*. Da die Zusammensetzung dieser Säfte beim Menschen verschieden geregelt ist (das lateinische Wort für regeln heißt *temperare*, das in unserem Wort Temperament steckt), ergeben sich je nach der Vorherrschaft eines Safts vier »Temperierungen« oder Temperamentstypen. Am günstigsten für die Gesundheit und das Wohlbefinden eines Menschen ist freilich eine harmonische Mischung. Jedes Vorwiegen eines Stoffs zieht nämlich Gleichgewichtsstörungen sowohl im körperlichen als auch im geistigen Bereich nach sich. Trübsinn ist die Folge des Übergewichts der schwarzen Galle, Heftigkeit – die der gelben Galle, Trägheit – die des Schleims und Leichtsinn – die des Bluts.

So konstruiert uns zunächst auch diese Lehre anmutet, so fruchtbar hat sich doch die ihr zugrunde liegende Idee erwiesen, derzufolge das Temperament, die Gestimmtheit des Menschen, somatisch bedingt sei, also im Anlagengefüge des Körpers verankert. Man nennt diese Lehre, die sich die psychischen Eigenschaften, wie zum Beispiel das Temperament, aus der unterschiedlichen Zusammensetzung von »Körpersäften« erklärt, *Humoralpsychologie*. Die moderne Physiologie und Psychologie hat zwar den »ideologischen Überbau« der Antike fallen lassen, ist jedoch nach wie vor der Meinung, daß das Temperament durch die Wirkstoffe endokriner Drüsen bestimmt wird.

Die Temperamentenlehre, die durch den römischen Arzt GALEN weiterentwickelt wurde, hat sich über zwei Jahrtausende hindurch zu behaupten vermocht. Dabei hat die von ARISTOTELES vertretene Auffassung, dem Blut komme eine besondere Bedeutung zu, Anhänger gewonnen. Der griechische Philosoph unterschied *leichtblütige, schwerblütige, heiß- und kaltblütige* Temperamente. Der Zusammenhang der Begriffe von Hippokrates und Aristoteles geht aus der folgenden Tabelle hervor (zur Erklärung der Fremdwörter: *Temperament* von lat. temperare = mäßigen, mischen, regeln; *Humoralpsychologie* von lat. humor = Feuchtigkeit, Körpersaft + Psychologie; *somatisch* von griech. sóma = Körper, also auf den Körper bezogen; *Sanguiniker* von lat. sanguis = Blut; *Choleriker* von griech. cholé = Galle; *Phlegmatiker* von griech. phlégma = Schleim; *Melancholiker* von griech. mélas = schwarz + cholé = Galle, also schwarzgallig, d. h. schwerblütig, schwermütig):

Temperamentsgrundlage	Temperamentsbezeichnung
Luft (warm) / Blut (feucht)	leichtblütig / sanguinisch
Feuer (warm) / gelbe Galle (trocken)	heißblütig / cholerisch
Wasser (kalt) / Schleim (feucht)	kaltblütig / phlegmatisch
Erde (kalt) / schwarze Galle (trocken)	schwerblütig / melancholisch

Die vier Temperamente

Das Temperament liefert einen guten Ansatz zur Gliederung, also zur Typenbildung – mag die Begründung der Lehre auch fragwürdig erscheinen. Eine eindeutige wissenschaftliche Definition des Begriffs

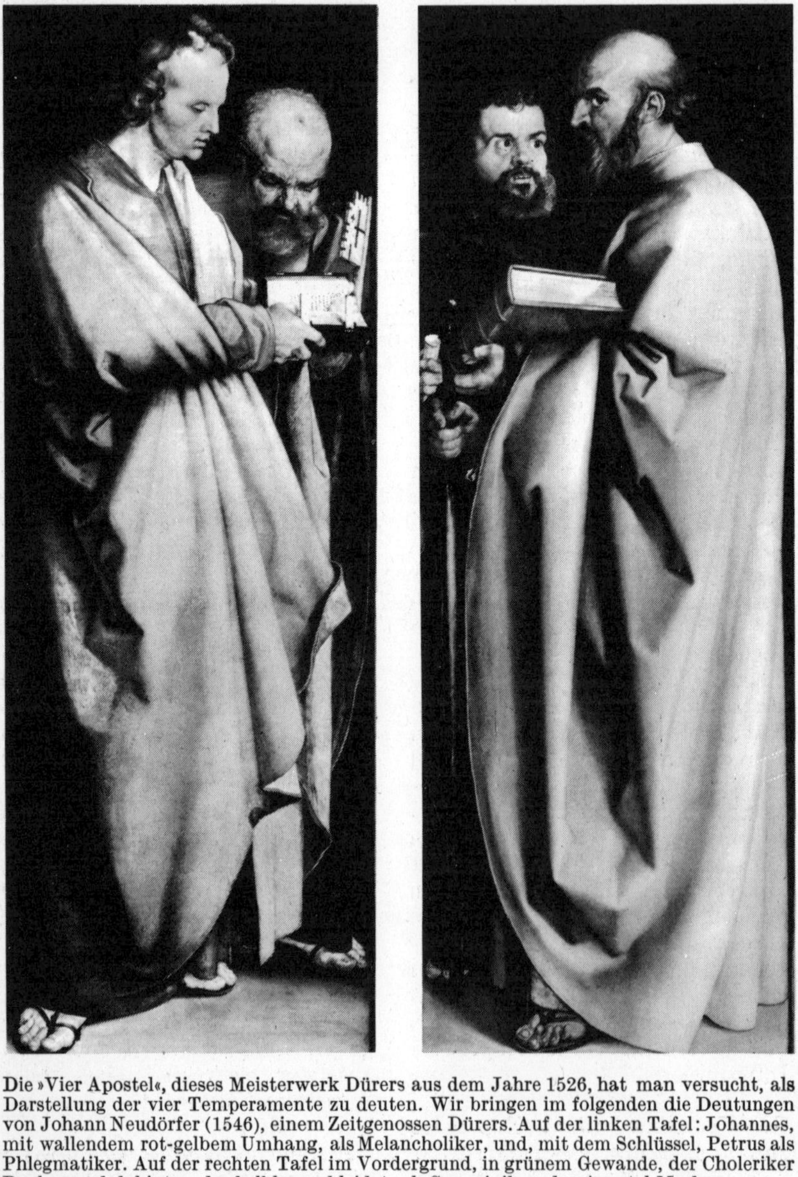

Die »Vier Apostel«, dieses Meisterwerk Dürers aus dem Jahre 1526, hat man versucht, als Darstellung der vier Temperamente zu deuten. Wir bringen im folgenden die Deutungen von Johann Neudörfer (1546), einem Zeitgenossen Dürers. Auf der linken Tafel: Johannes, mit wallendem rot-gelbem Umhang, als Melancholiker, und, mit dem Schlüssel, Petrus als Phlegmatiker. Auf der rechten Tafel im Vordergrund, in grünem Gewande, der Choleriker Paulus, und dahinter, dunkelblau gekleidet, als Sanguiniker, der Apostel Markus

»Temperament« gibt es nicht; man kann es jedoch so abgrenzen: eine von innen heraus bedingte seelische Gemütslage, die das gesamte Verhalten des Gefühls-, Trieb- und Willenslebens regelt, also eine durchprägende Wirkung ausübt und sich besonders im Gebaren und der Art der Bewegung äußert. Wir befassen uns nunmehr mit den vier Typen im einzelnen.

Der Sanguiniker. Er hat ein leicht ansprechbares Naturell, ist zumeist heiter und fröhlich gestimmt, geistig sehr beweglich und vielseitig interessiert. Seine optimistische Lebenseinstellung gibt ihm viel Auftrieb und Schwung und läßt ihn unbekümmert an die Dinge herantreten. Er hat den Kopf voller Ideen, weiß überall Bescheid und hält sich für einen patenten Kerl, der allerdings seinen Mitmenschen mitunter durch seine Betriebsamkeit und Geschwätzigkeit »auf die Nerven fällt«. In der Gesellschaft stellt er ein gerngesehenes, belebendes Element dar, weil er zumeist guter Laune ist, überall mitmacht und sich anzupassen weiß. Mit der Beständigkeit seiner Gefühle und Gesinnungen ist es allerdings nicht weit her. So rasch er auch für irgendwelche Unternehmungen zu haben ist und so sehr er sich zu begeistern vermag, so rasch verfliegt bei ihm doch alles wieder. Er ist nämlich leicht zu beeinflussen und abzulenken, hält nicht viel von Grundsätzen und muß sich oft den Vorwurf gefallen lassen, daß er unzuverlässig, oberflächlich und leichtsinnig sei. Über Kritik wie Mißerfolg setzt er sich jedoch leicht hinweg, trägt andern auch nichts nach und macht sich nicht viel Sorgen um den andern Tag. »Irgendwie« wird die Sache schon gehen! Pedantisch ist er bestimmt nicht, jedoch auch nicht pünktlich oder zuverlässig, dafür aber groß im Improvisieren.

Der Choleriker. Dieser Typ neigt zu Wut und Zorn, erregt und erhitzt sich sehr rasch und reagiert ohne ersichtlichen Grund in gereizter und aggressiver Form. Dauernd stehen ihm die Zornesfalten an der Stirn. Nicht von ungefähr bringt ihn die antike Lehre mit dem Feuer und der Galle in Verbindung. Energiegeladen stürzt er sich mit Feuereifer auf alles, was ihn interessiert, packt sozusagen den Stier bei den Hörnern, erregt sich dabei aber so stark, daß ihm »die Galle überläuft« und er seinen Mitmenschen als eine rappelköpfige Natur erscheint. Seine flammende Begeisterung, sein draufgängerischer Elan und seine zündende Rede reißen andere mit und sichern ihm Gefolgschaft, deren Gunst er sich jedoch durch seine antreiberische Art, sein Gepolter und Geschimpfe leicht wieder verscherzt, was ihn verständlicherweise erst recht ärgert und unter Umständen zu jähzornigem Toben veranlaßt. Wer ihn genauer kennt, weiß, daß er es eigentlich gar nicht so schlimm meint. GOETHE sagt von ihm, er sei »ein braver Mann, ich kenn' ihn ganz genau, erst prügelt er, dann kämmt er seine Frau«. Der Umgang mit ihm ist vor allem deshalb so schwierig, weil er sich dauernd in einem unfrohen, mißmutigen und gespannten Zustand befindet, rechthaberisch ist, sich nichts sagen läßt und mit dem Kopf durch die Wand gehen will. Andererseits ist aber auch anzuerkennen, daß er Widerständen nicht aus dem Weg geht, sich zu behaupten und durchzusetzen weiß und eine starke Arbeitskraft darstellt.

Der Phlegmatiker. Er besitzt weder etwas von der Erregbarkeit und

Aggressivität des Cholerikers noch etwas von dem Schwung und Frohsinn des Sanguinikers. Er spricht auf alle Reize nur schwer an, ist nicht leicht aus seinem Gleichgewicht und seinem »Trott« zu bringen, hat also »die Ruhe weg«, auch wenn andere schon längst die Nerven verloren haben. Seine Stärke liegt im Verharren, in seiner Unerschütterlichkeit, Beständigkeit, Treue und Kaltblütigkeit, seine Schwäche in seiner Lahmheit und Schwerfälligkeit. Zufrieden mit sich und der Welt, ohne brennenden Ehrgeiz oder hochfliegende Ideen, stellt er in der Gemeinschaft ein stabiles, mehr konservatives Element dar. Er ist zwar da, aber man hat infolge seiner einsilbigen, nüchternen und trockenen Art nicht viel von ihm, muß ihn daher immer wieder aufmuntern, ja sogar aufscheuchen oder antreiben, was unter Umständen ein Brummen oder Poltern auslösen kann. Von sich aus ergreift er keinerlei Initiative. Wo es auf ein tatkräftiges und entschlossenes Vorgehen, auf Wendigkeit und Elastizität ankommt, wäre er nicht am rechten Platz. Dafür zeichnet er sich aber wieder durch Zuverlässigkeit, Ausdauer und Gutmütigkeit aus. Er stellt keine großen Ansprüche, ist nie ein Streber, sondern gibt sich mit Vorhandenem zufrieden. Mit diesen Eigenschaften neigt er allzuleicht zur Philisterhaftigkeit und Spießbürgerei, zu Bequemlichkeit und Faulheit, was lebhaftere Gemüter schier zur Verzweiflung bringen kann.

Der Melancholiker. Auch er besitzt nicht viel Schwung und Tatkraft, ist jedoch weit gemütvoller als der Phlegmatiker, aber nicht wie der Sanguiniker auf Dur, sondern auf Moll gestimmt. Er ist ein empfindsamer, gefühlsweicher Mensch, der zu Schwermut, Grübelei und Pessimismus neigt und sich gern in weltschmerzlichen, düsteren Stimmungen ergeht. Menschen seiner Art fühlen sich in besonderem Maße zu allem Mystischen, Okkulten und Unergründlichen hingezogen und verfallen leicht ins Spintisieren. Das reale Leben ist ihm eine Last und bereitet ihm mehr Kummer und Sorge als Lust und Freude. Daher zieht er sich auch gerne in die Stille zurück, meidet die laute Geselligkeit, ist aber sehr dankbar, wenn man sich seiner annimmt oder ihn gar bemitleidet. Bei näherem Zusehen entdeckt man, daß er ein nachdenklicher und besinnlicher Mensch ist, der ein reiches Innenleben führt, unter Umständen sehr kunst- und musikliebend ist, sich jedoch viel zuwenig zutraut, überall Schwierigkeiten sieht und deshalb auch nichts zuwege bringt. Am ehesten »rührt« und bewegt ihn noch der Anblick fremden Leids, für das er viel Verständnis aufbringt und das bei ihm sogar Hilfsbereitschaft auslöst. Er ist groß im Mitleiden, wird dabei allerdings leicht rührselig und sentimental und verharrt in der Bejammerung. Menschen, denen er sich zutiefst verbunden fühlt, bleibt er treu und liebevoll ergeben.

Anwendung der Temperamentenlehre

Die gesamte Menschheit läßt sich natürlich nicht auf diese vier Typen verteilen. Typen sind keine Schachteln, in die man Menschen hineinpackt, sondern Aspekte, unter denen das Menschsein betrachtet werden kann. Da für viele Menschen das Temperament aber gar nicht der kennzeichnende Zug ihrer Wesensart ist, werden sie von dieser Typologie auch nicht betroffen. Reine Ausprägungen dieser Typen sind selten. Doch wird jeder

Leser in seinem Bekanntenkreis den einen oder anderen finden, dessen Wesen einem der vier Typen ähnlich ist oder nahekommt, und man wird dann bestätigen, daß diese Temperamentseigenschaften dauernd vorhanden sind, sich also immer und überall zeigen.
Wenn auch manches gegen diesen Typenansatz hinsichtlich seiner Begründung und Entwicklung vorgebracht wurde, so läßt er sich doch nicht einfach als unbrauchbar abtun. Es muß schon »etwas dran« sein, sonst hätten sich so große Geister wie Immanuel Kant, Schleiermacher, Schopenhauer und andere nicht eingehender mit dieser Typenlehre beschäftigt.
Zur Erleichterung der Übersicht haben wir die Haupteigenschaften der Temperamentstypen in der folgenden Tabelle zusammengestellt. Die dort angebenen Eigenschaften liegen jedoch nicht immer auf einer Ebene.

	Sanguiniker	Choleriker	Phlegmatiker	Melancholiker
Grundzug	frohsinnig motorisch	heißblütig dynamisch	kaltblütig statisch	trübsinnig labil
Haupt-eigenschaften (sie liegen jedoch nicht immer wie in der Darstellung auf derselben Linie!)	heiter optimistisch wendig anpassungs-fähig gesellig flüchtig gesprächig beschwingt	leidenschaftlich aktiv draufgänge-risch durchsetzungs-fähig herrschsüchtig energisch rechthaberisch kraftvoll-wuchtig	gleichmütig passiv abwartend verharrend verträglich pedantisch schweigsam langsam	ernst pessimistisch verzagt teilnahmefähig duldsam gründlich unsicher zögernd
Schwächen	haltlos leichtsinnig fahrig	besinnungslos jähzornig hitzig	schwunglos gleichgültig träg	mutlos grüblerisch schwächlich

Uta (links) und Regelindis, zwei Stifterfiguren aus dem Naumburger Dom (um 1245–50). Uta kann man als introvertierten, Regelindis als extravertierten Typ auffassen (S. 154–159)

Astrologische Typen

Die bekannteste Typenlehre stammt zweifellos von der Astrologie. Sie wird zwar in keinem Lehrbuch der Psychologie erwähnt oder dargestellt, doch nahezu 75% aller von einem demoskopischen Institut Befragten kennen das Sternbild, unter dem sie geboren sind. Ebenso groß dürfte die Zahl derer sein, die gelegentlich oder regelmäßig »ihr« Wochenhoroskop in einer Tageszeitung oder einer illustrierten Zeitschrift lesen. Die ernsthaften Astrologen raufen sich zwar die Haare über die als Horoskope ausgegebenen Orakelsprüche, vermögen jedoch die Verbreitung dieser zweifelhaften Sache nicht zu verhindern. Wenn auch die meisten Leser die Sache mit den Sternen nicht ganz ernst nehmen, etwas bleibt doch immer hängen, wie bei hartnäckig verbreiteten Gerüchten. »Man kann nie wissen ...«, ob der kommende Freitag vielleicht nicht doch ein Unglückstag ist!

Die zwölf Sternkreistypen

Da die Sonne in ihrem scheinbaren Lauf um die Erde in jedem Monat in ein anderes Sternbild eintritt und die Astrologie zwölf solcher Sternbilder annimmt, kam sie zur Unterscheidung von zwölf verschiedenen Typen. Diesen nach dem jeweiligen Tierkreis bezeichneten Typen schreibt sie eine Reihe bestimmter Charaktereigenschaften zu. Um dem Leser eine Vorstellung von dieser Typologie zu vermitteln, geben wir im folgenden eine kurze Darstellung der Hauptkennzeichen dieser Typen. Wir kommen aber nicht umhin, im Anschluß daran die großen Bedenken der Wissenschaft gegen diese Lehre anzumelden (s. S. 117 f.).

Der Widder-Typ. Geburtszeit vom 21. März bis 20. April. Sein Element ist das Feuer; der herrschende Planet der Mars.
Gekennzeichnet wird dieser Typ durch seine große Impulsivität, Tatkraft und Leidenschaft. Die Widdermenschen besitzen einen starken Willen zur Selbstbehauptung, ordnen sich daher auch nicht gerne unter, sind mitunter eigensinnig und eigenwillig und neigen zu übereiltem Handeln. Sie sind in ihren Unternehmungen sehr selbständig, verstehen es, sich durchzusetzen und trachten gemäß ihrer Aktivität nach beruflichem Vorwärtskommen. Daher findet man unter ihnen besonders häufig Pioniere aller Art, Erfinder, Reformer, Soldaten, Sportler und Alpinisten. Sie haben Mut, entfalten Initiative und sind gute Kameraden. Ehe und Freundschaften gelingen besonders gut mit Menschen des Löwe- und Schütze-Typs; weniger empfohlen werden Verbindungen mit dem Krebs-, Waage- und Steinbock-Typ.
Im Zeichen des Widders sind so verschiedene Geister geboren wie beispielsweise der Komponist JOSEPH HAYDN und die Sängerin LALE ANDERSEN; der Malerpoet WILHELM BUSCH und NIKITA CHRUSCHTSCHOW; ADOLF HITLER und THERESE von KONNERSREUTH.

Der Stier-Typ. Geburtszeit vom 21. April bis 21. Mai. Sein Element ist die Erde; der herrschende Planet die Venus.
Menschen dieses Typs stehen mit beiden Beinen fest auf der Erde,

sind zwar etwas schwerfällig, aber auch sehr tatkräftig, beharrlich und ausdauernd. Ihre praktische Veranlagung kommt ihnen besonders bei der Beschäftigung mit materiellen Dingen zugute. Sie sind vielfach erfolgreiche Geschäftsleute, die ihr Geld und ihren Besitz zu erhalten wissen. Obwohl sie in aufgebrachtem Zustand leicht außer sich geraten, sind sie im Grunde gutmütige, unkomplizierte und sinnenfrohe Menschen, die sich gern dem Lebensgenuß hingeben. Sie verstehen sich gut mit Menschen des Jungfrau- und Steinbock-Typs; weniger gut mit denen des Löwe- und Wassermann-Typs.

Im Zeichen des Stiers sind geboren: der Philosoph Immanuel Kant, der Operettenkomponist Franz Lehár, der Großindustrielle Alfried Krupp, der Idyllenmaler Peter Defregger; die Politiker Lenin und Marx und der Pfarrer Kneipp und die Filmschauspielerin Audrey Hepburn.

Der Zwillings-Typ. Geburtszeit vom 22. Mai bis 20. Juni. Sein Element ist die Luft; der herrschende Planet der Merkur.

Zwillingsmenschen haben es infolge ihrer vielseitigen Begabung und leichten Auffassung nicht schwer, sich im Leben zurechtzufinden. Sie sind außerordentlich anpassungsfähig, geistig gewandt und beweglich, haben daher auch keine Kontaktschwierigkeiten und erfreuen sich bei anderen Menschen großer Beliebtheit. Nach ehernen Grundsätzen bei ihnen zu suchen, wäre freilich vergeblich. Sie sind kompromißbereit, lieben die Abwechslung und lassen sich nicht gerne festlegen. Geist, Phantasie, Organisationstalent und lebhaftes Temperament befähigen sie sowohl zum Beruf des Journalisten und Managers als auch zu dem des Politikers und Lebensphilosophen. Von andern werden sie vielfach als unzuverlässig, fahrig und zwiespältig bezeichnet. Besonders harmonisch verlaufen Verbindungen mit dem Waage- und Wassermann-Typ; weniger gut solche mit dem Jungfrau-, Fisch- und Schütze-Typ.

Im Zeichen der Zwillinge sind geboren: der Mathematiker und Philosoph Blaise Pascal und die Negersängerin Josephine Baker, der jugoslawische Staatschef Tito und die Filmdiva Marylin Monroe; der Gründer des Jesuitenordens Ignatius von Loyola und der Maler Olaf Gulbransson.

Der Krebs-Typ. Geburtszeit vom 21. Juni bis 22. Juli. Sein Element ist das Wasser; der herrschende Planet der Mond.

Schnelligkeit und Wendigkeit gehören nicht gerade zu den Grundeigenschaften dieses Typs. Obwohl Krebsmenschen gerne reisen, hängen sie doch am Zuhause, dem Heim und den Kindern. Ihre Bindungen an die Familie und die Vergangenheit sind sehr stark. Dies ist auch der Grund, warum sie konservativ eingestellt sind und sich streng an die Konvention halten. Sie sind im Sinne von C. G. Jung introvertiert, gehen daher auch nicht leicht aus sich heraus und haben ein weiches und empfindsames Gemüt. Die Verständigungsmöglichkeiten mit den Vertretern des Widder-, Steinbock- und Waage-Typs sind begrenzt. Viel eher harmonieren die Krebse mit dem Fisch- und Wassermann-Typ.

Im Zeichen des Krebses sind geboren: der große holländische Maler Rembrandt und der Dichter Gottfried Keller; die Filmschauspielerin Lollobrigida und der Vererbungsforscher Gregor Mendel; der Reformer Calvin und der Operettenkomponist Offenbach.

Der Löwe-Typ Geburtszeit vom 23. Juli bis 22. August. Sein Element ist das Feuer; der herrschende Planet die Sonne.

Gleich dem König der Tiere, dem Löwen, gelten die Löwemenschen als starke und energische Persönlichkeiten, die sich für alle führenden Berufe besonders gut eignen. Sie legen eine edle Gesinnung und ein sicheres, imponierendes Auftreten an den Tag, sind gütig, großmütig und warmherzig veranlagt und in ihrem Handeln absolut gerecht und zuverlässig. Löwe-Menschen lieben die Pracht und den Prunk und hassen alles Gemeine und Unehrenhafte. Als Untergebene sind sie infolge ihres Herrschafts- und Geltungsanspruchs nicht leicht zu behandeln. Harmonisch verlaufen die Beziehungen mit den Widder- und Schützemenschen; unharmonisch diejenigen mit dem Stier- und Wassermannmenschen.

Im Zeichen des Löwen sind geboren: der »Löwe von Juda«, der Kaiser Haile Selassie und der Bergbauerndichter Peter Rosegger; der Turnvater Jahn und der Filmschauspieler Hans Moser; der fromme Dichter Matthias Claudius und der Kabarettist Joachim Ringelnatz.

Der Jungfrau-Typ. Geburtszeit vom 23. August bis 22. September. Sein Element ist die Erde; der herrschende Planet der Merkur.

Zu den hervorstechendsten Kennzeichen dieses Menschen-Typs gehört neben seiner großen Ordnungsliebe und Pünktlichkeit seine Feinsinnigkeit und Empfindsamkeit. Ihr Sinn für Gestaltung und ihr kritischer Verstand macht sie für Berufe, in denen es etwas zu organisieren oder zu ordnen und verwalten gibt, besonders geeignet. Daß sie dabei gelegentlich etwas zu pedantisch vorgehen, fällt angesichts ihrer Zuverlässigkeit und ihres Fleißes nicht allzusehr ins Gewicht, zumal sie sich auch nicht um die Kleinarbeit drücken. Meist verfügen sie über ein gutes Gedächtnis und viel Intelligenz, die sie zu einem kritischen Urteil befähigt. Sie gelten als verträglich, sind angenehme Kollegen und verständige Vorgesetzte und verstehen in allem Maß zu halten. Harmonische Beziehungen ergeben sich aus Verbindungen mit dem Stier- und Steinbock-Typ; weniger harmonische mit dem Zwillings- und Fisch-Typ.

Im Zeichen der Jungfrau sind geboren: der große Dichter und Denker J. W. Goethe und der Philosoph G. F. W. Hegel; Iwan der Schreckliche und die Filmschauspielerin Sophia Loren; der Schauspieler Willy Birgel und der Regisseur und Theaterleiter Max Reinhardt.

Der Waage-Typ. Geburtszeit vom 23. September bis 22. Oktober. Sein Element ist die Luft, der herrschende Planet die Venus.

So wie die Waage stets danach trachtet, ins Gleichgewicht zu kommen, sollen auch die Waagemenschen stets nach Ausgleich und Harmonie trachten. Sie gelten als die geborenen Verfechter von Friedensbestrebungen, sind keine Kämpfernaturen oder Revolutionäre, sondern Vermittler. Daher eignen sie sich besonders gut für den Beruf des Diplomaten; infolge ihres Sinns für Gerechtigkeit aber auch für den des Richters und des Anwalts. Da sie sehr feinsinnig, anpassungsfähig und nachgiebig sind, und über verbindliche und gefällige Manieren verfügen, genießen sie unter ihren Mitmenschen viel Sympathie. Weibliche Vertreter dieses Typs sollen besonders schön, aber auch eitel und geltungsbedürftig sein. Sie vertragen sich besonders gut mit Menschen des Zwillings- und Wassermann-Typs; weniger hingegen mit solchen des Widder- und Steinbock-Typs. Im Zeichen der Waage sind geboren: der liebenswürdige Maler HANS THOMA und der Architekt LE CORBUSIER; der indische Friedenskämpfer MAHATMA GANDHI und der SS-Führer HEINRICH HIMMLER; der »Tiger« GEORGES CLEMENCEAU und die Filmschauspielerin BRIGITTE BARDOT.

Der Skorpion-Typ. Geburtszeit vom 23. Oktober bis 21. November. Sein Element ist das Wasser; der herrschende Planet der Mars.
Skorpionmenschen sind zwiespältige und problematische, vom Kriegsgott Mars regierte Naturen. Der Wahlspruch des streitbaren ULRICH von HUTTEN: viel Feind – viel Ehr, könnte auch der ihre sein. Sie stehen dauernd mit sich und der Welt auf dem Kriegsfuß, sind streitlustig und rechthaberisch, werden leicht zornig und aggressiv und sind schwierig zu behandeln. Da sie jedoch über viel Energie und Zähigkeit verfügen, stellen sie starke Arbeitskräfte dar, die sich durch ihren unermüdlichen Einsatz auszeichnen. Sie sollen besonders für den Beruf des Arztes, des Forschers und Handwerkers geeignet sein. Harmonische Verhältnisse ergeben sich in Verbindungen mit Fisch- und Krebsmenschen; unharmonische mit Löwe- und Wassermannmenschen. Im Zeichen des Skorpions sind geboren: der Propagandist Hitlers, JOSEPH GOEBBELS und der Dichter des Waldes ADALBERT STIFTER; der Reformator MARTIN LUTHER und der Philosoph FRIEDRICH SCHLEIERMACHER; der Nachfolger Gandhis, PANDIT NEHRU und der Operettenkomponist PAUL LINCKE.

Der Schütze-Typ. Geburtszeit vom 22. November bis 20. Dezember. Sein Element ist das Feuer; der herrschende Planet der Jupiter.
Eines der Hauptmerkmale der Menschen des Schütze-Typs ist ihr Sinn für Gerechtigkeit. Es sind Menschen mit klarem Verstand und rechtlicher, unbestechlicher Denkungsart, die keine Kompromisse lieben, sondern unbeirrt und unnachgiebig ihren Standpunkt vertreten, mitunter sogar mit rücksichtsloser Offenheit. Alles Affektierte, Gekünstelte und Unnatürliche ist ihnen zuwider. Zumeist sind sie vielseitig interessiert, aktiv und etwas abenteuerlustig und lieben die Natur und das Reisen. Neben Forschern, Weltreisenden und Sportlern findet man unter ihnen Richter, Lehrer und Philosophen.
Sie vertragen sich sehr gut mit dem Widder- und Löwe-Typ, weniger gut mit dem Zwillings- und Fisch-Typ.
Im Zeichen des Schützen sind geboren: der britische Staatsmann Sir WINSTON CHURCHILL und der Komponist LUDWIG VAN BEETHOVEN; der Kaiser NERO und der Schauspieler PALLENBERG; der Philosoph BARUCH SPINOZA und der Maler TOULOUSE-LAUTREC.

Der Steinbock-Typ. Geburtszeit vom 21. Dezember bis 19. Januar. Sein Element ist die Erde; der herrschende Planet der Saturn.
Steinbock-Menschen sind Arbeitsfanatiker, die sich mit beispiellosem Fleiß von Stufe zu Stufe emporarbeiten. Sie entfalten zwar nicht viel Schwung, dafür um so mehr Zielstrebigkeit und Pflichtbewußtsein. Ihr kristallklares Denken befähigt sie, sich in die höchsten Ebenen des Geistes zu erheben. Sie nehmen alles sehr gründlich und genau, sind in ihrer Haltung andern gegenüber sehr korrekt, aber nicht immer tolerant und neigen zu Überheblichkeit. Da

sie introvertiert und nicht besonders wendig sind, wird man in ihrer Gesellschaft nicht leicht warm. Man findet unter ihnen Wissenschaftler, Historiker, Techniker, Ärzte, tüchtige Beamte und trokkene Prokuristen.
Harmonische Beziehungen sollen sich ergeben mit Stier- und Jungfrau-Typen; weniger harmonische mit Widder- und Krebs-Typen.
Im Zeichen des Steinbock sind geboren: der große Pädagoge PESTALOZZI und die Filmschauspielerin MARLENE DIETRICH; der chinesische Staatschef MAO-TSE-TUNG und der Schweizer Reformator ULRICH ZWINGLI; der Forscher LOUIS PASTEUR und der Schlagersänger ELVIS PRESLEY.

Der Wassermann-Typ. Geburtszeit vom 20. Januar bis 18. Februar. Sein Element ist die Luft; die herrschenden Planeten Saturn und Uranus.
Der Wassermann-Typ ist von einem unstillbaren Erkenntnisdrang erfüllt, intuitiv veranlagt und in seinem Denken meist seiner Zeit voraus. Menschen dieses Typs haben viel Sinn für das Ungewöhnliche und Okkulte, sind Entdeckernaturen und lieben das Ungewöhnliche. Daher sind sie für ihre Umgebung vielfach ein Rätsel. Sie gehen unvoreingenommen an die Dinge heran und sind sehr aufgeschlossen, eignen sich jedoch nicht für eine streng geregelte oder gar eintönige Arbeit. Ihr Denken und Trachten zielt stets auf das Große-Ganze, Nie-Dagewesene. Bei bescheidener Begabung verfallen sie dem Dilettantismus und werden Eigenbrötler und Sonderlinge. Unter ihnen gibt es viele Entdecker, Erfinder und Künstler. Sie brauchen ein weites Feld zu ihrer Entfaltung, sonst schlagen sie über die Stränge.
Sie harmonieren besonders gut mit Vertretern des Zwillings- und Waage-Typs; weniger gut mit solchen des Skorpion- und Löwe-Typs.
Im Zeichen des Wassermanns sind geboren: der erste deutsche Staatspräsident THEODOR HEUSS und der Malerpoet CARL SPITZWEG; der israelische Religionsphilosoph MARTIN BUBER und der große Erfinder THOMAS EDISON; der Komponist FELIX MENDELSSOHN-BARTHOLDY und der Tiefenpsychologe ALFRED ADLER.

Der Fisch-Typ. Geburtszeit vom 19. Februar bis 20. März. Sein Element ist das Wasser; die herrschenden Planeten Jupiter und Neptun.
Diese weichen, empfindsamen und leicht beeinflußbaren Menschen haben einen ausgeprägten Spürsinn für das Irrationale, Tiefgründige und Geheimnisvolle. Sie neigen daher zur Beschäftigung mit dem Übersinnlichen, dem Spiritismus und der Mystik und lieben die See und den Tanz. Es gibt unter ihnen viele Philosophen, Seeleute, Maler und Komponisten. Auf ihre Umgebung machen sie oft einen zwiespältigen Eindruck. Sie wissen nicht so recht, was sie wollen, lassen sich oft treiben und sind schwierig zu enträtseln. Meist handelt es sich bei ihnen um keine besonders starke Naturen. Am besten verstehen sie sich mit den Krebs- und Skorpionmenschen, weniger gut mit dem Jungfrau- und Schützemenschen.
Im Zeichen der Fische sind geboren: der Begründer der Anthroposophie RUDOLF STEINER und der Entdecker der Relativitätstheorie ALBERT EINSTEIN; der Dichter FRIEDRICH HÖLDERLIN und die Schauspielerin ZARAH LEANDER; der Maler MICHELANGELO und der Schriftsteller KARL MAY.

Vom Wert und Unwert der Astrologie

Fast die Hälfte unseres Volkes glaubt nach Ansicht der Meinungsforscher, daß an der Astrologie »doch etwas dran sei«. Ein Siebtel, das sind etwa 6–7 Millionen Menschen, sind sogar überzeugte Anhänger der Sterndeuterei, des Glaubens an eine Welt universeller Entsprechungen; diese allerdings sind den Tierkreistypen gegenüber viel skeptischer eingestellt als die Masse derer, die in den landläufigen Typenschilderungen handfeste Charakterbeschreibungen sehen, die auf jeden, der unter einem bestimmten Sternzeichen geboren ist, zutreffen. Auf jeden Fall glaubt ein großer Teil der Bevölkerung an einen Zusammenhang zwischen Schicksal und Sternenkonstellation.
Angesichts der nicht zu bestreitenden Vorzüge der astrologischen Typen gegenüber den vorwissenschaftlichen und wissenschaftlichen ist dies nicht verwunderlich. Zunächst gibt doch schon die zwölffache Gliederung viel größere Möglichkeiten der Unterscheidung als die zwei- oder dreigliedrigen Systeme der Psychologie. Ferner haben die Tierkreistypen gegenüber den Prävalenztypen den Vorteil der Geschlossenheit, der sich aus der Einheitlichkeit des Aspekts ergibt, unter dem sie gebildet wurden. Sie sind wie aus einem Guß und dazuhin noch von einer faszinierenden Weltschau getragen, die der Sehnsucht des modernen Menschen entspricht, aus der »Unbehaustheit« in die Geborgenheit eines geschlossenen Weltbilds zurückzufinden. Von ganz wenigen Ausnahmen abgesehen ist jedoch kein Gelehrter von Rang in den letzten 200 Jahren der Ansicht, daß die Behauptungen der Astrologie wissenschaftlich beweisbar wären.
Dies hat der Beliebtheit der Typen bis heute noch keinen Abbruch getan. Sie erscheinen weiten Kreisen der Bevölkerung als ein recht praktisches und untrügliches Mittel zur Menschenkenntnis: kennt man das Geburtsdatum des andern, so weiß man auch schon das Wesentlichste über seinen Charakter – sofern einem die astrologischen Typen bekannt sind.
Gegenüber den Kritikern, die darauf hinweisen, daß Menschen gleichen Sternzeichens oft sehr unterschiedliche Charakterzüge haben, behaupten die Astrologen, das Sternzeichen, unter dem ein Mensch geboren werde, sei zwar von durchprägender Wirkung, jedoch könnten sich durch die Einwirkung anderer Planeten Veränderungen des Bildes ergeben, und zwar so weitgehender Art, daß zwei im gleichen Tierkreis geborene Menschen ganz verschiedene Eigenschaften haben könnten. Damit wird jedoch der landläufige Gebrauch der Typen erheblich eingeschränkt, wenn nicht gar unmöglich gemacht.
Es gibt zwar bei allen Typen Varianten; doch müssen auch sie die Grundzüge des Typs erkennen lassen. Durch die typologische Betrachtung sollen ja Individuen, die eine Reihe gemeinsamer Merkmale besitzen, zu einer unverwechselbaren Gruppe zusammengefaßt werden. Dem Typus können also nur Individuen angehören, die der festgelegten Typenformel entsprechen. Nehmen wir an, es gäbe Individuen, denen die Merkmale a–n in unterschiedlichen Graden eigen wären. Aus ihnen soll eine Gruppe abgesondert werden, deren Glieder die Eigenschaften b–e–g–i–l in ausgeprägter Weise zeigen. Zum »begil-Typus« kann daher nur gehören, wer mindestens die Hälfte der Gruppenmerkmale besitzt. Wer andere Eigenschaften besitzt, gehört nicht zu diesem Typ.
Wenn von den Tierkreisen tatsächlich eine typenbildende Wirkung ausginge, dann müßten alle in diesem Zeitraum Geborenen eine Reihe gleicher

Eigenschaften besitzen oder, wie der Mann von der Straße annimmt: den gleichen Charakter besitzen. Dem ist aber, wie wir gesehen haben, nicht so. Ohne große Mühe lassen sich doch in jedem der astrologischen Typen zahlreiche Menschen mit heterogenen Eigenschaften finden. Sollte man deshalb nicht besser auf diese »Typen« verzichten? Angesichts der plastischen Anschaulichkeit dieser Typenbilder wäre dies zu bedauern. Eines ist jedoch möglich: Man sollte zur Einreihung eines Menschen in diese Typenschemas nicht den Kalender heranziehen. Menschen mit den Eigenschaften der Zwillinge, der Fische oder des Löwen gibt es tatsächlich, nur werden sie entgegen der Annahme der Astrologie zu *allen* Zeiten des Jahres geboren. Trotzdem läßt sich ein jahreszeitlicher Einfluß auf die vor- und nachgeburtliche Entwicklung nicht von der Hand weisen. Darüber herrscht aber vorläufig noch keine Klarheit.

Körperbautypen

»Der Teufel des gemeinen Volkes ist zumeist hager und hat einen dünnen Spitzbart am schmalen Kinn, während die Dickteufel einen Einschlag von gutmütiger Dummheit haben. Der Intrigant hat einen Buckel und hüstelt. Die alte Hexe zeigt ein dürres Vogelgesicht. Wo es heiter und saftig zugeht, da erscheint der dicke Ritter Falstaff, rotnasig und mit spiegelnder Glatze. Die Frau aus dem Volk mit dem gesunden Menschenverstand zeigt sich untersetzt, kugelrund und stemmt die Arme in die Hüften. Heilige erscheinen überschlank, langgliedrig, blaß und gotisch.
Kurz und gut: Die Tugend und der Teufel müssen eine spitze Nase haben und der Humor eine dicke. Was sagen wir dazu? Zunächst nur soviel: es könnte sein, daß Dinge, die die Phantasie der Völker in jahrhundertelangen Traditionen auskristallisiert, objektive völkerpsychologische Dokumente wären. Niederschläge von Massenbeobachtungen, auf die vielleicht auch für den Forscher ein kleiner Seitenblick sich verlohnt.«

Die Entdeckung eines Nervenarztes

Mit den eingangs zitierten Worten beginnt der Tübinger Psychiater Ernst Kretschmer (1888–1964), langjähriger Leiter der Tübinger Nervenklinik, die Darstellung seiner Typenlehre in seinem erstmals 1921 erschienenen Buch »Körperbau und Charakter«, das wahrhaft weltberühmt geworden ist.
Einzelne Begriffe der Kretschmerschen Typenlehre, der sogenannten *Konstitutionstypologie*, sind ziemlich populär geworden, jedoch fehlt es denjenigen, die diese Begriffe benutzen, oft am richtigen Verständnis für die Kretschmersche Lehre. Um zu diesem Verständnis zu gelangen, wollen wir nun schrittweise vorgehen. Wir geben zunächst die Grundzüge der Lehre, beschäftigen uns kurz mit der Entstehungsgeschichte der Typologie, verschaffen uns danach ein Bild von den Körperbautypen und wenden uns schließlich der Betrachtung der Temperaments- und Charaktertypen zu, welche den vorher beschriebenen Körperbautypen entsprechen.

Was hat Kretschmer entdeckt?

Das Aufsehenerregende an der von KRETSCHMER aufgestellten Typologie beruht auf der wissenschaftlichen Begründung eines Tatbestandes, der bereits seit Jahrhunderten vermutet und zum Teil auch schon ausgesprochen wurde: des Zusammenhangs zwischen Körperbauformen und Charakterstrukturen. Hier ist ein wesentlicher Unterschied zu sehen zu den vorher besprochenen Prävalenztypen wie auch zur Temperamentenlehre. Die Kretschmerschen Typen sind auf Grund beobachtbarer Zusammenhänge zwischen körperlichen und seelischen Eigenschaften gewonnen worden. Die Kretschmersche Typenlehre ist deshalb so berühmt geworden, weil ihr der Nachweis gelang, daß die Gesamtheit aller individueller Eigenschaften eines Menschen, seine *Konstitution*, wie KRETSCHMER sagt, in erster Linie auf Vererbung beruht; sie sind, wie der Wissenschaftler sagt, genotypisch verankert. Man nennt diese Typen daher *Konstitutionstypen* (lat. constitutio = Beschaffenheit, eigentlich das Zusammengestellte, von con = zusammen + statuere = stellen). Das dicke Bäuchlein von Onkel Emil, seine Glatze wie sein Humor und seine Anfälligkeit zu Rheumatismus sind also nicht zufälliger, sondern anlagemäßig bedingter Art. Freilich darf man nicht sogleich bei jedem beleibteren Menschen von der körperlichen Rundung ohne weiteres Schlüsse auf seelische Eigenschaften ziehen. Ebensowenig ist zu hoffen, daß sich alle unsere Bekannten in dieses Typenschema einordnen ließen. Das Typische tritt eben nicht bei jedem deutlich in die Erscheinung. Obwohl die Typen Kretschmers empirisch gewonnen, das heißt: durch umfassende Untersuchungen tatsächlich festgestellt wurden, so stellen doch selbst die ausgeprägtesten Fälle immer nur Annäherungsformen an den Typus dar; sie sind, wie Kretschmer sagt, *konstitutionelle Legierungen*. Typen sind, wie schon ausgeführt, nur Modellvorstellungen und keine Abbilder der Wirklichkeit. Sie stellen sozusagen Brennpunkte einer Sammellinse dar, in denen die individuellen Eigenschaften in verdichteter Form erscheinen (vgl. S. 89–94).

Wie kam Kretschmer zu seiner Entdeckung?

In seiner Tätigkeit als Leiter einer Nervenheilanstalt machte Dr. KRETSCHMER die Beobachtung, daß sich in der einen Abteilung seiner Klinik mehr rundwüchsige, in der anderen mehr schlankwüchsige Personen befanden. Dies war um so überraschender, als die Kranken ja nicht hinsichtlich ihrer Körpergestalt, sondern hinsichtlich ihrer geistigen Erkrankung gesondert waren.

Die *Psychiatrie* (Nervenheilkunde) unterscheidet mehrere Formen seelischer Erkrankungen. Die mildere Form heißt *Neurose*, die schwerere *Psychose*; es handelt sich bei der Psychose also um eine tiefgehende, vielfach dauernde Störung des Seelenlebens. Bei den Psychosen unterscheidet man zwischen den innerlich bedingten, den *endogenen*, und den durch äußere Ursachen bedingten, den *exogenen* Psychosen. Die endogenen Psychosen, die offensichtlich durch Erbmasse bedingt sind, bilden die wichtigere und größere Gruppe. Mit ihnen haben wir uns jetzt zu befassen. Unter den endogenen Psychosen interessieren hier die beiden größten Gruppen: die *Schizophrenie* und das *manisch-depressive Irresein*.

Die häufigste Form der Psychose ist die *Schizophrenie* (griech. schízein =

spalten + phren = Zwerchfell). Sie tritt in mehr als zwei Dritteln aller Fälle erstmals zwischen dem 15. und 30. Lebensjahr auf. Von Spaltungsirresein spricht man deshalb, weil die Persönlichkeit des Kranken auseinanderzufallen scheint. Es besteht offenbar kein Zusammenhang mehr zwischen Wollen, Fühlen und Denken. Der Kranke kapselt sich von seiner Umwelt ab und unterliegt den fürchterlichsten Vorstellungen. Währenddessen schrumpft sein Gemüt immer mehr ein. Seine geistig-seelische Einheit erscheint wie gespalten.

Eine andere Form der endogenen Psychose ist das *manisch-depressive Irresein.* Für diese Krankheit ist bezeichnend, daß heiter-aufgeregte und tief niedergedrückte Stimmungen miteinander abwechseln. Dieser Wechsel im Zustand der erkrankten Seele geht in regelmäßiger Aufeinanderfolge vor sich, im Kreise sozusagen, so daß man auch von zirkulärer Seelenstörung spricht (lat. circulus = der Kreis). In der niedergedrückten, *depressiven* Phase macht der Kranke den Eindruck eines Gehemmten; Stimmung, Gemüt, aber auch das Denken und Wollen sind herabgestimmt, äußerlich macht der Patient den Eindruck eines kranken Menschen. In der hochgestimmten, *manischen* Phase ist der Kranke offenbar völlig enthemmt; Lebhaftigkeit und Tatendrang scheinen ihn zu beflügeln, auch äußerlich sieht man ihm die Hochstimmung an. Oft allerdings geht die heitere Stimmung bis in Tobsucht und Raserei über (griech. manía = Raserei).

Kretschmer beobachtete nun, daß die an Schizophrenie erkrankten Personen in körperlicher Hinsicht vorwiegend schmalwüchsig oder, wie der Fachausdruck lautet, *leptosom* (von griech. leptós = dünn + sóma = Körper) gebaut sind, die Zirkulären dagegen rundwüchsig oder *pyknisch* (von griech. pyknós = derb, fest). Später benannte Kretschmer noch einen dritten Psychosentyp, den er als *viskösen* (= zähflüssigen) Typ bezeichnete (von lat. viscum = Mistel, aus deren klebrigem Saft früher ein Leim hergestellt wurde) und der einen *athletischen* oder kraftwüchsigen Körperbau hat. Damit hatte er erstmals einen Zusammenhang zwischen Körperbau und Psychose hergestellt (s. Graphik S. 123).

Die Psychosen erschienen Kretschmer als Übersteigerungen und Verzerrungen des gesunden Seelenlebens. Er führte deshalb seine Untersuchungen bis in den normalen Bereich hinein und konnte auch hier einen Zusammenhang zwischen Körperbau und psychischer Struktur nachweisen. Für die Formen zwischen krank und gesund gebraucht er die Begriffe *schizoid*, *zykloid* und *epileptoid*, für die Typen im Bereich des gesunden Seelenlebens die Begriffe *schizothym* (von griech. schizein = spalten + thymós = Seele), *zyklothym* (von griech. kyklós = Kreis + thymós) und *viskös*. Tabellarisch lassen sich die Hauptbegriffe der Kretschmerschen Konstitutionslehre wie folgt zusammenstellen:

Körperbautyp:	leptosom (schmalwüchsig)	pyknisch (rundwüchsig)	athletisch (kraftwüchsig)
Charaktertyp:	schizothym	zyklothym	viskös
Übergangsform:	schizoid	zykloid	epileptoid
Psychosentyp:	schizophren	manisch-depressiv	epileptisch

Um Mißverständnissen vorzubeugen, sei eindrücklich darauf hingewiesen, daß die Bezeichnungen *schizothym*, *zyklothym* und *viskös* mit der Frage »krank oder gesund« gar nichts zu tun haben, sondern, wie Kretschmer sagt, »umfassende Kennworte für große, allgemeine Biotypen sind, die in sich die große Masse gesunder Individuen mit den ganz vereinzelt dazwischen gestreuten zugehörigen Psychosen umfassen.« Wenn wir also beispielsweise von einem schizothymen Charakter sprechen, so wollen wir damit keineswegs sagen, er trage den Keim einer Geisteserkrankung in sich, sondern lediglich zum Ausdruck bringen, daß er einem bestimmten psychologischen Typ im Bereich des normalen Seelenlebens angehört.

Der Körperbau

Die meisten unserer Leser dürften wohl schon die Beobachtung gemacht haben, daß der eine trotz aller Diät zur Rundlichkeit neigt, während ein anderer auch in Zeiten der Ruhe oder des Urlaubs ebenso schlank bleibt, wie er immer schon war. Diese Tatsache müßten sich besonders die »Vollschlanken« unter unseren Damen vor Augen halten, deren heroische Versuche zur Formveränderung zumeist keinen Dauererfolg haben.

Drei Typen des Körperbaus

Jeder Körper zeigt anlagemäßig bedingte *Wuchstendenzen*, die durch äußere Einwirkungen nur in geringem Maße zu beeinflussen sind. Dies gilt in noch höherem Maße für die körperlichen Proportionen und vegetativen Funktionen, auf die es in diesem Zusammenhang in erster Linie ankommt. Umfangreiche Forschungen haben uns die Gewißheit gegeben, daß nicht nur das Wachstum, sondern auch die Neigung zu bestimmten Erkrankungen konstitutionell bedingt sind.

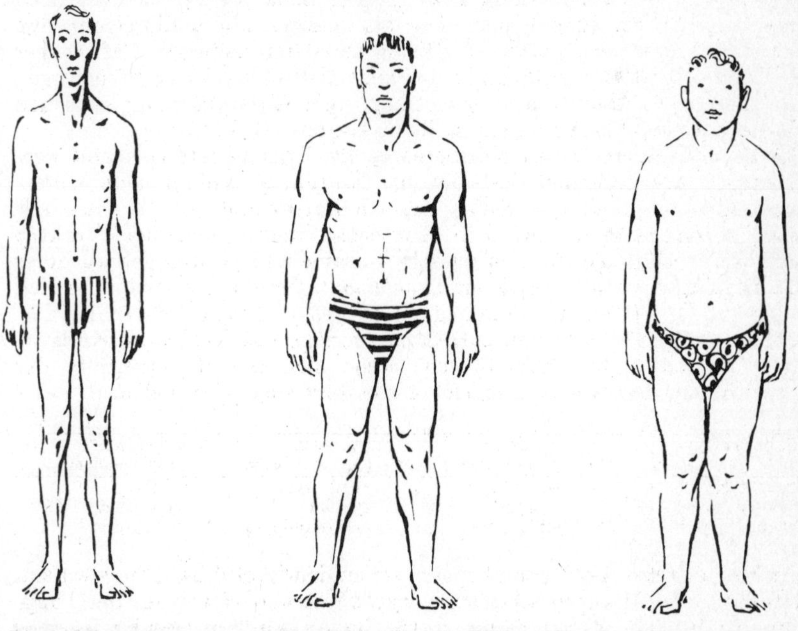

Die drei Körperbautypen nach Kretschmer im jugendlichen Alter. Von links: der Schmalwüchsige (Leptosome), der Kräftige (Athletiker), der Rundwüchsige (Pykniker)

Es lassen sich im allgemeinen drei verschiedene *Körperbautypen* unterscheiden. Die von Kretschmer getroffene Einteilung nennt diese drei Typen: *Leptosome*, *Pykniker* und *Athletiker* (s. die Bilder S. 121 u. 126).

Der leptosome Typ. Diese Menschen sind durch ihr »geringes Dickenwachstum bei unvermindertem Längenwachstum« gekennzeichnet. Es scheint, als ob das Essen bei ihnen nicht so recht »anschlagen« wolle, denn oftmals sind sie im Essen keineswegs zurückhaltend. Sie machen im allgemeinen den Eindruck eines mageren, hageren, zum mindesten schlanken Menschen, der länger erscheint als der Durchschnitt. Die Glieder sind dünn und muskelschwach, der Brustkorb lang und flach, so daß man die Rippen zählen kann. Der meist kleine, im Profil spitz auslaufende, frontal verkürzte, eiförmig erscheinende Kopf sitzt auf einem länglichen Hals. Das Haar ist vielfach derb-borstig, gelegentlich auch fellartig glatt, wächst in die Stirn herein und in den Nacken herunter und wirkt in extremen Fällen wie eine Pelzmütze. Glatzenbildung tritt selten ein; höchstens unregelmäßiger Haarschwund. Der Bartwuchs ist meist schwach; die Haut wenig durchblutet, weshalb Leptosome leicht blaß wirken. Auffallend ist ferner die gesteigerte Länge der Nase und die Verkürzung des Unterkiefers, wodurch das für sie charakteristische Winkelprofil entsteht.

Ein Teil der Leptosomen altert früh, sieht überhaupt von Jugend auf älter aus als er ist. Dabei sind sie keineswegs so leistungsschwach, wie man zunächst vermutet. Es gibt unter ihnen eine Menge sehnig-schlanker Gestalten, die sich durch allgemein gute Vitalität und Zähigkeit auszeichnen und in vielen Sportarten Hervorragendes leisten. Die Frauen dieses Typs gleichen ihrem Habitus nach den Männern, sind jedoch nicht nur magerer, sondern auch vielfach kleinwüchsiger.

Der pyknische Typ. Dieser Typ erweckt einen völlig entgegengesetzten Eindruck. Kennzeichnend für ihn ist »die starke Umfangsentwicklung der Eingeweidehöhlen (Kopf, Brust, Bauch) und die Neigung zum Fettansatz am Stamm, bei mehr graziler Ausbildung des Bewegungsapparats«. Es sind mittelgroße, rundliche Leute von wohlgenährtem Aussehen und frischer Gesichtsfarbe. Der Kopf sitzt auf einem kurzen, gedrungenen Hals. Das Gesicht ist breit und fleischig und rasch in den Hals übergehend. Das Frontalgesicht zeigt eine flache Fünfeckform oder breite Schildform; das Profil ist weich und wenig ausladend. Pykniker haben zumeist ein weiches, welliges Haar und neigen zu frühzeitiger Glatzenbildung. Die Gliedmaßen sind kurz, die Muskulatur weich und der Knochenbau zart; die Schultern sind etwas hochgezogen und nach vorn zusammengeschoben. Die Hände sind fleischig, überwiegend kurz und breit.

Die Pykniker machen zumeist einen gesunden Eindruck und wirken bis ins Alter hinein jugendlicher als die Leptosomen. Man erkennt den Typ besonders gut an dem kurzen, dicken Hals, der geringen Schulterbreite und dem großen Brustumfang. Die Frauen dieses Typs sind meist ebenfalls kleiner als die Männer und neigen zu Fettansatz an Brust und Hüften. Das Körpergewicht unterliegt bei beiden Geschlechtern stärkeren Schwankungen.

Der athletische Typ. Er zeichnet sich durch eine starke Entwicklung des Skeletts und der Muskulatur aus, durch breit ausladende Schultern und eine starke Brust. Der Rumpf wird nach dem Becken zu schmäler, so daß ein trapezförmiger Umriß entsteht. Zumeist handelt es sich um große bis mittelgroße Gestalten. Der knochige und derbe Hochkopf sitzt auf einem kräftigen, muskulösen und hohen Hals. Im Frontalgesicht dominiert die Kinnlade. Der Gesichtsumriß weist eine steile Eiform auf. An Brust und Extremitäten tritt das Muskelrelief deutlich in die Erscheinung. Die Hände sind groß, kräftig und derb. Die Haut ist fahlblaß; an den Händen verfärbt sie sich gern bläulich. Die Frauen dieses Typs wirken vielfach männlich und entsprechen nicht dem herkömmlichen weiblichen Schönheitsideal.

Zwischentypen. Neben den drei Haupttypen unterscheidet Ernst Kretschmer noch eine Reihe sogenannter *dysplastischer* Spezialtypen, die jedoch nur psychiatrisches Interesse haben. Auch auf das Problem der Mischformen kann hier nicht eingegangen werden, obwohl gerade diese besonders häufig vorkommen. Wer das Typische erkannt hat, entdeckt es auch in abgeschwächter Form beim Durchschnitt.

Die Körperfunktion der drei Typen

Irrig wäre es, eine der drei Typen in körperlicher Hinsicht von vornherein für lebenstüchtiger oder leistungsfähiger zu halten. Viele äußerlich zarte Leptosome sind zeitlebens gesund und werden alt, wenn ihre stattlicheren Altersgenossen schon längst am Herzschlag gestorben sind. Sie eignen sich allerdings nicht alle in gleichem Maße für bestimmte Sportarten. So wird man unter den Leichtathleten mehr Leptosome, unter Boxern, Ringern und Schwimmern mehr Athletiker finden.

Organische Krankheiten. Man hat eine Reihe von körperlichen Unterschieden bei den drei Typen festgestellt, etwa hinsichtlich der Drüsenfunktion, des Stoffwechsels, des Blutdrucks und anderer Kör-

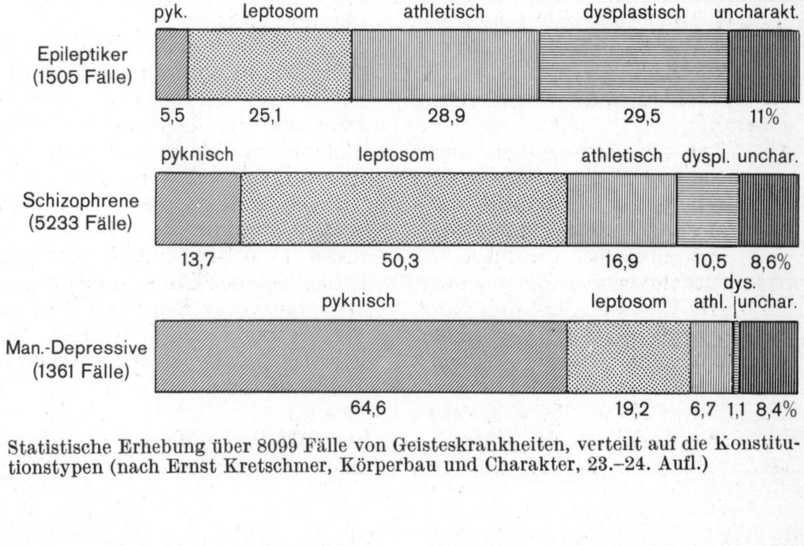

Statistische Erhebung über 8099 Fälle von Geisteskrankheiten, verteilt auf die Konstitutionstypen (nach Ernst Kretschmer, Körperbau und Charakter, 23.–24. Aufl.)

perfunktionen. Auch die Neigung zu bestimmten Krankheiten ist bei den Körperbautypen verschieden. So konnte aufgrund klinischer Beobachtungen festgestellt werden, daß Menschen von leptosomem Habitus weit mehr zu *Lungentuberkulose* disponiert sind als solche mit pyknischem Habitus, während letztere wieder mehr zu *chronischem Rheumatismus* und *Gallensteinen* neigen. Auch *Herzerkrankungen* treten häufiger bei Pyknikern als bei Leptosomen auf; die Athletiker hingegen scheinen zu *Asthma* disponiert zu sein.

Seelische Krankheiten. Äußerst aufschlußreich sind die Beziehungen der Typen zu den *Psychosen*. Die Zahl der beobachteten Fälle ist inzwischen so groß geworden, daß der Zusammenhang zwischen Geisteskrankheit und Körperbau statistisch erhärtet werden konnte. Die Tabelle (S. 123) gibt einen Überblick über den Anteil der Typen an den drei Hauptgruppen von Psychosen. Daraus ist zu ersehen, daß sich unter den Manisch-Depressiven nahezu zwei Drittel Pykniker befinden; unter den Schizophrenen jedoch nur ein Achtel. Dagegen befinden sich unter den letzteren zwei Drittel Leptosome und Athletiker. Wissenschaftlich ausgedrückt heißt dies: »Körperbau und Psychose korrelieren in hohem Maße.«
In diesem Lehrsatz ist das Hauptergebnis der Forschungsarbeit von Ernst Kretschmer in psychiatrischer Hinsicht zusammengefaßt. Welche Bedeutung ihm für das normale Seelenleben zukommt, werden wir im folgenden Kapitel erfahren.

Der Charakter

Die Verschiedenartigkeit der Charaktere beruht für Kretschmer auf den Unterschieden der *Temperamentserfassung*, welche ihrerseits *somatisch* (körperlich) bedingt ist. Temperament wird hier in einem umfassenderen Sinne gebraucht als in der Umgangssprache. Für Kretschmer ist das Temperament – ähnlich wie bei Hippokrates – die Grundkomponente der gesamten Persönlichkeit. Diese ist durch die vererbten Anlagen festgelegt und tritt nach außen über den Gehirn-Drüsenapparat in Erscheinung.

Temperament, Charakter, Persönlichkeit

Die Temperamentsverfassung des Menschen zeigt sich nicht nur im gesamten Bewegungstempo, in der Hemmung oder Beschleunigung der Gefühls-, Denk- und Handlungsabläufe, sondern auch im Grad der Empfindlichkeit gegenüber seelischen Reizen und in dem Vorwiegen von Lust- oder Unluststimmungen.
Nach Kretschmers Beobachtungen schwankt das Temperament der *Schizothymen* (Leptosomen) zwischen den Polen empfindlich–kühl, das der *Zyklothymen* (Pykniker) zwischen den Polen heiter–traurig und das der *Viskösen* (Athletiker) zwischen den Polen phlegmatisch–explosiv. Dieses von Mensch zu Mensch verschieden geartete Temperament gehört für Kretschmer zu den »Wurzelformen der Persönlichkeit«.
Die Kretschmersche Typologie stellt den genialen Versuch dar, sowohl die körperlichen Wuchstendenzen, als auch die Fülle der seelischen Eigenschaften auf einige wenige Anlagefaktoren zurückzuführen. Der gesamte

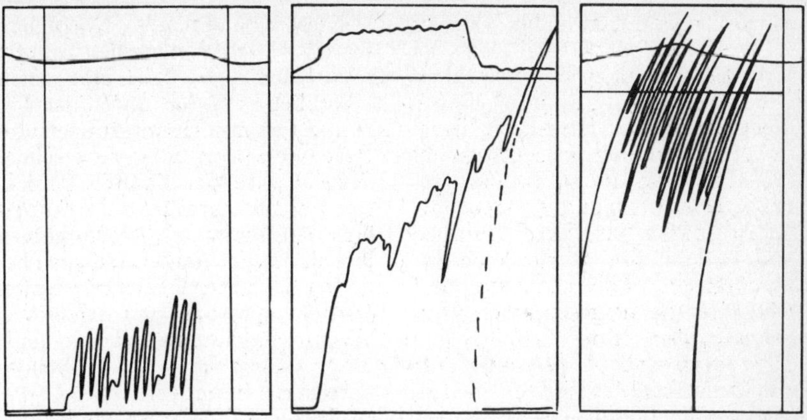

Schreibdruckkurven (nach Kretschmer). Mit Hilfe eines besonderen Gerätes, der Schriftwaage, läßt sich der Druck messen, den man beim Schreiben ausübt. Man unterscheidet den Schreibdruck (S), unten, und den Griffdruck (G), oben. Die linke Messung, niedere Kurve, ist die eines Pyknikers; die mittlere, ansteigende Kurve, die eines Athletikers; die rechte, hoch liegende Kurve stammt von einem Leptosomen. Hierin zeigen sich die für das Temperament und die Motorik der drei Typen kennzeichnenden, geradezu sinnbildlichen Unterschiede: Ausgeglichenheit – Kraft und Energie – hochgradige Spannung

Stil meines Denkens, Fühlens und Wollens, meine Gestimmtheit und mein persönliches Tempo ist nach Kretschmer nicht zufälliger Art, sondern wird zutiefst bestimmt durch meine *Konstitution*, das ist die Gesamtheit aller psychischen und physischen Erbfaktoren meiner Person. Auch in der Handschrift spiegelt sich die Konstitution wieder (Graphik oben). Natürlich ist nicht jede einzelne psychische Eigenschaft eine unmittelbare Folge der erblichen Dispositionen; beim Zustandekommen aller Eigenschaften haben mehr oder weniger starke Umwelteinflüsse mitgewirkt.

Die Zyklothymen

Das Auffälligste an diesem Typ ist die Vorherrschaft der Gemütskräfte. Wir werden anschließend einige Varianten des Typs kennenlernen, aber ein Zug ist stets unverkennbar: Ob sie nun mehr heiter oder traurig gestimmt sind, ob sie zu den Leicht- oder Schwerblütigen gehören oder ein mehr ausgeglichenes Temperament besitzen – stets ist ihr Verhalten stimmungsgetönt.

Die Leichtblütigen. Die Frohgemuten unter den Zyklothymen, »Sommerwesten«, wie sie der Dichter Eduard Mörike nennt, haben etwas Gutmütiges: »Es sind weltliche Beamte, Rechnungsräte, Revisoren oder Kameralverwalter, auch wohl manchmal Herrn vom Handel, keineswegs Petitmaîtres, haben manchmal hübsche Bäuche und ihr Vaterland ist Schwaben.« Allzuviel Anstrengung lieben sie nicht; dafür geben sie sich um so mehr allen Arten des Lebensgenusses hin und strahlen Zufriedenheit aus. In Schwaben nennt man sie die »Vesperer«, weil sie sich keine Gelegenheit zur Einverleibung einer kleinen Zwischenmahlzeit entgehen lassen. Nervosität kennen sie nicht. Sie geraten wohl dann und wann einmal in Verstimmung

Die drei Körperbautypen im reiferen Alter; die Anlagen treten deutlicher hervor. Von links: der Leptosome, der Athletiker und der Pykniker. Beachtenswert sind die verschiedenen Gangarten: Der Leptosome geht angespannt, hart, der Athletiker schwer auftretend, aber federnd, der Pykniker trippelnd, unsicher (s. auch die jugendlichen Typen, S. 121)

und bekommen einen roten Kopf, doch klingt die Erregung bei ihnen rasch wieder ab.

Die Schwerblütigen. Sie haben ein etwas weiches Gemüt, sind jedoch keine ausgesprochen depressiven Naturen, sondern nehmen alles nur etwas zu »tragisch« und geraten leicht ins Grübeln. Andererseits haben sie Sinn für Humor, lassen sich auflockern, gehen stimmungsmäßig mit und bleiben stets umgänglich. Sie interessieren sich sehr für das Leid anderer Menschen, »blasen« gerne Trübsal und lassen sich selbst bemitleiden. Auch sie werden in schwierigen Situationen nicht nervös, sondern allenfalls traurig, kommen nicht so leicht über eine leidige Sache hinweg, sondern bleiben länger trübselig als andere. Himmelhoch jauchzend und zu Tode betrübt liegt bei ihnen nahe beieinander.

Die Durchschnittlichen. Bei den Durchschnittsmenschen dieses Typs schwankt das Stimmungsbarometer zwischen den Polen heiter und traurig. Sie sprechen auf alle Gefühlserlebnisse rasch an, sind schnell begeistert, brausen mitunter auch leicht auf, verharren aber nicht allzulange in ein und derselben Stimmung. Im allgemeinen handelt es sich bei ihnen um gutmütige, warmfühlende Menschen, die das Leben nehmen, wie es ist, mit sich und der Welt zufrieden sind, bisweilen fahrig, jedoch nie nervös werden. Aus ihren Gefühlen und Empfindungen machen sie kein Geheimnis, halten auch mit ihrer Meinung nicht hinterm Berg, sondern tragen ihr Herz sozusagen auf der Zunge, geben sich, wic sic sind, und reagieren auf Reize in der erwarteten Weise. Daher geben sie auch ihren Freunden und Bekannten nicht soviel Rätsel auf wie beispielsweise ihr Gegentyp, die Schizothymen. Problematische Naturen findet man bei ihnen selten.

Der Zyklothyme und seine Umwelt. Das Alleinsein liegt ihnen weniger. Sie haben das Bedürfnis sich auszusprechen, auszulachen und auszuweinen und brauchen deshalb den Umgang mit Menschen, haben ihren Stammtisch und Kegelklub und verstehen sich aufs Organisieren und Reden. Schenkt man ihnen Gehör, dann erzählen sie einem ihre gesamte Lebens- und Leidensgeschichte, was ihnen seitens der Schizothymen den Vorwurf der Geschwätzigkeit einträgt. Andererseits sind sie jedoch auch bereit, sich die Sorgen und Nöte ihrer Mitmenschen geduldig anzuhören, auf ihre Anliegen einzugehen und an deren Freud und Leid teilzunehmen. Mehr als andere vermögen sie sich in fremdes Seelenleben einzufühlen und sich an andere anzupassen, erfreuen sich daher auch in der Gesellschaft im allgemeinen einer größeren Beliebtheit und haben an allen Ecken und Enden Bekannte und Freunde. Sie sind die geborenen Vermittlernaturen, lassen fünfe grad sein und scheuen sich nicht vor Kompromissen.

»Weil ihr Temperament mit dem Milieu mitschwingt, gibt es für sie keinen schroffen Gegensatz zwischen Ich und Umwelt, kein prinzipielles Ablehnen, kein starres Korrigierenwollen nach festgefaßten Richtlinien, keinen tragisch zugespitzten Konflikt, sondern ein Leben in den Dingen, ein Aufgehen in den Dingen, ein Mitleben, Mitfühlen und Mitleiden.«

Sein Verhältnis zur Arbeit. In Betrieben findet man Zyklothyme als geschäftstüchtige Vertreter und Repräsentanten, in Vereinen als unerschöpfliche Witzbolde. Trotz ihrer Redseligkeit sind sie jedoch keine Rechthaber oder Prinzipienreiter, sondern Menschen des Sowohl-als-Auch, die nach dem Prinzip »Leben und leben lassen« handeln und keinen ehernen Grundsätzen huldigen. Daher dürfen auch an ihre Charakterstärke, ihre Zuverlässigkeit und Ausdauer keine allzu großen Anforderungen gestellt werden, wenngleich asoziale Eigenschaften bei ihnen selten anzutreffen sind. Wo man Härte, Unbeugsamkeit und eiserne Konsequenz zeigen muß, sind sie allerdings nicht am rechten Platz. Ihre Beweglichkeit, Unternehmungslust und Umstellungsfähigkeit wirkt sich jedoch vielfach recht positiv aus. Werden sie ihren Neigungen entsprechend eingesetzt, dann entfalten sie einen beachtlichen Arbeitseifer und erweisen sich durch ihre Umsicht und Initiative als tüchtige Arbeitskräfte. Man findet unter ihnen tatkräftige Praktiker, treue alte Faktota, flotte Draufgänger und gerissene, umtriebige Geschäftsleute, aber keine Theoretiker und Systematiker. Als Folge ihres hypomanischen (= leicht zur Manie tendierenden, S. 120) Temperaments beobachtet man bei ihnen in allem eine größere Fixigkeit, einen flüssigen Gedankenablauf, rasche Auffassung und Freude am Kombinieren.

Vitalität, Solidität, Religiosität . . . Die vitaleren Zyklothymiker verfügen über eine unverwüstliche Arbeitskraft, gehen mit Elan und Schwung an eine Sache heran und lassen sich infolge ihrer selbstsicheren und optimistischen Lebenseinstellung auch durch Mißerfolge nicht entmutigen. Allerdings gibt es unter ihnen auch oberflächliche Betriebmacher und unzuverlässige Windbeutel.

Was den Ruhigeren an Unternehmungslust und Schwung abgeht, ersetzen sie vielfach durch Arbeitstreue, Gewissenhaftigkeit und Solidität, ihren ruhigen, praktischen Blick und nicht zuletzt durch ihre Herzensgüte, umgängliche Menschenfreundlichkeit und persönliche Anhänglichkeit. Die etwas schwermütiger Veranlagten wirken in der Stille oder geben sich religiösen Betrachtungen hin. »Ihre Frömmigkeit ist, wie die Persönlichkeit überhaupt, weich, gemütstief, herzlich, durchaus gefühlsmäßig, zwar gewissenhaft gläubig, aber ohne Bigotterie und Pedanterie, bescheiden und nachsichtig gegen Andersdenkende, ohne sentimentalen, pharisäerischen oder scharf moralistischen Akzent.«

Die Zyklothymen sind, so kann zusammenfassend gesagt werden, im allgemeinen gutherzig, freundlich, gesellig und gemütlich, die Leichtblütigen unter ihnen mehr heiter, humoristisch, lebhaft und hitzig, die Schwerblütigen mehr still, ruhig, schwernehmend und weich.

Spielarten des Typs. Von den verschiedenen Spielarten dieses Typs, wie den »geschwätzig Heiteren«, den »ruhigen Humoristen«, den »stillen Gemütsmenschen«, den »bequemen Genießern« und den »tatkräftigen Praktikern« hat KRETSCHMER überaus anschauliche und einprägsame Bilder entworfen, die wahre Kabinettstücke der Kunst des Charakterisierens darstellen. Wir geben daher zwei seiner Skizzen im Wortlaut wieder.

Die geschwätzig Heiteren. Man hört sie schon von weitem, sie sind stets vornean, wo es flott und saftig zugeht, bei jedem Gespräch sind sie mit einer lauten Bemerkung und bei jeder Festlichkeit mit einer langen Rede oder einem lärmenden Spaß zur Stelle. Spiel und Trunk lieben sie mehr als bohrende Denkarbeit oder scharfe, gefährliche Strapazen. Sie sind ein belebendes, frisches Element, das ohne Ehrgeiz lustig an der Oberfläche schwimmt, gern gesehen, liebenswürdig, beweglich, gutherzig, öfters auch lästig durch Mangel an Takt und Feinheit, durch renommierende Derbheit, naiven Egoismus und überdrüssiges Schwatzen.

Die ruhigen Humoristen. Sie sitzen und beobachten und sagen nicht viel. Sie müssen erst warm werden. Hier und da machen sie eine Glosse, die köstlich ist. Sie sind die geborenen Erzähler, in deren Mund jede einfache Begebenheit etwas Behagliches, Naives, Drolliges annimmt. Sie sprechen breit, bequem und ohne künstliche Pointe. In Gesellschaft und Tätigkeit entzünden sie sich, werden lebendig, witzig, resolut und drastisch. Sie sind zufrieden mit der Welt und haben ein natürliches Wohlwollen für Menschen und Kinder; nur das Ungemütliche und »Prinzipielle« ist ihnen zuwider. Sie sind treue Freunde, lassen jedem seine Art und wissen Menschen vortrefflich zu behandeln, rechtschaffene und volkstümliche Art ist ihnen am liebsten.

Geniale Zyklothyme. Jeder Leser kennt wohl unter seinen Bekannten einen der von KRETSCHMER geschilderten Typen. Am deutlichsten sind die Eigenschaften eines Typs freilich bei genialen Persönlichkeiten zu erkennen.

KRETSCHMER zog daher auch die Genialen in den Kreis seiner Betrachtungen mit ein und hebt zunächst eine Gruppe von Realisten und Humoristen unter den *Schriftstellern* heraus, die als typische

Pykniker und Zyklothyme gelten können. Zu ihnen zählt er GOTTFRIED KELLER, FRITZ REUTER, JEREMIAS GOTTHELF, Frau Rat, Goethes Mutter, LIESELOTTE VON DER PFALZ, MARTIN LUTHER und andere. »Was nun die zyklothymen Realisten und Humoristen als literarische Gruppe kennzeichnet, das sind im Grund dieselben Züge, wie wir sie schon bei den Zykloiden und Zyklothymikern überhaupt heraushoben: die schlichte Menschlichkeit und Natürlichkeit, die treuherzige Ehrlichkeit, die Lebensbejahung, die Liebe zu allem, was ist und weil es so ist, besonders aber zu den Menschen selbst und zur volkstümlichen Art, der gesunde Menschenverstand und das hausbackene, moralische Urteil, das das Tüchtige schätzt und doch über die ärgsten Schufte noch gutmütig lachen kann. Das befreiende Lachen und der befreiende Zorn. Die Fähigkeit, derb zu poltern, und die Unfähigkeit, bitter und spitz ironisch zu werden.« Im Schaffen dieser Gruppe überwiegt die Prosa. Lyrik und Dramatik treten dagegen zurück. Das Feingeschliffene und Formvollendete steht bei ihnen nicht im Vordergrund. Dafür entschädigen sie durch Farbigkeit, Reichhaltigkeit und Urwüchsigkeit.

Unter den *bildenden Künstlern* gehört hierher der schlichte und bodenständige HANS THOMA und FRANS HALS, der dick und »etwas lustig vom Leben« war.

Als Beispiele für zyklothyme *Forscherpersönlichkeiten* nennt Kretschmer die Gelehrten ALEXANDER VON HUMBOLDT, ROBERT MAYER, ROBERT KOCH, WERNER SIEMENS, BUNSEN, DARWIN, PASTEUR und andere. Sie alle zeichnen sich durch eine gewisse Vielseitigkeit und Beweglichkeit aus, eine realistische und empirische Grundhaltung, sie haben Neigung zum Sammeln, Freude am Sinnlichen, am Beschauen und Betasten der Dinge. Systematische Darstellungen und theoretische Konstruktionen liegen ihnen nicht. Dagegen zeigen sie eine Neigung zum flüssigen Popularisieren, die mit ihrer Beweglichkeit, Sprachgewandtheit und Vielgeschäftigkeit zusammenhängt. Schließlich bietet das zyklothyme Temperament in seiner hypomanischen Ausprägung auch die Möglichkeit zur Entwicklung von Führernaturen ganz bestimmter Prägung, die sich durch wagemutiges Draufgängertum, Schwung, Optimismus und Begeisterungsfähigkeit auszeichnen, es aber an Härte fehlen lassen.

Unter den zyklothymen Mittellagen mit ihrem gesunden Menschenverstand, ihrer volkstümlichen Art und ihrem praktischen Geschick kommt es auch zu den Typen der großzügigen Organisatoren wie WERNER SIEMENS oder Pastor BODELSCHWINGH und den konzilianten Vermittlungspolitikern vom Schlage des Fürsten VON BÜLOW und FRIEDRICH NAUMANNS.

Die Schizothymen

Menschen dieses Typs sind von völlig anderer Art als die Zyklothymen. Bei ihnen finden wir nichts von Behäbigkeit, Wärme und Gelockertheit, dafür um so mehr von Strenge, Härte und Gespanntheit. Sie sind viel profilierter, konsequenter und stabiler als ihr Gegentyp. Man kommt ihnen jedoch nicht so leicht nahe, weiß überhaupt nie so recht, woran man mit ihnen eigentlich ist, weil das Erscheinungsbild nicht unbedingt ihre innere Verfassung widerspiegelt. Sie haben eine Oberfläche und eine Tiefe.

Berühmte Vertreter der Konstitutionstypen. Obere Reihe: drei Männer der Vergangenheit; der Schweizer Reformator Calvin (Leptosome), der Kurfürst von Sachsen und König von Polen, August der Starke (Athletiker), und der Reformator Martin Luther (Pykniker). Zweite Reihe: berühmte Frauen; die westfälische Dichterin Annette von Droste-Hülshoff (Leptosome), die Zarin von Rußland, Katharina die Große (Athletikerin), und Frau Aja, Goethes Mutter (Pyknikerin). Untere Reihe: Männer des 20. Jahrhunderts. Dr. Kurt Schumacher, Vorsitzender der SPD 1946–57 (Leptosome), Max Schmeling, Boxweltmeister (Athletiker), Prof. Dr. Ludwig Erhard, Bundeskanzler 1963–66 (Pykniker)

Die Schizoiden. In den Übersteigerungen des Normaltyps sind die Eigenschaften stets besonders scharf ausgeprägt. So werden die Schizoiden (S. 120) von KRETSCHMER folgendermaßen charakterisiert: »Schneidend brutal oder mürrisch stumpf oder stachelig, ironisch oder molluskenhaft scheu, schallos sich zurückziehend – das ist die Oberfläche. Oder die Oberfläche ist gar nichts; wir sehen einen Menschen, der wie ein Fragezeichen uns im Wege steht, wir fühlen etwas Fades, Langweiliges und doch unbestimmt Problematisches. Was ist die Tiefe hinter all diesen Masken? Es kann ein Nichts sein, das schwarze, hohläugige Nichts – affektive Verblödung. Hinter einer schweigenden Fassade, die ungewiß in verlöschenden Launen zuckt – nichts als Trümmer, schwarzer Schutt, gähnende Gemütsleere oder der schneidende Hauch der kältesten Seelenlosigkeit. Wir können es aber der Fassade nicht ansehen, was dahinter ist. Viele schizoide Menschen sind wie kahle römische Häuser, Villen, die ihre Läden vor der grellen Sonne geschlossen haben; in ihrem gedämpften Innenlicht aber werden Feste gefeiert.«

So plastisch dieses Bild auch ist, so wenig sympathisch ist es auch. Jedoch – was KRETSCHMER hier beschreibt, ist nicht die Normalform dieses Typs, sondern dessen krankhafte Übersteigerung, in der sich die Grundeigenschaften in extrem-verzerrter Weise zeigen.

Drei Gruppen der Schizothymen. Die Zyklothymen erscheinen leicht als große Kinder, wenn man sie mit den Schizothymen vergleicht, jedenfalls als mehr unproblematische und weithin harmlose Menschen, die man bald durchschaut hat, während einem die Schizothymen oft ein Rätsel bleiben. Der erste Eindruck fördert daher gerade bei ihnen wenig zutage, zumal sie zum *Autismus* (In-sich-hinein-Leben) neigen. Man kann jahrelang mit ihnen zusammensein, ohne sie wirklich kennenzulernen. Sie haben kein so starkes Bedürfnis, aus sich herauszugehen, sich jedem zu offenbaren, wie die Zyklothymen, was zur Folge hat, daß man nie so recht weiß, was in ihnen eigentlich vorgeht. Sie schätzen es auch keineswegs, wenn man in sie dringt, weil sie befürchten, daß sie der andere doch nicht so recht versteht. Was über sie ausgesagt wird, bezieht sich daher zumeist auf die Oberfläche – und diese ist kein getreuer Spiegel ihrer inneren Verfassung. Auch wenn sie sich sehr korrekt geben, wirken sie verschlossener und zugeknöpfter als die Zyklothymen, sind überhaupt in ihrem gesamten Wesen komplizierter und differenzierter als jene. Ohne die ganze Fülle der Erscheinungen innerhalb dieses Typs erfassen zu wollen, unterscheidet KRETSCHMER zunächst einmal drei Gruppen, die er durch folgende Eigenschaften kennzeichnet: Die *erste Gruppe* ist ungesellig, still, zurückhaltend, ernsthaft und humorlos; die *zweite* schüchtern, scheu, feinfühlig, empfindlich, nervös und leicht aufgeregt; die *dritte* lenksam, gutmütig, brav, gleichmütig, aber stumpf.

Der Schlüssel zum schizothymen Temperament. Der Schizothyme ist nicht in dem Maße durch seine Stimmungslage gekennzeichnet wie der Zyklothyme, was freilich nicht heißen soll, daß er etwa gefühllos wäre. Er ist im Gegenteil überaus feinfühlig und empfindsam, zeigt jedoch von seinen Gefühlen nicht viel. Sein Stimmungsbarometer schwankt nicht zwischen heiter und traurig, sondern zwischen sensibel und kühl, überempfindlich oder stumpf. Auf äußere Reize reagiert er vielfach in unerwarteter Weise, entweder überraschend heftig oder – gar nicht, gereizt und nervös oder eisig kalt und beherrscht. »Den Schlüssel zu den schizoiden Temperamenten hat der, der klar erfaßt, daß die meisten Schizoiden nicht entweder überempfindlich oder kühl, sondern daß sie überempfindlich und kühl zugleich sind, und zwar in ganz verschiedenen Mischungsverhältnissen.« Sie stecken daher sehr oft in *Ambivalenzkonflikten*, das heißt: sie leiden unter dem Widerstreit einander entgegengesetzter Tendenzen, werden also beispielsweise zwischen gleich starken Gefühls- und Willensregungen hin und her gerissen und finden keinen Mittelweg, da sie stets nur Alternativen sehen.

Der Umgang mit Schizothymen. Auch im Umgang mit anderen Menschen sind die Schizothymen radikal: Sie sind entweder entzückt oder schockiert, entweder schwärmerisch hingerissen von einer Persönlichkeit oder ihr Todfeind, heute auf der Spitze ihres Selbstbewußtseins und morgen zerschmettert. Und das alles um Kleinigkeiten, weil der Betreffende einmal einen unfeinen Ausdruck gebrauchte oder ungewollt einen empfindlichen Komplex bei ihnen berührte.

Während die Stimmungslage der Zyklothymen wellig schwankt, verschiebt sich diese bei den Schizothymen oft ruckartig und plötzlich, ohne Übergänge. Selbst Freunde und Bekannte wissen vielfach keinen Grund für solche überraschend auftretenden »Wetterumschläge« anzugeben. KRETSCHMER spricht hier von einer »springenden« Temperamentskurve (im Gegensatz zu der »schwingenden« der Zyklothymen) und führt sie darauf zurück, daß die Schizothymen die affektiven Eindrücke nicht sofort verarbeiten und entsprechend abreagieren, sondern die Reaktion zurückhalten und aufspeichern, wodurch es leicht zur Bildung von »Komplexen« kommt. Berührt nun jemand zufällig und unwissend diesen Komplex, dann führt dies vielfach zu dem bekannten »Einschnappen«, zu unerklärlichen Reaktionen, die in einem plötzlichen Schweigen und einer unvermuteten Abkehr oder in heftigen und schroffen Aggressionen bestehen können. Eben deshalb erscheinen sie oft unberechenbar, fahrig und unstet, was sie aber im Grund ihres Wesens nicht sind. Sie können lange schweigend zusehen; was sie innerlich dabei denken, ist aus der beherrschten Fassade nicht zu erschließen. Aus ihrem unvermuteten und blitzschnellen Zugreifen ist aber zu ersehen, daß sie nicht unbeteiligt waren. Ihre äußerlich zur Schau getragene Ruhe beruht keineswegs immer auf Affektlahmheit oder Schüchternheit, sondern ebenso oft auf bewußter Beherrschung oder auf Gehemmtheit als Folge tiefsitzender Komplexe.

Alle diese Erscheinungen erschweren begreiflicherweise den Umgang mit Schizothymen erheblich, zumal sie sich oft noch bewußt eine gewisse »Haltung« zulegen, die das Steife und Eckige ihrer Art noch betont. Sie vermögen sich nicht leicht anzupassen oder einzufügen, empfinden zwischen sich und der Umwelt schnell so etwas wie eine gläserne Wand, machen vielleicht äußerlich mit, sind jedoch innerlich abwesend oder abweisend – oder umgekehrt, nehmen selten unmittelbaren Kontakt auf und sind entweder absolut ungesellig oder eklektisch gesellig in kleinen geschlossenen Zirkeln oder nur oberflächlich gesellig.

Vielfach haftet ihrer gesamten Art des Umgangs bei aller Höflichkeit etwas vorsichtig Abwartendes, Zurückhaltendes, Sicherndes oder auch Mißtrauisches und Feindseliges an, das ein Näherkommen anderer und ein Warmwerden mit ihnen erschwert, wenn nicht unmöglich macht. Fühlen sie sich sicher, dann kann es sein, daß sie sehr bestimmt, oft aber auch herrisch und schroff auftreten; fehlt es an Sicherheit, dann sind sie schüchtern, befangen und ängstlich, aber auch zart, liebenswürdig und anschmiegend.

Die innere Welt der Schizothymen. Sie sind leicht verletzbar, ob sie das nun zeigen oder nicht, bauen sich daher gerne eine eigene Welt, die sie andern gegenüber abschließen, dringen überhaupt im Verkehr auf Distanz und bedienen sich oft gewählter Umgangsformen. Daher findet man bei ihnen viel Aristokratisches, Pathetisches, ja sogar Esoterisches, aber auch Pedantisches und Überspanntes. Größte Mißachtung und Vernachlässigung der äußeren Form wie korrekteste Beachtung derselben wohnen eng beieinander. Die Beschäftigung mit sich selbst, der Zwang zur Selbstanalyse, zum Spintisieren und Sinnieren ist ein Grundzug ihres Wesens. So esoterische Naturen wie HÖLDERLIN, RILKE oder STEFAN GEORGE, aber auch Menschen wie TOLSTOI, DOSTOJEWSKI und ROBESPIERRE repräsentieren diesen Typ sozusagen in Reinkultur. Von der bigotten Betschwester bis zur asozialen Dirne, vom feinsinnigen Aristokraten bis zum fanatischen Revolutionär, vom Jähzornig-Stumpfen zum pathetischen Idealisten ist alles vertreten. Nach den Worten von KRETSCHMER wimmelt es bei den Schizoiden »von giftigen, hageren alten Jungfern und Hausdrachen, von anzüglichen Pedanten, mißtrauischen Eigenbrötlern, kalten, schleichenden Intriganten, bornierten Tyrannen und Geizhälsen«. Dies schließt nicht aus, daß es unter ihnen hochintelligente, überaus charakterfeste und lebenstüchtige Menschen gibt, »die an unpersönlicher Rechtlichkeit und Sachlichkeit, unbeugsamer Überzeugungstreue, Adel und Reinheit der Gesinnung wie an zielfester Zähigkeit im Kampf um ihre Ideale die höchstwertigen Zyklothymiker weit hinter sich lassen, während sie von diesen in natürlicher, warmer Herzlichkeit gegen Einzelmenschen und duldsamem Verstehen seiner Eigenart durchschnittlich übertroffen werden«.
In ihrer Überempfindlichkeit und Supergenauigkeit treiben sie jedoch vielfach alles gern auf die Spitze, haben einen Hang zum Dramatischen und »ein natürliches Talent zum Tragischen, suchen in der Erotik nicht die warme, natürliche Zuneigung, sondern die Ekstase oder Kälte, nicht das hübsche Mädchen, sondern das ›Weib‹, das Absolute«. Aus der gleichen Veranlagung führt auch die Neigung mancher Vertreter dieses Typs zur altruistischen Aufopferung für allgemeine, unpersönliche Ideale, zum Sektierer- und Prophetentum.

Spielarten des Typs. Als Varianten des Typs benennt KRETSCHMER »die vornehm Feinsinnigen«, »die weltfremden Idealisten«, »die kühlen Herrennaturen und Egoisten« und »die Trockenen und Lahmen«. Auch hier möge das Bild durch Charakterschilderungen KRETSCHMERS abgerundet werden. Es handelt sich um wörtliche Zitate:
Die vornehm Feinsinnigen. Überaus zartes Nervensystem, Flucht vor allem Gemeinen, ästhetischer Tee, Heuschnupfen. Die Geselligkeit bevorzugt durchaus streng ausgewählte Zirkel. Odi profanum vulgus. Peinliche Körperpflege. Sie

können sich durch schlechte Bügelfalten verletzt fühlen, können über ästhetische Details nicht hinwegkommen, neigen zu kleinen Eitelkeiten und gesellschaftlichen Pedanterien. Pflegen die eigene Persönlichkeit, kennen und beobachten ihre eigenen seelischen Finessen. Zarteste Empfindsamkeit für Stimmungen und Verstimmungen. Überaus verletzbar und sensibel im persönlichen Verkehr, können unmerklich im tiefsten gekränkt sein, ein Wort genügt, um sie gegen einen alten Freund im Innersten zu erkälten. Es fehlen ihnen überhaupt die Mitteltöne. Sie sind entweder schwärmerisch ekstatisch oder schneidend kühl und schroff ablehnend. Ihr Sinn für Kunst ist fein und zivilisiert und neigt zum Blasierten. Ihr Geschmack zieht sie magnetisch zu vornehmen Gesellschaftskreisen. Es fehlt ihnen an geradem, derbem, wurzelechtem Temperament; ihre eigenen Gefühle haben oft etwas Gebrochenes, innerlich Unsicheres, Irisierendes, Ironisierendes und in der Ausprägung Verschwommenes oder logisch Formalistisches.

In dem leise abgetönten Milieu, in dem sie sich zu Hause fühlen, sind sie bestrickend liebenswürdig, fein, verbindlich, aufmerksam, zart einfühlend, hinter einer kaum merklichen Atmosphäre von Distanz. Gegen wenige Nächststehende sind sie innigster Gefühle fähig. Ihre Gesinnung ist lauter, vornehm und von feinem Anstand, der nur unter scharfen Antipathien gegen einzelne Not leidet. Dieser hochwertige Typus geht nach der degenerativen Seite hin ohne Grenzen über in den Formkreis der Blasierten und Dekadenten, der anspruchsvoll Hohlen, Gefühlsverwöhnten und doch innerlich Gefühlsarmen, der leeren Gesellschaftsmarionetten der oberen Kreise, der Ästheten und kühlen »Intellektuellen«.

Die kühlen Herrennaturen und Egoisten. »Einige schneidige Offiziers- und Beamtengestalten finden sich in dieser Gruppe. Unempfindlich gegen Gefahr, straff, kalt, zum Befehlen geboren. Scharf umschriebener, enger Interessenkreis, ausgeprägtes Berufs- und Standesgefühl. Sehr prinzipiell in ihren Ansichten, akzentuierter Ehrbegriff. Schnell und nachhaltig verletzbares Selbstgefühl, heftige momentane Verstimmung bei Berührung ihrer empfindlichen Punkte. (»Einschnappen« sagt die Studentensprache bezeichnend für diesen Affektablaufstyp.) Können schwer verzeihen. Werden bei ausgesprochenem Streben nach Recht und Billigkeit doch leicht schroff und parteiisch. Kennen nur Entweder-Oder. Sehen im Andersdenken, besonders im politischen Gegner, einen gemeinen Kerl. Sind gegen ihresgleichen verbindlich und korrekt. Verstehen andere Berufskreise nicht, lassen sich aber durch Leistung imponieren. Verstehen sich auf Kommando und bürokratisch straffen Dienstbetrieb, aber nicht auf individuelle Menschenbehandlung. Ihre Rechts- und Dienstauffassung geht bis zu Borniertheit und verletzender menschenfeindlicher Kälte.

In anderem Milieu finden wir dieselben Menschen wieder als starre, geizige, unberechenbar eigensinnige, herrschsüchtige Hofbauern und Haustyrannen. Eine Variante dieses Typs, besonders in der Beamtenlaufbahn zu finden, ist nicht straff und schroff, vielmehr kühl gewandt, lässig ironisch, biegsam, ohne Skrupel und Bedenklichkeiten, durch und durch nüchtern, von rabulistisch scharfem Formintellekt, ehrgeizig, erfolgreich und etwas intrigant.«

Geniale Schizothymen. Die Durchsicht der Reihen der Genialen fördert eine Fülle schizothymer Künstlernaturen zutage. Als Kerngruppe unter den *Dichtern* nennt KRETSCHMER zunächst SCHILLER, KÖRNER, UHLAND, TASSO, HÖLDERLIN, NOVALIS, PLATEN, denen sich unschwer eine Reihe anderer, wie STRINDBERG, NIETZSCHE, GRILLPARZER, HEBBEL, KLEIST, anschließen ließen. Es sind Romantiker, Pathetiker und formvollendete Stilkünstler, bei denen das Lyrische und Dramatische vorherrscht. »Das tragische Pathos ist Kampf der autistischen Seele gegen die Realität, die elegische Romantik ist ihre Flucht davor. Bei ihnen dominiert der ›Formtrieb‹ und nicht der ›Stofftrieb‹ (wie bei den Zyklothymen); sie schreiben ›sentimentalische‹ Dichtung und keine ›naive‹ im Schillerschen Sinne.«

Bei den *bildenden Künstlern* wäre an GRÜNEWALD, MICHELANGELO und FEUERBACH zu denken, dann aber auch an die gesamte Stilgruppe des Expressionismus, die KRETSCHMER als eine durch und durch schizothyme Kunstform betrachtet, da sie eine deutliche Tendenz zur Stilisierung, zum Pathos, Autismus und Symbolismus aufweist.

Unter den *Gelehrten* finden sich Schizothyme vor allem bei den großen Mathematikern, wie KOPERNIKUS, KEPLER, LEIBNIZ und PASCAL, und unter den Philosophen bei den Systematikern und Metaphysikern, KANT, LOCKE, FICHTE, SCHELLING und HEGEL.

Die Wirkung der schizothymen *Führer und Heroen* beruht vor allem auf ihrem zähen und konsequenten Festhalten an der Idee, ihrer fanatischen Widerstandskraft, ihrem Sinn für Gerechtigkeit und ihrer Kälte gegen das menschliche Einzelschicksal. Unter ihnen lassen sich folgende Gruppen bilden:

Die reinen Idealisten und Moralisten: SCHILLER, ROUSSEAU;
die Despoten und Fanatiker: ROBESPIERRE, CALVIN, SAVONAROLA;
die kalten Rechner: METTERNICH, WALLENSTEIN.

»Der Adel, die Größe der Gesinnung, die Zähigkeit in widrigen Schicksalen, das Harte, Reine und Ganze des persönlichen Stils, das Heroische, das ist die Lebensform großer Schizothymiker.«

Die Viskösen

Neben die beiden Haupttypen seiner Typologie, die Zyklothymen und Schizothymen, hat Kretschmer im Zug der Weiterentwicklung seiner Forschungen einen dritten Typ gestellt, den er nach der Zähflüssigkeit seines Temperaments als »viskös« bezeichnet. Bekannter geworden ist dieser Typ allerdings unter dem Begriff »Athletiker«, also in Hinsicht auf seine Körperbauform.

Das Temperament der Viskösen. Kennzeichnend für ihre psychische Wesensart ist weder die Stimmungslage »heiter-traurig« wie beim Zyklothymen noch die Ansprechbarkeit des Gefühls »empfindlich-kühl« wie beim Schizothymen, sondern der Grad der affektiven Erregbarkeit und die Art seiner Reaktion, die zwischen den Polen »phlegmatisch-explosiv« schwankt. Das hervorstechendste Merkmal der uns im Alltag begegnenden Vertreter dieses Typs ist ihre unerschütterliche Ruhe und Gelassenheit. Wenn die andern längst die Nerven verloren haben, vor Erregung zittern oder vor Wut schäumen, beginnen die Athletiker (wie wir sie nennen wollen) erst mit ihrer Orientierung über den Fall. Auf dieser geradezu stoischen Seelenruhe und geringen Reizempfindlichkeit beruht ihre Stärke und ihre Schwäche. Sie zeichnen sich zwar durch eine große körperliche und seelische Stabilität, Zähigkeit und Belastbarkeit aus, sind aber nicht besonders gewandt, umstellungsfähig oder gar empfindsam, ersetzen jedoch das, was ihnen an Wendigkeit abgeht, vielfach durch Verläßlichkeit, Treue und die Wucht ihres Einsatzes; dadurch sind sie in der Gesellschaft wertvoll. Allerdings geht mit diesen Tugenden oft eine gewisse Stumpfheit, Schwerfälligkeit und Pedanterie einher, ein Kleben und Hängenbleiben an Vorstellungen, wie man es bei Hirnverletzten beobachtet hat. Hier wie dort ist die affektive Reizansprechbarkeit gering. Dringt aber ein Reiz durch, dann kann es zu heftigen und wuchtigen Ausbrüchen kommen. Doch sind diese eigentlich selten, besonders bei den Gebildeten unter ihnen.

Arbeit und Freizeit. Im allgemeinen legen die Athletiker ein gesetztes und ernsthaftes Wesen an den Tag, sind wenig unternehmend und verfügen über keine bedeutendere Ausdrucks- und Gestaltungsfähigkeit. Große Redner oder Denker findet man unter ihnen kaum. Sie sind eher etwas wortkarg und trocken, haben schlichte Gedanken und begleiten ihre Rede oft mit linkischen Gebärden. Ihrer Geistigkeit fehlt es an dem, was man »esprit« nennt. »Der Geist der Schwere liegt über dem Ganzen«, sagt Kretschmer.

An Vielseitigkeit, Phantasie und ausgedehnteren Nebeninteressen ist bei ihnen wenig zu finden. Daher ist ihnen auch die literarische und künstlerische Tätigkeit nicht gemäß. Ihre gesamte Konstitution verweist sie auf schwere Arbeit. Im Sport bevorzugen sie Schwerathletik, Schwimmen und Rudern, im Handwerk das Wuchtige und Kraftvolle. Für Feinarbeit fehlt es an der erforderlichen Handgeschicklichkeit. »Die Tüchtigsten unter ihnen treten hervor durch Zuverlässigkeit, Gleichmäßigkeit, Treue, durch das Talent zu dauerhafter Freundschaft und guter Ehe.«

Spielarten des Typs. Die Varianten dieses Typs sind nicht so ausgeprägt wie die bei den beiden Haupttypen. Hinsichtlich ihrer Beweglichkeit und Gefühlsansprechbarkeit lassen sich zwei Formen unterscheiden: die mehr *Phlegmatischen*, die ruhig, schwerfällig, unerschütterlich und gleichmütig sind, und die *Explosiven*, die bullig, wuchtig, oft mißmutig und unbeherrscht sind. Die Normalform ist durch ihre Passivität, Schwerblütigkeit, Gutmütigkeit und Widerstandsfähigkeit gekennzeichnet. Einzelbilder gibt Kretschmer zu diesem Typ nicht.

Die Typologie Kretschmers als Hilfe im Alltag

Trotz mancherlei Einwände gegen die Methoden und Thesen Kretschmers wird im In- und Ausland anerkannt, daß er die überzeugendste und bestfundierte Typenlehre geschaffen hat. Wenn auch nicht jeder, der uns begegnet, ohne weiteres einem der drei Typen zugeordnet werden kann, so begegnen uns im Alltag doch immer wieder genügend ausgeprägte Vertreter der einzelnen Typen. Eine Übersicht über die körperlichen Merkmale und die psychischen Eigenschaften der Konstitutionstypen gibt die Tabelle auf S. 137.

	Zyklothyme	Schizothyme	Visköse
Körperbautyp	pyknisch (rundwüchsig)	leptosom (schlankwüchsig)	athletisch (kraftwüchsig)
Körperliche Merkmale	breites, schildförmiges Gesicht, hohe gewölbte Stirne, schwach gebogenes Profil, oft Doppelkinn, Neigung zur Glatzenbildung kurzer, dicker Hals, gedrungene Figur, zarte Glieder, weiche Muskulatur, Neigung zu Fettansatz, kurze, breite Hände	Gesicht steile oder verkürzte Eiform, scharfes Winkelprofil, oft vorspringende Nase, Kinnpartie zurücktretend schmale, hagere Gestalt, oft aufgeschossen, schmale, abfallende Schultern, langer, magerer Hals, flacher Brustkorb, lange, schmale Hände	derber Hochkopf, hohes Mittelgesicht, wulstige Augenbrauenbögen, mächtige Kinnlade, Boxergesicht mit stumpfer, breiter Nase massive, robuste Gestalten, breite Schultern, schmale Hüften, kräftig entwickelte Brust, große, derbe Hände, pratzig wirkend
Psychische Eigenschaften			
Temperament	heiter – traurig	überempfindlich – kühl	phlegmatisch – explosiv
Gefühlsbereich	gutmütig, warmherzig, weich, einfühlungsfähig, humorvoll, ausgeglichen	sensibel, verhalten, erregbar oder stumpf, wenig einfühlungsfähig, nervös	unempfindlich, gleichmütig, dickfellig, gelassen, stabil
Willensbereich	elastisch, impulsiv, wenig zielstrebig und ausdauernd, beeinflußbar, wenig Selbstbeherrschung	gespannt, entschlossen, zielstrebig, konsequent, wenig beeinflußbar, starke Selbstbeherrschung	zäh, ausdauernd, belastungsfähig, steifnackig, widerstandsfähig, unlenksam
Denkbereich	vielseitig, konkret, praktisch, weitschweifig mehr subjektiv, persönlich, flüssiger Gedankenablauf	einseitig, abstrakt, theoretisch, begrifflich, nüchtern, mehr objektiv, sachlich, oft sprunghaft	schlicht, verständig, gründlich, karg, trocken, oft pedantisch, wortkarg, wenig beweglich
Umweltverhalten	zugänglich, offen, gesellig, anpassungsfähig, mitteilsam, gewandt	zurückhaltend, verschlossen, wenig gesellig, korrekt, steif, förmlich	wenig ansprechbar, duldsam, passiv, gesellig, starr, ungewandt

Rasches Erkennen der Interessen

Mit Hilfe des von Kretschmer entwickelten Typenschemas kann man sich mit jedem, der Kenntnis dieser Typologie hat, rasch über die vermutliche Eigenart eines Menschen verständigen. Höre ich zum Beispiel, daß jemand schwer zugänglich sei, dann bedeutet es für mich eine wesentliche Verständnishilfe, wenn ich erfahre, daß der Betreffende ein *Schizothymer* ist. Ich werde dann kaum die Vermutung meines Gesprächspartners teilen, der Betreffende hätte etwas zu verbergen, sondern werde in dieser Reserviertheit eine für diesen Typ durchaus normale Verhaltensweise sehen.

Stehen mir für die Besetzung eines Postens im Außendienst genügend Bewerber zur Verfügung, dann werde ich zunächst einmal den *Zyklothymen* zur Vorstellung auffordern, da anzunehmen ist, daß er am ehesten die für diese Stellung nötige Wendigkeit und Kontaktfähigkeit besitzt.

Handelt es sich dagegen um die Besetzung eines Postens, der viel Konsequenz und Durchsetzungsfähigkeit erfordert, werde ich zunächst einmal die *Schizothymen* in die engere Wahl nehmen.

Konsequenzen durch verschiedene Wesensart

Viel Ärger im Verkehr mit andern ersparen wir uns, wenn wir uns bewußt sind, daß Zyklothyme und Schizothyme sozusagen von Natur aus nicht nur verschiedene Bedürfnisse und Interessen haben, sondern auch die Welt in unterschiedlicher Weise erleben. Den *Schizothymen* zieht es im Urlaub vielleicht an das Meer, wo er sich mit größter Befriedigung stundenlang der Betrachtung der Brandung hingeben kann, was der *Zyklothyme* langweilig findet. Warum sollen also beide, wenn es sich um Ehepartner handelt, nicht einmal getrennt in Urlaub fahren? Oft können sich beide schon nicht über das Tempo beim Spaziergang einigen und machen sich gegenseitig Vorwürfe über die zu schnelle oder zu langsame Gangart, weil ihnen deren konstitutionelle Bedingtheit nicht bekannt ist. Es führt nicht weiter, wenn beispielsweise der Zyklothyme aus seiner gemütvolleren und warmherzigeren Verfassung heraus dem *Schizothymen* dauernd dessen mehr nüchterne und kühle Wesensart zum Vorwurf macht, oder wenn der mehr begrifflich und logisch denkende Schizothyme den *Zyklothymen* für einen oberflächlichen Kerl hält, weil dessen Gedankenführung nicht die Präzision und Systematik aufweist, die ihm selbstverständlich ist. Noch schlimmer wird es, wenn der Schizothyme übersieht, daß sich Kompromißbereitschaft durchaus mit Charakterfestigkeit vereinen läßt und der Zyklothyme verkennt, daß die Konsequenz und Unnachgiebigkeit des Schizothymen nicht etwa einer böswillig verbohrten und engstirnigen Haltung, sondern seiner alternativen Veranlagung entspringt. Keiner vermag ja schließlich aus seiner Haut zu fahren. Man kann zwar sein lebhaftes Temperament zügeln und beherrschen und dadurch den Eindruck erwecken, ein »ruhiger« Mensch zu sein. An der Wesensart des Temperaments ändert sich dadurch jedoch nicht viel.

Kindererziehung

Wer Menschen beeinflussen oder gar erziehen will, sollte unbedingt die von Kretschmer gezeigten typischen Eigenarten der Menschen berücksichtigen. Jedes Kind ist nur im Bereich der ihm gegebenen Möglichkeiten zu fördern. Von den ausgesprochen *zyklothym* veranlagten Kindern seiner Klasse kann ein Lehrer nicht dasselbe Maß an Ausdauer, Konzentrationsfähigkeit und Sachlichkeit verlangen, das den *schizothymen* selbstverständlich ist. Andererseits wird er es den schizothymen nicht verargen dürfen, wenn sie nicht so rasch auf seine Anregungen eingehen, weniger Phantasie besitzen und sich nicht gerne für Aufgaben der Gemeinschaftspflege hergeben.
Solche durch den Typus des Kindes bedingten Unterschiedlichkeiten treten jedoch nicht nur in der Verhaltens-, sondern auch in der Auffassungs- und Verarbeitungsweise auf. Sie sind es, die neben den vielfach beträchtlichen Begabungs- und Entwicklungsunterschieden den gemeinsamen Unterricht innerhalb einer Klasse so schwierig machen. Erinnert sei nur daran, daß beispielsweise die Abstraktionsfähigkeit der Zyklo-

thymen geringer ist als die der Schizothymen und sie in ihrem Denken mehr am Konkret-Gegenständlichen hängen als jene. Dies macht sich vor allem im Stil der Aufsätze bemerkbar, der beim Zyklothymen farbiger und phantasievoller, beim Schizothymen nüchterner und sachlicher ist.

Geschlechtstypen

Jeder Mensch lebt sein Dasein entweder als Mann oder als Frau und wird zeitlebens seinem Geschlecht entsprechend eingeschätzt und behandelt. Man sollte also annehmen, daß die Geschlechtszugehörigkeit sich besonders dazu eignet, Typen zu bilden. Um so überraschender ist es, daß über das, was nun als »typisch weiblich« und »typisch männlich« zu bezeichnen ist, nicht nur unter Psychologen, Soziologen und Völkerkundlern, sondern auch unter unseren Bekannten die Meinungen oft weit auseinandergehen.

Das herrschende Bild von Mann und Frau

In biologischer Hinsicht liegt der Fall klar: Über die körperlichen Unterschiede der Geschlechter gibt es keinen Zweifel. Sobald wir jedoch nach den seelisch-geistigen Wesensunterschieden fragen, kommen wir in Schwierigkeiten. Diese ergeben sich nämlich nicht so ohne weiteres aus dem biologischen Geschlecht. Man kann sich doch unschwer einen Mann vorstellen, dessen gesamtes Verhalten »unmännlich« ist und ebenso auch eine Frau mit »unweiblichen« Zügen. Offenbar entspricht also nicht jeder Vertreter eines Geschlechts voll und ganz dem Idealbild, das wir uns von seinem Geschlecht zurechtgelegt haben. Unbeschadet seiner biologischen Geschlechtszugehörigkeit kann er die psychische Wesensart seines Geschlechts in mehr oder weniger typischer Weise verkörpern. Woher wissen wir aber, was zur typischen Wesensart eines Geschlechts gehört?

Die allgemeine Vorstellung

Um zu erfahren, wie die herrschende Anschauung ist, wurden verschiedene Personen beiderlei Geschlechts darüber befragt, welche positiven und negativen Eigenschaften sie für typisch weiblich und typisch männlich halten. Die hierbei häufigsten genannten Eigenschaften sind auf der Tabelle S. 140 gegenübergestellt.

Besonders reichhaltig ist der Katalog nicht. Er enthält einerseits Eigenschaften, die nach der landläufigen Meinung vorwiegend dem einen oder andern Geschlecht zukommen, und andererseits Eigenschaften allgemeinmenschlicher Art, die bei beiden Geschlechtern anzutreffen sind. Überraschend ist jedoch immerhin die Einheitlichkeit der Meinung. Sie entspricht weithin der heute herrschenden *Stereotypie der Geschlechter*, das heißt: der Modell-Vorstellung vom Wesen der Geschlechter in unserer Gesellschaft. Sowohl Frauen als Männer bezeichnen Sachlichkeit, Härte und Entschlossenheit als typisch männliche und Gemüthaftigkeit, Nachgiebigkeit und Mütterlichkeit als typisch weibliche Eigenschaften. Männer müssen also hart und Frauen weich sein! Die genannten Eigenschaften sind jedoch auch beim jeweils andern Geschlecht zu finden.

	Nach Ansicht der Männer positive	negative	Nach Ansicht der Frauen positive	negative
Typisch männliche Eigenschaften	Sachlichkeit Entschlossenheit Härte Zuverlässigkeit	Rechthaberei Eitelkeit Angeberei Kleinlichkeit	Sachlichkeit Entschlossenheit Härte Gerechtigkeit	Rechthaberei Eitelkeit Unzuverlässigkeit Zwiespältigkeit
Typisch weibliche Eigenschaften	Gemüthaftigkeit Nachgiebigkeit Hingabefähigkeit	Rechthaberei Eitelkeit Geschwätzigkeit	Gemüthaftigkeit Nachgiebigkeit Weichheit	Unsachlichkeit Kleinlichkeit Geschwätzigkeit

Sind die Eigenschaften der Geschlechter traditionsbedingt?

Gibt es überhaupt geschlechtsspezifische Eigenschaften? Diese Frage wird heute von manchen Wissenschaftlern, insbesondere von Soziologen, entschieden verneint. Allen Ernstes wird dort die Auffassung vertreten, daß sich keine psychische Eigenschaft feststellen lasse, die nicht bei beiden Geschlechtern vorkomme. Alle psychischen Geschlechtsunterschiede seien rein soziologisch bedingt, also aus der gesellschaftlichen Struktur heraus zu erklären. Das Bild der Geschlechter stelle eine soziale *Superstruktur* dar, die weit mehr auf kulturellen als auf biologischen Gegebenheiten basiere. Sie wirke wie ein *kollektiver Imperativ*, der jedem Geschlecht die zu spielende Rolle vorschreibe. Wer also in der Gesellschaft, in der er lebt, als »typischer Vertreter« seines Geschlechts gelten wolle, müsse sich mit dem von ihr entworfenen Modell identifizieren, sich diesem angleichen. Zum Beweis dieser Thesen wird darauf hingewiesen, daß die Rollen, die Mann und Frau bei den einzelnen Völkern spielen, große Verschiedenheiten zeigen und auch in der abendländischen Geschichte kein einheitliches Bild zu finden sei. Entsprechend dem herrschenden Bild von Mann und Frau würden dann auch die Kinder beeinflußt. Tatsächlich läßt sich nicht übersehen, daß die Kinder bei allen Völkern nach ganz bestimmten und keineswegs gleichartigen Leitbildern erzogen werden. Jedes Kind erfährt schon von früh auf, was man als Junge oder als Mädchen tun und lassen muß; und das heißt, was der Rolle seines Geschlechts gemäß ist und was nicht. Wenn Klein-Suse allzu wild mit den Knaben herumtollt, dann wird sie von ihrer Mutter belehrt, daß sich dies für ein Mädchen nicht schicke. Weint Klein-Peter, weil ihm Suse seinen Ball weggenommen hat, dann hört er von seinem Vater: Wer wird auch weinen! Du bist doch kein Mädchen! Buben heulen nicht!
Durch solche und ähnliche Einwirkungen erfährt das Verhalten der Kinder schon von früh auf eine geschlechtsspezifische Ausrichtung. Die Meinungen über das, was sich für ein Mädchen und einen Jungen schickt, sind jedoch gerade in unserer Zeit in einem raschen Wandel begriffen. Was unsern Großmüttern noch als völlig unweiblich erschien, wenn zum

Beispiel Mädchen Hosen tragen oder zelten, so erscheint das den heutigen Müttern keineswegs so ungewöhnlich.
Das aus der christlich-abendländischen Tradition stammende Bild der Geschlechter ist jedoch noch viel umfassender, als es das eben angeführte Beispiel vermuten läßt. Ihm zufolge gehört der Mann zum starken, die Frau zum schwachen Geschlecht. Sie hat sich dem Mann unterzuordnen. Er soll dein Herr sein! Inzwischen hat sich allerdings manches geändert. Das »schwache Geschlecht« ist erstarkt und stellt an vielen Orten genau so »seinen Mann«, wie das »starke Geschlecht«. Es erscheint heute keineswegs unweiblich, wenn eine Frau Uniform trägt, ein Flugzeug lenkt oder sich wissenschaftlich betätigt, so wenig es als unmännlich angesehen wird, wenn ein Mann im Haushalt mithilft.

Von den Geschlechtsrollen

Trotz des offenkundigen Rollenwechsels träumt »sie« noch oft vom Mann als dem starken Held und Beschützer und »er« von der Frau als dem schwachen Weibchen und Püppchen. Offenbar geht in unsere Vorstellungen von Mann und Frau auch viel Wunschbildliches mit ein, an dem sich das tatsächliche Verhalten der Geschlechter dann wieder ausrichtet. Da spielt dann etwa sie ihm zuliebe die Naive und Hilfsbedürftige und er den Überlegenen und Retter.
Wenn man den Beobachtungen der Soziologen und Völkerkundler Glauben schenken darf, dann hatten die Geschlechter seit eh und je – ungeachtet ihrer »Natur« – die von der jeweiligen Gesellschaft geforderte Rolle zu spielen. Diese schrieb zum Beispiel dem Mann im Zeitalter des Rokoko vor, in Spitzengewändern und mit einem künstlichen Zopf daherzutänzeln, wenn er zur Hofgesellschaft gezählt werden wollte. Auf einer mittelalterlichen Ritterburg hätten ihn die rauhbeinigen Männer als weibischen Kerl mit Hohn und Spott von sich gewiesen.
Selbst bei den sogenannten Naturvölkern scheint die Geschlechterrolle mehr durch die – übrigens von Stamm zu Stamm wechselnde – Sitte als durch die »Natur« der Geschlechter bestimmt zu sein, wie die amerikanische Völkerkundlerin MARGARET MEAD berichtet hat. Sie konnte jedenfalls bei den von ihr erforschten, oft nahe beieinanderwohnenden Völkerstämmen keinerlei Einheitlichkeit der Rollen von Mann und Frau entdecken. Bei dem einen Stamm lebten die Frauen nur ihrer Schönheit und brauchten nicht zu arbeiten, während beim andern das Nichtstun und Sich-Schmücken zur Wesensart der Männer gehörte. Logischerweise zieht sie daraus den für viele schockierenden Schluß, »daß viele, wenn nicht gar alle Wesenszüge, die wir als männlich und weiblich bezeichnet haben, mit der eigentlichen Geschlechtlichkeit ebenso schwach verknüpft sind wie die Kleidung, die Umgangsformen und die Art der Frisur, die eine Gesellschaft zu einem bestimmten Zeitpunkt jedem Geschlecht vorschreibt«.
Derartige Thesen gemahnen zur Vorsicht gegenüber vorschnellen Postulierungen eines »Ewig-Weiblichen« und »Ewig-Männlichen«! Eines ist glücklicherweise unbezweifelt geblieben: Allüberall sind es die Frauen, die die Kinder zur Welt bringen! Zuvor und danach ist ihr Verhalten jedoch sehr unterschiedlich. Margaret Mead hat Frauen entdeckt, »die ihre Grasröcke beim Gehen schwingen; und solche, die diese gleichen Grasröcke behandeln, als seien sie aus Eisen und nur dazu da, ihre Tugend zu schützen; Frauen, deren Arme ohne Kind leer aussehen, und Frauen,

die ihre Kinder auf Armlänge von sich halten, als seien es kleine kratzende Wildkatzen«. Die biologische Geschlechtsfunktion allein bedingt also noch nicht ohne weiteres ein bestimmtes Verhalten.

Die biologische Seite

Viele Anthropologen und Psychologen messen den biologischen Unterschieden eine etwas größere Bedeutung bei als die erwähnten Soziologen. Zwar verkennen auch sie nicht, daß das Bild der Geschlechter durch andere Faktoren als den rein biologischen bestimmt wird. Mit dem Geschlecht scheint nämlich bei Mensch und Tier die Übernahme bestimmter Aufgaben verknüpft zu sein. Das biologische Geschlecht kann zwar, wie Beobachtungen und Versuche zeigten, wechseln; doch ändert sich dann auch das Geschlechtsverhalten.
Im allgemeinen dürfte das Geschlecht zweifellos fester im Individuum verankert sein als bei jenem kleinen, im Meer lebenden Borstenwurm, der sein Leben stets als Männchen beginnt, sich aber in ein Weibchen verwandelt, wenn er eine bestimmte Größe erreicht hat. Schneidet man ihm ein Stück seines Hinterendes ab, dann verwandelt sich das Weibchen jedoch prompt wieder in ein Männchen. Einen Ausnahmefall stellt zweifellos auch jener englische Fliegerhauptmann Robert Cowell dar, der so viel Weibliches in sich entdeckte, daß er sich im Jahre 1942 einer Operation unterzog und danach als Frau weiterlebte.
Unserer eingangs gestellte Frage, was denn eigentlich »typisch weiblich« und »typisch männlich« sei, läßt sich – das dürften die bisherigen Betrachtungen gezeigt haben – nicht kurzerhand durch die Berufung auf die Erfahrung oder die »Natur« beantworten. Sie erfordert mehr Nachdenken, als man zunächst annimmt.

Das Wesen der Geschlechter

Jeder Versuch, die typische Wesensart der beiden Geschlechter zu erfassen, wird danach trachten müssen, den vorher genannten Gefahren so gut wie möglich zu entgehen. Eine der tiefgründigsten Deutungen des Wesens der Geschlechter stammt von dem Münchener Psychologen Philipp Lersch (*1898).

Die Deutung von Lersch

Lersch geht von der biologischen und anthropologischen Funktion der Geschlechter aus, die ihm als Fundament und Angelpunkt der gesamten Daseinsthematik der Geschlechter erscheint. Daß Mann und Frau auch durch die gesellschaftlichen Verhältnisse mitgeprägt werden, ist ihm keineswegs entgangen. Wichtiger ist ihm jedoch der ursprünglich angelegte Geschlechtscharakter.

Die Aufgabe der Frau. Das Grundmotiv des weiblichen Daseins sieht er in der *Mütterlichkeit.* Diese Anlage ist es, die in der Frau die Funktion des Hegens und Bewahrens und den Zug zur Seßhaftigkeit und Beharrlichkeit entwickelt hat, sie der Pflanze vergleichbar und zur Hüterin und Wahrerin des Lebens, der Sitte und Gesittung macht. Und daher verabscheut sie auch instinktiv alle Gewaltmaßnahmen und den Krieg, sucht zu vermitteln und auszugleichen, wendet sich aus Mitleid der Pflege der Schwachen und Kranken zu und gibt sich der sozialen und karitativen Tätigkeit hin.

Die Aufgabe des Mannes. Die dem Mann vom Leben zugewiesene Aufgabe sieht LERSCH vor allem in der Sorge um den Schutz und die Sicherung der Nachkommenschaft. Um den Bezirk des Hauses, wo Mutter und Kind sich aufhalten, vor Unheil und Ungemach zu bewahren, muß er sich mit der Welt draußen auseinandersetzen. Hierher rührt seine ursprüngliche Beziehung zur Technik, sein Drang zur Bearbeitung und Verfügbarmachung der Umwelt, seine Bereitschaft zur Bewältigung der Schwierigkeiten des Lebens. »Dadurch erhält die Thematik seines Daseins das Grundmotiv des *Bewältigen- und Beherrschenwollens.*«

Fühlen, Denken, Wollen bei Mann und Frau. Nach dem eben Gesagten wird auch die dominierende Rolle der *Gefühle* im Leben der Frau verständlich. Sie, deren ganzer Organismus auf das Empfangen und Berührtwerden durch die Welt eingestellt ist, erscheint auch in seelischer Hinsicht mehr als die Aufnehmende, die ihre Seele dem Anruf des Lebendigen offenhält und »sich von der Welt in den Anmutungserlebnissen der Gefühle ansprechen, berühren, ergreifen und bestimmen läßt«. Damit soll ihr keineswegs etwa *Intelligenz* und Wille abgesprochen werden, doch spielen sie in ihrem Leben nicht die zentrale Rolle, die sie im Leben des Mannes spielen.

Die Auseinandersetzungen mit den Widerständen des Lebens und die Verfügbarmachung und Inbesitznahme der Umwelt, die zu seiner Daseinsthematik gehört, bewirken beim Mann eine stärkere Entwicklung der Funktionen des *Willens* und des *Denkens.* Er läßt sich zwar auch von Gefühlen ergreifen, doch fehlt ihm die Gefühlsgewißheit, die der Frau eigen ist. Er sträubt sich dagegen, sich existentiell mit seinen Gefühlen zu identifizieren und ihnen bedingungslos zu folgen. Er sucht, wie alles, was im Bereich seines Lebens liegt, so auch seine Gefühle zu begreifen, zu erklären und zu begründen. Für die Frau hingegen ist das Gefühl eine Instanz, die sich selbst rechtfertigt und keiner Begründung durch die Vernunft bedarf.

Das Verhältnis zur Welt. Die unterschiedliche Lebensaufgabe von Mann und Frau zieht nun auch eine typisch verschiedene Haltung gegenüber der Welt nach sich. Die Welt der Frau ist viel geschlossener als die des Mannes. Die Frau verliert sich nicht so leicht in einer *Fernwelt* wie der Mann, sondern konzentriert ihre ganze Kraft auf die Ausgestaltung der *Nahwelt.* In dieser sind es wieder die Personen und die persönlichen Dinge, welche die Frau interessieren, während der Mann sich in seiner Welt zunächst um die Sachverhalte kümmert. Aus ihrem stärkeren Verhältnis zum Lebendigen ist es aber auch ohne weiteres verständlich, daß die Frau nicht dasselbe Bedürfnis nach einer logisch-begrifflichen Durchdringung der Welt hat wie der Mann und daher auch nicht so theoretisch eingestellt ist wie dieser.

Das Verhältnis zum Ich. Das Verhältnis zum Ich und zur Selbstverwirklichung weist ebenfalls unterschiedliche Tendenzen auf. Der Mann neigt viel mehr zur Selbstbetrachtung und Selbstzergliederung als die Frau. Er sucht und findet sich selbst in der Reflexion, durch die er sich zumeist in Gegensatz zur Welt bringt. Und diesen sucht er durch die Tat zu überwinden. Die Frau hingegen lebt weit mehr in und mit den Dingen, geht in der Welt auf und vermag sich viel eher mit ihr zu identifizieren als der Mann. Sie erlebt und betrachtet ihr Ich sozusagen im Spiegel ihrer Umwelt. Eben deshalb ist ihr ganzes Wesen auch viel einheitlicher und in sich geschlossener als das des Mannes. Sie trachtet daher auch nicht so sehr nach der Umgestaltung der Welt wie der Mann. Dieser findet seine letzte Befriedigung nur in der äußerlich sichtbaren Leistung, im Hinweis auf sein »Lebenswerk«. Die Frau hingegen findet ihre Erfüllung in erster Linie im Leben mit und für einen anderen Menschen, also in der *Hingabe*, der Mann in der *Selbstbehauptung* und Selbstdurchsetzung.

»Den« Mann und »die« Frau gibt es nicht!

Es wäre irrig zu meinen, jeder Mann und jede Frau würde oder müßte den eben gezeichneten Wesensbildern voll und ganz entsprechen. Lersch wollte mit ihnen lediglich *idealtypische Modelle* darstellen, »in denen die mit dem biologischen Geschlecht gekoppelten seelischen Prägungstendenzen in vollkommener Entfaltung vorgestellt werden. Wenn etwa gesagt wurde, es liege in der Wesensart des Mannes, die Welt denkend zu durcharbeiten, so ist das keineswegs bei jedem Mann verwirklicht. Aber dort, wo die denkende Durcharbeitung der Welt vollzogen wird, geschieht sie erfahrungsgemäß durch den Mann; wir haben deshalb das Recht, sie mit dem Wesen des Mannes in Verbindung zu bringen«.

»Den« Mann und »die« Frau im Sinne der eben gezeichneten Idealtypen gibt es nicht. Jeder Vertreter der beiden Geschlechter verkörpert den Typ nur annäherungsweise. Wir müssen sogar beim »Durchschnittsmenschen« nicht nur mit Verwaschungen, sondern sogar auch mit Überkreuzungen rechnen. Es ist durchaus möglich, daß der seelische Geschlechtscharakter nicht mit dem körperlichen Geschlecht übereinstimmt. »Jeder Mensch ist ja sozusagen ein rudimentärer Zwitter. Auch der männlichste Mann und die weiblichste Frau haben immer auch neben den eigenen geschlechtlichen Hormonen – wenn auch nur in geringer Spur – die des andern Geschlechts in ihrem Körper.« Eben dies hat den Schweizer Psychologen C. G. Jung dazu bewogen, von der *Anima* (dem weiblichen Prinzip) des Mannes und dem *Animus* (dem männlichen Prinzip) der Frau zu sprechen. Durch die Beimischung fremdgeschlechtlicher Wesenselemente ergeben sich bei beiden Geschlechtern zahlreiche Varianten, die durch Erziehung, Beruf, Ehe, Kulturideal und andere Einflüsse noch die mannigfaltigsten Abwandlungen erfahren.

Diese Tatsache muß man bei Gesprächen über »das« Wesen der Frau und des Mannes stets im Auge behalten. Kennzeichnend für die Geschlechter ist nicht irgendeine einzelne Eigenschaft, sondern das Zusammenwirken der Eigenschaften, aus dem sich der für das jeweilige Geschlecht typische Stil des Denkens, Fühlens und Wollens ergibt. In diesem Sinne will auch der Eigenschaftskatalog des Philosophen Ludwig Klages verstanden werden (S. 145). Dabei sei nochmals betont, daß er als Ganzes zu betrachten ist und die angegebenen Eigenschaften das Geschlecht als Gruppe und Typus kennzeichnen. Wertvoll sind besonders die Hinweise auf die mit den Stärken verbundenen Schwächen.

typisch – männlich

	+ Stärken	— Schwächen
1.	Gegliedertheit (»Differenziertheit«)	Zwiespältigkeit
2.	Begeisterungsvermögen (»Liebe zur Sache«)	Illusionsgabe (genauer: die Wirklichkeit sehen, wie man sie glaubt)
3.	Phantasie	Augenblicksfremdheit
4.	Entschlußgeist und Selbsttätigkeit (»Initiative«)	Ruhelosigkeit
5.	Tatkraft	Härte
6.	Überzeugungsstärke	»Prinzipienreiterei« und Rechthaberei
7.	Weite des Gesichtskreises und Vielseitigkeit	Mußelosigkeit und Mangel an Glücksfähigkeit
8.	Sachlichkeit und Abstraktionsfähigkeit	Mangel an persönlicher Ansprechbarkeit
9.	Würde	Unleidliches Bedeutungsbedürfnis (= geistige Eitelkeit in Form der Überbewertung der Berufstätigkeit, der Pflichten, des Leistungsvermögens u.s.w.)

typisch – weiblich

	+ Stärken	— Schwächen
1.	Einheitlichkeit (»Harmonie«)	Triebabhängigkeit des Urteils
2.	Persönliche Hingebungskraft (»Liebe zur Person«)	Parteilichkeit und Mangel an Gerechtigkeitssinn
3.	Wirklichkeitssinn (= »Nahscharfblick«)	Fernblindheit (= »kurzer Verstand«)
4.	Gleichgewichtigkeit	Sinnliche Gebundenheit und sinnliche Bestimmbarkeit
5.	Wärme und Mitgefühl	Mangel an Tatkraft
6.	Triebsicherheit (»Instinktivität, Naturverwandtschaft«)	Grundsatzlosigkeit
7.	Beharrlichkeit (Konservatismus, Treue, Duldekraft)	Enge und Kleinlichkeit
8.	Entdeckerische Treffsicherheit des Urteils (»Intuition«)	Mangel an Sachlichkeit nebst verminderter Zugänglichkeit für Beweisgründe
9.	Wahrhaftigkeit (= Selbsteingeständlichkeit der Gefühle)	Subjektivismus (= Blindheit für außerpersönliche Werte)

Typisch-männliche und weibliche Charaktereigenschaften nach LUDWIG KLAGES

Entwicklungstypen

Die meisten der bisher vorgestellten Typen gehen von solchen Eigenschaften aus, die das ganze Leben hindurch unverändert bleiben. Nun gibt es aber auch Eigenschaften, die im Laufe des Lebens sich wandeln, und einige davon sind für ganz bestimmte Altersstufen »typisch«. Auf diesem Wege kommen wir zu Typen wie dem Twen, dem Teenager, dem reifen Menschen, dem Greis. Bevor das Stadium der Reife erreicht ist, durchläuft der Mensch verschiedene Phasen der Entwicklung mit deutlichen körperlichen und seelischen Veränderungen; hier spricht man speziell von Entwicklungstypen. Aber auch die späteren Stadien tragen bestimmte Merkmale.

Kindheit und Jugend

Die Begriffe für die verschiedenen Stadien der jugendlichen Lebensform wechseln häufig. Früher sprach man von »Backfischen« und »Flegeln«, deren Verhalten seit eh und je zu beredten Klagen Anlaß gab. Daß es sich dabei nicht nur um »Unarten« im landläufigen Sinn handelt, sondern um durchaus »normale« Erscheinungen im Entwicklungsgang, erkannte man erst gegen Ende des 19. Jahrhunderts. Bis ins 18. Jahrhundert hinein hielt man ja das Kind für einen kleinen Erwachsenen, kleidete es

Altersstufen des Kindes. Das etwa 3jährige Kleinkind (links) in der typischen Trotzhaltung; das unsichere Schulkind (Mitte); der renommierende, etwa 14jährige Junge

auch so und ahnte nichts von der völlig andersartigen Struktur der kindlichen Psyche. Erst zu Beginn unseres Jahrhunderts wird das Kind Gegenstand der wissenschaftlichen Forschung.

Erkenntnisse der Entwicklungspsychologie

Die neu entstandene Entwicklungspsychologie befaßte sich zunächst nur mit jenem Stadium der Entwicklung, das am auffälligsten in die Erscheinung trat und der Erziehung am meisten Sorge bereitete, nämlich mit der Reifezeit. Heute besitzen wir nun nicht nur vom Typ des Pubertierenden, sondern auch von dem des Klein- und Großkinds und den Stadien späterer Lebensalter ziemlich klare Bilder. Die Grenzen zwischen den einzelnen Stufen und Phasen der Entwicklung sind allerdings fließend. Da zudem nicht jeder dieselbe Zeit zum Durchlaufen der einzelnen Entwicklungsstadien braucht, stimmen Lebens- und Entwicklungsalter heute weniger denn je miteinander überein. Zur Feststellung des Reifegrads eines Kindes oder Jugendlichen ist deshalb die Kenntnis der *typischen* Formen der einzelnen Stufen und Phasen unerläßlich. Leider kommt es heute gar nicht so selten vor, daß ein Sechsjähriger noch nicht die für den Schulbesuch erforderliche Reife besitzt. Man spricht in diesen Fällen von *Retardation* (Entwicklungsverzögerung). Andererseits beobachten wir insbesondere bei unseren Mädchen, daß bei ihnen die Pubertät viel früher eintritt als noch zu Anfang dieses Jahrhunderts. Diese unter dem Begriff der *Akzeleration* (Entwicklungsbeschleunigung) bekannt gewordene Erscheinung hat die Erziehung vor viele bis heute noch kaum bewältigte Probleme gestellt. Man wird zwar nach dem Gesetz mit der Erreichung des 21. Lebensjahres »volljährig«, ist damit jedoch noch nicht unbedingt auch reif und erwachsen. Manchen haftet zeit ihres Lebens sowohl in ihrem Denken als auch in ihrem Verhalten ein etwas kindlicher Zug an. Andere dagegen sind schon als Kinder »altklug«.
Wir können keine lückenlose Darstellung der einzelnen Entwicklungsphasen und ihrer Typen geben, sondern müssen uns mit einer Auswahl der für die Erziehung besonders wichtigen begnügen.

Das Trotzkind

Die meisten Eltern machen im Verlauf des 3. Lebensjahres bei ihrem Kind eine merkwürdige Beobachtung. Das bislang ausgeglichene, fügsame und willige Kind wird unvermittelt störrisch, verweigert den Gehorsam und lehnt sogar die Nahrungsaufnahme ab. Es wird zum »Neinsager aus Prinzip«. Die Gestalt des »Suppenkaspars« aus dem »Struwwelpeter« kann geradezu als Symbol für diese kritische Phase gelten, in der das Wörtchen »nein« zum meistgebrauchten Wort wird.

Aufkommen des Trotzes. »Nein! Ich esse meine Suppe nicht! Nein, meine Suppe eß' ich nicht!« Woher hat das Kind nur diese »Unart«, fragen sich die besorgten Eltern. Vielleicht ist es durch Nachbars Fritz »angesteckt« worden, der ja ein recht ungezogener Bengel ist? Oder sollte sich da etwa ein schlechtes Erbgut bemerkbar machen? »Mein Mann hat ja manchmal auch einen rechten Dickkopf!«
Aus Unerfahrenheit werden die Kinder oft falsch behandelt: Die Mutter versucht ihr Kind von den

bisherigen Spielkameraden zu trennen, und der Vater glaubt, den Trotz mit handfesten Mitteln »austreiben« zu müssen – was freilich das Kind vielfach nur noch verbockter macht.

Die Eltern müssen wissen: Die *Trotzphase* stellt sich fast bei jedem Kind zwischen 2 ½ und 3 ½ Jahren ein. Das Trotzen ist also eine durchaus »normale«, wenn auch unangenehme Erscheinung.

Freilich trotzen nicht alle Kinder gleich lang und gleich stark. Knaben gebärden sich im allgemeinen eigenwilliger als Mädchen. Bei den vitalkräftigeren Kindern gibt es mehr Schwierigkeiten als bei den zarteren. Durch ein verständnisvolles Auffangen der Eigenwilligkeit kann die Dauer und Intensität der Trotzphase wesentlich vermindert, durch Ungeschicklichkeit aber auch vergrößert werden. Wer während dieser ersten kritischen Phase der Entwicklung Fehler in der Erziehung macht, indem er das Kind entweder allzu streng oder zu nachsichtig behandelt, der beeinflußt das Verhalten des Kindes sehr ungünstig, oft noch lange Zeit danach. Eltern und Kinder leiden also gleichermaßen an dieser merkwürdigen Erscheinung. Was ist nun ihre Ursache?

Ursachen des Trotzes. Wie wir heute wissen, ist die Trotzhaltung das Symptom eines tiefgreifenden *Strukturwandels* der kindlichen Psyche. Dieser Wandel wird vor allem durch die Zunahme an Erfahrung bewirkt.

Im spielerischen Umgang mit den Dingen entdeckt das Kind im Verlauf seines dritten Lebensjahres, daß es eine ihm fremde Welt gibt. Bisher erlebte es alle Personen und Dinge um sich herum als Bestandteile einer einzigen, einheitlichen Welt, in der alles so empfindet wie man selbst. Allmählich macht es jedoch die Erfahrung, daß das Tischbein, an dem es sich eben gestoßen hat, ein gefühlloses Ding ist, dem es nicht wehtut, wenn man es für seine Bosheit straft, daß Vater und Mutter auch noch etwas anderes zu tun haben, als sich nur um Klein Hänschen zu kümmern, daß es überhaupt eine von ihm unabhängige Welt gibt. Die Welt des »Wir« löst sich auf und teilt sich in eine solche des »Ichs« und des »Nicht-Ichs«. Das Kind wird sich erstmals seiner selbst bewußt und bemerkt, daß die andern anders sind und oft auch etwas anderes wollen. Instinktiv empfindet es, daß man sich in dieser Welt behaupten und durchsetzen muß; man ist ja schließlich auch wer! Und so will man nun »auch haben«, und zwar eben dies, was man ihm im Augenblick verwehrt, und dies nicht, was man ihm geben will.

Der neu auftretende Wille, der sich als Widerstands- und Selbstbehauptungsdrang, als Macht-, Besitz- und Unabhängigkeitsstreben äußert, ist nichts anderes als eine Funktion des neu erwachten Selbstbewußtseins. Dieses zu stärken. ist für die gesamte weitere Entwicklung von größter Bedeutung. Das Leidige für den Erwachsenen liegt nur darin, daß das Kind zumeist nichts – im Sinne der Großen! – »Vernünftiges« will, sondern nur das »Wollen an sich« erproben möchte. Dies gelingt ihm zumeist am leichtesten, wenn es gerade das nicht will, was die andern von ihm fordern. »Nein, meine Suppe ess' ich nicht!« Es läßt sich in dieser Zeit also gar nicht vermeiden, daß der erwachte Eigen-Wille des Kindes mit dem Willen der Erwachsenen zusammenprallt.

Behandlung des Trotzes. Aufgabe der Eltern ist es, das Wollen des Kindes in die richtigen Bahnen zu leiten. Das Kind muß lernen, für sein Wollen sinnvolle Ziele zu finden. Unterbindet man diese ersten echten Willensäußerungen einer erwachenden »Persönlichkeit«, dann legt man damit unter Umständen den Grund zu einem schwer wieder zu beseitigenden Minderwertigkeits- und Unterlegenheitsgefühl; gibt man ihm dauernd nach, dann lernt es nie, sich zu beherrschen und seinen Willen in Einklang mit andern zu bringen, und es bekommt ebenfalls Schwierigkeiten in der Lebensbewältigung. Wie sich die Eltern beim Eintreten der Trotzphase verhalten sollen, läßt sich hier im einzelnen nicht darlegen. Ganz allgemein ist jedoch zu beachten, daß dem Kind für die Erprobung seines Wollens ein gewisser Spielraum gegeben werden muß. Es soll ruhig etwa die blaue Schürze bekommen, wenn es die grüne nicht anziehen will, braucht auch nicht zu essen, wenn es nicht will, muß dann aber auch in Kauf nehmen, daß es bis zur nächsten Mahlzeit nichts gibt. Dagegen sollte darauf gedrungen werden, daß an bestimmten Ordnungen nicht gerüttelt wird. Im übrigen empfiehlt es sich, den Trotz des Kindes nicht durch zu viele Gebote und Verbote herauszufordern und etwa auftretenden Trotzäußerungen möglichst kühl, keineswegs affektiv zu begegnen. Sobald das Kind gelernt hat, sein Verhalten willentlich zu steuern, klingen die Krisensymptome ab. Dem Kind gelingt dann eine neue Harmonisierung mit seiner Umwelt. Es wird lenksam und kontaktbereit und durchlebt bis zum Beginn des sogenannten 1. Gestaltwandels eine »goldene Kinderzeit«.

Das Großkind

Ein weiterer Einschnitt im Leben des Kindes, der körperlich in Erscheinung tritt, erfolgt im Verlauf des 6. Lebensjahres. Damit ist nun nicht etwa der Schuleintritt gemeint, obwohl dieser in diese Zeit fällt, sondern der Übergang zum Typus des Großkinds. Beginn und Dauer dieses Prozesses sind variabel. Der Verlauf zeigt jedoch bei allen Kindern dieselbe Typik.

Körperliche Veränderungen. Der Körper des Kindes weist zunächst die sogenannte *Kleinkindform* auf, die vor allem durch die Kopf-Körper-Proportion bestimmt wird: der Kopf ist im Verhältnis zum Rumpf viel größer als bei dem neu entstehenden Typ. Der zylindrisch-walzenförmige Rumpf ist zumeist fettreich und gibt der gesamten Gestalt ein weiches, rundliches Gepräge. Arme und Beine entbehren noch der kräftigeren Muskulatur. Diese im ganzen harmonisch wirkende Gestalt unterliegt nun während des 6. Lebensjahrs einem tiefgreifenden Umbau, als dessen Ergebnis die sogenannte Großkindform erscheint. Die Proportionsverschiebung zugunsten des Rumpfs kommt durch ein beschleunigtes Wachstum der Arme und Beine und durch ein Länger- und Kräftigerwerden des Halses zustande. Die Kinder verlieren nun ihre Rundlichkeit, werden etwas magerer, aber kräftiger, und wirken schlanker und gestreckter. In dieser Zeit beginnt auch der Zahnwechsel.

Seelische Wandlungen. Mit diesem Umbau im Bereich des Leiblichen geht nun auch ein seelischer Gestaltwandel einher, der den meisten Kindern viel zu schaffen macht. Sie sind während dieser Zeit nicht mehr so harmonisch wie bisher, wirken desorientiert und neigen zu

Widerborstigkeiten. An ihren bisherigen Spielen haben sie keine rechte Freude mehr, wollen oft nicht mehr in den Kindergarten gehen und vertrödeln ihre Zeit mit ziellosen Unternehmungen trotz des vorhandenen Tätigkeits- und Erlebnisbedürfnisses. Ihre körperlichen Kräfte sind in einem raschen Wachstum begriffen und drängen zur Erprobung. Zwar wollen sie nun »etwas Rechtes« tun, besitzen aber noch wenig Geduld und Ausdauer und ermüden rasch. Kein Wunder, daß sie mit sich selbst unzufrieden sind, leicht in Erregung geraten und mit Eltern und Geschwistern nicht mehr so gut zurechtkommen wie bisher. Wie im 1. Trotzalter gibt es auch jetzt häufig Streit und Verdruß.

Prüfung der Schulreife. Da der Schuleintritt die vorhandenen Schwierigkeiten nicht vermindert, wird da und dort gefordert, die Kinder erst nach Abschluß des 1. Gestaltwandels in die Schule zu schicken. Infolge der eingangs genannten Unterschiedlichkeiten im Tempo des Entwicklungsablaufs läßt sich der Beginn der Schulreife jedenfalls nicht vom Lebensalter her bestimmen, was die Notwendigkeit von Schulreifeprüfungen erklärt (vgl. S. 302–309).

Die Reifezeit

Bei den meisten Kindern ist der 1. Gestaltwandel am Ende des 6. Lebensjahrs abgeschlossen. Im körperlichen Bereich wird die erreichte Proportion nun weiter ausgebaut, im seelischen Bereich klingt die Erregungsphase ab und macht einer neuen Harmonisierung Platz, die erst wieder durch die *Pubertät* gestört wird. Die dabei auftretenden leib-seelischen Veränderungen sind von einschneidender Art.

Im Hinblick auf die großen körperlichen Veränderungen wird die Pubertät auch als Zeit des 2. Gestaltungswandels bezeichnet, im Hinblick auf die seelischen Veränderungen als 2. Trotzalter. Das Bild des Jugendlichen in dieser Phase wird sowohl durch geschlechts- und milieubedingte Faktoren als auch durch solche konstitutioneller, rassischer und epochaler Art stark abgewandelt, hebt sich jedoch gegenüber früheren und späteren Erscheinungsformen deutlich ab.

Der Verlauf der Pubertät. Wie ein heraufziehendes Gewitter sich durch Wetterleuchten bemerkbar macht, so kündigt sich auch die Pubertät durch eine ihr vorausgehende Phase, die *Vorpubertät*, an. Bei Mädchen ist mit dieser schon im Verlauf des 10., bei Knaben zumeist erst im 12. Lebensjahr zu rechnen. Der Beginn der *eigentlichen Pubertät* dürfte bei Mädchen im allgemeinen im 13., bei Knaben im 14. Lebensjahr liegen.

Die vorgenannten Zahlen bieten nur allgemeine Anhaltspunkte. Präzise Angaben lassen sich weder über Beginn und Ende noch über den Verlauf dieser Umbruchsphase machen. Bei den einen vollzieht sie sich in ruhigen und gemäßigten, bei den andern in unruhigen und stürmischen Bahnen. Vielfach schießt auch die körperliche Entwicklung der seelischen voraus, wodurch der Spannungszustand, in dem sich der Jugendliche sowieso schon befindet, noch erhöht wird (S. 147: Retardation und Akzeleration): Man sieht fast so aus wie ein Erwachsener – und ist es doch noch nicht, wird wie ein Kind behandelt, muß die Schulbank drücken, wo doch »das Leben« so viele Reize bietet!

Körperliche Veränderungen. Das neue Körpergefühl, das durch das körperliche Wachstum im allgemeinen und durch die *Geschlechtsreife* im besonderen zustande kommt, macht den Jugendlichen viel zu schaffen. Arme und Beine werden besonders bei den Jungen zusehends länger, während der Rumpf sich kaum verändert, so daß die ganze Gestalt unproportioniert wirkt. Die Bewegungen werden entweder schlaksiger und fahriger oder steifer und gehemmter. Zudem prägen sich nun die primären und sekundären Geschlechtsmerkmale immer stärker aus, was teils mit Stolz, teils mit Unbehagen festgestellt wird. Bei den Mädchen kommt es zum Schwellen der Brüste und zur ersten Menstruation, bei den Knaben zum Sprießen des Bartes, zum Stimmbruch und zur Vergrößerung des Genitales. Von den Erwachsenen als »halbwüchsig« betrachtet, sieht man sich selbst als junge Dame oder junger Mann.

Seelische Wandlungen. Wesentlicher als diese äußeren Veränderungen sind jedoch die im seelisch-geistigen Bereich. Das bisherige Weltbild erweist sich als nicht mehr tragbar. Man betrachtet die Erwachsenenwelt nun mit anderen Augen, wird kritischer und erregbarer, entdeckt eventuell seine Innenwelt, »weiß Bescheid« und merkt, daß man ja ganz anders denkt und fühlt als die Alten. Das Hineinwachsen in den Typus des Jugendlichen äußert sich, ähnlich wie zu Beginn des 1. Trotzalters, in einer rasch zunehmenden Ablehnung und Verneinung bisheriger Werte und Verhaltensweisen. Das Interesse an der Schularbeit läßt insbesondere in den oberen Klassen der Volksschule merklich nach. Die Mädchen legen nun großen Wert auf die Pflege ihrer äußeren Erscheinung und interessieren sich für Filmgrößen, Modezeitschriften und Partys. Die Jungen tragen nun Niethosen, gefallen sich in einer »Mähne«, rauchen heimlich Zigaretten und begeistern sich für Sporthelden, Gangster- und Wildwestfilme.
Die Geschlechter wollen zunächst nun nicht mehr viel voneinander wissen. »Vom Mädchen reißt sich stolz der Knabe!« Während die Jungen sich zu Banden zusammenschließen, suchen sich die Mädchen eine Freundin, mit der man alles, was einen bewegt, besprechen kann. »Mit der Mutter oder dem Vater kann man ja ›so etwas‹ nicht bereden«, heißt es da oft. Leider ist das Vertrauensverhältnis zwischen Eltern und Kindern in dieser kritischen Phase oft getrübt. Dabei wäre eben jetzt »Führung und Geleit« dringend nötig! Eltern und Lehrer verlieren jedoch in dieser Zeit nur zu häufig an Autorität. Mehr und mehr wollen die Jugendlichen über ihr Tun und Lassen selbst befinden.

Verhalten in der Vorpubertät Zur Stärkung des in der Vorpubertät noch etwas schwachen Selbstgefühls renommiert man nun auf beiden Seiten: die Mädchen mit Erlebnissen, die sie nie gehabt haben, die Jungen mit Taten, die sie vorhaben. Geltungsbedürfnis und Tatendrang treibt besonders die Jungen gelegentlich auf Abwege. Es kommt zu mutwilligen Sachbeschädigungen und Diebereien, zu ziellosem Herumstreunen oder Ausreißen aus dem Elternhaus. Besonders die Labileren befinden sich jetzt in Gefahr zu verwahrlosen.

Verhalten in der eigentlichen Pubertät. Die Symptome, die besonders für die Vorpubertät charakteristisch waren, treten in der eigentlichen Pubertät in verstärktem Maße in Erscheinung. Lehrer und Lehrmeister klagen nun über das flegelhafte Benehmen der Jungen und die dämchenhafte Arroganz der Mädchen. Ein Großteil der Jugendlichen tritt ja in dieser kritischen Phase bereits in das Berufsleben ein und wird hier mit einer Welt konfrontiert, die weder ihrer Reife noch ihren Neigungen und Kräften entspricht. Es ist daher nicht zu verwundern, daß sie danach trachten, wenigstens in ihrer Freizeit ihrem Stil gemäß zu leben – was zumeist wieder die Kritik der Erwachsenen herausfordert.

Pubertät und moderne Arbeitswelt. Die großen Probleme, die sich heute durch die Jugendlichen stellen, beispielsweise das vielbeklagte Halbstarkentum, sind erst auf dem Boden der modernen Arbeitswelt erwachsen; das dürften die Erwachsenen nicht übersehen. Psychologen äußerten sogar die Vermutung, daß die Flegelhaftigkeit gar nicht zur »Natur« dieser Entwicklungsstufe gehöre, sondern ein »Zivilisationsphänomen« darstelle. Zu bedenken gibt jedenfalls die Tatsache, daß das Wort »Flegeljahre« bis zum Jahre 1770 im deutschen Sprachschatz gar nicht vorhanden war und Flegelhaftigkeiten in der uns bekannten Weise bei den sogenannten Naturvölkern und unter weniger komplizierten Lebensverhältnissen nicht vorkommen. Offensichtlich besteht zwischen dem aggressiven und unbotmäßigen Verhalten der Jugendlichen und dem Zwang, dem sie in einer technisierten Spätkultur unterworfen sind, ein innerer Zusammenhang. Unsere Städte und Betriebe mit ihren Ordnungssystemen bieten der freien Entfaltung eines jugendgemäßen Lebens nicht viel Raum. Je komplizierter das Leben wird, um so schwieriger wird es auch für die Jugend, in die Welt der Erwachsenen hineinzuwachsen, die sie ja einmal weitertragen sollen. Wenn die Jungen seelisch-geistig reif werden sollen, dann müssen sie bedachtsam in die bestehenden Ordnungssysteme hineinwachsen, um später kulturelle und soziale Aufgaben übernehmen zu können. Hierzu ist wesentlich, die Innenwelt auszuformen und tragfähige Leitbilder zu gewinnen. Die Bewältigung gerade dieser Aufgaben ist für die heutige Jugend sehr schwierig geworden. Das hektische Tempo unseres Lebens läßt den Heranwachsenden zu wenig Zeit zur Ausreifung. Es fehlt nicht nur an Schonräumen für die Jugend, sondern auch an allgemeinverbindlichen Leitbildern.

Die Jugendlichen sind sich ihrer Unfertigkeit zumeist wohl bewußt und trachten danach, ihre Unsicherheit zu überwinden. Freilich legen sie dabei oft ein Verhalten an den Tag, das den Erwachsenen nicht behagt. Doch darf nicht übersehen werden, daß zum Bild dieses Typs eine Reihe sehr positiver Züge gehören, so zum Beispiel ihr Drang zur Verselbständigung, ihr Suchen nach neuen Werten, ihre Einsatzbereitschaft und Begeisterungsfähigkeit. Die ins Berufsleben eintretenden Jugendlichen gelangen meist etwas früher zu einer Stabilisierung ihrer Verhältnisse als die auf der Schulbank verbliebenen. Manche verharren bezüglich ihres Denkens und Wollens oft noch bis in die zwanziger Jahre hinein in einem mehr puberalen Zustand.

Das Erwachsensein

Für die Kennzeichnung und Gliederung des Erwachsenenalters stehen weniger Kriterien zur Verfügung als für die vorangegangenen Epochen, zumal von der physiologischen Seite her mit keinen einschneidenderen Veränderungen mehr zu rechnen ist. Zwar unterliegt die körperliche Erscheinung noch mancherlei Wandlungen, doch läßt sich der Typus dadurch nicht bestimmen. Eher könnte noch daran gedacht werden, das Erwachsen- und Reifsein etwa an der Bereitschaft zur Übernahme bestimmter »Rollen«, wie der Berufs-, Geschlechts- und Familienrolle abzulesen oder an der Stabilisierung der Persönlichkeit.

Reife der Erwachsenen?

Nichts wäre irriger als die Meinung, man werde sozusagen »von selbst« ein reifer Mensch. Wie jedermann an Beispielen aus seinem Bekanntenkreis feststellen kann, fehlt es leider noch vielen sogenannten Erwachsenen an Lebensreife. Sie sind in ihrem Denken und Handeln nicht über die in der Pubertät erworbenen Verhaltens- und Vorstellungsformen hinausgekommen. Man hat nun seinen Beruf, vielleicht sogar eine Familie und Kinder, verdient, was man zum Lebensunterhalt braucht und wird nun ohne viel eigenes Dazutun durch die Verhältnisse in eine der vielerlei Standardformen des Typus »Erwachsener« gebracht. »Höchstes Glück der

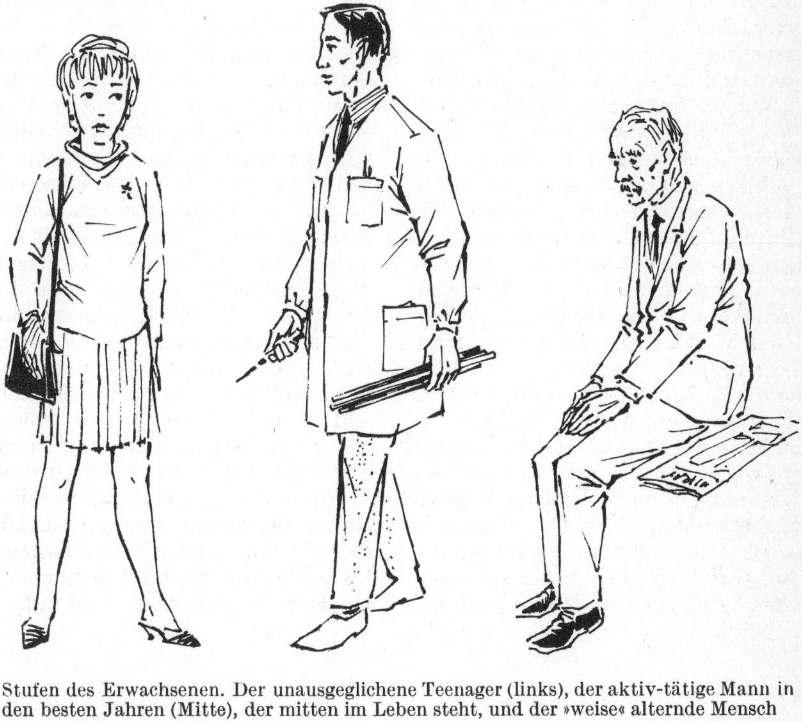

Stufen des Erwachsenen. Der unausgeglichene Teenager (links), der aktiv-tätige Mann in den besten Jahren (Mitte), der mitten im Leben steht, und der »weise« alternde Mensch

Erdenkinder sei nur die Persönlichkeit!«, ist für einen Großteil unserer Zeitgenossen kein erstrebenswertes Ziel mehr. Zugegeben: Der Prozeß der Selbstverwirklichung und Selbstgestaltung erfordert mehr Zeit, Kraft und – Begabung, als dem Durchschnittsmenschen zur Verfügung steht, der es als eine Überforderung empfindet, wenn er an der Hochform des Typs gemessen wird. Er hat sich in seinem Lebensalterkäfig ganz gut eingerichtet, fühlt sich darin zu Hause und weiß mit der Forderung GOETHES »Stirb und werde« zumeist nicht viel anzufangen.
Abschließend sei darauf hingewiesen, daß der Typus des Erwachsenen durch Geschlecht, Konstitution, Milieu, Beruf und Lebensschicksal die mannigfaltigsten Abwandlungen erfährt. Für ihn, den Erwachsenen »im besten Alter« treffen die Typenentwürfe noch am meisten zu, weil sich in diesem Altersstadium die Anlagen des Menschen am ausgeprägtesten zeigen.

Alter und Altersstarre

Glücklich, wer erkannt hat, daß man nie auslernt, nie fertig ist und sich die Fähigkeit bewahrt hat, Erfahrungen zu machen. Man gelangt zwar auch schon in früheren Jahren zu sogenannten Erfahrungen; diese beruhen jedoch nur auf einem Wissens- und Kenntniserwerb, während die Lebenserfahrungen des Erwachsenen in einem Zuwachs an Erkenntnissen und Einsichten in größere Lebenszusammenhänge bestehen und zu persönlichen Neuorientierungen führen. Während der Jugendliche im Sturm und Drang leicht seine Kräfte überschätzt, lernt der Erwachsene mehr und mehr seine Möglichkeiten und Grenzen kennen.
Die Begegnung mit der Welt berechtigt ihn nun auch zur Einnahme eines Standpunkts, der ihm nicht wie dem Jugendlichen lediglich als Podium für ein Selbstbekenntnis dient, sondern zur Darstellung des Ergebnisses seiner Auseinandersetzungen mit den Realitäten des Lebens. Wenig erfreulich ist allerdings, wenn die geäußerten Meinungen erkennen lassen, daß es auch dem Erwachsenen noch an Kritik- und Urteilsfähigkeit fehlt oder er nicht in der Lage ist, seinen Standpunkt zu revidieren.
Die Herausbildung von *Verfestigungslinien* und bestimmten Verhaltensformen gehört zwar zum Wesen des Typus, zieht jedoch in höherem Alter auch den Verlust an Elastizität nach sich. Doch läßt sich immer wieder beobachten, daß *Erstarrungserscheinungen* keineswegs nur Kennzeichen des Greisenalters sind, sondern auf allen Altersstufen vorkommen.

Funktionstypen

Die im folgenden beschriebene Typologie des Schweizers C. G. JUNG geht aus von dem Verhältnis von Subjekt zum Objekt, mit anderen Worten: von Mensch und Umwelt. Da es sich also um die Einstellung des Menschen zur Welt handelt, spricht man auch von *Einstellungstypen*. Die Bezeichnung *Funktionstypen* (von lat. fungi = verrichten; functio = Verrichtung, Tätigkeit) bezieht sich darauf, daß nach der Lehre von JUNG der Mensch vier psychische Hauptfunktionen habe (Denken, Fühlen, Erschauen, Empfinden), von denen je eine stärker hervortreten kann und die außerdem durch die Einstellung zur Umwelt beeinflußt ist.

Zwei Einstellungen zur Umwelt

Der Schweizer Nervenarzt und Tiefenpsychologe Carl Gustav Jung (1875–1961) stellte fest, daß man als Mensch zweierlei Einstellungen zur Umwelt haben kann: entweder mehr auf die Außenwelt eingestellt – Jung nennt diesen Typ *extravertiert* (lat. extra = außen + vertere = wenden, also extravertiert = nach außen gewendet) – oder mehr nach innen gerichtet, *introvertiert* (lat. intra = innen + vertere). Diese beiden Typen lassen sich im Alltag häufig beobachten.

Federmann und Kaltmann – ein Beispiel

Wir haben da in unserer Abteilung einen Kollegen, der im ganzen Betrieb bekannt ist: Herr Federmann. Dabei bekleidet er gar keine überragende Position, sondern ist eben einer wie du und ich. Man kann ihn aber überall hinschicken, und nie kommt er unverrichteter Dinge wieder zurück. Durch seine umgängliche, freundliche und gesprächige Art ist es ihm nämlich rasch gelungen, überall hin »Beziehungen« zu gewinnen. Er kennt alle, vom Hofarbeiter über die Meister bis zum Chef; auch den Neuen, der erst ein paar Tage da ist. In Riccione wollte er ihn schon gesehen haben, was jener jedoch energisch bestritt. Doch damit war die Bekanntschaft schon hergestellt.
Ganz anders Kaltmann. Er gilt »oben« als eine sehr tüchtige und verläßliche Arbeitskraft. Doch kennt ihn eigentlich niemand so recht. Er tut seine Pflicht, verhält sich stets korrekt, spricht aber wenig. In der Kantine sieht man ihn nie, und nach Geschäftsschluß verschwindet er sehr rasch. Federmann hat sich seiner zwar auch schon angenommen, jedoch mit wenig Erfolg und bezeichnet ihn deshalb ganz offen als einen Duckmäuser. Kaltmann gehen solche Leute wie Federmann »auf die Nerven«. Er hält sie für Angeber und Betriebmacher, hütet sich aber, seine Meinung laut zu äußern. Am Betriebsausflug ist Kaltmann nicht viel gelegen; um so mehr Federmann. Doch geht Kaltmann mit, weil er es für seine Pflicht hält. Federmann sieht darin eine willkommene Gelegenheit, allen einmal zu zeigen, was er eigentlich für ein Kerl ist. Zu vorgerückter Stunde wird Federmann sentimental und äußert tiefsinnige Gedanken. Er biedert sich nun sogar mit Kaltmann an, der – beschwingt durch mehrere von Federmann gestiftete »Runden« – sich eben zu aller Überraschung anschickt, eine Rede zu halten. Er will endlich einmal sagen, daß er ja eigentlich gar nicht so ist, wie Federmann meint. Anderntags ist es Kaltmann sehr peinlich, daß er so »aus der Rolle« gefallen ist, während Federmann – auf seine Philosophiererei angesprochen – feststellt, daß schließlich jeder mal auf »dumme Gedanken« kommen könne.
Nach der Typologie C. G. Jungs wäre Federmann ein Vertreter des mehr auf die Außenwelt eingestellten Typs, also der Extravertierte, Kaltmann ein Vertreter des mehr auf die Innenwelt eingestellten Typs, ein Introvertierter.

Die Lehre von C. G. Jung

Nach Jungs Ansicht ist jeder Mensch von Natur aus zu beiden Einstellungen fähig: zur introvertierten und zur extravertierten Haltung. Das Leben fordert sogar den rhythmischen Wechsel von Insichhineinhören und

Aussichherausgehen, von Besinnung und Handeln. Auch Kaltmann muß ja mit seiner Umwelt – auch wenn sie ihm nicht sympathisch ist – fertig werden, sich mit ihr befassen und schließlich sogar anpassen. Und Federmann wird immer wieder einmal auf sich zurückgeworfen und zur Selbstbesinnung genötigt.

Die Entstehung der Einstellungen. Daß der eine Mensch im Laufe seines Lebens zu einer mehr introvertierten, der andere zu einer mehr extravertierten Haltung gekommen ist, kann sowohl durch innere Dispositionen als auch durch äußere Verhältnisse bedingt sein. Vielleicht ist der korrekte, sicher wirkende Kaltmann – ganz im Gegensatz zu seiner äußeren Erscheinung – etwas empfindlich veranlagt und unter widrigen Verhältnissen aufgewachsen, die ihn dazu veranlaßten, sich gegen diese abzuschirmen und sich auf sich selbst zurückzuziehen. Federmann, der weniger empfindlich veranlagt ist, gelang die Anpassung an die Umwelt leichter. Er hatte daher auch keine Veranlassung, sie als fremd oder feindlich zu empfinden, sich von ihr abzuwenden und in sich hineinzuleben.

Nebeneinander der Einstellungen. Jung ist weiterhin der Ansicht, daß die Wesensart der beiden Typen nicht durch die Alleinherrschaft, sondern nur durch die Vorherrschaft einer der beiden Einstellungstendenzen gekennzeichnet ist. Mit anderen Worten: Es gibt weder einen rein extravertierten noch einen rein introvertierten Typus. Typisch ist immer nur das relative Überwiegen der einen oder anderen Einstellung. Die gegensätzliche Tendenz bleibt also in jedem der beiden Typen latent erhalten und macht sich gelegentlich bemerkbar. Es ist also durchaus möglich, daß ein Extravertierter durch ein erschütterndes Erlebnis in eine Krise gerät, als deren Folge er auf sich selbst zurückgeworfen wird und vorübergehend eine mehr introvertierte Einstellung dem Leben gegenüber einnimmt. Ebenso können sich beim Introvertierten anläßlich besonders günstiger Umweltverhältnisse oder in angeregter Stimmung extravertierte Züge bemerkbar machen.

Wandel der Einstellungen. Zu einem Wandel der Einstellung kommt es vor allem im Lauf der Jugendzeit. Es ist zwar anzunehmen, daß das Kind bereits mit einer Anlage geboren wird, die seine Einstellung zur Welt bestimmt. Zunächst jedoch dominiert, da dem Kind die Reife zur Erfassung der Umwelt fehlt, der Bezug zur Innenwelt. Mit fortschreitender Reife gelingt es dem Kind mehr und mehr, von der Außenwelt Besitz zu ergreifen; beim Schulkind bekommt die Tendenz zur Extraversion sogar das Übergewicht. Mit dem Eintritt in die Pubertät schlägt sozusagen das Pendel wieder zurück. Der Jugendliche entdeckt nun, daß es auch eine Innenwelt gibt, der er sich nun in verstärktem Maße zuwendet. Doch wird sich bei einem extravertiert Veranlagten die Tendenz zur Innenschau nicht so stark auswirken wie bei einem von Natur aus introvertiert Veranlagten. Nach Abschluß der Reifezeit setzt sich im allgemeinen der anlagemäßig bestimmte Typus durch. Der Mensch ist nun entweder mehr auf Introversion oder mehr auf Extraversion eingestellt, wobei jedoch nie außer acht gelassen werden darf, daß auch die gegensätzliche Tendenz – wenn auch nur in schwacher Form – noch vorhanden ist.

Umkehr der Einstellungen. Die Typologie JUNGS ist zweidimensional. Seiner tiefenpsychologischen Auffassung entsprechend beherrscht die dominierende Einstellung das Bewußtsein, die gegensätzliche aber das Unbewußte. Durch diese Berücksichtigung der »Unterwelt« wird es möglich, so überraschende Verhaltensweisen, wie sie uns bei Federmann und Kaltmann begegneten, zu erklären. Die ins Unbewußte verdrängte Einstellung benützt sozusagen eine zeitweilige Abschwächung der herrschenden Einstellung, um ans Tageslicht zu treten und einen Ausgleich zu schaffen. Zu dieser Umkehr kann es sowohl in hochgestimmtem als auch in niedergedrücktem Zustand kommen. In normalen Zeiten setzt sich jedoch die für den Betreffenden typische Einstellung durch, und zwar um so nachhaltiger, je stärker die Disposition dazu vorhanden ist.

Die zwei Typen nach C. G. Jung

Die vorangehenden Ausführungen haben sicher klargemacht, daß nicht jeder unserer Bekannten in der Typologie untergebracht werden kann. Viele Menschen haben sich eben noch die Fähigkeit zu beiden Einstellungen gleichermaßen erhalten, zeigen also in dieser Hinsicht nichts Typisches und erscheinen uns daher als »Durchschnittsmenschen«. Der Typus ist immer durch die Einseitigkeit seiner Einstellung gekennzeichnet. Im folgenden betrachten wir nun die Hauptmerkmale der beiden Typen.

Der extravertierte Typ

Der extravertierte Mensch ist – wie wir schon bei Federmann gesehen haben – ganz und gar der Außenwelt zugewandt. In ihr mitzuschwingen und überall dabei zu sein, ist ihm ein Hauptanliegen.

Verhalten zur Umwelt. Da er sich nicht viel mit seiner Innen- und Eigenwelt beschäftigt, ist diese auch nicht stärker ausgeprägt, was zur Folge hat, daß ihm die An- und Einpassung nicht schwerfällt. Er schließt sich in seinem Urteil der sogenannten »allgemeinen Meinung« an, die er unbesehen als die seine ausgibt. Er tut, was »man« üblicherweise auch tut, gleicht sich seiner Umgebung an und ist deshalb überall gern gesehen. Dies hebt nicht nur sein Selbstbewußtsein, sondern steigert auch seine Unternehmungslust.

Arbeit und Freizeit. Kein Wunder, daß Menschen dieses Typs überall dort zu finden sind, wo etwas organisiert und auf die Beine gestellt werden muß, wo man repräsentieren und etwas aus sich machen kann. Geruhsame, aber sture Büroarbeit liegt ihnen nicht. Je größer der Umtrieb, um so wohler ist es ihnen. Sie gehen daher auch im Urlaub nicht etwa auf eine abgelegene Hochgebirgshütte, um sich dort in der Stille der Natur auszuspannen, sondern mischen sich unter eine Reisegesellschaft oder fahren an einen belebten Strand, wo »etwas los ist« und man neue Bekanntschaften machen kann. Das Schlimmste für sie ist, ans Bett gefesselt und auf sich selbst angewiesen zu sein. Obwohl sie hier nun Zeit und Muße hätten, in sich zu gehen, sich mit ihrer eigenen Welt zu beschäftigen und nachzudenken, fühlen sie sich zumeist unglücklich und langweilen sich.

Gefühlsleben. Dem Introvertierten fällt der – von uns hier in »Reinkultur« dargestellte – Typ des Extravertierten auf die Nerven. Er hält ihn für oberflächlich und angeberisch, ja sogar für unecht und charakterlos, womit er ihm jedoch nicht immer gerecht wird. Auch der Extravertierte führt ein Innenleben; nur findet er keine Zeit, sich mit ihm so intensiv zu beschäftigen wie der Introvertierte. Infolgedessen haftet seiner gedanklichen Produktion vielfach ein naiv-kindlicher Zug an. Er ist oft etwas abergläubisch, beschäftigt sich unter Umständen mit okkulten Dingen und ist in magischen Zirkeln zu finden. Mit seiner Gefühlswelt verhält es sich ähnlich. Er nimmt im Alltag nicht viel Notiz von ihr; um so mehr wird er jedoch in freud- oder leidvollen Stunden von ihr überwältigt. Extravertierte Menschen können aus ihrer realistischen Haltung heraus plötzlich in eine übertriebene, kindlich anmutende Gefühlsseligkeit verfallen, die gar nicht zu ihrem sonstigen Wesen paßt und nur so erklärt werden kann, daß hier ein Einbruch aus einer unterentwickelten, unterdrückten Schicht stattgefunden hat. Prinzipientreue und Grundsatzfestigkeit im Sinne des Introvertierten darf man freilich vom Extravertierten nicht erwarten. Er will ja die Welt nicht nach seinem Kopf gestalten, sondern richtet sich nach der Welt, so wie sie ist.

Der introvertierte Typ

Ganz anders als der eben beschriebene Menschentyp empfindet der *Introvertierte.* Für ihn ist die Welt von frühauf fremd, er zieht sich deshalb von ihr zurück und wendet sich der eigenen Welt zu. »Jedermann kennt jene verschlossenen, schwer zu durchschauenden, oft scheuen Naturen, die den denkbar stärksten Gegensatz bilden zu jenen andern offenen, umgänglichen, öfters heiteren oder wenigstens freundlichen Naturen, die mit aller Welt auskommen oder auch sich streiten, aber doch in Beziehung dazu stehen, auf sie wirken, und auf sich wirken lassen«, heißt es bei Jung.

Verhalten zur Umwelt. Der extravertierte Typ hat gewissermaßen stets die Tendenz, sich auszugeben und sich in alles hineinzuverbreiten, der introvertierte Typ dagegen, sich zu bewahren und sich selbst zu erhalten. Kein Wunder, daß ihn der Extravertierte für einen zugeknöpften Sonderling und Eigenbrötler hält, bei dem man nicht warm wird. Der Introvertierte möchte zwar auch gerne an dieser andern Welt teilhaben; doch kann sich seine ins Unbewußte verdrängte extravertierte Komponente nur schwer durchsetzen. Er fühlt sich Menschen und Dingen oft nicht gewachsen, ist ängstlich und befangen und flüchtet sich deshalb in die ihm vertrautere Innenwelt, der er im Extremfall ganz und gar verhaftet ist. Daher ist diese bei ihm auch viel besser ausgebaut als beim Extravertierten. Er ist nachdenklich und besinnlich, bisweilen auch etwas grüblerisch und weltfremd, besitzt aber vielfach eine gehaltreichere Innenwelt als der Extravertierte.

Arbeit und Freizeit. Man findet unter den Introvertierten große Gelehrte, Erfinder und Künstler, aber wenig Manager, Organisatoren und Praktiker, allenfalls noch Tüftler. Zur Verwirklichung ihrer in der Stille geborenen Ideen brauchen sie zumeist einen extravertierten Partner als Assistenten, Manager, Impresario oder – Ehegatten. Teamarbeit liegt dem Introvertierten nicht besonders. Dazu ist er nicht genügend aufgeschlossen und anpassungsfähig. Zudem ist er viel zu sehr von der Richtigkeit seiner Denkweise überzeugt, zeigt daher auch wenig Bereitschaft, auf andere einzugehen oder gar nachzugeben. Er muß sich deshalb oft den Vorwurf gefallen lassen, eigensinnig, rechthaberisch und herrschsüchtig zu sein.

Da ihn die Auseinandersetzungen mit anderen viel Kraft kosten, ist er heilfroh, wenn er niemand mehr sieht, der ihm seine Position streitig macht. Im Urlaub findet man ihn daher auch nicht an den Plätzen, wo »man« hingeht, sondern in einem abgelegenen Gebirgsdorf oder an einem einsamen Strand. Schließlich hat er sich ja – wie er sagt – das ganze Jahr über genug mit den Leuten herumärgern müssen. Findet er jedoch einen Gleichgesinnten, von dem er sich bejaht und verstanden fühlt, dann »taut« er auf und wird unter Umständen sogar gesprächig. Den wenigen, mit denen er in Kontakt steht, ist er ein treuer, aufrichtiger und anhänglicher Freund. Extravertierte halten ihn jedoch vielfach für verstockt und unbeugsam und beklagen den Mangel an Zugänglichkeit und Kompromißbereitschaft.

Varianten der Typen

Daß Geschlecht, Alter, Begabung und soziales Milieu mancherlei Abwandlungen der beiden Hauptformen des Typs bewirken, liegt auf der Hand. Die Varianten, die Jung nennt, sind jedoch durch die Vorherrschaft bestimmter psychischer Funktionsbereiche zustande gekommen. Dabei gelangte er zur Unterscheidung eines extravertierten und introvertierten *Denk-*, *Gefühls-*, *Empfindungs- und Intuitionstypus*. Diese Untergliederungen sind jedoch nur auf dem Hintergrund seiner tiefenpsychologischen Theorien verständlich.

Interessentypen

Wenn wir im Alltag Menschen begegnen, deren Interessen in eine ganz bestimmte Richtung verlaufen, neigen wir dazu, diesen Zug, der uns ungewöhnlich vorkommt, als beherrschend anzusehen. Wir »bilden« Typen, wie wir es im Kapitel über die Prävalenztypen (S. 96–98) erfahren haben. Da ist etwa die Rede vom »Theoretiker«, der zwar in der Theorie recht, in der Praxis aber unrecht habe, oder vom »Praktiker« bei dem es gerade umgekehrt sei. In beiden Fällen fühlen sich die Betroffenen durch diese Kennzeichnung nicht besonders geschmeichelt, denn insgeheim soll damit ja ausgedrückt werden, daß ihnen etwas fehlt: dem Theoretiker der Bezug zur Wirklichkeit und dem Praktiker der Bezug zu den höheren Bereichen des Geistes. Einen ähnlich negativen Beigeschmack haben die Typenbezeichnungen »Politiker« und »Ästet«. Ihren Trägern wird eine gewisse Einseitigkeit ihrer *Interessen* und *Einstellungen* in den Schoß geschoben, die dem Durchschnittsmenschen, der sich angeblich für alles (oder nichts?) interessiert, verdächtig erscheint.

Die Lehre von Eduard Spranger

Der Tübinger Universitätsprofessor EDUARD SPRANGER (1882–1963) verwendet den Begriff der Interessen in seiner berühmt gewordenen Typologie. Aber sie haben dort einen anderen Sinn als den eben erwähnten. Obwohl er dieselben Worte gebraucht, liegen seinen Betrachtungen doch ganz andere Überlegungen zugrunde.

In seinem Buch »Lebensformen«, das erstmals 1914 erschien und in welchem er seine Lehre niederlegte, ging er davon aus, daß alle bedeutenden Leistungen unserer Kultur, wie zum Beispiel auf dem Bereich der Kunst, der Wissenschaft, der Technik, von Menschen geschaffen wurden, die gerade dafür ein besonderes Interesse und die erforderliche Begabung hatten, was keineswegs ausschließt, daß sie auch noch für andere Gebiete Sinn und Verständnis zeigten. Ihrer Begabung entsprechend fühlten sie sich jedoch dazu verpflichtet, ihre ganze Kraft gerade dort einzusetzen, wo sie ihre Stärke vermuteten. Wenn Spranger daher vom »theoretischen Menschen« spricht, so meint er damit nicht jenen Typ, der zu ungeschickt ist, um einen Nagel gerade in ein Stück Holz zu schlagen, ja er denkt dabei nicht einmal an eine konkrete Erscheinungsform von Mensch, sondern lediglich an eine *Geisteshaltung, die durch ein ausgeprägtes Interesse bestimmt wird.* Nach derartigen Typen im Alltag zu suchen, wäre völlig abwegig. Seine Typen stellen keine Fotografien oder Abbilder konkreter Erscheinungen dar, sind also keine Realtypen, sondern »zeitlose Idealtypen, die als Schemata oder Normalstrukturen an die Erscheinungen der historischen und gesellschaftlichen Wirklichkeit angelegt werden sollen«.

Spranger will mit seinen Typen der Geisteshaltung gar keine in der Wirklichkeit anzutreffenden Gestalten zeichnen, sondern Maßstäbe geben, an denen diese gemessen werden können. »Unsere Lebensformen« – so nennt er seine Typen – »sind nichts anderes als gedanklich entworfene Strukturen des individuellen Bewußtseins, die sich ergeben, wenn ein Wert im Einzelleben als der beherrschende gesetzt wird«. So wie der Philosoph KARL JASPERS von »Weltanschauungstypen« spricht – Menschen, die einer bestimmten Weltanschauung (philosophische Weltsicht) gleichsam verhaftet sind –, so könnte man hier von *Typen der Werthaltung* sprechen.

Mit Hilfe der Sprangerschen Typologie läßt sich festlegen, wie weit der einzelne sich in der Richtung der verschiedenen Werttypen entwickelt hat. Hierin liegt der Hauptwert dieser Typenlehre; sie stellt uns Maßstäbe zur Verfügung, nach denen wir urteilen können. Wir »verstehen« einen ja nur in dem Maße, als es uns gelungen ist, in die besondere Wertkonstellation seines Wesens einzudringen. Dies setzt aber ein bestimmtes Normbewußtsein voraus, zu dessen Entwicklung SPRANGERS Typenlehre wichtige Anregungen gibt.

Die sechs Lebensformen

Aus der Fülle der möglichen Werte – im Sinne der Philosophie – greift SPRANGER, ohne irgendeinen Anspruch auf Vollständigkeit zu erheben, sechs Werte heraus, die er als typusstiftende Gesichtspunkte verwendet. Im einzelnen handelt es sich dabei um den Wert des Theoretischen, des Ökonomischen, des Ästhetischen, des Sozialen, des Politischen und des Religiösen. Spranger versucht nun, sich vorzustellen, wie die Welt eines Menschen beschaffen wäre, wenn in ihr *eine* Werthaltung die Vorherrschaft hätte. Dabei ist er sich durchaus im klaren darüber, daß jeder Mensch auch noch zu den übrigen Wertbereichen Beziehungen hat. Betrachten wir nun die einzelnen Typen.

Der theoretische Typ

Ihm verdankt die Welt die großen Leistungen auf allen Gebieten der *Wissenschaft*, insbesondere aber der Philosophie, der Mathematik und der Physik. Er begnügt sich nicht mit der Erscheinung der Dinge oder gar deren schönem Schein, sondern trachtet danach, zu erkennen, was dahinter steckt und was die Welt im Innersten zusammenhält.

Das Problem des Theoretikers. Wenn seine Frau auf einer Gebirgswanderung etwa über ein von ihr noch nie gesehenes zierliches Blümchen in helles Entzücken gerät, da stellt der Theoretiker kühl und sachlich fest, daß es sich hier um eine gewöhnliche Soldanella alpina, eine Troddelblume aus der verbreiteten Familie der Primulaceae handelt. Befriedigt ist er erst dann, wenn er alles, was ihm begegnet, »auf den Begriff« und in ein System bringen konnte, also das Gesetzhafte und Allgemeingültige erkannt hat. Er kennt eigentlich nur ein Leiden, »das Leiden am Problem, an der Frage, die auf Erklärung, Zusammenhang, Theoretisierung dringt«. Wie der große Naturforscher HELMHOLTZ ist er der Ansicht, daß es nichts Praktischeres gibt als eine gute Theorie.

Der Theoretiker im Alltag. Dem »Praktiker« erscheint das Bemühen des Theoretikers oft recht lebensfremd, spitzfindig und trocken; er zitiert gern Mephistos Bemerkung: »Grau, teurer Freund, ist alle Theorie, und grün des Lebens goldner Baum!« – und nimmt die Dinge in die Hand, wie er sagt. Sicher wird die theoretische Einstellung auch nie rein durchgehalten werden können. SPRANGER bemerkt ausdrücklich: »Der rein theoretische Mensch ist nur eine Konstruktion.« Aber daß es Menschen gibt, die dazu neigen, alles »theoretisch« zu nehmen, ist unzweifelhaft.

Es scheint, als ob sich im theoretischen Menschen eine Funktion, nämlich die des Verstandes, in besonderem Maße entwickelt und verselbständigt hätte. Er ist das, was man im Alltag unter einem *Intellektuellen* versteht, der alles mit dem Verstand zu durchdringen versucht. »Die Welt wird für ihn ein Fächerwerk von allgemeinen Wesenheiten und System allgemeiner Abhängigkeitsverhältnisse. Dadurch aber überwindet er die Gebundenheit an den Moment. Er lebt in einer mehr zeitlosen Welt; sein Blick umspannt eine weite Zukunft, bisweilen ganze Erdepochen.«

Verhältnis zu anderen Lebensformen. Das »nur« *praktische* Verhalten wird vom Theoretiker geringgeschätzt. Betätigt er sich auf *ästhetischem* Gebiet, so wird er zum Kritiker, so wie er sich in *religiöser* Hinsicht vor allem zum Dogmatiker entwickelt. Er versucht, die Existenz eines Gottes zu beweisen oder zu widerlegen, hat aber zum Religiösen selbst zumeist kein innigeres Verhältnis. *Politische* Fragen überspitzt er gerne und verfällt in einen

»theoretischen Radikalismus«. In *sozialer* Hinsicht fehlt es ihm an Hingabe und Teilnahmefähigkeit, weshalb er hier als ausgesprochener Individualist erscheint. In seiner übersteigerten Form wird der Theoretiker leicht zum Skeptiker aus System.

Der ökonomische Typ

Menschen dieses Typs begegnen uns im Alltag sehr häufig. Sie sehen die Welt in erster Linie unter Zweckmäßigkeitsgesichtspunkten. Zu den vielen Spielarten dieses Typs gehören in erster Linie die »Praktiker« und »Schaffer«, die Unternehmer und Händler.

Lebensziele. »Der ökonomische Mensch im allgemeinsten Sinn«, sagt Spranger, »ist derjenige, der in allen Lebensgebieten den Nützlichkeitswert voranstellt. Alles wird für ihn zu Mitteln der Lebensgestaltung, des naturhaften Kampfes ums Dasein und der angenehmen Lebensgestaltung. Er verfährt sparsam mit dem Stoff, mit der Kraft, mit dem Raum, mit der Zeit, um ihnen ein Maximum nützlicher Wirkung für sich abzugewinnen.«

Verhältnis zu anderen Lebensformen. Für ästhetische Werte hat er nicht viel Verständnis. Ein Kunstwerk ist für ihn in erster Linie ein »Wertobjekt« im ökonomischen Sinn. Theoretische Kenntnisse schätzt er nur insoweit, als sie sich praktisch-technisch auswerten lassen. Als Erfinder, Techniker und »Tüftler« kann er sich zwar mit größtem Interesse der Theorie hingeben, aber nicht aus reinem Erkenntnisstreben. Stets müssen irgendwelche praktischen Erwägungen den Anlaß geben. Der Mensch wird unter diesem Gesichtspunkt zum »Arbeiter«, der der Gefahr ausgesetzt ist, nur noch als Mittel gewertet zu werden. Zur Religion hat dieser Typ zumeist kein besonders lebendiges Verhältnis. Dafür um so mehr zur Macht. Besitz gibt Macht, Wissen ist Macht. Und umgekehrt gelangt der, der Macht hat, zu Besitz.

Der ästhetische Typ

Der Vertreter dieses Typs ist keineswegs nur der Mensch, der sich dem Genuß des Schönen hingibt, sondern vielmehr derjenige, der nach starken Eindruckserlebnissen strebt und auf deren Ausdruck in einer bedeutenden Form achtet. Ihm kommt es überall nicht nur auf den Inhalt, sondern in erster Linie auf die Form an.

Außergewöhnliche und gewöhnliche Ästheten. Wir finden den Typ natürlich am reinsten beim *Künstler* verwirklicht, wo ihn beispielsweise ein Conrad Ferdinand Meyer mehr verkörpert als ein Gottfried Keller, ein Stefan George, Rilke und Hölderlin mehr als ein Thomas Mann. In der Breite des Durchschnittlichen fallen uns die Vertreter dieses Typs durch die Gewähltheit ihrer Kleidung und Umgangsformen auf, durch die sie zum Ausdruck bringen wollen, daß sie keine »gewöhnlichen« Menschen sind. Sie sind zwar nicht ungesellig, neigen jedoch zur Distanz und – hassen die gemeine Menge.

Verhältnis zu anderen Lebensformen. Die *theoretische* Geisteshaltung scheint diesem Typ zu nüchtern und zu trocken. Betätigt er sich auf theoretischem Gebiet, so strebt er danach, seine Erkenntnisse in eine würdige, persönliche Form zu kleiden, denn er ist ein ausgesprochener Individualist.

Die Bewältigung der *ökonomischen* Verhältnisse des Lebens bereitet ihm meist Schwierigkeiten. Das Ästhetische verträgt sich nicht mit dem Nützlichen. Ebensowenig besitzt er für die Welt der Machtverhältnisse ein Organ. Daher hält er sich zurück, fordert Freiheit zur Selbstentfaltung und bekennt sich zum Liberalismus des schönen Menschentums. In *religiöser* Hinsicht neigt er zum ästhetischen Pantheismus oder zum Kult der Schönheit. Religion ist ihm, wie dem jungen SCHLEIERMACHER, Erlebnissache, ein Gefühl für das Unendliche. In extremer Ausprägung verfällt der Typ in einen leeren Ästhetizismus.

Der soziale Typ

Der Vertreter dieses Typs verzehrt sich sozusagen im Dienst am Nächsten. Er ist nicht etwa nur gelegentlich einmal aus einer sentimentalen Anwandlung heraus mitleidig, sondern trachtet sein ganzes Leben danach, dem andern zu helfen.

Die Lebensaufgabe des sozialen Menschen. Was er an Gütern besitzt oder erwirbt, verbraucht er nicht für sich, sondern gibt es seinen in Not geratenen Mitmenschen. Menschen dieses Typs, wie etwa ein ALBERT SCHWEITZER, sehen den Sinn ihres Lebens im Dasein für andere. Da sie vielfach in der Stille wirken, nichts für sich selbst erstreben, bleiben sie meist unbekannt. Die Erfüllung des Gebots der *Nächstenliebe* ist ihnen zur Lebensaufgabe geworden.

Verhältnis zu anderen Lebensformen. Der soziale Mensch fühlt sich natürlich zur Welt des *Religiösen* besonders hingezogen, während er zum Bereich der *Macht* kein Verhältnis hat. Die rein *wissenschaftliche* Haltung mit ihrer kühlen Sachlichkeit liegt diesem Typ sowenig wie die rein *ökonomische.* »Selbsterhaltung und Selbstentäußerung haben einen entgegengesetzten Sinn. Wer für sich etwas begehrt, kann nicht dem andern leben.« Ebensowenig Beziehungen hat er zum *ästhetischen* Gebiet, der soziale Mensch wendet sich ja dem andern nicht der Schönheit wegen zu, sondern seiner selbst wegen. Die stärkste Abkehr vom Ideal des sozialen Menschen stellen die Haßnaturen dar, die Menschenfeinde.

Der politische Typ

Er ist durch sein Streben nach Macht gekennzeichnet. Der *Machtmensch,* wie ihn Spranger auch nennt, will nicht dienen, sondern herrschen, sich nicht aufopfern, sondern sich behaupten und durchsetzen. Dazu ist ihm jedes Mittel recht.

Das Ziel des politischen Menschen. Gelingt einem Menschen dieses Typs die Verwirklichung seiner Machtziele nicht auf diplomatischem Weg, dann versucht er es durch Gewalt. Menschenleben zählen bei ihm nicht. Er gibt zwar vielfach vor, eine große Idee zum Wohle der Menschheit verwirklichen zu wollen, sorgt sich aber nicht um das

Wohlergehen der von ihm beherrschten Menschen. Um an der Macht bleiben zu können, verleugnet er unter Umständen sogar seine Ideale von gestern.

Überragende und banale Machtmenschen. Vertreter dieses Typs finden sich nicht nur in politischen Positionen, sondern in allen Bereichen des Lebens, in den Familien, Vereinen, Organisationen, Betrieben, wo wir immer wieder Menschen begegnen, die nur von dem einen Wunsch und Willen erfüllt zu sein scheinen, über andere Macht auszuüben. Der Mensch, der nach Macht strebt, kann sich zur Erreichung seines Ziels aller anderen Wertgebiete bedienen. Doch verlieren diese dadurch an Selbstwert. So haben Wissen, Erkenntnis und Wahrheit in seiner Hand nur den Wert eines Mittels zur Erreichung seines Ziels: eben der Macht. Für objektive Werte hat er wenig Sinn und Verständnis. Die Werte relativieren sich in dieser Sphäre. »Was ist Wahrheit?«

Verhältnis zu anderen Lebensformen. Da Reichtum Macht oder zum mindesten Freiheit von fremdem Zwang gibt, strebt der Machthungrige auch nach nützlichen Dingen, weshalb die Beziehung dieses Typs zum *ökonomischen* Bereich besonders eng ist. Zur Steigerung der Machtentfaltung bedient er sich gerne *ästhetischer* Mittel. Prunk ist ein Symbol der Macht; Jahrhunderte überdauernde Bauten künden vom Machtwillen ihrer Schöpfer. Am wenigsten Beziehungen bestehen wohl zur Sphäre des *Sozialen*. Wer machtsüchtig ist, kann nicht in Liebe für einen anderen aufgehen, es sei denn, er suche die Macht, um sich sozial als Menschheitsbeglükker auswirken zu können. Dagegen verbindet sich das Machtstreben gern mit *religiösen* Formen, oder es verbrämt sich wenigstens mit diesen. »Paris ist eine Messe wert«, sagte HEINRICH IV., als er, um zur Macht zu gelangen, zum Katholizismus übertrat. Eine andere Art der Verbindung von Macht und Religion stellt das Gottesgnadentum vergangener Zeiten dar, das die Berufung als Herrscher auf göttlichen Auftrag zurückführte, woraus sich im Laufe der Jahrhunderte im Zuge der allgemeinen Verweltlichung bald etwas anderes ergab: die religiöse Gloriole für einen persönlichen Machtanspruch.

Der religiöse Typ

Diesem Menschentyp widmet Spranger eine besonders eingehende Darstellung. Zum einen erklärt sich dies aus der Größe und Würde des Gegenstands, dem sich dieser Typ zuwendet, zum andern aber aus der Schwierigkeit, den Typus des religiösen Menschen auf eine kurze Formel zu bringen.

Das Wesen des religiösen Menschen. So eindeutig uns der Typus rein gefühlsmäßig auch erscheinen mag, so schwierig ist es doch, sein Wesen allgemeingültig zu umreißen »Jeder hat seinen ganz besonderen Gott!« Das Verhältnis zu ihm scheint das Individuellste zu sein, das es gibt. »Es ist nicht möglich, die Fülle der Typen wirklich zu erschöpfen, die sich aus der Differenzierung der religiösen Grundeinstellung ergeben.« Das Wesen des religiösen Menschen offenbart sich für SPRANGER am deutlichsten in seinem Suchen nach dem höchsten Wert des Daseins. »Der religiöse Mensch ist derjenige, dessen ganze

Geistesstruktur dauernd auf die Erzeugung des höchsten, restlos befriedigenden Werterlebnisses gerichtet ist. Wer das Höchste in sich gefunden hat und darin ruht, fühlt Erlösung, Seligkeit. Das Haben dieses religiösen Gutes kennzeichnet sich also immer durch das Erlöstsein. Der Sinn der Welt wird nicht erkannt und bewiesen, sondern er kommt über uns in dem eigentümlichen Erlebniszustand, den die religiöse Sprache Offenbarung nennt.«

Worin inhaltlich gesehen für den einzelnen der höchste Wert besteht, kann nicht allgemein gesagt werden. Dies ist nur für die formale Seite des religiösen Zustands möglich. Nicht die Zugehörigkeit zu irgendeiner Religionsgemeinschaft ist das Wesentliche, sondern die innige Beziehung zu Gott, die sich in der Unterstellung des eigenen Willens unter den Willen Gottes äußert. Der religiöse Mensch weiß, daß alles Menschenwerk ohne die Gnade Gottes fruchtlos bleibt. Daher ist der religiöse Mensch demütig und bescheiden und bittet Gott um seinen Beistand in all seinem Tun.

Verhältnis zu anderen Lebensformen. Daß der Wert der *Erkenntnis* für den religiösen Menschen nicht an erster Stelle steht, bedarf keiner weiteren Begründung. Er strebt nach »höherer Erkenntnis und Gewißheit«, die nur aus dem Glauben kommen kann, das heißt jener Haltung, die auf das Vertrauen in die Gültigkeit der Werte, die als die höchsten erfahren werden, getragen ist. Dies kann dazu führen, daß allem Wissen mit größter Skepsis begegnet wird. Wissen und Glauben werden oft scharf gegeneinander abgegrenzt; gelegentlich wird auch nach einer höheren Form des Wissens gesucht, in der diese Gegensätze aufgehoben sind. Mancherlei Umformungen erfahren auch die *ökonomischen* Werte, die vom religiösen Menschen als Werte von untergeordneter Bedeutung erlebt werden. Eine ungleich größere Rolle spielen dagegen die *ästhetischen* Werte, die sich als Mittel zur Steigerung der religiösen Werte benützen lassen oder zur Entzündung des religiösen Erlebnisses dienen können. Je vergeistigter eine Religion ist, desto mehr machen sich aber gegen die Symbolisierung religiöser Werte durch die Kunst Widerstände bemerkbar. »Eine ganz vergeistigte Religion endet in der Kunstfeindlichkeit: Du sollst dir kein Bildnis noch irgendein Gleichnis machen.« Auf die innige Verflechtung der religiösen mit der *sozialen* Lebensform wurde schon hingewiesen. Der religiöse Charakter eines Menschen scheint sich bisweilen geradezu in seiner karitativen Haltung, seiner sozialen Hingabebereitschaft und der Betätigung christlicher Nächstenliebe zu erweisen. Doch kann der religiöse Mensch in dieser Liebe zu den Menschen nie letzte Befriedigung finden, ja, in ihr oft geradezu ein Hindernis zu wahrer Gottesliebe entdecken. Aus dem Gefühl schlechthinniger Abhängigkeit von Gott ergibt sich auch ein spezifisches Verhältnis zur *Macht.* Wer sich in Gottes Gnade weiß, verzichtet auf den Machtgebrauch. Aktivere Naturen können jedoch aus einem Gefühl des »Dieu le veut« (= Gott will es; Wahlspruch der Kreuzfahrer) heraus zu Streitern für Gottes Macht werden.

Der Fülle von religiösen Typen steht eine nicht minder große Zahl von Typen antireligiöser oder religiös indifferenter Menschen gegenüber, die sich aus Trotznaturen, Zweiflern, Enttäuschten, Stumpfen oder religiös Überfeinerten zusammensetzen.

KÖRPERLICHE ÄUSSERUNGEN SEELISCHER VORGÄNGE

Der vorangehende Teil dieses Buches hat mit verschiedenen »Typen« der Menschen vertraut gemacht. Die Aneignung dieser Kenntnisse sollte jedoch nicht dazu verleiten, auf den Erwerb weiterer »psychologischer Weisheiten« zu verzichten.

Zwar wird manch einer denken: »Ist denn Müller nicht genügend gekennzeichnet, wenn ich feststelle: Er ist ein Phlegma? Zudem sind ja auch alle, die ihn kennen, davon überzeugt, ebenso wie von der Behauptung, daß Maier ein Intellektueller sei, ein typischer sogar. Brauchen wir eigentlich noch mehr zu wissen?« Zugegeben: Typenbegriffe haben etwas Verführerisches an sich. Sobald der liebe Nächste als typischer Fall erkannt worden ist, glaubt man, über ihn »im Bilde« zu sein. Dieses »Bild« hat zudem noch den Vorteil, bereits fertig zu sein. Man hat keine Mühe, es herzustellen. Jedem ist es vertraut. Und wer es nicht weiß, wie ein Phlegmatiker, Pedant oder Wassermann aussieht, der kann es leicht nachschlagen. Da steht es, schwarz auf weiß, welche Eigenschaften diese Typen haben. Und da Müller ein solcher ist, spricht man ihm diese Eigenschaften zu.

Wer aber prüft nach, ob es zutrifft? Fräulein Frieda, die Müller etwas näher kennt, behauptet zudem, er hätte noch ganz andere Seiten. Das erscheint ohne weiteres glaubhaft, wenn man sich vergegenwärtigt, daß der Typusbegriff den Menschen stets nur von einer bestimmten Seite aus begreift, in Hinsicht auf sein Temperament, sein Geschlecht, seine Volkszugehörigkeit zum Beispiel. Was als »typisch« bezeichnet wird, bezieht sich ja immer nur auf mehr oder weniger umfassende Teilbereiche. Müller ist sicher nicht nur so einer wie all die andern, die zu seinem Typus gehören. Schließlich hat er ja auch ein Recht darauf, als Person mit ganz bestimmten, nur ihm zugehörigen Eigenschaften betrachtet und behandelt zu werden. Müller hat sicherlich mehr – unter

Umständen auch weniger – Eigenschaften, als ihm der Typus zubilligt. Wie soll man aber hinter diese kommen? Jetzt wollen wir uns also mit dem einzelnen Menschen befassen, seiner psychischen Struktur, seinem Charakter.

Menschenbeobachtung und Menschenkenntnis

So nützlich die Typenbegriffe für die Menschenkenntnis im Alltag sein mögen, so wenig dürfen wir uns doch mit einer Typisierung begnügen. Wir erfahren durch sie ja nur, was der einzelne mit einer Gruppe von anderen gemein hat, nicht aber, was ihn von dieser unterscheidet. Auf diesen Unterschied kommt es jedoch eben an, wenn wir vom *Charakter* eines Menschen reden. Das »Typische« wird zwar vielfach irrtümlicherweise dem »Charakteristischen« gleichgesetzt. In der Psychologie werden beide Begriffe jedoch streng geschieden. Die Typenlehren gehören zwar zur Charakterkunde, sind jedoch nur ein Teil von ihr.
Eine wichtige Aufgabe der *Charakterkunde* besteht in der Klärung der Frage, was alles zum Charakter einer Person gehört und wie man sich den Aufbau derselben vorstellen soll. Da wir schon früher Wesen und Aufbau des Charakters untersucht haben (S. 78–83), können wir uns nunmehr einer weiteren Frage zuwenden, die den Menschenkenner interessiert, nämlich: Woran erkennt man den Charakter beziehungsweise die wesentlichen Eigenschaften eines Menschen?

Vom Geheimnis des Ausdrucks

Lassen sich Gefühlszustände wie Lust und Freude oder Schmerz und Leid überhaupt erkennen? Darauf werden die meisten Menschen bejahend antworten: Jedermann könne doch ein freudiges Gesicht von einem leidvollen unterscheiden; man sehe es ja. – In Wirklichkeit sind es gar nicht die Gefühle selbst, die man sieht, sondern die Bewegungen ganz bestimmter Gesichtsmuskeln, des Risorius und Zygomaticus, der Lachmuskeln, oder des Triangularis, des Muskels des Leids.
Das Psychische selbst können wir nicht sehen. Was unsere Augen erblicken, ist immer etwas Körperliches, aus dem wir, ohne uns dessen immer so recht bewußt zu sein, auf ein Seelisches schließen. Ob dies zu Recht oder zu Unrecht geschieht, ist eine andere Frage. Vorläufig wollen wir festhalten: Bei der Suche nach dem Charakter haben wir es nicht mit diesem selbst, sondern mit seinen Äußerungen zu tun. Das befragte Innere ist unsichtbar, wird jedoch an einem sichtbaren Äußeren, das wir Ausdruck nennen, erkannt.

Ausdruck und Eindruck

Die Frage, wo und wie sich Seelisches ausdrückt und mit welcher Berechtigung wir von gewissen Äußerungen auf einen Vorgang im Inneren schließen dürfen, wird den unbefangenen Menschenkenner nicht allzu sehr berühren. Er glaubt ohne weiteres, man könne einem Menschen seine Ehrlichkeit, Befangenheit oder Angst unmittelbar aus dem Gesicht ablesen. »Nichts ist drinnen, nichts ist draußen, denn was innen ist, ist außen«, sagt doch schon GOETHE.

Die Ausdruckspsychologie geht diesen Fragen genauer nach. Es stellt sich dabei heraus, daß niemand, auch der Psychologe nicht, genau anzugeben vermag, was zum Beispiel gewisse Muskeln des Gesichts mit seelischen Zuständen zu tun haben und wodurch sich der Ausdruck der Angst von dem der Sicherheit unterscheidet. Wir gehen von der stillschweigenden Voraussetzung aus, daß zwischen Körperlichem und Seelischem ein unmittelbarer Zusammenhang besteht und daß sich Seelisches in Leiblichem äußert.

Wir sprechen vom ausdrucksvollen oder ausdruckslosen Gesicht eines Menschen, vermögen jedoch zumeist nicht anzugeben, welche konkreten Erscheinungen an diesem Gesicht uns zu diesem Urteil veranlaßt haben. Es ergibt sich also die merkwürdig anmutende Tatsache, daß uns der Ausdruck ein Wissen vermittelt, von dessen Herkunft wir nichts wissen. Bei genauer Betrachtung müßten wir eigentlich sagen: Ich habe bei Müller diese und jene Gesichts- und Armbewegungen gesehen, die bei mir den Eindruck erweckt haben, er sei aufgeregt. Damit ist keineswegs gesagt, daß jedermann Müller »ansieht«, daß er aufgeregt ist. Unter Umständen bestreitet Müller selbst, daß er aufgeregt sei. Offenbar hängt also das, was wir als »Ausdruck« bezeichnen, mindestens zu einem Teil von dem Beschauer ab.

Der Psychologe HUBERT ROHRACHER sagt dazu: »Ausdruck ist dasjenige an den Wahrnehmungsinhalten, was den Eindruck, die gefühlsmäßige Stellungnahme auslöst.« Was da ausgelöst wird, muß jedoch nicht bei allen, die den Ausdruck erfassen, dasselbe sein. Das Zustandekommen eines Eindrucks ist immer an bestimmte Voraussetzungen beim »Eindrucknehmer« gebunden. Faßt man den Gegenstand, der den Ausdruck vermittelt, als Sender und das Bewußtsein als Empfänger auf, wird vielleicht klarer, was vorher wissenschaftlich ausgedrückt wurde: Wenn der Empfänger nicht auf die Wellenlänge des Senders eingestellt ist, dann kommt es selbst bei stärkstem »Ausdruck« zu keinem Eindruck. Wenn Sie mit einem Farbenblinden ein Gemälde betrachten, wird dieser kaum denselben Eindruck haben wie Sie.

Für die Menschenkenntnis ist folgendes wichtig: Wir sollten uns stets bewußt sein, daß das, was wir als »Ausdruck« bezeichnen, nicht allein vom Gegenstand, sondern auch vom Betrachter abhängig ist. Oft sehe ich sogar einem andern etwas »an«, das heißt in ihn hinein, was unter Umständen gar nicht in ihm ist. Peinlich, wenn Fritz meint, seine Angebetete sei ihm zugeneigt, weil sie lächelte. Dabei lächelte sie nur über seine Naivität, so etwas zu vermuten.

Daraus ersehen wir: Der Ausdruck ist keineswegs immer eindeutig. Weinen kann sowohl Ausdruck der Trauer als auch der Freude sein. Um sich vor Fehldeutungen zu bewahren, wird man daher gut daran tun, nicht auf den ersten Eindruck zu »schwören«, sondern diesem einen zweiten und dritten folgen zu lassen (S. 22–34).

Wie sagt doch SHAKESPEARE: »Man tört sich oft, wenn man zu kennen meint den innern Menschen, wie er außen scheint.« Wenn also beispielsweise das Gesicht eines Menschen auf mich einen einfältigen Eindruck macht, so ist noch nicht gesagt, daß der Mensch auch tatsächlich einfältig ist. Ich werde daher durch ein Gespräch herauszubringen versuchen, ob mein Eindruck zutrifft. Es ist nämlich gar nicht so unbedingt sicher, daß sich die Intelligenz oder eine andere Eigenschaft gerade im Gesicht ausdrücken muß. Wie einfach wäre die Menschenkenntnis, wenn der Phrenologe FRANZ JOSEPH GALL (S. 179) mit seiner Behauptung recht behalten hätte, daß sich jede seelische Eigenschaft an der Schädeldecke abtasten lasse!

Aufgaben der Ausdruckspsychologie

Eine der wichtigsten Aufgaben der Ausdruckspsychologie besteht darin, festzustellen, wo und mit welcher Intensität und Sicherheit sich etwas ausdrückt. Wir achten zwar zumeist und zuerst auf den Ausdruck des *Gesichts*. Doch ist das Gesicht mit seinem Mienenspiel nicht der einzige »Spiegel der Seele«. Es gibt noch eine ganze Reihe von »Feldern« des Ausdrucks, die beachtet werden müssen, wenn wir zu einem zuverlässigen Bild vom Wesen eines Menschen kommen wollen. Wer wäre nicht schon durch die *Stimme* eines Menschen, seine Hand- und Armbewegungen, also seine *Gestik*, beeindruckt worden? Oder durch seine *Haltung*, die Art, wie er steht und sitzt, insbesondere aber auch durch seinen *Gang*! Zu den menschlichen Ausdruckserscheinungen gehört ferner auch alles, was aus der Tätigkeit der Hände hervorgeht, also das Werkgestalten, die handwerklichen Erzeugnisse, insbesondere aber die Kunstwerke, die den *Schaffensstil* ihres Schöpfers besonders deutlich erkennen lassen. Nicht zuletzt gehört dazu auch die *Handschrift*. Sie ist sogar das am besten erforschte Gebiet der Ausdruckskunde.

Freilich »sagen« die einzelnen Ausdruckserscheinungen nicht jedem gleich viel. Jeder Mensch hat sozusagen sein Feld, das gerade ihn anspricht und das er auch besonders bevorzugt. Der eine beobachtet vorwiegend das Mienenspiel, der andere etwa den Gang oder die Gestik. Wer für die Vorgänge in einem bestimmten Bereich keine Begabung und kein Interesse besitzt, wird von ihnen auch nicht berührt. Was für den einen »nichtssagende« Handschrift ist, das ist für den Graphologen vielleicht eine äußerst aufschlußreiche Fundgrube charakterologischer Erkenntnis.

Merkwürdig ist, daß Ausdruckswirkungen auch von außerpersönlichen Gebilden ausgehen. Eine Wohnung kann auf uns kalt oder warm, gemütlich, nüchtern, freundlich oder steif wirken, ein Dom erhaben, feierlich, wuchtig, finster, bedrückend. Sogar von der Landschaft gehen Wirkungen aus; wir empfinden sie als lieblich oder heroisch, friedlich oder unheimlich. Gerade diese Beispiele illustrieren noch einmal das Verhältnis von Ausdruck und Eindruck. Weder die Landschaft noch der Dom oder die Wohnung »besitzen« jene Eigenschaften, die wir ihnen zuschreiben. Vielmehr sind es gewisse Formen und Farbtöne, Kompositionselemente und dergleichen, die bei uns bestimmte Empfindungen, Vorstellungen und Gefühle wachrufen, die wir als »Eindruck« bezeichnen und gleichzeitig als »Ausdruck« in den Reizgegenstand zurückverlegen.

Ausdruck und Darstellung

Was tut man, bevor man erstmals bei irgend jemand einen Besuch zu machen hat und hierbei einen vorteilhaften Eindruck hinterlassen möchte? Wahrscheinlich wird man sich über die Wirkung seines Auftretens vergewissern. Der eine wird seine Kleidung noch einmal einer Inspektion unterziehen, die Dame noch etwas Rot auflegen, und sich so auf das Verhalten vorbereiten. Nun hofft man, einen guten Eindruck zu »machen«.

Einem derart zurechtgemachten Ausdruck haftet allerdings oft ein etwas gekünstelter Zug an, der beim Betrachter den Wunsch aufkommen läßt, den Besucher auch einmal ohne »Mache« zu sehen: zwanglos, unbefangen, natürlich. Für diesen vom Bewußtsein und Willen überformten Ausdruck gebraucht die Psychologie den Begriff der *Darstellung*. Damit hat sie sich – wenigstens begrifflich – die Möglichkeit geschaffen, alles, was *überlegt* und absichtlich »zum Ausdruck gebracht« wird, vom *unwillkürlichen* Ausdruck zu unterscheiden.

Wie unterscheidet man Ausdruck und Darstellung?

Es ist gar nicht so einfach, Ausdruck und Darstellung zu trennen. Wenn diese Schwierigkeit nicht wäre, dann könnten wir uns in diesem Buch manches Kapitel ersparen. Nichts erschwert ja die Menschenkenntnis so sehr wie das Vermögen des Menschen, seinen Ausdruck zu beherrschen, seine Äußerungen dem Willen zu unterwerfen und damit etwas zur Darstellung zu bringen, das seinem eigentlichen Wesen oder seiner augenblicklichen Stimmung gar nicht entspricht.

Was lernen wir daraus für unsere Menschenkenntnis? Was wir als »Eindruck« bezeichnen, stellt keine objektive Wiedergabe des sogenannten »Ausdrucks« dar. Unser Eindruck ist vielmehr das Ergebnis einer Deutung, und diese kann höchst subjektiv gefärbt sein. Daher gehen die Eindrücke verschiedener Beobachter von ein und derselben Person gelegentlich auch auseinander. Was sich uns zeigt, ist gar nicht immer der unmittelbare Ausdruck eines tatsächlich vorhandenen inneren Zustands, sondern häufig nur die Darstellung der üblichen Äußerungsform desselben.

Wir müssen also lernen, unser Unterscheidungsvermögen zu schärfen, um den echten Ausdruck von der geformten Darstellung abzuheben.

Höflichkeit zwingt zur Darstellung. Die Darstellungsabsicht braucht keineswegs unlauteren Motiven zu entspringen. Es ist deshalb auch nicht angängig, sie von vornherein als minderwertig oder gar als unecht zu bezeichnen. Das Zusammenleben mit anderen Menschen fordert von uns eine gewisse Beherrschung unserer Affekte. Wir können und dürfen nicht jedem »unsere Meinung« sagen. Vernunft und guter Ton gebieten zum Beispiel, dann und wann »nichts gehört« zu haben und eine unbeteiligte Miene »aufzusetzen«, auch wenn man Zeuge eines Gesprächs war. Wer als Empfangschef eines großen Hauses Tag für Tag Hunderte von Personen freundlich zu begrüßen hat, wäre überfordert, wollte man von ihm verlangen, innerlich stets »dabei«zusein. Das freundliche Lächeln gehört sozusagen zu seinen dienstlichen Pflichten und wird kaum als Ausdruck persönlicher Zuneigung von jemandem gewertet.

Die »Darstellung von Gefühlen«. Um der Form zu genügen, müssen wir selbst dann und wann entweder unsere Teilnahme oder unsere Freude »zum Ausdruck bringen«, obwohl es uns innerlich gar nicht so zumute ist. Sind wir jedoch einmal selbst die Leidtragenden, dann

brauchen wir uns nicht viel Gedanken zu machen, wie wir unsere Traurigkeit äußern sollen. Sie übermannt und überwältigt uns ohne unser Dazutun und wirkt dadurch unmittelbar und echt.
Wenn wir ein Gefühl äußern, ohne von diesem erfüllt zu sein, so können wir dies auf verschiedene Weise »darstellen«. Am häufigsten wohl wird der spontane Ausdruck unterdrückt. Um nicht als wehleidig zu erscheinen, »verbeiße« ich die Äußerung des Schmerzes. Aus Höflichkeit unterdrücke ich mein Schlafbedürfnis samt dessen Äußerung – dem Gähnen –, halte mich krampfhaft aufrecht und mime den aufmerksamen Zuhörer. Oft besteht das Bedürfnis, einer Äußerung mehr Gewicht zu geben, als ihr von innen her zukommt. Dann wird das an sich nur schwache Ausdrucksverlangen durch Gesten oder Erhebung der Stimme betont. In all diesen Fällen stimmen die äußeren Erscheinungen mit der inneren Verfassung nicht überein.

Was bedeuten Rolle und Maske?

Ludwig Klages, der Begründer der modernen Charakterforschung, sagt mit Recht: »Was eine Wissenschaft von der Seele so schwierig macht, ist nicht die – Seele, sondern die Seelenmaskerade, die der Wille zur Macht zwischen sich und den Betrachter geschoben hat. Darum, wer alle Larven lüftend auch nur *bis* zur Seele gekommen wäre, hätte vom Forscherweg der Charakterkunde weitaus die größte Strecke hinter sich gebracht.«
Die vorhin erwähnten Tatsachen über die menschliche »Darstellung« stellen Psychologie und Menschenkenntnis vor zwei nicht leicht zu lösende Fragen, nämlich die nach dem Anlaß und der Erkennbarkeit der Darstellung.
Halten wir nochmals fest:
Von *Darstellung* sprechen wir immer dann, wenn die Äußerung durch das Bewußtsein und den Willen gesteuert wird, also nicht unreflektiert und unmittelbar erfolgt. Diese Überformung des Ausdrucks kann nun ganz verschiedenen Motiven entspringen. Diesen Motiven wollen wir zunächst nachgehen.

Gute Miene zum bösen Spiel. Wenn ich einen Schwerkranken besuche, so veranlaßt mich die Rücksicht auf seinen Zustand zur Zurückhaltung meiner Äußerungen. Manchmal muß ich aus Berufs- oder Repräsentationsgründen eine bestimmte Haltung wahren, die mir persönlich gar nicht liegt. Oder ich bin aus Gründen der Selbsterhaltung gezwungen, »gute Miene zum bösen Spiel« zu machen. Man denke an den Gesinnungsterror in den totalitär regierten Staaten, der viele Menschen dazu zwingt, entgegen ihrer inneren Überzeugung in Hochrufe auszubrechen, an Aufmärschen teilzunehmen und dergleichen mehr, wenn sie nicht ihre Existenz aufs Spiel setzen wollen. Dies ist verständlich und zu rechtfertigen. Schlimm wird die Sache nur, wenn eine gezeigte Fassade nicht nur dem Selbstschutz dient, sondern der Tarnung unlauterer Machenschaften. Derartige Fälle von Zurückhaltung und gewollter oder erzwungener Verstellung sind nicht immer leicht zu unterscheiden.

Verhüllung durch die Maske. Nicht von ungefähr spricht man vom »Aufsetzen« einer Maske. Im Gegensatz zu der *Rolle*, die ich in einer bestimmten Situation übernehmen muß, dient die *Maske* zur Täuschung. Der Maskenträger hat gar nicht das Bestreben, sein Ich zu verwandeln. Er verhüllt dieses nur, um seine dunklen Absichten um so besser verwirklichen zu können. Im gegebenen Augenblick läßt er die Maske fallen und zeigt sein wahres Gesicht.

Der dauernde Gebrauch einer Maske bleibt vielfach nicht ohne Rückwirkung auf den Träger. Sein zunächst maskenhaftes Benehmen kann ihm mit der Zeit sozusagen zur zweiten Natur werden. Er kann sich gar nicht mehr denken, daß er sich je anders gegeben hätte.

Übernehmen einer Rolle. Wenn eine Frau die »Rolle« der Mutter bei verwaisten Kindern übernimmt, so hat sie diesen gegenüber nicht die Absicht der Irreführung. Sie ist zwar nicht oder noch nicht von ursprünglichen mütterlichen Gefühlen erfüllt, bemüht sich jedoch, sich in die Rolle einzuleben. Je mehr sich jemand mit seiner Persönlichkeit in die Rolle hineinversetzt, um so überzeugender wirkt das Verhalten. Schließlich kann es sogar dazu kommen, daß man ganz und gar in ihr »aufgeht«.

Die Ineinssetzung der Person mit ihrer Rolle gehört zur Berufsaufgabe des Schauspielers. Sie gelingt diesem um so besser, je mehr ihm die Rolle »auf den Leib geschnitten« ist. Der große Schauspieler übernimmt daher keine Rolle, die er nicht bis ins letzte mit seiner eigenen Person auszufüllen vermag. Die weitverbreitete Meinung, Schauspieler könnten sich besonders gut »verstellen«, beruht auf der Verwechslung von Ausdruck und Darstellung. Der Schauspieler hat zwar die Aufgabe, auf der Bühne eine bestimmte Person »darzustellen«, wirkt dabei jedoch nur dann überzeugend, wenn der Charakter der darzustellenden Person in ihm selbst Leben gewonnen hat.

Mit Rollen hat aber, wie gesagt, nicht nur der Schauspieler zu tun, sondern jeder einzelne Mensch. Teils wählen wir uns die Rolle selbst, teils zwingt uns aber auch das Leben zur Übernahme einer solchen.

Das Leitbild. Was für den Schauspieler das Textbuch ist, das ist für den Jugendlichen – gelegentlich auch noch für den Erwachsenen – das »Leitbild«, nach dem er sein Verhalten ausrichtet. Zu Leitbildern können Eltern, Lehrer, Sport- und Filmgrößen, bedeutende Persönlichkeiten des öffentlichen Lebens und andere werden. Je mehr das gewählte Leitbild der persönlichen Struktur und Situation des Menschen gemäß ist, um so leichter gelingt ihm die Nachahmung und schließlich innere Wandlung im Sinne des Vorbildes. Je weiter entfernt es ist, um so schwieriger wird die Verwirklichung. Oft beschränken sich die Versuche zur Angleichung lediglich auf die Übernahme äußerer Formen. Man trägt zwar die Kleidung eines Naturburschen, ist jedoch keineswegs bereit, etwa das harte Leben eines solchen auf sich zu nehmen. Was Wunder, daß das ganze Gehabe dann oft den Stempel des Unechten trägt und zu einem Kult der leeren Form wird.

Doppelte und mehrfache Rollen. Viele Menschen sind sich gar nicht bewußt, daß sie nicht sich selbst zum Ausdruck bringen, sondern eine Rolle spielen. Sie passen sich ganz instinktiv der jeweiligen Situation an, spielen hier den Lehrling und dort den starken Mann. Dies ist im Tierreich nicht viel anders. Auch dort gibt es ein Imponiergehabe, das ganz und gar

auf Eindruck berechnet ist, mit der Veränderung der Situation jedoch wieder abgelegt wird.
Oft werden sogar mehrere Rollen nebeneinanderher gespielt. Wie unterschiedlich diese sein können, versucht die Zeichnung S. 174 darzustellen. Dieser Herr Müller, ein Jedermann unserer Zeit, muß tagsüber seine Berufsrolle spielen, die ihn aber keineswegs voll befriedigt. Dafür kann er sich in seinem Verein um so mehr zur Geltung bringen. Zu Hause ist er der Gemütlichkeit suchende Patriarch und Damen gegenüber der charmante Kavalier. Damit ist die Reihe der Rollen noch keineswegs erschöpft. Da spielt einer vielleicht in seinem Gesangverein die Vorstandsrolle, in seinem Autoklub nur eine bescheidene Mitgliedsrolle. An der Costa Brava spielt die kleine Stenotypistin für 14 Tage die große Dame und sticht in dieser Rolle dem Herrn Prokuristen, der dort »nur Mensch« sein will, ins Auge. Jede Rolle erfordert wieder Verhaltensweisen, und wehe dem, der sie verwechselt und etwa im Kegelklub vergißt, seine Amtsmiene schon in der Garderobe abzulegen!

Widersprüche im Rollenspiel. Das Leben fragt zumeist nicht viel danach, ob uns eine Rolle liegt oder nicht. Es kann daher auch nicht erwartet werden, daß jede gleich gut gespielt wird.
Mancher hat die Rolle eines Vorgesetzten zu spielen, besitzt jedoch nicht die Fähigkeiten dazu, sie zu erfüllen. Zur Wahrung der Autorität muß er daher dauernd auf seine Stellung pochen, weil jedermann instinktiv den Widerspruch zwischen Anspruchsniveau und Leistungsniveau empfindet, die Darstellungsabsicht also zu deutlich in die Erscheinung tritt.
Bei der Vielheit der Rollen, die der einzelne zu spielen hat, besteht die Gefahr, daß er gar nicht mehr weiß, wer er eigentlich selbst ist. Wie soll dann erst der andere wissen, was zum Wesen des Betreffenden gehört? Der Schweizer Psychologe C. G. Jung bemerkt daher ganz richtig: »Es gibt Leute, die glauben, sie seien das, was sie darstellen.«

Wie erkennt man den willkürlichen Ausdruck?

Bei manchen Menschen tritt das Masken- und Fassadenhafte so deutlich in Erscheinung, daß man mit dem spanischen Philosophen Ortega y Gasset sagen möchte: »Warum machen Sie diese vergebliche Geste der Eitelkeit, wenn ich doch sehe, daß es nur eine Geste ist, daß Sie sich nicht für ein Genie halten, sondern im Gegenteil vor mir den Genialen spielen, damit ich Sie dafür halte und meine Überzeugung dann auf Sie übertrage?« Wir sind tatsächlich füreinander viel durchsichtiger, als wir glauben. Aber wer wagt es schon, dem anderen zu sagen, daß er ihn nicht für das hält, was dieser vorgibt zu sein? »Mit allen Torheiten und Plumpheiten, die fast jedem gelegentlich unterlaufen und die sich von dem Glauben an die Undurchsichtigkeit der Person nähren, wäre es mit einem Schlag und für immer vorbei. Die meisten Irrtümer, die wir begehen, entspringen der Unkenntnis über unsere Stellung im Urteil der Welt.«
Es ist jedoch nicht nur das Gebot der Höflichkeit, das uns gegenüber der vermuteten oder erkannten Darstellungsabsicht des anderen schweigen läßt, sondern oft auch die Unsicherheit unseres Urteils. Man weiß, daß man sich täuschen kann – und eben deshalb erscheint es angebracht, nach den *Merkmalen der Darstellung* zu fragen. Woran erkennt man nun den willkürlich hervorgerufenen Ausdruck?

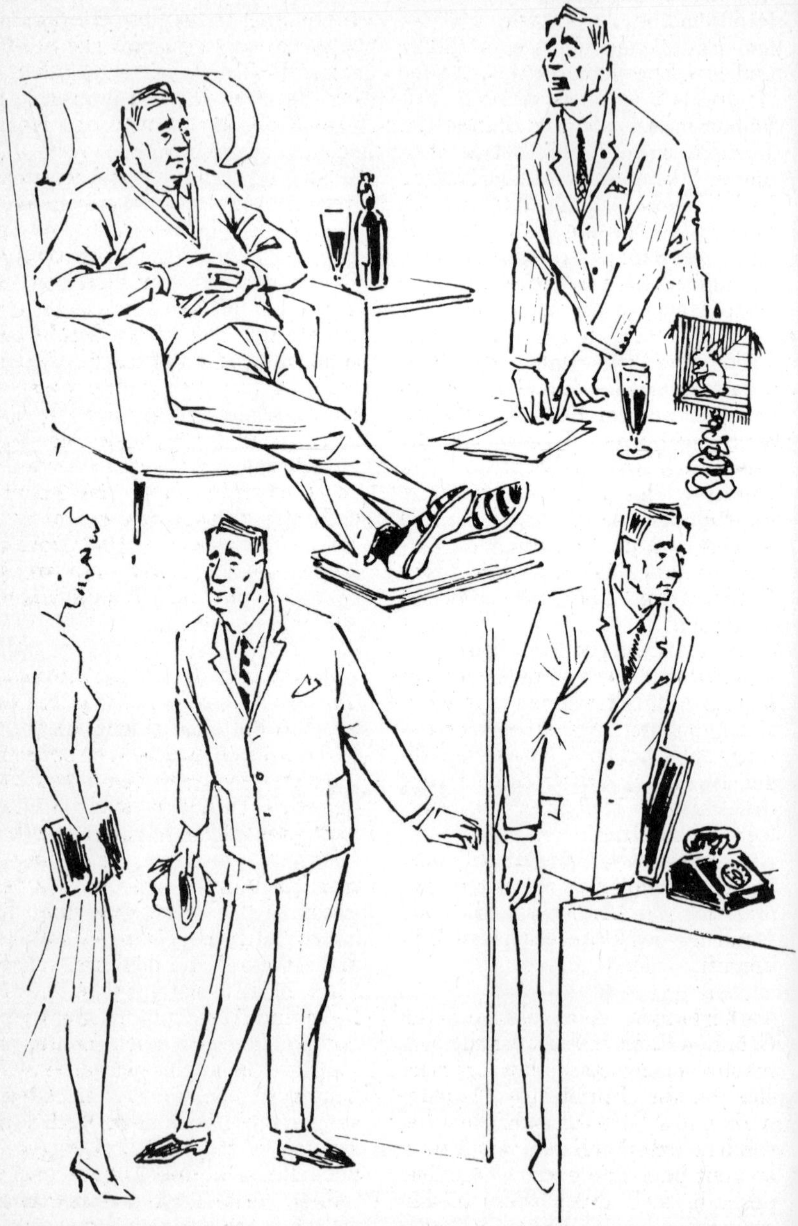

Rollenspiel im täglichen Leben. Herr Müller in seiner Rolle als Familienvater vor dem Fernsehschirm (oben links), als Vorsitzender des Kaninchenzuchtvereins bei einer markigen Rede (oben rechts), als galanter Mann von Welt (unten links) und als Angestellter, der respektvoll seinem Chef berichtet (unten rechts)

Schematisierungen. Haben wir nicht alle schon über jene Fotos im Familienalbum gelächelt, auf denen Familienangehörige in steifer und zurechtgemachter Haltung der Nachwelt überliefert wurden? Offenbar hatten alle Beteiligten die Absicht, zukünftigen Betrachtern dieses Bildes in vorteilhaftestem Licht zu erscheinen. Man legte zu diesem Zweck seine besten Kleider an, setzte eine feiertägliche Miene auf und nahm eine aufrechte, korrekte Haltung ein. Ergebnis: Ein völlig unnatürlich und verkrampft wirkendes Bild! Durch die Einschaltung des Bewußtseins erstarrte nicht nur im Gesicht, sondern auch am ganzen Körper jegliche Bewegung, was im Betrachter den Eindruck des Leblosen oder Gekünstelten auslöst. Anstatt seine »Opfer« von der Technik des Verfahrens abzulenken, beging der Fotograf den Fehler, diese daran zu fesseln.
Je mehr auf die Form der Äußerung geachtet wird, um so mehr verliert diese an Unmittelbarkeit und Ursprünglichkeit. Sie wird Darstellung. Alles Lebendige ist in ständiger Bewegung. Wird diese unterdrückt, dann bleibt nur noch eine leere Form übrig.
Erste Erkenntnis: Die Darstellungsabsicht erkennt man an der *Schematisierung der Äußerung*, die den Eindruck des Unpersönlichen hervorruft.

Verhärtungen. Auch aus anderen Gründen kann eine Äußerung »gemacht« erscheinen. Man erinnere sich an die Tanzstunde! Warum wirken denn die Tanzschritte – besonders der männlichen Besucher – so steif und unlebendig? Offenbar deshalb, weil ihnen diese Bewegungsweise noch nicht zu eigen geworden ist. Sie müssen daher ihre ganze Aufmerksamkeit auf die Einhaltung der Form richten. Durch diesen Einsatz des Bewußtseins und des Willens wird die Bewegung nicht nur verlangsamt, sondern auch verhärtet. Oft werden sogar die Tanzschritte gezählt und der Takt geklopft. Dadurch geht jedoch der Rhythmus, das Kennzeichen des Lebendigen, verloren.
Dasselbe gilt für andere Ausdrucksweisen. Eine bewußt im gleichen Tempo, in gleicher Tonhöhe und gleicher Lautstärke vorgetragene Rede wirkt nicht nur monoton und unpersönlich, sondern auch einschläfernd. Eine solche Gefahr entsteht immer dann, wenn der Redner nicht in der Lage ist, frei über den Inhalt zu gebieten, oder wenn er zu stark an der Form des Vortrags interessiert ist. Besonders schlimm ist es natürlich, wenn der Vortrag außerdem noch abgelesen wird.
Zweite Erkenntnis: Die Darstellungsabsicht erkennt man an der *Taktmäßigkeit und Verregelung der Äußerung.*

Übertreibungen. Wer Eindruck machen will, also nicht allein auf die Wirkung der Sache vertraut, der muß seine Äußerungen betonen, unterstreichen, ausschmücken. Der innerlich Unsichere sucht seinem Auftreten vielfach durch straffere Haltung, zackige Bewegungen, markige Worte Nachdruck zu verleihen. Allzu wortreiche und liebenswürdige Begrüßungen machen uns stutzig; denn dahinter verbergen sich bisweilen gegenteilige Gefühle und Absichten. Unglaubwürdig machen sich auch Leute, die sich über Belanglosigkeiten »künstlich« aufregen, also sich in Affekte steigern, die in keinem Verhältnis zur Sache stehen. Hierher gehört auch Protzen- und Angebertum in seinen unzähligen Erscheinungsweisen. Ob man mit Autos, Schmuck, Teppichen, Gemälden, Reisen oder Beziehungen angibt, ist letzten Endes gleichgültig; das

Motiv ist stets dasselbe: Man will mehr erscheinen, als man ist, will etwas darstellen, weil man seiner Person nicht genügend Ausdruckskraft zutraut.

Dritte Erkenntnis: Kennzeichen der Darstellungsabsicht ist die *Übertreibung.*

Unstimmigkeiten. Ein Musterbeispiel für darstellerisches Verhalten gibt WILHELM BUSCH in seiner Bildgeschichte von der »frommen Helene«. Um in den Geruch der Frömmigkeit zu kommen, nehmen Helene und ihr Vetter Franz an einer Wallfahrt teil. Trotz der gefalteten Hände und des gesenkten Blicks und der demonstrativ gezeigten Attribute gläubiger Pilgersleute, wie Kreuz, Rosenkranz und Gebetbuch, wirken sie jedoch nicht wie Büßer. Dazu passen nämlich weder die verliebten Blicke, mit denen beide nacheinander schielen, noch die allzu adretten Kleidungsstücke Helenens. Derartige Unstimmigkeiten im Gesamtbild der Erscheinung erwecken Zweifel an der Echtheit des Ausdrucks. Wer von irgendeinem Erlebnis wirklich erfüllt, ergriffen oder erschüttert ist, braucht gar nicht darauf zu achten, daß die einzelnen Ausdrucksfelder »gleichgeschaltet« sind. Dies stellt sich nämlich unbewußt und unwillkürlich von selbst ein. Der Heuchler hingegen muß stets alle Ausdruckszonen überwachen und darauf achten, daß nicht etwa die Züge seines Gesichts eine andere Sprache reden als das Spiel seiner Hände. Trotz großer Konzentration läßt sich jedoch die Darstellungsabsicht nicht überall gleichmäßig durchhalten. Es gibt nämlich gewisse Ausdruckserscheinungen, die sich der Beherrschung durch den Willen ganz oder teilweise entziehen. Dazu gehören das Erröten, das Zittern der Hände, das Zucken einzelner Gesichtsmuskeln, das Schwitzen und andere dem vegetativen Nervensystem entspringende Äußerungen.

Vierte Erkenntnis: Die Darstellungsabsicht erkennt man an den *Unstimmigkeiten* innerhalb der einzelnen Ausdrucksfelder.

»Traulich wallen sie zu zweit / Als zwei fromme Pilgersleut.« – Die fromme Helene und Vetter Franz auf der Wallfahrt. Zeichnung von Wilhelm Busch aus »Die fromme Helene«

Gesicht und Seele

Wenn wir einen Menschen nur kurz gesehen haben, so bleibt in erster Linie sein Gesicht in unserer Erinnerung haften. Was wir von diesem Menschen wissen oder zu wissen glauben, das beruht vor allem auf diesem Eindruck. Je nachdem, wie sein Gesicht auf uns gewirkt hat, halten wir den einen für töricht oder gescheit, den anderen für offen oder verschlossen, reif oder unreif. Unter Umständen stützt sich unser erstes Urteil über einen Menschen nur auf ein Lichtbild; denn zu den »üblichen Unterlagen« bei Stellenbewerbungen gehören das Lichtbild und der handgeschriebene Lebenslauf, und wer über eine Heiratsanzeige einen Lebenspartner sucht, entscheidet sich vielfach nur aufgrund des beigefügten Lichtbildes, ob er auf das Angebot eingehen will oder nicht. Wenn wir dem Gesichtsausdruck eines Menschen bei unserer Beurteilung eine sehr entscheidende Bedeutung beimessen, so hat das seinen Grund darin, daß sich im Gesicht mehr an seelischem Gehalt ausdrückt als in jedem anderen Ausdrucksfeld, also etwa in der Haltung, im Gang, der Hand oder der Stimme. Nirgendwo sehen wir so unmittelbar, was in einem Menschen vorgeht, was er fühlt und denkt und wes Geistes Kind er ist. Man spricht wohl von einem einfältigen Gesicht, jedoch nicht von einer einfältigen Hand. Gemütsbewegungen, wie Heiterkeit und Traurigkeit, drücken sich in erster Linie im Gesicht aus. Auch lassen Erlebnisse nur in ihm ihre Spuren zurück. Es ist daher nicht verwunderlich, daß der Mensch zu allen Zeiten und bei allen Völkern im Gesicht den *Schlüssel zur Seele* gesehen hat.

Kann man den Charakter abtasten?

Obwohl die meisten Urteile über Gesichtszüge und Gesichtsausdrücke anderer Menschen keineswegs auf faßbaren Erkenntnissen beruhen, sondern auf gefühlsmäßigen Eindrücken, werden sie mit großer Überzeugungsgewißheit vertreten. Aber auch Gelehrte haben immer wieder versucht, die Zusammenhänge zwischen den festen Teilen des Gesichts und den seelischen Eigenschaften zu erklären. Einige dieser Lehren sollen anschließend erläutert werden. Zwar sind nicht alle Methoden zur Deutung des Gesichtsausdrucks gleichermaßen überzeugend und auch nicht von jedermann ohne weiteres anwendbar. Doch läßt sich manches für die Praxis der Menschenkenntnis verwerten.

Die Lehren der Physiognomiker

Unter *Physiognomik* im weiteren Sinn versteht man die Lehre vom Ausdrucksgehalt der Leibeserscheinung, im engeren Sinn die Lehre von der Ausdeutung der *Physiognomie*, das heißt des Gesichts. Seit den Tagen des Aristoteles bis heute geht es dabei um die Frage, ob der Leib ein Spiegelbild der Seele sei, ob also, konkreter gesagt, die hohe Stirn, die Denkerstirn, ein Zeichen für Intelligenz und die spitze Nase ein Zeichen für Neugier sei. Immer wieder haben sich nämlich Menschen bemüht, für bestimmte seelische Eigenschaften lokalisierbare körperliche Merkmale zu entdecken.

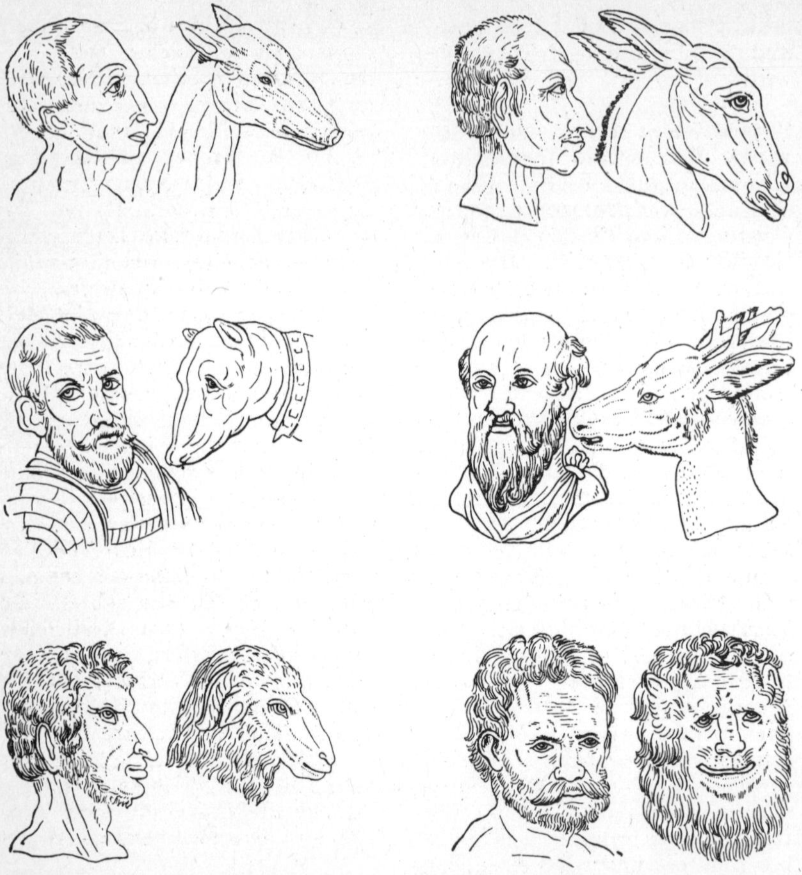

Menschen mit Tierphysiognomien (und deren Eigenschaften). Aus dem Buch von Della Porta. Oben: Giraffe; Pferd. Mitte: Dogge; Reh. Unten: Widder; Löwe

Die Tiergesicht-Lehre (Aristoteles, Porta). Der griechische Philosoph Aristoteles und nach ihm der italienische Physiognomiker Giambattista della Porta bauten ihre Lehren auf der angenommenen Ähnlichkeit zwischen Mensch und Tier auf. Auffassungen dieser Art wirken noch bis zum heutigen Tag nach. Wessen Gesicht an ein Schaf erinnert, der muß ein »Schafskopf« – und das heißt: ein Dummkopf – sein, weil man dem Schaf nicht viel Intelligenz zutraut. Hatte einer die Mähne eines Löwen, so erachtete ihn schon Aristoteles als einen starken und mutigen Mann; hatte er ein Fuchsgesicht, so handelte es sich bei ihm sicher um einen Schlauberger.

Porta schrieb ein umfangreiches Buch über die menschliche Physiognomie, dem er viele Abbildungen von Tier- und Menschenköpfen beigab. Er lehrte darin, »wie man aus der äußerlichen Gestalt, Statur und Form des menschlichen Leibes« – so heißt es in der deutschen Übersetzung – »abnehmen könne, wie derselbige auch innerlich von Gemüt gesinnet und geartet sey«, wobei »fast allwegen eines Menschen Angesicht gegen eines Thieres gesetzt und mit demselbigen verglichen wird«.

Physiognomik durch Intuition (Lavater). Den naiven Glauben der »Tiergesichtler« hegte Johann Caspar Lavater, ein Schweizer Geistlicher und Philosoph, der mit Goethe und Herder befreundet war, nicht mehr. In seinen »Physiognomischen Fragmenten zur Beförderung der Menschenkenntnis und Menschenliebe« vertrat er die Auffassung, daß die Deutung des Menschengesichts Gefühlssache und die Physiognomik eines »Kunst des Genies« sei und daher *nicht* schulmäßig gelehrt werden könne. Er behauptete zwar auch, daß zwischen Körper und Seele eine vollkommene Übereinstimmung bestehe, lehnte jedoch eine Verwissenschaftlichung der Physiognomik ab. Unmittelbar erschauen müsse man den Charakter! Ausschlaggebend dafür sind seiner Meinung nach nicht die allgemeinen Regeln, sondern das »schnelle Menschengefühl«, das man in sich zur Entwicklung bringen müsse. Bekannten gegenüber sollte er diese Begabung einmal unter Beweis stellen. Man legte ihm einen Schattenriß vor, aus welchem er sofort die Züge des großen Philosophen Herder zu erkennen glaubte. Folgerichtig las er aus der Vorlage – zum Gaudium Goethes – dann auch alle Eigenschaften heraus, die ihm von Herder bekannt waren. Tatsächlich stellte der Schattenriß jedoch einen in Hannover hingerichteten Raubmörder dar. Goethe war es deshalb oft ziemlich bänglich zumute, wenn Lavater Zeugnisse seiner Kunst zum besten gab.

Die Schädellehre (Gall). Einem Zeitgenossen Lavaters, dem deutschen Arzt Franz Gall, war dessen Methode zu unsicher. Im Gegensatz zu Lavater glaubte er, das Problem doch empirisch, das heißt mit naturwissenschaftlichen Methoden, lösen zu können. Aufgrund zahlreicher Beobachtungen und Untersuchungen kam er zu der Überzeugung, daß zwischen Schädelform und Schädelinhalt ein Zusammenhang bestehe. Die wichtigsten seelischen Eigenschaften sollen nach seiner Meinung an ganz bestimmten Stellen des Schädels »sitzen«. Je nach der Stärke der betreffenden Eigenschaft sei dann die Schädeldecke an dieser Stelle mehr oder weniger ausgebuchtet. Durch Abtasten des Schädels glaubte er feststellen zu können, wie stark die einzelnen Eigenschaften entwickelt seien.

Den Charakter des Menschen gliederte er in zahlreiche »Sinne« und »Organe« auf. Für ihn gab es nicht nur einen Farb-, Orts-, Nahrungs- und Geschlechtssinn, sondern auch einen Diebs- und Verheimlichungssinn und einen Sinn für Wunderbares. Seine Lehre, mit der sich sogar Goethe beschäftigte, erregte zu seiner Zeit größtes Aufsehen. Sie wurde zunächst unter dem Namen *Organologie* bekannt; später

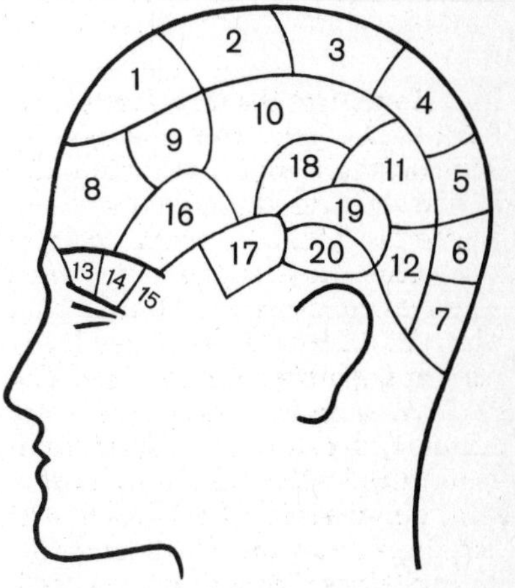

Charakterfelder am Schädel (nach Gall)

bezeichnete man sie als *Phrenologie* (Schädellehre). Unter diesem Namen hat sie – in etwas abgewandelter Form – noch heute manche Anhänger. Ein feinsinniger Zeitgenosse GALLS, der Arzt C.G.CARUS, kritisierte jedoch schon damals die materialistischen und mechanistischen Vorstellungen GALLS von der Seele und setzte ihnen seine Lehre von der »Symbolik der menschlichen Gestalt« entgegen.

Die moderne Gehirn- und Schädelforschung. Die moderne Gehirnforschung hat zwar GALLS Lehre von der unterschiedlichen Funktion einzelner Teile des Gehirns bestätigt, gelangte allerdings zu ganz andersartigen Vorstellungen von der Lokalisation der Zentren. Man weiß zum Beispiel, daß das Geruchszentrum an der Grenze des Stirn- und Schläfenlappens liegt, die Sehsphäre im Hinterhauptlappen und die motorische Region in den Zentralwindungen des Scheitellappens zu suchen sind. Abgelehnt wird die Behauptung GALLS, daß aus der knöchernen Form des Schädels seelische Eigenschaften erschlossen werden könnten. Zudem hat die Psychologie heute völlig andere Vorstellungen von der Struktur und Gliederung des Seelenlebens. Niemand spricht mehr von einem »Diebs-« und »Mordssinn« oder von einem Sinn für »Knabenliebe«. Ferner weiß man, daß an der Ausformung des Verstandes-, Gefühls- und Trieblebens nicht nur das Gehirn, sondern zum Beispiel auch die Schilddrüse, Zirbeldrüse und andere Drüsen beteiligt sind.

Auch einige andere, im pseudowissenschaftlichen Schrifttum immer wieder auftauchende Behauptungen haben sich durch neuere Forschungen als haltlos erwiesen. So ließ sich zum Beispiel kein Zusammenhang zwischen der *Größe des Schädels* und der Höhe der Intelligenz feststellen. Es gibt Verbrecher mit einem großen und Genies mit einem kleinen Schädel. Auch das *Gewicht des Gehirns* sagt nichts über die Intelligenz aus. Das »gewichtigste« Gehirn, das man bis jetzt ermittelt hat, wog 2000 Gramm und stammte von einer Frau, die keineswegs besonders intelligent war. Das durchschnittliche Hirngewicht des Mannes beträgt etwa 1400 Gramm; dieses Gewicht wird jedoch bei weitem nicht von allen genialen Persönlichkeiten erreicht. Ebensowenig besagt der *Inhalt des Schädels* etwas über die geistige Größe eines Menschen. Der Schädelinhalt beträgt beim Durchschnittseuropäer ca. 1500 ccm, bei Wilhelm von Humboldt 1450 ccm und bei Immanuel Kant 1750 ccm. Auch zwischen *Kopfform* (Langschädel, Rundschädel) und geistiger Leistung bestehen – wie statistische Erhebungen ergeben haben – keinerlei Zusammenhänge.

Neue Deutungsversuche

Man sollte, wie die bisherigen Ausführungen zeigen, sehr vorsichtig sein, wenn man Schlußfolgerungen von der Form des Kopfes oder Gesichts auf seelische Eigenschaften ziehen will. Wir wissen bis heute noch viel zuwenig über die Art des Zusammenhangs zwischen Leib und Seele. Höchst fragwürdig auf jeden Fall bleibt der Schluß von einer einzelnen äußeren Erscheinung auf eine bestimmte Charaktereigenschaft. Es ist weder durch Versuche noch durch Logik zu beweisen, daß die stumpfe Nase ein Zeichen für Trägheit und die wulstigen Lippen ein solches für Sinnlichkeit seien. Der Charakter eines Menschen ergibt sich überhaupt nicht aus der Summe von Einzeleigenschaften. Er ist vielmehr als ein Ganzes zu verstehen, dessen Struktur durch die Beziehung der Einzeleigenschaften untereinander bestimmt wird.

Aussagen der Symboliker. »Man muß zuerst das Gepräge des ganzen Gesichts erfaßt haben, bevor man sich mit den Einzelheiten befaßt.« Dies ist die Überzeugung einer Gruppe von Psychologen, die man als *Symboliker* bezeichnen kann. Der Schweizer MAX PICARD, einer der bedeutendsten Vertreter dieser Gruppe, wird nicht müde, immer wieder zu betonen: »Das Menschengesicht lebt von seinem ganzen Wesen her und nicht von seinen Teilen. Die Teile, die das Gesicht zusammensetzen, ergeben noch kein Gesicht. Das Gesicht ist mehr als die Summe seiner Teile. Es ist nicht möglich, einen Teil des Gesichts für sich allein zu beurteilen.« Die geistreichen und tiefsinnigen Anregungen zur Betrachtung des Menschengesichts, die PICARD in seinen Büchern gibt, setzen eine seherisch-physiognomische Begabung voraus. Wo diese fehlt, arten die Versuche, die Schädelform symbolisch auszudeuten, in unbeweisbare Zeichendeuterei aus.

Populäre Deutungen der Gesichtsform. Die Systeme der populären Symboliker wirken zumeist ziemlich konstruiert. Eine Anzahl ihrer zur Bestimmung des Charakters entwickelten Angaben enthält die Tabelle auf S. 182.
Daß mit solchen Gleichsetzungen dem Charakter eines Menschen jedoch nicht beizukommen ist, sollte eigentlich jedem denkenden Menschen von vornherein klar sein.
Zum Beweis dieser und vieler anderer Behauptungen wird etwa auf bekannte Persönlichkeiten verwiesen, die zufällig ein kräftig entwickeltes Kinn haben und sich als tatkräftig erwiesen haben. Daß es viele Menschen gibt, die ebenfalls aktiv sind, jedoch ein andersgeartetes Kinn besitzen, bleibt unberücksichtigt. Erklärungen für die angeblichen Zusammenhänge werden zumeist nicht gegeben. Zu wissenschaftlich beweisbaren Ergebnissen ist man auf diesem Weg bis heute nicht gekommen.

Was läßt sich wirklich feststellen?

Die Ausdruckspsychologie unserer Tage beschäftigt sich in erster Linie mit *Bewegungen*, die im Gesicht vor sich gehen. Was bewegt sich denn im Gesicht? Mehr oder weniger bewußt verziehen wir zum Beispiel den Mund zu einem Lächeln, rümpfen die Nase, legen die Stirn in Falten oder blinzeln mit den Augen. Alle diese Erscheinungen, die durch die Funktion der Gesichtsmuskeln zustande kommen, erwecken in uns bestimmte Eindrücke. Aber die Eindrücke sind nicht bei allen Menschen gleich; auch sind sie durchaus nicht immer zutreffend. Es ist nicht ganz einfach, die kurze Bewegung eines Gesichtsmuskels festzustellen, unvergleichlich schwieriger aber ist es, eine solche Bewegung zu deuten.
Wir stellen daher zunächst einmal die Frage: Wie muß ein Gesicht aussehen, damit zum Beispiel der Eindruck des Schlauen, Reifen oder Offenen entsteht? Ferner: Mit welcher Sicherheit kann aus Gesichtszügen auf Charaktereigenschaften geschlossen werden? Schließlich: Warum werden beispielsweise beim Staunen die Augen weit aufgerissen und die Stirnfalten hochgezogen? Mit diesen Fragen beschäftigt sich die psychologische Wissenschaft.

Körperbaumerkmal	Charaktereigenschaft
kleiner Kopf	Gefühl stärker als Verstand
großer Kopf	größere geistige Kräfte
übergroßer Kopf	kindlich, idiotisch
eingefallener Hinterkopf	willensschwach
kräftig entwickelter Hinterkopf	willensstark, ausdauernd, fleißig
hohe und breite Stirn	Analytiker, Suchender, Künstler
hohe und schmale Stirn	Synthetiker, Wollender, Techniker
Augenbrauenbogen schwach	schwache Beobachtungsgabe
Augenbrauenbogen stark gewölbt	gute Beobachtungsgabe
verschwommenes Profil	wenig ausgeprägte Persönlichkeit
ebenmäßiges Profil (Nase u. Oberlippe ragen über die Nasenwurzellinie hinaus)	das Geistige und Sinnlich-Körperliche ist harmonisch verknüpft
Augen groß, Mund und Nase klein	geistiger Wille übergroß
Nase zu groß, Augen u. Mund klein	Selbstdarstellung hervortretend
Augen und Nase groß, Mund klein	rechthaberisch
Augen klein	geringes persönliches Format
Augen übergroß	selbstsichere Herrennatur
Nasenrücken groß und breit	starke, männlich geartete Darstellungskraft
Nasenrücken klein und schmal	schwache, weiblich geartete Darstellungskraft

Experiment mit einem Porträt. Der Verfasser dieses Buches hat folgendes Experiment angestellt: Er zeigte 165 Erwachsenen beiderlei Geschlechts und aller Altersstufen ein hervorragend scharfes und wirklichkeitsgetreues Porträt einer männlichen Person, das ein namhafter Lichtbildner hergestellt hatte. Die Versuchspersonen bekamen die Aufnahme in Großprojektion (mit Hilfe eines Lichtbildapparates) zu sehen und hatten die Aufgabe, ihre Eindrücke über Alter, Beruf und Charaktereigenschaften niederzuschreiben.

Der Versuch erbrachte folgendes Ergebnis: Bezüglich des *Alters* gingen die Schätzungen weit auseinander. Der größte Teil der Beurteiler tippte auf ein Alter zwischen 50 und 70, ein geringerer Teil auf ein Alter von 40 bis 50 Jahren.

Nach dem *Beruf* gefragt, hielten ungefähr 85% der Betrachter den Gezeigten für einen »Mann, der in Wind und Wetter in der freien Natur arbeitet«, für einen Bauern, Holzfäller, Bauarbeiter, etliche für einen Handwerker. Der Rest glaubte es mit einem Bergmann, Partisanenchef, Südländer oder Fremdarbeiter zu tun zu haben, und einige wenige meinten, es sei ein Künstler oder Forscher.

Auf die Frage nach *Charaktereigenschaften* wurden vielfach Typenbezeichnungen gebraucht. Da hieß es dann etwa, der Gezeigte sei ein Choleriker, Melancholiker, Draufgänger, Eigenbrötler und – Trinker! Ungefähr 70% der Versuchspersonen hatten den Eindruck, daß sein Intelligenzgrad nicht besonders hoch sei. »Er blickt, als ob er die Welt nicht so recht verstünde, in der Literatur nicht bewandert sei, nicht selbständig denken könne.« Die übrigen hielten ihn für einen intelligenten, geistig regen, kritisch eingestellten Menschen, der über ein sehr gutes Beobachtungsvermögen verfüge.

Besonders interessant waren die

Angaben, die über einzelne Charaktereigenschaften gemacht wurden. Mehr als zwei Drittel der Versuchspersonen nannten Eigenschaften folgender Art: gutmütig, warmherzig, feinfühlig, humorvoll, unbeholfen, schwerfällig, hilfsbereit, tatkräftig, willensstark, verträglich, offen, zuverlässig. Der Rest der Versuchspersonen bezeichnete den Gezeigten als jähzornig, verschlagen, hart, gewalttätig, triebhaft, unfein, grob, unausgeglichen, verschlossen, unverträglich. Auf Befragen erklärte der größte Teil der Befragten, die Beurteilung sei ihnen nicht schwergefallen: »... auf den ersten Blick gesehen, daß es ein Bauarbeiter ist.« Am meisten beachtet wurden nämlich die zerknitterte Mütze, die der Gezeigte auf dem Kopf hatte, und sein struppiger Bart.

Begreiflicherweise warteten die Versuchspersonen mit größter Spannung auf die Enthüllung des Geheimnisses um die gezeigte Person. Vermutlich werden sich inzwischen auch die Leser ein ungefähres Bild gemacht haben und ebenso überrascht sein wie die an dem Versuch Beteiligten, wenn sie hören, daß das gezeigte Bild einen bekannten Maler, Professor einer Kunstakademie, im Alter von 52 Jahren darstellte. Der Künstler stellte sich in seinem Atelier während seiner Arbeit dem Fotografen.

Beurteilung des Ergebnisses. Was hat der Versuch gelehrt? Zunächst einmal folgendes: Die Ausdruckswirkungen, die von einem Gesicht ausgehen, sind keineswegs einheitlicher Art; der Eindruck ist deutlich subjektiv getönt. Am schwierigsten scheinen Altersangaben zu sein. Das bereitet uns jedoch weniger Sorgen. Bedenklicher ist die Tatsache, daß die unbestreitbar vorhandene Intelligenz des Künstlers keinen »Eindruck« hinterlassen hat! Nahezu drei Viertel der Versuchspersonen hielten ihn – nach dem Bild – für wenig intelligent. Gelegentlich wurde sogar noch die Bemerkung gemacht, daß er für selbständige Arbeit nicht geeignet sei! Wahrscheinlich sei er ein Hilfsarbeiter. Wenig ermutigend für die Praxis der Menschenkenntnis ist auch die Uneinheitlichkeit der Eindrücke bezüglich anderer Eigenschaften seines Charakters.

Wie ist dies zu erklären? Die Tatsache, daß es sich bei dem Versuch um ein Foto handelte und nicht um einen leibhaftigen Menschen, ist nebensächlich. Denn es kam bei dem Versuch in erster Linie darauf an, festzustellen, ob ein bestimmter physiognomischer Reiz (hier das Gesicht) bei allen Menschen denselben Eindruck auslöst. Dies ist aber nicht der Fall.

Es soll nun nicht behauptet werden, die Intelligenz sei überhaupt nicht erkennbar. Hätten die Teilnehmer an dem Experiment den Künstler beispielsweise noch sprechen hören, seine Werke oder seine Schrift gesehen, dann hätten sie einen anderen Eindruck bekommen. Damit wird eine früher aufgestellte Behauptung erhärtet: Psychische Eigenschaften lassen sich nicht aufgrund eines *einzelnen* Merkmals erkennen. Wie wir hier gesehen haben, gelingt dies nicht einmal immer, wenn wir das Gesicht als Ganzes betrachten.

Die Gefahr der fixen Vorstellungen. »Offenbar bestehen weitgehend gleiche Meinungen über Intelligenz-Zeichen (hohe Stirn, anliegende Ohren, schmale Nase = sehr intelligent). Doch sind diese Meinungen nicht richtig. Es besteht also ein physiognomisches Stereotyp für die Intelligenz, das mit der tatsächlichen Intelligenz nur schwach korreliert« – das sagt mit Recht der Psychologe HUBERT ROHRACHER.

Auch bei unserem Versuch dürften solche *Stereotypien* (fixe Vorstellungen) eine maßgebliche Rolle gespielt haben. Zwei Drittel der Versuchspersonen hatten offenbar dieselben Auffassungen über die Merkmale, die einem Gesicht eigen sein müssen, damit beispielsweise der Eindruck entsteht: Der Mann ist gutmütig, verträglich, intelligent und so weiter. Die übrigen Versuchspersonen brauchen deshalb nicht unbedingt schlechte Menschenkenner zu sein. Vielleicht erinnerte sie der Betrachtete an einen ihnen unangenehmen Menschen, der nun das Modell für ihre Beurteilung abgab.

Daß der Beruf einem Menschen nicht so ohne weiteres vom Gesicht abgelesen werden kann, ist nicht verwunderlich. Es gibt freilich typische Berufsgesichter. Aber nicht jeder Vertreter eines Berufes verkörpert diesen auch in typischer Weise. Im übrigen waren sich die Teilnehmer unseres Versuchs in diesem Punkt ziemlich einig: Der Mann arbeitet mit der Hand, und zwar vielfach in freier Natur, unter Licht und Sonne. Offenbar hat jedoch die zerknitterte Mütze die Befragten dazu veranlaßt, den Künstler in die Kategorie der Bauarbeiter einzustufen. Wir lernen daraus, daß es sehr wichtig ist, unsere Beobachtungen in den richtigen Zusammenhang zu stellen, oder – psychologisch ausgedrückt – den *Stellenwert* eines Merkmals richtig zu taxieren. Dies gelingt jedoch erst wieder aus dem Zusammenhang heraus, in dem dieses auftritt. Hätten die Betrachter den Künstler in seiner ganzen Gestalt und in seinem Atelier gesehen, dann wären sie nicht zu dieser etwas einseitigen Auffassung des Merkmals gekommen. Auch große Künstler tragen gelegentlich eine abgewetzte

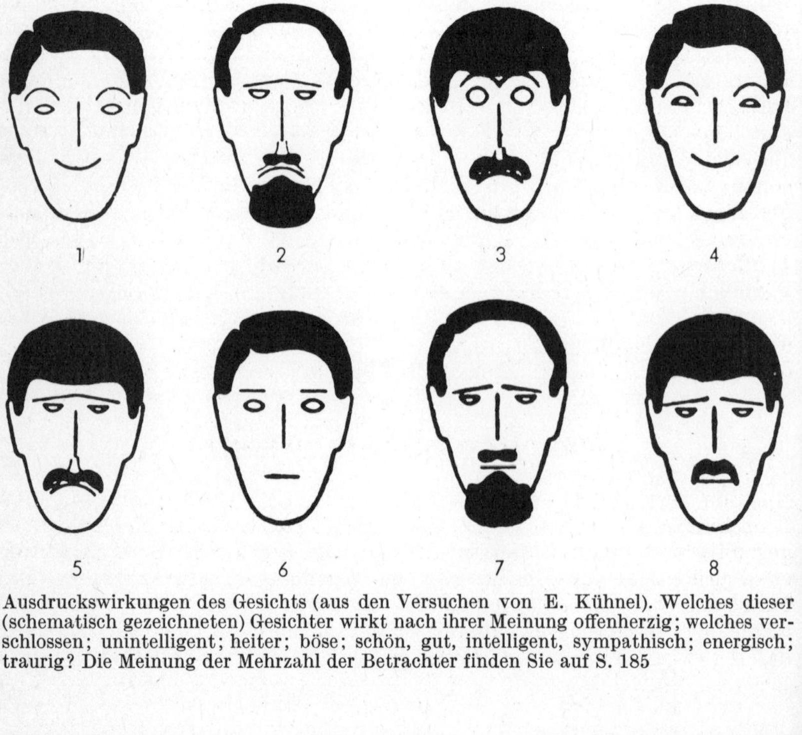

Ausdruckswirkungen des Gesichts (aus den Versuchen von E. Kühnel). Welches dieser (schematisch gezeichneten) Gesichter wirkt nach ihrer Meinung offenherzig; welches verschlossen; unintelligent; heiter; böse; schön, gut, intelligent, sympathisch; energisch; traurig? Die Meinung der Mehrzahl der Betrachter finden Sie auf S. 185

Bauarbeitermütze. Die angebliche »Bauarbeitermütze« hat übrigens einen sogenannten *Halo-Effekt* ausgelöst, das heißt, sie hat die übrigen Eindrücke beeinflußt und verfärbt, was sich insbesondere bei der Beurteilung der Intelligenz bemerkbar gemacht hat.

Ein Versuch über Stereotypien. Zur Erforschung der fixen (stereotypen) Vorstellungen von Gesichtern stellte die Psychologin ELFRIEDE KÜHNEL einen interessanten Versuch an. Sie wollte wissen, wie ein Gesicht aussehen muß, um bei den Betrachtern einen bestimmten Eindruck zu erwecken, etwa den des Bösen, des Guten, des Intelligenten. Sie zeigte ihren Versuchspersonen eine Reihe schematischer Gesichtsdarstellungen (s. Abb. S. 184).

Wir möchten an dieser Stelle den Leser bitten, vor dem Weiterlesen die Köpfe der Abbildung zu betrachten und den Eindruck von jedem einzelnen Gesicht zu notieren: Welches Gesicht ist intelligent (sowie gut, schön und sympathisch), unintelligent, verschlossen, offenherzig, traurig, böse, energisch und energielos (aber heiter)?

Bei der Befragung zahlreicher Personen wurde festgestellt, daß die Mehrzahl der Beurteiler folgende Meinungen äußerte:

1) offenherzig,
2) verschlossen,
3) unintelligent,
4) heiter und energielos,
5) böse,
6) schön, gut, intelligent und sympathisch,
7) energisch und
8) traurig.

Wenn Sie ebenfalls diesen Eindruck bekommen haben, dann stimmt Ihr *Stereotyp* mit dem der Befragten überein. Dies schließt nicht aus, daß es Gruppen von Menschen gibt, die andere Vorstellungen von schön, häßlich, intelligent und so weiter haben.

Was war das Ergebnis der Untersuchung? »Schmale« Gesichter wirken besonders traurig, alt und böse; »breite« besonders heiter und jung. Um als »schön« zu gelten, muß man eine mittlere bis hohe Stirn sowie Mund und Augen in Mittellage haben. Wer dagegen eine niedere Stirn, ein langes Gesicht, große oder verkniffene Augen und runde Brauen hat, wirkt unintelligent. Ob er es auch tatsächlich ist, läßt sich – mindestens von der schematischen Zeichnung – nicht sagen.

Offenbar arbeiten viele Menschen mit derartigen stereotypen Klischees. Die Untersuchung hat eindeutig bewiesen, »daß der Gesamteindruck eines Gesichts nicht summativ aus den Eindruckswerten der Einzelmerkmale zustande kommt, sondern daß sich die Einzelmerkmale wechselseitig beeinflussen (am stärksten Haar- und Barttracht einerseits und Mundform und -stellung andererseits). Der Eindruck, den ein menschliches Gesicht hervorruft, ist ein »Ganzheitsphänomen«, sagt ROHRACHER.

Sind wir so, wie wir aussehen?

Aus dem vorangehenden Kapitel lernten wir: Wir sollten uns nicht von Einzelmerkmalen leiten lassen, aber auch dem Gesamteindruck kritisch gegenübertreten. Nach dem intuitiv gewonnenen Eindruck könnten wir etwa prüfen, ob die Mimik, also die Vorgänge im Stirn-, Augen- und Mundbereich, wirklich das gleiche ausdrückt, was wir zunächst als allgemeinen Eindruck gewannen. Dabei werden wir vielleicht entdecken, daß die einzelnen Ausdrucksfelder gar nicht dieselbe Sprache reden, daß das Untergesicht nicht zum Obergesicht paßt, die linke Hälfte etwas anders aussieht als die rechte, das Profil einen strengeren Eindruck vermittelt als das Frontalgesicht und anderes mehr. Kurz: Wir müssen uns auf Widersprüchlichkeiten gefaßt machen, die erst durch Beobachtungen anderer Ausdruckserscheinungen geklärt werden können. Deshalb dürfen wir uns nicht von vornherein festlegen und etwa behaupten: Dieses Gesicht ist leer, nichtssagend oder verschlagen. Vielleicht drücken die Augen bei eingehender Betrachtung doch mehr Fülle, Wärme oder Offenheit aus. Insbesondere müssen wir uns fragen, ob der Ausdruck echt, natürlich, unbefangen oder gemacht ist und was die Ursache dafür sein könnte.

Die Dreifaltigkeit des Gesichts

Ein Gesicht ist niemals leicht zu enträtseln: Wir werden bald entdecken, daß jedes Gesicht mehrere Schichten hat. Der Kulturphilosoph WILLY HELLPACH (1877–1955) hat sich mit dieser Frage befaßt. Der Gelehrte untersuchte die deutschen Stammestypen (S. 105) und vermittelte aufgrund der Verschiedenheit des Antlitzes tiefe Einsichten über die Stammesunterschiede. Die Beschäftigung mit diesem Problem führte ihn zu einer interessanten Lehre: Er spricht von der Dreifaltigkeit des Menschengesichts und unterscheidet: *Naturgesicht, Trachtgesicht, Erlebnisgesicht.*

Naturgesicht. Das Naturgesicht ist nach der Lehre HELLPACHS bestimmt durch die Einflüsse der Rasse, Familie und Konstitution. Diese Züge stellen sozusagen die Grundsubstanz des Gesichts dar, an der sich nicht viel ändert. Die Rasse, die Sippe, die Konstitution eines Menschen sind hier erkennbar. Leicht kann es dabei zu Vorurteilen kommen. Es wäre aber falsch, sich durch solche Vor-Urteile, also vorgefaßte Meinungen, vom objektiven Urteil abbringen zu lassen.

Trachtgesicht. Das Trachtgesicht kommt durch die – meist zeit- und kulturbedingten – künstlichen Abänderungen des Naturgesichts zustande. Solche Veränderungen entstehen vor allem durch die Haar- und Barttracht, das Aufsetzen von Perücken, das Schminken und Schmücken. Wer dabei des Guten zuviel tut, wirkt leicht unecht; wer entgegen der herrschenden Mode einen Bart oder eine wallende Mähne trägt, wirkt vielleicht originell, vielleicht aber auch ausgefallen, besonders wenn die Mache mit den natürlichen Gegebenheiten des Gesichts nicht übereinstimmt. »Man merkt die Absicht, und man wird verstimmt.«

Erlebnisgesicht. Am aufschlußreichsten ist das Studium des Erlebnisgesichtes. Dieses kommt durch die Auseinandersetzung des Ichs mit seiner Umwelt zustande. Daraus erklärt sich, daß die Gesichter der Alten durchformter, ausgeprägter und charaktervoller sind als die Gesichter der Jugendlichen.
Bestimmte Menschen, so stellt man bei der Beobachtung fest, sind mehr von innen, andere mehr von außen geprägt. Es gibt Menschen, die mit ihrem Schicksal leichter, und solche, die schlechter fertig geworden sind. Die einen vermögen sich zu beherrschen, die anderen weniger. All diese Erscheinungen erfahren wieder die mannigfaltigsten Abwandlungen durch Zeit, Kultur, Geschlecht und Beruf und durch die Möglichkeiten, welche die Erbanlage, das Naturgesicht, bietet.

Das gemachte Gesicht

Es ist eine ganze Anzahl von Faktoren, die dem einen Gesicht einen natürlich gewachsenen, dem anderen einen künstlich zurechtgemachten Ausdruck verleihen. Nicht alles ist Natur, also echter Ausdruck; vieles entspricht darstellerischen Absichten. Der Mensch besitzt ja nicht nur ein Gesicht, sondern er macht sich auch eines.

Kosmetik. Seit Urzeiten gehört der Spiegel zu den unentbehrlichen Ausstattungsstücken der Menschheit. Das Bedürfnis, sich zu verändern, insbesondere seinem Gesicht ein gewichtigeres, anziehenderes oder schreckhafteres Aussehen zu geben, ist uralt. Erlebnisse hinterlassen wohl ihre Spuren, prägen und verändern das Gesicht, jedoch nicht immer zur Zufriedenheit seines Trägers. »So bist du!« sagt zwar der Spiegel unerbittlich; aber: »So kann ich ja gar nicht sein!« entgegnet das Ich und formt das Gesicht um. Wir wollen nämlich nicht immer so aussehen, wie wir sind! Viele haben sich ein etwas anderes Bild von sich und ihrem Aussehen zurechtgelegt, ein bedeutenderes, schöneres, jüngeres oder reiferes. Und eben diese Veranlagung des Menschen läßt den Drang zur Verwandlung nicht zur Ruhe kommen. Wenn wir also in ein derart zurechtgemachtes Gesicht blikken, werden wir stets zu fragen haben: Was hat diesen Menschen dazu veranlaßt, sich gerade dieses Aussehen zu geben? Wem möchte er denn gleichen? Paßt dieses Bild überhaupt zu seinem Wesen?
Damit soll freilich nichts gegen die Schönheitspflege gesagt werden. Wer sich vernachlässigt, fällt immer noch mehr auf als einer, der die Kosmetik übertreibt, und er gilt in jedem Fall als unordentlich. Über das, was angemessen ist und nicht, läßt sich freilich nur im Hinblick auf die Gesamtpersönlichkeit ein Urteil fällen. Überdies gebieten Zeitgeschmack und Mode die Art und das Ausmaß der Kosmetik.

Frisur. Wie stark Frisur und Barttracht unseren Eindruck beeinflussen, läßt sich täglich feststellen. Muß man sich nicht gelegentlich besinnen, ob beispielsweise diese »Dame in Blond« tatsächlich Fräulein Else ist, die gestern noch mit schlichtgelegten braunen Haaren ins Büro kam? Offensichtlich hat sie nicht nur ihre bisherige Frisur satt, sondern möchte auch einen anderen Eindruck machen. Vielleicht braucht sie überhaupt ein neues Lebensgefühl. Meistens beschränkt sich die Wandlung nicht nur auf den Wechsel der Frisur, sondern erstreckt sich auch auf Veränderungen des Gesichts durch Puder, Lippenstift und Schminke, auf die Pflege der Hände und nicht zuletzt auf die Wahl der Kleider. Daß dieses Zurechtmachen einer mehr oder weniger bewußten Darstellungsabsicht entspringt, unterliegt keinem Zweifel.
Beim männlichen Geschlecht ist es der Bart, der dem Gesicht den – oft fehlenden – Pfiff geben soll. Da die überwiegende Mehrzahl der mitteleuropäischen Männer unserer Zeit keinen Bart trägt, fragt man sich unwillkürlich, was diesen und jenen dazu veranlaßt haben könnte, sich einen Bart wachsen zu lassen. Im allgemeinen dürfte es wohl das Bedürfnis sein, sich eine interessantere Note zu geben, um mehr Beachtung zu finden. Tatsächlich gibt der Bart einem Milchsuppengesicht ein reiferes und einem unbedeutenden Gesicht ein »charaktervolles« Aussehen. Er verdeckt in vielen Fällen einen tatsächlichen oder vermeintlichen Mangel und übt

dadurch eine kompensatorische Wirkung aus. Wie stark dabei leitbildliche Vorstellungen mitwirken, zeigten die Beatlefrisuren. Die meisten jungen Männer bedenken jedoch zu wenig, daß Bart oder Tolle noch nicht zu einem Star machen und ungepflegte Hände einen merkwürdigen Kontrast zur oberen Aufmachung darstellen. Das weibliche Geschlecht ist in diesem Punkt konsequenter. Ein junges Mädchen, das sich die B. B. zum Vorbild gewählt hat, wird danach trachten, ihr Idol in allen Einzelheiten peinlichst zu imitieren – ohne allerdings den Eindruck der Unechtheit verhindern zu können.

Das Gesicht als Ganzes

Bei jedem eindrucksfähigen Menschen hinterlassen die Erlebnisse, die er gehabt hat, ihre Spuren. Sie prägen und modeln das zunächst unbeschriebene Gesicht um und geben ihm sein bleibendes Aussehen, seine *Physiognomie.* Diese Dauergeprägtheit des Gesichts ist es nun auch, die uns Rückschlüsse auf bleibende seelische Eigenschaften und Veranlagungen erlaubt und uns dazu berechtigt, von einem verschlossenen oder offenen, einem ernsten oder heiteren Menschen zu sprechen. Es bedarf allerdings noch weiterer Beobachtungen, um feststellen zu können, ob diese oder jene Eigenschaften mehr ererbt oder mehr erworben sind und welchen Grad von Festigkeit die Physiognomie hat. Die Erlebnisse prägen sich ja nicht bei allen Menschen gleich tief ein, gehen sogar bei manchen »spurlos« vorüber, so daß das Gesicht gar kein »charakteristisches« Gepräge bekommt. Solche Gesichter ohne Signatur hinterlassen verständlicherweise auch keinen so nachhaltigen Eindruck wie ein spurenreiches, »charaktervolles« Gesicht. Trotz des Reichtums an Ausdrucksmöglichkeiten, den ein Gesicht hat, sollte man sich natürlich bei seinem Urteil über einen Menschen nicht ausschließlich auf den Gesichtseindruck verlassen. Das Gesicht vermag nicht »alles« auszudrücken.

Gesicht und Geschmack

Der Mund ist nicht nur ein Sprechwerkzeug, sondern dient auch zur Nahrungsaufnahme. Und schließlich liegen hier die Sinne des Geschmacks. Der Ausdruck des Geschmackserlebnisses geht aber auf das ganze Gesicht über. Man spricht von *süßem, bitterem* und *saurem* Gesicht. Wenn wir etwas Süßes in den Mund bekommen, pressen wir unwillkürlich die Lippen an die Zähne und drücken die Zunge an den vorderen Gaumen, um die Süßigkeit auskosten zu können. Anders bei der Empfindung des Bitteren. Dabei entfernt sich die Zunge vom Gaumen, man zieht die Oberlippe hoch und öffnet den Mund, um das Bittere wieder loszuwerden, falls man es nicht schon geschluckt hat. Zumeist zieht man dabei auch noch die Nase hoch, so daß sich nicht nur zwischen Lippe und Nase, sondern auch auf dem Nasenrücken Falten zeigen. Ein unverkennbarer Ausdruck des Unangenehmen. – In ähnlicher Weise reagieren wir beim Empfang von Säuerlichem.

Das süße Gesicht. Diese eben beschriebenen mimischen Bilder stellen sich merkwürdigerweise auch dann ein, wenn der Mund gar keine Geschmackserlebnisse hat. Ein süßes Gesicht kann sich bereits in

Erwartung von Süßigkeiten bilden, ja nicht nur von diesen, sondern überhaupt von Annehmlichkeiten. Das sinnliche Erlebnis wird gewissermaßen vorweggenommen und drückt sich in der mimischen Form eines Geschmackserlebnisses aus. Wir erinnern uns dabei, daß uns oft schon der Duft des Bratens »das Wasser im Mund zusammenlaufen ließ«.

Das bittere und saure Gesicht. Auch das bittere und saure Gesicht tritt ohne einen entsprechenden Reiz der Geschmacksnerven, lediglich als Ausdruck des Unangenehmen auf. Doch äußert sich in dieser Weise auch Ablehnung und Verachtung. Wo der bittere Zug um den Mund herum nicht mehr verschwindet, kann angenommen werden, daß der betreffende Mensch nicht viel zu lachen hatte und vielleicht zum Menschenverächter geworden ist.
Die Äußerung von Geschmackserlebnissen kann freilich auch unterdrückt werden. Wer einen Wermutstropfen schlucken muß, es jedoch nicht zeigen will, macht ein »bittersüßes« oder »sauer-süßes« Gesicht. Dies ist eben dadurch gekennzeichnet, daß der echte Ausdruck durch eine gegenteilige Darstellungsform überdeckt wird. Da der Ausdruck derartiger Erlebnisse nicht auf die Mundzone beschränkt bleibt, sondern beispielsweise auch die Augen miteinbezieht, spricht man sogar von einem süßen, bitteren und sauren Blick.

Gesicht und Stimmung

Freud und Leid, Lust und Unlust drücken sich in sehr charakteristischer Weise in der Stellung der Mundwinkel aus. Wer sich im Zustand der Niedergeschlagenheit befindet, läßt nicht nur den Kopf hängen, sondern zieht auch die Mundwinkel herunter.
Wer sich erhoben fühlt und freudiger Stimmung ist, der reckt sich auf, bekommt glänzende Augen und zieht die Mundwinkel in die Höhe. Die Freude zeigt also offenbar im körperlichen Bereich die Tendenz nach oben, zur Ausdehnung, der Kummer und das Leid eine solche nach unten, zur Verkleinerung. Unwillkürlich verbindet sich bei uns mit allen Bewegungen nach oben das Gefühl der Freude und des Wohlbehagens, mit solchen nach unten das Gefühl des Mißbehagens. Oben und Unten haben offensichtlich eine symbolische Bedeutung; wir finden eine gleiche Bedeutung etwa in den Gesten (S. 208), in der Hand (S. 227) oder in der Handschrift (S. 250–253 und Abb. S. 254).
Nicht jedes Lust- und Unlustgefühl zeigt sich in eindeutiger Weise. Wer sich nur halb freut oder nur Freude zeigen will, zieht nur einen Mundwinkel in die Höhe. Wer seinem Mißmut oder seiner Verachtung nur versteckten Ausdruck geben will, drückt dies durch das Herabziehen nur eines Mundwinkels aus. Da all diese mimischen Erscheinungen durch bestimmte Reize ausgelöst werden und mit deren Abklingen wieder verschwinden, geben sie uns zunächst nur Aufschluß über momentane Gemütszustände, nicht aber über die dauernde Verfassung eines Menschen. Bei einiger Übung wird es aber gelingen zu erkennen, welche Stimmungslage bei dem betreffenden Menschen vorherrscht. Dann wird uns auch die Grundstruktur des Charakters deutlich. Der Pessimist neigt eben dazu, alle Erlebnisse schwerer zu nehmen als der Optimist. Dementsprechend verfestigen sich in seinem Gesicht auch eher die depressiven Züge und geben ihm das leiderfüllte Gepräge.

Einzelne Gesichtspartien

Neben dem Gesicht als Ganzem müssen wir uns auch mit seinen einzelnen Partien befassen. Diese Einzelerscheinungen sind leichter zu erkennen und, wie die meisten Menschen meinen, auch einfacher zu deuten. Es kann aber nicht nachdrücklich genug darauf verwiesen werden, daß es falsch und gefährlich ist, den Charakter eines Menschen aufgrund eines einzigen hervorstechenden Merkmals erklären zu wollen. Erst die Einfügung des Merkmals in das Gesamtbild hilft uns weiter.

Die Stirn

Die Stirnpartie des Gesichts gehört zwar nicht zu den bevorzugten Gebieten der Betrachtung, sie hat aber im populären Denken sozusagen ihren festen Platz, denn an der Beschaffenheit der Stirn glaubt man den Verstand des Menschen zu erkennen. Das Wort von der »Denkerstirn« ist bezeichnend für eine volkstümliche Deutung der Körperformen überhaupt.

Die Denkerstirn. Die höhere Stirn gilt, wie erwähnt, gemeinhin als Ausdruck höherer Geistigkeit. Die Behauptung, daß die dauernde geistige Beanspruchung des Gehirns zu einer Vergrößerung der Stirn führe, ist aber unglaubwürdig; denn bei den meisten Menschen erfolgt diese Strapazierung erst zu einer Zeit, in welcher der Schädelknochen seine Bildsamkeit eingebüßt hat. Von ärztlicher Seite wird zudem darauf hingewiesen, daß die hohen Stirnen vielfach durch Rachitis oder den Wasserkopf bedingt sind. Aller Wahrscheinlichkeit nach sind Kants und Hebbels Denkerstirnen auf eine in der Kindheit durchlebte Rachitis zurückzuführen und diejenigen von Menzel und

Stirnformen. Links ein Mann mit einer hohen, sogenannten »Denkerstirn«, rechts ein Mann mit niedrigem Schädel, der »Verbrecherstirn«. Die Zeichnungen stellen dar den beberühmtesten deutschen Philosophen Immanuel Kant (1724–1804) und – den Philosophen und bedeutenden Kantforscher Hans Vaihinger (1852–1933)

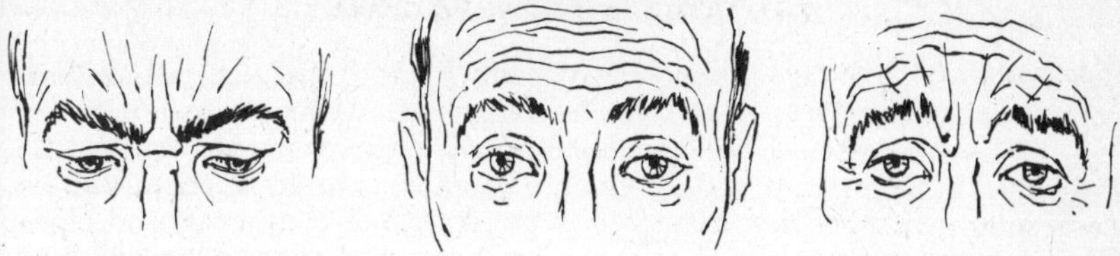

Stirnfalten: senkrechte Falten (links), Zeichen konzentrierten Denkens; waagerechte Falten (Mitte), Hochziehen der Stirn und der Augenbrauen, Kennzeichen des Erstaunens; waagerechte und senkrechte Falten gleichzeitig, sogenannte Notfalten, drücken großen körperlichen oder seelischen Schmerz aus

HELMHOLTZ auf einen Wasserkopf. Die meisten Denkerstirnen kommen jedoch durch den Schwund der Haare zustande. Je mehr der Haaransatz zurücktritt, um so größer erscheint die Stirn. Da das weibliche Geschlecht selten unter Glatzenbildung leidet, kann es sich auch meist keiner »Denkerstirn« rühmen. Daraus jedoch Schlüsse auf die Intelligenz des weiblichen Geschlechts zu ziehen, wäre abwegig.

Die Stirnfalten. Im Gegensatz zur Stirnhöhe sind die Stirnfalten physiognomisch ausdeutbar. Zur Prüfung nehme man einen Spiegel in die Hand und beobachte einmal, was vor sich geht, wenn man sich »künstlich« geistig anstrengt. Sicherlich wird man hierbei, mindestens ansatzweise, senkrechte Falten entdecken. Diese entstehen durch die Zusammenziehung des Stirnmuskels.

Zu *senkrechten* (vertikalen) *Falten* kommt es immer dann, wenn wir uns konzentrieren müssen, weil wir irgendeine Aufgabe nicht sofort mühelos lösen können. Dies ist zumeist auch mit einem Gefühl des Unbehagens verbunden. Senkrechte Falten sind also der Ausdruck der Anstrengung oder der Kräftekonzentration, die oft von Mißbehagen begleitet ist. Sind diese Falten dauernd vorhanden, dann kann dies unter Umständen darauf hindeuten, daß der betreffende Mensch oft in eine derartige Situation kommt, sich also häufig in Schwierigkeiten befindet.

Waagerechte (horizontale) *Falten* sind häufiger zu sehen. Meist werden mit dem Hochziehen der Stirn, das zur Faltenbildung führt, auch die Augenbrauen angehoben. Wir beobachten diese Erscheinung im Zustand der Überraschung, des Erstaunens, der Bestürzung und des Schrecks, also dann, wenn der Betroffene sozusagen alle Aufmerksamkeit nötig hat, um eine unerwartet eingetretene Situation zu bewältigen. Waagerechte Falten zeigen sich jedoch auch im Zustand der Erwartung, bevor also das Ereignis eintritt, das uns eventuell in Verwunderung versetzt. Im Hochziehen der Stirn drückt sich also Aufmerksamkeit und Konzentration aus. Mimisch könnte diese Erscheinung als eine Vergrößerung des Blickfeldes aufgefaßt werden, die dazu dient, das Erwartete besser aufnehmen zu können.

Wer sich allen Situationen gewachsen fühlt, wen nichts mehr erschüttern kann, der hat es nicht nötig, seine Kräfte derart zu mobilisieren. Bei ihm werden wir daher auch keine derartigen Falten finden. Diese treten vielmehr bei denjenigen Menschen auf, die leicht von einer Sache betroffen werden. Dabei kann es sich um besinnliche, beschauliche, schüchterne und zaghafte Naturen handeln oder um solche, die eine unerwartete Situation infolge geistiger Schwäche nicht bewältigen können.

Eine *faltenlose Stirn* ist vielfach der Ausdruck innerer Ruhe und Gelassenheit. Sie tritt auch auf als Zeichen der Entspannung und des Ausgeglichenseins. Die Wogen haben sich wieder »geglättet«!

Bisweilen begegnen wir auch einer *Kombination von waagerechten und senkrechten Falten*, und zwar dann, wenn sich der Mensch in einer besonders schwierigen und ausweglos erscheinenden Situation befindet, deren Bewältigung über seine Kräfte geht. Man nennt derartige Falten auch »Notfalten«, die bei großer Sorge, körperlichem und seelischem Schmerz und schwerem Leid auftreten. Bei der Deutung dieser Erscheinungen muß jedoch stets berücksichtigt werden, daß sowohl die Überraschung als auch die Sorge »gespielt« sein kann, also nicht Ausdruck, sondern Darstellung ist. Zum richtigen Verständnis kommen wir auch hier erst vom Gesamtbild her.

Das Auge

Das Auge ist für die meisten Menschen der ausdrucksvollste Teil des Gesichts und daher auch der am meisten beachtete. »Spiegel« der Seele hat man die Augen genannt. Wer ein schlechtes Gewissen hat, läßt sich nicht gern in die Augen blicken. Er weicht dem Blick aus, schlägt die Augen nieder oder verschließt sie, um dem Betrachter keinen Einblick in sein Inneres zu ermöglichen. Die Augen gewähren jedoch nicht nur dem anderen den Einblick, sondern uns selbst auch den Ausblick und verraten so etwas von unserem Verhältnis zur Welt. Die Sprache besitzt viele Möglichkeiten, das zu bezeichnen, was an den Augen zu sehen ist. Man spricht von wachen, müden, klugen und kalten Augen, einem offenen, verschlagenen, verzweifelten oder tiefen und koketten Blick.

Aufgerissene, halbgeschlossene, abgedeckte Augen. Was wir im Augenbereich objektiv sehen können, ist zunächst die unterschiedliche Öffnung des Auges durch die Augenlider. Das *aufgerissene*, also übernormal geöffnete *Auge* beobachten wir an Menschen, die sich im Zustand übergroßer Freude oder aber auch der Angst, des Schrekkens befinden. Es scheint, als ob die normale Öffnung nicht mehr ausreichte, um das Geschehene zu fassen und aufzunehmen. Zumeist wird dabei auch noch der Mund mit aufgerissen. Auch die triebhafte Gier drückt sich in dieser Weise aus. Um zu einer richtigen Deutung des Phänomens zu kommen, muß jedoch auch dessen Anlaß mitberücksichtigt werden. Wer schon bei einer geringfügigen Verkehrsschwierigkeit in Erregung gerät und die Augen sperrangelweit aufreißt, dokumentiert damit, daß er schwache Nerven hat oder noch keine Fahrtechnik besitzt. Es kann sich dabei also auch um das Symptom einer Schwäche handeln, das auftritt, wenn der Betreffende von einer Situation überwältigt wird, weil er ihr nicht gewachsen ist.

Die Bedeutung des *halbgeschlossenen Auges* ist schwieriger zu erfassen, weil es sehr viele Ursachen haben kann. Eine ist uns allen bekannt: Wenn wir müde sind, die Spannung nachläßt, dann fallen uns die Augen zu. Wenn dazuhin noch die Gesichtszüge schlaffer werden, der Körper an Halt verliert und der Kopf vornüber sinkt, gibt es keinen Zweifel mehr an der Deutung.

Schließen sich die Lider nicht völlig, dann sprechen wir vom *ver-*

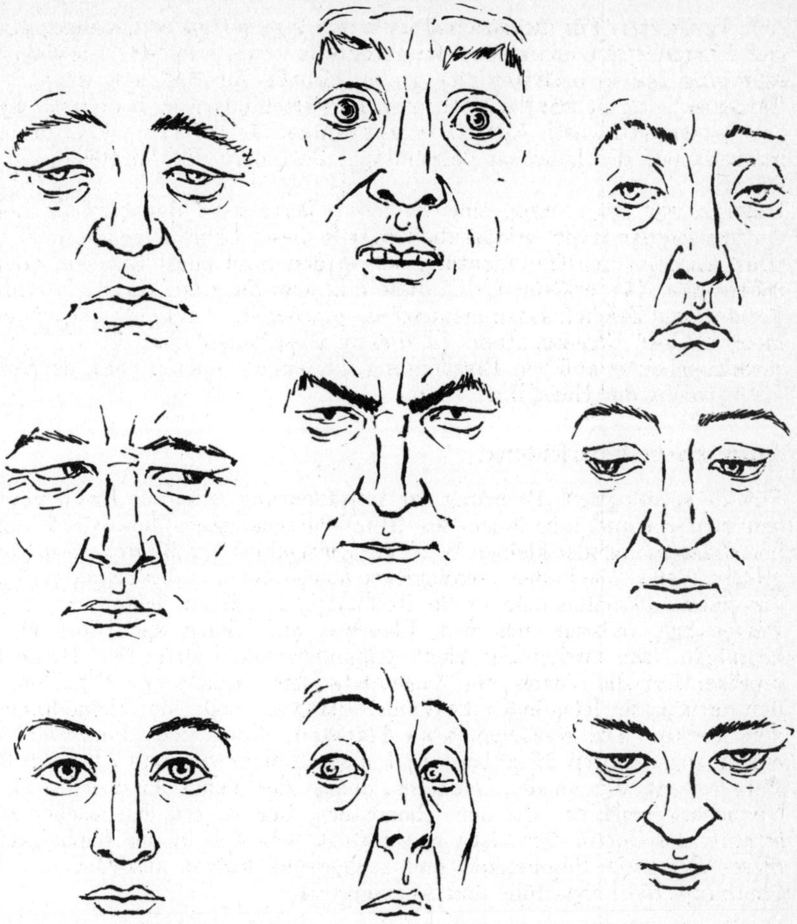

Der Blick. Erste Reihe; von links nach rechts: blasiertes Auge (Ausdruck der Langeweile); aufgerissenes Auge (Zeichen des Erschreckens); müdes Auge (Müdigkeit, Langeweile). – Zweite Reihe: Schräger Blick (Mißtrauen); stechender Blick (Aggressivität); ausweichender Blick (Verlegenheit, mangelndes Selbstbewußtsein). – Dritte Reihe: Gerader Blick (Aufrichtigkeit, Geradlinigkeit); herabwürdigender Blick (Hochmut, Stolz); unterwürfiger Blick (Minderwertigkeitsgefühl)

hängten Auge. Dies ist stets dann zu beobachten, wenn die Bereitschaft zur Kontaktaufnahme mit der Umwelt nachläßt, sei es aus Langeweile, Gleichgültigkeit oder Stumpfheit. Offenbar vermag sich der Betreffende willensmäßig nicht mehr in dem Maße zu straffen, daß er zu einem klaren und deutlichen Bild seiner Umgebung gelangt. Doch gibt es auch Fälle, wo man bewußt auf Deutlichkeit verzichtet: Man fühlt sich erhaben über die gemeine Menge, ist sich viel zu gut dazu, um deren Gewöhnlichkeiten zu betrachten, und läßt deshalb zwischen sich und den anderen einen Vorhang herunter. Dies ist der Ausdruck der Blasiertheit. Der blasierte Mensch nimmt aus Überheblichkeit gar keine Notiz von seiner Umwelt. Meist drückt

sich die Blasiertheit nicht nur im Blick, sondern auch in den herabgezogenen Mundwinkeln, der Erstarrung der gesamten Mimik und der Gestelztheit des Ganges aus.
Scharf zu unterscheiden davon ist das sogenannte *abgedeckte Auge*, das durch leichtes Anheben des Unterlids und Herabdrücken des Oberlids zustande kommt. Diese Erscheinung tritt immer dann auf, wenn der Betreffende zur Behebung von Zweifeln schärfer und genauer beobachten will, den Gegenstand also kritisch fixiert. Es ist somit der Ausdruck höherer Konzentration. Zu einer schlitzartigen Verengung der Lidspalte kommt es jedoch auch bei Mißtrauen gegenüber den Absichten der anderen. Das Auge wird also zur Verhinderung der Einsicht, aus Selbstschutz, abgedeckt. Es ist somit auch ein Zeichen der Vorsicht und Zurückhaltung. Zeigt das Gesicht noch weitere Symptome der Spannung, dann bekommt der Blick leicht das Gepräge des Stechenden. Der *stechende Blick* sucht den anderen sozusagen zu durchbohren, hat also eine verletzende Absicht.
Sympathisch hingegen wirkt das *normal geöffnete Auge*. Es entspricht der Haltung des aufgeschlossenen, der Welt zugewandten Menschen, der nichts Böses im Schilde führt. Er hat nichts zu verbergen und braucht sein Inneres auch nicht zu verdecken. Ein solcher Blick ruft bei uns den Eindruck der Ehrlichkeit und Offenheit hervor. Geht mit ihm allerdings zu wenig Kritikfähigkeit und -bereitschaft einher, dann sprechen wir von Naivität.

Blickrichtung. Man blickt nicht nur geradeaus. Wer zum Beispiel verheimlichen möchte, daß er ein Objekt beobachtet, der wendet den Kopf nicht direkt dahin und erweckt dadurch den Anschein, als sei er an der Beobachtung nicht interessiert. Tatsächlich verdreht er jedoch die Augen, wendet sich also mit einem *schrägen Blick* dennoch dem Gegenstand seines Interesses zu. Zumeist wird man nicht fehlgehen, darin einen Ausdruck des Mißtrauens, der Hinterhältigkeit oder der Heuchelei zu sehen. Doch kann der seitlich schräge Blick auch der Unsicherheit, Schüchternheit oder Angst entspringen. Man ist zu befangen, um sein Interesse offen einzugestehen, aber doch zu sehr engagiert, um den Blick unterdrücken zu können. Welche dieser Bedeutungen dem schrägen Blick zukommt, ergibt sich auch hier erst aus dem Vergleich mit dem übrigen Ausdrucksgeschehen.
Ist die Befangenheit größer als das Gegenstandsinteresse, dann kommt es zum *ausweichenden Blick*. Mangels stärkeren Selbstbewußtseins scheut man vor der an sich gewollten Beobachtung zurück und wendet den Blick ab. Vielfach wird der ausweichende Blick auch durch ein Schuldgefühl verursacht; man wagt es nicht, den Blick des anderen aufzunehmen und ihm standzuhalten, weil man befürchtet, dem anderen dadurch zuviel Einblick in sein schuldbeladenes Inneres zu gewähren. Der Frechling hingegen sucht eben dieses Ausweichen des Blicks mit allen Mitteln zu verhindern, um beim andern den Eindruck der Unbefangenheit und Schuldlosigkeit zu erhöhen. Der *gerade Blick*, der in diesem Fall einer darstellerischen Absicht entspringt, wirkt nämlich im allgemeinen als Ausdruck der Aufrichtigkeit, Festigkeit und Geradlinigkeit. Wer nichts zu verbergen hat, kann dem Blick des anderen standhalten und wird nicht unruhig, wenn dieser ihm in die Augen schaut. Da jedoch kein Mensch gern in sein Inneres blicken läßt, kann es auch ohne ein Schuldgefühl zu einem ausweichenden Blick kommen, insbesondere dann,

wenn der Blick des anderen einen fixierenden und stechenden Charakter hat.
Damit sind die Variationsmöglichkeiten der Blickrichtung jedoch noch nicht erschöpft. PHILIPP LERSCH, dem wir bisher gefolgt sind, macht noch auf eine Reihe anderer Arten des Blicks aufmerksam, die durch die Richtung von oder nach oben und unten gekennzeichnet sind. Am bekanntesten ist der *herabwürdigende Blick* von oben, der durch das Vorschieben des Kinns und die Zurücknahme der Stirn zustande kommt. Er gilt als Ausdruck der Überheblichkeit, des Hochmuts und des Stolzes, aber auch der Blasiertheit. Im Gegensatz dazu steht der *unterwürfige Blick* bei gesenktem Haupt. Wir begegnen diesem Blick nach unten bei Menschen mit geringerem Selbstbewußtsein, die aus einem Minderwertigkeits- oder Schuldgefühl heraus die Augen demütig niederschlagen und so dem Blick ihres gestrengen Gegenübers auszuweichen versuchen. Eine andere Nuance hat der *Blick nach oben* in Verbindung mit einem leicht erhobenen Haupt, der als Ausdruck religiöser Verehrung, der Dankbarkeit, aber auch der Unterwürfigkeit aufgefaßt wird. Schließlich wäre noch der *Blick von unten* zu nennen, der zwar ebenfalls der Unterwürfigkeit entspringen kann, jedoch auch auf erzwungene Hinwendung und feindselige Ablehnung hindeutet.
Der Sinn all dieser Varianten ergibt sich, wie bei allen Ausdrucksdeutungen, erst aus der mimischen Gesamtsituation heraus.

Blickbewegung. Neben der Blickrichtung ist die Blickbewegung zu beachten. Wenn der Blick unruhig hin und her flackert, nirgends haften bleibt, sondern von einem Gegenstand zum anderen schweift, dann fehlt es zumeist an Energie, Ausgeglichenheit und innerer Stabilität. Von diesem *unruhigen Blick* ist der *lebhafte Blick* des geistig wachen, interessierten und unternehmungsfreudigen Menschen zu unterscheiden. Während der unruhige Blick des erregbaren und gefühlsbestimmten Menschen auf einen Mangel an Willen hindeutet, ist der lebhafte Blick der Ausdruck einer vom Willen und Bewußtsein her gesteuerten Haltung. Diese Blickbewegung setzt stärkere Antriebskräfte voraus. Fehlt es an diesen, dann entsteht der *träge Blick* des Uninteressierten und Minderbegabten, der sich jedoch auch bei Krankheit und unter Alkoholeinwirkung einstellt.

Der Mund

Ein ausdruckspsychologisch ergiebiges Feld stellt auch das *Untergesicht* dar, zu dem der Bereich des Mundes und der Nase gehört. Mehr als beim Auge wird hier der Eindruck durch ästhetische Gesichtspunkte mitbestimmt. Dem einen ist von vornherein eine dicke und stumpfe, dem anderen eine dünne und spitze Nase unsympathisch. Die untere Gesichtspartie wird auch oft verändert. Man kann sich die Lippen färben und einen Bart wachsen lassen und dadurch sein Aussehen verändern (S.187).

Der offene Mund. Eine auffallende Erscheinung ist der offenstehende Mund. Er entspricht nicht unserem Schönheitsideal und erweckt allgemein einen unsympathischen Eindruck. Auf seine mimische Bedeutung sind wir schon bei der Betrachtung des Auges zu sprechen gekommen. Er ist zunächst einmal das Kennzeichen des Staunens,

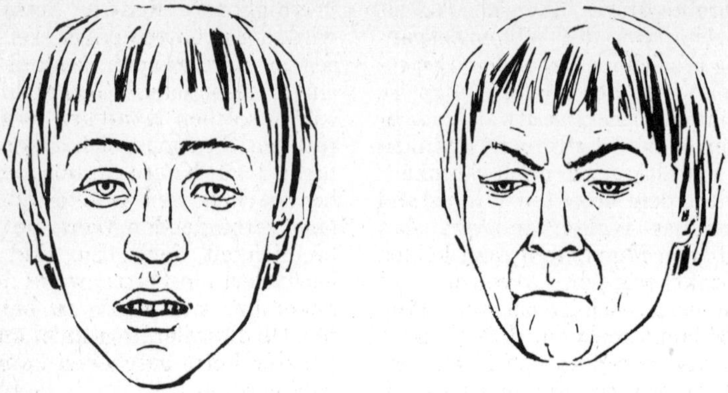

Mundstellungen. Links: offener Mund (Ausdruck des Erstaunens, des Überwältigtseins, im Dauerzustand: der Stumpfheit, Naivität); rechts: verpreßter Mund (Ausdruck des Widerstands, im Dauerzustand: Sich-Abschließen, Starrheit, Egozentrismus)

aber auch des Schreckens und der Überraschung. Kinder, die sich noch unreflektiert ihren Eindrükken hingeben, sperren »Maul und Augen« auf, wenn der Zauberer vor ihren Augen aus seinem eben noch leeren Hut eine Taube herausflattern läßt. Als Erwachsener wird man nicht mehr zu einer derartigen Äußerung genötigt – oder aber man unterdrückt sie. Wenn jemand sich trotzdem derart aufführt, so läßt das auf Naivität oder Willensschwäche schließen. Der offenstehende Mund deutet zunächst darauf hin, daß der Betreffende durch irgendein Ereignis überwältigt wird, das er trotz Öffnung aller Tore, des Mundes und der Augen, nicht zu fassen vermochte. Offensichtlich reichen seine geistigen und willensmäßigen Kräfte nicht, um die Erscheinung zu bewältigen. Wir sind deshalb geneigt, Menschen mit offenstehendem Mund und weitaufgerissenen Augen für naiv oder geistes- und willensschwach zu halten. Ihnen ist offenbar vieles neu und fremd, was dem Durchschnittsmenschen selbstverständlich ist.

Bei Schwachsinnigen bleibt der Mund oft längere Zeit offenstehen. Der dauernd offenstehende Mund kann – insbesondere bei Kindern – jedoch auch auf einer Verstopfung der Nase und Atemwege durch Polypen beruhen; um atmen zu können, muß der Betreffende, ähnlich wie bei einem Nasenkatarrh, den Mund offenhalten, um Luft zu bekommen.

Der verpreßte Mund. Wenn der offenstehende Mund, wie wir gesehen haben, unter anderem auf zu geringe Willenskräfte hindeutet, dann ist anzunehmen, daß der verpreßte Mund die Folge eines überstarken Willenseinsatzes ist. Wer den Mund betont verschließt, die Lippen zusammenpreßt, womöglich auch noch einen starren Blick zeigt und den Kopf nicht bewegt, wirkt verschlossen, hart und zugeknöpft. Man hat den Eindruck: Er könnte sich zwar äußern, aber er will nicht; er ist entschlossen, nichts zu sagen. Dies kann verschiedene Ursachen haben: Trotz und Eigensinn oder aber Wille zur Selbstbehauptung und Selbstdurchsetzung. »Dies und das habe ich gedacht, Punktum, und nun erwarte ich, daß meine Meinung respektiert und meine Forderung erfüllt wird.« Der verpreßte Mund läßt sich also als ein Symptom der Willensanspannung bezeichnen. Irgendeine Situation zwingt den Betreffenden zu erhöhtem Energieaufwand, aber dieser Aufwand gilt nicht der aktiven Bewältigung der Schwierigkeit, sondern dem betonten Widerstand gegen das Wollen anderer. Man »hält« den Mund, weil man keinen Kontakt wünscht. Wer häufiger dazu neigt, sich so zu verhalten, muß damit rechnen, daß er nicht nur als verschlossener, sondern auch als ein eigensinniger und unverträglicher Mensch betrachtet wird, der in hartnäckiger Weise auf seinen Forderungen besteht. Mit einer besonderen Gesprächigkeit ist bei solchen Menschen kaum zu rechnen. Sie eignen sich daher auch nicht dazu, Kontakte mit anderen herzustellen, weil es ihnen eben an dem verbindenden Wort, der Verbindlichkeit, fehlt. Sie sind vielleicht dort am Platze, wo es darauf ankommt, sich eisern zu behaupten. Ob dies allerdings nicht auch in anderer Form geschehen kann, sei dahingestellt.

Lachen und Weinen

Jedermann vermag »ohne weiteres«, das heißt vom Gesamteindruck her, ein lachendes von einem weinenden Gesicht zu unterscheiden. Würden wir jedoch nur die Stellung des Mundes zu sehen bekommen, so würde uns die Unterscheidung schwerer fallen, denn beim starken Weinen wie beim übermäßigen Lachen zeigt der Mund annähernd die gleiche Form. Eine Unterscheidung ist nur durch die Mitberücksichtigung der Mundwinkelstellung möglich. Dies hat schon LEONARDO DA VINCI gesehen. In seinem »Traktat von der Malerei« schreibt er: »Der Weinende zieht die Augenbrauen, wo sie zusammenkommen, in die Höhe und preßt sie gegeneinander; er zieht die Stirne über und zwischen ihnen in Falten; die Mundwinkel zieht er herab. Der Lachende zieht die Mundwinkel in die Höhe und hat die Augenbrauen offen und weit auseinander.«

Wozu lacht und weint man eigentlich?

Lachen und Weinen sind Ausdrucksformen der Freude und Traurigkeit. Das erscheint uns selbstverständlich. Aber – »weinen« wir nicht auch aus übergroßer Freude, und »lachen« wir nicht auch aus Verbitterung und Verzweiflung? Gibt es nicht auch Zustände von Freud und Leid, die sich weder durch Lachen noch durch Weinen äußern? Was hat, so könnte man weiter fragen, überhaupt das Gefühl der Freude und des Schmerzes mit der Funktion der Gesichtsmuskeln zu tun?

Innerkörperliche Funktionen des Lachens und Weinens. Die Frage nach dem Verhältnis zwischen diesen Gefühlen und der entsprechenden körperlichen Äußerung ist bis heute noch nicht geklärt. Der amerikanische Psychologe W. JAMES warf sogar die paradox erscheinende Frage auf, ob wir weinten, weil wir traurig seien, oder ob wir traurig seien, weil wir weinten? Seine Antwort: »Wir weinen nicht, weil wir traurig sind, sondern wir sind traurig, weil wir weinen.« JAMES betrachtet allerdings das Weinen nicht allein als Tränenvergießen, dies sei vielmehr die Begleiterscheinung einer Reihe vegetativer Prozesse, zu denen unter anderem die Verengung und Erweiterung der Blutgefäße und die Schwankungen der Herz- und Atemtätigkeit gehörten. Tatsächlich lassen sich diese innerkörperlichen Vorgänge durch chemische Mittel beeinflussen, wodurch auch der seelische Zustand gesteigert oder abgeschwächt, ja sogar unter Umständen erzeugt oder zum Schwinden gebracht werden kann.

Die meisten werden schon an sich selbst beobachtet haben, daß die Unterdrückung des Weinens oder Lachens auch den traurigen oder heiteren Zustand abschwächt. Auch hat jeder schon erlebt, daß Lachen und Weinen »ansteckend« wirken können. Wenn wir in eine übermütige, lachende Gesellschaft kommen, dann müssen wir unwillkürlich mitlachen, selbst wenn wir uns in etwas schlechter Stimmung befinden und nichts über den Grund der Heiterkeit wissen. Unser eigenes Lachen bewirkt dann unter Umständen einen Umschlag der Stimmung. Ebenso ist es beim Weinen. Weinende Menschen veranlassen manche zartbesaitete Naturen zum Mitweinen. Nach der Jamesschen Auffassung ist es dieser körperliche Prozeß, der nun seinerseits den Zustand des Traurigseins erzeugt.

Das äußere Bild des Lachens und Weinens. Der »Ausbruch« des Lachens scheint mit der Lösung gewisser leiblicher Spannungszustände einherzugehen. Wir sprechen ja bezeichnenderweise von einem »herzbefreienden«, »zwerchfellerschütternden« Lachen oder einem »herzbeklemmenden« Weinen, von einer Freude, die das Herz höher schlagen läßt.

Je nach der Mitbeteiligung der leiblichen Vorgänge ist auch das äußere Bild ein anderes. Es gibt eine stille Freude und ein stilles Leid, ein oberflächliches Lachen und ein herzergreifendes Schluchzen. Voraussetzung für das Lachen oder Weinen ist immer eine Stauung, die auf Entladung drängt und zu einer Entspannung führt. Ein »befreiendes« Lachen und Weinen bewirkt geradezu eine körperliche Erleichterung. Kommt es nicht dazu, dann fühlt man sich beengt und bedrängt und meint, »zerplatzen« zu müssen.

Lachen und Weinen sind stark durch den Gesamtzustand der Person beeinflußt. Das zeigt sich nicht zuletzt daran, daß beide Erscheinungen sich nicht nur mimisch, sondern auch stimmlich äußern und zumeist von Gesten begleitet sind.

Das verräterische Lachen

Der Grund, weshalb einer lacht, und die Art und Weise, wie er es tut, verrät oft mehr vom Charakter eines Menschen, als diesem lieb ist. Deshalb wollen wir uns mit dem Lachen etwas näher befassen. – Die Sprache verfügt über eine Fülle von Bezeichnungen zur Unterscheidung der einzelnen Varianten des Lachens. Da stoßen wir auf ein schadenfrohes, höhnisches, spöttisches oder gehässiges Lachen, aber auch auf ein giftiges, schmutziges, süßliches oder bitteres Lachen oder auf ein verstecktes, heimliches oder künstliches Lachen.

Ursachen des Lachens. Gelacht wird beispielsweise über den Schaden, den sich ein anderer zugefügt hat. *Schadenfreude* sei die reinste Freude, sagen manche Leute. Doch veranlaßt uns nicht jeder Schaden, den ein anderer erleidet, zu einem schadenfrohen Lachen. Wenn zwei Autos zusammenstoßen, wird höchstens ein Irrer lachen. Fällt jedoch mein »sauberer« Nachbar, dem ich's »schon lange gegönnt« hatte, von

Arten des Lachens. Links von oben nach unten: schallendes Gelächter (Unbekümmertheit); Kichern (versteckte, heimliche Freude, Schadenfreude); konziliantes Grinsen. – Mitte von oben nach unten: genießerisches Lächeln (stille Heiterkeit); lüsternes Lächeln. – Rechts von oben nach unten: Fröhliches Lachen (Harmlosigkeit, Unbefangenheit); Schmunzeln (still vergnügtes Genießen, verschwiegenes Mitwissertum); zweifelndes Lachen (»he-he!«)

der Leiter, dann lache ich. Warum? Wir kennen uns ja und haben uns schon manches Mal wegen jenes Birnbaums an der Grenze unserer Grundstücke gestritten, der ihm zwar das Obst bringt, mir aber die Sicht und Sonne nimmt. Nun hat er's! Voraussetzung für das schadenfrohe Lachen ist also irgendein persönlicher Bezug zum anderen, der durch ungute Dinge belastet ist. Da bisher keine Bereinigung unserer Frage möglich war, bildete sich bei mir eine unangenehme seelische Stauung, die sich anläßlich des Sturzes meines Widersachers plötzlich Luft machte. Dadurch wurde nicht nur in mir, sondern auch im Verhältnis zu ihm sozusagen das Gleichgewicht wiederhergestellt. Die Unlust des anderen bereitet also Lust und erzeugt unter Umständen sogar ein Gefühl der Überlegenheit. Man hat es doch schon immer gewußt: Auch seine Bäume wachsen nicht in den Himmel.

Freilich wäre es gefährlich, in jedem derartigen Fall zu lachen. Wenn der – unbeliebte – Chef sich den Fuß vertritt, muß man sich das Lachen »verbeißen« und eine besorgte Miene »aufsetzen«.

Grund zum Lachen geben also die Schwächen und Fehler der anderen, die man gern aus einem Gefühl der *Überlegenheit* heraus belacht, weil man glaubt, selbst nicht damit behaftet zu sein. Gelacht wird natürlich auch über den *Witz*, besonders den erotischen, weil er Dinge ans Tageslicht rückt, die man eigentlich nicht bereden sollte. »Lächerlich« wirkt einer, der die Pointe des Witzes nicht verstanden hat und daher nicht oder nur der Spur nach lacht, sowie derjenige, der über einen Witz mit langem Bart in lautes Gelächter ausbricht.

Doch ist keineswegs gesagt, daß man nur »über« etwas lacht, man kann auch mitlachen, aus *Mitfreude*, Liebe und Zuneigung. Arm ist der Mensch, der nicht lachen kann, sei es aus Trockenheit, Phantasie- und Humorlosigkeit oder aus Trübsinn, Gehemmtheit und Schwerfälligkeit.

Formen des Lachens. Hinweise auf die Eigenart der Persönlichkeit erhalten wir auch aus der Form des Lachens. Wo der Unbekümmerte und Selbstsichere in *schallendes Gelächter* ausbricht, »aus vollem Hals« lacht, so daß es weithin hallt, dazu noch lebhaft gestikuliert, verzieht der Befangene und Unsichere sein Gesicht vielleicht nur zu einem *Lächeln*. Sein Lachen wirkt geziert und gekünstelt. Je nach Temperament verfällt der Mensch in ein polterndes, prustendes, herzhaftes, verbindliches, gemessenes oder verlegenes Lachen, das sich auch in der Tonhöhe unterscheidet.

Der »*Haha*-Lacher« ist zumeist ein offenherziger, unkomplizierter Mensch, der unbekümmert aus sich herausgeht, was man vom »*Hehe*-Lacher« nicht unbedingt sagen kann. Letzterer reflektiert über die Situation, von der er sich distanziert, so daß sein Lachen einen spöttischen, hämischen, ironischen oder auch gehässigen Zug bekommt. »Ist fatal, bemerkte Schlich! Hehe! Aber nicht für mich«, heißt es bei Wilhelm Busch in »Plisch und Plum«.

Das »*Hihi*-Lachen« stellt sich vielfach bei Schadenfreude ein und nimmt – insbesondere bei Mädchen – die Form des Kicherns an. Es ist der Ausdruck der versteckten, heimlichen Freude. »Keine Antwort geben sie, sondern machen bloß Hihi.« Wer hätte nicht schon das Gekicher junger Mädchen gehört, wenn sie glauben, irgendeiner Schwäche der Erwachsenen auf die Spur gekommen zu sein, es aber nicht wagen, ihrer Freude darüber offenen Ausdruck zu geben. Knaben sind meist kecker und drücken ihren Hohn durch ein deutliches »*Hoho*-Lachen« aus, das auf Zweifel und Erstaunen hindeutet. Im »*Huhu*-Lachen« schließlich drückt sich die versteckte Angst des Furchtsamen und Abergläubischen aus.

Zu den Abwandlungen des Lachens gehört das *Grinsen*, ein lautloses Lachen, welches der Triebsphäre entspringt; bei geistig höherstehenden Menschen ist es selten zu finden. In ihm offenbart sich neben ordinärer Schadenfreude das unverhohlene Wohlbehagen am Pech anderer Leute. Im *Schmunzeln* hingegen wird dem Behagen am Unglück des anderen kein so massiver Ausdruck verliehen. Es ist ein Lachen mit betont verschlossenem Munde, das oft auf verschwiegenes Mitwissertum hindeutet, jedoch auch den harmlosen, stillvergnügten Genießer verrät. Davon ist das *Lächeln*, eine gedämpfte Form des Lachens, zu unterscheiden. Es tritt in vielen Spielarten auf, drückt bald stille Heiterkeit, Zuneigung oder Zufriedenheit aus, bald Ironie, Spott oder weltüberlegenes Wissen. Der Weise lächelt zwar ebenfalls über die Torheit anderer, vermag aber auch über sich selbst zu lächeln. Er zeigt damit, daß er über den Dingen steht, von seiner Wichtigkeit gar nicht so überzeugt ist und – *Humor* besitzt. Im Grunde gesehen ist der Humor nämlich eine ernste Sache, die mit der Lustigkeit und Heiterkeit des Durchschnittsmenschen nicht viel gemein hat. Frohsinn gedeiht vor allem bei Sonnenschein. Der Humor ist dafür zwar ebenfalls dankbar, weiß jedoch auch um die Schattenseiten des Daseins, ohne sein frohes Herz zu verlieren. »Humor ist, wenn man trotzdem lacht.«

Die Stimme

Wer einen Menschen näher kennenlernen will, wird danach trachten, in ein Gespräch mit ihm zu kommen. Selbst wenn man dabei nicht viel über das rein Persönliche des Gesprächspartners erfährt, so wird unser Bild von ihm doch bereichert. Denn nach dem Gespräch wissen wir zumindest einiges über seine Interessen, hegen Vermutungen über seine Reife, Bildung und Intelligenz und haben einen Eindruck von seiner Ansprechbarkeit und Stimmung. Unser Gesamteindruck ist nämlich nicht nur durch den Inhalt des Gesprächs zustande gekommen – das Gesicht, die Haltung und die Bewegung der Arme und Hände, die Stimme haben uns vielleicht noch mehr beeindruckt als all das, was wir gehört haben. Vielleicht fiel uns auf, daß alles etwas manieriert und gezwungen herauskam. Läßt sich daraus ein Schluß auf den Charakter ziehen?

Der Gesamteindruck der Stimme

Zwar lassen sich Einzelmerkmale einer Stimme leichter feststellen (S. 202), doch ist deren Deutung nicht immer einfach, da sie nur im Zusammenhang miteinander und mit anderen Charaktermerkmalen der betreffenden Person gesehen werden dürfen. Rasches Tempo zum Beispiel läßt bei gutem Rhythmus auf innere Lebendigkeit und Selbstsicherheit schließen, während es bei gestörtem Rhythmus auf Situationsbefangenheit oder Unsicherheit hindeutet.

Trifft das unreflektierte Urteil zu?
Im Alltag begnügt man sich im allgemeinen mit einem unreflektierten Gesamteindruck. Das Erstaunliche ist, daß diese Art populärer Deutung oft zu treffsicheren Ergebnissen führt. Das haben Untersuchungen gezeigt.
HERTA HERZOG ließ neun Personen unterschiedlichen Alters, Geschlechts, Berufs, Aussehens und Temperaments durch das Radio denselben Text sprechen und bat die Hörer um diesbezügliche Angaben. An dem Versuch beteiligten sich 2700 Hörer. Lediglich aufgrund der Stimme bezeichneten 61,3% der Hörer den größten Sprecher als groß; 73% den dicksten als dick; 72% den hypomanischen Pykniker und Kaffeehausbesitzer als frisch und beweglich und 68% den ruhigen Pykniker und Priester als ruhig und schwernehmend.
In einer Untersuchung von N. BONAVENTURA sollten die Versuchspersonen zwölf Fotos von Personen verschiedener Typen den ihnen auf Schallplatten zu Gehör gebrachten Sprechstimmen zuordnen. Das Ergebnis war wiederum sehr erstaunlich. In 208 Fällen wurde der Junge als »jung« und nur in 19 Fällen als »alt« bezeichnet. Sogar die Zuordnung zu den Kretschmerschen Typen gelang überraschend gut. Mehr als die Hälfte der Befragten erkannte den Typus richtig.

Resonanz- oder Indizienverfahren?
Die Teilnehmer des zuletzt beschriebenen Versuchs erklärten, sie hätten es »mit dem Gefühl« gemacht und eben »nur so« hingesehen und hingehört, also sich des sogenannten *Resonanzverfahrens* bedient. Einige behaupteten, sie hätten genau beobachtet und alles gegeneinander abgewogen, also das sogenannte *Indizienverfahren* angewandt. Beim Resonanzverfahren ist man passiv, verläßt sich instinktiv auf den »ersten Eindruck« und nimmt keine Einzelanalyse vor. Beim Indizienverfahren hingegen ist man höchst aktiv, beobachtet und prüft alle Einzelheiten, ist also kritisch eingestellt.
Zu welchem Ergebnis führen nun die beiden Verfahren? Diejenigen Versuchspersonen, die das Resonanzverfahren benutzt hatten, kamen zu 87,6% richtigen und 12,4% falschen Zuordnungen. Diejenigen, die sich des Indizienverfahrens bedienten, zu 18% richtigen und 82% falschen Zuordnungen. Fast möchte man Goethe zitieren, der im »Faust« die Hexe sprechen läßt: »Die hohe Kraft der Wissenschaft, der ganzen Welt verborgen. Und wer nicht denkt, dem wird sie geschenkt, er hat sie ohne Sorgen.«

Einzelmerkmale der Stimme

Obwohl die beiden soeben beschriebenen Versuche erwiesen haben, daß die unmittelbare Ausdruckswirkung – also die unreflektierte – oft recht verläßlich ist, wollen wir uns doch mit den hervorstechenden Einzelmerkmalen der Stimme befassen. Daß sie immer im größeren Zusammenhang betrachtet werden müssen, wurde schon erwähnt.

Das Was und das Wie beim Sprechen

Der Sprecher selbst achtet im allgemeinen mehr auf das Was als auf das Wie beim Sprechen. Infolgedessen geben Klangfarbe, Lautstärke, Tonhöhe, Tempo und Rhythmus der Stimme oft mehr Aufschluß über das Innere des Sprechers als der Inhalt seiner Rede. Wir sehen: Je weniger eine Äußerung durch Wille und Verstand gesteuert wird, desto unmittelbarer, ursprünglicher und echter wirkt sie (S. 173–176). Freilich wird gelegentlich auch die Stimme bewußt verändert, um dem Gesagten eine besondere Note zu geben. Da versucht vielleicht einer, mit großem Stimmaufwand sein Anliegen ins rechte Licht zu rücken oder aber mit leiser Stimme ihr den Reiz des Geheimnisvollen zu geben.

Höhe, Stärke, Farbe, Fülle ...

Bevor wir uns diesen Merkmalen im einzelnen zuwenden, muß auf eine Schwierigkeit in der Benennung dieser Ausdrücke hingewiesen werden. Wir sprechen nämlich mit größter Selbstverständlichkeit von einer vollen, weichen, farbigen, dumpfen, schrillen Stimme und unterscheiden hohe von tiefen Tönen, sind uns jedoch kaum bewußt, daß wir dabei räumliche Begriffe für nichträumliche Vorgänge benützen. Eine gewisse Berechtigung für diese Übertragung ergibt sich aus der Tatsache, daß hohe Laute im Gaumen, tiefe in der Kehle gebildet werden. Auch erwecken die dumpfen Vokale O und U in uns die Vorstellung von etwas Plumpem, Massigem und Fülligem, während die hellen Vokale, insbesondere das I, uns an etwas Leichtes und Kleines erinnern; und der Eindruck des Spitzigen wird durch harte Konsonanten (wie T und K) und der des Runden durch weiche (wie B und M) erzeugt. Diese Zusammenhänge sind im einzelnen noch nicht genügend geklärt.

Die Stimmhöhe. Bekanntlich haben Frauen eine höhere, Männer eine tiefere Stimme. Wenn daher Lehmann seine Frau nachzuahmen sucht, dann preßt er seine Stimme in die Höhe, was in uns leicht den Eindruck des Gekünstelten erweckt. *Hohe und schrille Töne* haben jedoch nicht nur weiblichen Charakter, sondern sind auch der Ausdruck der Angst und der Erregung, während *tiefe Töne* männlichen Charakter haben und auf Gelassenheit, Ruhe und Würde hindeuten. Wer seiner Rede also Gewicht und Nachdruck geben will, wird eine möglichst tiefe Tonlage wählen.

Paßt diese Tonlage jedoch nicht zu der Gesamtqualität der Stimme und nicht zur Figur des Sprechers, dann wirkt sie nicht mehr überzeugend. Wir verbinden nämlich mit der Lage des Tons auch gewisse Vorstellungen von der körperlichen und seelischen Eigenart des Sprechers. Runde und dickliche Personen müssen – mindestens in unserer Vorstellung – eine tiefe, längliche und hagere Personen eine hohe Stimme haben. Ebenso selbstverständlich erscheint es uns, daß in der Oper der jugendliche Held, der komische Alte und der hämische Intrigant fast stets Tenöre sind, während der dämonische Bösewicht, der edle Weise und der Narr aus innerer Tragik ein Baß oder Bariton sein muß. Warum dem so ist, läßt sich schwer sagen. Es ist jedoch kaum anzunehmen, daß dieser Zusammenhang zwischen Persönlichkeitstyp und Stimmlage nur auf Zufall oder konventioneller Übereinkunft beruht.

Melos. Wie leicht zu beobachten ist, bleibt die Tonhöhe bei den meisten Sprechern nicht gleich. Das Auf und Ab der Tonhöhe bezeichnet man als das Melos der Stimme. Wie bei den Melodien, so unterscheidet man auch bei den Stimmen solche mit größerem und kleinerem

Umfang. Der Wechsel des Auf und Ab kann gleitend, schrittweise oder sprunghaft vor sich gehen; die Bewegung im ganzen langsam, ruhig, fließend oder lebhaft sein. Man spricht von einem ansteigenden und abfallenden, starken und schwachen Melos einer Stimme. Eine in gleichbleibender Tonhöhe vorgetragene Rede wirkt »eintönig«, also ohne Melos, *monoton* und langweilig. Die bewußte Einhaltung einer bestimmten Tonhöhe erfordert vom Redner viel Energie, kann also auf einen disziplinierten, sachlichen und nüchternen Menschen hindeuten. Zumeist ist die Monotonie jedoch der Ausdruck der Uninteressiertheit, Gleichgültigkeit oder Befangenheit. Fällt die Tonhöhe bei nachlassender Stärke gegen Ende eines Satzes rasch ab, so ist anzunehmen, daß der Sprecher nicht viel Willenskraft hat, weich oder depressiv veranlagt ist. Unregelmäßiges und unmotiviertes Steigen oder Fallen hingegen deutet auf eine innerlich unausgeglichene und labile Persönlichkeit, ein rhythmisches Schwanken auf eine ausgeglichene und gestaltungsfähige.

Stimmstärke und Stimmfülle. Diese Erscheinungen stehen in engerer Verbindung mit der Körperlichkeit. Sie hängen weithin von der vitalen Kraftfülle der Person ab. Der Psychologe und Pädagoge MARTIN KEILHACKER gibt folgende Regeln zur Deutung: »*Unregelmäßiges Schwanken* der Stimmstärke, besonders bei gleichzeitiger geringer absoluter Stimmstärke und Stimmfülle, deutet auf Mangel an Vitalität und an durchhaltender Energie. Flache oder *verwaschene Akzentgebung* deutet auf Mangel an Interesse an der Aufgabe, in der Regel auf Mangel an geistigen Interessen überhaupt. *Starker Wechsel* in der Stimmstärke deutet auf gefühlsbetonte Grundhaltung. Starkes gefühlsmäßiges Miterleben mit dem Inhalt bewirkt nämlich automatisch eine Zunahme der Stimmstärke im affektbetonten Bereich. Dabei können je nach der intellektuellen und gefühlsmäßigen Differenziertheit des Sprechers mehr einzelne Worte oder umfassendere Sinnzusammenhänge herausgehoben werden. *Geringer Wechsel* deutet entweder auf Mangel an gefühlsmäßigem Miterleben oder auf starke Disziplinierung des Gefühlslebens. Das letzte in der Regel dann, wenn absolute Stimmstärke und Stimmfülle groß sind.«

Klangfarbe. Charakterologisch aufschlußreich ist auch die Klangfarbe der Stimme. Sie ergibt sich vor allem aus der Klangqualität der Vokale. Man sucht sie mit folgenden Begriffen zu fassen: hell, dunkel, warm, kalt, weich, hart, rauh, barsch, voll, dünn, scharf, schneidend, schrill, kreischend, ja sogar metallisch, blechern, pelzig und fettig. KEILHACKER ist der Ansicht, »daß in der Klangfarbe und durch sie hindurch unmittelbar seelische und charakterliche Züge spürbar werden. Wärme oder Kälte, Weichheit oder Härte der Stimme lassen mit einer gewissen Wahrscheinlichkeit auf ähnliche charakterliche Züge in der Persönlichkeit des Sprechers schließen. Eine metallisch klingende Stimme kommt häufiger zusammen mit Härte und Energie des Sprechers vor als mit deren Gegenteil, ähnlich eine fettige oder salbungsvolle Stimme zusammen mit falschem Pathos, gemachter Freundlichkeit und unechter Verbindlichkeit.«

Artikulation. Mit diesem Begriff ist die Deutlichkeit der Aussprache gemeint. Wer Vokale und Konsonanten, Haupt- und Nebensilben *klar und deutlich* ausspricht, artikuliert gut. Man benötigt dazu jedoch auch mehr Zeit und Energie, als wenn man diese »verschluckt«. Sorgfältige Artikulation ist im allgemeinen ein Zeichen für bewußte und disziplinierte Haltung. Allerdings geht damit gelegentlich auch ein Mangel an Vitalität und Kraft einher. Eine *undeutliche* Aussprache deutet auf Nachlässigkeit, Bequemlichkeit und mangelnde innere Durchformung, während die *normale* Artikulation als Zeichen der Natürlichkeit und Ausgeglichenheit aufzufassen wäre.

Rhythmus. Was man darunter zu verstehen hat, läßt sich leichter zeigen und erleben als beschreiben. Der Anfänger im Klavierspiel hackt seine Etüde zumeist unter Mithilfe des Metronoms im Takt, das heißt in völlig regelmäßigen Intervallen herunter. Der Fortgeschrittene dagegen spielt sie im Rhythmus, das heißt in ebenmäßigen, nur annähernd gleichen Perioden. Daher macht der Rhythmus auf uns den Eindruck des Lebendigen und Organischen, während der Takt etwas Schematisiertes und Starres an sich hat. Die Stimme kann nun entweder *rhythmisch* bewegt, in Höhe und Tempo leicht schwankend dahinfließen oder aber *taktmäßig* straff geführt werden. Je nachdem wirkt sie weicher und organischer oder härter und mechanisierter.

Der Rhythmus selbst kann wieder gleichmäßig oder ungleichmäßig, gelöster oder gespannter, ruhiger oder lebhafter sein, je nach dem Charakter des Sprechers. Je rhythmischer die Stimmführung ist, desto mehr schließen wir auf Ausgeglichenheit und seelisches Gleichgewicht; je taktmäßiger, um so mehr auf willens- und verstandesmäßige Steuerung. *Unebenmäßiger Rhythmus* deutet bei positivem Gesamteindruck auf Lebhaftigkeit, Gefühlsreichtum und Beweglichkeit; bei negativem Gesamteindruck auf Haltlosigkeit, Unberechenbarkeit und Unzuverlässigkeit. *Betonte Regelmäßigkeit* weist immer auf erhöhte Bewußtheit hin, auf Willensspannung, Stetigkeit und Ordnungssinn. Einer in lebendiger und abwechslungsreicher Weise gehaltenen Rede vermögen wir leichter zu folgen als einem in unlebendiger Weise gehaltenen Vortrag.

Sprechtempo. Als Beschreibungsbegriffe bieten sich hier an: langsam, rasch, gemächlich, hastig, zögernd, schleppend, übereilt, gleichmäßig, wechselnd, nachlassend, anziehend und ähnliches. Relativ starke Schwankungen des Sprechtempos deuten zumeist auf leichte Erregbarkeit, Unausgeglichenheit oder Mangel an Selbstsicherheit.

Bewegung und Haltung

Betrachten Sie sich einmal die Menschen, die nach Feierabend aus einem großen Geschäftshaus auf die Straße strömen. Wie sie hasten, trippeln, schreiten, trotten! Es gehört nicht viel Scharfblick dazu, um sich vorzustellen, was sie vor sich und was sie hinter sich haben. Die dicke, etwas schwerfällige Frau, die als erste vornübergebeugt durchs Tor hastet, nervös nach dem Bus ausschaut, muß noch einkaufen, kochen und den Haushalt in Ordnung bringen. Anders die kleine Kokette, die hocherhobenen Hauptes auf spitzen Absätzen zielbewußt zur nächsten Ecke stelzt, wo ihr Kavalier mit dem Wagen wartet. Oder der junge Mann,

Typ gelernter Facharbeiter, der elastischen Schritts, lebhaft gestikulierend seinem Begleiter klarzumachen sucht, warum der VfB gestern verlieren mußte.

Mancher erinnert sich vielleicht noch an seinen letzten Besuch beim Zahnarzt. Wie unterschiedlich sitzen doch die Leute im Wartezimmer! Da der korpulente Mittvierziger, Beine weit gespreizt, Arme auf die Stuhllehne gestützt, leicht vornübergebeugt, ab und zu mit dem Kopf wackelnd: Wenn das nur mal endlich voranginge! Daneben die elegante junge Dame, aufrecht, unbewegt, Hacken und Knie eng aneinandergepreßt, das Handtäschchen auf dem Schoß mit beiden Händen haltend. Oder dort in der Ecke die schwächliche Frau, teilnahmslos und hingekuttert dasitzend, in sich zusammengesunken, ohne Halt, offenbar von großen Schmerzen gepeinigt.

Oder man denke an die Straßenhändler im Süden, wie sie gestikulieren, mit Arm-, Hand- und Kopfbewegungen zum Kauf auffordern, oder an die Haltung des Publikums im Theaterfoyer, die uns bald lässig, snobistisch oder interessant und würdig erscheint.

Deutung und Bedeutung von Körperbewegungen

Obwohl wir nur Bewegungen des Körpers sehen, glauben wir zu erkennen, daß dieser Mensch schlechter Stimmung ist, jener aufgeregt oder gelangweilt. Woher wissen wir dies? Die Bewegungen, die wir auf der Straße, im Wartezimmer, im Theater beobachten, dienen – so stellen wir zunächst fest – einen klar ersichtlichen Zweck. Dieser besteht entweder in der Fortbewegung oder in der Verrichtung irgendeiner Arbeit. Oft verbindet sich mit diesem ursprünglichen, »vernünftigen« Zweck noch ein zweiter, sozusagen gespielter: Man will einen guten Eindruck machen, Müdigkeit oder Gleichgültigkeit verbergen oder sein Interesse bekunden. In jedem Fall muß die Bewegung durch das Bewußtsein gelenkt werden, es sei denn, sie ist schon so mechanisiert, daß man sich »gar nichts mehr dabei denkt«.

Zweckbewegung und Ausdrucksbewegung

Bewußte oder gewohnheitsmäßig ausgeführte Zweckbewegungen können höchst »charakteristisch« sein, sofern sie stets in derselben Art und Weise ausgeführt werden, zum Beispiel immer etwas rasch und energisch oder langsam und gleichgültig.

Vielfach kann allerdings die Absicht nicht so konsequent verfolgt werden, wie man eigentlich wollte, sei es, daß man zu müde ist, oder die begleitenden Gefühle so stark sind, daß sie »durchschlagen«. In diesem Fall drückt sich dann – ohne daß man es beabsichtigt – etwas von der persönlichen Gestimmtheit aus, die der Zweckbewegung eine besonders individuelle Tönung gibt. Machen wir uns dies an einem Beispiel klar. Gewisse Leute erkennen wir doch schon an ihrem Gang. Selbst der Hund erkennt seinen Herrn am Gang. Und noch ehe die Türe aufgeht, wissen wir, ob Fräulein Elsi dahergetrippelt kommt oder der dicke Müller reinlatscht. Wenn sich Müller allerdings »zusammennimmt«, das heißt: wenn er sich bemüht, beherrscht daherzukommen, dann verliert sein Gang die ihm sonst eigene Note. Fräulein Elsi zeigt von vornherein

Unbewußte Gesten, Fehlleistungen. – Von links nach rechts: Berühren der Nase; Spiel mit den Lippen (»Lutschfinger«); Glätten der Stirn (Sorgen wegwischen)

schon dieses Bemühen; sie möchte sich ja nicht nur fortbewegen, sondern auch noch etwas darstellen, macht ganz kleine, aber rasche Schritte und bewegt dazuhin noch die Hüften. In diesem Fall sprechen wir von einer Zweckbewegung mit darstellerischer Absicht.
Im ganzen gesehen unterscheiden wir zwischen *Zweckbewegungen*, also Bewegungen, bei denen das Zweckhafte im Vordergrund steht, und *Ausdrucksbewegungen*, das heißt solchen, die mit dem Zweck der Bewegung nicht in direktem Zusammenhang stehen, vielleicht sogar zwecklos oder unzweckmäßig sind, auf jeden Fall unwillkürlich erfolgen. Hierhin gehören all die vielen Mitbewegungen der Hände, Arme, Beine, des Kopfes und der Augen, die von uns selbst weder gewollt noch beachtet werden und eben darum mehr von der inneren Verfassung verraten als die überlegten und überwachten Bewegungen.
Zweck- und Ausdrucksbewegung gehen oft ineinander über. Darauf beruht eben die Schwierigkeit ihrer Deutung. Denken Sie an Herrn Rührig, dessen betriebsame Geschäftigkeit äußerlich betrachtet auf große Einsatzbereitschaft hindeutet, insgeheim aber dem Zweck dient, bei seinem Chef einen guten Eindruck zu erwecken. Oder stellen Sie sich vor, wie Sie selbst Ihrem Chef, der Sie zuvor geärgert hat, etwa die Unterschriftenmappe reichen. Am liebsten würden Sie ihm die auf den Tisch knallen, also eine mit Affekt überladene Zweckbewegung ausführen. Sie müssen jedoch Ihre Erregung unterdrücken und die Form wahren. Doch können Sie zumeist nicht verhindern, daß die Bewegung etwas resoluter ausfällt als sonst und Sie die Hand rascher zurückziehen als gewöhnlich, worin – gegen Ihren Willen – doch noch Ihr Unmut zum Ausdruck kommt.

Unbewußte Bewegungen

Um jegliche Gefühlsregung unterdrücken zu können, muß man sich schon sehr gut in der Hand haben. Trotz größter Aufmerksamkeit unterlaufen uns jedoch immer wieder scheinbar sinnlose Bewegungen. Da reibt sich vielleicht einer völlig unmotiviert die Nase, greift sich an den Kopf, reckt den Hals, verzieht den Mund oder trommelt mit den Fingern auf den Tisch. Der Mann ist eben »nervös«, werden Sie sagen – und haben nicht ganz unrecht. Nur ist damit noch nicht erklärt, *warum* der eine gerade die Achseln zurückzieht und den Kopf hochreckt und der andere sich hinter den Ohren kratzt. Die Psychoanalytiker sehen darin sogenannte *Fehlleistungen*, die sie als symbolische Äußerungen unbewußter Wünsche und Absichten erklären. Obwohl sie der einzelne unbewußt vollzieht und sie uns nicht so recht verständlich erscheinen, sind sie doch keineswegs sinnlos. Ihr Sinn erschließt sich uns, wenn wir uns mit den Gesten beschäftigen.

Gestik – die Urform der Bewegung

Gesten sind Urformen der Bewegung. Es sind vor allem die Bewegungen der Arme und Hände, die keinen erkennbaren Zweck verfolgen, jedoch einen Zeichencharakter haben, der unmittelbar verstanden wird.

Urgesten

Wir alle haben schon heftig gestikulierende Menschen gesehen. Jedermann versteht auch, was es bedeutet, wenn einer mit den Fäusten auf den Tisch hämmert, die Arme beschwörend zum Himmel erhebt oder mit der Hand energisch auf den Boden zeigt. Hier begegnet uns wieder jene bereits erwähnte (S. 189) Symbolik des Oben und Unten, des Her und Hin, deren Kenntnis zur Deutung aller Ausdruckserscheinungen unerläßlich ist.

Oben und Unten. *Oben* ist der Himmel, das Gute, Erhabene; *Unten* die Erde, das Böse, Niedrige. Recke ich die Arme nach oben oder zeige mit dem Finger in die Höhe, dann will ich sozusagen eine Beziehung zu dieser Welt dort oben herstellen. Wenn ein Redner diese Geste anwendet, sich außerdem emporreckt und sein Haupt erhebt, so erkennt jedermann: Der ist von seiner Sache überzeugt und begeistert. Anders, wenn der Finger ostentativ zum Boden zeigt: Mit diesen Niedrigkeiten hat er nichts zu tun! Oder wenn er mit gesenktem Haupt

Einige Urgesten, wie sie sich besonders markant beim Reden einstellen. Von links nach rechts: Oben, empor! (Zeugnis einer pathetischen Kundgebung, Anruf des »Guten«, des »Erhabenen«); herzu! (Geste des Sichöffnens, Sich-selbst-in-den-Mittelpunkt-Stellens); hinweg! (Zeichen der Antipathie, des Abwehrens, des Abscheus)

und herabhängenden Armen dasteht: ein Bild der Niedergeschlagenheit und der Verzweiflung! Fühlt man sich in »gehobener«, »beschwingter« Stimmung, dann möchte man vor Freude in die Luft springen; fühlt man sich dagegen bedrückt und »erniedrigt«, dann möchte man vor Gram in die Erde versinken.

Hin und Her. Will ich jemand aus Zuneigung besonders willkommen heißen, dann breite ich meine Arme weit aus: die Geste des *Herzu*, der Sympathie. Man ist ganz geöffnet, empfangsbereit, aber auch bereit, den Kommenden in die Arme zu schließen. Insofern ähnelt diese Geste einer anderen, der des *Heran*, des Habenwollens, die leicht zu der des »Nehmens« und der Besitzergreifung wird durch Bewegungen zum Körper hin.
Im Gegensatz dazu steht die abweisende Geste des *Hinweg*, der Antipathie. In aktiver Form wird dabei ein Arm energisch zur Seite gestreckt; in passiver Form, insbesondere wenn das Gefühl der Bedrohung mitspielt, werden beide Arme in abgewinkelter Form vor die Brust gehalten und die Handflächen abweisend nach außen gerichtet: die Geste der Distanz und Zurückhaltung, aus Furcht, Angst oder Schreck.

Gegeneinander – Miteinander. Strecke ich beide Arme in gelokkerter Form mit geöffneten Händen weit vor, dann haben wir die Geste des Gebens, der Hingabe. Ich schenke dir mein Vertrauen! Ohne weiteres verständlich sind auch die Gesten des *Gegeneinander* und des *Miteinander*, die – wie alle Gesten – durch Kopf- und Rumpfbewegungen noch verstärkt oder abgeschwächt werden können.

Gesten im täglichen Leben

Gesten begegnen uns überall: die *Anhaltergeste*, Gesten, die zum *Weitergehen* und *Rascherfahren* auffordern, die das *Herbeirufen* verdeutlichen. Stets haben wir es mit Zeichen, unter Umständen auch mit Symbolen zu tun, die auf etwas anderes hinweisen, keinen Selbstzweck haben.
Das *Sichbekreuzen* ist ein Zeichen der Christen, das für Nichtchristen unverständlich ist. Ahmt es ein Fremdgläubiger nach, dann bleibt es bei ihm leere Form. Vollzieht das Zeichen jedoch ein gläubiger Christ, dann wird es durch die Beseelung der Bewegung zu einem Ausdruck der Frömmigkeit. Bekreuzt sich der Christ hingegen nur »der Form halber«, dann bekommt die Bewegung den Charakter der Darstellung. Aus der Vornahme der Bekreuzung ist also noch nicht ohne weiteres zu ersehen, wie es mit der Religiosität des Sichbekreuzenden beschaffen ist.

Mehrdeutige Gesten. Viele Gesten sind, wie wir sahen, mehrdeutig. Nicht nachdrücklich genug kann deshalb gefordert werden, menschliche Äußerungen nicht für sich allein zu betrachten, sondern stets in ihrer Einbettung zu sehen. Was eine Bewegung nun im einzelnen Fall bedeutet, ergibt sich immer erst aus dem Zusammenhang heraus, in dem sie auftritt.
Angenommen, ich hätte im Vorbeifahren für eine Sekunde einen Blick durch ein offenstehendes Fenster geworfen und einen Mann mit erhobenem Arm gesehen. Was kann dies bedeuten? Vielleicht wollte er etwas greifen oder holte gerade zu einem Schlag aus oder demonstrierte, wie hoch das Zimmer seiner Ferienwohnung war. Vielleicht hat er sich auch nur aus Müdigkeit

gestreckt oder – eine Gebetsgeste gemacht. Der erhobene Arm allein gibt mir noch keine Möglichkeit für eine zutreffende Deutung. Ich hätte sehen müssen, was in der nächsten Sekunde geschah, wie sein Gesicht aussah, was er dazu sagte und anderes mehr.

Verzicht auf Gestik. Selbst der Verzicht auf jegliche Gestik und sprachliche Äußerung kann mehrdeutig sein. Am Ferienort ergibt sich bisweilen die Gelegenheit zu einer Unterhaltung am runden Tisch. Man kennt sich kaum. Zufällig sitzt einer dabei, der nichts spricht und kaum eine Miene verzieht. Warum beteiligt er sich nicht am Gespräch? Aus Befangenheit und Zurückhaltung, aus Beschränktheit oder Überlegenheit? Vielleicht ist er sich zu gut dazu, an diesem Gespräch über Wetter, Berge und Essen teilzunehmen, vielleicht versteht er aber auch die Sprache nicht, oder er hört schlecht. Aufschluß könnte eventuell seine Mimik geben. Er macht einen etwas abgespannten Eindruck, bemüht sich jedoch Haltung zu wahren und setzt bisweilen ein verständnisvolles Lächeln auf. Am anderen Tag stellt sich heraus, daß er nur dasaß, um die Wirkung seiner Schlaftablette abzuwarten, die er wegen Kopfschmerzen genommen hatte. Je weniger sich jemand äußert, um so mehr ist man auf Vermutungen angewiesen.

Gemachte Gesten. Verzicht auf Gestik ist ziemlich selten, meist sind unsere Mitmenschen mit ihren Äußerungen recht freigebig, insbesondere dann, wenn sie *Eindruck machen* wollen. Doch ist den allzu betonten Äußerungen gegenüber Vorsicht am Platze. Wer »angibt«, übertreibt gern. Wenn eine Äußerung unangemessen erscheint, so läßt dies meist auf »Darstellung« schließen. Wer allzu heftig gestikuliert, macht sich leicht verdächtig. Der Beobachtende sollte dann jene Ausdrucksfelder bevorzugt beachten, die der Gestikulierende vernachlässigt.

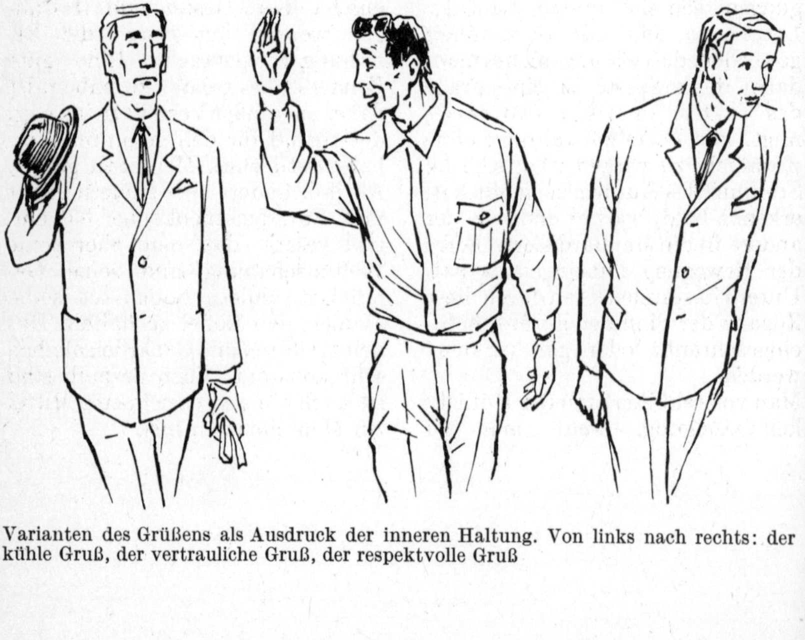

Varianten des Grüßens als Ausdruck der inneren Haltung. Von links nach rechts: der kühle Gruß, der vertrauliche Gruß, der respektvolle Gruß

Bei unseren Heranwachsenden ist oft zu beobachten, daß sie sich in ihrer Haartracht und Kleidung *ihrem Ideal anzugleichen* versuchen, ihrem Gebaren jedoch zu wenig Aufmerksamkeit schenken. Oder aber, daß sie dessen Haltung und Gestik kopieren, aber nicht die dazu gehörende Reife besitzen. Nun spielt aber gerade für die Glaubwürdigkeit einer Geste das Umfeld, in dem sie erscheint, eine große Rolle. Sie muß nicht nur gekonnt, sondern auch innerlich erfüllt sein. Wer das »Küß' die Hand, gnä' Frau« nicht so vollendet beherrscht wie die alten Österreicher, der sollte besser auf den Handkuß verzichten. Die *echte Geste* ist nicht »nur eine Geste«, das heißt eine leere Form. Sie entspringt vielmehr den tiefen Bereichen der Seele und wirkt nur dann überzeugend, wenn die Form von dorther erfüllt ist. Und dies zeigt sich nicht nur in der Geläufigkeit des Vorganges, sondern beispielsweise auch im begleitenden Mienenspiel.

Gewohnheitsgesten. Viele Bewegungsweisen sind uns im Lauf des Lebens so sehr zur Gewohnheit geworden, daß wir uns »nichts mehr dabei denken«. Es ist eine Frage des Taktes, zu wissen, wo es genügt, »die Form zu wahren«, ohne »förmlich« zu wirken. Wer sich im Studium des Ausdrucks geübt hat, erkennt bald, wieviel und was der andere in die standardisierte Form der Bewegung »hineingelegt« hat. Unter Umständen kann durch diese Zugabe der Sinn der Form erhöht, eingeschränkt oder gar verkehrt werden.
Man versteht den Sinn der Höflichkeitsbezeigung, wenn man zu unterscheiden gelernt hat, wieviel darin reine Form, Darstellung und Ausdruck ist. Beim Grüßen etwa nehmen in unseren Breiten die Männer den Hut ab, falls sie einen haben. Je nach der Art, wie der Hut bewegt wird, wie der Kopf, der Rumpf, das Mienenspiel daran beteiligt sind, wirkt der Gruß kühl, freundschaftlich, vertraulich, respektvoll, unterwürfig, ablehnend oder flegelhaft. Um den Gruß richtig deuten zu können, muß man allerdings wissen, wie die »Standard-Form« aussieht. Von den Tibetanern wird berichtet, daß sie zwar auch den Hut lüften, jedoch dazuhin noch die Zunge herausstrecken, was bei uns bestimmt zu Mißdeutungen führen würde. Wir sollten also die uns geläufigen Gesten und Ausdrucksformen nicht einfach für selbstverständlich halten, sondern bedenken, daß sie durch Kultur und Rasse, Zeit und Raum, Geschlecht und Alter, Gesundheit und Krankheit vielerlei Abwandlungen erfahren.

Anerzogene Gesten. Viele Bewegungsweisen, Gesten und Haltungen werden uns durch die Erziehung »beigebracht«. Eine »gute Kinderstube« gehabt zu haben, ist daher ein großer Vorteil. In ihr wird der Grund für den gesamten Verhaltensstil eines Menschen gelegt. An ihm ändert sich zumeist nicht viel. Ein Menschenkenner hat einmal gesagt, daß man eher seine Weltanschauung und seine Gemütsart ändern könne als seine Manier, den Löffel zu halten. Das heißt: Gesten und Gebärden bleiben sehr konstant. Eben deshalb sind sie auch ein ausgezeichnetes Mittel zur Menschenkenntnis.

Wie man sich hält

Neben der Mimik und Gestik beeindruckt uns bei der Begegnung mit einem Menschen das, was wir mit einem vielsagenden Wort als seine »Haltung« bezeichnen. Wenn es von jemandem heißt, er habe eine schlechte Haltung, so denken wir unwillkürlich an einen Menschen, der »sich gehen« läßt, also im Hinblick auf den Willen nicht genügend gestrafft ist. Unter Umständen folgern wir daraus, daß er zu wenig Energie, Ausdauer und Widerstandsfähigkeit, vielleicht sogar überhaupt zu wenig charakterliche Festigkeit besitzt.

Von guter und schlechter Haltung

Haltungen nehmen wir ein im Stehen, Sitzen, Liegen und Gehen. Wenn von *schlechter Haltung* gesprochen wird, dann bezieht sich dieses Urteil zumeist auf die Stellung im Stehen und Sitzen. Beachtet wird dabei vor allem die Rumpf-, Kopf- und Beinhaltung. Ist diese zu »bequem«, und das heißt: zu wenig korrekt, gefestigt und gespannt, dann kommen wir zu einem negativen Urteil, vor allem über den Willenseinsatz. Der Vater, der einen »strammen Jungen« haben möchte, fordert daher sein Söhnchen gelegentlich auf, die Brust herauszudrücken, den Kopf hoch zu halten und die Knie durchzudrücken. Die Mütter achten bei ihren Töchtern vor allem darauf, daß sie keinen »krummen Rücken« machen, sondern aufrecht und erhobenen Hauptes daherschreiten. Sie sollen ja nicht matt, kraftlos oder bedrückt, sondern frisch und selbstsicher erscheinen. Zur *guten Haltung* gehört offenbar ein gewisses Zusammennehmen – wenn's auch schwerfällt! –, das durch einen bewußten Einsatz der Willenskräfte zustande kommt. Manche sind ja auch der Ansicht, daß sportliche und militärische Übungen nicht nur zur körperlichen, sondern auch zur willensmäßigen und charakterlichen Straffung und Zucht beitragen. Wie überall, so wirkt sich auch hier jedes Zuviel negativ aus. Drückt der Junge nämlich auf Wunsch seines Vaters die Brust *zu* weit heraus, dann wirkt seine Haltung nicht mehr gut, sondern manieriert und verzwungen. Anders ausgedrückt: Die Haltung stellt nur die geforderte Straffheit dar, ist jedoch nicht deren Ausdruck, weil es ja noch an Willen fehlt.

Kopf- und Rumpfhaltungen

Aus der schier unerschöpflichen Fülle der möglichen Haltungen können wir in diesem Zusammenhang nur einige charakterisieren. Wir wählen die Rumpf- und Kopfhaltungen; denn diese werden stets besonders beachtet.

Der Kopf. Bekannt ist das sogenannte *Einziehen des Halses.* Dies darf allerdings nicht wörtlich genommen werden, weil der Effekt durch das Hochziehen der Schultern zustande kommt. Die Bezeichnung trifft jedoch insofern das Richtige, als sich darin eine Tendenz zur Verkleinerung bemerkbar macht. Im Falle der Bedrohung sucht man dem Gegner möglichst wenig Angriffsfläche zu bieten, vor allem aber so besonders gefährdete Stellen wie den Hals zu schützen. Es drückt sich darin also ein Streben nach Deckung und Sicherung

Kopfhaltungen. Erste Reihe von links nach rechts: erhobenes Haupt (Entschlossenheit, Tatbereitschaft); zurückgeworfener Kopf (Herausforderung); geduckter Kopf mit Einziehen des Halses (Trotz). Zweite Reihe: gesenkter Kopf (Nachdenklichkeit, Verträumtheit); abgewendeter Kopf (betonte Abneigung, die nach außen gezeigt wird); seitlich geneigter Kopf (Unentschlossenheit, abwartende Haltung, auch Bereitschaft zur Hingabe)

aus, das durch das Anziehen des Kinns noch verstärkt werden kann. Typisch ist diese Haltung für den Boxer – und für den »Bockigen«, der dadurch seinen Trotz zum Ausdruck bringt.

Werden die Schultern hingegen zurückgenommen, der Hals also freigegeben und der *Kopf erhoben*, eventuell auch noch das Kinn vorgestreckt, dann entsteht dadurch der Eindruck der Entschlossenheit und Tatbereitschaft. Wer dazuhin noch seinem Gegenüber freimütig und fest in die Augen blickt, muß sich in seiner Position sehr sicher fühlen. Frech wirkt diese Haltung allerdings dann, wenn der Blickkontakt auch bei Ablehnung durch den anderen erzwungen wird. Je mehr nun das Kinn nach vorne geschoben wird, um so mehr entsteht das Bild des »Hochnäsigen«, Stolzen. Im ruckartigen *Zurückwerfen des Kopfes* drückt sich Herausforderung und Protest aus; mehrmaliges Zurückwerfen hat Aufforderungscharakter. Fällt der Kopf jedoch plötzlich schlaff zurück, so sehen wir darin ein Zeichen mangelnder Widerstandskraft. Wird er sanft und weich zurückgelegt, dann deuten wir dies als Ausdruck der Sorglosigkeit oder Verträumtheit.

Durch das *Senken des Kopfes* drükken wir unsere »Geneigtheit« aus. Je nach der begleitenden Mimik kommt auch der Eindruck der Nachdenklichkeit, der Demut oder der Schüchternheit zustande. Ein spannungsloses Herabhängen des Kopfes kennzeichnet den »Niedergeschlagenen« und Bedrückten, ein vorgestreckter den Interessierten und Neugierigen. Ein energisches *Abwenden des Kopfes* und des Blicks offenbart betonte Abneigung, Ablehnung und Abbruch des Kontaktes mit anderen. Schließlich wäre noch die *seitliche Neigung des Kopfes* zu beachten. Diese wird uns am besten von der aufrechten Kopfhaltung her verständlich, die uns als Ausdruck der Selbstsicherheit erscheint. Wer den Kopf zur Seite neigt, verzichtet auf eine direkte Aktion, weil er entweder unentschlossen oder apathisch ist oder zunächst einmal abwarten will. Oft drückt sich darin auch die Bereitwilligkeit aus, sich von anderen bestimmen zu lassen. Im erotischen Bereich trägt diese Geste ausgesprochen werbenden Charakter. »Ich bin bereit.«

Pendelt der Kopf von links nach rechts, so ist dies ein Zeichen der Unentschiedenheit. Oft drückt sich darin auch mangelndes Interesse an der Sache aus.

Damit sind die Möglichkeiten des Ausdrucks der Kopfbewegungen jedoch noch lange nicht erschöpft. Durch die Mitwirkung des Mienenspiels, der Augen, der Stirnmuskulatur, aber auch der Hände und des Rumpfes ergeben sich noch eine Fülle von Nuancen und Varianten.

Körperhaltungen. Von links nach rechts: Sich-Brüsten (prahlendes Zur-Schau-Stellen); militärisch straffe Haltung; schlaffe, nachlässige Haltung

Der Rumpf. Aufschlußreich für die innere Verfassung eines Menschen ist dessen Rumpfhaltung, die gerade oder krumm, gespannt, steif oder elastisch sein kann.

Wer seinem Gegner entschlossen die Brust bietet, ist seiner Sache sicher. Geschieht dieses *In-die-Brust-Werfen* jedoch allzu betont aus einer prahlerischen Überschätzung der Kräfte, dann wirkt das »Sich-Brüsten« unecht. Die aufrechte Haltung deuten wir zumeist als »Aufrichtigkeit«. Sie kann jedoch auch darstellerischer Absicht entspringen. Eben weil man um die Bedeutung dieser Haltung weiß, gibt man sich eine straffe Haltung und legt ein selbstbewußtes Auftreten an den Tag, um den Eindruck der Entschlossenheit, Geradlinigkeit und Unverbogenheit zu erwecken.

Gebeugte Haltung braucht nicht unbedingt Ergebenheit auszudrücken. Allzuleicht verbirgt sich dahinter der schlaue Fuchs, der sein Gegenüber in Vertrauen wiegen will, um ihn danach um so besser ausnützen zu können. Freilich können auch Leid und Gram, anhaltende Sorge und harte Schicksalsschläge einen Menschen beugen. Der Energische und Widerstandskräftige läßt sich jedoch nicht dauernd niederdrükken, sondern vermag sich auch wieder »aufzurichten«. Wer allerdings stets mit ergebener Miene »katzbuckelt«, also einen krummen Rücken zeigt, dürfte kaum eine besonders tatkräftige und selbstbewußte Persönlichkeit sein.

Die militärisch *stramme Haltung* ist nicht nur durch den geraden Rükken und die zurückgenommenen Schultern, sondern auch durch den eingezogenen Unterleib gekennzeichnet. Diese Haltung ist nicht eben bequem und erfordert eine größere Willensanspannung. Mit Recht wird deshalb umgekehrt die Gewohnheit, den Bauch hervorquellen zu lassen, als Zeichen der Trägheit gedeutet und auf einen Mangel an Disziplin zurückgeführt. Es ist deshalb durchaus berechtigt, den Begriff der Haltung im Sinne von »Willenshaltung« zu verstehen und diese als Ausdruck der charakterlichen Stabilität aufzufassen.

Was der Gang verrät

Zu den Bewegungsweisen mit hohem Ausdruckswert gehört der menschliche Gang. Auf den ersten Blick hat es zwar den Anschein, als ob an ihm nicht viel Individuelles zu finden wäre. Man geht »eben so«. Beim Gehen handelt es sich ja um eine typische mechanisch ablaufende Zweckbewegung. Wenn wir jedoch die Gehweise einzelner Menschen miteinander vergleichen, fallen charakteristische Unterschiede auf. Worauf diese nun im einzelnen beruhen, vermögen wir zumeist nicht anzugeben. Wir gelangen vielmehr auch hier wieder, wie bei den anderen Ausdruckserscheinungen, zunächst nur zu einem unmittelbaren Gesamteindruck.

Vom natürlichen Gang und von anderen Gangarten

Wir sprechen von einem müden oder energischen, einem schwerfälligen oder elastischen Gang und schließen daraus auf entsprechende psychische Eigenschaften des Gehenden. Bei unseren Beurteilungen gehen wir von der unbewußten Vorstellung einer »normalen« Gangweise aus. Die Abweichungen von dieser werden von uns dann etwa als unnatürlich, manieriert, graziös oder würdig empfunden.

Wie sieht aber ein *manierierter Gang* überhaupt aus? Genauer gesagt: Welche Merkmale weist er im einzelnen auf? Wie der Leser wahrscheinlich aus eigener Erfahrung weiß, ist keineswegs damit zu rechnen, daß alle Beobachter zu derselben Meinung über eine bestimmte Art und Weise des Gehens kommen. Nicht alle werden zum Beispiel die Gehweise von Fräulein Sascha für manieriert halten. Die Dame selbst wird diese Behauptung wahrscheinlich strikte ablehnen. Sie gehe »ganz natürlich«, meint sie.

Kleine Schritte – große Schritte. Wir kommen zurück auf unser Beispiel. Fräulein Saschas Gang sei *manieriert,* sagten wir. Objektiv festzustellen ist zunächst einmal, daß sie *sehr kleine Schritte* macht. Zu der Feststellung »klein« sind wir im Hinblick auf die Länge ihrer Beine wie überhaupt ihrer Körpergröße gekommen. Sie ist nämlich ziemlich groß. »Normal« wäre danach, daß sie auch große Schritte macht. Aber nein, sie macht kleine. An großen hindert sie schon die Enge ihres Rockes. Vermutlich will sie also gar keine großen machen. Wenn der lange Maier kleine Schritte macht, dann hat er es nicht eilig. Fräulein Sascha hat es aber eilig, mindestens tut sie so, denn sie macht kleine *und* schnelle Schritte, was wir als Widerspruch empfinden. Da sich bei ihr dazuhin noch der Oberkörper, insbesondere die Schultern- und Beckenpartie, in auffälliger Weise mitbewegt, entsteht bei uns der Eindruck des Manierierten.

Wir können nunmehr einiges zur Kennzeichnung des unnatürlichen Gangs sagen: *Kleine Schritte eines Großwüchsigen* wirken gekünstelt, mindestens gebremst. Man könnte daher auch auf Zurückhaltung schließen. Nun kann aber die gesamte Aufmachung von Fräulein Sascha keineswegs als zurückhaltend bezeichnet werden. Sie will also offenbar durch diese Widersprüchlichkeit die Aufmerksamkeit auf sich lenken und dartun, daß sie etwas Besonderes ist.

Auch *große Schritte eines Kleinwüchsigen* wirken nicht natürlich, besonders nicht bei einer Frau. Zum konventionellen Bild der Frau gehören kleine Schritte. Große Schritte wirken »unweiblich« und haben zumeist kompensatorische Bedeutung, das heißt, man will damit zeigen, daß man gar nicht so klein ist, wie es scheint, und mehr Energie besitzt, als die »Größe« vermuten läßt. Von Leuten mit großen Schritten haben wir nämlich den Eindruck, daß sie energisch und tatkräftig sind. Sobald die großen Schritte jedoch *langsam* ausgeführt werden, wirken sie theatralisch oder pathetisch und verraten eine Darstellungsabsicht: Man will dadurch die Wucht und Kraft seiner Persönlichkeit oder die Bedeutung seiner Stellung betonen.

»Natürlich« wirken große und langsame Schritte allenfalls bei einem Kraftmenschen, einem Athletiker. Bei ihm entsteht dadurch allerdings auch leicht der Eindruck der Schwerfälligkeit. Wer klein und schwächlich ist, versucht oft, sich durch diesen »Kraftgang« den Anschein der Stärke zu geben. Besonders unnatürlich wirkt dieser Gang beim »schwachen« Geschlecht.

Steifer Gang. Beim Gehen bewegt man normalerweise – wegen der damit verbundenen Gleichgewichtsverlagerung – auch die Arme, die Hüften, den Rumpf mit, ja sogar den Kopf. Werden diese Bewegungen bewußt unterbunden, dann empfinden wir den Gang als unnatürlich. Meist geht damit eine Spannung der Beinmuskeln einher, die das natürliche Pendeln der

Gangarten. Oben: junger und alter Mann; elastisch, frisch – müde, schleppend. Mitte: zwei junge Damen; modisch, trippelnd, manieriert – sportlich, weitausschreitend, fast männlich wirkend. Unten: würdig einherschreitend – schlacksig, lässig daherschlendernd

Beine verhindert und dem Gang etwas Gestelztes und Hölzernes gibt. Die ursprünglich rhythmische Form der Bewegung bekommt dadurch eine taktmäßige Note, die auf Darstellungsabsicht deutet. »Ein Mensch, der steif und eckig geht, verrät damit seinen gehemmten, festgehaltenen, gespannten seelischen Zustand. Er hält sich selber krampfhaft fest. Oder: Er braucht sich erst gar nicht festzuhalten, weil er gar nicht beweglicher gehen kann, weil er sich selber gar nicht durchgehen könnte, da es ihm an Vitalität, an lebendiger Triebstärke gebricht«, sagt R. R. Pokorny, dem wir eine umfassende Ausdrucksdeutung des menschlichen Gangs verdanken.

Mit der Feststellung, daß der steif daherkommende Mensch ein gehemmter Mensch ist, sind wir dem Verständnis seiner Wesensart freilich noch nicht viel näher gekommen. Die *Hemmung* ihrerseits ist ja nur ein Symptom (ein Anzeichen) für eine tiefer sitzende seelische Störung. Der gehemmte Mensch befindet sich immer in einer Konfliktsituation, in die er durch das Zusammenwirken innerer und äußerer Faktoren gekommen ist. Er fühlt sich der Situation, in die er gestellt ist, nicht gewachsen, sei es, weil die Anforderungen zu groß sind, oder weil er zu wenig Selbstvertrauen besitzt. Dies macht ihn unsicher und veranlaßt ihn zur Flucht nach vorn oder nach rückwärts, das heißt zu vermehrten Anstrengungen oder zur Resignation. Der konfliktlose Mensch lebt aus einer gesicherten Mitte heraus, weiß, was er kann, und hat es nicht nötig, sich zu überwachen und an sich herumzubessern. Der in seinem Selbstgefühl gestörte Mensch hingegen lebt dauernd in der Sorge vor Entgleisungen und Versagern. Er kann sich also nicht »gehenlassen«, sondern meint, alles regeln zu müssen, sogar seinen Gang. Allenfalls vermag er sich in der Dunkelheit oder wenn ihn niemand sieht zu entspannen und zu lockern. Sobald er sich jedoch beobachtet fühlt, muß er sich wieder Zwang antun und ein beherrschtes Wesen an den Tag legen, um seine Unsicherheit zu verbergen. Eines der Mittel, um bei andern den Eindruck der Sicherheit hervorzurufen, ist nun auch die Straffung des Gangs und der Haltung. Da dabei jedoch meist mehr Energie aufgewendet wird als nötig, wirkt nicht nur der Gang, sondern der ganze Mensch verspannt und verkrampft. Wir sehen auch hier wieder: Die Überwachung und Steuerung einer an sich rhythmisch verlaufenden Bewegung bewirkt zwar deren Metrisierung (Verregelung), zieht aber auch eine Versteifung nach sich (s. auch S. 173–176).

Marschieren und Schreiten. Aus dem vorher Gesagten erschließt sich uns das Verständnis des militärischen *Marschtritts.* Der Drill, ohne den diese eckige und zackige Gangweise nicht zu erreichen ist, soll ja eben im Marschierer die für den militärischen Dienst notwendigen Willenskräfte mobilisieren (und gleichzeitig die im gleichen Tritt Marschierenden zusammenschweißen). Wer sich »gehenläßt«, fällt sofort aus der Reihe. Die Erziehung zum Gleichschritt ist also nicht nur ein Mittel zur Uniformierung der Bewegung und zur Eingliederung in die militärische Gemeinschaft, sondern sie dient auch der Disziplinierung des Charakters. Manchem geht die militärische Schrittart so sehr »in Fleisch und Blut« über, daß er auch im bürgerlichen Alltag noch stramm und zackig daherkommt.

Die Disziplinierung eines Menschen kann sich beim Gehen auch auf andere Weise ausdrücken. Dem

»Marschierer« ist die Disziplin von außen her beigebracht worden, durch Befehl und Drill. Daher haftet dem Marschtritt stets etwas Gleichförmiges, Erzwungenes und Unpersönliches an. Wer sich selbst in Form gebracht hat, der *schreitet* daher. Der Schreitende wirkt zwar ebenfalls beherrscht, jedoch kommt dieser Impuls nicht von außen, sondern von innen her. Beim Schreiten handelt es sich nicht um einen »Parade«-, sondern »Würde«-Gang. Obwohl das Schreiten eine maßvolle, würdige Bewegungsweise ist, haftet ihr doch nichts Forciertes an. »Es ist kein Eilen und Laufen, sondern ruhige Bewegung«, sagt ROMANO GUARDINI. »Kein Schleichen, sondern starkes Voran. Der Schreitende geht federnden Fußes, er schleppt sich nicht. Frei aufgerichtet, nicht gebückt. Nicht unsicher, sondern in festem Gleichmaß. Frei und doch voll guter Zucht.« Der Schreitende vermeidet gerade jene ruckartige und betonte Beinbewegung, die vom Marschierenden gefordert wird. Eben deshalb empfinden wir das Schreiten als Ausdruck einer selbstsicheren, zielstrebigen Persönlichkeit, die es nicht nötig hat, ihre Diszipliniertheit durch taktmäßige Bewegungen unter Beweis zu stellen.

Schreiten wurde als *die* »ideale« Gehweise bezeichnet. Ideal deshalb, weil sie weder schnell noch langsam, weder lässig noch verspannt abläuft und die Schrittlänge weder zu groß noch zu klein ist. Vom würdigen zum gravitätischen Gang ist es jedoch nur ein kleiner Schritt. Mancher möchte gerne würdig erscheinen und versucht es deshalb mit langsamen und großen Schritten und einer betont aufrechten Haltung. Beim langsamen Gang sind die Schritte jedoch klein. Und dieser Widerspruch verrät die Absicht und gibt dem Gang das theatralische Gepräge.

Merkmale des Gehens

Um den Charakter einer Gangart zu erkennen, empfiehlt es sich, bestimmte Merkmale des Gehens auseinanderzuhalten. Zu diesen Merkmalen gehören das Schrittempo, die Schrittgröße, die Spannung (oder Nichtspannung), die mehr oder minder große Mitbewegung des übrigen Körpers, besonders der Hüfte und des Gesäßes.

Das Gehtempo. In der allzu langsamen Gangart in Verbindung mit lässiger Haltung verrät sich der Träge. Doch kann ein langsamer Gang auch Ausdruck der Gelassenheit und Gutmütigkeit sein. Das Tempo der Gehweise wird ja im wesentlichen durch das Temperament bedingt. Obwohl jeder normale und gesunde Mensch sein Tempo beliebig verändern kann, also je nach Stimmung, Absicht und Situation schneller oder langsamer zu gehen vermag, ist jedem doch ein bestimmtes Tempo wesensmäßig eigen. Ein Sanguiniker und Choleriker wird daher immer rascher daherkommen als ein Melancholiker und Phlegmatiker. Wir sind also durchaus berechtigt, vom Tempo des Ganges Schlüsse auf das Temperament und die Antriebskräfte zu ziehen. Ein lebhafter Gang wird daher eher auf Aktivität, Unternehmungslust und Selbstsicherheit deuten als ein träger, ein hastiger eher auf Erregbarkeit und Oberflächlichkeit als ein ruhiger.

Spannung und Lösung. Schwieriger zu erfassen als Tempo und Schrittgröße sind die Merkmale der Spannung und der Lösung, die zur Dynamik des Ganges gehören. Wir sind ihnen bereits bei der Betrachtung des unnatürlichen Gangs begegnet (S. 216). Dessen Hauptkennzeichen ist ja das Zuviel an Spannung: dadurch verliert er an Elastizität und wirkt *steif und verkrampft.* Dagegen zeigt sich eine zweckmäßige Spannung, wenn der Gehende seine Richtung und die Gleichgewichtslage des Körpers beibehält. Eine solche Stabilität deutet im allgemeinen auf innere Ausgeglichenheit, Festigkeit und Selbstsicherheit.

Bei labilen Naturen, wo diese Eigenschaften fehlen, wird auch der Gang *haltlos*; sie schwanken mit dem Oberkörper hin und her und vermögen nicht immer die Richtung zu halten, wodurch eine Gehweise entsteht, wie sie auch bei Betrunkenen zu sehen ist.

Davon zu unterscheiden ist der *lässige Gang.* Der Lässige wäre zwar in der Lage, sich zu halten, aber er will nicht. Er läßt sich aus Gleichgültigkeit, Interesselosigkeit oder Verantwortungsscheu hängen und »gehen«. Die Arme baumeln müde am Leib herunter, der Oberkörper ist vornübergeneigt, die Beine heben sich bei der langsamen Bewegung kaum vom Boden. Teils verbirgt sich dahinter Snobismus, teils schlechtverhohlene Unreife und Unentschlossenheit. Um ja nicht lässig zu erscheinen, gibt sich daher mancher bewußt mehr Schwung als an und für sich nötig wäre, eilt mit raschen und großen Schritten umher und schwingt dazu übermäßig mit den Armen. Darin bekundet sich zweifellos eine gewisse Aktivität, oft aber auch nur leere Betriebsamkeit und Geschäftigkeit.

Mitbewegungen des Körpers beim Gehen. Manche Menschen versuchen, sich durch einen wuchtigen Gang mehr Gewicht zu geben. Dieser Eindruck des Wuchtigen entsteht weniger durch das kraftvolle Aufsetzen des Fußes auf den Boden als durch ein *Nachdrücken des Körpers von der Hüfte* oder den Schultern aus. Dadurch wird der Schritt sozusagen unterstrichen und betont, vermutlich aus dem uneingestandenen Wunsch heraus, mehr beachtet zu werden. So gehen auch Leute, denen es an vitaler Kraft fehlt, die jedoch kraftvoll erscheinen möchten, also die »Kraftmeier«. Zu Mitbewegungen der Hüfte kommt es auch bei unbekümmerten, selbstsicheren Menschen, die damit zum Ausdruck bringen, daß sie »die Sache schon schaukeln« werden. Setzt sich die Bewegung bis in die Schultern fort, und zwar in mehr horizontaler Richtung, also vor- und rückwärts, dann entsteht der Eindruck der Selbstgefälligkeit und Affektiertheit. Häufig sind solche *Mitbewegungen* – auch der Gesäßpartie – bei koketten jungen Damen zu beobachten. Männer, die sich derart bewegen, haben zumeist einen femininen Einschlag.

Männlich wirkt der *hüftlose Gang.* Wollen sich daher Frauen eine energische, männliche Note geben, dann unterdrücken sie derartige Mitbewegungen und machen außerdem große Schritte.

Der *weibliche Gang* ist im allgemeinen in bezug auf Energie und Nachdruck verhaltener. Er ist graziöser und mehr auf Form bedacht als auf Kraft. Dies dürfte jedoch auch auf Einflüsse der Erziehung und der Konvention zurückzuführen sein. Das »schwache Geschlecht« soll ja nach der herrschenden Vorstellung nicht kraftvoll, sondern graziös erscheinen. »Typisch weiblich« wirkt jede Gangart, die auf Wucht verzichtet. Beim »weichen« Gang kommt es daher nur zu einer leichten und lockeren Mitbewegung der Hüften. Eine Betonung dieser Bewegung wirkt auf männliche Betrachter erotisierend.

Die Stellung der Fußspitzen. Beachtung verdient auch die Stellung der Fußspitzen. Im allgemeinen werden diese nach vorne oder leicht auswärts zeigen. Jede Abweichung von dieser »Normalstellung« wird – wenigstens nach konventioneller Ansicht – als unpassend oder unschön empfunden. Eine stärkere Wendung der *Fußspitzen nach außen* gibt dem Gang und der gesamten Haltung etwas Gespreiztes, zumal damit zwangsläufig eine Zurücknahme des Oberkörpers verbunden ist. So watschelt Charlie Chaplin durch einen seiner berühmtesten Filme (»Goldrausch«), ein Bild, das nicht der Komik entbehrt. Ob diese Art zu gehen mehr auf Naivität und Unbekümmertheit oder Anmaßung und Dünkel deutet, läßt sich ohne Ansehen der ganzen Person schwer sagen. »Normal« ist sie auf keinen Fall, ebensowenig wie das Gehen und Sitzen mit *einwärtsgekehrten Fußspitzen.* Eine derartige Stellung wirkt primitiv und ist ein Anzeichen von Spannungsarmut und Schwäche. Wir begegnen ihr oft bei ungepflegten, stupiden oder geistesschwachen Menschen. Gelegentlich wird auch nur ein Fuß nach innen abgewinkelt, was ebenfalls nicht auf besondere Energie, Intelligenz und Selbstsicherheit schließen läßt.

Das Schuhzeug. Natürlich muß auch das Schuhzeug in unsere Beobachtung einbezogen werden. Hohe Absätze tragen von vornherein zu einer Erhebung des Körpers bei und begünstigen den Staccato-Gang mehr als niedrige. Wer mit Stöckelschuhen eine Gebirgswanderung unternimmt, bekundet dadurch nicht nur seine Unerfahrenheit, sondern auch seine mangelnde Anpassungsfähigkeit. Andererseits sind Kneippsandalen oder Bergstiefel nicht das geeignete Schuhwerk fürs Büro. Ihr Träger zeichnet sich wahrscheinlich auch nicht durch besonderes Takt- und Feingefühl aus.

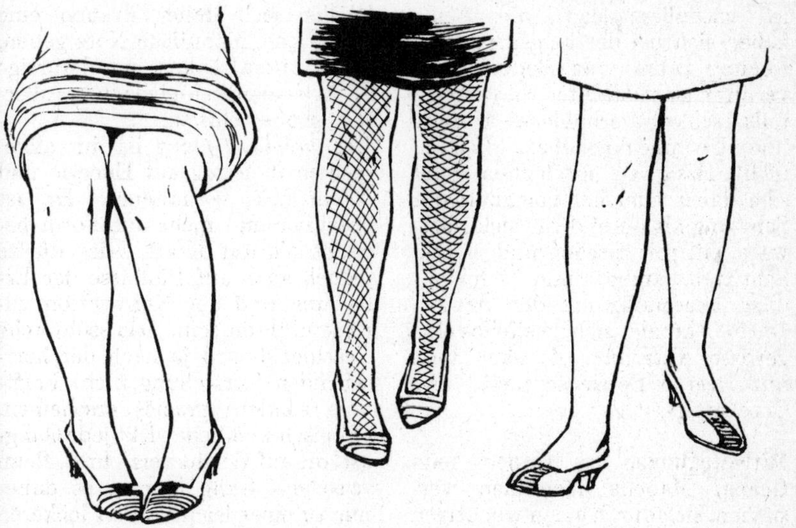

Fußstellungen. Von links nach rechts: Beide Fußspitzen einwärts gekehrt; nur eine Fußspitze nach innen gewendet; beide Fußspitzen auswärts gekehrt

Die Sprache der Hände

Sein Gesicht, seine Stimme und seine Bewegungen kann man verstellen, seine Hand nicht. Man kann sie verstecken, die Nägel etwas zurechtfeilen und lackieren, an ihrer Gestalt jedoch nichts verändern. Da die Gestalt der Hände – und auch das Rillen- und Liniennetz der Innenhand – bei den einzelnen Menschen sehr verschieden ist, sieht man vielfach in der Hand ein Organ, welches für das Wesen des Menschen besonders charakteristisch ist. Die Hand wird oft geradezu als Spiegelbild des menschlichen Charakters und Schicksals betrachtet. Kaum ein anderes Organ beeindruckt uns in so verschiedenartiger Weise wie die Hand. Nicht nur die Linien der Innenhand gaben seit jeher Anlaß zu symbolischen Ausdeutungen, auch die Unterschiede in der Gestalt der Hände regen zu einem Vergleich mit der Wesensgestalt des Menschen an, und die Bewegungen der Hände werden als Ausdruck seiner gesamten seelischen Dynamik begriffen.

Die Hand als Ausdruck der Persönlichkeit

Wie stark der Eindruck von Händen sein kann, hat der Dichter Stefan Zweig in seiner interessanten Studie über die Spielerhände am Roulette-Tisch in Monte Carlo gezeigt. »Hände – die vielen hellen, bewegten, wartenden Hände rings um den grünen Tisch. Alle aus der immer anderen Höhle eines Ärmels hervorlugend, jede ein Raubtier, zum Sprung bereit, jede anders geformt und gefärbt, manche nackt, andere mit Ringen und klirrenden Ketten aufgezäumt, manche behaart wie wilde Tiere, manche feucht und aalglatt gekrümmt, alle aber gespannt und vibrierend, von einer ungeheuren Ungeduld, alles erkennt man an diesen Händen, an der Art, wie sie warten, wie sie greifen und stocken: den Habsüchtigen an der krallenden, den Verschwender an der lockeren Hand, den Berechnenden am ruhigen, den Verzweifelten am zitternden Gelenk; hundert Charaktere verraten sich blitzschnell in der Geste des Geldanfassens, ob einer es knüllt oder nervös krümelt oder erschöpft, mit müden Handballen, während des Umlaufs liegenläßt . . .; in der prallen Sekunde, wo die Roulettekugel in ihr kleines Eckchen fällt und die Gewinnzahl gerufen wird, da, in dieser Sekunde, macht jede dieser hundert oder fünfhundert Hände unwillkürlich eine ganz persönliche, ganz individuelle Bewegung urtümlichen Instinkts . . . ich kann es Ihnen gar nicht schildern, wieviel tausend Spielarten von Händen es gibt, wilde Bestien mit haarigen, gekrümmten Fingern, die spinnenhaft das Geld einkrallen, und nervöse, zittrige, mit blassen Nägeln, die es kaum anzufassen wagen, noble und niedrige, brutale und schüchterne, listige und gleichsam stammelnde – aber jede wirkt anders, denn jedes dieser Händepaare drückt ein besonderes Leben aus.«

Dieses »besondere Leben« der Hände hat die Künstler immer wieder zur Darstellung der Hände veranlaßt. Denken wir nur an die betenden Hände von Dürer, die Hände der Bürger von Calais, die Rodin geschaffen hat, die Hände in der Schöpfung Adams von Michelangelo oder die Hände der Kupplerin von Barlach.

Die Hände werden nicht nur betrachtet, man fühlt sie auch beim Händedruck. Wer wäre nicht schon höchst unangenehm von einer schwammigen, feuchten oder kalten Hand berührt worden! Unwillkürlich übertragen wir den Eindruck, den uns die Hand vermittelt hat, auf den ganzen Menschen. Was scheint naheliegender zu sein als der Gedanke, daß zu einer kalten Hand auch ein kaltes Herz und zu einer groben Hand auch ein grober Geist gehöre. Pars pro toto: Der Teil steht für das Ganze!

Bei aller Einsicht in die Bedeutung der Formen und Linien der Hand muß man sich doch hüten, allein von *einem* Merkmal einen Schluß auf den Charakter des Menschen zu ziehen. Wir alle haben zwar gewisse Vorstellungen von der »Künstlerhand«, der »Frauenhand«, der »Männerhand« und anderen; diese mögen für den Typ als solchen zutreffen, jedoch nicht unbedingt für die Hand jedes einzelnen Künstlers, jeder Frau oder jeden Mannes. Die bis jetzt vorliegenden wissenschaftlichen Untersuchungen ergeben jedenfalls nur geringe Möglichkeiten, über das Studium der Handformen und des Furchenbilds ins einzelne gehende Feststellungen über den Charakter zu treffen. Trotzdem ist es anregend, sich mit den Lehren der Handlesekunst zu beschäftigen.

Chiromantie - Chirologie - Handlesekunst

Eine frühe symbolische Deutung der Hand finden wir bei dem großen mittelalterlichen Philosophen Nikolaus von Kues. Er sagte: »In allen Teilen spiegelt sich das Ganze, da der Teil ein Teil des Ganzen ist. So spiegelt sich der ganze Mensch in der Hand ab, die eine richtige Proportion zum ganzen Menschen hat.«

Man glaubte sogar, daß sich aus der Hand etwas über die Zukunft des Menschen aussagen lasse. Hierbei spielten die Linien der Innenhand von jeher eine große Rolle. Sie galten als Zeichen des Schicksals, die den Kundigen Anlaß zu weitgehenden Deutungen gaben. Unter dem Einfluß der Astrologie entwickelte sich schon in der Antike eine tiefsinnige Lehre, die als *Chiromantie* bis ins 18. Jahrhundert hinein an den Universitäten gelehrt wurde. Mit ihr beschäftigten sich insbesondere die Physiognomiker, aber auch die Astrologen, Philosophen und Mediziner. Die heutigen Vertreter dieser Lehre nennen sich *Chirologen.* Sie distanzieren sich von den Chiromantikern und Wahrsagern, die sich auf die Ausdeutung einzelner Zeichen beschränken, während die Chirologen ihren Deutungen eine umfassende Symbolik zugrunde legen.

Psychologie und Chirologie

In den Lehrbüchern der Psychologie ist über die Handdeutung zumeist nicht viel zu lesen. Dies hat seinen Grund in der völlig andersartigen Fragestellung der modernen Psychologie, ja der Wissenschaft überhaupt, die viel mehr in Kausalzusammenhängen denkt als die Chirologie. Die Wissenschaft sucht nach dem Verhältnis von Ursachen und Wirkung; ihre Erkenntnisse müssen empirisch, also erfahrungsmäßig begründet und logisch einsichtig sein. Ihr bleibt es daher unerfindlich, was beispielsweise der Mittelfinger der Hand mit der Lebenstüchtigkeit beziehungsweise mit dem Planeten Saturn zu tun haben soll oder warum eine bestimmte Linie in der Innenhand auf Willenskraft deute. Hier scheiden sich die Geister. Für die rational denkende Psychologie sind Behauptungen folgender Art unannehmbar: »Wenn der Jupiterfinger (Zeigefinger) sehr lang ist, so bedeutet dies große Vorliebe für Religion, wenn der Finger so lang ist wie der Saturnfinger (Mittelfinger), so bedeutet dies: das Leben wird durch Ehrgeiz regiert.« Nach dem Warum dieser Beziehungen, also der kausalen Begründung, darf man die Chirologie nicht fragen.

Ursula von Mangoldt, eine moderne Vertreterin der symbolischen Auffassung der Hand, erklärt die Aufgabe dieser Lehre folgendermaßen: »Das Anliegen der Handdeutung ist es, den Sinn eines Erscheinenden zu verstehen, zu erkennen, daß diese und jene Züge der Hand, daß ihre Formen und Zeichen zusammentreffen – *symballein* – mit entsprechenden menschlichen Eigenschaften. In diesem Zusammenfallen, in der Entsprechung einer äußeren Erscheinung mit einem inneren Sein, gewinnt die *Symbolik* der Hand ihren Sinn.«

Astrologische Handdeutung

Für die astrologische Richtung der Handdeutung fallen die Erscheinungen in der Hand mit denen des Himmels zusammen. Dort sieht man im *Mikrokosmos* (der kleinen Welt) ein Spiegelbild des *Makrokosmos* (der großen Welt). Wie in der Astrologie, so spielen auch in der Handdeutung die sieben Planeten eine große Rolle. Da die Hand jedoch nur fünf Finger hat, müssen sich zwei Planeten mit Teilen des Handtellers begnügen. Die Aufteilung sieht folgendermaßen aus: Der Daumen repräsentiert die Venus, der Zeigefinger den Jupiter, der Mittelfinger den Saturn, der Ringfinger die Sonne oder den Apollo, der kleine Finger den Merkur. Die restlichen zwei Planeten, Mond und Mars, werden einem sogenannten Handberg und einer Ebene zugeteilt. Der große Berg an der Wurzel des Daumens, der ja der Venus entspricht, wird Venusberg genannt. Da der Abendstern, der so oft den Liebenden strahlt, der Göttin der Liebe geweiht ist, soll sich in der Mächtigkeit dieses Bergs die Sinnlichkeit und zeugerische Potenz ausdrücken, wie überhaupt die Lebensfülle und Antriebskraft.

Handlinien. Die Chirologen glauben Beziehungen zu kennen zwischen den Linien der Hand und den klassischen Funktionen des Denkens, Fühlens und Wollens. Nach Ansicht von Ursula von Mangoldt verkörpern diese Linien im symbolischen Denken die Anlagen des Menschen.

»Die *Lebenslinie*, die als Halbkreis um den Daumenballen verläuft, zeigt vitale Widerstandsfähigkeit, sinnenhafte Triebe, Impulse, Lebensgefühl und Einsatz der Lebenskräfte an. In der normalen Hand umzieht sie klar und ohne Unterbrechung den Daumen.

Die *Kopflinie*, die mit der Lebenslinie zusammen – oder ein wenig oberhalb von ihr – zwischen Daumen und Zeigefinger entspringt und horizontal die Innenfläche durchquert, läßt die Willens- und Gestaltungskraft des Menschen erkennen. Verläuft sie in einem leichten Schwung und endet sie etwa in der Mitte der Kleinfingerseite, dann versinnbildlicht sie das rechte Verhältnis in der Begegnung von Ich und Welt, von rationalen und irrationalen, von aktiven und passiven Kräften. So kennzeichnet sie das Ich, das auf die Welt zugeht, ohne zu vergewaltigen, und ande-

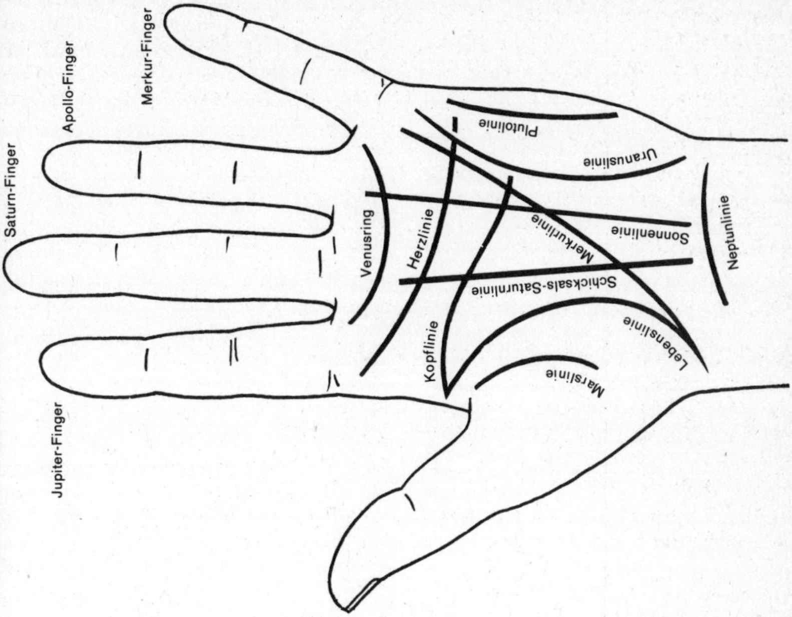
Saturn-Finger
Apollo-Finger
Merkur-Finger
Jupiter-Finger
Venusring
Herzlinie
Kopflinie
Plutolinie
Uranuslinie
Merkurlinie
Sonnenlinie
Schicksals-Saturnlinie
Lebenslinie
Marslinie
Neptunlinie

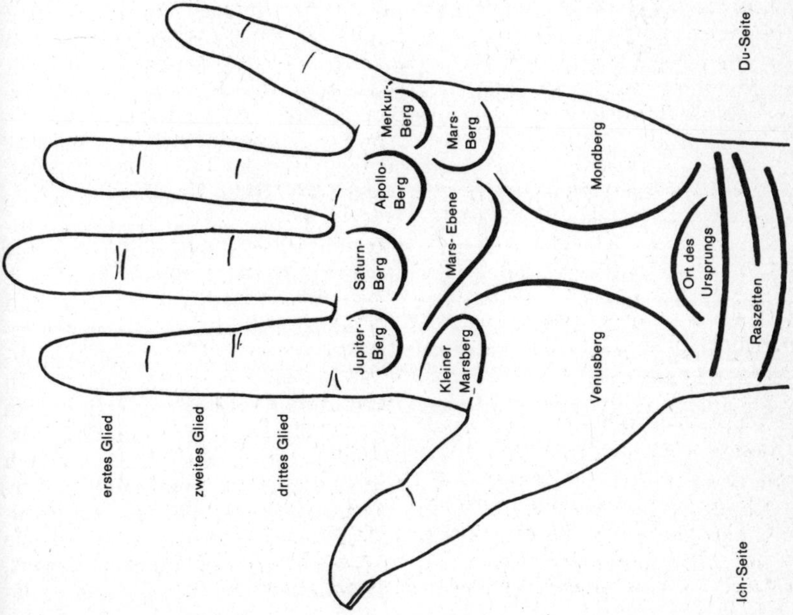
erstes Glied
zweites Glied
drittes Glied
Jupiter-Berg
Saturn-Berg
Apollo-Berg
Merkur-Berg
Mars-Berg
Kleiner Marsberg
Mars- Ebene
Mondberg
Venusberg
Ort des Ursprungs
Raszetten
Du-Seite
Ich-Seite

rerseits den Einfluß der Umwelt zuläßt, sich dem Du nicht verschließt.

Die *Herzlinie* verläuft in entgegengesetzter Richtung zur Kopflinie und beginnt am Rand der Du-Seite. Endet sie gut geschwungen auf dem Berg des Zeigefingers, drückt sie eine starke seelische Innerlichkeit aus und das Streben, über sich selbst und die kleinen egoistischen Wünsche hinauszuwachsen. Die vom Du empfangenen und aufgenommenen Kräfte werden mit der Kraft der Liebe erfüllt und emporgetragen zu einem umfassenderen Leben hin. Je kürzer die Herzlinie gezeichnet ist, je gerader sie verläuft, um so weniger Seelenkraft wird der Mensch seiner Umwelt zur Verfügung stellen, um so weniger wird er sich vom Du ansprechen lassen.«

Neben diesen Hauptlinien gibt es noch eine Reihe anderer Linien. So soll zum Beispiel jene Linie, die aus dem Handgelenk kommt und zum Mittelfinger emporsteigt, sinnbildlich für das Schicksal des Menschen sein. »Der Verlauf der *Schicksalslinie* läßt« – nach URSULA VON MANGOLDT – »erkennen, wo die schicksalauslösenden Ereignisse eingreifen werden. Bei ihrem Aufstieg sammelt sie die Linien, die aus der aktiven und passiven Seite zu ihr hinströmen, als Zeichen, daß die Einflüsse aus Eigenwelt und Umwelt zur Prüfung und Sichtung gesammelt, der Klärung und Verwirklichung zugeführt werden. Endet die Schicksalslinie im oberen Bereich der Hand, zeigt dies eine Konzentrierung der menschlichen Möglichkeiten in einem das Leben dieses Menschen verpflichtenden Werk an, das auch die Fülle seiner seelischen Innerlichkeit miteinbeziehen wird. Ist die Schicksalslinie in ihrem Aufstieg zum Saturnberg hin aus kleinen Stücken zusammengesetzt, dann bedeutet der Schicksalsweg ein mühsames Aufwärtssteigen, das immer neuer Ansätze und Kräftesammlung bedarf. Überschreitet die Linie nicht die Handmitte, sondern endet schon vor der Kopflinie, dann wird der Mensch in Spannung und rationaler Auseinandersetzung steckenbleiben, und es wird ihm nicht leichtfallen, die Klärung und Sinngebung des Geschehens innerlich zu erfahren, selbst wenn er sie verstandesmäßig begriffen hat.

Fehlt in einer Hand überhaupt die Schicksalslinie, so besteht die Gefahr, daß der Mensch sich zu leichten Sinnes jeder Verantwortung dem Leben und seinen Aufgaben gegenüber entzieht. Ohne inneren Standpunkt, ohne Verpflichtung objektiven Werten gegenüber wird er sein Leben nur dem eigenen Ermessen unterstellen und den geforderten Aufgaben ausweichen.«

Neben diesen Hauptlinien sind in vielen Händen noch weitere zu erkennen. Die *Apollo-* oder *Sonnenlinie* durchläuft oft die ganze Handfläche zwischen Handgelenk und Ringfinger und gilt als die Linie des Ruhmes und des Erfolgs, der aufgrund der Begabung errungen wird. Die *Merkurlinie*, die zwischen Handgelenk und kleinem Finger verläuft, soll den Grad der geistigen Regsamkeit offenbaren, die *Neptunlinie* am Handgelenk die mediale Begabung und die Stärke der Kräfte des Unbewußten. Doch sind diese Linien, wie auch die *Uranus-*, *Pluto-* und *Marslinie*, oft nur schwach zu erkennen.

Die Bedeutung der einzelnen Linien ergibt sich aus deren Stärke und Klarheit, ihrer Farbe und Regelmäßigkeit sowie auch durch ihr Verhältnis zu anderen Linien. Unterbrochene, verästelte oder verkettete Linien werden meist negativ gedeutet. Ein Kreuz auf der Schicksalslinie soll sogar ein plötzlich eintreffendes Unglück anzeigen, während ein Dreieck in der Kopflinie auf einen scharfsinnigen Geist deuten soll.

Rechts und links bei der Hand. Da die rechte und linke Hand oft verschiedenartige Liniensysteme zeigen, müssen zur Deutung stets beide Hände herangezogen werden. In der linken Hand soll mehr das Anlagemäßige, in der rechten das Erworbene in die Erscheinung treten. Von kleinen Änderungen abgesehen, bleibt das Liniengefüge der Hand zeitlebens gleich. Eine Untersuchung hat sogar ergeben, daß dieses erblich ist.

Die Finger. Neben den Linien in der Hand soll nach der Lehre der Chirologen auch der Beschaffenheit der einzelnen Finger eine schicksalhafte Bedeutung zukommen. Der *Daumen* fungiert als Symbol der vitalen Kraft und Ichbehauptung. Ein biegsamer Daumen, dessen oberes Glied zurückgebogen werden kann, soll von geringerer Durchsetzungskraft zeugen als ein starrer. Menschen mit geschmeidigem Daumen seien elastischer und anpassungsfähiger als solche mit unbiegsamem Daumen.
Der *Zeigefinger* hingegen gilt als Symbol der Stärke des bewußten Willens. Ist der Zeigefinger länger als der Ringfinger, so verfüge der Mensch auch über das nötige Selbstbewußtsein, um sich durchsetzen zu können, ist er kürzer als dieser, so sei der Ichanspruch geringer, unter Umständen wäre sogar auf Schüchternheit zu schließen.
Der *Mittelfinger* soll das Verhältnis zum Sittlichen und zur Welt des Überirdischen zum Ausdruck bringen. Ein übergroßer Mittelfinger weise auf übersteigertes Pflichtbewußtsein hin, ein zu kurzer auf Verantwortungslosigkeit und Oberflächlichkeit.
Der *Ringfinger* verkörpere die Innerlichkeit des Menschen. Ist er länger als der Zeigefinger, so überwiege das Seelische, insbesondere die Hingabefähigkeit; ist er kürzer als der Zeigefinger, so drücke sich darin nicht nur ein Mangel an Innerlichkeit und Geistigkeit, sondern auch an künstlerischer Gestaltungsfähigkeit aus.
Im *kleinen Finger* schließlich offenbare sich das Verhältnis des Menschen zur Umwelt, zur Welt des Geistes und des Du. Ist er kurz und starr, dann sei die geistige Beweglichkeit und Aufnahmefähigkeit gering, ist er lang und beweglich, dann sei die Kontaktfähigkeit größer.

Fingerglieder. Symbolische Bedeutung haben auch die Fingerglieder. Das unterste Glied steht sozusagen für die Vitalität, das mittlere für den Verstand und das oberste für das Gefühl. Sind alle Fingerglieder gleich lang, dann deutet dies auf Ausgeglichenheit – oder Farblosigkeit des Charakters; ist das eine oder andere Glied größer, auf die Vorherrschaft des betreffenden psychischen Bereichs.

Formen der Hand

Daß es bezüglich der Formen der Hand große Unterschiede gibt, haben wir bereits eingangs gesehen (S. 222–223). Es gibt große und kleine, breite und schmale, fleischige und knochige Hände. Sind mit diesen Verschiedenartigkeiten der Form nun auch solche des Charakters verbunden? – Wir unterscheiden wieder zwischen der astrologischen und der symbolischen Deutung.

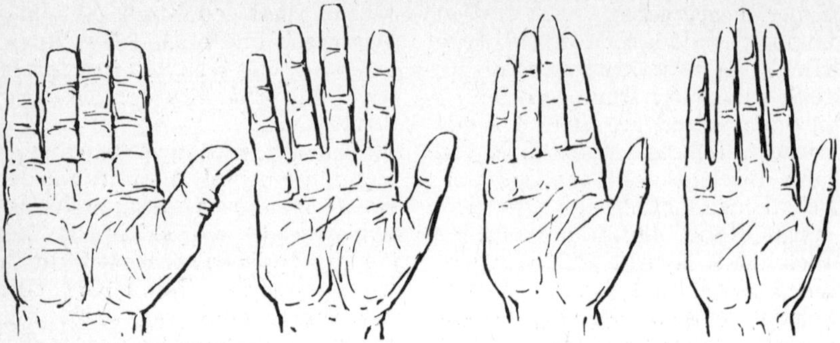

Handformen. Die vier Handformen nach C. G. Carus, Von links nach rechts: die elementare Hand, die motorische Hand, die sensible Hand, die seelische Hand

Die intuitive Deutung. Die Symboliker kommen auf intuitivem (einfühlendem) Weg zur Unterscheidung einer elementaren, motorischen, sensiblen und seelischen Hand. Da ihnen die längliche Form als Symbol der Seele erscheint, so muß die *elementare* Hand, die groß, dick und hart ist, auf eine rohe Natur hindeuten. Es sei die Hand des Plebs, heißt es in einem alten Lehrbuch der Handdeutungskunst. Diese Hand, die eine große physische Kraft besitzt, leiste »eine Unzahl der gröbsten Arbeiten, für die das trübe Licht des Instinkts ausreicht. Ihr gehören die Orte, die nach Stroh, Vieh und Armut duften.« Die *motorische* Hand hingegen soll auf ein cholerisches Temperament, die *sensible*, die eigentlich weibliche Hand, auf eine zartfühlende, künstlerische Natur hindeuten und die *seelische* Hand auf eine schöne Seele, die für die rohe Hausarbeit zu ungeschickt sei.

Allerdings darf man nicht von der Form kurzerhand auf die Seele schließen. Dazu sagt MAX PICARD, ein Schweizer Physiognomiker, Form und Gehalt stimmten nicht immer überein. »Die Gestalt des Menschen ist nicht nur nach einem Prinzip der Entsprechung gebaut.« Nur beim Tier entspreche jeder Teil dem anderen und dem Ganzen. Beim Menschen müsse jedoch damit gerechnet werden, daß beispielsweise auch ein Philosoph einmal eine »elementare Hand« habe und nicht jede seelische Hand mit einer »schönen Seele« einhergehe. Der Mensch sei gar nicht das auf Harmonie angelegte Wesen. Wir empfinden es allerdings stets als widersprüchlich und stilwidrig, wenn eine geistig differenzierte Persönlichkeit eine derbe Hand besitzt. Wir erwarten einfach stillschweigend, daß die Hand zum Kopf paßt und die Form dem Gehalt entspricht.

Handform und Körperbau. Der gefühlsmäßig gewonnene Eindruck von einer Hand läßt sich nur schwer auf seine Richtigkeit hin nachprüfen. Wir kommen jedoch weiter, wenn wir uns die Konstitutionslehre von ERNST KRETSCHMER vergegenwärtigen (S. 118–121). KRETSCHMER versuchte festzustellen, ob eine bestimmte Form der Hand mit bestimmten psychischen Verhaltensweisen korreliert (übereinstimmt). Seine Untersuchungen ergaben, daß zwischen Hand- und Körperbautyp, und damit auch zwischen Handform und seelischer Verfassung, eine gewisse Übereinstimmung bestehe.

Der *leptosome Typ* besitzt eine

seiner körperlichen Konstitution entsprechende schlanke und zarte Hand, die aristokratisch oder gotisch wirkt. Der Daumenballen ist in dieser Hand nur schwach entwickelt, die Finger sind schmal und lang, die Nägel dünn und zerbrechlich. Unwillkürlich ruft eine derartige Hand den Eindruck des Weiblichen hervor. Die *pyknische Hand* paßt ebenfalls gut zur Rundlichkeit der gesamten körperlichen Gestalt dieses Typs. Sie ist kurz, breit und gedrungen. Der Handteller ist gut gepolstert, die Hand also weich und mollig. Die Finger sind kurz und dick und kennzeichnend für den Typ der Manisch-Depressiven.

Eine ausgesprochen große, massige Hand, die männlich wirkt, hat der *athletische Typ*. Knochig und muskulös wie der Körperbau ist auch die Hand, die dazuhin noch durch die Breite des Handtellers eine rechteckige Form bekommt. Der Daumen, das Sinnbild der vitalen Kraft, ist besonders gut ausgebildet.

Bewegungen der Hände

Die moderne Ausdruckspsychologie beschränkt sich wegen der Unsicherheit der soeben beschriebenen Methoden vorwiegend auf die Deutung der Bewegungsweisen der Hand. Diese sind freilich zumeist nur Ausdruck einer augenblicklichen inneren Verfassung, etwa der Angst, der Freude, der Abwehr, und nur aus der Situation heraus zu verstehen, der sie entsprungen sind. Doch lassen sich aus diesen Handbewegungen unter Umständen auch Schlüsse auf bleibende Züge des Charakters ziehen. Wer häufig die Gebärde der Angst macht, gilt nicht mit Unrecht als ängstlich, insbesondere dann, wenn die auslösende Situation für diese Gebärde keinen eigentlich bedrohlichen Charakter zeigt.

Einzelne Gebärden

Wie vielfältig und eindrucksvoll die Handgebärden sind, haben wir alle schon beobachtet und erlebt. Die Sprache der Hände hat zudem den Vorteil, international verständlich zu sein. Wir können in diesem Zusammenhang nicht jede einzelne Gebärde beschreiben, sondern müssen uns auf einige wenige beschränken. Dabei unterscheiden wir die unwillkürlich erfolgenden Bewegungen von den willkürlich erzeugten; die ersteren verraten etwas von den Gefühlen und Stimmungen, die letzteren mehr von den Absichten.

Schließen und Ballen der Hand. Wer sich fürchtet, *krampft* unbewußt die Hände zusammen; wer seiner Rede mehr Gewicht geben will, *ballt* eine Hand zur Faust und schlägt mit ihr auf den Tisch. Hände dienen der Handlung. Wer sie in *entspannter* Form in den Schoß legt, bekundet damit, daß er nicht zum Handeln bereit ist oder aber abwartet, bis die Gelegenheit dazu günstig ist; ähnliches gilt vom *In-die-Tasche-Stecken* der Hände auch. Geschieht dies in lässiger Form, so sehen wir darin einen Ausdruck der Gleichgültigkeit, der zudem als Unhöflichkeit empfunden wird. In gespannter Form ausgeführt, wirkt diese Haltung oppositionell, besonders dann, wenn die Hand in der Tasche noch zur Faust geballt wird.

Auf den Rücken gelegte Hände drücken ebenfalls einen Verzicht auf Handlung aus, der je nach dem Grad der Spannung auf Gelassenheit oder Befangenheit hinweist. *Spielende* Hände sind zwar in Bewegung, unternehmen jedoch nichts, sei es aus »gespielter« Gleichgültigkeit, sei es aus Gelassenheit und Erregung.

Auch die *zur Faust geschlossene* Hand ist zum Schaffen und Handeln nicht geeignet. Da sie jedoch durch einen Willensentschluß zustande kommt, sehen wir darin einen Ausdruck der Konzentration, sozusagen als Vorbereitung für eine energische Handlung. Allbekannt ist das Fäusteballen in der Wut. Im Zustand der Erregung umgreift die Hand oft irgendeinen Gegenstand, sei es die Stuhllehne oder die Tischkante, um sich gewissermaßen vor einer unüberlegten Handlung zurückzuhalten, sei es aus Eigensinn oder Ängstlichkeit.

Die geöffnete Hand. Der Ausdruck der geöffneten Hand ist äußerst vielseitig. Weist der Handteller in gerundeter Form *nach oben*, so haben wir die Bittgebärde vor uns, die durch Blick und Armbewegung den Charakter der demütigen, inbrünstigen, abwartenden, resignierten oder fordernden Bitte annehmen kann. Werden dabei die Hände abwärts bewegt, so entsteht dadurch die Gebärde des Schenkens. Man bietet durch sie entweder sich selbst oder seine Gaben symbolisch dem anderen dar. In mäßiger Bewegung ausgeführt, legt der Redner damit sozusagen auch seine Gedanken dem Publikum zu Füßen. Erfolgt die Bewegung jedoch stoßartig und mit gespreizten Fingern, dann werden die Dinge dem anderen vor die Füße geworfen. Durch Überkreuzung der Hände, Ineinanderschlagen, Senkrechthalten der offenen Hand und dergleichen läßt sich der Ausdruck dieser Gebärde noch weiter abwandeln. Sie erhält dadurch je nachdem einen beschwörenden, bekräftigenden, einladenden oder pathetischen Charakter.

Unmißverständlich ist die Geste der Abwehr, die in mehr passiver oder mehr aktiver Form ausgeführt werden kann, und zwar durch die vor die Brust gehaltenen Hände mit *nach vorne* zeigenden Handtellern. Unwillkürlich entsteht diese Geste bei überraschender Bedrohung, sie wird aber auch bewußt, beispielsweise von Rednern, als Zeichen der Ablehnung unbilliger Zumutungen verwendet. In ruhiger Form ausgeführt, wirkt sie als Beschwichtigungsgeste. Sie kann jedoch auch den Wunsch zum Ausdruck bringen, gehört zu werden. Redner wehren dadurch oft den Beifall oder das Getümmel der Masse ab, um selbst zu Wort zu kommen. In stilisierter Form und mit einem Arm ausgeführt, erhält diese Gebärde den Charakter des Haltegebots. Aus der Geste ist ein konventionelles Zeichen geworden, dessen sich zum Beispiel der Polizist bedient.

Das Aufzeigen. Eine der eindrucksvollsten Handgesten ist die Zeigegebärde, die außerordentlich variationsfähig ist. Sie kommt zustande durch das *Strecken des Zeigefingers*, Spreizen des Daumens, unter gleichzeitigem Einschlagen der anderen Finger, und Heben des Armes. Dadurch soll zunächst die Aufmerksamkeit der andern auf einen bestimmten Punkt gelenkt werden. Die Kindergärtnerin, die den Zeigefinger vor den Mund hält, ermahnt so ihre Schar zum Schweigen und Stillsitzen. Wenn der Schüler den Arm hochstreckt, »meldet« er sich; beim Lehrer ist das Mitbewegen des Armes eine dozierende Gebärde; beim Vater soll das Schütteln der Hand seinen Sprößling ermahnen oder ihm dro-

hen; beim Anführer wird das energische, ruckartige Ausstrecken des Armes zur Befehlsgeste. »In allen Fällen«, sagt H. STREHLE, »drückt sich darin eine punktuelle Aufmerksamkeitsspannung aus, die mehr oder weniger bewußt suggestiv auf andere übertragen werden soll.«
Eine beleidigende Form nimmt diese Bewegung an, wenn mit dem gestreckten Zeigefinger auf eine Person hingewiesen wird, die Aufmerksamkeit also demonstrativ auf einen andern gelenkt wird.
Wenig angenehm empfunden wird die Befehlsgeste auch, wenn sie anstelle des Zeigefingers mit dem *gestreckten Daumen* ausgeführt wird: Weg, hinaus mit dir! Sie hat etwas Wegwerfendes, Geringschätziges an sich. Der unterschiedliche Eindruck, den diese einmal mit dem Zeigefinger und dann mit dem Daumen ausgeführte Geste hervorruft, hängt zweifellos mit unseren unbewußten Vorstellungen von der Bedeutung der Finger zusammen, auf welche die Symboliker immer wieder hinweisen. Die Gebärde mit dem Zeigefinger wird als eine aus der Willenssphäre kommende Weisung betrachtet, während die mit dem Daumen ausgeführte offenbar aus der Trieb- und Vitalsphäre stammt, die als Erniedrigung empfunden wird.

Andere Handbewegungen

Die Möglichkeiten, mit der ganzen Hand oder einzelnen Fingern Zeichen zu geben, sind mit den angeführten Beispielen nicht ausgeschöpft. Der Leser möge sich einmal Rechenschaft darüber geben, welche Bedeutung dem Händereiben, Händeringen oder Hände-über-dem-Kopf-Zusammenschlagen zukommt oder welchen Sinn all die vielerlei Bewegungen der Hände zum Kopf, an die Stirn, an die Nase, an den Hals haben können. Wenn wir diesen Bewegungen Beachtung schenken, bereichern wir zweifellos unsere Menschenkenntnis, und zwar eben deshalb, weil diese scheinbar nebensächlichen Bewegungen oft mehr von den tatsächlichen Gefühlen und Absichten verraten als die bewußt geäußerten. Folgendes gilt es zu beachten, wenn man einen Schlüssel zum Verständnis gewinnen will: das *Bewegungstempo*, der *Spannungsgrad*, den die Bewegung zeigt, die *Situation*, der sie entspringt, die Erkenntnis der *Bewegungsrichtung* in ihrer raumsymbolischen Bedeutung und die mit den Bewegungen verbundenen *Begleiterscheinungen*. Im übrigen gehen wir vor wie schon bei andern Bewegungen: Wenn wir die häufige Wiederholung einer bestimmten Bewegung feststellen, ist mit einem charakteristischen Wesenszug zu rechnen.

Die Handschrift als Spiegel des Charakters

Wer sich berufsmäßig mit Graphologie beschäftigt, wird immer wieder gefragt, ob man denn »eigentlich« aus der Handschrift eines Menschen etwas über dessen Charakter aussagen könne. Was soll denn die Schrift mit dem Charakter eines Menschen zu tun haben? Graphologen könnten eigentlich nur Hellseher – oder Schwindler sein. Selbst für viele Gebildete ist die Graphologie mehr Magie, eine anrüchige Kunst, als eine ernstzunehmende Wissenschaft. Je nach Einstellung verspricht man sich von ihr phantastische Enthüllungen – oder gar nichts.

Was die Graphologie kann und was sie nicht kann

Die Zweifler an der Graphologie wenden unter anderem ein, man könne doch seine Handschrift verstellen und den Graphologen hinters Licht führen; man brauche ja nur »schön« zu schreiben, und sogleich habe man bei den Graphologen einen besseren Charakter. Im übrigen hänge das Gepräge einer Schrift doch von mehr oder weniger zufälligen Dingen ab, wie etwa der Art des Schreibgeräts, von der Stimmung oder Laune, in der man sich gerade befindet. Niemand, so wird weiter argumentiert, könne sich des Zwangs der erlernten Schreibweise ganz entziehen, so daß sich der Charakter des Schreibers eigentlich gar nicht in seiner idealen Form zeigen könne. Im übrigen weiß jedermann von Fehlgutachten der Graphologen zu berichten oder von Prozessen, in denen sich die als Sachverständige bestellten Graphologen widersprachen. Wer gar schon psychologische Fachbücher gelesen hat, der weiß, daß selbst die Psychologen über den Wissenschaftscharakter der Graphologie geteilter Meinung sind. Was sollen also wir davon halten?

Einwände gegen die Graphologie

Betrachten wir einmal die Einwände, die gegen die Handschriftendeutung vorgebracht werden, genauer. Da wird also gesagt, jeder schreibe doch so, wie er es in der Schule gelernt habe. Es wäre zwar schön, wenn die Kinder der Vor-Schrift ihrer Lehrer folgten, leider ist dem nicht so, wie ein Blick in die Hefte einer Schulklasse zeigt. Bereits im ersten Schuljahr machen sich individuelle Unterschiede in der Schrift bemerkbar. Ein Teil der Kinder ahmt zwar das gegebene Vorbild getreu nach und bleibt unter Umständen auch bei der erlernten *Schulschrift* bis zur Zeit der Pubertät. Ein anderer Teil sieht in der Einhaltung der Schulschrift kein erstrebenswertes Ziel und vernachlässigt die Normalform. Wieder andere sind nicht in der Lage, der Vorschrift zu genügen – aus Anlage oder wegen mangelnder Schulzeit – und gelangen daher oft erst spät zu einer hinlänglichen Beherrschung der geforderten Form. Betrachten wir gar die Schriften von Pubertierenden, so kann von einer Einheitlichkeit des Schriftbilds keine Rede mehr sein. Wie groß die Unterschiede in der Schriftgestaltung trotz gleicher Schreiberziehung sein können, zeigen die Schriften der Zwillingspärchen S. 233 oben: Werner und Gerhard (Schriften links), 11 Jahre alt, sind völlig gleich erzogen worden, besuchten stets dieselbe Schulklasse, erhielten also denselben Schreibunterricht – und sind gemäß ihrer unterschiedlichen Veranlagung doch zu recht verschiedenartigen Schriften gekommen. Nicht anders ist es bei Susi und Maria (Schriften rechts), 13 Jahre alt, die ebenfalls stets dieselben Lehrer hatten, sich jedoch nicht in demselben Maße an die Vor-Schrift des Lehrers hielten.

Wer als Erwachsener noch die Schulschrift beibehält, bekundet damit seine Bereitschaft, sich der konventionellen Norm anzugleichen, und er wird sich wahrscheinlich auch in anderen Bereichen seines Verhaltens an Normen orientieren. Im allgemeinen beobachten wir jedoch, daß die einen größer oder kleiner, rascher oder langsamer, die andern steiler oder schräger, enger oder weiter schreiben, als es die Norm fordert. Die Schrift des Erwachsenen ist eben dadurch gekennzeichnet, daß sie in mancherlei Hinsicht nicht mehr der Schulschrift entspricht. Auf den

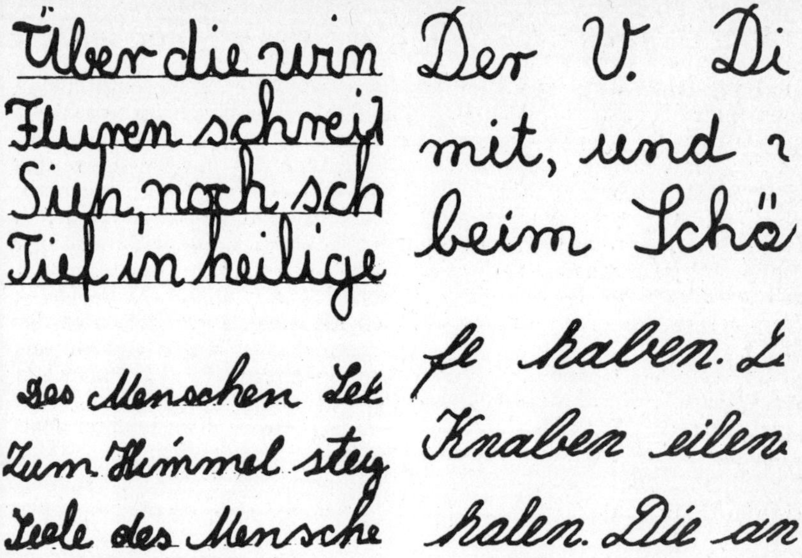

Schriftproben von Zwillingspaaren mit unterschiedlicher Schriftentwicklung

individuellen Abweichungen von dieser beruht ja die Bedeutung, die man der Unterschrift im öffentlichen Leben beimißt. Würde die Handschrift kein persönliches Gepräge tragen, dann hätte es keinen Sinn, einen Vertrag oder ein Testament erst dann als rechtskräftig zu bezeichnen, wenn das Papier handschriftlich unterzeichnet ist. (Ein privates Testament muß sogar von Anfang bis Ende mit der Hand geschrieben werden.) Aus all dem ergibt sich, daß die konventionell festgelegten Formen der Buchstaben im Laufe der Zeit höchst individuelle Veränderungen erfahren, die der Handschrift eine persönliche Note geben.
Wenn sich die erworbene Handschrift des Erwachsenen nicht zeitlebens gleich bleibt, so halten sich die *Veränderungen* doch in Grenzen. Schwere psychische Krisen, die einen Persönlichkeitswandel zur Folge haben, verändern allerdings auch das Schriftbild. Dies spricht jedoch so wenig gegen die Möglichkeit einer graphologischen Deutung der Handschrift wie die Tatsache, daß sich *Stimmungsschwankungen* und vorübergehende Erregungszustände in ihr bemerkbar machen.
Daß das Schriftbild durch die *Art des Schreibwerkzeugs* mitbestimmt wird, soll keineswegs geleugnet werden. Doch der eine liebt einen dicken, breiten und kräftigen Strich, der andere mehr einen dünnen, schmalen, schwachen, und jeder sucht danach die Feder aus, die ihm »liegt«.

Das vermag die Graphologie nicht

Die landläufigen Vorstellungen vom Wesen des Charakters stimmen nicht immer mit denen der Psychologie überein. Daher werden oft die Möglichkeiten der Graphologie, etwas über den »Charakter« des Menschen auszusagen, falsch beurteilt. Wir haben im letzten Kapitel gehört, welche Schwierigkeiten die Graphologie bewältigen kann. Was aber kann sie nicht? Auf den folgenden fünf Gebieten ist sie unzuständig:

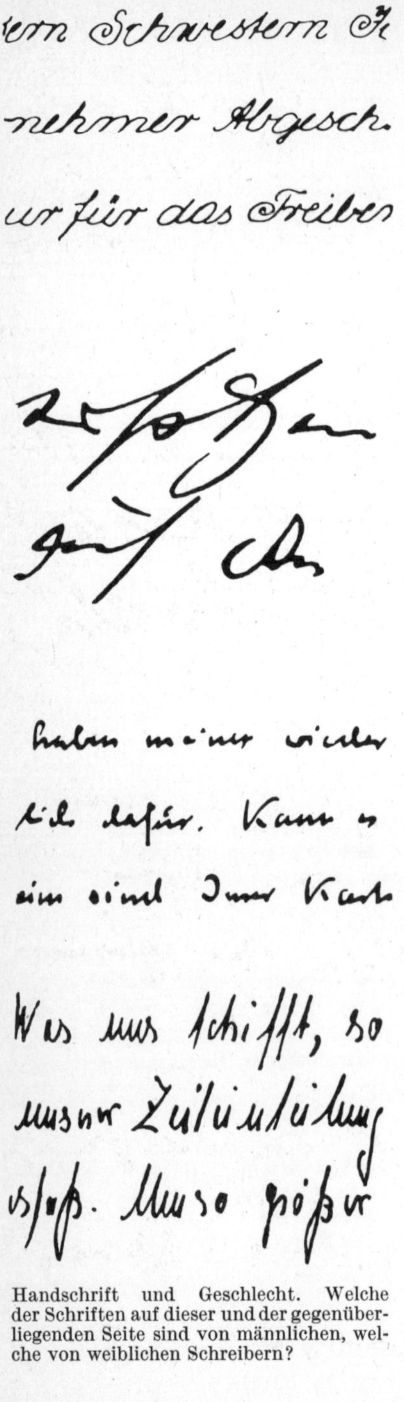

Handschrift und Geschlecht. Welche der Schriften auf dieser und der gegenüberliegenden Seite sind von männlichen, welche von weiblichen Schreibern?

Prophezeien und Wahrsagen. Vom »Volk«, aber auch von vielen Gebildeten wird die Graphologie mit den Hellsehern, Pendlern, Kartenlesern und Astrologen auf eine Linie gestellt. Je nach der Wertschätzung dieser Gebiete erhält dann auch die Graphologie ihren Rang. Weite Kreise unseres Volkes sind für okkultistische (geheimwissenschaftliche) Dinge sehr empfänglich. Je geheimnisvoller und unverständlicher die Praktiken der Magier sind, um so mehr finden ihre Weissagungen bei vielen sich sehr modern gebärdenden Menschen Anklang. In Wirklichkeit wird sich kein ernsthafter Graphologe je dazu hergeben, Krankheits- und Schicksalsprognosen zu machen. Um allerdings vorauszusehen, daß ein haltloser, willens- und antriebsschwacher Mensch nicht so leicht »auf einen grünen Zweig« kommen wird, genügt gesunder Menschenverstand.

Das Geschlecht eines Schreibers bestimmen. Die wissenschaftliche Graphologie muß über manche Dinge die Aussage verweigern, die ihr der Laie zutraut. Manche werden sich sehr darüber wundern, daß der Graphologe nicht einmal das Geschlecht des Schrifturhebers aus der Handschrift mit Sicherheit zu erkennen vermag. Der Leser versuche selbst.

Die Schriftproben auf S. 234 links und S. 235 rechts stammen von verschiedenen Urhebern. Wer ist männlichen und wer weiblichen Geschlechts? Notieren Sie sich doch bitte das Geschlecht der Schreiber. Das ist gar nicht so einfach. Oder haben Sie es vielleicht sofort gesehen, daß die oberen beiden auf S. 234 weibliche und die unteren beiden männliche Handschriften sind? Bei den Handschriften auf S. 235 dürfte Ihnen die Entscheidung vermutlich schwer fallen. Unter diesen stammt lediglich die letzte Schrift aus weiblicher Hand. Wie kommt es zu den Treffern und zu den Schwierigkeiten?

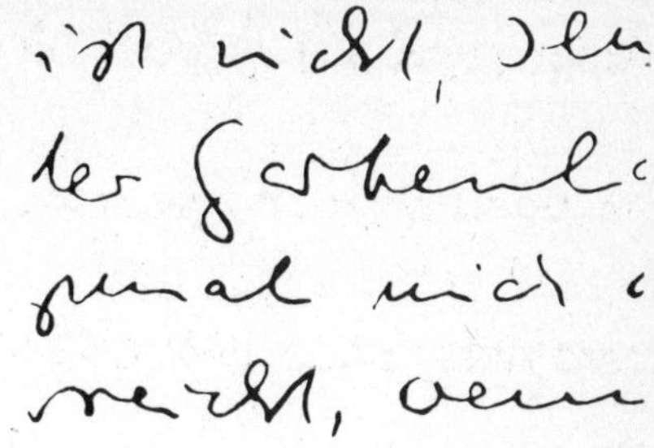

Erinnern wir uns doch an das Kapitel über die Geschlechtstypen (S. 139–145)! Wir alle haben mehr oder weniger deutliche Vorstellungen von dem, was »typisch weiblich« und »typisch männlich« ist. Zu diesen Vorstellungen gehören auch bestimmte Schriftbilder. Wir vermögen daher zumeist mit ziemlicher Sicherheit zu sagen, ob die vorliegende Schrift für das eine oder andere Geschlecht *typisch* ist. Was wir erkennen, ist also der Typus, nicht aber die Person, die unter Umständen gar nicht die für ihr Geschlecht typischen Eigenschaften besitzt. Wir müssen also notwendigerweise in all den Fällen danebentippen, in denen sich das psychische Geschlecht nicht mit dem physischen deckt, oder anders ausgedrückt: bei Männern mit weiblichem und Frauen mit männlichem Einschlag. Dies kommt gar nicht so selten vor. LUDWIG KLAGES sagt, daß in ungefähr 30 % der Fälle das Geschlecht der Urheber aus der Handschrift nicht zu bestimmen sei; das heißt aber: Es ist grundsätzlich nicht zu erkennen. Dem Graphologen muß also stets das Geschlecht des Schrifturhebers angegeben werden. Unabhängig davon wird er sich jedoch fragen, welchem Typus die vorgelegte Schrift angehört.

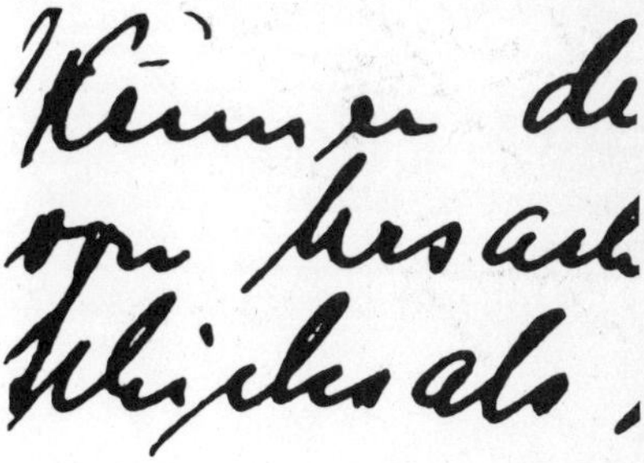

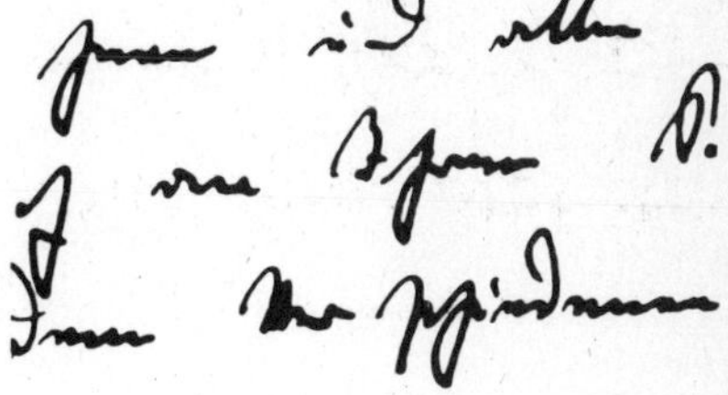

Das Lebensalter erkennen. Aus der Handschrift sichere Schlüsse auf das Lebensalter des Schreibers zu ziehen, ist ebenfalls schwierig. Auch hier wollen wir einen Versuch machen.

Wie alt sind die Urheber der Schriften auf Seite 236? Man sollte es nicht für möglich halten, daß der Urheber der oberen Schrift erst 18

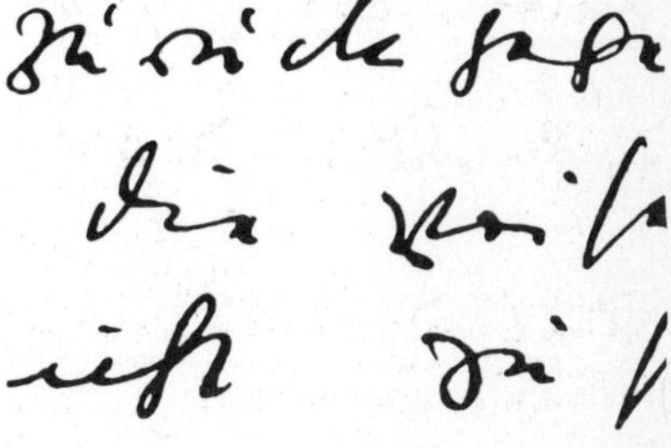

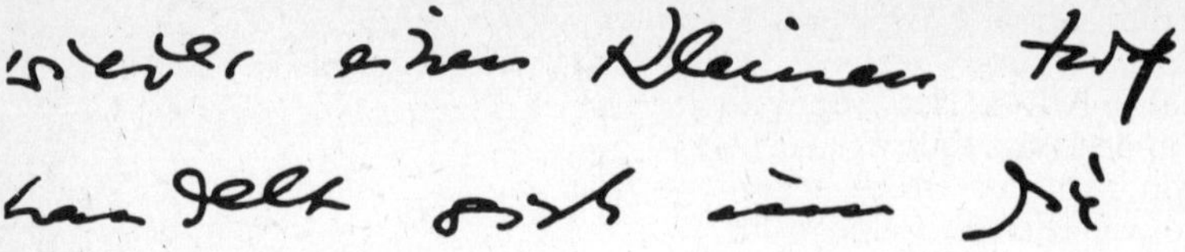

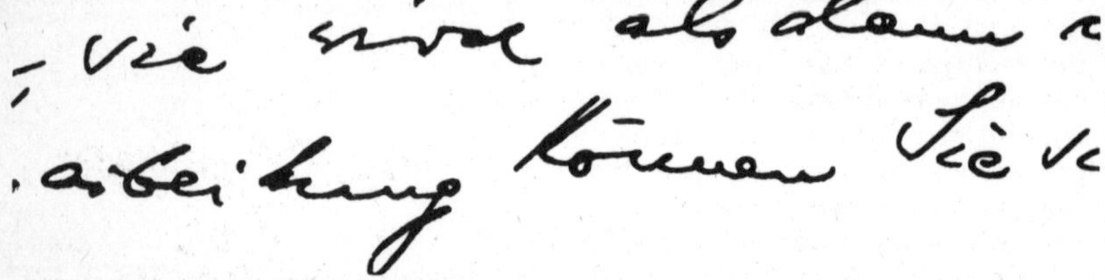

Handschrift und Lebensalter. Anhand dieser beiden Schriftproben soll das ungefähre Alter der zwei Schreiber angegeben werden. Die Aufgabe ist nicht leicht

Jahre, die der unteren aber schon 62 Jahre alt ist. Wie kommt es zu diesen Fehleinschätzungen, und woher rühren die Treffer?

Voraussetzung für eine Altersschätzung sind zunächst einmal Kenntnisse vom Aussehen der Schriften jugendlicher, reifer und alter Menschen, man muß also gewisse Vorstellungen vom Typus der Jugend-, Erwachsenen- und Altersschrift haben. Doch bietet dieses noch keine Gewähr für eine richtige Schätzung. In der Handschrift drückt sich nämlich nicht das Lebens-, sondern das *Reifealter* aus. Da es aber, wie LUDWIG KLAGES sagt, »jugendliche Greise und greisenhafte Jünglinge gibt, kann die Handschrift über das Alter vollständig täuschen.« Eine Schätzung wird also nur dann zutreffen können, wenn sich Lebens- und Reifealter des Schreibenden decken. Dem Graphologen muß daher für seine Deutung auch das Alter des Schreibers angegeben werden.

Eine Krankheit herauslesen. Laien sind sich im unklaren darüber, ob körperliche und seelische Krankheiten erkennbar seien. Daß eine graphologische Analyse dem Arzt unter Umständen für die Behandlung eines Kranken von Nutzen sein kann, wird mehr und mehr erkannt. Wohl ist die Handschrift zur Feststellung *körperlicher* Erkrankungen kein taugliches Mittel. Immer wieder begegnet man jedoch der Meinung, daß sich zumindest *geistige* Erkrankungen in der Handschrift ausdrücken. Auch hierüber soll ein Versuch Aufschluß geben.

Seite 237 zeigt vier Schriftproben. Davon stammen zwei von geistig gesunden Menschen und zwei von langjährigen Insassen einer Anstalt für Geisteskranke. Läßt sich herausbringen, welche Schriften von den letzteren stammen? Diese Schriftproben sind schon Hunderten Personen aller Altersstufen vorgelegt worden, und stets wurden dieselben Antworten gegeben. Von dem weitaus überwiegenden Teil der Beurteiler wird die 4. Schrift (unten) einem Geisteskranken zugeschrieben und die 1. Schrift (oben) einem Normalen. Nicht ganz so eindeutig ist das Urteil über die anderen beiden Schriften. Vielfach wird der

Schreiber der 3. Schriftprobe für geisteskrank und der der 2. für normal gehalten. Als Begründung wird angegeben, daß ein normaler Mensch nicht so »wirr« schreiben könne wie der Schreiber der 4. Schrift. Es wird also angenommen, daß sich der wirre Geist in einer wirren Schrift und der klare Geist in einer klaren Schrift ausdrücke. Doch ist dieser Schluß zu einfach, um richtig zu sein. Der Urheber der »wirren« Schrift (4) ist – ein Dichter, der vor Jahren den Nobelpreis für Literatur erhalten hat! Die »normale« Schrift (1) stammt jedoch von einer manisch-depressiven Frau, die schon seit vielen Jahren in einer Irrenanstalt untergebracht ist. Der Urheber der schwungvollen Schrift (3) ist ein Maler und Graphiker, der zwar seine Schrullen hat, aber keineswegs als geisteskrank bezeichnet werden kann. Die sehr verspannte Schrift (2) stammt von einem schizophrenen Mann. – Man sieht: Ein Graphologe muß in seinem Urteil über den Gesundheitszustand eines Schreibers sehr vorsichtig sein.

Kriminelle Veranlagung erkennen. Viel beachtet wird der Zusammenhang zwischen Handschrift und Kriminalität. Man weiß zwar heute, durch welche Anlagen verbrecherische Neigungen begünstigt werden, vermag aber aufgrund der Handschrift nicht zu sagen: der ist ein Verbrecher. Die Graphologie kann nicht einmal mit Sicherheit feststellen, ob der oder jener Schreiber ehrlich ist oder nicht. Ludwig Klages hat wiederholt betont, »daß Vertrauenswürdigkeit und Ehrlichkeit keine Charaktereigenschaften sind, sondern soziale Folgeerscheinungen von Charakterzügen, die von Fall zu Fall verschieden aussehen können. Es gibt keine graphischen Symptome der Ehrlichkeit.«

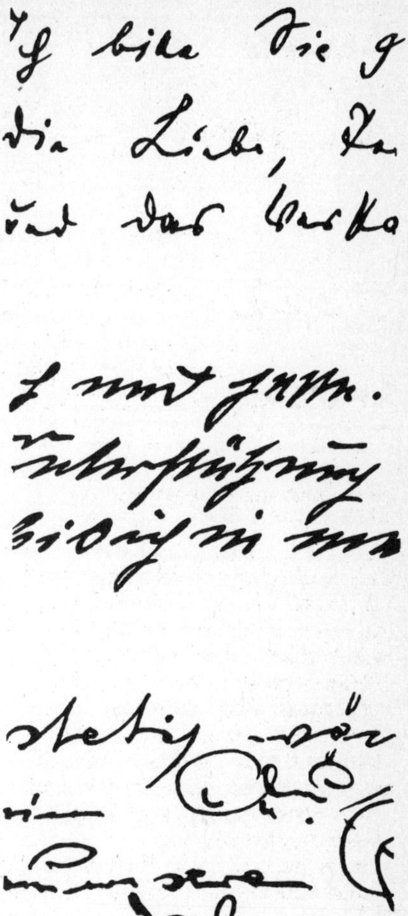

Handschrift und Krankheit. Welche der Schriftproben stammt von Geisteskranken, welche stammt von gesunden Menschen?

Und was vermag die Graphologie?

Nachdem wir einige der »Unfähigkeiten« der Graphologie kennengelernt haben, wird mancher Leser fragen: Lohnt es sich dann noch, sich mit Graphologie zu beschäftigen? Was kann sie überhaupt? Die Möglichkeiten der Graphologie sind tatsächlich nicht so umfangreich, wie manche Optimisten und Scharlatane meinen, – aber auch nicht so begrenzt und aussichtslos, wie jene Kritiker behaupten, die sich meist nicht gründlicher mit ihr beschäftigt haben. Bei dem bedeutenden Philosophen und Psychologen LUDWIG KLAGES, dem Begründer der modernen Graphologie, lesen wir: »Die Graphologie ist imstande, Hauptcharakterzüge des Schrifturhebers teils mit Wahrscheinlichkeit, teils mit Gewißheit festzustellen. Von den nachweislich fünf Zonen jeder Persönlichkeit (Fähigkeiten, Ablaufsanlagen, Triebfedern, Grad der Einheitlichkeit, Umgangseigenschaften) sind ihre Hauptdomäne die Triebfedern und nächst dem die Fähigkeiten allgemeinerer Beschaffenheit, wie: Auffassungsleichtigkeit, Urteilskraft, Kombinationsgabe, Eindrucksvermögen, Geschmack usw. Ihre allen anderen Methoden überlegene Stärke aber bildet die Ermittlung leitender Triebfedern, von denen ihr mindestens 1½ hundert wohl unterscheidbare und selbstverständlich immer beliebig abstufbare zugänglich sind.« Unter diesen nennt er Geltungsbedürfnis, Herrschlust, Empfindlichkeit, Teilnahmefähigkeit, Kritikvermögen und anderes.
ROBERT HEISS, Professor an der Universität Freiburg, der zu denjenigen Universitätsprofessoren gehört, die sich am eingehendsten mit der Graphologie beschäftigt haben, sagt, daß die Graphologie »mit hoher Treffsicherheit ein ganzheitliches Bild der Person geben kann. Der gute Graphologe kann meistens sowohl die Intelligenz wie auch die affektive Lage, den Entwicklungsstand und die Frage nach der allgemeinen Einpassung in die Umgebung beantworten. Die graphologische Untersuchung erkennt einen Menschen zumeist etwa so, wie ihn eine urteilsfähige Person aus einer langjährigen Erfahrung beurteilt.«

Reichweite und Treffsicherheit graphologischer Aussagen

Über folgende Seiten des Charakters vermag ein Graphologe Aussagen zu machen: die *Antriebsstärke*, das *Temperament*, die *Gefühls- und Willensbeschaffenheit*, die *Intelligenz*, den *Reifegrad*, die *Einheitlichkeit des Charakters*, das *Selbstgefühl*. Vor allem sind von ihm Angaben über Typisches zu erwarten. So läßt sich zum Beispiel sagen, ob der Schreiber mehr ein Gefühls-, Willens- oder Verstandesmensch ist, ob er mehr dem extravertierten oder introvertierten Typ zugehört, robust oder sensibel ist. Ferner ist zu erfahren, ob es sich bei dem Schreiber um einen harmonischen oder disharmonischen Menschen handelt, ob er kontaktfähig, anpassungsbereit, offen, verschlossen, gehemmt, durchsetzungsfähig ist. In den meisten Fällen lassen sich also die Hauptcharakterzüge eines Menschen teils mit größerer Gewißheit, teils mit Wahrscheinlichkeit feststellen.
Damit sind wir bereits bei der so wichtigen Frage der *Treffsicherheit und Zuverlässigkeit* graphologischer Aussagen angelangt. Gegenüber den Meßverfahren der Psychologie, also den Tests, die zu zahlenmäßig fixierten Ergebnissen kommen, schneiden alle nicht metrischen Verfahren, also auch die der Ausdruckspsychologie, schlechter ab. Daher

genießen die *qualitativen* Verfahren, die zu Aussagen über Charaktereigenschaften führen, bei den *quantitativ* eingestellten Psychologen kein großes Ansehen. Die Nachprüfungen graphologischer Gutachten auf ihre Richtigkeit haben jedoch keineswegs zu so entmutigenden Ergebnissen geführt, wie da und dort behauptet wird. Seit Jahrzehnten werden am Psychologischen Institut der Universität Freiburg derartige Bewährungskontrollen durchgeführt. Wie Professor ROBERT HEISS mitteilt, ist »ein graphologisches Persönlichkeitsbild heute immer noch gleichwertig jenen Persönlichkeitsbildern, die mit einem zuverlässigen und geeichten Testverfahren entwickelt werden können. Die Treffsicherheit der graphologischen Analyse liegt mit einer Meßziffer von 70 bis 90 Prozent richtiger Aussagen sehr hoch.«
Der Erfolg der Graphologie beruht vor allem darauf, daß die Handschrift viel leichter untersucht werden kann als etwa die Stimme, die Gestik und Mimik. Der Untersuchungsgegenstand liegt ja schwarz auf weiß vor einem. Kein anderes Gebiet der Ausdruckspsychologie ist bereits so früh in so eingehender Weise wissenschaftlich erforscht worden wie gerade die Handschrift. Die Literatur über dieses Gebiet ist gewaltig angewachsen. Mit Recht stellte daher Professor A. WELLEK von der Universität Mainz kürzlich fest: »Die Graphologie ist in Mitteleuropa seit langem die bekannteste und respektierteste Methode der Charakterdiagnose, ja der psychologischen Diagnostik überhaupt.«

Voraussetzungen für Schriftanalysen

Zuverlässige Ergebnisse einer Schriftanalyse sind an eine Reihe von Voraussetzungen gebunden. Zunächst braucht der Graphologe mindestens *ein bis zwei Briefseiten* einer Handschrift, besser noch mehr, und zwar möglichst Schriftproben aus verschiedenen Zeiten. Daß die Schriftproben der normalen Schreibweise entsprechen sollen, braucht kaum betont zu werden. Wünschenswert ist auch, daß diese *mit Tinte und Feder* geschrieben wurden. Ferner muß die zu deutende Schrift einen bestimmten *Entwicklungsgrad* erreicht haben, das heißt: sie sollte Abweichungen von der erlernten Schulschrift zeigen, denn von diesen lebt sozusagen die Graphologie. Nicht jede Handschrift ist gleich ausdrucksvoll, und daher kann in einem Fall mehr, im andern weniger über den Charakter ausgesagt werden. Für manchen Menschen ist die Handschrift überhaupt kein Gebiet des Ausdrucks. Es gibt Schriften, die die Persönlichkeit mehr verhüllen als enthüllen.
Hoch sind die Ansprüche, die an den *Begutachter* der Handschrift gestellt werden müssen. Nicht jeder Handschriftendeuter ist ein Graphologe! Auf keinem Gebiet der Psychologie ist der Dilettantismus und das Kurpfuschertum so verbreitet wie auf dem der Graphologie. Viele glauben, nach der Lektüre einer kleinen Schrift über dieses Fachgebiet Handschriftendeutung als Feierabendbeschäftigung treiben zu können. Die wenigsten wissen, daß nicht einmal von einem Diplom-Psychologen erwartet werden darf, daß er die Technik der Graphologie beherrscht. Er muß, um als wissenschaftlicher Graphologe zu gelten, zusätzlich noch Graphologie studieren und eine Prüfung ablegen. Einwandfreie graphologische Gutachten sind nur von fachlich geprüften Psychologen zu erwarten. Auch unter diesen wird derjenige zu besseren Ergebnissen kommen, der eine spezielle Begabung für die Erfassung von Schrift-

qualitäten und die größere Erfahrung besitzt. Die Graphologie ist eine Wissenschaft, die von der Theorie, das heißt: von ihren Grundlagen aus, verstanden werden will. Wer sich nur mit der Deutetechnik befaßt, also nur wissen will, »wie man's macht«, wird stets danebengreifen. Jede Anwendung psychologisch-diagnostischer Verfahren setzt umfangreichere Kenntnisse allgemeinpsychologischer Art voraus. Die folgenden Ausführungen werden zwar – so hoffen wir – dem Leser ein vertieftes Verständnis für den Ausdrucksgehalt der Handschrift vermitteln, vermögen ihn jedoch nicht zum Graphologen zu machen.

Kleiner Kurs über das graphologische Sehen

Um von einer Handschrift beeindruckt zu werden, bedarf es keiner graphologischen Kenntnisse. Jeder nachdenkliche Mensch macht sich beim Betrachten einer Handschrift Gedanken über das Wesen des Schreibers, hält diesen für pedantisch, jenen für großzügig, gehemmt, temperamentvoll, intelligent, reif oder unreif. Mit welchem Recht dies geschieht, werden wir noch zu untersuchen haben. Die Güte dieser Eindrücke hängt weitgehend von der Fähigkeit zur Erfassung und Unterscheidung graphischer Qualitäten ab, also vom graphologischen Sehen.

Worauf ist nun bei der Betrachtung einer Handschrift zu achten? Vorsorglich wäre darauf zu antworten: nicht auf jene Besonderheiten, die dem Laien zunächst auffallen. Kein Graphologe kann sagen, was zum Beispiel jene vielgenannten dreieckigen Unterlängen oder eingerollten U-Bogen zu bedeuten haben, wenn er nicht die ganze Schrift gesehen hat.

Ist die Handschrift »Zeichen« oder »Ausdruck«?

Daß zwischen Handschrift und Charakter ein Zusammenhang besteht, wurde schon früh geahnt. Bei GOTTFRIED WILHELM LEIBNIZ, dem großen deutschen Philosophen (1646–1716), heißt es: »Die Handschrift, die frei und nicht schulmäßig gezwungen ist, drückt auf die eine oder andere Weise stets die angeborene Gemütsart aus.« Auch bei GOETHE finden sich immer wieder Bemerkungen über diese ihm geheimnisvoll erscheinenden Beziehungen. Er war fest überzeugt, daß sich der Charakter eines Menschen in seiner Handschrift ausdrückte, sammelte deshalb eifrig Handschriften und verglich sie mit dem Charakter der Urheber; er kam dabei zu dem Schluß, daß sich die Bedeutung der Schrift nur intuitiv erfassen lasse. Entgegen dieser Auffassung suchte der französische Abbé J. H. MICHON (1875) den Zusammenhang empirisch zu begründen. Für ihn war die Handschrift ein aus vielen »Zeichen« = *signes* zusammengesetztes Gebilde. Jedes Zeichen, so meinte er, deute auf eine bestimmte Eigenschaft hin. Aus solchen Zeichen mit fester Bedeutung = *signes fixes* suchte er den Charakter zusammenzusetzen. Er faßte also den Charakter – ganz im Sinne landläufiger Meinungen – als ein Konglomerat von Eigenschaften auf. Kennt man das Deutealphabet der Schrift, so wird vermutet, dann darf man in der Handschrift nur nach den Zeichen bestimmter Eigenschaften suchen, um sich ein Bild von dem Charakter des Schreibers machen zu können. Fehlen in einer Schrift

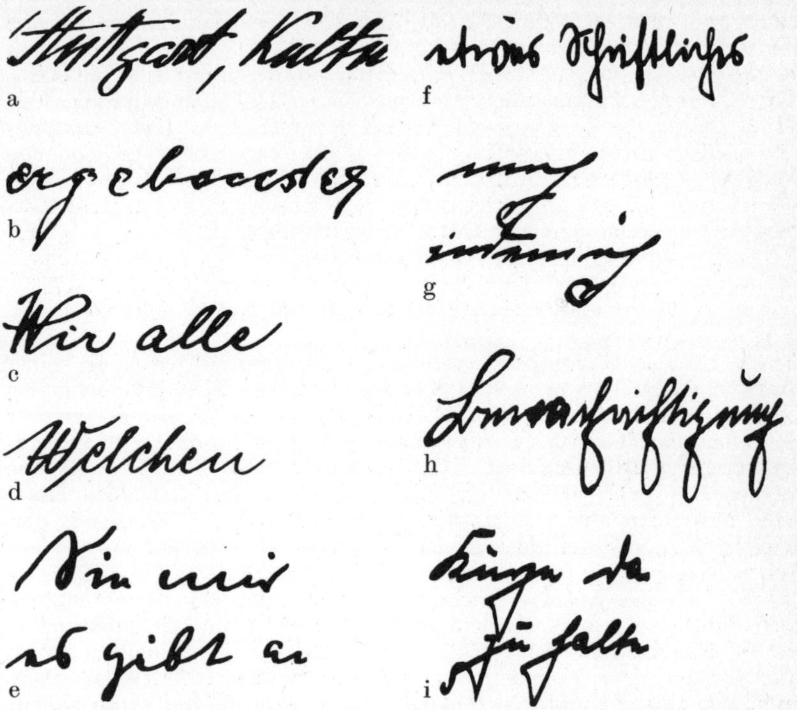

Handschriftenproben mit besonderen Kennzeichen, den sogenannten »signes fixes«

beispielsweise die Zeichen für Geiz, dann hat der Schreiber eben als nicht geizig zu gelten.

Eine Kostprobe einiger auffälliger *signes fixes* geben die Schriften oben. Der gerade, das Wort überdeckende Strich, wie bei a und b, galt als »Marschallstab«, der den Schreiber als »herrschsüchtig« kennzeichnen soll. Die in die Höhe weisenden Linien, wie bei e und f, wurden als »religiöse Kurve« bezeichnet, die auf »Frömmigkeit« hindeuten sollte. Wie leicht feststellbar ist, fehlen diese jedoch bei vielen tiefreligiösen Menschen, sind aber bei »Scheinheiligen« vorhanden.

Die durchstrichenen Anfangsbuchstaben bei c und d wurden als »Strich durch das Leben« gedeutet, während die verbogenen und dreieckigen Unterlängen wie bei g, h und i mit allerlei Absonderlichkeiten in Beziehung gebracht wurden.

Gegen diese Zeichendeuterei zog Ludwig Klages (1872–1956), der Begründer der modernen Graphologie, energisch zu Feld. Die von ihm als »Kochbuch-Graphologie« bezeichnete Lehre erfreut sich jedoch bis zum heutigen Tag noch großer Beliebtheit. Freilich vermag auch die neuere Graphologie nicht ohne die Beachtung von Einzelmerkmalen auszukommen. Sie spricht von der Größe, Weite, Druckstärke, Verbundenheit und anderen Kennzeichen der Schrift, beachtet auch solche Sonderformen wie zum Beispiel die Überstreichungen (=Marschallstab), mißt diesen jedoch nicht die Bedeutung eines *signe fixe* bei. Sie betrachtet weder die Handschrift noch den Charakter als ein Konglomerat (ein aus

Einzelteilen zusammengesetztes Gebilde), sondern sieht in beiden eine organische Ganzheit, deren »Struktur« sich eben nicht aus der Summe der Teile ergibt.

KLAGES und alle späteren Schriftpsychologen bleiben nicht bei der Registrierung von Zeichen stehen, sondern fragen nach deren Zustandekommen. Es wird also nicht die Form an sich, der Haken oder die Schleife beurteilt, sondern danach gefragt, welchen Antriebskräften sie ihre Entstehung verdanken. Die einzelnen graphischen Merkmale, beispielsweise die Druckstärke der Handschrift, ihre Größe oder Regelmäßigkeit, werden nun als »Ausdruck« bestimmter physischer Kräfte und Funktionen verstanden.

Vorbereitung zu Deutungsversuchen für Laien

Der »Ausdruck«, wie er uns im Schriftbild entgegentritt, ist vieldeutig. Von anderen Ausdruckserscheinungen kennen wir das schon. Welcher Sinn der einzelnen Erscheinung zukommt, ergibt sich erst aus dem Zusammenhang, in diesem Fall also aus dem Ganzen des Schriftbildes heraus. Die Druckstärke zum Beispiel kann Ausdruck vitaler Kraft sein; doch kann sich diese sowohl als Tatkraft wie als Hemmkraft auswirken, also auf unternehmerische Energie oder Selbstbeherrschung und Verkrampfung deuten. Ja, es ist sogar durchaus möglich, daß die Druckstärke nur Kraft »darstellen« soll, also gar nicht als echter Ausdruck zu verstehen ist, sondern als Wunschbild. Ein Schriftzeichen ist jedenfalls nicht nur doppeldeutig, wie KLAGES meinte, sondern mehrdeutig. Eine der wichtigsten Aufgaben des Graphologen ist es daher, die Bedeutung eines Merkmals im gegebenen Fall durch den Vergleich mit anderen einzuschränken. Eben deshalb vermag auch der Graphologe auf die oft an ihn gestellte Frage, was diese und jene Erscheinung in einer Schrift bedeute, ohne Kenntnis der gesamten Schrift keine Antwort zu geben. Er muß sich ja zuerst einen Gesamteindruck der Schrift verschaffen.

Intuitives Erkennen eines Schriftcharakters. Wir haben bereits in früheren Kapiteln erfahren, wie Eindrücke zustande kommen, nämlich indem uns nicht nur Gesichter und Hände, sondern auch Bau- und Bildwerke, Töne, Farben, Landschaften und vieles andere »be-eindrucken« (S. 22–34). Diese Eindrücke entstehen unmittelbar und unbewußt, tragen zumeist den Charakter von Werturteilen und sind mit einer hohen Überzeugungsgewißheit verbunden. Oft genügt schon ein Blick, um zu dem Urteil zu kommen: »Er ist gehemmt!« Warum er für gehemmt gehalten wird, kann meist nicht gesagt werden. Zur Erklärung wird allenfalls bemerkt, man habe »eben so« den Eindruck, rein »gefühlsmäßig«. Obwohl dieser *intuitive* Eindruck keineswegs unzutreffend sein muß, vielmehr oft »den Nagel auf den Kopf trifft«, dürfen wir uns mit ihm gerade bei der Schriftbetrachtung nicht begnügen. Wir müssen uns also über sein Zustandekommen Rechenschaft geben.

Graphische Wiedergabe von Gefühlszuständen. Die Kästchen auf S. 243 zeigten die Versuche von Laien, bestimmten Gefühlszuständen den graphischen Ausdruck zu geben, wobei man sich gedanklich in vier verschiedene Gefühlzustände zu versetzen hatte. Das bedeu-

Graphische Wiedergabe von Gefühlszuständen. Diese vier Darstellungen sind Versuche von Laien, Gefühle in Strichen ohne gegenständliche Bedeutung, also »abstrakt«, wiederzugeben. Welche dieser Gefühle sind nun gemeint: »Wut«, »bohrender Schmerz«, »überschäumende Freude«, »Ruhe, Zufriedenheit«?

tete für die Versuchspersonen, ihre Gefühle auf Anhieb und »abstrakt«, also nur in Strichen ohne gegenständliche Bedeutung, auszudrükken. Die Versuchspersonen sollten zunächst einmal ihrer »Wut« Ausdruck geben, danach »bohrenden Schmerz«, ferner »überschäumende Freude« und schließlich »Ruhe« und »Zufriedenheit« darstellen.

Die Zuordnung der graphischen Gebilde zu den einzelnen Gefühlen bereitet im allgemeinen keine Schwierigkeiten. Die überwiegende Mehrheit der Befragten sieht sofort, daß das Bild links oben »Ruhe«, rechts oben »Übermut«, links unten »Schmerz« und rechts unten »Wut« zum Ausdruck bringt. Damit ist zunächst einmal bewiesen, daß bestimmte graphische Gebilde bei allen Betrachtern dieselben Gefühle wachrufen.

Nachträglich vermögen wir über den Grund dieser Verbindung Rechenschaft zu geben. *Wut* ist ein mit Affekten geladener Spannungszustand, der sich in heftigen, raschen und gezackten Bewegungen Luft macht. Stellen Sie sich doch einmal einen Wütenden vor! Wie erregt er gestikuliert, mit den

Armen herumfuchtelt, mit der Faust auf den Tisch haut... und etwa seinen Namen unter einen Schriftsatz hinsetzt! In Schreibbewegung umgesetzt, ergibt sich eine gezackte, enge Form mit druckstarken, geraden Strichen, die durch Auf- und Ab- und Hin- und Herbewegungen entstanden ist. Ganz anders ist die Bewegungsführung im Zustand der *Ruhe* und Zufriedenheit. Die Striche sind druckschwach, also dünn, eher wellenförmig als geradlinig, meist waagerecht und keineswegs rasch entstanden. *Freude* dagegen beschwingt und erhebt uns, veranlaßt uns zu Luftsprüngen; was Wunder, daß der Bleistift in diesem Zustand in raschem Wechsel immer wieder neue runde, in die Höhe strebende Gebilde erzeugt! Im *Schmerz* schließlich zieht sich alles in uns zusammen. Nicht von ungefähr spricht man von einem niederdrückenden, bohrenden, stechenden und zuckenden Schmerz. Graphisch findet er seinen Ausdruck in teils dünnen, teils blitzartig aussehenden, kräftigen Strichen, die auf das Schmerzzentrum hinzuweisen scheinen.

Die psychischen Kräfte bei der Schreibbewegung. Mit der soeben gewonnenen Einsicht in den »Bewegungs-Grund« können wir jetzt einen Schritt weitergehen und uns fragen, welche psychischen Kräfte bei den einzelnen Bewegungen federführend waren. Zur Erzeugung druckstarker Striche und eckiger Formen ist offensichtlich viel mehr Kraft, Spannung oder Wille nötig als zur Hervorbringung von druckschwachen, dünnen und fadenförmigen Strichen. Unschwer erkennt man auch, daß beim Zustandekommen runder, fülliger und emporsteigender Formen die Gemütskräfte mehr beteiligt sind als die Willenskräfte. Daraus läßt sich folgern: Der »Produzent« einer druckstarken, winkligen und regelmäßigen Schrift befindet sich in einem mehr gespannten, derjenige einer druckschwachen, runden und unregelmäßigen Schrift in einem mehr gelockerten Zustand.

Von hier aus verstehen wir jetzt, was Ludwig Klages mit seinem *Lehrsatz* sagen will: »Der Ausdruck verwirklicht nach Stärke, Dauer und Richtungsfolge die Gestalt einer seelischen Regung.«

Die Handschrift als Bewegungsablauf

In der modernen Graphologie wird, wie wir ausführten, nicht von einem Zeichen auf eine Eigenschaft geschlossen, sondern vom Ganzen der Schrift auf die Bewegungsweise, der sie ihre Gestalt verdankt. Je stärker die seelische Regung ist, um so stärker und anhaltender ist die Äußerung. Je gelöster und freier die Stimmung ist, desto lockerer und beschwingter ist die Bewegungsführung.

Um den Ausdrucksgehalt einer Schrift zu verstehen, müssen wir uns zunächst einmal von ihrem *Bewegungsgehalt* beeindrucken lassen. Die Schrift verdankt ihr Entstehen ja zuallererst einer bestimmten Bewegungsweise. Diese gilt es zu erfassen. Der Zugang zur »Lebensgestalt« der Handschrift öffnet sich nur dem, der »sehen« gelernt hat. In diesem Fall bedeutet das: zu sehen, ob beispielsweise eine Schrift schnell oder langsam, mit viel oder wenig Kraft zu Papier gebracht wurde und ob sich der Schreibende dabei in einem gespannten oder gelösten Zustand befunden hat. Dieses graphologische Sehen, dessen Ergebnis im sogenannten »Eindruckscharakter« besteht, ist erlernbar. Alles Wissen über die Bedeutung der Einzelmerkmale, wie zum Beispiel der Größe, der

Girlande, der Rechtsschrägheit und so weiter, nützt nichts, wenn der Betreffende nicht den Bewegungsgehalt einer Handschrift zu erfassen vermag.
Bewegung zielt auf Veränderung. Der Sichbewegende will vorwärts, hinauf oder hinab kommen, macht große oder kleine Schritte, hemmt oder fördert seinen Bewegungsdrang und anderes mehr. All dies läßt sich aus der Schriftgestalt, die sozusagen eine »geronnene Bewegungsspur« oder, wie ROBERT HEISS sagt, eine »Mikrofotografie des gesamten Bewegungshabitus eines Menschen« ist, erkennen.

Bewegungstempo und Schrift. Je *rascher* ein Schreiber zum »Ziel« – und das heißt beim Schreiben ans Ende der Zeile – kommen will, um so mehr neigen sich die Buchstaben nach rechts. Die Schrift ist also *rechtsschräg.* Vielfach werden dabei die Buchstaben auch noch *breiter* und unregelmäßiger. Rechtsschräglage und Weite sind also zwei Merkmale der Beeilung. Wir werden noch eine Reihe anderer kennenlernen. Wer es eilig hat, kann sich zumeist nicht lange mit Einzelheiten aufhalten. Er wird es also mit dem Formen der Buchstaben nicht so genau nehmen, diese vereinfachen oder gar vernachlässigen. Das Schriftbild wirkt dann auch nicht regelmäßig, sondern *unregelmäßig.* Vermutlich verfügt ein derart Schreibender über ein lebhafteres Temperament, das nicht nur seinem Handeln, sondern oft auch seinem Denken und Fühlen ein beschwingtes und flüssiges Gepräge gibt. Es ist jedoch auch durchaus möglich, daß der Bewegungsdrang aus irgendwelchen Gründen durch Verstand und Wille *gebremst* oder zumindest stärker gesteuert wird. Dies kann sich zum Beispiel in der *Verengerung* der Buchstaben oder im *Steilerwerden* der Schrift ausdrücken. Oft wird diese auch regelmäßiger und druckstärker.
Schließlich wäre auch noch daran zu denken, daß *überhaupt kein stärkerer Bewegungsantrieb* vorhanden ist, es also an vitaler Kraft, lebhafterem Temperament oder stärkerem Willen fehlt. Der Strich ist dann zumeist dünn, die ganze Schrift klein, ohne größere Ausdehnung nach oben und unten.

Gangarten und Schriftarten. Das bisher Gesagte wird vielleicht verständlicher, wenn wir einmal die Bewegungsweisen beim Spazierengehen und Marschieren mit denen beim Schreiben vergleichen. Die Abbildung Seite 246 oben zeigt uns eine Kolonne *marschierender Soldaten.* Von ihren Unteroffizieren und Feldwebeln zuvor gut gedrillt, kommen sie in gleichem Schritt und Tritt daher, jeder mit derselben Kopf-, Arm- und Gewehrhaltung, keineswegs zu ihrem Vergnügen, sondern zum Zweck einer militärischen Parade. Erwartungsgemäß erweckt diese Demonstration der Kraft und Entschlossenheit beim Betrachter den Eindruck des Straffen, Festen und Zackigen. Denselben Eindruck dürfte auch die darunterstehende Schriftprobe hervorrufen. Sie wirkt kraftvoll, markant und eckig. Beide Bewegungsweisen, sowohl die beim Marschierenden wie die beim Schreiber, sind straff geregelt und taktmäßig und kamen in erster Linie durch die Einschaltung des Bewußtseins und des Willens zustande beziehungsweise durch die Konzentration auf den Vorgang der Bewegung. Vielleicht dient die gezeigte regelmäßige und druckstarke Schrift – wie der Parademarsch – einem demonstrativen Zweck. Bei dem Schreiber handelt es sich

Marschieren und Spazierengehen. Eine marschierende Truppe ist Darstellung von Disziplin und Straffheit; in der Schriftprobe darunter zeigen sich dieselben Eigenschaften

wahrscheinlich um einen energischen, zielstrebig vorgehenden und korrekt denkenden Mann, der womöglich auch etwas unnachgiebig und eigenwillig ist.

Einen ganz anders gearteten Eindruck vermittelt uns das Bild der *Spaziergänger* (S. 247). Hier ist keine Spur von Ordnung und Gleichgerichtetheit zu erkennen. Jeder bewegt sich nach Belieben, Stimmung und Laune teils hier-, teils dorthin, so daß das ganze Bild, im Gegensatz zum eben betrachteten, ein »entspanntes Feld« darstellt. Diesen Eindruck des Unausgerichteten, Lässigen und Unkonventionellen erweckt auch die beigegebene Schrift, deren Urheber bei weitem nicht in dem Maße unter dem Gesetz der Form steht und sich nicht an die schulmäßig geforderte Norm gebunden fühlt. Die Schrift ist wesentlich unregelmäßiger, zwangloser und vereinfachter (bezüglich der Form). Dies deutet darauf hin, daß der Schreiber, der es im übrigen sehr eilig hat, sich nicht mit derselben Energie wie der Winkelschreiber darauf konzentriert, den Bewegungsablauf zu überwachen. Wir haben es hier mit einer freischaffenden, ungebundenen Persönlichkeit zu tun, die sich nicht gerne festlegt.

Zwei Handschriften mit verschiedenem Bewegungsstil. Dem Leser

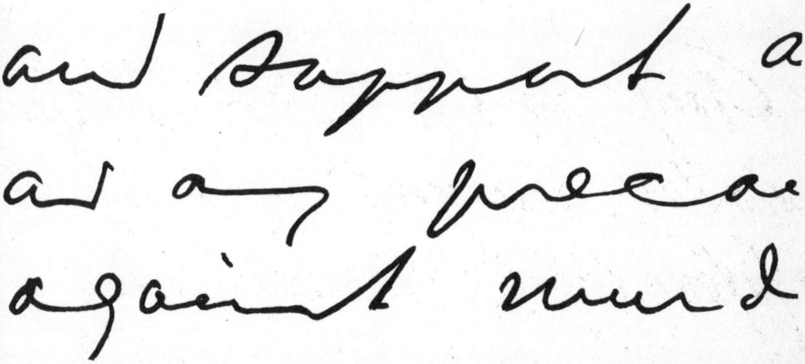

Diese Schrift ist aufgelockert, unregelmäßig, lässig, sie entspricht dem Bild einer zwanglos spazierengehenden Menschenmenge – welch Gegensatz zum Bild gegenüber!

des vorangehenden Absatzes dürfte es nicht mehr schwerfallen, den unterschiedlichen Bewegungsstil der beiden Schriften auf S. 248 richtig zu deuten und die Frage zu beantworten, welche von den beiden gleichaltrigen Schreiberinnen die beweglichere, lebhaftere und temperamentvollere Natur ist.

Beide Schreiberinnen kommen aus derselben sozialen Schicht, besuchten miteinander die gleiche höhere Schule, entwickelten sich danach jedoch in ganz verschiedener Richtung. Grete ergriff ein Studium, blieb ledig und übt nun einen akademischen Beruf aus; Beate, die keine besondere Lust zum Schulbesuch hatte, heiratete bald, bekam Kinder und gelangte infolge ihrer Kontaktfreudigkeit zu einem großen Bekanntenkreis, um den sie von ihrer Klassengenossin Grete beneidet wird.

Wer Sinn für Schriftqualitäten hat, wird bereits festgestellt haben, daß die obere Schrift von Beate, die untere dagegen von Grete stammt. Beates Schrift wirkt beschwingt, zügig und impulsiv, während die von Grete einen viel beherrschteren, strafferen und korrekteren Eindruck erweckt.

Graphisch betrachtet handelt es sich bei der oberen um eine große, volle und unregelmäßige Schrift, die viel rascher zu Papier gebracht wurde als die kleine, enge, winkel-

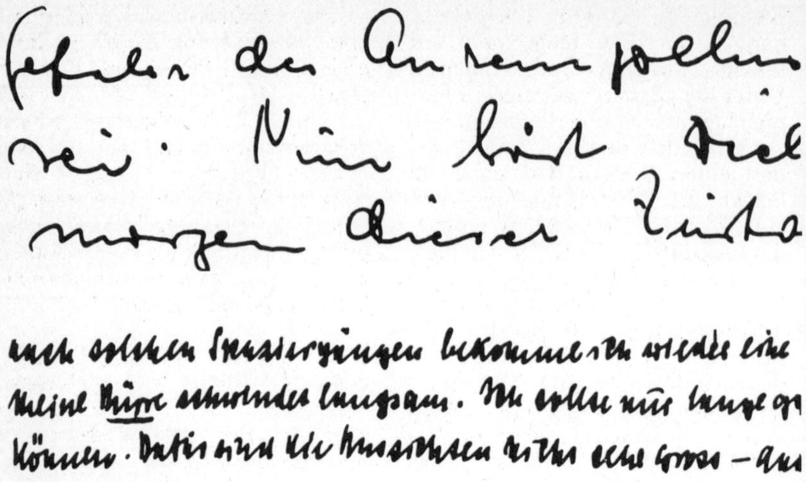

Handschrift und Bewegungsstil. Ohne Schwierigkeiten läßt sich auch für den Laien erkennen, daß die Schreiberin der oberen Schriftprobe die temperamentvollere Natur ist

hafte und viel regelmäßigere Schrift von Grete. Dieser Unterschied in der Schrift macht sich im Wesen der Schreiberinnen bemerkbar. Grete nimmt es in allen Dingen sehr genau, hat ihre Grundsätze, von denen sie sich nicht so leicht abbringen läßt, und ist daher auch nicht so wagemutig und unternehmungslustig wie Beate, die viel unbekümmerter und anpassungsfähiger ist.

Um Irrtümern vorzubeugen, sei bemerkt, daß diese Feststellungen keineswegs zu einer vollständigen Charakterisierung der genannten Schreiberinnen ausreichen. Sie sollten lediglich ein Beispiel für die Gewinnung und Verarbeitung eines Eindruckscharakters geben.

Die Handschrift als Ausdruck des Formwillens

Schreiben heißt nicht nur, sich auf dem Papier zu bewegen, sondern auch bestimmte Formen, nämlich Buchstaben, zu erzeugen. Wenn man Kinder im Alter von 4 bis 5 Jahren auffordert, der Oma ein Briefchen zu schreiben, dann ahmen sie – wenn sie noch nicht kritisch eingestellt sind – die bei den Erwachsenen beobachteten Bewegungen beim Schreiben nach und erzeugen sogenannte »Kritzel«.

Kinderschrift – Schulschrift. Minna Becker, die Altmeisterin der Graphologie der Kinderschrift, hat gezeigt, daß bereits aus kindlichen Kritzelgestalten Schlüsse auf die vorhandene Antriebsstruktur gezogen werden können. Diese Kritzel haben bei den einzelnen Kindern sehr verschiedenes Aussehen. Bald sind sie zusammenhängender oder unzusammenhängender, regelmäßiger oder unregelmäßiger, runder oder eckiger und so weiter. Manche Kinder geben sich frei und zwanglos ihrem Bewegungsdrang hin und erzeugen in spielerischer Weise runde, gelockerte und unregelmäßige Formen. Andere nehmen die Sache ernster, schreiben regelmäßiger, eckiger und in gespannter Weise.

Kommt das Kind in die Schule, dann darf es sich nicht mehr nur seinem Bewegungsdrang hingeben. Unter dem Zwang, bestimmte Formen herzustellen, verlangsamt sich zunächst der Bewegungsfluß, verliert unter Umständen sogar an Schwung und Rhythmus und kann starr und steif werden. Wir sehen daraus, daß zwischen Bewegungsweise und Formgebung ein inniger Zusammenhang besteht. Die einen erlernen die Buchstabenform rascher, vermögen dann auch wieder sich flüssiger und flotter mit der Feder zu bewegen, die andern fühlen sich durch den Formzwang noch längere Zeit in ihrer Bewegungsfreiheit eingeengt oder sind der Form so sehr verpflichtet, daß sie sich unter Verzicht auf Eigenbewegung dem Gesetz der Form unterordnen. Wie jeder Lehrer weiß, zeigen die Schriften der einzelnen Schüler einer Klasse trotz der normierenden Tendenz des Schreibunterrichts große Unterschiede. Entgegen weitverbreiteten Ansichten lassen sich daher auch schon Schülerschriften graphologisch auswerten. Aus dem Schreibstil einer Schulklasse lassen sich sogar Schlüsse auf den Unterrichtsstil des Lehrers ziehen.

In mehr autoritär geführten Schulklassen sind die Schriften der Schüler durchweg zwanghafter, gespannter und steifer als in Schulklassen, deren Lehrer einem mehr freieren, »demokratischen« Unterrichtsstil huldigen. (Siehe Rudolf Spieth, Die Auswirkungen des Unterrichtsstils auf die Handschrift der Schüler, in: Schule und Psychologie, 13. Jg., 1966.)

Die im Lauf der Zeit erworbenen Schreibgewohnheiten werden von denen, die besonders prägbar sind, auch im Erwachsenenalter beibehalten, während jene mit stärkerem Eigenleben allmählich zu einer persönlich geformten Eigenschrift gelangen. Diese kann sowohl durch eine Bereicherung als auch durch eine Vereinfachung des Formbestands der Schulschrift zustande kommen. Die Beachtung der Form erfordert einen stärkeren Willenseinsatz und führt meist zu einer Verlangsamung der Bewegung. Die Schrift wird dadurch zwar regelmäßiger und korrekter, verliert aber unter Umständen auch an Lebendigkeit und Eigenart.

Was spiegelt sich im Formbild wider? Während sich im Bewegungsbild das Antriebsgefüge offenbart, drücken sich im Formbild die *gestaltenden Kräfte, Vorbilder und Wunschbilder* aus. Der eine verharrt in der anerzogenen Form oder identifiziert sich mit ihr, während sie der andere weiterverarbeitet, umgestaltet oder sich gar über sie hinwegsetzt. Im letzten Fall verliert dann die Schrift ihren Mitteilungscharakter und wird wieder reine Bewegung – aber auch unleserlich. Wir werden also, wenn wir eine Schrift betrachten, stets zu fragen haben: »Wie hältst du's mit der Form? Ist dir die erlernte Form unabdingbares Gesetz oder nur Ausgangspunkt zu eigener Gestaltung, ist sie dir wichtig oder unwichtig? Ist die Form originell, das heißt: eigenartig, oder soll sie nur so wirken? Hat sie *wesensbildliches* oder *wunschbildliches* Gepräge, das heißt: ist sie von innen heraus gewachsen oder von außen her übernommen?« Im ersteren Fall ist sie als Ausdruck, im zweiten als Darstellung zu werten.

Wer sich im Sehen geübt hat, wird die Unterschiede bald erkennen. Er wird insbesondere feststellen können, in welch hohem Maße die Zweckgestalt des Buchstabens durch bewußte und unbewußte persönliche Wünsche überformt und umgestaltet werden kann und ob es sich im gegebenen Fall um eine mehr fassadenhafte oder natürlich gewachsene Schrift handelt. Wir verstehen nun auch, was LUDWIG KLAGES zu folgendem *Lehrsatz* veranlaßt hat:

»Jede willkürliche Bewegung des Menschen wird mitbestimmt von seinem persönlichen Leitbild und geht einher mit unbewußter Erwartung ihres anschaulichen Erfolgs.«

Die Einwirkung des Leitbildes. In dem zuletzt zitierten Satz hat KLAGES auf eine Erscheinung aufmerksam gemacht, die sich insbesondere bei Heranwachsenden beobachten läßt. Im Pubertätsalter nehmen vor allem die Mädchen unbewußt Stellung zu ihrer Schrift. Das erzeugte Schriftbild wirkt mit einem Male auf die Schreiberin zurück und – wird von deren Selbstbewußtsein abgelehnt. Nein, so naiv und kindlich bist du doch nicht mehr! Weg mit dieser Schrift! Und nun wird die Schrift teils mehr, teils weniger phantasie- und geschmackvoll »gestaltet«, bereichert und verschnörkelt, bis sie dem sogenannten Leitbild entspricht. Derartige Schriften wirken zwar gemacht, stellen jedoch eine entwicklungsmäßig bedingte Durchgangsstufe zur Eigenschrift dar. Auf S. 251 sehen wir verschiedene Varianten der Schulschrift. Schrift 1 stellt eine etwas unentwickelte Schulschrift dar, Schrift 2 und 3 zeigen Vereinfachungen und Vernachlässigungen und 4 und 5 Bereicherungen.

Raumsymbolik in der Handschrift

Der Raum ist der dritte Gesichtspunkt, unter dem die Schrift zu betrachten ist: Die formgebende Bewegung vollzieht sich in einem Raum, dem Schreibraum, in welchem es ein Vorn und Hinten, Oben und Unten, eine Oberfläche und eine Tiefe gibt. Diese Räume haben für uns, ob wir es wissen oder nicht, symbolische Bedeutung. Wir begegnen hier wieder derselben Raumsymbolik wie beispielsweise bei der Gestik; über deren Bedeutung in der Graphologie orientiert die Abbildung auf S. 254.

Rechts und links beim Schreiben. Man frage sich selbst einmal, wo es beim Schreiben nach vorwärts geht. Selbstverständlich von links nach rechts, wird die Antwort sein. Wir halten dies für normal, weil wir gewohnt sind, von links nach rechts zu schreiben. Würden wir in derselben Weise, also von links nach rechts, mit dem Gesicht nach vorne gehen, so würde diese Bewegung niemand als Vorwärtsgehen bezeichnen, sondern – als Seitensprung. Völker, die nicht unserer Schreibrichtung folgen, haben auch andere Vorstellungen von vorwärts und rückwärts. Chinesen und Japaner schrieben ursprünglich von oben nach unten, schritten dabei jedoch von rechts nach links weiter. In einigen der ältesten Schriften wird in der ersten Zeile von links nach rechts, in der zweiten aber von rechts nach links geschrieben.

Wo wir die Feder auf das Papier setzen, da ist für uns der Anfang, die Gegenwart, *links* davon die Vergangenheit, *rechts* die Zukunft. Betrachten Sie daraufhin doch einmal Ihre eigene Schrift. Strebt sie nach vorwärts, ist sie *rechtsschräg und weit*, entsprechend Ihrem vorwärtsdrängenden Temperament? Oder schreiben Sie *steil und eng*, weil sie nicht so recht aus sich herausgehen können oder wollen? Vielleicht hängt Ihre Schrift auch nach links, ist also *linksschräg*. Dann ist unter Umständen anzunehmen, daß Sie vor die Tat die

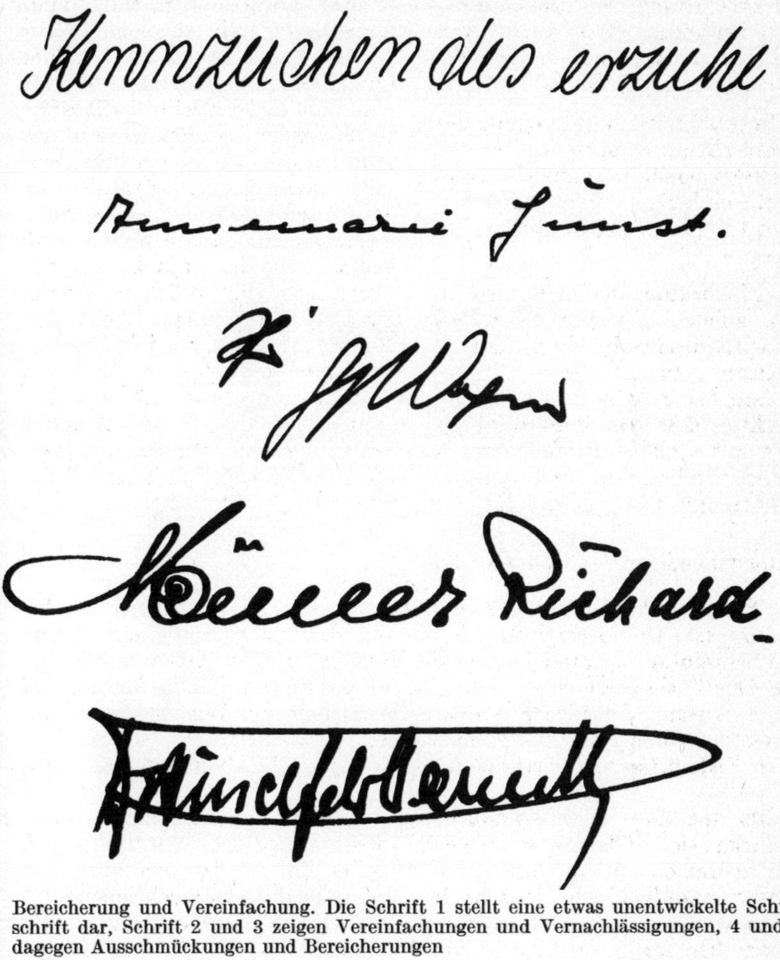

Bereicherung und Vereinfachung. Die Schrift 1 stellt eine etwas unentwickelte Schulschrift dar, Schrift 2 und 3 zeigen Vereinfachungen und Vernachlässigungen, 4 und 5 dagegen Ausschmückungen und Bereicherungen

Besinnung setzen, also nachdenklich oder gar berechnend sind, denn rechts symbolisiert die Tat, das Handeln, links aber die Besinnung.

Oben und Unten. Die gedachte oder wirkliche Linie, auf der wir schreiten, teilt den Schreibraum in ein Oben und Unten, das ebenfalls symbolische Bedeutung hat. Mit dem *Oben* verbinden wir zum Beispiel die Vorstellung des Geistigen, Erhabenen und Aufstrebenden, mit dem *Unten* die des Materiellen, Triebhaften und Festen. Manche Schriften streben in die Höhe, andere in die Tiefe. Die einen haben lange oder volle *Oberlängen*, die anderen ebensolche *Unterlängen*. Wieder andere scheinen nur aus *Mittellängen* zu bestehen, weil die Ober- und Unterlängen nicht über diese hinausragen. In der Mitte liegt holdes Bescheiden. Man geht sozusagen weder ein Engagement mit der Überwelt, dem Geist, noch

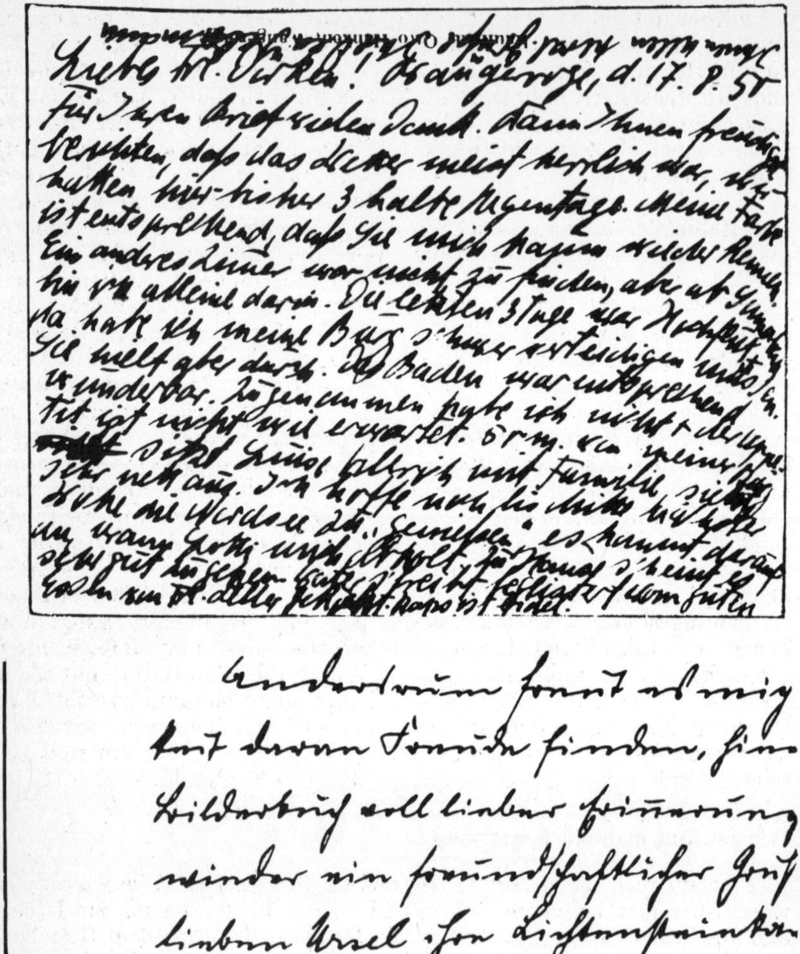

Unterschiedliche Raumgestaltung. Die obere Schrift zeigt ein ausgesprochen gestörtes Raumbild mit Zeilenverhäkelung und Randbedrängung (es handelt sich um eine Ansichtspostkarte); die Schrift in der Mitte zeigt ein ausgewogenes, die Schrift unten ein weit gegliedertes Raumbild ein solches mit der Unterwelt, den Trieben, ein, sondern verbleibt in der Mitte, dem Personenbereich und der Ichsphäre. Je nach der Einschätzung der einzelnen Bereiche können die Zonen der Schrift größer oder kleiner sein.

Das Raumbild. Aufschlußreich ist die Art und Weise, wie der einzelne durch den Schreibraum (= Lebensraum) »schreitet«! Der eine beherrscht ihn souverän, füllt ihn aus, ohne ihn zu überfüllen, kann gliedern und disponieren. Der andere hat vielleicht Platzangst, vermeidet jede Rand- und Zeilenberührung, so daß weite Flächen unbeschrieben bleiben. Wieder ein anderer kommt mit dem ihm zugeteilten Raum nicht zurecht, stößt fortgesetzt am Rand an, ärgert sich über die Begrenzung seines Vorwärtsdranges und – schreibt die Zeilen am Rechtsrand herunter. Oft verhäkeln sich bei diesem auch noch die Zeilen. Unter- und Oberlängen greifen ineinander, so daß das Ganze wie ein Gestrüpp aussieht. Da sind ferner die Groß- und Kleinschreiber, die voll und mager Schreibenden und diejenigen, die bald so, bald so schreiben. Schließlich huscheln auch manche nur so über die Oberfläche des Papiers hinweg, während andere sich einzugraben suchen. In all diesen Fällen drücken sich höchstpersönliche Tendenzen der Schreibenden aus, die keineswegs zufälliger Art sind und von den Graphologen beachtet und gedeutet werden. Es lohnt sich also schon, der Behandlung des Raums Beachtung zu schenken, drückt sich darin doch das Verhältnis des einzelnen zu seinem Lebensraum beziehungsweise das Ergebnis seiner Auseinandersetzung mit der Umwelt aus. Auf S. 252 sehen wir Beispiele unterschiedlicher Raumgestaltung. Die obere Schrift zeigt ein gestörtes Raumbild mit Zeilenverhäkelung und Randbedrängung. Die Schreiberin kommt infolge ihrer Kontaktschwierigkeiten mit dem Leben nicht so ganz zurecht. Die mittlere Schrift zeigt ein ausgewogenes und die untere ein weit gegliedertes Raumbild.

Wie gewinnt man ein Gesamtbild?

Was haben uns die bisherigen Betrachtungen gelehrt? Wir wollten ja wissen, wie man zu einem Gesamtbild einer Schrift gelangt, und haben nun gesehen, daß der Graphologe die Handschrift unter dem Gesichtspunkt der *Bewegung*, der *Formgebung* und der *Raumbehandlung* betrachtet. Er fragt also, in den Begriffen von Robert Heiss, nach dem *Bewegungsbild*, dem *Formbild* und dem *Raumbild* der Schrift. Von jedem versucht er einen Eindruck zu bekommen. Das Ergebnis der Betrachtung wird als *Eindruckscharakter* der Schrift bezeichnet.
Im Hinblick auf die *Bewegung* können sich etwa folgende Eindrücke ergeben:

a) bei ausgeprägtem Bewegungsbild: beschwingt, zügig, dynamisch, kraftvoll, wuchtig, bestimmt;
b) bei schwach ausgeprägtem Bewegungsbild: unlebendig, lahm, schwunglos, matt, schlaff, träge, sanft, bedächtig, monoton;
c) bei gestörtem Bewegungsbild: gehemmt, verkrampft, verspannt, unsicher, fahrig, ungesteuert, überstürzt, eruptiv.

Im Hinblick auf die *Form*:

a) bei stark ausgeprägtem Formbild: markant, eckig, eigenartig, persönlich, kultiviert, gekonnt, echt, einheitlich, gepflegt;

SCHEMA DER RAUM- UND RICHTUNGSQUALITÄTEN

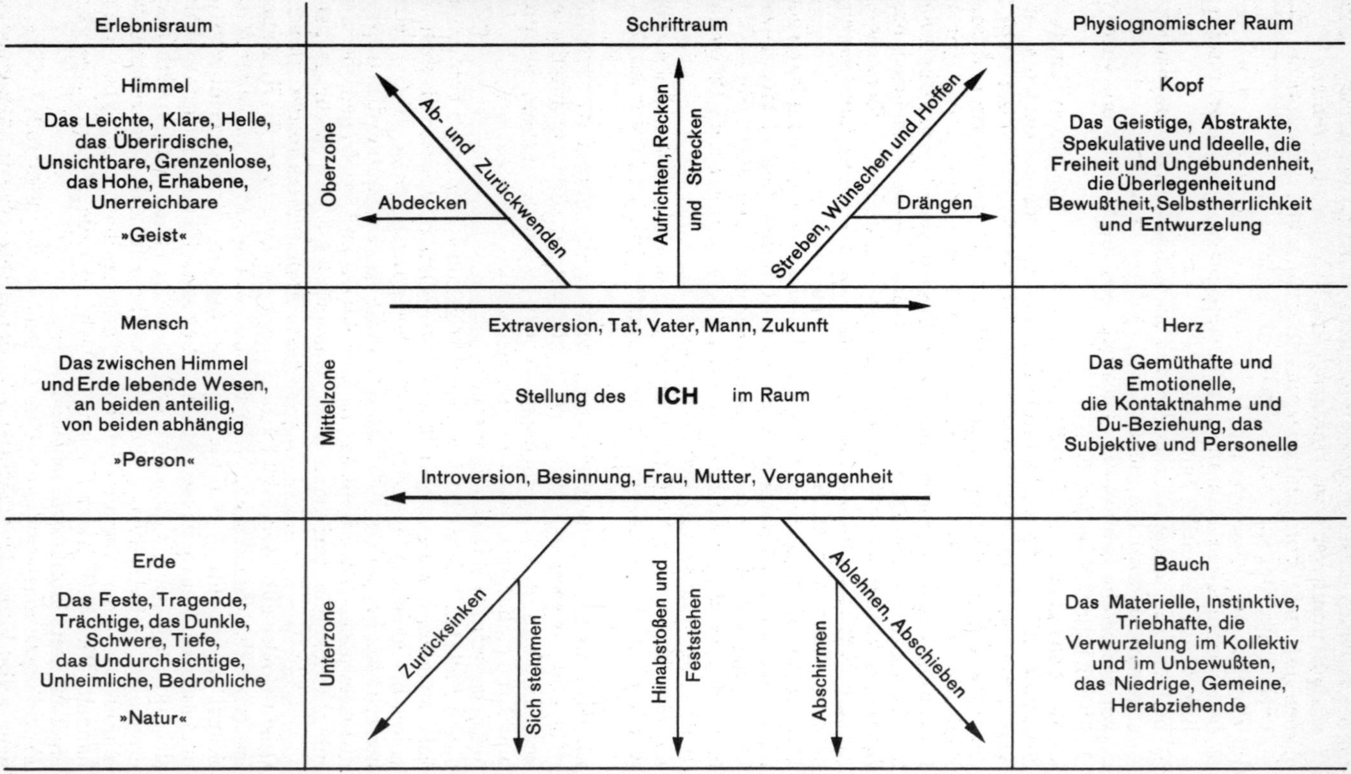

b) bei schwach ausgeprägtem Formbild: dürftig, schulmäßig, unpersönlich, undifferenziert, einförmig, kindlich, verschwommen;
c) bei gestörtem Formbild: gekünstelt, manieriert, schematisch, übertrieben, gedrungen, verschachtelt.

Im Hinblick auf den *Raum*:
a) bei ausgeprägtem Raumbild: klar, ausgewogen, geordnet, übersichtlich, dicht, einheitlich, großzügig;
b) bei schwach ausgeprägtem Raumbild: konventionell, unentwickelt, schematisch, unsicher, pedantisch;
c) bei gestörtem Raumbild: verstrickt, bedrängt, zerrissen, wirr, unübersichtlich, breitspurig.

Mit den eben genannten Begriffen ist die Liste der möglichen Eindruckscharaktere noch lange nicht erschöpft. Es steht jedem Betrachter einer Schrift frei, noch weitere zu finden. Wichtig ist, daß wir unser Auge für die Erfassung graphischer Formen schulen, also sehen lernen und unsere Eindrücke zu präzisieren versuchen. Dazu ist es nötig, daß wir uns Rechenschaft geben, ob wir mehr vom Bewegungs-, Form- oder Raumbild beeindruckt worden sind. Mit dem auf diesem Weg gewonnenen *Eindruckscharakter* können wir nicht nur die Schrift beschreiben, sondern zumindest soweit deuten, daß wir einen ersten Zugang zum Charakter des Schreibenden erhalten.

Dies erlaubt uns freilich noch keine bestimmteren Aussagen über einzelne Eigenschaften des Charakters. Es vermittelt uns jedoch eine gewisse Vorstellung von dem eventuellen Schwerpunkt desselben. Dieser kann mehr im Bereich der Antriebe oder der Steuerung, mehr im Bereich des *Gefühls*, des *Willens* oder des *Verstandes* liegen.

Zur Erweiterung und Vertiefung dieses Gesamteindrucks muß die Handschrift noch unter weiteren Gesichtspunkten betrachtet werden.

Einheitlich oder uneinheitlich? Sowohl die Bewegungsführung als auch die Form- und Raumbehandlung kann einheitlicher oder uneinheitlicher sein. Wir haben daher in einem Fall den Eindruck, daß das Bild im ganzen ausgewogen, harmonisch, gleichmäßig oder beherrscht ist, im anderen Fall aber unausgewogen, disharmonisch, unruhig, zerlöst oder zerfallen.

Originell oder durchschnittlich? Es ist ferner der Eigenartsgrad einer Schrift zu beachten. Wir werden uns stets zu fragen haben, ob es sich im gegebenen Fall um eine originelle, schulmäßige, durchschnittliche oder banale Schrift handelt. Hinsichtlich der Eigenart ergeben sich dann etwa folgende *Eindruckscharaktere:* außergewöhnlich, selbständig, »charaktervoll«, auffallend, manieriert, verschnörkelt, abnorm oder unauffällig, einfach, schlicht, farblos, primitiv, infantil.

Gelöst oder gespannt? Von größter Wichtigkeit ist es schließlich, die Bewegungsführung der Schrift noch stärker unter die Lupe zu nehmen und zu fragen, ob diese mehr gelöst oder mehr gespannt ist. Man unterscheidet dabei – nach der Lehre von W. H. Müller und A. Enskat – fünf Versteifungsgrade. Der Bogen reicht von der haltlosen über die lockere, gehaltene und gespannte bis zur verkrampften Schrift. Zur Beschreibung von fünf verschiedenen Typen bieten sich folgende *Eindruckscharaktere* an:

Der Versteifungsgrad I wäre für die haltlose Schrift anzusetzen, die

schlaff, fahrig, schlampig, ungezügelt, hemmungslos wirkt.
Der Versteifungsgrad II wäre für die lockere Schrift anzusetzen, die flott, flüssig, elastisch, weich, anmutig wirkt.
Der Versteifungsgrad III wäre für die gehaltene Schrift anzusetzen, die zügig, fest, straff, gezügelt, bestimmt wirkt.
Der Versteifungsgrad IV gilt für die gespannte Schrift, die hart, unelastisch, steif, spröde wirkt.
Der Versteifungsgrad V wäre für die verkrampfte Schrift anzusetzen, die zerhackt, zerbrochen, zerfallen, zittrig aufgelöst wirkt.
Eine ungefähre Vorstellung von der Verschiedenartigkeit der Schriftversteifung geben die Schriften auf S. 257, wobei von oben nach unten zu gehen ist (I–V).

Wie deutet man das Gesamtbild?

Auf welche psychischen Kräfte und Funktionen verweisen nun die Eindruckscharaktere, die wir aus der Schrift gewonnen haben? Dem Einsichtigen erklären die Beschreibungsbegriffe selbst schon manches. Als Laie wird man – vielleicht vereinfacht, aber im Kern doch zutreffend – deuten: Eine markante Schrift stammt von einer starken Persönlichkeit. Als Hilfe seien folgenden Ausführungen gedacht. Sie wollen – ohne Anspruch auf Vollständigkeit – einige »Übersetzungsbeispiele« geben, also den Sinn bestimmter Schriftbilder zu erläutern versuchen.

Wenn die Bewegung betont ist. Haben wir festgestellt, daß eine Schrift mehr bewegungsbetont ist, also lebhaft und flott oder lahm und matt wirkt, dann wird anzunehmen sein, daß das Wesen des Schreibers mehr von der Seite der *Antriebe*, deren Stärke oder Schwäche, als von der des Verstandes zu verstehen ist. Je nachdem wird also an einen temperamentvollen oder temperamentlosen Menschen zu denken sein. Tonangebend sind hier sozusagen die Triebe, Gefühle und Stimmungen, weniger der Wille oder der Verstand. Eine *flüssig* geschriebene, vorwärtsdrängende Schrift, die einen einheitlichen, ungestörten Bewegungsablauf zeigt, wird verständlicherweise eher auf einen ausgeglichenen, selbstsicheren und unternehmungsfreudigen Menschen deuten als eine Schrift, der es an Lebendigkeit fehlt. Aus der Struktur des Antriebsgefüges, also der Mächtigkeit und Mannigfaltigkeit der Antriebe, ihres Ablauftempos und ihrer Steuerung kann der Graphologe seine Schlüsse über das Arbeitsverhalten ziehen. Er ersieht daraus, ob es sich bei dem Schreiber um einen aktiven oder passiven, betriebsamen oder langsamen Menschen handelt, ob er zielstrebig oder fahrig ist, impulsiv oder gleichmütig. Die Bewegungsantriebe und das sich daraus ergebende Verhalten können mehr oder weniger gesteuert sein. Je nach dem Grad der Steuerung schließen wir auf Zügellosigkeit und Stabilität, Gelöstheit und Elastizität, Selbstbeherrschung und Widerstandsfähigkeit, Beharrlichkeit und Unbeugsamkeit, Gehemmtheit und Zähflüssigkeit oder Verkrampftheit und Reizbarkeit.

Wenn die Form betont ist. Ist die Schrift mehr formbetont, tritt also die Bewegung hinter die Form zurück, dann zeugt dies von einem Menschen, der sich mehr von seinem *Verstand und Willen* als von seinem Temperament, seinen Gefühlen und Trieben bestimmen läßt. Damit ist jedoch noch nichts dar-

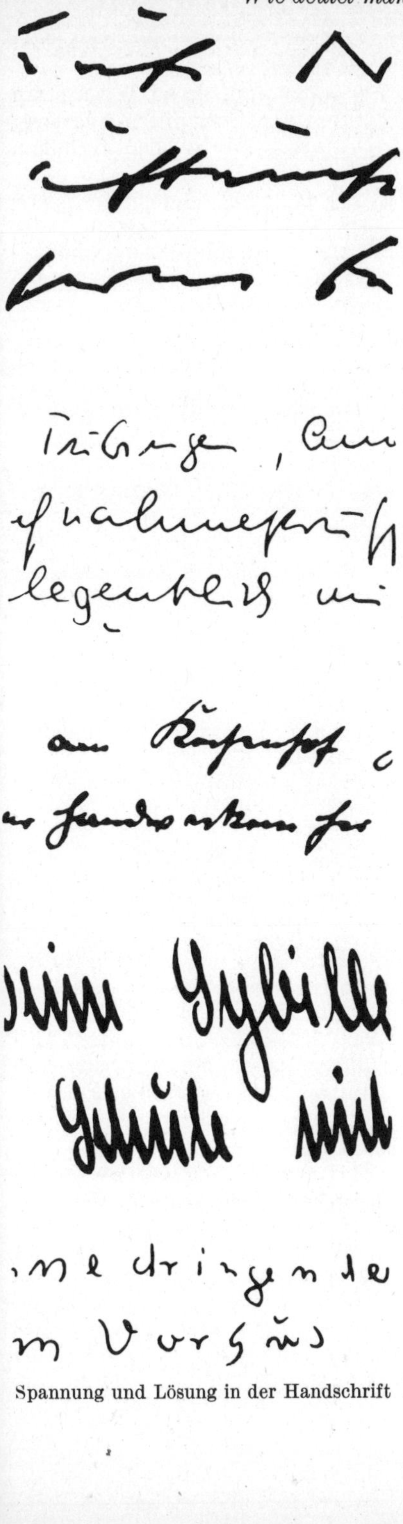

Spannung und Lösung in der Handschrift

über gesagt, ob der Betreffende viel oder wenig Verstand hat und ob er seine Willenskräfte für wertvolle oder weniger wertvolle Ziele einsetzt.

Originelle und selbständig gestaltete Formen deuten eher auf geistige Eigenart und Beweglichkeit als pedantische und schulmäßige Formen. Eine *manieriert* und schematisch wirkende Formgebung verrät stets Darstellungsabsichten, während *zügig und frei gestaltete* Formen mehr als echter Wesensausdruck zu werten sind.

Im Verlauf der Entwicklung der Persönlichkeit werden die schulmäßig erlernten Formen vielfach abgeschliffen oder überformt, wodurch die Schrift ihr individuelles Gepräge bekommt. Das *Festhalten an der konventionellen Form* der Schrift darf zwar keineswegs von vornherein als Zeichen geistiger Unselbständigkeit aufgefaßt werden, offenbart jedoch vielfach eine gewisse Gebundenheit an herkömmliche Denkweisen und kann andererseits von Sachlichkeit, Schlichtheit oder Bescheidenheit zeugen. Auffällige Formen müssen stets auf ihre Echtheit geprüft werden. Eine »verkünstelte« Schrift läßt meist auf Originalitätssucht, Geltungsbedürfnis, Eitelkeit oder Unsachlichkeit schließen, während eine organisch gewachsene und eigenartig gestaltete Schrift Ausdruck einer reifen, selbständigen und geistig durchformten Persönlichkeit ist. Vielfach erfaßt der Umformungsprozeß nicht alle Buchstaben gleichmäßig. In der einen Schrift zeigen vielleicht nur die Anfangsbuchstaben ein eigenartiges Gepräge, in der anderen nur die Unterschrift, während die sogenannte »Briefschrift« schulmäßig gehalten ist.

Bei ausgeprägter *Einheitlichkeit* der Formgebung schließt der Graphologe auf geistige Ausgewogenheit, Haltungssicherheit und Abgeklärtheit, unter Umständen allerdings auch auf Unlebendigkeit und Erstarrung. Uneinheitlichkeit des Formbildes kann sowohl auf Vielseitigkeit der Interessen und Reichhaltigkeit der Einstellung als auch auf geistige Zersplitterung und Labilität hindeuten.

Wenn das Raumbild auffällig ist. Die raumbildliche Betrachtung gibt Aufschluß über das Verhältnis des einzelnen zu seiner *Umwelt.* Sie offenbart, ob der Betreffende stark genug ist, sich in ihr zu behaupten und durchzusetzen, oder ob er sich anpaßt und einfügt, von ihr überwältigt wird, in Konflikt mit ihr steht und vieles andere. All dies hängt wieder aufs engste zusammen mit der persönlichen Energie und Intelligenz, der Reife, Anpassungsfähigkeit, der Struktur des Selbstbewußtseins und anderem.

Wer den ihm zur Verfügung stehenden Schreibraum *übersichtlich* zu gliedern vermag, dürfte wahrscheinlich auch in seinem gesamten Arbeits- und Lebensbereich auf System und Ordnung dringen, also organisations- und einteilungsfähig sein. Dabei ist freilich wiederum zu beachten, ob die gewählte Gliederung starr oder beweglich ist, ob es sich also bei dem Schreiber um einen sturen Prinzipienreiter oder elastischen Planer handelt.

Umgekehrt kann ein *wenig gegliedertes* oder *ungegliedertes* Raumbild auf geniales Improvisieren und Arrangieren oder auf einen Mangel an Ordnungssinn und Einteilungsvermögen deuten. Unter Mitberücksichtigung der Zeilenführung, der Absatz- und Randbehandlung, der Wort- und Zeilenabstände, der Größe der Schrift und anderem mehr lassen sich nicht nur Schlüsse auf das Formgefühl und die Klarheit des Denkens, sondern auch auf die Kontaktfähigkeit, die Ausdauer und Beständigkeit, die Stimmungslage und andere psychische Eigenschaften ziehen.

Von der Mehrdeutigkeit der Symptome

Dem aufmerksamen Leser wird es nicht entgangen sein, daß ein und dasselbe Schriftmerkmal offenbar ganz verschieden gedeutet werden kann. Es muß also im Bereich der Graphologie wie im Gesamtbereich der Ausdruckspsychologie mit einer Mehrdeutigkeit der Symptome gerechnet werden. Daß dadurch das Verständnis einer Schrift nicht gerade erleichtert wird, liegt auf der Hand. Wer sich jedoch vergegenwärtigt, daß auch der Arzt unter Umständen erst nach einer eingehenderen Untersuchung des ganzen Körpers sagen kann, worauf beispielsweise ein Kopfweh zurückzuführen ist, der wird auch in der Vieldeutigkeit psychischer Symptome nichts Außergewöhnliches sehen. Es ist zweifellos ziemlich kurzsichtig, aus der Mehrdeutigkeit graphischer Merkmale etwa folgern zu wollen, Schrift und Schriftpsychologie seien untaugliche Mittel zur Charaktererschließung. Eher könnte daraus noch der Schluß gezogen werden, daß der Charakter eines Menschen ein derart kompliziert gebautes psychisches Gebilde ist, daß es eben nicht auf den ersten Blick zu durchschauen ist.

Auf jeden Fall dürfte durch unsere bisherige Betrachtung deutlich geworden sein, daß die moderne Graphologie nicht mit irgendwelchen *signes fixes* (S. 240) aufzuwarten vermag. Der Leser wird jedoch erfaßt haben, wie er auf dem Wege des allgemeinen Eindrucks zum Verständnis einer Handschrift kommen kann.

Über Einzelmerkmale der Handschriften

Zur Präzisierung des Gesamteindrucks einer Handschrift ist nicht nur ein stetes Vergleichen der bisher genannten Erscheinungen der Schrift notwendig, sondern auch eine genaue Erfassung all der vielen *Einzelformen* einer Handschrift. Dabei werden nun die Dinge berücksichtigt, an die der Laie zunächst denkt, wenn er etwas von Graphologie hört. Herkömmlicherweise unterscheidet man in jeder Handschrift eine bestimmte Zahl von Einzelmerkmalen, die teils meßbar, teils schätzbar oder eindeutig beschreibbar sind. Sie zu erfassen und zu deuten, erfordert neben fachmännischen Kenntnissen viel Übung und Erfahrung. Wir können in diesem Zusammenhang nur auf einige der auffälligsten Variablen der Handschrift hinweisen. Wer sich mehr dafür interessiert, muß sich mit den einschlägigen Werken der Graphologie befassen (etwa: Dirks/Gottschalk, Wir deuten die Handschrift, C. Bertelsmann Verlag, Gütersloh).

Groß oder klein? Zu den meßbaren Merkmalen gehört zunächst einmal die Größe der Schrift. »Groß« ist eine Schrift, deren Grundstriche größer als 3 mm sind. In der Größe drückt sich sowohl das Selbstgefühl als auch der Darstellungswille und das »Platzbedürfnis« aus.

Weit oder eng? Leicht zu erkennen ist auch die Weite der Schrift. Damit ist der Raum zwischen den Grundstrichen gemeint, der sich nach dem Verhältnis von Grundstrichhöhe und Grundstrichabstand bemißt. Ist dieser Abstand größer als die Höhe, dann ist die Schrift weit, ist er kleiner, dann ist sie eng. Aus der Weite wird die Art der Zuwendung zur Außenwelt erschlossen. *Weit* schreibt zum Beispiel, wer aufgeschlossen und unternehmungslustig oder wer unbeherrscht und anmaßend ist. *Eng* schreibt, wer sich zurückhält und beherrscht oder vorsichtig und gehemmt ist.

Schräg oder steil? Auffällig ist ferner die Lage der Schrift. Darunter versteht die Graphologie den Neigungswinkel, den die Grundstriche mit der Zeile bilden. Dieser kann kleiner oder größer sein, je nachdem die Schrift rechtsschräg, steil oder gar linksschräg ist. Er wird in ähnlicher Weise gedeutet wie die Weite. *Rechtsschrägheit* beruht auf der Vorherrschaft unbewußter Kräfte und geht oft mit einem lebhafteren Temperament einher. *Steilheit* und *Linksschrägheit* der Schrift kann auf Selbstbeherrschung und Selbständigkeit, aber auch auf Zurückhaltung und Gehemmtheit deuten.

Oberlängen und Unterlängen. Recht unterschiedlich ist in den einzelnen Schriften auch die Längeneinteilung. Manchmal sind sowohl *Ober-* wie *Unterlängen* im Verhältnis zum Mittelband sehr groß oder auch so klein, daß der Eindruck entsteht, als ob die Schrift nur aus *Mittellängen* bestünde. Häufig ist jedoch auch zu beobachten, daß bei einer Schrift entweder die *Oberlängen* oder die *Unterlängen* betont sind. Wer bescheiden, gleichgültig oder bequem ist, wird sich wenig von der Mitte entfernen. Seine Schrift weist daher auch nur geringe Längenunterschiede auf. Wer dagegen strebsam, ehrgeizig oder lebhaft ist, wird auch zu größeren Längenunterschieden kommen. Sowohl Übertreibung als auch Verkümmerungserscheinungen stimmen den Graphologen bedenklich.

Mit oder ohne Druck? Zu den deutlich erkennbaren Merkmalen gehört ferner der Druck, den der Schreiber während des Schreibens auf die Unterlage und die Feder ausübt. Dieser ist seit der Erfindung der sogenannten Schreibdruckwaage auch meßbar. Die mit Hilfe dieses Registriergeräts hergestellte Kurve ermöglicht nicht nur einen Einblick in die Antriebsstruktur, sondern auch eine Zuordnung zu den Typen von Kretschmer (S. 125). Druckunterschiede lassen sich jedoch auch aus der fertigen Schrift erkennen. Tatkräftige, robuste und ... gehemmte Menschen schreiben im allgemeinen druckstärker als anpassungsbereite, sensible oder kraftlose.

Verbunden oder unverbunden? Gut sichtbar ist auch der Grad der Verbundenheit der Schrift. Wer *unverbunden* schreibt, ist zumeist intuitiver veranlagt als der Schreiber einer *verbundenen* Schrift. Allerdings deutet Unverbundenheit nicht nur auf Schlagfertigkeit und Vielseitigkeit, sondern in primitiveren Schriften auch auf Sprunghaftigkeit, Hemmungen und ... kurzen Verstand, während die Verbundenheit vielfach auf Kombinationsfähigkeit, Konsequenz und ... Mangel an geistiger Beweglichkeit deutet.

Vereinfacht oder bereichert? Wie wir bereits gesehen haben (S. 250), neigen manche Schreiber zu einer Vereinfachung, andere zu einer Bereicherung der erlernten Schulform. Die Vereinfachung kann bis zur Vernachlässigung, die Bereicherung bis zur Verschnörkelung der Schrift gehen.
Im allgemeinen läßt die *Vereinfachung* einen Schluß auf Sachlichkeit und Abstraktionsfähigkeit zu, die *Bereicherung* einen solchen auf Gestaltungsfähigkeit, unter Umständen aber auch auf Unsachlichkeit und Phantasterei. Wer sich aus Genialität oder Hochmut nicht an Normen gebunden fühlt, setzt sich auch beim Schreiben über diese hinweg. Wer jedoch Eindruck machen will und sich wichtig vorkommt, wird auch seiner Schrift durch mehr oder weniger geschmackvolle Zutaten ein gewisses Ansehen geben wollen.

Girlanden, Arkaden und anderes. Die heute übliche Schulschrift fordert beim M und N einen Wölbezug oben, beim I und U einen solchen unten. Wer unter den Erwachsenen hält sich jedoch daran? Wer sich selbst fragt, wie er sich denn bei diesen Buchstaben verhält, ohne dabei seine Schrift zu betrachten, wird in den meisten Fällen darauf keine Antwort zu geben vermögen – Beweis, daß der Formgebungsvorgang unbewußt verläuft. Wenn man dann seine eigene Schrift nachsieht, so stellt man fest, daß man entweder durchweg – also auch beim M – unten einen Bogen macht oder aber beim U entgegen der Norm oben einen Bogen macht. Im ersten Fall spricht man von der Girlandenschrift, im zweiten Fall von der Arkadenschrift. Es kann natürlich auch sein, daß man zu den gewissenhaften und ordnungsliebenden Menschen gehört, die sich streng an die erlernte Form halten. Wer jedoch den Bogenzug nicht liebt, sondern mehr das Spitze und Eckige, dessen Schrift bekommt winkelhaften Charakter. Wem schließlich weder Bogen noch Winkel behagt, der schreibt fadenförmig. Die Graphologie bezeichnet diese Arten der Strichführung als »Bindungsform«.
Die weit verbreitete *Girlandenbindung* deutet auf Gutwilligkeit und Anpassungsbereitschaft, aber auch auf Bequemlichkeit und Unselbständigkeit.

Die selten vorkommende *Arkadenbindung* findet sich besonders bei ästhetisch veranlagten, traditionsgebundenen Persönlichkeiten, die viel Wert auf Form, Herkunft oder Konvention legen, aber auch bei gehemmten Naturen.
Die *Winkelbindung*, die Kennzeichen der früheren Normalschrift ist, wird von all denen bevorzugt, die entschlossen und kompromißlos auf ein Ziel zusteuern, korrekt und pflichtbewußt, aber hart und unnachgiebig sind.
Die *Fadenbindung* hingegen ist ein sehr vieldeutiges Merkmal, das sowohl auf Wendigkeit und Intelligenz, ja sogar auf Genialität, als auch auf Haltlosigkeit und Unzuverlässigkeit schließen läßt.

Weitere Einzelmerkmale. Außer den bisher genannten Merkmalen gibt es noch einige andere, die zwar auch in allen Schriften vorkommen, jedoch vom Laien schwer zu erkennen sind. Dazu gehören die *Rechts-* und *Linksläufigkeit*, die *Schärfe* und *Teigigkeit* der Schrift, die *Strichbeschaffenheit* und andere. Daneben treten noch eine Unzahl Besonderheiten auf, die nicht in jeder Schrift vorkommen und daher nur von Fall zu Fall registriert zu werden brauchen. Zu denken ist dabei etwa an die vielbeachteten dreieckigen *Unterschleifen*, die eingerollten Oberzeichen und die fehlenden *Schlußstriche*.

Regelmäßig oder unregelmäßig? Die geschilderten Einzelmerkmale können nun mehr oder weniger regelmäßig auftreten und rascher oder langsamer erzeugt worden sein. Zu beachten ist daher stets auch der Grad der Regelmäßigkeit und das Tempo einer Schrift.
Von *Regelmäßigkeit* spricht man besonders bei gleichbleibender Größe, Weite, Lage, Zeilenführung und Druckgebung. Daß eine regelmäßige Schriftgestaltung einen größeren Willenseinsatz erfordert als das unregelmäßige Dahingleiten, liegt auf der Hand. Daher gilt sie auch mit Recht als Zeichen der Festigkeit, Leistungsfähigkeit und Beständigkeit, was nicht ausschließt, von einer starren Regelmäßigkeit auf Sturheit und Schematismus zu schließen. Unregelmäßige Schriften deuten auf eine größere Selbständigkeit und Elastizität oder auf Sensibilität und Labilität. – Die Bedeutung des *Tempos* wurde bereits beim Bewegungsbild besprochen (S. 244–248).

Die Deutung der Einzelmerkmale

Wir haben nunmehr die wesentlichsten Variablen einer Schrift kurz beschrieben, deren Bedeutung jedoch bei weitem noch nicht genügend erörtert. Schon die exakte Erfassung all der vielen eben genannten Einzelformen einer Handschrift, erst recht aber deren Deutung, führt ohne fachliche Ausbildung leicht zu Fehlschlüssen, zumal ja die Merkmale vieldeutig sind. Die Erstellung eines zuverlässigen und wissenschaftlich vertretbaren Schriftgutachtens muß daher dem Fachmann vorbehalten bleiben. Selbst diesem bereitet die Einschränkung der Bedeutung der verschiedenen Merkmale oft große Schwierigkeiten. Die Vieldeutigkeit der Einzelerscheinungen ist ja das Hauptärgernis nicht nur der Graphologie, sondern der Ausdruckspsychologie überhaupt.
Wie sich die Graphologie zu helfen weiß, soll das folgende Beispiel zeigen.

Vorbereitungen für die Deutung. Wir beobachten das Merkmal »Bereicherung« (S. 250): Durch das Hinzufügen von Schriftelementen

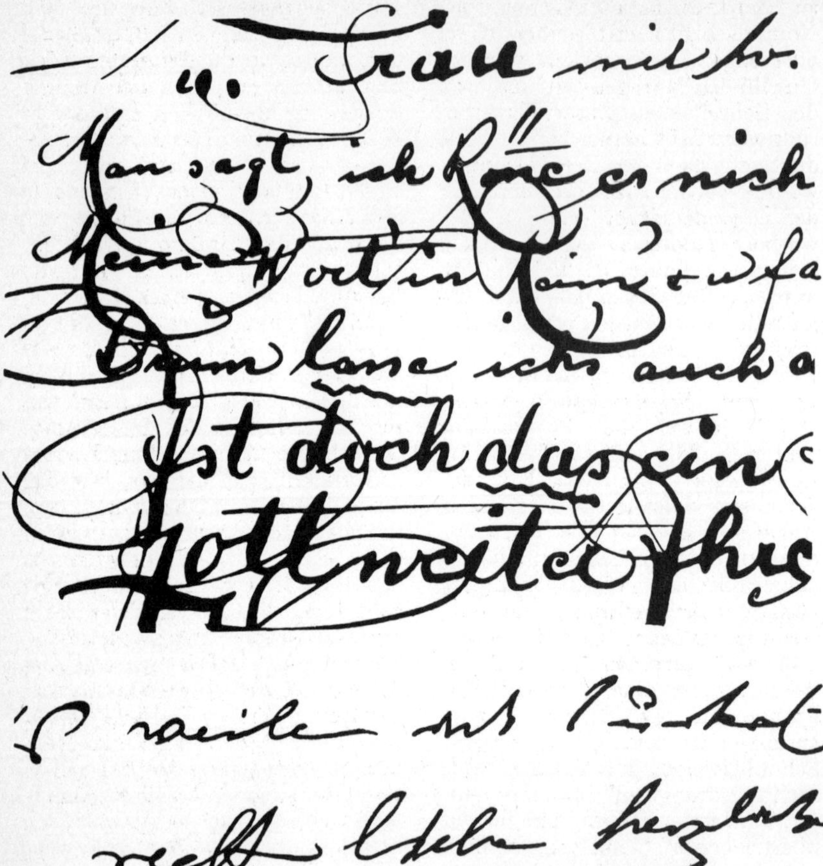

Zwei Schriften mit Bereicherungserscheinungen. Erläuterung und Deutung gegenüber!

zu den Buchstabenformen der Normalschrift kann diese bereichert oder sogar verschnörkelt werden. Unwillkürlich fragen wir uns, was den Schreiber zu dieser Bereicherung veranlaßt haben könnte. Auf der Suche nach den Beweggründen werden wir uns zunächst einmal an den *Gesamteindruck* erinnern, den wir bei der Betrachtung der Schrift bekommen haben (S. 253 f.). Wir werden ferner den *Rhythmus* zu ermitteln versuchen (S. 245), die Bereicherung also in Beziehung zur Bewegung bringen, nach der *Eigenart* und *Selbständigkeit* fragen (S. 255), auf die *Druckgebung* achten (S. 260) und anderes mehr. Aus dieser Vergleichsarbeit ergeben sich dann unter Umständen Anhaltspunkte für die Entscheidung, ob die Schrift mehr ursprünglichen oder erworbenen Charakter besitzt, mehr ausdrucks- oder darstellungsbestimmt ist. Im ersten Fall wäre anzunehmen, daß die Bereicherung einer spielerischen Freude an der Bewegung entsprungen ist und auf Phantasie, Schönheitssinn, Schaffenslust, Gestaltungsdrang und ähnliches deutet. Im letzteren Fall, daß ihr ein übertriebenes Gestaltungsbedürfnis zugrunde liegt, das den Schluß auf Wichtigtuerei, Selbstgefälligkeit, Eitelkeit, Phantasterei und Unsachlichkeit nahelegt.

Ein Deutungsbeispiel. Auf S. 262 sehen wir zwei Schriften mit Bereicherungserscheinungen. Wer Sinn für Form und Gestaltung hat, wird schon auf den ersten Blick den Formenreichtum der oberen Schrift für übertrieben und aufgebauscht halten. Die Bereicherung der unteren Schrift hingegen wirkt wesentlich geschmackvoller. Beide Schreiber besitzen zweifellos viel Schwung und Äußerungslust. Berücksichtigt man jedoch noch die Kleinbuchstaben beider Schriften, dann stellt man wesentliche Unterschiede fest. Während diejenigen der oberen Schrift geradezu schülerhaft sind, zeigen die anderen wesentlich mehr Eigenart. Das gesamte Niveau der unteren Schrift liegt unverkennbar höher als das der oberer. Beide Schreiber mögen vielleicht etwas kauzig sein, doch dürfte es keinem Zweifel unterliegen, daß der untere Schreiber ein originellerer Kopf ist, während der obere gerne als solcher gelten möchte.

Tatsächlich handelt es sich bei der unteren Schrift um einen anerkannten, geistig hochstehenden Künstler, Maler und Graphiker, während der andere dilettantischer Reimeschmied und Feiertagskomponist ist, der sich zeitlebens – er ist schon über 70 Jahre alt – vergeblich darum bemühte, für seine Machwerke einen Verleger zu finden. Schon aus dem Gesamteindruck heraus ist die Bereicherung der oberen Schrift daher negativ, die der unteren jedoch positiv zu deuten.

DER MENSCH AUF DER WAAGE

Die bisher in Betracht gezogenen Verfahren zur Verbesserung unserer Menschenkenntnis orientierten sich an unmittelbar gegebenen Ausdruckserscheinungen. Wer einen Menschen kennenlernen will, achtet zwar zunächst einmal auf dessen Verhalten, wird dabei jedoch auch unwillkürlich von der körperlichen Erscheinung, dem Gesicht, der Stimme und der Gestik des anderen beeindruckt. Oft tragen auch die Besonderheiten des Gangs und der Handschrift zum Verständnis bei. Wie wir gesehen haben, erfordert dieser Weg nicht nur ein entwickelteres Beobachtungsvermögen, sondern auch ein gewisses Maß an psychologischem Verständnis. Sonst sieht man zu wenig oder deutet das Gesehene falsch. Oft verstehen wir auch die Zeichensprache des Gesichts, der Bewegung oder der Handschrift gar nicht und sind dann leicht geneigt, von einem »nichtssagenden« Menschen zu reden. Oder aber wir verfallen in den Fehler, irgendeiner Miene oder Geste mehr Bedeutung zuzumessen, als ihr tatsächlich zukommt. Da die Wesensart des anderen, die wir kennenlernen wollen, ja nie direkt, sondern nur über die Äußerungen derselben zugänglich ist, haftet der intuitiven und deutenden Menschenbeurteilung ein nicht zu verkennender Unsicherheitsfaktor an.
Wir sind zwar vielfach schon nach einer kurzen Begegnung mit Menschen davon überzeugt, daß dieser ein offener oder verschlossener Charakter, jener ein heller Kopf oder eine Niete sei. Zumeist vermögen wir jedoch für unsere Behauptungen keine handgreiflichen Beweise vorzubringen. Man pocht allenfalls auf seine ursprüngliche und angeborene Menschenkenntnis oder auf die Zuverlässigkeit des ersten Eindrucks, muß aber immer wieder einmal erkennen, daß der Schein trügt. Dabei fordert die heutige Gesellschaft immer dringender exakte Aussagen sowohl über den Menschen als Ganzes, seinen Charakter, als auch über einzelne Seiten seines Wesens.

Betriebe sind bei der Besetzung verantwortungsvoller Posten vor allem daran interessiert, von ihrem Psychologen oder Graphologen ein zutreffendes Urteil über Vertrauenswürdigkeit, Anpassungsfähigkeit und Ausdauer des Bewerbers zu erhalten. In anderen Fällen werden ebenso präzise Angaben über die Konzentrations- und Reaktionsfähigkeit gefordert. Vom Berufsberater wird erwartet, daß er zuverlässige Auskünfte über die Eignung für bestimmte Berufe geben kann. Der Eheberater soll sogar sagen können, ob Hans und Grete zusammenpassen. Zur Lenkung der Schullaufbahn begnügt man sich heute nicht mehr mit den Schulzeugnissen, sondern fordert vom Schulpsychologen möglichst genaue Feststellungen über die Intelligenzstruktur. Weder die Motiv- und die Meinungsforschung noch die Psychiatrie und Psychotherapie können heute auf exakte Methoden verzichten.

Deuten und Messen

In unserer technisierten und rationalisierten Welt wird der Mensch mehr und mehr ein Objekt der Messung. Und wo gemessen werden soll, genügt das bloße »Hinsehen« nicht mehr. Ein Intelligenzquotient kann nicht durch Beobachtung, sondern nur durch Errechnung bestimmt werden. Die Forderung der Gesellschaft, Funktionen und Kräfte des Menschen in Zahlenwerten auszudrücken, wirft die sehr gewichtige Frage auf, inwieweit der Mensch eine meßbare Größe ist. Darauf eine Antwort zu geben, ist jedoch nicht ganz einfach. Manche meinen, diese Frage sei überhaupt keine psychologische, sondern eine philosophische. Was der Mensch sei, könne die Psychologie nicht sagen. Sie vermöge nur Auskunft über Verhaltensweisen, nicht aber über das Wesen des Menschen und seine Eigenschaften zu geben. Darin enthüllt sich aufs neue die schwierige Situation der Psychologie als einer Wissenschaft von der Seele, die sich mit einem »Gegenstand« beschäftigt, der im Sinne der Naturwissenschaft gar nicht objektivierbar ist.

Das Meßbare in Herrn Jedermann

Ideal wäre es, so denkt mancher, wenn es Verfahren gäbe, die sozusagen »automatisch« ein richtiges Bild von der Eigenart des andern liefern würden. So etwa wie eine Waage: Man stellt sich auf ihr Podest, verhält sich ruhig, wirft einen Groschen hinein und empfängt ein Kärtchen mit haargenauer Gewichtsangabe. Man wäre dadurch des leidigen Abschätzens enthoben, könnte sich die Mühe eines genaueren Studiums des Objekts ersparen und würde sogar ohne größeres psychologisches Verständnis zu einem zutreffenden Bild des Menschen kommen. Der Prozeß der Menschenbeurteilung – so meinen viele – müßte vereinfacht, beschleunigt und vor allem objektiviert werden. Die Beobachtung und Erfassung von Ausdruckserscheinungen halten manche für zu schwierig und zu zeitraubend und deren Deutung für zu unsicher und zu subjektiv. Wie wir gesehen haben, dauert es doch verhältnismäßig lange, bis man genügend Beobachtungsmaterial gesammelt und die verschiedenen Möglichkeiten seiner Bedeutung erwogen hat. Und wer weder intuitiv veranlagt ist noch die Methoden der Ausdruckspsychologie beherrscht, läuft Gefahr, daß er Fehldeutungen zum Opfer fällt. Die Frage lautet daher: Ist das Deuten nicht durch das Messen zu ersetzen?

Der Mensch als mathematische Größe

Die Schwierigkeit der Deutung hat die Psychologie schon seit Jahrzehnten dazu bewogen, nach exakteren Methoden Ausschau zu halten. Schon um die Jahrhundertwende herum gelang es, einzelne psychische Funktionen (wie das Auffassen und Behalten) meßbar zu machen und deren Stärke in Zahlenwerten auszudrücken. Inzwischen sind weite Bereiche des Psychischen meßbar geworden. Wer heute erstmals ein Lehrbuch über psychologische Diagnostik in die Hand nimmt, bekommt leicht den Eindruck, als ob der Mensch eine mathematische Größe geworden wäre. Da wimmelt es nämlich nur so von Formeln und Gleichungen von der Art wie

$$r = \frac{\Sigma xy}{N\sigma x \cdot \sigma y} = \frac{\Sigma xy}{\sqrt{\Sigma x^2 \cdot \Sigma y^2}}$$

Wissen Sie, was damit gemeint ist? Nein? Nun, das ist auch nicht ganz einfach zu sagen. Es handelt sich hier um die Berechnung des sogenannten Korrelationskoeffizienten von Pearson (r), durch den festgestellt werden soll, in welchem Maße zwei durch Tests ermittelte Merkmale miteinander übereinstimmen oder voneinander abhängen. Dagegen mutet die Maßformel $R = K + c \times \log S$ zur Darstellung des Fechnerschen Gesetzes oder die Formel $IQ = \frac{100\ IA}{LA}$, die besagt, daß der Intelligenzquotient (IQ) durch das Hundertfache des Quotienten von Intelligenzalter (IA) durch Lebensalter (LA) gebildet wird, harmlos an. Wir werden auf diese Formel noch beim Intelligenztest zu sprechen kommen (S. 289).

Angesichts der Unobjektivierbarkeit psychischer Erscheinungen ist das Messen in diesem Bereich jedoch nicht so einfach, wie es nach den Tests in unseren Illustrierten den Anschein hat. Noch der große Königsberger Philosoph Immanuel Kant konnte sich nicht vorstellen, wie Psychisches gemessen werden sollte. Tatsächlich befindet sich auch die Psychologie bezüglich des Messens in einer ungleich schwierigeren Lage als die Naturwissenschaft. Die naturwissenschaftlichen Objekte, wie Pflanzen, Tiere, Mineralien, sind gegenständlicher Art, greifbar und sichtbar und fordern geradezu zur Quantifizierung, also zum Zählen, Wiegen und Messen heraus. Anders die »Gegenstände«, mit denen sich die Psychologie befaßt. Wir sprechen zwar leichthin von viel und wenig Verstand, großer Angst und heißer Liebe, langer Geduld und kurzem Entschluß, machen uns jedoch meist nicht viel Gedanken darüber, wie diese Aussagen nun wirklich präziser bestimmt werden könnten und wie man ihnen messenderweise beikommen soll. Wir vermögen ja nicht einmal genau und eindeutig zu sagen, was eigentlich unter Intelligenz, Wille oder gar Persönlichkeit zu verstehen ist. Der amerikanische Psychologe E. Allport hat einmal versucht, den uns allen geläufigen Begriff der Persönlichkeit zu definieren, und stieß dabei auf fünfzig verschiedene Auffassungen vom Wesen dieser Erscheinung. Peter R. Hofstätter, der Hamburger Psychologe, meint deshalb nicht zu Unrecht: »Es ist letztlich eine Rede von etwas sehr Unwirklichem, wenn wir von der Persönlichkeit eines Menschen sprechen, wenn man will, von einem Wahn.«

Was wird gemessen?

Die »Psychophysik« begann nunmehr nicht mit der Messung derart komplexer Phänomene, sondern mit der zahlenmäßigen Bestimmung von sogenannten »Reizschwellen«, d. h. der Bestimmung der jeweils unteren Grenze, von der ab ein Sinnesorgan Reize empfindet. Wesentlich interessanter für den Laien waren schon die Reaktionsversuche, durch die zahlenmäßig festgestellt wird, in welch unterschiedlicher Weise der einzelne auf akustische oder optische Reize reagiert, wie lang also seine »Leitung« ist. Aber auch diese Bestimmung, so wertvoll sie für die Beurteilung der Eignung für gewisse Berufe ist, befriedigt nicht das Interesse des Menschenkenners an der Psychologie. Er möchte ja wissen, wie der andere »eigentlich« ist, womit er bei ihm zu rechnen hat. Ihn interessiert nicht einmal so sehr die zahlenmäßige Bestimmung der Leistungsfähigkeit des andern – worüber die Psychologie schon eher exakte Angaben machen kann –, sondern die möglichst exakte Bestimmung seines »Charakters«, seines »Wesens«. Er will beispielsweise wissen, ob der andere treu, zuverlässig, ehrlich, offen, verträglich, anpassungsfähig ist und anderes mehr. Darüber sollte ihm die Psychologie möglichst zuverlässige Auskunft geben. Leider gehört aber nun gerade das Verhalten – und bei den eben genannten Begriffen handelt es sich in der Hauptsache um Verhaltenseigenschaften (S. 81) – zu denjenigen psychischen Erscheinungen, die von vielen sehr variablen Faktoren abhängig sind und daher keineswegs mit der erwünschten Sicherheit festgestellt werden können.

Eine auf zahlenmäßig erfaßbare Ergebnisse eingestellte Psychologie – ein Teil der amerikanischen Psychologie zum Beispiel – verzichtet daher konsequenterweise auf Aussagen über das, was wir unter Charakter verstehen. Diese Psychologie setzt zwar die Existenz des Charakters, also eines Ganzen, voraus, aber sie handelt nicht davon. »Wovon sie handelt«, sagt der Berliner Psychologe Hans Hörmann, »was sie verwissenschaftlichen will, ist höchstens die Spur, aber nicht das Bild der Seele. Von der Seele des andern trennen uns intellektuelle und ethische Grenzen, die für die Wissenschaft immer unüberwindbar bleiben.« Wie wir bald sehen werden, ist zwar vieles am Menschen meßbar; aber das, was meßbar ist, ist nicht der Mensch als Ganzes.

Für den Umgang mit Menschen ist aber gerade das Ganze, das Bild von der Seele des andern, am wichtigsten. Und darüber vermag die quantitativ arbeitende Psychologie keine verbindlichen Angaben zu machen. Das Bild läßt sich nämlich nicht messen, sondern nur beschreiben. Stellen wir uns vor, von einem Gemälde würde uns lediglich mitgeteilt, wieviel Kubikzentimeter Leinwand, wieviel Liter Öl und wieviel Gramm Farbe dazu verwendet worden seien. Wir hätten dadurch zwar eine genaue Kenntnis der Teile des Objekts erhalten, könnten uns dieses selbst jedoch nicht vorstellen. Dazu muß man das Bild gesehen haben. Nirgends hat daher der Satz: »Das Ganze ist mehr als die Summe seiner Teile«, mehr Gültigkeit als in der Charakterkunde. Erscheinungen wie Angst, Haß, Wut oder Liebe können zwar beobachtet und beschrieben, jedoch kaum exakt gemessen werden. Sie lassen sich verstehen und erklären, nicht aber in Zahlenwerten ausdrücken.

Die persönliche Eigenart des andern, sein Wesen und sein Charakter läßt sich jedenfalls zahlenmäßig nicht exakt erfassen. Das heißt jedoch nicht, daß von der Psychologie darüber nichts zu erfahren wäre. Wie wir im vorangegangenen Teil gezeigt haben, ist die Ausdruckspsychologie schon seit langem den »Spuren der Seele« nachgegangen und hat über eine verstehende Analyse der Ausdruckserscheinungen einen Einblick in das Gesamtgefüge der Persönlichkeit bekommen. Dabei gelangte sie sogar auch zu Aussagen über Teilbereiche der Psyche, wie Temperament, Wille, Intelligenz u. a. Doch zielt sie dabei mehr auf die Erfassung des Zusammenspiels derselben als auf deren mengenmäßige Bestimmung; auch bedient sie sich, wie wir gesehen haben, anderer Methoden als die mehr rational eingestellte Psychologie.

Exakte Ergebnisse im Sinne der Naturwissenschaften können nur in den der Messung zugänglichen Bereichen der Psyche erzielt werden. Meßbar sind z. B. die Reaktionszeiten, das Gedächtnis, die Intelligenz, die Belastbarkeit, die Abstraktionsfähigkeit und noch viele andere Teilfunktionen der Psyche.

Um möglichen Enttäuschungen zu entgehen, wird es gut sein, wenn sich der Leser gleich von vornherein klarmacht, daß die Ergebnisse psychologischer Messungen um so exakter und zuverlässiger sind, je mehr sie sich auf klar bestimmbare Detailerscheinungen beziehen, und um so fragwürdiger werden, je mehr sie auf die Erfassung sogenannter Charaktereigenschaften zielen. Es ist beispielsweise einfacher, zuverlässige Aussagen über die Intelligenz als über die Ehrlichkeit zu machen. Insbesondere ist zu beachten, daß es keine Methoden gibt, die sozusagen automatisch zu absolut sicheren Feststellungen über Art und Grad bestimmter psychischer Eigenschaften führen.

Selbst die Objektivität des Ergebnisses metrischer Testverfahren ist nicht unbedingt gewährleistet. Persönliche Voreinstellungen und Erwartungen des Testers können leicht zu einer Verfälschung des Testergebnisses führen.

Die durch die Illustriertenpresse genährten Erwartungen, mit Hilfe einiger origineller Fragestellungen das Seelenleben seines lieben Nächsten rasch und objektiv ergründen zu können, sind deshalb leider trügerisch.

Damit sollen freilich die Möglichkeiten, die sich aus den Bestrebungen nach einer Meßbarkeit psychischer Erscheinungen ergeben, keineswegs geringgeachtet werden. Durch die Einführung experimenteller Methoden in die Psychologie hat sich das Wissen über den Menschen auf jeden Fall ganz erheblich vermehrt. Die zahlenmäßigen Ergebnisse dieser Verfahren erlauben zudem eine viel exaktere Bestimmung psychischer Eigenschaften als bisher. Insbesondere können aber nun die Fähigkeiten der untersuchten Personen miteinander verglichen werden, was z. B. für die Bewerberauslese von großer Wichtigkeit ist. Es gibt heute äußerst präzis arbeitende Geräte, mit deren Hilfe es möglich ist, das Reaktionsvermögen der Anwärter für den Pilotenberuf sehr genau festzustellen. Alle Heere der Weltmächte unterhalten größere Stäbe von Psychologen, die sich vor allem mit der Auslese der Spezialisten beschäftigen. Ebenso bedienen sich die Industrie, die Berufsberatung und die Schule messender Verfahren, um aus der undifferenzierten Masse der Anwärter die Geeigneten herauszufinden.

Wie wird gemessen?

Um Irrtümern zu entgehen, muß man sich stets vor Augen halten, daß psychische Eigenschaften, Vermögen und Kräfte nur indirekt gemessen werden können. Durch einen Intelligenztest wird nicht, wie man vielfach stillschweigend annimmt, die Intelligenz als psychische Erscheinung an sich gemessen, sondern zunächst einmal eine Leistung, von der aus wir auf eine diesbezügliche Kraft oder Fähigkeit schließen.
Zur Veranschaulichung dessen, was wir damit sagen wollen, betrachten wir einmal unser Quecksilberthermometer. Ein kurzer Blick genügt, und wir wissen, wie warm oder kalt es heute ist. Was wir gesehen haben, ist aber nicht die »Temperatur« oder ein bestimmter Grad derselben, sondern die mehr oder weniger ausgedehnte Quecksilbersäule, aus deren Höhe wir auf die Temperatur schließen. Der kausale Zusammenhang zwischen der Temperatur als Ursache und der Ausdehnung des Quecksilbers als Folgeerscheinung ist uns durch die Erfahrung so selbstverständlich geworden, daß wir einfach kurzerhand sagen: Wir haben die Temperatur abgelesen.
Schön wäre es, wenn aus den Meßzahlen eines *Intelligenztests* die Intelligenz mit derselben Sicherheit und Genauigkeit abgelesen werden könnte. Dies ist jedoch aus verschiedenen Gründen nicht der Fall. Bleiben wir am Beispiel der Intelligenz. Trotz umfassender Forschungen ist die Wissenschaft bis heute noch nicht in der Lage, die sogenannte Intelligenz eindeutig zu definieren und zu begrenzen. Wir wissen lediglich, daß es sich dabei um ein komplexes Phänomen handelt, also um ein ganzes Bündel von Funktionen, die in ihrem Zusammenwirken die intelligente Leistung hervorbringen. Wenn jedoch, wie in unserem Beispiel, die Meinungen über die Struktur des Objekts auseinandergehen, muß es auch bei dessen Erfassung Schwierigkeiten geben. Intelligenzuntersuchungen erfordern daher von vornherein schon eine Vielzahl von Einzeluntersuchungen, um möglichst alle Faktoren der Intelligenz zu erfassen. Dabei kann es durchaus vorkommen, daß der Versuchsperson zufällig einmal eine Antwort auf eine »Intelligenzfrage« schon bekannt ist, die Lösung also nicht mit Hilfe der Intelligenz, sondern eines Vorwissens erfolgte. Ihre »Leistung« läßt dann in diesem Fall verständlicherweise keinen Schluß auf »die Intelligenz« zu. Wann dies jedoch der Fall ist, läßt sich nicht immer mit Sicherheit erkennen.
Auch der umgekehrte Fall kann vorkommen: Die »Leistung« bleibt trotz vorhandener Intelligenz aus, weil sozusagen die »Leitung« blockiert ist, das heißt: die Versuchsperson gehemmt, verstimmt oder krank ist. Die Psychologie sucht zwar derartigen Eventualitäten zu begegnen; ausschließen lassen sie sich jedoch nicht.
Vor allen Messungen muß jedenfalls genau geprüft werden, ob mit dem geplanten Verfahren tatsächlich auch die ins Auge gefaßte Funktion getroffen und erfaßt wird. Dies ist gar nicht so selbstverständlich, wie gemeinhin angenommen wird. Schon die körperlichen Funktionen, erst recht aber die geistigen und seelischen stehen nämlich untereinander in einem innigen Abhängigkeitsverhältnis. Sie sind, wie die Psychologie sagt, integriert. Der Unterschied zwischen Denken, Fühlen und Wollen ist uns zwar allen geläufig; doch ist es gar nicht so einfach, einen Denkakt »rein« zu erfassen, weil der Prozeß des Denkens dauernd auch von Gefühlstönungen begleitet, überlagert und beeinflußt wird. Wir wissen

heute, daß die Schulleistung nicht, wie man lange angenommen hatte, lediglich von der Begabung, sondern in nicht unerheblichem Maß auch von der Stimmung und Motivation des Schülers und der sozialen Struktur der Gruppe, der er zugehört, abhängig ist.
Erst recht problematisch sind all die Messungen, die sich auf *Charaktereigenschaften* erstrecken. Für den Umgang mit Menschen wäre es zwar sehr wünschenswert, beispielsweise genau zu wissen, mit welchem Grad von Vertrauenswürdigkeit, Zuverlässigkeit, Fleiß, Ausdauer bei Herrn Schmittke zu rechnen ist, der sich um einen Vertrauensposten in einem Betrieb bewirbt. Die Psychologie verfügt zwar über eine Reihe von Methoden zur Erfassung von Charaktereigenschaften, doch lassen sich die Ergebnisse dieser Untersuchungen nur schwer metrisieren und in Zahlenwerten ausdrücken.

Was ist ein Test, und was vermag er?

Manche *Illustrierten* geben vor, man könne durch die Lösung einer Handvoll Aufgaben, für die es eine Reihe von Punkten gibt, etwa die Zuverlässigkeit eines Ehemannes oder die Verträglichkeit einer Frau gradmäßig ermitteln. Derartige Verfahren, die sich gerne als »Psychologische Tests zum Selbermachen« ausgeben, gehören in die Reihe der Gesellschaftsspiele ohne ernsthafteren Hintergrund. Obwohl diese ihrer äußeren Aufmachung nach vielfach Variationen bekannter wissenschaftlicher Tests darstellen, vermögen sie doch nicht den strengen Maßstäben zu genügen, denen ein psychologischer Test unterworfen werden muß, damit seine Ergebnisse als gültig bezeichnet werden können. Da hier zumeist der Tester mit dem Getesteten identisch ist, steht es von vornherein um die Objektivität der Bewertung nicht gerade zum besten. Jeder ist ja sein eigener Zensor, der bei der Bewertung bald strenger, bald weniger streng vorgehen kann.
Die unverkennbare Beliebtheit dieser spielerischen Tests erklärt sich vor allem aus der frappierend wirkenden Methode. Da wird man – nichtsahnend – etwa gefragt, ob man Furcht vor Spinnen hätte, gerne Heringe esse, sich mehr für die Zukunft oder für die Gegenwart interessiere. Vielleicht weiß man selbst nicht so genau, wie man sich im Augenblick entscheiden soll, sagt dann jedoch zur Zukunft ja und heimst dafür einen Punkt ein. Bei der nächsten Frage soll man bekennen, ob man einen guten oder schlechten Orientierungssinn habe. Da man das erstere glaubt, erhält man wieder einen Punkt. Hat man schließlich von 14 derartigen Fragen 10 mit Ja beantwortet, erfährt man zu seiner größten Überraschung, daß man – sehr viel Intuition besitze. Hat man jedoch nur dreimal ja gesagt, bekommt man den Rat, sich lieber auf seine Vernunft zu verlassen – so man hat.
Auf ähnliche Weise werden hunderterlei andere Gaben und Eigenschaften ermittelt, und jedesmal ist man erneut erstaunt, wie schnell und mühelos man doch mit Hilfe einiger Fragen selbst die hintersten Winkel der Seele zu erforschen vermag. Das Ganze ist zwar vielfach recht amüsant, verleitet jedoch leicht zu der Meinung, als ob alle Testresultate so einfach zu gewinnen wären. Die Psychologen brauchen zur Durchführung ihrer Testuntersuchungen jedenfalls mehr Zeit – und sind mit ihren Aussagen trotzdem etwas vorsichtiger. Die wissenschaftlichen Testverfahren wer-

den nicht nur sorgfältiger entwickelt, sondern weisen zumeist auch einen komplizierteren Bau auf, der ihre Handhabung erschwert.

Die Erstellung wissenschaftlicher Tests

Wenn Herr Merkle einmal frühmorgens 6.10 Uhr durch seinen Betrieb geht und nachsieht, ob alle seine Mitarbeiter pünktlich zur Stelle sind, dann erzählt er seinem Prokuristen, daß er heute den Betrieb »getestet« hätte. Er hat damit nicht einmal unrecht. Das sowohl in der deutschen als auch in der lateinischen, französischen und englischen Sprache vorkommende Wort Test heißt nämlich nichts anderes als Stichprobe oder Prüfung.

»Stichhaltig« ist die Blutprobe, die uns der Arzt zu Untersuchungszwecken entzieht, um sich daraus ein Bild von der Beschaffenheit unseres Blutes zu machen. Das winzige Tröpfchen kann nämlich tatsächlich als Repräsentant der gesamten Blutmenge betrachtet werden. Diese Art der Untersuchung hat den Vorteil, daß sie verhältnismäßig rasch vonstatten geht und zu einem zuverlässigen Ergebnis führt. Eben dies bezweckt auch der psychologische Test.

Wer die Intelligenz oder die Konzentrationsfähigkeit testen will, muß zunächst definieren, was er darunter versteht, und sich überlegen, wo und wie sich die Eigenschaft äußert. Danach müssen Aufgaben gesucht werden, zu deren Lösung die zu testende Funktion nachweisbar benötigt wird, was gar nicht so einfach ist. Diese Überprüfung des Tests auf seine Brauchbarkeit als diagnostisches Mittel (auf seine *Valenz*, wie es in der Fachsprache heißt) erfordert zumeist umfangreichere Vorversuche. Dabei werden die Ergebnisse mit andern Leistungskriterien, wie zum Beispiel den Schulleistungen, dem Berufserfolg oder den Ergebnissen anderer Tests ähnlicher Fragestellung, verglichen. Wenn sich dabei keine befriedigende Übereinstimmung der Resultate ergibt, muß der Test noch einmal umgearbeitet werden. In diesem Fall spricht die Psychologie von einer schlechten *Korrelation* (= Übereinstimmung). Die Versuche müssen dann mit neuen Aufgaben wiederholt werden, bis sich der Test bewährt.

Dabei wird nun gleichzeitig die Meßgenauigkeit des Tests, seine *Reliabilität* untersucht. Ein Test kann erst dann als zuverlässig bezeichnet werden, wenn die angewandten Mittel den Gegenstand der Untersuchung möglichst exakt erfassen. Dies wird zum Beispiel dann angenommen, wenn das Versuchsergebnis bei einer Wiederholung stabil bleibt.

Mit den genannten Vorarbeiten ist der Test jedoch immer noch nicht gebrauchsfertig. Er muß nun auf den Personenkreis abgestimmt werden, für den er später gedacht ist. Es ist ohne weiteres verständlich, daß zur Prüfung der Intelligenz von Kindern andere Aufgaben erforderlich sind als zur Prüfung Erwachsener. Die Aufgaben dürfen nicht zu leicht und nicht zu schwer sein und müssen dazuhin noch der Mentalität des in Frage stehenden Personenkreises entsprechen.

Schließlich muß für jeden Test eine detaillierte Versuchsanweisung ausgearbeitet werden, die peinlich genau eingehalten werden muß, da sonst die an verschiedenen Orten gewonnenen Ergebnisse nicht miteinander verglichen werden können.

Von einem zuverlässigen psychologischen Test muß erwartet werden, daß er mit einem genau geeichten Maßstab arbeitet. Dieser muß in jedem einzelnen Fall durch Vorversuche ermittelt werden. Was als durchschnittliche, gute oder schlechte Leistung zu bezeichnen ist, darf nämlich nicht nach dem Gutdünken des Testers bestimmt werden. Im Normalfall sollten die Ergebnisse einer Prüfung dem »Normalverteilungsgesetz« des Mathematikers KARL FRIEDRICH GAUSS, der sogenannten *Gaußschen* oder *Glocken-Kurve* entsprechen (s. unten).

GAUSS und mit ihm noch zahlreiche andere Forscher konnten bei Massenuntersuchungen, wie zum Beispiel bei Größenmessungen, immer wieder feststellen, daß sich die Ergebnisse bei unausgelesenen Gruppen stets um einen Mittelwert (M) gruppieren, und zwar so, daß größere Abweichungen von ihm seltener, extreme Abweichungen sehr selten sind. Ein Intelligenztest wäre in dieser Hinsicht also dann als brauchbar anzusehen, wenn etwa 50% aller Versuchspersonen durchschnittliche Leistungen aufwiesen, je 16% zu etwas besseren oder schlechteren Leistungen kämen und je 8,6% erheblich über oder unter dem Durchschnitt lägen und der Rest extrem gute oder schlechte Leistungen hätte. Ergibt sich in den Vorversuchen mit einem Test eine andersartige Verteilung der Leistungen, dann ist anzunehmen, daß die Aufgaben entweder zu leicht oder zu schwer sind. Es muß daher mit andern Aufgaben weiter experimentiert werden, bis sich eine normale »Streuung« ergibt.

Die Gefahr populärer Tests

Die Eichung eines Tests, also die Gewinnung des Maßstabs zur Beurteilung der Leistungen, ist, wie die bisherigen Aufzeichnungen gezeigt haben, eine sehr mühselige und zeitraubende Arbeit, die dazuhin noch eine größere Anzahl von Versuchspersonen erfordert. Ein solcher Arbeitsaufwand kann nur von einem größeren Psychologen-Team – etwa eines psychologischen Instituts – bewältigt werden. Es ist kaum anzunehmen, daß die Verfertiger der populären Tests »zum Selbermachen« sich mit der Entwicklung ihrer Bewertungstabellen soviel Mühe machen. Deshalb wird man auch den Ergebnissen dieser Tests keine allzugroße Bedeutung beimessen dürfen.

Darüber vermag auch die subjektive Überzeugungsgewißheit der Getesteten selbst nicht hinwegzutäuschen. Wiederholt vorgenommene Versuche haben gezeigt, daß die meisten Leute nur allzuleicht bereit sind,

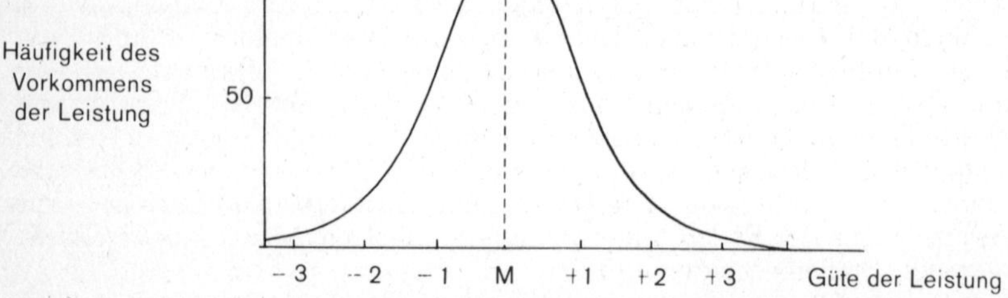

Die symmetrische Streuungskurve nach Gauß (sogenannte Gaußsche Kurve); sie zeigt an, wie sich die psychologischen Eigenschaften auf eine bestimmte Personenzahl verteilen

sich mit ganz beliebigen Angaben über die Eigenschaften ihres Charakters einverstanden zu erklären, sofern diese ihnen als das Ergebnis einer Testuntersuchung präsentiert werden. Infolge der naturgegebenen Grenzen der Selbsterkenntnis und der Vieldeutigkeit charakterologischer Beschreibungsbegriffe werden nicht nur einzelne Eigenschaften, sondern sogar erdichtete Gutachten von den Empfängern vielfach als völlig zutreffend bezeichnet!

Die so Getesteten fühlen sich in den allermeisten Fällen – falls sie der Sache nicht von vornherein ablehnend gegenüberstehen – durchschaut und erkannt, selbst dann, wenn das Ergebnis nicht ganz ihren Erwartungen entspricht. Wer kann schon von sich selbst sagen, daß er sich kennt? Der empirische Beweis für das Vorhandensein oder Nichtvorhandensein bestimmter Charaktereigenschaften ist vielfach gar nicht so leicht zu führen.

Nehmen wir an, Herr Remmele hätte sich »spaßeshalber« einem »Test zum Selbermachen« unterzogen und wäre zu dem Ergebnis gekommen, daß er ein verträglicher und anpassungsfähiger Mensch sei. Höchstwahrscheinlich wird er sich mit dieser Beurteilung einverstanden erklären und sie zunächst einmal seinen beiden – wie er meint – mißgünstigen Kollegen unter die Nase halten, die ihn insgeheim als eigenwillig und egoistisch bezeichnen, weil er voranzukommen sucht und sich bewähren will. Selbstverständlich erhält auch seine Frau von diesem Zeugnis Kenntnis, die gelegentlich schon behauptet hatte, er sei ein Haustyrann. Für Fräulein Elli, seine Stenotypistin, ist das Testergebnis keine Überraschung. Sie hielt ihn schon immer für einen netten und liebenswürdigen Menschen, weshalb er sich mit ihr nun noch mehr verbunden fühlen wird als bisher.

Wie es mit seiner Anpassungsfähigkeit in Wirklichkeit steht, wird man erst dann sagen können, wenn man wesentlich mehr über ihn weiß als der Test »Sind Sie anpassungsfähig?« ermittelt hat.

Ein gegenteiliges Ergebnis hätte Herrn Remmele wahrscheinlich etwas geärgert oder zum Nachdenken veranlaßt. Sollten seine Kollegen und seine Frau mit ihren Kritteleien an ihm doch recht haben? Man müßte diese auch einmal testen, denn sooo nachgiebig sind die ja nun auch nicht! Was heißt überhaupt »anpassungsfähig?« Jeder muß sich ja schließlich seiner Haut wehren! Im übrigen, so meint er am Schluß seiner Betrachtungen, sollte man Testergebnisse auch nicht überschätzen – womit er nicht ganz unrecht hat.

Komplexe Testuntersuchungen

Welche Bedeutung einer durch einen Test ermittelten Eigenschaft im Rahmen der Gesamtpersönlichkeit zukommt, ergibt sich zumeist erst durch weitere Untersuchungen und Beobachtungen. Angesichts der sehr komplexen Gestalt dessen, was wir unter »Charakter«, »Person« und »Persönlichkeit« verstehen, nützt es nicht viel, *einen* Faden des gesamten Geflechts in die Hand bekommen zu haben oder *eine* Eigenschaft zu kennen. Man muß diese vielmehr in ihren Zusammenhängen sehen, die Verbindungen der Fäden untereinander entdeckt haben, um das Gewicht oder den Stellenwert der einzelnen Erscheinung richtig bestimmen zu können. Eine fachpsychologische Begutachtung stützt sich daher auch nicht nur auf das Ergebnis einer Einzeluntersuchung, sondern bedient

sich ganzer »Testbatterien«, die durch verhaltens- und ausdruckspsychologische Beobachtungen ergänzt werden.
Bei Testuntersuchungen muß stets damit gerechnet werden, daß deren Ergebnisse durch eine nicht testgemäße Einstellung (der Prüfling will sich der Sache gar nicht unterziehen, sperrt sich, gibt bewußt falsche Antworten u. a.) oder durch eine ungünstige Disposition des Prüflings (Krankheit, Hemmungen, Angst u. a.) verfälscht werden können. Dies gilt in besonderem Maße für alle Testverfahren, die sich auf die Erfassung von Verhaltens- und Wesenseigenschaften erstrecken. Während bei ausgesprochenen Leistungstests mit 80–90% Sicherheit gerechnet werden kann, sinkt diese bei Tests, die sich auf die Erfassung des Verhaltens beziehen, auf 60% und bei solchen, die das »Wesen« erfassen wollen, auf 30%. Ein Test, der vorgibt, Ehetauglichkeit, Sparsamkeit, Gutmütigkeit, Optimismus und ähnliches testen zu wollen, mag zwar sehr interessant erscheinen, ist aber bezüglich der Zuverlässigkeit seiner Aussagen höchst fragwürdig.
Selbst so – relativ – exakte Feststellungen wie die über den Grad der vorhandenen Intelligenz lassen noch keinen bündigen Schluß auf die Güte der Schulleistung zu. Diese kann größer oder geringer sein, als nach dem Intelligenzquotienten zu vermuten wäre. Fleiß, Interesse, Anpassungsfähigkeit und Selbständigkeit, aber auch Hemmungen, Ängste und mangelndes Selbstvertrauen und noch viele andere Faktoren vermögen das vorhandene Kräftepotential zu steigern oder zu schmälern. Gerade bei den Versuchen zur Selbstbeurteilung nach Testergebnissen wird häufig außer acht gelassen, daß es keine psychischen Kräfte und Funktionen gibt, die unabhängig von andern in der Persönlichkeit vorhandenen Fähigkeiten zu wirken vermögen. Jedes Testergebnis muß daher im Zusammenhang mit der Gesamtpersönlichkeit betrachtet werden. In der Hand des Fachmanns sind die Tests eines der Mittel, mit deren Hilfe Leistungen oder Verhaltensweisen sichtbar gemacht werden können, sie bedürfen jedoch der Stützung durch andere Mittel und einer sinnvollen Deutung. Zudem erfordert die Durchführung der meisten Tests ein umfassendes Fachwissen und eine größere Erfahrung.

Arten des Tests

Wenn man bedenkt, daß noch zu Beginn unseres Säkulums Testverfahren im heutigen Sinn so gut wie unbekannt waren, dann ist man über die fast unübersehbare Fülle von Tests, über die die moderne Psychologie verfügt, erstaunt. Im Jahre 1946 wurden allein in den USA bereits mehr als 500 Tests gezählt; heute dürften es erheblich mehr sein. Das zunehmende Interesse an der Psychologie und das Bedürfnis, mehr und Genaueres über das Seelenleben zu erfahren, haben auch zu einer Vermehrung und Verfeinerung der Methoden geführt. *Den* idealen Test, der »alles« verrät, also umfassende Aussagen über alle Seiten der Persönlichkeit ermöglicht, gibt es nicht. Nicht nur der Charakter, sondern auch die einzelnen Seeleneigenschaften selbst sind viel zu kompliziert gebaut, als daß sie von einem Punkt aus und mit Hilfe eines einzigen Mittels erfaßt werden könnten. Die vorhandenen Tests unterscheiden sich zunächst einmal nach dem Zweck, den sie verfolgen, und den Mitteln, die sie dabei anwenden.

Leistungstests

Eine größere Gruppe von Tests beschäftigt sich mit der Erfassung und Messung einzelner Leistungsfähigkeiten. Man nennt diese im Gegensatz zu denen, die sich mit der Gesamtstruktur der Persönlichkeit befassen, kurz *Leistungstests.*
Zu dieser Gruppe gehören insbesondere die *Intelligenztests,* die zwar nicht die Intelligenz an sich, wohl aber das, was diese zu leisten vermag, messen. Zu derselben Gruppe zählen Tests zur Prüfung des *Gedächtnisses,* der *technischen* und *praktischen Leistungsfähigkeit,* der *Aufmerksamkeit* und *Konzentrationsfähigkeit* und andere.
Charakteristisch für sie ist vor allem die Tatsache, daß bei diesen Tests die Leistung des einzelnen an empirisch gewonnenen Normen gemessen wird. Was als gute, mittlere oder schlechte Leistung zu bezeichnen ist, bestimmt sich einzig und allein aus der Durchschnittsleistung der zur Standardisierung der Tests herangezogenen Gruppe von Versuchspersonen. Der einzelne wird hier also – was stets zu beachten ist – am durchschnittlichen Verhalten der für sein Alter, sein Geschlecht, seinen sozialen Status und seine Kultur als repräsentativ erachteten Gruppe gemessen. Bei der Bewertung der Ergebnisse der Leistungstests muß man sich also dauernd vor Augen halten, daß bei der Geburt des Maßstabs nicht die Ethik, sondern die Statistik Pate stand, oder, wie es in der Fachsprache heißt, die Maßstäbe »sozial standardisiert« sind. Darin liegt ihre Stärke und ihre Schwäche. Das Testergebnis erlaubt zwar, den Leistungsrang des einzelnen innerhalb seiner Gruppe genau zu bestimmen, besagt jedoch nichts darüber, ob dieser von seinen Fähigkeiten auch in einer andern Situation Gebrauch machen wird. Wir erinnern an den Zusammenhang zwischen Intelligenz und Schulleistung. Gerade der gute Leistungstest beurteilt ja das Leistungsverhalten unter ganz genau bestimmten Bedingungen. Werden die Testanweisungen nicht exakt eingehalten, dann stimmt der Maßstab nicht mehr und die Leistungen verschiedener Personen an verschiedenen Orten sind nicht mehr miteinander vergleichbar. Zur Absicherung der Ergebnisse eines Leistungstests müssen diese daher nicht nur mit den Ergebnissen anderer Tests verglichen, sondern auch in Beziehung zur Gesamtpersönlichkeit, ihrer Lebenseinstellung und ihres Motivationsgefüges gebracht werden. Ihrer Methode nach nennt man diese Tests auch *metrische* Tests; im Hinblick darauf, daß sie – bildlich gesprochen – mengenmäßige Feststellungen treffen, *quantitative* Verfahren.

Persönlichkeitstests

Um Einblick in die Struktur der Persönlichkeit zu bekommen, bedient man sich einer anderen Art von Tests, der sogenannten *Persönlichkeitstests.* Sie stellen im Gegensatz zu den eben genannten Tests *qualitative* Verfahren dar, da sie Aussagen über die Eigenart, also über eine bestimmte Qualität der Persönlichkeit, machen. Die Trennung von »Leistung« und »Persönlichkeit« ist freilich nur theoretisch möglich und daher auch vielfach angefochten worden. Doch hat sich die Unterscheidung mehr und mehr eingebürgert.
Der Zweck des Persönlichkeitstests ist ein völlig anderer als der des Leistungstests. Während der letztere danach trachtet, den Grad einer

bestimmten Fähigkeit möglichst exakt zu erfassen und an einer standardisierten Skala zu messen, zielen die ersteren auf die Ergründung der ganz und gar subjektiven, also persönlichkeitsbedingten Ursache der Leistungsfähigkeit. Sie suchen also beispielsweise darzutun, warum ein Kind trotz des exakt festgestellten hohen Intelligenzgrads in der Schule wegen schlechter Leistungen versagt oder warum ein Kraftfahrer trotz guter Konzentrations- und Reaktionsfähigkeit und einwandfreien Könnens in nüchternem Zustand einen Unfall verursacht. Während die Leistungsdiagnostik möglichst objektiv festzustellen sucht, was einer an Fähigkeit und Begabungen besitzt, sucht die Persönlichkeitsdiagnostik Einblick zu gewinnen in die Struktur und den Aufbau des Charakters und die individuellen Bedingungen der Leistungsfähigkeit zu erfassen.

Entsprechend der andersartigen Zielsetzung sind auch die Methoden der Persönlichkeitstests völlig anders als bei den zuvor besprochenen Tests. Bei ihnen kann es keine standardisierte Leistungsnorm geben. Während die Versuchsperson beim Leistungstest eine Anzahl eindeutig bestimmter Aufgaben in einer genau bemessenen Zeit zu lösen hat, werden ihr hier zumeist nur vieldeutige Anreize gegeben, auf die keine genormten, sondern höchstpersönliche Reaktionen erwartet werden. Entsprechend der Aufgabenstellung ist es daher auch nicht statthaft, etwa zu fragen, ob die Lösung »falsch« oder »richtig« ist. Allenfalls kann gefragt werden, ob diese mehr individuell und originell oder mehr konventionell und schematisch ist. Der Test will ja nur einen Anreiz zu einer persönlichen Entfaltung geben. Eben deshalb nennt man diese Art von Tests auch »Entfaltungstests«. Der Versuchsperson ist im Gegensatz zu den Leistungstests zumeist weder eine bestimmte Zeit noch ein bestimmter Lösungsweg vorgeschrieben. Das Testmaterial muß deshalb die Möglichkeit zu mehreren Lösungen nach eigener Wahl geben.

Da nun die »Reiz-Mittel« der meisten Persönlichkeitstests mit der Lebenswirklichkeit des Getesteten nicht viel zu tun haben, weiß dieser auch nicht, was mit der Aufgabenstellung (etwa Tintenkleckse deuten) eigentlich bezweckt wird. Er vermag sich also nur nach dem zu äußern, was seiner Meinung und Ansicht nach gefordert wird. In seiner Reaktion auf das Testmaterial tritt daher zweifellos etwas von seinen mehr oder weniger bewußten »Einstellungen« zutage. Und eben diese sind für den Psychologen Ausgangspunkt seiner Deutungen. In ihnen offenbart sich nämlich etwas von den Interessen und Neigungen, den Motiven und Antrieben, die dem Verhalten eines jeden Menschen seinen höchstpersönlichen Charakter geben. Es liegt daher auf der Hand, daß sich die Ergebnisse dieser Art Tests nicht so ohne weiteres auf einen zahlenmäßigen Begriff bringen lassen. Man bezeichnet diese Tests daher auch im Gegensatz zu den metrischen als *nichtmetrische* Tests. Ihre Ergebnisse bedürfen in viel höherem Grad der Interpretation durch den Psychologen. Sie sind ihm Anzeichen für die Kräfte und Funktionen, die sozusagen hinter den Erscheinungen wirken beziehungsweise diese bestimmen und bedingen.

Daß die Ausdeutung eines solchen Tests weit mehr von dem Geschick und Gespür des Deuters abhängig ist als bei den Leistungstests, ist ohne weiteres verständlich. Deshalb kommt den Aussagen der Persönlichkeitstests bis heute auch noch nicht jener Grad an Zuverlässigkeit zu wie den Tests mit zahlenmäßig fixierbaren Ergebnissen.

Andere Testarten

Es gibt noch andere Arten von Tests, wie zum Beispiel solche, welche die *Schulreife*, die *Entwicklungshöhe* oder den *sozialen Status* des einzelnen in einer Gruppe festzustellen suchen. Ferner unterscheidet man *Einzeltests* von *Gruppentests*, das heißt solchen, mit deren Hilfe gleichzeitig eine Gruppe von Versuchspersonen getestet werden kann. Man spricht ferner von *Papier- und Bleistifttests* im Gegensatz zu den *Handlungstests*, bei denen die Versuchspersonen nicht nur Antworten zu Papier zu bringen haben, sondern auch irgendwelche Tätigkeiten ausüben. Schließlich unterscheidet man *verbale* von *nichtverbalen* oder stummen Tests, die ohne Zuhilfenahme des gesprochenen Worts gelöst werden können.
Im folgenden wollen wir uns nun mit einigen wissenschaftlich erprobten Testverfahren beschäftigen, um dem Leser eine Vorstellung von deren diagnostischen Möglichkeiten zu geben.

Leistungstests

Eine Zeit, die den Menschen in erster Linie nach dem beurteilt, was er effektiv leistet, ist an den Verfahren zur Leistungsmessung besonders interessiert. Es ist daher auch nicht verwunderlich, daß es deren heute so viele gibt.
Was einer zu leisten vermag, läßt sich zwar auch durch ein schlichtes Auszählen des Geleisteten ermitteln, insbesondere dann, wenn es sich um eine manuelle Leistung handelt. Durch den Test soll jedoch vor allem die Fähigkeit zu *zukünftigen* Leistungen festgestellt werden. Dies ist aber weder im Bereich des Manuellen noch des Geistigen so ohne weiteres möglich. Aus einer eben vollbrachten Leistung läßt sich nämlich nicht mit Sicherheit auf eine vorhandene Fähigkeit schließen. So deuten beispielsweise schlechte Schulleistungen nicht unbedingt auf eine schlechte Begabung. Diese können vielmehr die allerverschiedensten Ursachen haben. Mangel an Intelligenz ist nur eine der möglichen Ursachen. Vielfach fehlt es aber eher an Fleiß, Interesse und Gedächtnis oder an Selbstvertrauen, Frische und Konzentrationsfähigkeit. Ein Leistungsversager braucht deshalb nicht unbedingt ein Dummkopf zu sein.
Etwas klarer liegt der Fall bei der guten Leistung. Falls sie nicht auf unlauterem Weg zustande gekommen ist, schließen wir mit Recht auf eine ihr entsprechende Fähigkeit. Damit ist jedoch nicht gesagt, daß der Mensch von ihr auch stets den erhofften Gebrauch macht. Darüber vermag freilich auch ein Leistungstest keine Auskunft zu geben. Seine Aufgabe besteht zunächst einmal darin, eine eventuell vorhandene Leistungs*fähigkeit* mit größtmöglicher Sicherheit festzustellen. Dies erreicht er um so eher, je mehr es ihm gelingt, die zu untersuchende Funktion zu isolieren. Angesichts der Tatsache, daß alle psychischen Funktionen innig miteinander verbunden sind und einander beeinflussen, ist diese Forderung nicht immer leicht zu erfüllen.
Durch die Leistungstests will man jedoch nicht nur das Vorhandensein oder Nichtvorhandensein bestimmter Fähigkeiten und Funktionen feststellen, sondern auch deren Stärke, und zwar möglichst zahlenmäßig. Erst durch diese quantitative Bestimmung werden ja die Leistungen

vergleichbar. Und darauf kommt es beispielsweise bei einer Bewerberauslese an.
Vergleichbar und nachprüfbar werden die Ergebnisse jedoch erst dann, wenn alle Beteiligten unter denselben Bedingungen arbeiteten. Daher ist es so wichtig, die jeweilige Testanleitung peinlich genau einzuhalten. Ferner müssen die Aufgaben so klar und bestimmt wie möglich gefaßt sein, damit sie eindeutig gelöst werden können. Wesentlich für diese Art von Tests ist schließlich das Vorhandensein eines empirisch ermittelten Maßstabs, an dem die Leistungen gemessen werden können. Erst dadurch erlangt ja die Beurteilung die erwünschte Objektivität.
Der Hauptvorzug dieser Tests beruht jedoch auf dem Zeitgewinn, der durch ihren Einsatz erreicht wird. Zudem lassen sie sich nicht nur jederzeit anwenden, sondern auch wiederholen. Aus der Fülle der vorhandenen Leistungstests, zu denen auch die Intelligenztests gehören, wollen wir einige besonders aufschlußreiche Tests erläutern.

Intelligenztests

Intelligenzunterschiede unter den Menschen sind von so auffälliger Art, daß sie sozusagen mit dem bloßen Auge wahrnehmbar sind. Schon vom Eindruck her halten wir den einen für intelligent und den andern für weniger intelligent. Überraschenderweise verhält sich aber mancher in einer kritischen Situation intelligenter – oder auch unintelligenter –, als wir erwartet hatten. Wer sich schon etwas mehr mit Intelligenzbeurteilungen beschäftigt hat, der weiß, daß man sich dabei leicht täuschen kann. Es war daher von epochemachender Bedeutung, als dem französischen Psychologen Alfred Binet in Zusammenarbeit mit dem Arzt Simon zu Beginn dieses Jahrhunderts die Entwicklung eines Verfahrens gelang, mit dessen Hilfe die Intelligenz von Kindern zahlenmäßig bestimmt werden konnte. Die Größe ihrer Leistung wird erst verständlich, wenn man sich vergegenwärtigt, daß das Objekt, das sie meßbar gemacht haben, gar keine konkrete Gestalt hat. Wie soll aber ein solcher Gegenstand quantitativ erfaßt werden? Die Hauptschwierigkeit der Intelligenzforschung und -messung besteht ja eben darin, daß die Intelligenz nie direkt, sondern immer nur über bestimmte Leistungen in die Erscheinung tritt. Wir werden daher gut daran tun, uns zu überlegen, was wir unter Intelligenz und intelligent eigentlich verstehen.

Über den Begriff »Intelligenz«

Im allgemeinen Sprachgebrauch wird »intelligent« vielfach mit »begabt« gleichgesetzt. Ein intelligenter Mensch wäre danach ein begabter Mensch. In der Psychologie macht sich jedoch allmählich das Bestreben bemerkbar, die Intelligenz als einen Teil der Begabung, das heißt der Gesamtheit der – im wesentlichen angeborenen – Leistungsdispositionen zu betrachten. Man unterscheidet also die künstlerische von der technischen und die geistige von der praktischen Begabung. Zumeist haftet dem Begriff auch eine gewisse Wertvorstellung an. Ein intelligenter Mensch gilt als ein mit überdurchschnittlichen Leistungsfähigkeiten ausgestatteter Mensch. Ein Mangel an Intelligenz wird als Nachteil empfunden, der die gesamte Einschätzung des Menschen ungünstig beeinflußt.

Worin zeigt sich aber nun die Intelligenz? Viele meinen ja, die Intelligenz sei einem Menschen ins Gesicht geschrieben. Andere sehen im sicheren Auftreten und in der Redegewandtheit ein Anzeichen für Intelligenz. Manchen scheint der Besitz von Wissen und Kenntnissen oder der erreichte Lebenserfolg ein Ausweis für Intelligenz zu sein. Aber haben nicht auch schon Leute ohne Examina und Titel wertvolle Erfindungen und Entdeckungen gemacht? Und sind uns nicht schon Menschen begegnet, denen wir geistig zwar nicht viel zutrauten, die sich jedoch in einer schwierigen Situation überraschend gut bewährt haben? Sollte man nicht vielleicht das Vorhandensein der Intelligenz eben an Aufgaben erproben, zu deren Lösung das erlernte Wissen und Können allein nicht ausreicht? Die Bewerkstelligung eines Rendezvous im Weltraum erfordert zweifellos ein hohes Maß an technischem Können, psychischer Belastbarkeit und körperlicher Widerstandsfähigkeit. Da für ein derartiges Manöver jedoch noch keinerlei Erfahrung vorliegt, hängt das Gelingen letzten Endes doch von der Fähigkeit ab, völlig neuartige Situationen erfolgreich zu meistern. Wie sollen wir uns aber diese Fähigkeit vorstellen?

Trotz größten Bemühens haben sich die Psychologen – die es ja wissen müßten – bis zum heutigen Tag noch nicht darüber einigen können, was Intelligenz eigentlich ist. Ein bekannter Psychologe soll einmal gesagt haben, Intelligenz sei das, was der Intelligenztest messe; man wisse zwar nicht, was das sei, aber was er messe, das messe er genau. Übereinstimmung besteht lediglich in der Auffassung, daß die intelligente Leistung nicht nur durch eine einzige Funktion, sondern durch ein ganzes Bündel von Kräften und Funktionen zustande kommt. Man spricht daher heute viel von »Intelligenz-Faktoren«, die man möglichst isoliert zu fassen sucht. Über die Zahl derselben besteht jedoch noch keine Einigkeit. Manche befürworten die Auffassung, daß jede intelligente Leistung durch einen sogenannten Generalfaktor (g-Faktor) und eine Reihe spezifischer Faktoren (s-Faktoren) zustande komme. Die Anhänger der »Multiplen Faktoren-Theorie« bestreiten jedoch die Existenz eines Generalfaktors und rechnen mit einer Vielzahl von Faktoren.

Von hier aus ist es auch verständlich, warum die neueren Intelligenztests mit einer Reihe ganz verschiedenartiger Fragen und Aufgaben arbeiten. Sehen wir uns einmal einige Definitionen des Begriffs der Intelligenz an.

Nach William Stern ist Intelligenz »die Fähigkeit, sich unter zweckmäßiger Verfügung über Denkmittel auf neue Forderungen einzustellen«. Das intelligente Verhalten wäre danach in erster Linie durch die Fähigkeit gekennzeichnet, neue Situationen ohne Zuhilfenahme bisheriger Erfahrungen zu bewältigen. Für den Amerikaner David G. Wechsler ist die Intelligenz »die zusammengesetzte oder globale Fähigkeit des Individuums, zweckvoll zu handeln, vernünftig zu denken und sich mit seiner Umgebung wirkungsvoll auseinanderzusetzen«. Andere Psychologen sehen in ihr eine Art Energie, die zwar ihrem Wesen nach nicht eindeutig zu bestimmen sei, ihrer Existenz nach jedoch nicht geleugnet werden könne. Ihr Vorhandensein zeige sich in erster Linie in der Fähigkeit, Beziehungen herzustellen, Zusammenhänge und Sinngehalte zu erfassen, Bedeutungen zu verstehen, mathematische Probleme zu lösen und anderes mehr.

Einfache Fragebogentests

Ein Großteil der Fragebogentests sucht gerade die zuletzt erwähnten Fähigkeiten zu erfassen. Den Befragten werden Aufgaben gestellt, die sie nicht mit Hilfe ihres erlernten Wissens und ihrer bisherigen Erfahrungen lösen können, sondern eben nur mit »Intelligenz«.

Beispiele für Intelligenzfragen. Es wird gefragt: Wie würden Sie sich entscheiden, wenn Ihnen folgende Frage vorgelegt würde:

Was bedeutet das Sprichwort: Man soll das Kind nicht mit dem Bad ausschütten? Wählen Sie unter folgenden Antworten die Ihnen als richtig erscheinende.
a) Man soll beim Baden eines Kindes vorsichtig sein.
b) Man soll sich bei wichtigen Aufgaben nicht übereilen.
c) Man soll beim Beseitigen eines Übelstands nicht etwas Gutes mit beseitigen.
d) Man soll nichts Überflüssiges tun.

Sie meinen vielleicht, die Sache mit dem Kind und dem Bad könne doch kaum mißverstanden werden. Die befragten Anwärter für die mittlere Beamtenlaufbahn entschieden sich bei einer Eignungsprüfung folgendermaßen:
35% hielten b) für die richtige Antwort, 26% waren für a), 25% für c) und 14% für d). Die allein richtige Antwort c) fand also nur ¼ der Befragten. Einer glaubte durch eine zusätzliche Bemerkung den berühmten Nagel auf den Kopf zu treffen. Er schrieb anstatt der vorgegebenen Antwort schlicht: »Nein, man soll es nicht tun, denn es schreit.« Es wäre jedoch ungerecht, ihm aufgrund dieser einzigen Aufgabe schon das Sinnverständnis abzusprechen.

Um sicherzugehen, stellt man daher stets eine Reihe solcher Aufgaben, fragt also etwa noch nach der Bedeutung des Sprichworts: »Man kauft keine Katze im Sack.« Wenn er sich dabei für die Antwort entscheidet: »Man soll eine Katze lieber verkaufen als kaufen«, so ist die Sache schon etwas bedenklicher. Gibt er dann noch zu dem Sprichwort: »Der Apfel fällt nicht weit vom Stamm« die Erklärung: »besonders, wenn er nicht ganz rund ist«, dann ist es an der Zeit, das Thema zu wechseln und seine Intelligenz anders zu ergründen.
Um sich rasch ein ungefähres Bild von der allgemeinen Intelligenz eines Menschen zu machen, werden oft Fragen folgender Art gestellt (Lösung S. 396):

1. Wie nennt man folgende Gegenstände mit einem Wort: a) Hammer, Beißzange, Bohrer, Säge. Oder: b) Taxi, Fahrrad, Eisenbahn, Segelschiff? Hier gilt es, den Oberbegriff zu finden.
2. Was versteht man unter a) Sparsamkeit? Oder: b) Zorn? Oder: c) Treue?
3. Was ist der Unterschied zwischen a) Treppe und Leiter? Oder b) Schemel und Stuhl?
4. Inwiefern gleichen sich Glas und Eis?
5. Folgende Sätze sind zu vervollständigen: a) Firma verhält sich zu Angestellten, wie Verein zu .....? Oder: b) Gut verhält sich zu besser, wie viel zu .....?

6. Folgende Wörter sind so umzustellen, daß sie einen richtigen Satz ergeben: ein, unentbehrlich, für, Hund, ist, einsam, ein, gelegenes, wachsamer, Gehöft.

Ein Test für Schulkinder. Zur Prüfung der Allgemein-Intelligenz 10- bis 14jähriger englisch-amerikanischer Kinder empfahl CHARLES SPEARMAN eine Serie von 163 Fragen. Als Beispiel haben wir aus jeder Gruppe drei Fragen herausgegriffen. (Lösungen S. 396).

1. Das Kind soll angeben, ob die zwei ihm genannten Wörter dasselbe oder das Gegenteil bedeuten:
   a) gehen – kommen, b) Mißtrauen – Verdacht, c) entfernen – wegschaffen.
2. Zu einem gegebenen Wort soll unter vier weiteren Wörtern das gleichbedeutende Wort herausgesucht und aufgeschrieben werden.
   a) »geschickt« hat am meisten Ähnlichkeit mit: weise, gewandt, schlau, klug.
   b) »fremd« hat am meisten Ähnlichkeit mit: ungezogen, verkleidet, nicht erwünscht, ungewöhnlich.
   c) »freundlich« hat am meisten Ähnlichkeit mit: nett, sanft, lieblich, gut.
3. Von vier gegebenen Wörtern soll das nicht dazu passende genannt werden:
   a) Trompete, Trommel, Fisch, Geige.
   b) ungleich, verschieden, komisch, entgegengesetzt.
   c) flach, breit, wund, weit.
4. Auf eine Frage soll aus vier gegebenen Wörtern die Antwort ausgesucht werden.
   a) Wozu ist ein Mann mit starken Armen am besten befähigt? Schneider, Gepäckträger, Arzt, Rechtsanwalt.
   b) Was kann man von jemand verlangen, um das, was er sagt, zu glauben? Geld, Gespräch, Beweis, Liebe.
   c) Was muß jemand machen, um nicht enttäuscht zu werden? Ruhig sein, fortgehen, wenig erwarten, sagen, was er gemacht hat.
5. Es werden Sätze gegeben, in denen immer ein Wort fehlt, das aus vier gegebenen Wörtern herausgesucht werden muß.
   a) Er konnte ihre Sprache nicht sprechen, machte sich aber verständlich durch ... (Töne, Schweigen, Zeichen, Drohungen).
   b) Wenn jemand in großer Eile ist, macht er seine Aufgaben ... (sicher, gründlich, schnell, gut).
   c) Wenn jemand den Zug verpaßt hat, ändert sich oft ... (der Handel, der Plan, das Leben, der Wunsch).
6. Nach Instruktion sollen folgende Analogien gebildet werden:
   a) Papierwarenhändler verhält sich zu Papier, wie Juwelier zu ... (Laden, Tinte, Feder, Diamant).
   b) Griff verhält sich zu Hammer wie Klinke zu ... (Schlüssel, Tür, Schließen, Zimmer).
   c) Gefahr verhält sich zu Mut, wie Arbeit zu ... (Feigheit, Soldat, Werk, Aktivität).
7. Aus folgenden Sätzen ist die richtige Schlußfolgerung zu ziehen:
   a) Nur schlechte Leute lügen oder stehlen. Marie ist gut. Was tut sie? (lügen, stehlen, beides, weder das eine noch das andere).

b) Meine Falle ist zu klein für ein langes oder dickes Tier. Ich höre, daß jetzt ein Tier drin ist. Wie wird es sicherlich sein? (lang, dick, beides, keines von beiden.)
c) Das Flugzeug begann die Reise lange vor dem Luftschiff und das Luftschiff zur gleichen Zeit wie der Zug; die Taube gleich nach dem Zug. Wer bricht zuletzt auf?

Die Beantwortung all dieser Fragen stellt an das begriffliche und logische Denken, insbesondere an die Abstraktions- und Kombinationsfähigkeit größere Anforderungen, denen nicht jedes 10- bis 14jährige Kind gewachsen ist. Aus der unterschiedlichen Zahl richtiger Antworten lassen sich daher zweifellos Schlüsse auf den Grad der vorhandenen Intelligenz ziehen.

Denksporttest für höhere Altersstufen. Prof. GUSTAV ADOLF LIENERT hat zur Prüfung des kritischen und schlußfolgernden Denkens einen »Denksporttest« entwickelt, der vor allem für Primaner und Primanerinnen gedacht ist. Die Aufgaben sind so gewählt, daß sie nicht mit dem Gedächtniswissen, sondern nur mit Hilfe der Intelligenz gelöst werden können. Den Versuchspersonen werden 15 Aufgaben gestellt. Zu jeder Aufgabe sind auf dem Antwortblatt jeweils 5 verschiedene Lösungsmöglichkeiten angegeben, unter denen die Versuchsperson diejenige auszusuchen hat, die sie für die richtige hält. Die Beispielaufgabe zur Erklärung des Tests lautet:

»Herr Meier erzählt: Vor Jahren war ich auf meiner großen Tour durch Deutschland. Ich ging eines Tages am Stachus in München spazieren. An einer Kreuzung mußte ich eine Weile warten. Viele Autos fuhren vorüber. Einer der Wagen fiel mir auf. Ich wußte sofort, daß er gestohlen war.
Wieso wußte Herr Meier das?
Als Lösungsmöglichkeiten werden folgende Sätze geboten:
a) Herr Meier hatte den Wagen vorher an der Ecke seines Hotels stehen gesehen.
b) Der Mann im Auto hatte eine dunkle Binde auf dem rechten Auge und sah verdächtig aus.
c) Am Steuer saß eine sehr aufgeregte hellblonde Frau.
d) Es war sein eigenes Auto, das Herr Meier sah.
e) Der linke Kotflügel war eingedrückt wie bei dem Wagen eines Freundes.

Die einzig richtige Lösung stellt die unter d) angeführte Antwort dar. Auch bei diesem Test ergibt sich eine größere Streuung. Mit Hilfe einer standardisierten Skala können genauere Angaben über den Grad der Intelligenz der einzelnen Versuchspersonen gemacht werden.

Der Intelligenz-Struktur-Test (I-S-T)

Meist bedient sich die Psychologie nicht nur einer einzelnen Testart, sondern einer ganzen Reihe von ihnen, einer sogenannten *Testbatterie.* Als Beispiel hierfür sei der *Intelligenz-Struktur-Test* (I-S-T) von RUDOLF AMTHAUER etwas näher erläutert.
Dieser Test ermöglicht nicht nur Aussagen über den Grad der Intelligenz,

sondern auch über das Stärkeverhältnis der einzelnen Faktoren, die am Zustandekommen der Intelligenzleistung beteiligt sind. Kenntnisse dieser Art sind sowohl für die Eltern und Lehrer als auch für die Berufsberater von größter Wichtigkeit. Aus den Schulzeugnissen allein lassen sich nämlich Art und Stärke der Begabung nicht zuverlässig beurteilen. Durch den eben genannten Strukturtest ist dies aber möglich.

Art der Aufgabe	*Bezeichnung*	*Prüfungszweck*
Satzergänzungen	SE	Urteilsfähigkeit, Selbständigkeit im Denken
Wortauswahl	WA	Sprachgefühl, Einfühlungsfähigkeit
Analogien finden	AN	Kombinationsfähigkeit, Beweglichkeit und Umstellungsfähigkeit im Denken
Gemeinsamkeiten finden	GE	Abstraktionsfähigkeit, Begriffsbildung
Merkaufgaben	ME	Gedächtnis, Konzentrationsfähigkeit
Rechenaufgaben	RA	Praktisch-rechnerisches Denkenkönnen
Zahlenreihen fortsetzen	ZR	Theoretisch-rechnerisches Denkenkönnen
Figurenauswahl	FA	Vorstellungsfähigkeit, anschaulich-ganzheitliches Denken
Würfelaufgaben	WÜ	Räumliches Vorstellen-Können

Grundsätzliches zum I-S-T. Soll der Test zu wirklich stichhaltigen Ergebnissen führen, dann muß das gesamte Verfahren sehr exakt durchgeführt werden. Die Objektivität und Vergleichbarkeit der Ergebnisse ist nur dann gewährleistet, wenn die Bewertung der Leistungen nach einem geeichten oder standardisierten Maßstab erfolgt, der jeglichen Einfluß des Versuchsleiters ausschließt. Die Gewinnung eines solchen Maßstabes erfordert zeitraubende statistische Erhebungen, auf die wir hier im einzelnen nicht eingehen können. Soviel ist aber ohne weiteres verständlich, daß die Ermittlung der »Norm« für die verschiedenen Alters- und Bildungsstufen von größter Bedeutung für die Zuverlässigkeit des Tests ist.

Schwierig ist es, Aufgaben zu finden, deren Lösungen keine Zweifel über ihre positive oder negative Bewertung aufkommen lassen. Schließlich muß bei einem derartigen Test streng darauf geachtet werden, daß alle Versuchspersonen stets unter denselben Bedingungen arbeiten, also die gleiche Instruktion und Bearbeitungszeit erhalten. All diesen Bedingungen entspricht der I-S-T von AMTHAUER, wie dieser Test kurz genannt wird, in so hohem Maße, daß er als der am besten standardisierte deutsche Test bezeichnet werden darf.

Der Intelligenz-Struktur-Test geht von der Tatsache aus, daß die intelligente Leistung nicht nur durch eine einzige, sondern durch eine ganze Reihe von Funktionen zustande kommt. Diese sucht der Test mit Hilfe verschiedenartiger Aufgaben zu erfassen. Er arbeitet mit neun Aufgabengruppen, die jeweils 20 (in einem Fall 16) Aufgaben umfassen. Art und Zweck derselben ist aus der Übersicht S. 283 zu ersehen. Anschließend sollen einige der Aufgaben genannt werden.

Einige Beispiele aus dem Test. Zur Prüfung des common sense, des gesunden Menschenverstands, werden dem Prüfling in der *SE-Reihe* Sätze vorgelegt, bei denen jeweils ein Wort fehlt. Für jeden der angefangenen Sätze werden fünf Lösungsmöglichkeiten vorgeschlagen, unter denen er das richtige Wort auswählen soll. Da heißt es z. B.: Ein Kaninchen hat am meisten Ähnlichkeit mit einem (einer): ... a) Katze, b) Eichhörnchen, c) Hasen, d) Fuchs, e) Igel. Hier c als richtige Lösung zu finden, ist nicht schwer. Etwas mehr Nachdenken erfordert schon die Frage: Das Gegenteil von Hoffnung ist ...? a) Trauer, b) Verzweiflung, c) Elend, d) Liebe, e) Haß. (Richtig ist b.)
Viel Kopfzerbrechen bereitet meist die *AN-Reihe.* Sie stellt den Prüfling vor unvollständige Gleichungen, die er sinngemäß zu vervollständigen hat. Dies gelingt ihm nur, wenn er Beziehungen erfassen und kombinieren kann. Eine der Aufgaben lautet: »Wald verhält sich zu Bäume, wie Wiese zu ...? a) Gräser, b) Heu, c) Futter, d) grün und e) Weite. Offensichtlich ist hier das unter a) gebotene Wort das Richtige. Schwieriger ist schon die Lösung der nächsten Gleichung: dunkel : hell = naß : ...? a) Regen, b) Tag, c) feucht, d) Wind, e) trokken. (Richtig ist e.)
In der *GE-Reihe* handelt es sich um das Auffinden von Oberbegriffen oder den wesentlichen Gemeinsamkeiten jeweils zweier gebotener Wörter, wie zum Beispiel »Roggen und Weizen« (erwartet wird der Begriff »Getreide«) oder »Butter und Brot« (erwartet wird der Begriff »Nahrungsmittel«).
Das theoretisch-rechnerische Denkenkönnen in der *ZR-Reihe* wird mit Hilfe von Zahlenreihen geprüft, deren Aufbaugesetz entdeckt werden muß. Ist die Regel gefunden, dann kann die Reihe fortgesetzt werden. Es wird zum Beispiel folgende Reihe gegeben und gefragt, welches die nächste Zahl ist.

9 – 7 – 10 – 8 – 11 – 9 – 12 – ?

Da hier abwechselnd zwei abgezogen und drei zugezählt werden, ist die nächste Zahl 10. Prüfen Sie sich selbst einmal und setzen Sie jede der folgenden Reihen sinngemäß fort.

a) 21 – 7 – 9 – 12 – 6 – 2 – 4 ...
b) 15 – 19 – 22 – 11 – 15 – 18 – 9 ...
c) 49 – 51 – 54 – 27 – 9 – 11 – 14 ...
d) 8 – 5 – 15 – 18 – 6 – 3 – 9 ...

Durchführung und Auswertung des Tests. Für die Beschäftigung mit einer Aufgabenreihe steht jeweils eine ganz bestimmte Zeit zur Verfügung, die genau eingehalten werden muß. Die Durchführung des gesamten Tests dauert zirka 90 Minuten. Für jede Reihe wird danach die Zahl der richtigen Lösungen, der sogenannte *Rohpunktwert* (RW) festgestellt.
Da der Test für Personen aller Altersstufen vom 13. bis 60. Lebensjahr gedacht ist, müssen diese Rohpunktwerte in *Standardwerte* (SW) umgerechnet werden. Ein 15jähriger erhält z. B. für 12 RW, die er in der SE-Reihe erreicht hat, einen SW von 114, während ein 21- bis 24jähriger für dieselbe Anzahl nur noch einen SW von 101 erhält. Aus der Summe aller RW wird der

Gesamtstandardwert (GSW) errechnet, der als Maßstab für das sogenannte *Intelligenzniveau* gilt. Wer es als 15jähriger auf insgesamt 111 bis 120 RW gebracht hat, bekommt dafür einen GSW von 117, der 21- bis 24jährige jedoch nur noch einen solchen von 107.
Der Gerechtigkeit halber werden neben den Altersunterschieden auch noch die Verschiedenheiten der Schulabschlüsse berücksichtigt und ein sogenannter *Schulstandardwert* errechnet. Ein RW von 111 bis 120 ergäbe bei einem Volksschüler einen Schulstandardwert von 116, bei einem Mittelschüler von 104 und bei einem Abiturienten von 97. Was soll damit zum Ausdruck gebracht werden? Geht man davon aus, daß der Mittelwert bei 100 liegt, dann wäre der Volksschüler als überdurchschnittlich, der Mittelschüler als durchschnittlich und der Abiturient als eben noch durchschnittlich begabt zu bezeichnen. Durch den Schulstandardwert wird der einzelne in Beziehung gebracht zu Personen mit gleicher Schulbildung, durch den GSW zu solchen gleichen Alters. Wer als 21- bis 24jähriger einen GSW von 107 erreicht hat, gehört also immerhin noch zu den gut durchschnittlich Begabten seiner Altersgruppe.

Die Intelligenz-Profil-Kurve. Die graphische Darstellung des in den einzelnen Reihen erreichten SW ergibt das sogenannte *Intelligenz-Profil*, aus dem die Stärken und Schwächen der Begabung zu ersehen sind. Zur Veranschaulichung des Gemeinten bringen wir die Profile dreier unterschiedlich begabter Personen (Abb. unten).
Bei dem Profil A handelt es sich um einen mehr praktisch begabten Mann, der dem Lehrerberuf, für den er sich zuerst entschieden hatte, nicht gewachsen war und deshalb den Beruf wechseln mußte. Besonders schwach scheint seine Merkfähigkeit (ME) gewesen zu sein. Das Profil B stammt von einem Diplom-Ingenieur, der als Konstrukteur tätig ist. Der Schwerpunkt der Begabung liegt, wie sofort erkennbar ist, im Bereich des rechnerischen und räumlichen Denkens. Dieser Bereich ist bei dem Dr. phil., von dem das Profil C stammt, etwas schwächer entwickelt. Dafür verfügt dieser über eine ausgezeichnete sprachliche Begabung und ein hervorragendes Gedächtnis. Er ist als Lektor für

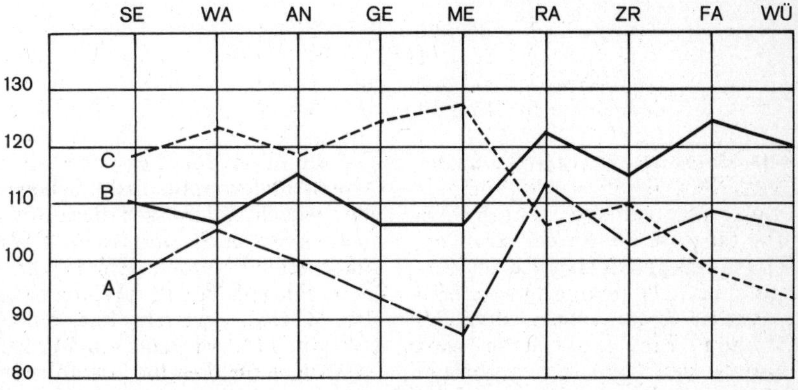

Die Intelligenzprofilkurve, Bestandteil des Intelligenz-Struktur-Testes (I-S-T) von R. Amthauer, mit den »Profilen« dreier Versuchspersonen. Erläuterung S. 285 f.

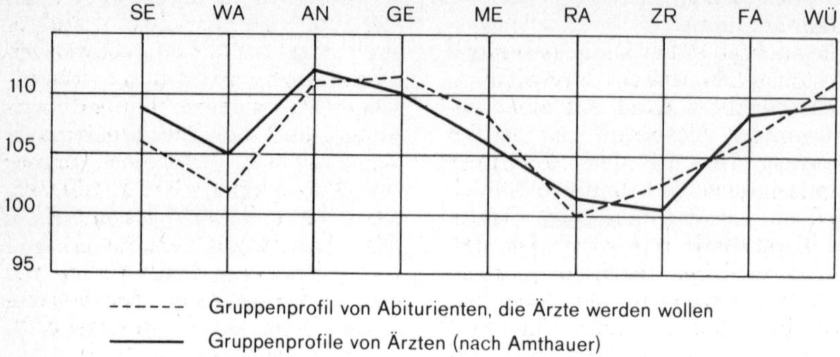

Eine sogenannte Gruppenprofilkurve. Sie zeigt die (offensichtlich geringe) Differenz zwischen dem Berufswunsch, also der Anlage, und den Fähigkeiten, über die ein Arzt verfügt

neuere Sprachen an einer Universität tätig.

Bedeutung des I-S-T für die Berufsberatung. Mit Hilfe des I-S-T läßt sich die Begabungsstruktur deutlich sichtbar machen. Da sich diese, wie wir heute wissen, vom 15. oder 16. Lebensjahr an nicht mehr wesentlich verändert, kommt dem Test eine große prognostische Bedeutung zu; das heißt: Es läßt sich heute schon mit ziemlicher Sicherheit voraussagen, welche Chancen ein junger Mensch aufgrund seiner Begabung in diesem oder jenem Beruf hat.
AMTHAUER hat zur Klärung des Zusammenhangs zwischen Begabung und Berufseignung eine aufschlußreiche Untersuchung angestellt. Zur Berufsberatung wurde eine größere Gruppe von Abiturienten mit dem I-S-T untersucht. Dabei äußerten 22 Abiturienten den Wunsch, Arzt zu werden. Aus den Profilen dieser Abiturienten stellte er ein *Gruppenprofil* zusammen, das er mit dem Gruppenprofil von 14 Ärzten verglich. Aus der auffallenden Übereinstimmung der beiden Profile (s. Abb. oben), schloß AMTHAUER, »daß die wesentlichen Eigentümlichkeiten des Profils (der Intelligenzstruktur) nicht erst in der beruflichen Praxis erworben werden, sondern schon vorher vorhanden sind«.

Der Staffeltest von Binet – Simon – Kramer

Von großer praktischer Bedeutung ist der Intelligenztest, der von den S. 278 genannten Franzosen BINET und SIMON im Jahre 1905 entwickelt worden ist. Dieser Test, der bis zum heutigen Tag laufend verbessert wurde, hat sich als ein ausgezeichnetes Mittel zur Bestimmung des sogenannten *Intelligenzalters* erwiesen.

Der Ursprung des Staffeltests. Zunächst bestand die Aufgabe des Staffeltests in dem exakten Nachweis der Begabungsschwäche von Kindern zwecks ihrer Überweisung in eine Hilfsschule. Da sich die Eltern verständlicherweise dagegen sträuben, daß ihr Kind einer Schule für Schwachbegabte zugeführt wird, mußten Mittel und Wege gefunden werden, um den Intelligenzrückstand objektiv festzustellen. BINET und SIMON gingen davon aus, daß das Intelligenzniveau des normalen

Kindes bekanntlich von Jahr zu Jahr zunimmt.
Sie suchten daher zunächst einmal festzustellen, was ein durchschnittlich begabtes Kind auf einer bestimmten Altersstufe zu leisten vermag. Dies erforderte allerdings umfangreiche Erhebungen, die sich jedoch bezahlt machten. Wenn z. B. statistisch erwiesen ist, daß ein normalbegabtes 5jähriges Kind unter anderem in der Lage ist, 10 Silben und vier Zahlen nachzusprechen, dann können derartige Leistungen als Maßstab für ihre Intelligenz betrachtet werden.
Nach jahrelangen Bemühungen war es gelungen, für jede Altersstufe eine Reihe von Aufgaben zu finden, die als statistisch erwiesene Leistungsnorm gelten konnten. Damit war der Weg zu einer exakten Intelligenzmessung gefunden.

Staffeltest in heutiger Fassung. Wenn auch der Binet-Simon-Test in der ursprünglichen Fassung heute nicht mehr verwendet wird, so bildet er doch bis heute das Modell für alle daraus entwickelten »Staffel-Tests«, das heißt Tests, deren Anforderungen nach der Leistungsfähigkeit der jeweiligen Altersstufe gestaffelt sind. Er wurde bis zur Gegenwart nicht nur von französischen, sondern auch von deutschen, schweizerischen, englischen und amerikanischen Psychologen laufend verbessert und den Zeitverhältnissen angepaßt und dient noch immer zur Berechnung des *Intelligenzalters* (IA) und *Intelligenzquotienten* (IQ). Was damit gemeint ist und wie er errechnet wird, wollen wir uns an der neuesten Bearbeitung dieses Tests durch JOSEFINE B. KRAMER verdeutlichen.

Auszüge aus dem Test. Der *Binet-Simon-Kramer-Test* dient zur Intelligenzprüfung von Kindern und Jugendlichen im Alter von 3 bis 15 Jahren. Nehmen wir an, ein Kind im Alter von 10 Jahren komme in der Schule nicht mehr so recht mit. Es soll daher geprüft werden, ob es den seiner Altersstufe entsprechenden Intelligenzgrad besitzt. Je nach der Beurteilung des Falls wird der Psychologe mit den Aufgaben für das 8. oder 9. Lebensjahr beginnen. Nach einem einleitenden Gespräch und einigen Vorübungen werden dem Kind nacheinander die standardisierten Aufgaben – in unserem Fall für das achte Lebensjahr – vorgelegt.

Aufgaben für achtjährige Kinder:
1) Vorgestern und Übermorgen sinnrichtig gebrauchen
2) Bestimmte Begriffe unterscheiden können
3) Drei Intelligenzfragen beantworten
4) Sinnwidrigkeiten auf einem Bild erkennen
5) Drei Sinnwidrigkeiten in Sätzen erkennen
6) Fünf Zahlen nachsprechen
7) Bestimmte Figuren wiedererkennen
8) Aus drei Wörtern einen Satz bilden (4 Aufgaben)

Als Beispiele für diese Reihe seien die Aufgaben 3 und 8 genannt.

Aufgabe 3: Intelligenzfragen beantworten.
Nach einer Vorübung werden dem Kind folgende Fragen gestellt:
a) Was mußt du machen, wenn du auf dem Weg zur Schule bist und merkst, daß es schon höchste Zeit ist?
b) Was würdest du machen, wenn du mit der Eisenbahn nach (eine dem Kind bekannte Bahnstation) fahren wolltest und der Zug schon weggefahren ist, als du auf den Bahnhof kommst?

c) Was mußt du machen, wenn du etwas zerbrochen hast, das dir nicht gehört?

Zur Beantwortung jeder Frage wird dem Kind eine halbe Minute Zeit gegeben. Für die richtige Beantwortung aller drei Fragen bekommt es einen Punkt, für 2 Fragen einen halben Punkt.

Aufgabe 8: Aus drei Wörtern einen Satz bilden.
a) Mädchen – Blumen – Wiese
b) Winter – Schnee – Dach
c) Wald – Bäume – Vögel
d) Bahnhof – Zug – Leute
Für drei richtige Sätze wird ein Punkt gegeben, für zwei richtige Sätze ein halber Punkt.

Aufgaben für neunjährige Kinder:
1) Vorgelegte Bilder erklären
2) Drei Begriffe unterscheiden
3) Oberbegriffe finden
4) Die Uhrzeit angeben
5) Lücken in einem Bild erkennen
6) Geometrische Figuren nachlegen

Als Beispiele für diese Reihe seien die Aufgaben 3 und 4 genannt.
Aufgabe 3: Oberbegriffe finden
a) Pferd, Hund, Katze sind ...
b) Rosen, Nelken, Tulpen sind ...
c) Tauben, Schwalben, Amseln sind ...
d) Gabel, Löffel, Messer sind ...
e) Stuhl, Tisch, Schrank sind ...
Bewertung: Fünf Oberbegriffe gefunden = 1 Punkt
Vier Oberbegriffe gefunden = ½ Punkt

Aufgabe 4: Uhrzeit angeben.
Frage: Stelle dir einmal vor, die Uhr wäre vor einer Stunde stehengeblieben. Ist es jetzt später, als die Uhr zeigt, oder früher? – Warum?
Bewertung: Sofort richtige Antwort = 1 Punkt
Erst falsch geantwortet, dann korrigiert = ½ Punkt

Aufgaben für zehnjährige Kinder:
1) Sinnwidrigkeiten in einem Bild erkennen
2) Aus drei Wörtern einen Satz bilden
3) Begriffsgegensätze finden
4) Eine Geschichte nacherzählen
5) 26silbige Sätze nachsprechen
6) 6 Zahlen nachsprechen.

Als Beispiel für diese Reihe sei die Aufgabe 3 genannt.
Aufgabe 3: Begriffsgegensätze finden
a) Was ist das Gegenteil von Gesundheit?
b) Anfang?
c) Vergangenheit?
d) Freundschaft?
Bewertung: Alle Fragen richtig beantwortet = 1 Punkt
Drei Fragen richtig beantwortet = ½ Punkt

Aufgaben für elfjährige Kinder:
1) Perlen aufreihen
2) Aus drei Wörtern einen Satz bilden
3) Sinnwidrigkeiten in Sätzen erkennen
4) Textlücken ausfüllen
5) Bilder erklären
6) Oberbegriffe finden.

Aufgaben und Bewertung sind ähnlicher Art wie bei den vorgenannten Reihen.

Die Errechnung des Intelligenzquotienten. Während der Prüfung werden die erreichten Punkte laufend notiert und zur Berechnung des *Intelligenzalters* (IA) und *Intelligenzquotienten* (IQ) in eine Liste eingetragen. Wir nehmen an, daß das Kind in unserem Beispiel alle Aufgaben für siebenjährige Kinder gelöst und danach folgende Leistungen erzielt hätte:

Nr. der Aufgabe	*Altersstufe (Jahre):* 7	8	9	10	11	12
1	1	1	1	—	1	—
2	1	½	—	½	—	—
3	1	½	1	½	—	—
4	1	1	—	—	—	—
5	1	—	1	1	1	—
6	1	1	1	1	—	—
7	1	1				
8	1	1				
	8	6	4	3	2	0

Da das Kind alle Aufgaben für Siebenjährige zu lösen vermochte, wäre von einem IA von 7 Jahren = 84 Monaten auszugehen. Bei den acht Aufgaben umfassenden Reihen zählt jeder Punkt 12/8 Monate = 1,5 Monate; bei den 6 Aufgaben umfassenden Reihen zählt jeder Punkt 12/6 Monate = 2 Monate. Das Intelligenzalter (IA) setzt sich also folgendermaßen zusammen:

Basis: IA von 7 Jahren		=	84 Monate
Für die Leistungen in der Reihe der Achtjährigen	6×1,5	=	9 „
Für die Leistungen in der Reihe der Neunjährigen	4×2	=	8 „
Für die Leistungen in der Reihe der Zehnjährigen	3×2	=	6 „
Für die Leistungen in der Reihe der Elfjährigen	2×2	=	4 „
Für die Leistungen in der Reihe der Zwölfjährigen		=	0 „
Erreichtes IA		=	111 Monate

Tatsächliches Lebensalter (LA): 10 Jahre+4 Monate = 124 Monate.
Intelligenzrückstand also: 13 Monate.

$$IQ = \frac{IA}{LA} = \frac{111}{124} = 0{,}89$$

Das 10;4 Jahre alte Kind besitzt demnach ein Intelligenzalter von 9;3 Jahren und einen Intelligenzquotienten von 0,89 oder, wie der Einfachheit halber gesagt wird, von 89. In der Sprache des Alltags

heißt dies: Die geistige Leistungsfähigkeit dieses Kindes entspricht der eines Kindes im Alter von 9;3 Jahren. Es dürfte also Schwierigkeiten haben, den schulischen Anforderungen seiner Altersklasse zu genügen. Mit einem IQ von 89 wird es zwar noch nicht in die Hilfsschule überwiesen, muß aber wahrscheinlich eine Klasse wiederholen.
Um einen Maßstab für die Beurteilung des IQ zu bekommen, hat man die prozentuale Häufigkeit des Vorkommens bestimmter Leistungsgruppen errechnet.
Nach einer Untersuchung von Prof. HEINHOLD ist bei der Gesamtbevölkerung mit einer Verteilung des IQ laut untenstehender Tabelle zu rechnen.
Ein IQ von 89 besagt also, daß der Intelligenzgrad des Kindes an der unteren Grenze des Durchschnitts liegt. Für den erfolgreichen Besuch einer höheren Schule sollte der IQ nicht viel unter 110 liegen.

IQ	*Anteil der Bevölkerung*	*Bewertung*
unter 50	0,75%	Imbezilität
50–70	2,25%	Debilität mittleren und schwereren Grads
70–80	6%	Debilität leichteren Grads
80–90	15%	unterdurchschnittliche Intelligenz
90–110	48%	durchschnittliche Intelligenz
110–120	16%	überdurchschnittliche Intelligenz
120–130	8%	überlegene Intelligenz
130–140	2,25%	überragende Intelligenz
140–150	0,75%	geniale Intelligenz

Der Hamburg-Wechsler-Intelligenz-Test (HAWIE)

Zur Feststellung des Intelligenzquotienten (IQ) von Jugendlichen und Erwachsenen bedient man sich häufig des *Hamburg-Wechsler-Intelligenz-Tests für Erwachsene*, kurz HAWIE genannt. Dieser Test wurde 1939 von DAVID WECHSLER aufgestellt und wurde unter dem Namen *Bellevue-Intelligenz-Skala* (nach dem Bellevue-Hospital in New York) zu dem am weitesten verbreiteten amerikanischen Test. Die deutsche Bearbeitung stammt von A. HARDESTY und H. LAUBER und erhielt von dem Ursprungsort Hamburg den obenerwähnten Namen.
Dieser Intelligenztest enthält keine alterstypischen Aufgaben wie der Binet-Simon-Kramer-Test, sondern stellt alle Altersstufen vor dieselben Aufgaben. Die einzelnen Untertests beginnen jeweils mit Aufgaben, die bereits von 10jährigen gelöst werden können, und steigen dann zu immer schwierigeren Aufgabenstellungen empor. Mit Hilfe einer Punktskala wird die individuelle Testleistung direkt in die Maßwerte des IQ umgerechnet. Die Berechnung des IA wird also umgangen.

Ändert sich die Intelligenz im Laufe des Lebens?

Oft wird die Frage geäußert, ob der Intelligenzquotient konstant bleibt. Es hätte nicht viel Sinn, sich mit seiner Errechnung so viel Mühe zu machen, wenn das Ergebnis eines Intelligenztests nur für den Zeitpunkt seiner Durchführung gültig wäre. Ein Test will ja nicht nur einen Tatbestand klären, sondern auch für die Zukunft Hinweise geben, mit anderen Worten: Diagnose und Prognose. Der ganze Aufwand lohnt sich nur, wenn der Test Fähigkeiten erfaßt, mit denen auch in Zukunft gerechnet werden kann.

Da die Intelligenz zu denjenigen Fähigkeiten gehört, die eine längere Entwicklungszeit haben, ist es begreiflich, daß sich die Testergebnisse um so eher wandeln, je jünger die getesteten Kinder sind. Nach unseren heutigen Kenntnissen gelangt die Intelligenzentwicklung erst nach dem 11. Lebensjahr zu einem relativen Abschluß. Es kann daher erst im zwölften bis dreizehnten Lebensjahr mit einer hinlänglich richtigen Diagnostizierung der Intelligenz gerechnet werden. Und dies auch nur unter der Voraussetzung, daß mit einem zuverlässigen Test fachmännisch gearbeitet wird. Zahlreiche diesbezügliche Untersuchungen haben – wie Richard Meili mitteilt – ergeben, »daß unter normalen Umständen und bei sorgfältiger Prüfung die Veränderung des IQ im Mittel nicht fünf Punkte übersteigt, das heißt also, daß mit 50% Wahrscheinlichkeit ein Kind mit einem IQ von 100 bei einer zweiten Prüfung nach mehreren Jahren einen IQ aufweisen wird, der zwischen 95 und 105 liegt. 5 Punkte können also im Mittel als wahrscheinlicher Fehler des IQ angegeben werden, was auch bedeutet, daß man die Intelligenz mit dem Binet-Simon-Test nicht auf mehr als 5 Punkte Genauigkeit messen kann«.

Trotz dieser Feststellung müssen wir uns mit der Tatsache abfinden, daß einzelne Faktoren der Intelligenz mit zunehmendem Alter abnehmen. So ist unser *Gedächtnis* im Alter von 18 bis 29 Jahren am leistungsfähigsten. Im Alter von 50 bis 69 Jahren beträgt es im Durchschnitt nur noch 83% und sinkt im Alter von 70 bis 89 Jahren auf 55% der ursprünglichen Leistung.

Mit unserer *Urteilsfähigkeit* ist es nicht viel anders bestellt. Auch sie ist zwischen dem 18. und 29. Lebensjahr am größten und sinkt im 50. bis 69. Lebensjahr auf 87% und danach auf 69% herab. Überraschenderweise bleibt jedoch unsere *Reaktionsfähigkeit* sehr konstant. Sie beträgt nämlich im 50. bis 69. Lebensjahr immerhin noch 93% der ursprünglichen Fähigkeit. Das Temperament scheint demnach eine äußerst stabile Eigenschaft des Charakters zu sein, was die Aufstellung von Temperamentstypen rechtfertigt (S. 106–111).

Zum Schluß sei ausdrücklich vermerkt, daß ein hoher IQ nicht unbedingt einen größeren Lebenserfolg garantiert. Wie wir alle aus unserer persönlichen Erfahrung wissen, ist dieser oft weit mehr von der Gunst der Verhältnisse, der Energie und Anpassungsfähigkeit und anderen Faktoren als der reinen Intelligenz abhängig. Wer also nur zu einem mittelmäßigen IQ gekommen ist, braucht noch keineswegs um seine wirtschaftliche Zukunft besorgt zu sein. In manchen Arbeitsverhältnissen kann sogar höhere Intelligenz hinderlich sein. Wer allerdings nur mäßig intelligent ist, sollte nicht den Ehrgeiz haben, im Bereich höherer geistiger Arbeit glänzen zu wollen.

Gedächtnistests

Ein gut funktionierendes Gedächtnis ist nicht nur für den Schulerfolg, sondern auch für manche beruflichen Tätigkeiten von entscheidender Bedeutung. Daher wird bei den Schul- und Intelligenztests stets das Gedächtnis mitgeprüft. Es wäre jedoch irrig, die Güte des Gedächtnisses zum Maßstab der Intelligenz zu machen. Manch einer besitzt zwar ein recht gutes Gedächtnis, mit dessen Hilfe er sogar in Wissensprüfungen ganz gut abschneidet, ohne sich jedoch im späteren Leben als besonders intelligent und aufgeschlossen zu erweisen. Andererseits ist nicht zu verkennen, daß die Fähigkeit, etwas über eine längere Zeit hin zu behalten und zu reproduzieren, Voraussetzung für das Denken und intelligente Verhalten ist.

Psychologische Gedächtnisprüfungen

Die Psychologie hat sich seit langem darum bemüht, das Gedächtnis zu erforschen. Die Gedächtnisprüfungen gehören zu den frühesten Versuchen der experimentellen Psychologie. Seit den ersten systematischen Untersuchungen durch den deutschen Psychologen Hermann Ebbinghaus im Jahre 1885 hat sich zwar unsere Kenntnis über die Gedächtnisvorgänge beträchtlich vermehrt. Trotzdem mußte Richard Meili, Verfasser eines »Lehrbuchs der psychologischen Diagnostik«, im Jahre 1961 resigniert feststellen, »daß es eine einfache psychische Veranlagung Gedächtnis nicht gibt. Der Begriff bezeichnet also nur eine Leistung, nämlich die des Behaltens und Reproduzierens, Wiedererkennens oder Wiederbenützenkönnens von etwas früher Erfahrenem. Worauf aber diese Leistung beruht, darüber wissen wir wenig Sicheres.«
Eben deshalb besitzen wir auch noch keinen wirklich überzeugenden Gedächtnistest. Jede Gedächtnisleistung hängt von so vielerlei Faktoren ab, daß es äußerst schwierig ist zu sagen, dies und das beruhe auf dem »reinen Gedächtnis«. Was behalten wir nicht alles im Gedächtnis! Und was vergessen wir nicht alles! Wie oft vergessen die Männer doch ihren Hochzeitstag, was bei Frauen viel weniger vorkommt. Warum wohl? Man könnte die Plus- und Minusleistungen unseres Gedächtnisses geradezu als Gradmesser unserer Interessen betrachten. Gewisse Namen, Telefonnummern und Geburtstage kann man sich einfach nicht merken. Dies führt oft zu peinlichen Situationen, denn für andere Namen, Zahlen und Daten besteht unter Umständen ein recht gutes Gedächtnis. Man entschuldigt sich dann mit seinem »schlechten Gedächtnis« – ohne zu bedenken, daß das Gedächtnis ja nicht für sich existiert und nur deshalb so schlecht funktioniert, weil es nicht durch Interessen oder Gefühle der Zuneigung angeheizt wurde. Den Verstand hält man viel mehr zu sich gehörend als das Gedächtnis. Niemand entschuldigt sich daher etwa mit »geringem Verstand«, und doch ist das Gedächtnis genauso mit der Gesamtpersönlichkeit verbunden wie alle anderen psychischen Funktionen.

Silben-, Wörter-, Zahlentests. Um die Mitwirkung von Gefühlen und Interessen beim Einprägen und Wiedererinnern auszuschalten, wurde bei Gedächtnisprüfungen lange Zeit mit sinnlosen Silben gearbeitet. Alle sollten vor dieselbe reizlose Aufgabe gestellt werden. Versuchen Sie selbst einmal folgende 10 Silben innerhalb einer Minute zu lernen. Schauen Sie auf die Uhr und schreiben Sie die Silben möglichst in der richtigen Reihenfolge auf.

tek – sif – afk – rem – lap – ble – rep – gorn – zün – taf

Wenn Sie alle 10 Silben wiedergeben können, dann können Sie auf Ihr Gedächtnis stolz sein. Bringen Sie es jedoch nur auf 5 Silben, dann läßt Ihr Gedächtnis schon einiges zu wünschen übrig. Die Wiedergabe von 7 Silben ist bereits eine recht gute Leistung.

Wiederholt man den Versuch mit sinnvollen Silben oder Wörtern, dann ändert sich das Ergebnis rasch, weil uns nun Bekanntheitsgefühle zu Hilfe kommen, dem einen mehr, dem anderen weniger. Damit unterstehen aber schon nicht mehr alle denselben Bedingungen.

Dies ist auch der Fall, wenn anstatt der Silben und Wörter etwa Zahlen, Figuren, Gesichter und dergleichen verwendet werden. Wie wir alle wissen, hat der eine mehr ein Gedächtnis für Worte, der andere für Zahlen. Wieder andere müssen das, was sie sich merken wollen, gesehen, gehört oder in der Hand gehabt haben. Man spricht deshalb auch von einem optischen, akustischen und motorischen Typ des Gedächtnisses. Das Ergebnis von Gedächtnisprüfungen wird daher zweifellos sowohl durch das zur Verwendung gelangende Material als auch durch Interessen, Einstellungen und Gefühle mitbestimmt.

Vielfach beruht das Versagen des Gedächtnisses aber weder auf einem Mangel an Interesse noch auf einem solchen an Übung oder Intelligenz, sondern vielmehr auf der schockierenden Wirkung der Prüfungssituation. Eben hat man's noch gewußt – und jetzt kann man's nicht mehr reproduzieren, weil die Angst die Funktion des Gedächtnisses blockiert.

Wiedergabe eines Textes. Trotz der Schwierigkeiten, die einer exakten Bestimmung der Stärke des Gedächtnisses entgegenstehen, wollen wir doch einige Versuche zur Prüfung unseres Gedächtnisses anstellen wie die Psychologen. Lesen Sie bitte einmal folgenden Text aufmerksam durch:

»Bei der Betrachtung einer Karte der Vereinigten Staaten überrascht uns die Tatsache, daß die Grenzen der Staaten vielfach geradlinig verlaufen. Die Linien haben eine ähnliche Geschichte wie die auffällig regelmäßigen Stadtpläne von Leningrad und Washington, wo jede Straße mit der anderen unter dem gleichen Winkel zusammenstößt. Die einzelnen Straßen sind nämlich nicht von der Natur abgegrenzte Bezirke. Ihre Grenzen sind meist keine natürlichen, von der Beschaffenheit der Erdoberfläche bestimmte Grenzen, auch keine geschichtlichen, die sich aus einer Reihe von Ereignissen herleiten, sondern rein künstliche: festgelegt durch die Autorität, die das nationale Herrschaftsgebiet in Streifen von angemessenen Größen durchschnitt, wie eine Gesellschaft den Bebauungsplan des ihr gehörigen Geländes bestimmt. Wenn man von den 13 ursprünglichen Staaten absieht, so ist Kalifornien der einzige Staat, der eine echte, natürliche Grenze hat, die Sierra Nevada im Osten und den Stillen Ozean im Westen. Kein anderer der späteren Staaten kann als natürlich entwickelter politischer Organismus gelten. Sie gleichen Bäumen, die, von Forstwirtschaftlern gepflanzt, nicht in natürlicher Verteilung – so wie der Wind den Samen zerstreut hat – gewachsen sind.«

Decken Sie nun bitte den Text zu und versuchen Sie, folgende Fragen zu beantworten. Schauen Sie dazu auf die Uhr und kontrollieren Sie, was Sie nach fünf, acht und vierzehn Minuten wissen.

1. Welche geometrische Eigentümlichkeit der Grenzen der Vereinigten Staaten wird hier erwähnt?
2. Woran ist bei »Reihe von Ereignissen« zu denken?
3. Mit welcher Art von Bäumen kann Kalifornien verglichen werden?
4. Welche Städte sind als Gegenbeispiele unregelmäßiger Bauweise genannt?
5. Mit welchen beiden Handlungsweisen wird die künstliche Abgrenzung der meisten Staaten verglichen?
6. Welche Arten von Grenzen werden genannt?

Das Ergebnis des Versuchs ist freilich nicht nur vom Gedächtnis, sondern auch vom Sinnverständnis abhängig. Die Lösung lautet: 1. Daß sie geradlinig verlaufen. 2. An geschichtliche Ereignisse, wie z. B. Kriege, Friedensschlüsse, Verträge über Gebietsveränderungen usw. 3. Mit natürlich gewachsenen. 4. Leningrad und Washington. 5. Mit der Aufstellung eines Bebauungsplans durch eine Gesellschaft und mit dem Pflanzen von Bäumen durch Forstwirtschaftler. 6. Geradlinige, natürliche, von der Beschaffenheit der Erdoberfläche bestimmte, geschichtliche, künstliche.

Wer innerhalb von 5 Minuten mit nicht mehr als 10% Fehlern antwortet, liegt an der Obergrenze; 35% Fehler bei 8 Minuten geben noch immer einen guten Durchschnitt; 85% Fehler nach 14 Minuten ist die Untergrenze.

Stanford-Test. In vereinfachter Form wird die eben beschriebene Art der Gedächtnisprüfung bereits bei der Testuntersuchung von Schulkindern angewandt. Der bekannte Stanford-Test verlangt von Kindern im zehnten Lebensjahr die Einprägung folgender Geschichte:

> Das Schulfest.
>
> Am 20. Dezember veranstalteten die Kinder der Städtischen Schulen ein Fest im Festsaal der Oberschule. Alle Kinder waren an den Vorführungen beteiligt. Auf dem Programm standen ein Gesang des Schulchores, Freiübungen, Volkstänze und zuletzt ein Weihnachtsspiel. Ungefähr 620 Personen, Eltern, Verwandte und Freunde, besuchten das Fest. Der Verkauf der Eintrittskarten brachte etwa 400,– DM ein.

Das Kind erhält einen Abdruck der Geschichte. Hierauf wird ihm diese vom Versuchsleiter vorgelesen. Sofort nach der Verlesung fragt der Versuchsleiter: 1. Wie war der Name der Geschichte? 2. Wieviel Leute besuchten das Fest? 3. Wieviel Geld wurde eingenommen? 4. Wo wurde das Fest abgehalten? 5. Wann wurde es abgehalten? 6. Woraus bestand das Programm? Welche Vorführungen fanden statt? Bei durchschnittlichem Gedächtnis sollten Kinder dieser Altersstufe mindestens 2 bis 3 Fragen richtig beantworten.

Zahlengedächtnistest. Zur Prüfung des Zahlengedächtnisses hat der Münchener Psychologe Albert Huth einen Test entwickelt, der sich für alle Altersstufen vom 10. Lebensjahr an eignet. Der Test ist in eine kleine Geschichte eingekleidet. Den Teilnehmern wird gesagt, daß es sich um eine Viehzählung handle und es darauf ankomme, sich die Anzahl der einzelnen Tiere jedes Bauern zu merken. Sie können den Test an sich selbst oder anderen erproben. Sie benötigen dazu lediglich ein Blatt Papier, das folgendermaßen eingeteilt wird:

Name der Bauern:	*Anzahl der Tiere:*				
	Pferde	Ochsen	Kühe	Ziegen	Schweine
1. Huber					
2. Müller					
3. Schulze					
4. Meier					

Wenn alle Teilnehmer Papier und Bleistift vor sich liegen haben, liest der Versuchsleiter den Viehbestand des ersten Bauern vor (nur einmal!). Sofort danach hat jede Versuchsperson die gehörten Zahlen in die entsprechende Spalte einzutragen. Wer eine Zahl nur noch »halb« weiß, schreibt wenigstens die eine Ziffer auf, wer sich nicht mehr erinnern kann, macht einen Strich. Danach folgt die Verlesung des Viehbestands des zweiten Bauern, an die sich wiederum sofort die Niederschrift anschließt, und so geht es weiter bis zum Schluß. Hier sind nun die Zahlen zur Verlesung:

1. Der Bauer Huber besitzt 14 Pferde, 39 Ochsen, 51 Kühe, 22 Ziegen und 46 Schweine.
2. Der Bauer Müller besitzt 47 Pferde, 18 Ochsen, 32 Kühe, 53 Ziegen und 25 Schweine.
3. Der Bauer Schulze besitzt 21 Pferde, 45 Ochsen, 13 Kühe, 39 Ziegen und 56 Schweine.
4. Der Bauer Meier besitzt 58 Pferde, 26 Ochsen, 41 Kühe, 17 Ziegen und 34 Schweine.

Nach der Beendigung des Versuchs werden die Blätter eingesammelt. Die Auswertung vollzieht sich folgendermaßen: Jede richtige Zahl wird mit 2 Punkten bewertet. Ist nur eine Ziffer der Zahl richtig angegeben, so gibt dies einen Punkt. Nach der Errechnung der Gesamtpunktzahl können Sie aus der von Albert Huth erarbeiteten Tabelle (S. 296 oben) entnehmen, wie gut ihr Gedächtnis ist.

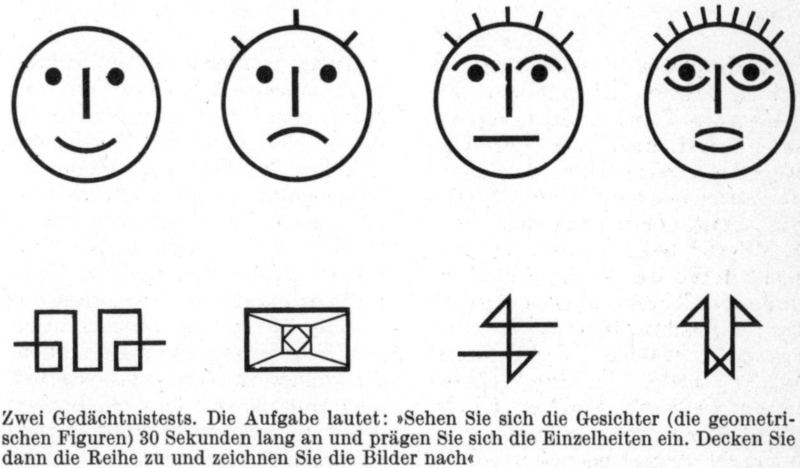

Zwei Gedächtnistests. Die Aufgabe lautet: »Sehen Sie sich die Gesichter (die geometrischen Figuren) 30 Sekunden lang an und prägen Sie sich die Einzelheiten ein. Decken Sie dann die Reihe zu und zeichnen Sie die Bilder nach«

Bewertung	*Erreichte Punktzahl in den einzelnen Lebensjahren*						
	10. Lj.	11. Lj.	12. Lj.	13.–14. Lj.	15. Lj.	16.–17. Lj.	ab 18.Lj.
ausgezeichnet	25–40	28–40	31–40	33–40	34–40	35–40	36–40
sehr gut	23–24	25–27	27–30	29–32	30–33	31–34	32–35
gut	20–22	22–24	24–26	26–28	26–29	27–30	28–31
durchschnittl.	17–19	18–21	20–23	20–25	21–25	22–26	22–27
schwach	14–16	15–17	17–19	17–19	17–20	18–21	18–21
schlecht	12–13	12–14	13–16	13–16	13–16	14–17	14–17
schlecht	0–11	0–11	0–12	0–12	0–12	0–13	0–13

Formgedächtnistest. Einen originellen Test zur Prüfung des Formgedächtnisses brachte einmal die Zeitschrift »Petra« (Abbildung S. 295 unten, obere Reihe).
Sehen Sie sich die Gesichter 30 Sekunden lang ganz genau an. Dann decken Sie die Köpfe zu und zeichnen sie auf einem Blatt nach. Kein Haar darf vergessen werden.
Bewertung: Gesicht a richtig gezeichnet: 5 Punkte; Gesicht b richtig gezeichnet: 10 Punkte; Gesicht c richtig gezeichnet: 15 Punkte; Gesicht d richtig gezeichnet: 30 Punkte. Im ganzen können also 60 Punkte erreicht werden. Sie können nun selbst ausrechnen, wie gut Ihr Gedächtnis für Formen ist.
In abstrakter Form findet man einen ähnlichen Test darunter.
Der Versuchsperson wird jeweils eine der fünf geometrischen Figuren 5 Sekunden lang gezeigt. Danach soll sie die gesehene Figur aus dem Gedächtnis nachzeichnen. Die Arbeitszeit wird nicht beschränkt. Die Bewertung erfolgt nach einem etwas komplizierten Punktsystem, auf das wir hier nicht eingehen können. Es läßt sich jedoch auch ohne Skala feststellen, wie es mit dem Formgedächtnis bestellt ist.

Vom Vergessen

Mit all den bisher erläuterten Versuchen wird zunächst nur die *Merkfähigkeit* geprüft, die Fähigkeit zum »unmittelbaren Behalten«. Wenn wir jedoch von einem »guten Gedächtnis« sprechen, denken wir ja in erster Linie an das Vermögen, die aufgenommenen Inhalte auf längere Zeit hin zu behalten, sie nicht zu *vergessen.* Schon die Erfahrung lehrt, daß das Behaltenkönnen einer Sache individuell recht verschieden ist. Manche Leute können sich noch im hohen Alter an Einzelheiten aus ihrer Jugendzeit erinnern und haben geschichtliche und geographische Daten erstaunlich genau aufbewahrt. Andere vermögen sich schon nach einigen Tagen nicht mehr an Namen oder geschäftliche Vorfälle zu erinnern. Wir wissen auch, daß uns angenehme und sinnvolle Dinge länger im Gedächtnis bleiben als unangenehme oder sinnlose. Von verschiedenen Forschern wurden sogenannte »Vergessenskurven« erarbeitet.

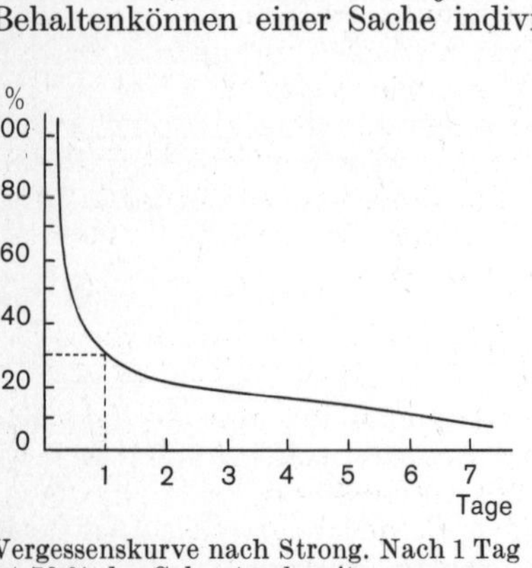

Vergessenskurve nach Strong. Nach 1 Tag ist 70 % des Gelernten bereits vergessen

Die Abbildung S. 296 zeigt die Vergessenskurve des Amerikaners STRONG. Bereits nach einem Tag ist schon 70% des Gelernten vergessen. Danach schreitet das Vergessen glücklicherweise langsamer fort. In einer Woche wird nur viermal soviel vergessen wie in den ersten 10 Minuten. Dies schließt nicht aus, daß es Erlebnisse gibt, die man nie vergißt, und manche Menschen sich bis ins hohe Alter hinein ein gutes Gedächtnis bewahren.

Konzentrationstests

Man sollte sich eben besser konzentrieren können, wird mancher Leser meinen, der das vorhergehende Kapitel studiert hat, dann würden sich uns die Dinge rascher und sicherer einprägen. Und nicht nur das: in konzentriertem Zustand leistet man auch mehr und Besseres.
Was bedeutet Konzentrationsfähigkeit? Machen wir uns zunächst klar, auf welchen psychischen Voraussetzungen die Konzentrationsfähigkeit beruht.

Was bedeutet Konzentrationsfähigkeit?

»Was für glänzende Zeugnisse könnte doch unser Sohn Karl-Heinz haben«, sagen die Eltern, »wenn er sich besser konzentrieren könnte! Nein, dumm ist er nicht, es fehlt nur an Konzentrationsfähigkeit.« Er könnte schon, wenn er nur wollte, heißt es bei den Lehrern, die heute mehr denn je über die Unaufmerksamkeit und Zerstreutheit ihrer Schüler klagen. Merkwürdig ist allerdings, daß die vielbeklagte Konzentrationsschwäche keine durchgehende Erscheinung ist. Kinder, die sich in der Schule gar nicht konzentrieren können, entwickeln oft bei ihren Spielen oder Lieblingsbeschäftigungen eine erstaunliche Ausdauer. Haben sie nun Konzentrationsfähigkeit oder nicht?
Dasselbe gilt für die Erwachsenen. Wir wissen aus Erfahrung, daß wir uns nicht zu jeder Zeit gleich gut konzentrieren können. Dem einen gelingt dies besser am Morgen, dem andern am Abend. Dieser braucht dazu Radiomusik, jener wird dadurch gestört.
Nach alldem scheint die Konzentrationsfähigkeit kein »Vermögen« zu sein, über das beliebig verfügt werden könnte. Sie läßt oft stark nach, insbesondere bei Ermüdung oder unter Alkoholeinwirkung, kann sich aber oft urplötzlich wieder einstellen. Wir haben es also auch hier wieder, wie beim Gedächtnis und bei der Intelligenz, mit einer psychischen Erscheinung zu tun, die eng mit anderen verflochten ist. Nach allem, was wir heute über sie wissen, hängt ihre Funktion teils von der Stimmung und Neigung, teils vom Willen und der körperlichen Verfassung, aber auch von der Zeit und den Umständen ab.

Wie erfaßt man die Konzentrationsfähigkeit?

Trotz der Schwierigkeiten, die durch Verkopplung mit anderen Faktoren entstehen, haben nicht nur Lehrer und Erzieher, sondern auch Berufsberater und Eignungsprüfer ein großes Interesse an einer genaueren Bestimmung der Konzentrationsfähigkeit. Besonders erwünscht ist diese bei der Auslese von Piloten, aber auch von Anwärtern für alle Berufe, die ein rasches Reagieren erfordern. Die Psychologie hat sich daher auch schon seit langem bemüht, geeignete Verfahren zur Prüfung der Konzentrationsfähigkeit zu entwickeln.

Buchstabentest. Der älteste und bekannteste Versuch geht auf den Franzosen Benjamin Bourdon (1895) zurück. Beim *Bourdon-Test* handelt es sich um das Durchstreichen von Buchstaben. Ursprünglich wurde dazu ein beliebiges Textblatt benützt und dem Prüfling zur Auflage gemacht, zum Beispiel möglichst rasch alle E, R, G, L durchzustreichen. Später ging man, wie die gegenüberliegende Seite zeigt, dazu über, der Versuchsperson ein Blatt mit Reihen einzelner Buchstaben vorzulegen. Die Aufgabe konnte beispielsweise lauten: Alle L vor Selbstlauten durchstreichen.

Durchstreichtest. Da die Testleistung durch die mehr oder weniger große Vertrautheit mit dem Buchstaben beeinflußt werden kann, wurden schließlich an die Stelle der Buchstaben sinnlose Zeichen gesetzt, wie die Abbildung unten zeigt. Am Kopf des Testbogens sind vier der insgesamt acht verwendeten Zeichen abgebildet. Diese hat der Prüfling in dem nachfolgenden Block herauszufinden und durchzustreichen. Auch dies ist also ein leicht lösbarer Test, wo es weniger auf Intelligenz ankommt als auf Konzentrationsfähigkeit.

Die Durchführung dieser Tests erfordert zwar nicht viel Zeit, wohl aber die Auszählung des Ergebnisses. Es muß nämlich festgestellt werden, wieviel Durchstreichungen richtig und falsch sind und wieviel übersehen wurden. Bei der Auswertung – für die es bis jetzt noch keine Normen gibt – muß neben der Quantität auch die Qualität der Leistung und die benötigte Zeit berücksichtigt werden. Da es sich bei all diesen Tests um eine ziemlich monotone Arbeit handelt, bei der wenig Interesse mitspricht, arbeiten zwar alle Prüflinge unter denselben Bedingungen, es fragt sich jedoch, ob sie für interessantere Aufgaben nicht doch mehr Aufmerksamkeit und Konzentrationsfähigkeit aufbringen würden.

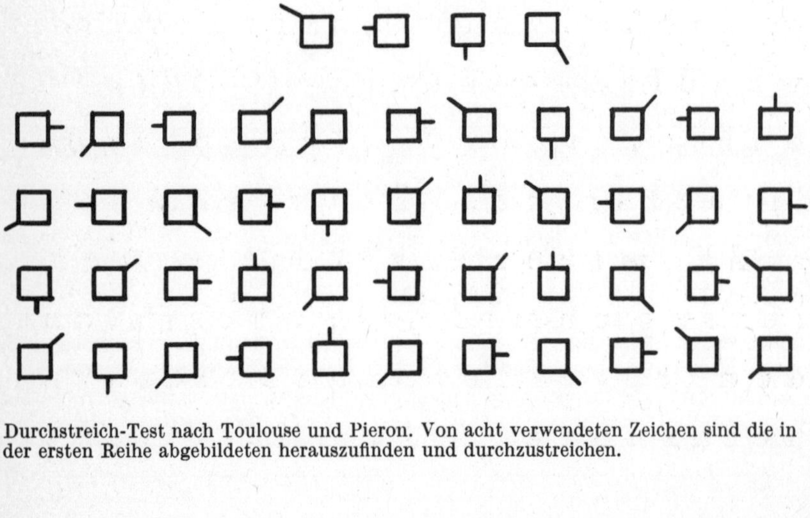

Durchstreich-Test nach Toulouse und Pieron. Von acht verwendeten Zeichen sind die in der ersten Reihe abgebildeten herauszufinden und durchzustreichen.

x a l v e n o i u r s e g m u m f d e g r u n g e

s r a i o n o o y u x r g o e z x u b f o q n t s

e k i h v u r p c e x s e n a w r i n l s x e f a l

e x i c t o e g r l z u e e u y z r o e x s n r l z

g v o v a b z r u n e c r o u i u k e x g c a h z

x u k n r t u w u o b d e p s f c i u k a x h n w

k z r t y q l l u i c b t v z r k w n i p s n w k

v a r e v z v e r u n g l r a l r a l o a e l d t e

a y r o f s e x z r u c o i k a l p t e n u r u a n

q a a q e k r k w e i c z l e g n t r s a n o u v

k n g k t i a s p x u o w z h e n t t e n u r w l

g i e c o t a g i f h o i t e u x n g o e z y u n c

t d l a k i o c m r b v e n u r f d e g i q a r s

g m r g r s r a o e i w e z a r s r b v l i z a u

x a h g z h y i r c n d e f h g e h r i o k z d e

t g w i h k n l v o r w w m r c z e r w u m h i

w k a d f z e u o i d n x c i u w v a l i o l n l

o u h i o r e v b b o y z e l n o u p l n w d e n

l i t u e z a r s r z u v h o v z v r b m o o i k

a l d k c m r z n e v u y a t d i f x a l v e n o

i u r s e g m u m f d e g r u n g e s r a i o n o

o y u x r g c e z x u b a r q n p s e k i h v u r

p c e x s n n a w r i n l s x o f a i l x i c a s e

Technische Tests

Unsere gesamte Lebenswelt wird immer mehr technisiert und mechanisiert. Schon der Umgang mit den vielerlei Haushaltsgeräten, erst recht aber mit den Apparaten und Maschinen des privaten Alltags erfordert von jedermann ein gewisses Maß an technischem Verständnis. Wer gar einen technischen Beruf ergreifen will, tut gut daran, sich des Berufsberaters zu bedienen. Dies ist um so notwendiger, als die meisten unserer Jugendlichen weder von der Berufswelt noch von ihrer Eignung für bestimmte Berufe klarere Vorstellungen besitzen.
Zur Feststellung der Berufseignung hält daher die Bundesanstalt für Arbeitsvermittlung und Arbeitslosenversicherung ein umfangreiches Arsenal von technologischen Tests bereit. Aus verständlichen Gründen hat sie freilich kein Interesse daran, daß die zur Verwendung kommenden Verfahren allgemein bekannt werden. Diese Tests – wie übrigens auch alle anderen – führen ja nur dann zu brauchbaren Ergebnissen, wenn die Versuchspersonen nicht bereits mit ihnen vertraut und vorgeübt sind. Wir müssen uns daher hier auf die beispielhafte Beschreibung einiger weniger Versuche beschränken. Eine eingehende Beratung geht natürlich nicht nur von einer rein technischen Prüfung aus, sondern nimmt auch Intelligenz- und Persönlichkeitstests zur Hilfe.

Tests zur Prüfung der Geschicklichkeit

Unter den Eignungstests stehen diejenigen zur Prüfung der manuellen Geschicklichkeit und des technischen Verständnisses an vorderster Stelle. Ob Hänschen geschickt oder ungeschickt ist, vermag eine verständige Mutter allerdings auch aufgrund ihrer Beobachtung und Erfahrung zu sagen. Objektiver ist allerdings stets der psychologische Test durch einen Fachmann.

Perlenversuch. Am häufigsten wird zur Prüfung der Geschicklichkeit der Perlenversuch angewandt. Man benötigt dazu lediglich eine Anzahl durchlöcherter Holzperlen und eine Stricknadel, die senkrecht auf einen breiten Kork gesteckt wird. Das Kind soll nun möglichst rasch die Perlen bis obenhin auf die Nadel aufreihen. Man sagt ihm gleich von vornherein, daß es »das Spiel« zweimal machen dürfe. Der Vergleich der dazu benötigten Zeiten läßt sich vielfach variieren und eignet sich für Kinder vom 6. bis 12. Lebensjahr. Dabei läßt sich nicht nur etwas über die *Handgeschicklichkeit*, sondern auch über die *Arbeitsplanung* und das *Arbeitstempo* sagen.
Man kann den Versuch auch im Wettbewerb mit mehreren Kindern durchführen. Wer ist zuerst fertig? Wer verheddert sich am meisten? Ferner kann vorgeschrieben werden, daß einmal eine Perle mit der rechten, dann mit der linken Hand aufgesteckt werden muß. Dabei treten zumeist größere Unterschiede in der Geschicklichkeit zutage.
Hat man Perlen verschiedener Form und Farbe zur Hand, dann kann der Versuch auch folgendermaßen gestaltet werden: Man nimmt ein Stück biegsamen Draht und reiht vor den Augen der Versuchsperson etwa ein Dutzend Perlen in bestimmter Reihenfolge auf, nimmt die Perlen wieder heraus und läßt das Muster wiederholen. Auch dabei ergibt sich zumeist eine größere Streuung. Wer nicht gut

aufgepaßt hat, sich also nicht konzentrieren kann oder ein schlechtes Gedächtnis besitzt, hat das Nachsehen.

Drahtbiegeprobe. Obwohl sich der Perlenversuch auch für Knaben eignet, empfiehlt sich für diese vom neunten Lebensjahr an doch die sogenannte »Drahtbiegeprobe«, die seit Jahrzehnten zum eisernen Bestand aller technischen Eignungsprüfungen gehört. Man benötigt dazu lediglich einen glatten Draht und als Vorlage etwa einen Teil des Verschlusses einer Limonadenflasche. Der Test kann durch aufgezeichnete Vorlagen und die Verwendung eines dickeren Drahts und einer Flachzange beliebig erschwert werden. Neben der Handgeschicklichkeit läßt sich dabei auch die Formauffassung und die Sauberkeit der Arbeitsweise prüfen.

Ausschneide- und Modellieraufgaben. Sehr ergiebig sind schließlich auch Ausschneide- und Modellieraufgaben. Der Versuchsperson wird die Umrißform einer gerad- oder krummlinigen Figur (in Schwarzweißtechnik) kurz gezeigt. Zur Prüfung ihrer Gestaltauffassung und Handfertigkeit hat sie danach die Figur mit einer Schere aus einem Stück schwarzen Papiers auszuschneiden. Hat man Plastilin zur Hand, dann kann der Versuchsperson auch die Aufgabe gestellt werden, etwa eine Parfümflasche oder einen Aschenbecher nachzuformen.

Tests zur Prüfung des technischen Verständnisses

Zur Prüfung des eigentlichen technischen Verständnisses bedient man sich entweder technischen Materials, mit dem manipuliert werden kann, oder technischer Zeichnungen, die erklärt werden müssen. Dabei zeigt sich, ob die Versuchsperson überhaupt ein persönliches Verhältnis zu technischen Problemen hat, ob sie sich also angesprochen fühlt oder nicht. Ferner ersieht man aus diesen Versuchen, inwieweit die Versuchsperson mit den technischen Grundgesetzen vertraut ist und die funktionale Bedeutung der Einzelteile erkennt und ihr Zusammenwirken zu erklären vermag.

Erklärung technischer Zeichnungen. Prüfen Sie doch bitte selbst einmal Ihr technisches Verständnis anhand der Abbildung S. 302. Fragen Sie sich, bevor Sie weiterlesen, wozu der ganze Mechanismus dienen könnte und wie die Teile zusammenwirken.

Unsere Abbildung könnte als Modell einer Abfüllanlage für Kohlen betrachtet werden. Der Behälter A ist durch ein Drahtseil L, das über zwei Rollen R 1 und R 2 läuft, mit dem Gewicht G 1 verbunden. Sobald nun die Menge in A größer wird als G 1, senkt sich der Behälter A und zieht G 1 in die Höhe. Dabei wird gleichzeitig durch einen plattenförmigen Schieber der Füllschacht geschlossen, so daß keine Kohle mehr nachfließen kann. Durch den Aufschlag des Hebelarms H 1 auf den Sockel K wird die Deckelsperre H 2 gelöst, das Gewicht der Kohle drückt den Boden B nach unten. Der Füllkorb entleert sich, wird dabei aber von G 1 hochgezogen. Gleichzeitig bewirkt nun auch das Gewicht G 2 den Schluß der Bodenklappe B, die nun wieder durch H 2 festgehalten wird. Inzwischen hat der Schieber auch den Füllstutzen freigegeben, so daß erneut Kohle in den Behälter fließen kann. Und nun beginnt der ganze Prozeß wieder von vorne.

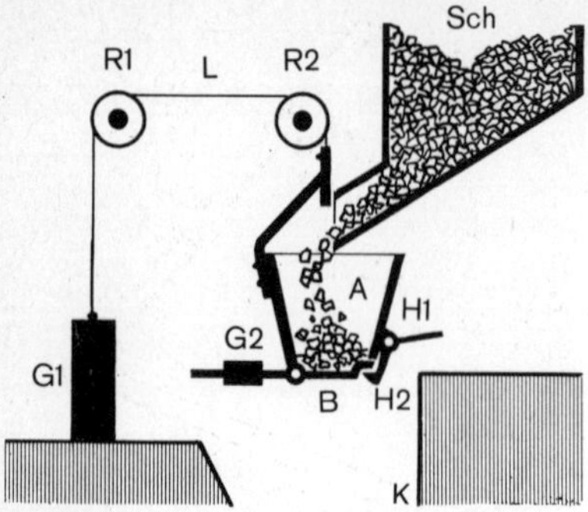

Wie funktioniert diese Maschine und welchem Zweck könnte sie dienen? Die Antwort auf diese Fragen wird zur Prüfung des technischen Verständnisses ausgewertet

Techniker werden dabei noch weitere Feinheiten entdecken, technisch weniger Begabte aber auch manches übersehen. Bei Eignungsprüfungen für bestimmte technische Berufe werden wesentlich schwierigere Zeichnungen vorgelegt.

Umgang mit technischem Material. Die Erfahrung hat gelehrt, daß das praktisch-technische Verständnis am besten durch Tests erfaßt wird, die Gelegenheit zu praktischem Umgang mit Materialien geben. Zu diesen gehört zum Beispiel die Montage eines Hammerwerks.
Die Versuchsperson erhält ein Montagebrett (S. 303, oben) und die einzelnen Teile der zu konstruierenden Maschine. In der Mitte sind die einzelnen Gegenstände zu sehen, unten die Maschine in betriebsfertigem Zustand.
Der Test wurde von Albert Huth standardisiert. Gemessen wird vor allem die benötigte Zeit zur Montage. Berücksichtigt wird jedoch auch das gesamte Verhalten während der Arbeit. Technisch begabte männliche Versuchspersonen vom 17. Lebensjahr an benötigen zum Zusammenbau ungefähr 7 bis 8 Minuten.

Schulreifetests

Die Einschulung eines Kindes ist ein Ereignis, das Vater, Mutter und Kind schon monatelang vor seinem Eintritt lebhaft bewegt, besonders wenn es sich um das erste Kind der Familie handelt. Manchmal machen die Eltern sich Gedanken, ob man den Schuleintritt vorverlegen oder hinausschieben sollte. Nun ist zwar der Beginn der Schulpflicht in allen Ländern gesetzlich geregelt. Doch lassen die Gesetze auch Ausnahmen zu. Man ist sich zudem immer noch nicht klar darüber, welcher Zeitpunkt für den Eintritt in die Schule der richtige ist. Im allgemeinen beginnt die Schulpflicht in Deutschland und Frankreich mit dem vollendeten 6. Lebensjahr, in einzelnen Ländern allerdings auch erst im Alter von 6 Jahren und 3 Monaten. In Schweden dagegen beginnt die Schulpflicht erst mit dem 7. Lebensjahr, während in England die Kinder schon mit 5 Jahren in eine Vorschule (infant school) kommen. Die Schweiz zeigt das bunteste Bild. Dort kommen die Kinder je nach Kanton zwischen 4 und 8 Jahren zur Schule. Die Ursache für diese unterschiedliche Regelung beruht auf der Ungelöstheit der Frage, wann ein Kind eigentlich als schulreif zu bezeichnen ist.

Wann ist ein Kind eigentlich schulreif?

Es gibt natürlich keine Schulreife an sich, sondern immer nur die Reife für eine ganz bestimmte Art von Schule. Hat die Schule mehr das Gepräge eines Kindergartens, dann kann die Einschulung schon früher erfolgen;

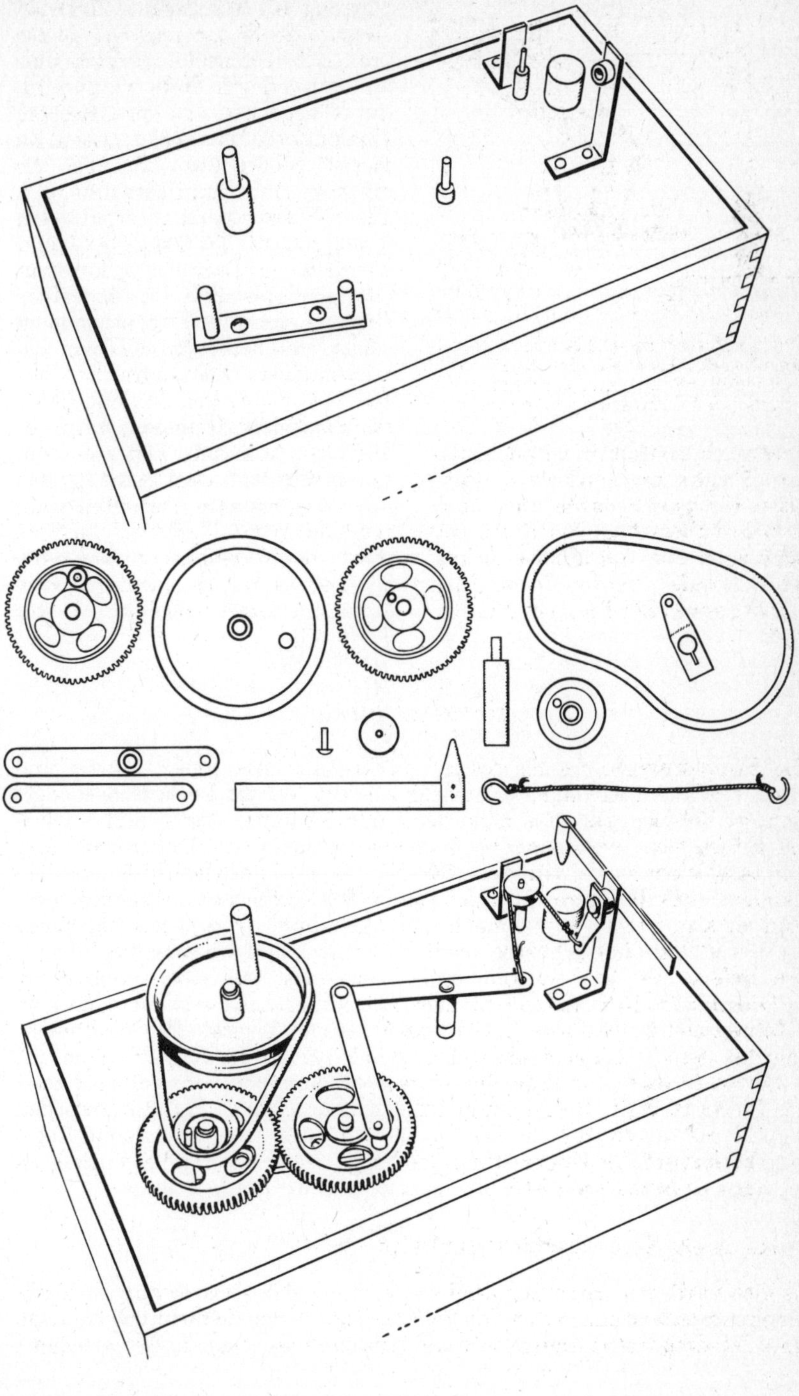

stellt eine Schule jedoch größere geistige Anforderungen, so kann sie nur von Kindern höheren Reifegrades besucht werden. Das Leidige an der Sache ist nun, daß die Reife nicht unbedingt vom Alter abhängig ist. Von dieser Einsicht sind jedoch viele Eltern noch weit entfernt. Manche glauben sogar, in der Körpergröße ein untrügliches Zeichen der Reife zu besitzen. Dabei sind sich Ärzte, Psychologen und Lehrer in der Erkenntnis einig, daß körperliche und geistige Entwicklung, insbesondere auf dieser Altersstufe, nicht parallel verlaufen. Dies war nicht immer so. Als die heutigen Großmütter und Großväter zur Schule kamen, klaffte die Entwicklung von körperlichen und geistigen Funktionen noch nicht so weit auseinander wie heute. Allerdings machte man sich damals auch nicht so viel Kopfzerbrechen über die Frage der Schulreife. Inzwischen haben sich jedoch nicht nur die familiären, sondern auch die schulischen Verhältnisse erheblich verändert. Vor allem trat im Tempo der Entwicklung des Kindes ein tiefgreifender Wandel ein. Man betrachtet heute das Problem der Schulreife unter dreifachem Aspekt und unterscheidet eine *körperliche*, eine *seelisch-geistige* und eine *soziale* Schulreife.

Körperliche Reife. Zahlreiche Beobachtungen haben bewiesen, daß sich die Kinder nicht mehr in allen Bereichen gleich rasch entwickeln. Seit Beginn dieses Jahrhunderts ist bei der Jugend eine erhebliche Wachstumsbeschleunigung (*Akzeleration*) eingetreten, die sich insbesondere in einer Verschiebung der körperlichen Proportionen äußert. Wem wären nicht schon Jugendliche mit extrem langen Armen und Beinen aufgefallen! Bei unseren 6- bis 7jährigen tritt die Akzeleration zwar noch nicht so deutlich in Erscheinung; doch sind auch sie um 5% größer und 10% schwerer als die Schulneulinge vor 50 Jahren. Über die Ursachen dieser Erscheinung gehen die Ansichten weit auseinander. Wir wollen das Problem jedoch nicht weiter verfolgen.

Wichtiger für die Frage der Schulreife ist die Tatsache, daß die Kinder dieser Altersstufe einen *Gestaltwandel* durchmachen, der beim einzelnen Kind durchschnittlich ein Jahr dauert, jedoch keineswegs bei allen Kindern zur selben Zeit einsetzt. Was versteht man darunter? Der Berliner Schularzt WILFRIED ZELLER hat aufgrund von umfangreichen Untersuchungen festgestellt, daß sich Kinder in der Zeit zwischen dem 5. und 7. Lebensjahr von der – von ihm so benannten – *Kleinkindform* zur *Großkindform* entwickeln. Die Kleinkindform ist durch eine harmonische Gesamtgestalt, weiche Gesichtsformen, große vorgewölbte Stirn und runde, anmutige Bewegungen gekennzeichnet, während das Großkind im Verhältnis zum Rumpf ausgesprochen lange Gliedmaßen besitzt, die Gesichtszüge sind schärfer ausgeprägt, die Bewegungsweise wirkt straffer.

Infolge des unterschiedlichen Entwicklungstempos kann also heute nicht damit gerechnet werden, daß unsere Schulpflichtigen körperlich gleichartig sind. Im 6. Lebensjahr befinden sich die meisten Kinder in einer Übergangsform. Je mehr sie dabei nun die Kleinkindform zeigen, desto mehr ist auch in geistiger Hinsicht mit einer Entwicklungsverzögerung – für die sich die Bezeichnung *Retardation* eingebürgert hat – zu rechnen. Mit dem körperlichen Wachstum braucht jedoch die geistige Entwicklung durchaus nicht einherzugehen; deshalb gibt die körperliche Erscheinung keinen sicheren Aufschluß über die Schulreife. Nach

Ansicht der Wiener Psychologin LOTTE SCHENK-DANZINGER ist allenfalls ein gewisser Zusammenhang zwischen körperlicher und sozialer Reife anzunehmen.

Seelisch-geistige Reife. Auch die für das Fortkommen in der Schule wesentlichen psychischen Funktionen entwickeln sich beim einzelnen Kind nicht immer in gleichem Maße. Es ist zum Beispiel keineswegs gesagt, daß Kinder, die munter drauflosplappern und durch Funk und Fernsehen schon mancherlei wissen, auch eine genügend große Konzentrationsfähigkeit und Leistungswilligkeit besitzen. Eine gewisse sprachliche Fertigkeit ist zwar für die Arbeit in der Schule vorteilhaft, doch ebenso wichtig ist es, daß ein Kind aufmerken, beobachten, unterscheiden und sich etwas merken kann, daß es Größen- und Mengenverhältnisse zu erfassen vermag und vieles andere mehr. Diese Fähigkeiten entwickeln sich jedoch nicht alle in gleichem Maße.

Soziale Reife. Der Unterricht in der Schule vollzieht sich in einem sozial andersgearteten Rahmen als die Erziehung in der Familie. Die Einfügung in die Klassengemeinschaft, das Sichvertragen mit anderen, die Zurückstellung eigener Wünsche und Bedürfnisse – all das fällt manchen Kindern schwer, besonders Einzelkindern und solchen, die keinen Kindergarten besucht haben. Es muß daher geprüft werden, ob das Kind die für den Schulbesuch erforderliche soziale Reife besitzt, das heißt, ob es »in der Gruppe bildbar« ist. Eine erfahrene Psychologin, HILDEGARD HETZER, definiert die Schulreife daher als »die Fähigkeit, sich durch planmäßige Arbeit in Gemeinschaft Gleichaltriger traditionelle Kulturgüter anzueignen«.

Wozu dient der Schulreifetest?

Ein Schulreifetest darf sich nicht auf die Prüfung des Wissens oder einer einzelnen Funktion beschränken, sondern muß danach trachten, den gesamten Komplex der für die Schularbeit nötigen Fähigkeiten zu erfassen. Machen wir uns doch einmal klar, was die Schule von einem Kind alles fordert: Es soll sich plötzlich für Dinge wie Lesen, Rechnen und Schreiben interessieren, die bislang in seinem Leben keine nennenswerte Rolle gespielt haben, es soll die ihm anschaulich gegebene Welt begrifflich durchdringen, sein Bewegungsbedürfnis willentlich einschränken, arbeiten – anstatt zu spielen, und noch vieles andere mehr. Wir Erwachsenen machen uns zumeist gar keine rechte Vorstellung davon, welche Umstellungen durch den Schuleintritt notwendig werden.
Zur Feststellung der Schulreife muß daher geprüft werden, inwieweit das Kind bereits fähig ist, seine Aufmerksamkeit willkürlich auf Unterrichtsgegenstände wie Buchstaben, Zahlen, Bilder, Geschichten zu lenken, sich Dinge zu merken, für die es vielleicht gar kein Interesse hat, und Fragen zu beantworten, auf die es selbst nicht gekommen ist.
Alle Schulreifetests wollen zu objektiven Aussagen über die Schulreife eines Kindes kommen. Ein solcher Test ist vor allem zu zwei Zwecken angebracht: zu prüfen, ob ein noch nicht schulpflichtiges, aber als frühreif bezeichnetes Kind wirklich leistungsfähig ist und ob ein an sich schulpflichtiges Kind vom Schulbesuch zurückgestellt werden sollte.

Göppinger Schulreifetest

Wer das Sitzenbleiber-Elend in unseren Schulen kennt, muß allen Eltern im Zweifelsfall dringend raten, eine Schulreifeprüfung zu veranlassen. Die meisten Prüfungen erfordern allerdings einen größeren Zeitaufwand. Eines der erprobtesten Verfahren liegt im *Göppinger Schulreifetest* vor.

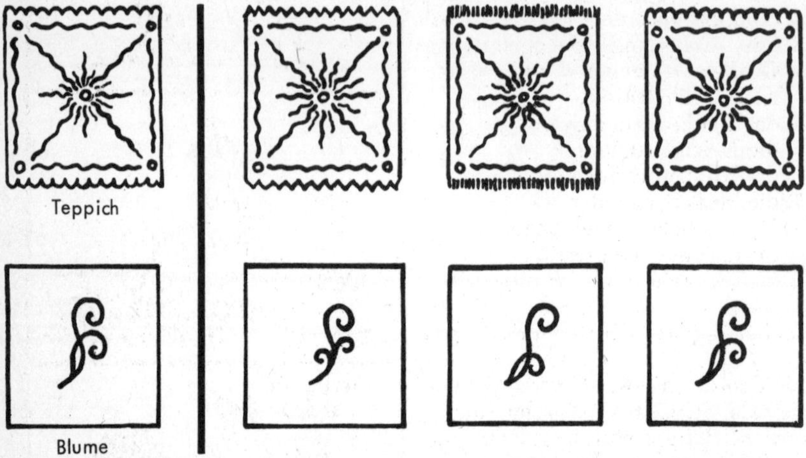

Aus dem Göppinger Schulreifetest: Ermittlung der Formauffassung. Dem Kind werden die Bilder vorgelegt, und es wird ihm gesagt: »Hier auf dem kleinen (linken) Bild siehst du einen Teppich (eine Blume). Suche auf dem langen (rechten) Bild den (die) gleiche(n) und mache dort einen Strich!« Zeit: 2 Minuten. – (Etwas veränderter Abdruck mit Genehmigung des Urhebers aus dem Göppinger Schulreifetest, herausgegeben von Alf. Kleiner, 43. Aufl., Arbeitsgemeinschaft für Schulteste, Schwäb. Gmünd/Göppingen 1967)

Test zur Ermittlung der Größenverhältnisse: »Streich an, in welcher Kiste 3 Äpfel sind!«

Test zur Ermittlung der Ordnungsverhältnisse: »Mache einen Strich beim zweiten Wanderer!« – Bildreihe S. 307; Ermittlung der Urteilsfähigkeit: »Mache einen Strich bei den Tieren, welche schwimmen können!« (Göppinger Schulreifetest)

Durchführung. Der Göppinger Test untersucht im einzelnen folgende für die Schularbeit wichtigen Funktionen:

1. Die Formauffassung und das Unterscheidungsvermögen,
2. die Feinmotorik,
3. das Erfassungsvermögen für Größen-, Mengen- und Ordnungsverhältnisse,
4. das Beobachtungsvermögen,
5. die Kritikfähigkeit,
6. die Konzentrationsfähigkeit,
7. die Merkfähigkeit,
8. die bildliche Gegenstands- und Situationserfassung,
9. die Sprach- und Inhaltserfassung,
10. den allgemeinen Reifegrad.

Der Test kann sowohl als Gruppen- wie als Einzeltest durchgeführt werden. Bei der einzelnen Prüfung der *Formauffassung* und des *Unterscheidungsvermögens* – Fähigkeiten, die besonders für die Erlernung des Lesens wichtig sind – zeigt man dem Kind beispielsweise das Blatt unserer Abbildung S. 306 oben und liest ihm die entsprechende Arbeitsanweisung vor.
Um das *Zahlenverständnis* zu prüfen, legt man dem Kind die Zeichnungen Mitte und unten vor. Seine *Urteilsfähigkeit* soll durch Bilder wie rechts hierneben und seine *Konzentrationsfähigkeit* durch solche wie auf 308 getestet werden.
In ähnlicher Weise arbeitet der *Frankfurter Schulreifetest.* (siehe das Beispiel S. 309) Es wäre allerdings völlig abwegig, den Schulneuling etwa auf die Lösung derartiger Aufgaben vorzubereiten.
Um dies zu gewährleisten, sind Schulreifetests auch nicht im Handel zu haben.

Auswertung. Die Auswertung der Testleistungen erfolgt nach einem sorgfältig erarbeiteten und stati-

»Du siehst hier oben ein kleines Blümchen. Das kommt unter den vielen Bildern auf dieser Seite immer wieder vor. Du mußt Reihe für Reihe durchsuchen. Wenn du das Blümchen irgendwo gefunden hast, dann mache einen Strich durch das Blümchen. Paß aber gut auf: Es muß immer das gleiche Blümchen wie oben sein. Es sind auch welche dabei, die anders aussehen; diese darfst du nicht durchstreichen.«

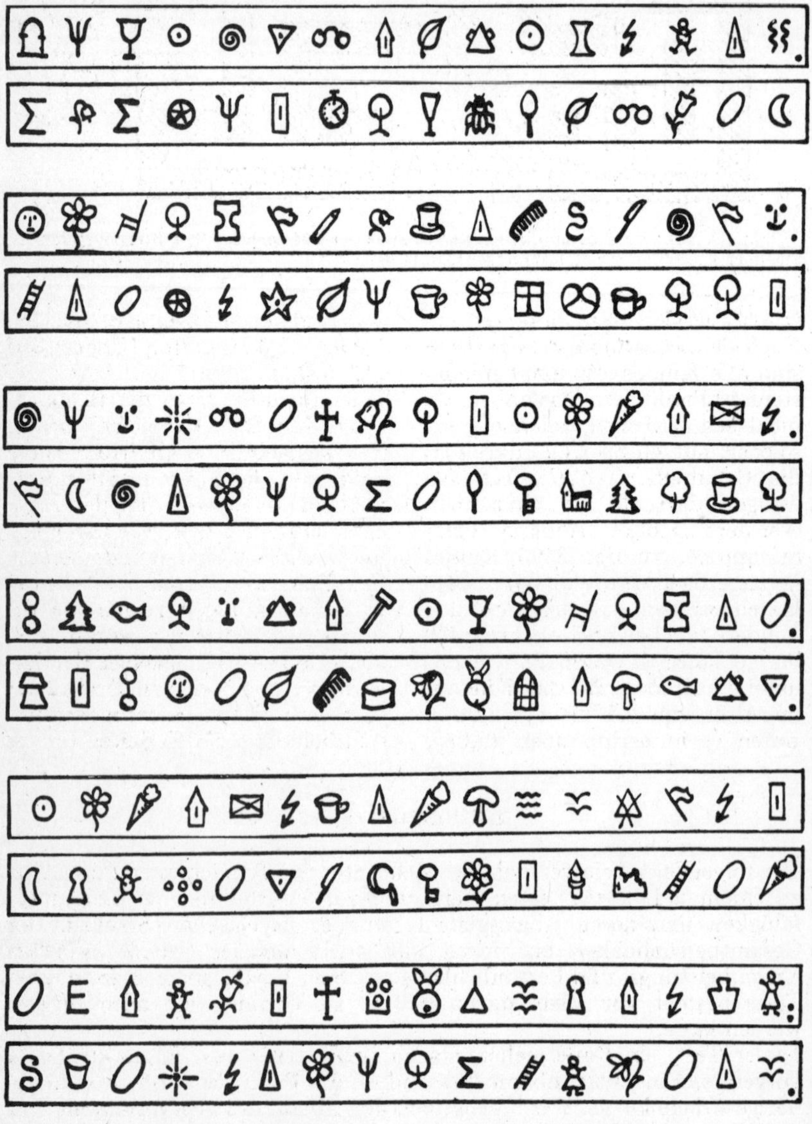

Prüfung der Konzentrationsfähigkeit (nach dem Göppinger Schulreifetest).

Wie findet man den Weg zum Affen? Eine Tafel zur Prüfung der Orientierungsfähigkeit aus dem Frankfurter Schulreifetest »Komm spiel mit«

stisch abgesicherten Punktsystem. Nach dem *Göppinger Schulreifetest* sind alle Kinder, die nicht mindestens 40 Punkte erreicht haben, als nicht schulreif zu bezeichnen; bei solchen mit 40 bis 47 Punkten ist die Schulreife fraglich, bei den übrigen darf sie als hinlänglich gesichert gelten. Anhand einer Stichprobe, zu der 3886 Kinder herangezogen wurden, konnte festgestellt werden, daß sich unter den Kindern, die beim Schuleintritt 5,9 bis 6,0 Jahre alt waren, 28% schulunreife befanden. Bei den Kindern im Alter von 6,4 bis 6,7 Jahren waren es immerhin noch 19,9%, während der Prozentsatz bei den 7,0 bis 7,3 Jahre alten Kindern auf 9% absank.

Interessant ist auch die Beobachtung, daß die Knaben bei diesem Test schlechter abschnitten als die Mädchen, das heißt in ihrer Entwicklung offenbar hinter den Mädchen zurückbleiben, was zur Folge hat, daß die Mädchen in den ersten Schuljahren im Durchschnitt bessere Schulleistungen zeigen als die Knaben. Schließlich ergab sich auch, daß der Besuch eines Kindergartens einen positiven Einfluß auf die Schulreife hat, insbesondere hinsichtlich der sozialen Seite.

Der Pauli-Test

Der folgende Arbeitsversuch, der sich unter der Bezeichnung *Pauli-Test* zu einem der bewährtesten Verfahren zur Beurteilung der Leistungsfähigkeit und deren Abhängigkeit von der psychischen Struktur der Gesamtpersönlichkeit entwickelt hat, steht auf der Grenze zwischen einem Leistungs- und Persönlichkeitstest. Sein Vorteil gegenüber anderen Tests besteht vor allem darin, daß er als Gruppentest durchgeführt werden kann.

Dieser Test, ein Dauerrechenversuch, wurde 1938 von Richard Pauli vorgelegt. Ein untrennbarer Bestandteil des Pauli-Tests ist die dazugehörige Arbeitskurve. Wir beschreiben den Ablauf des Testverfahrens und die Auswertung des Ergebnisses anhand der Arbeitskurve.

Ablauf des Pauli-Tests

Die Versuchspersonen haben beim Pauli-Test die Aufgabe, einstellige Zahlen fortlaufend zu addieren. Sie erhalten dazu große Bogen mit Reihen von jeweils 50 Zahlen (s. S. 311). Das Ergebnis der Addition zweier Zahlen ist jeweils unter Fortlassung des Zehners in die Lücke rechts zwischen den beiden Zahlen zu schreiben. Das Ergebnis sieht also so aus, wie unsere Abbildung auf der rechten Hälfte zeigt.
Das zur Bewältigung der Aufgabe geforderte rechnerische Können ist so bescheiden, daß im allgemeinen etwaige Unterschiede in der rechnerischen Begabung der Teilnehmer kaum ins Gewicht fallen dürften. Geprüft werden soll ja nicht das rechnerische Können, sondern die Konzentrationsfähigkeit und Ausdauer.

Durchführung. Der Test stellt große Anforderungen an die Disziplin der Teilnehmer. Diese sollen nämlich eine Stunde lang ununterbrochen addieren! Daß dies kein Kinderspiel ist, weiß jeder, der »das Rennen« einmal mitgemacht hat. Seine besondere Note erhält das Verfahren jedoch durch eine scheinbar unbedeutende Maßnahme. Der Versuchsleiter gibt nämlich nach jeweils 3 Minuten ein Zeichen, auf das hin die Versuchspersonen einen Strich unter das eben geschriebene Resultat zu machen haben. Durch diese Unterteilung des gesamten Arbeitsverlaufs läßt sich später leicht feststellen, wieviel Aufgaben von der Versuchsperson in den einzelnen Phasen bewältigt wurden. Und eben darauf kommt es in diesem Test an.
Zu Beginn des Tests erhalten die Versuchspersonen die Anweisung, so schnell und so fehlerfrei wie nur irgend möglich zu arbeiten. Mit der Befolgung dieser Anweisung ist um so eher zu rechnen, je mehr die Teilnehmer das Bewußtsein haben, daß das Ergebnis für sie von ausschlaggebender Bedeutung ist. Dies ist besonders bei Eignungs- und Ausleseprüfungen der Fall.

Auswertung. Nach Beendigung der Arbeit wird durch Auszählen oder mit Hilfe eines Auswertungsgeräts die Menge der Additionen in jeder Phase festgestellt. Daraus läßt sich die Gesamtleistung und die durchschnittliche Fehlerzahl bemessen. Zwecks Herstellung der sogenannten »Arbeitskurve« werden nun die Einzelleistungen in ein Koordinatensystem übertragen. Zur größten Überraschung all derer, die gemeint hatten, aus der ganzen Sache komme nicht viel heraus, weisen die Kurven der einzelnen Teilnehmer des Versuchs große Unterschiede auf. Zahlreiche Untersuchungen haben ergeben, daß der Kurvenverlauf für die Antriebsstruktur höchst symptomatisch ist. Nicht nur die Leistung, sondern auch die Persönlichkeit, der »Charakter« wird auf diese Weise sichtbar.

Maßstäbe für die Beurteilung. Aufgrund zahlreicher Untersuchungen kam W. Arnold zur Aufstellung einer umfangreichen Beurteilungstabelle, aus der wir einige Deutungen herausgreifen.
Aus einer hohen Gesamtleistung wird im allgemeinen – ohne Berücksichtigung anderer Faktoren – auf folgende Eigenschaften geschlossen: Willensstärke, Energie, Einsatzbereitschaft, Ausdauer, Zähigkeit, Belastungsfähigkeit und Fleiß; unter Umständen aber auch auf Ehrgeiz und Draufgängertum.
Eine geringe Gesamtleistung deutet auf verminderte Energie und Lei-

2	6	7	9
4	6	5	4
3	3	8	2
1	9	3	5
2	9	7	5
9	7	6	6
6	9	5	7
2	5	9	8
5	2	9	3
5	2	4	4
2	8	4	4
3	9	2	6
4	3	5	8
9	8	7	2
8	4	8	4
8	3	5	7
6	5	3	7
7	4	3	6
4	2	2	2
8	0	9	7
3	4	7	4
6	5	3	9
4	5	4	8
4	6	6	4

4		2		5	
	7		1		0
3		9		5	
	8		5		4
5		6		9	
	7		3		3
2		7		4	
	8		5		9
6		8		5	
	0		3		3
4		5		8	
	6		4		7
2		9		9	
	1		6		8
9		7		9	
	4		9		5
5		2		6	
	8		8		3
3		6		7	
	9		2		0
6		6		3	
	7		1		8
1		5		5	
	3		7		2
2		2		7	
	0		9		4
8		7		7	
	7		1		3
9		4		6	
	8		7		8
9		3		2	
	1		2		7
2		9		5	
	5		3		8
3		4		3	
	7		2		1
4		8		8	
	9		5		0
5		7		2	
	2		3		8
7		6		6	
	0		9		4
3		3		8	
	9		0		2
6		7		4	
9		9		9	

Ausschnitte aus dem Pauli-Test. Links Teil eines unbenutzten Formulars; rechts ein Formular, welches am Beginn bereits ausgefüllt ist. Erklärung gegenüber!

stungsfähigkeit; unter Umständen auch auf mangelnde Arbeitsfreude und Frische oder Zaghaftigkeit, Trägheit und Interessenlosigkeit. Große Schwankungen bei hoher Gesamtleistung deuten auf ein lebhaftes, aber wenig beherrschtes Temperament, auf Gefühlsabhängigkeit und Erregbarkeit. Bei geringer Gesamtleistung wird auf Willensschwäche, Mangel an Konzentrationsfähigkeit, Unbeständigkeit und Launenhaftigkeit geschlossen.

Falls die Schwankungen – bei hoher Gesamtleistung – nur gering sind, so ist das sehr positiv zu werten. Dies deutet auf innere Ausgeglichenheit, starke Einsatzbereitschaft, Besonnenheit, Zuverlässigkeit und Stetigkeit der Arbeitsweise. Bei geringer Gesamtleistung kann ein Minimum an Schwankungen unter Umständen ebenfalls Ausgeglichenheit und Stetigkeit bedeuten; doch ist auch anzunehmen, daß es an Antriebsstärke und Temperament fehlt.

Der Pauli-Test in der Praxis

Die Durchführung des Tests und die Errechnung der Gesamt- und Einzelleistung ist nicht sehr schwierig. Hingegen erfordert die charakterologische Ausdeutung der Arbeitskurve fachliche Kenntnisse und viel Erfahrung.
Der Test dient neben der Ermittlung der vorhandenen Antriebskräfte, der Konzentrations- und Leistungsfähigkeit auch zur Beurteilung der Einsatzbereitschaft, Ausdauer und Belastbarkeit. Er kommt vor allem bei der Berufsberatung, bei Eignungsprüfungen und bei der Bewerberauslese zur Anwendung und erfreut sich auch im Ausland großer Beliebtheit. Die Japaner bezeichnen ihn als originellsten Persönlichkeitstest.

Ein Versuch mit Studenten. Der Verfasser dieses Buches hat den Pauli-Test mit vielen Studentinnen und Studenten durchgeführt und dabei die Beobachtung gemacht, daß sich das Testergebnis mit dem Leistungsverhalten der Teilnehmer während ihres Studiums deckt. Aus den vorliegenden Arbeitskurven haben wir vier herausgegriffen und in Abbildung S. 313 unten dargestellt. Sie zeigen die Arbeitsleistungen während des einstündigen Versuchs. Teilnehmer waren die Studentinnen Dobler (D) und Siegel (S) und die Studenten Messer (M) und Lohmer (L).
Was bei der Betrachtung der Kurven zunächst auffällt, ist deren unterschiedliche »Höhenlage«, in der sich die Menge der erzielten Additionen in jeder der 20 Teilzeiten zu je 3 Minuten ausdrückt. Unterschiedlich ist aber auch der Verlauf der Kurven. Am unruhigsten und sprunghaftesten ist dieser bei M. Überraschend ist ferner die Tatsache, daß alle Teilnehmer außer M. ihre anfängliche Leistung nicht zu halten vermochten, eine Beobachtung, die fast durchweg gemacht werden kann. Offenbar gehen alle Teilnehmer sehr konzentriert an die Aufgabe heran, müssen jedoch bereits in der zweiten Phase ihr Tempo vermindern. Wann der einzelne seinen Tiefstpunkt erreicht und überwindet, ist individuell sehr verschieden. Entgegen der Erwartung läßt die Leistung bei den meisten Versuchspersonen jedoch gegen das Ende nicht nach, sondern steigert sich noch. Manche erreichen sogar, wie hier L., erst in der letzten Phase ihren Gipfelpunkt.

Deutung des Versuchs. Zur besseren Übersicht haben wir die Leistungs-

	Alter	Geschl.	Ges. Zahl d. Addit.	Phasen-durch-schnitt	höchste	nie-drigste	Gipfel	Tiefst-punkt
					Phasenleistg.			
D Dobler	25	weibl.	3905	195	222	165	18.	4.
M Messer	21	männl.	2977	149	193	124	15.	3.
L Lohmer	22	männl.	2204	110	121	86	20.	2.
S Siegel	23	weibl.	1774	88	118	62	19.	6.

ergebnisse unserer vier Versuchspersonen in einer Tabelle zahlenmäßig zusammengestellt.
Dieses Ergebnis wird erst recht verständlich, wenn man weiß, daß weibliche Personen dieser Alters- und Bildungsstufe bei dem einstündigen Versuch im Durchschnitt ca. 2600 bis 2800, männliche ca. 2800 bis 3000 Additionen zustande bringen. Im Vergleich damit ist die Leistung von Frl. D als ganz außergewöhnlich zu bezeichnen, diejenige von Herrn M. als gut durchschnittlich, diejenige von Herrn L. als unterdurchschnittlich und diejenige von Frl. S. als sehr schwach. Letztere entspricht ungefähr der Durchschnittsleistung 13- bis 14jähriger Mädchen einer höheren Schule.

Die Fehlerzahl beträgt bei weiblichen Personen etwa 0,9%, bei männlichen etwa 1,2%. Bei der Auswertung des Ergebnisses spielt jedoch nicht nur die Menge der Additionen, sondern auch der Verlauf der Kurve eine große Rolle. Die M-Kurve erinnert in ihrem unruhigen Auf und Ab unwillkürlich an die Fieberkurve eines Kranken. Herr M. befand sich zwar zur Zeit des Versuchs in bester Verfassung, war aber offensichtlich trotzdem nicht in der Lage, sich genügend auf die Sache zu konzentrieren. Sein Arbeitstempo schwankt von Phase zu Phase. Er strengt sich bald mehr, bald weniger an. Daß er ein leistungsfähiger Mann ist, beweist nicht nur die Höhe seiner Gesamtleistung, sondern auch

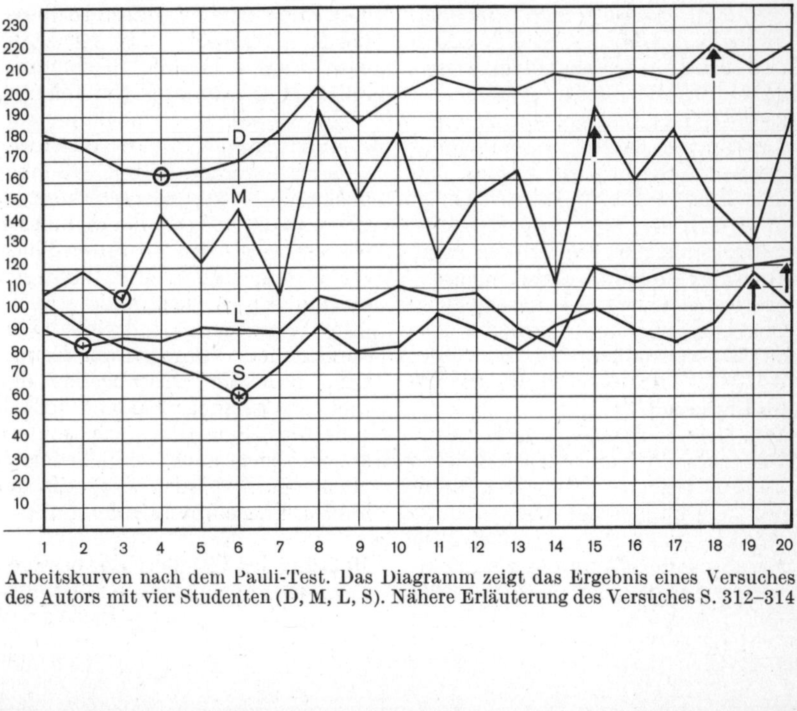

Arbeitskurven nach dem Pauli-Test. Das Diagramm zeigt das Ergebnis eines Versuches des Autors mit vier Studenten (D, M, L, S). Nähere Erläuterung des Versuches S. 312–314

seine Gipfelleistung von 193 Additionen. Ihm gelingt es auch als einzigem Teilnehmer des Versuchs, seine Leistung in der zweiten Phase nicht absinken zu lassen. In mengenmäßiger Hinsicht ist er also Herrn L. absolut überlegen. Nicht jedoch hinsichtlich der Stetigkeit der Leistung.

Herr L. beginnt mit einer Leistung von 90 Additionen. Schon nach der zweiten Phase hat er seinen Tiefstpunkt mit 86 Additionen überwunden und arbeitet sich nun langsam, aber stetig in die Höhe. Zwischen der 12. und 15. Phase hat er allerdings noch einmal mit Ermüdung zu kämpfen, vermag seine Leistung dann aber bis zum Ende des Versuchs zu steigern und erreicht in der letzten Phase sogar seine Gipfelleistung mit 121 Additionen.

Frl. S. scheint bei dem Versuch nicht in bester Verfassung gewesen zu sein. Sie beginnt zwar mit einer Anfangsleistung von 105 Additionen, die sie jedoch nicht halten kann. In der sechsten Phase sinkt ihre Leistung sogar bis auf 62 Additionen ab. Danach rafft sie sich langsam wieder auf und bringt es in der 19. Phase schließlich sogar zu ihrer Gipfelleistung (118 Additionen). Ihre Leistungsfähigkeit ist zweifellos bescheiden. Doch ist sie sichtlich bemüht, ihr Bestes zu geben.

Mit Frl. D. kann sie freilich nicht konkurrieren. Diese muß über eine ganz enorme Spannungsfähigkeit verfügen, die es ihr ermöglicht, ihre Leistung ohne nennenswerte Rückschläge bis zum Ende fort und fort zu steigern. Schon ihre Anfangsleistung mit 182 Additionen liegt weit über dem Durchschnitt. Zwar kann sie diese in den folgenden drei Phasen nicht halten, arbeitet sich danach aber energisch empor und bringt es in der 18. Phase sogar auf 222 Additionen.

Schon diese kurze Betrachtung zeigt, daß dieser Test über das rein Leistungsmäßige hinaus interessante Einblicke in die psychische Dynamik ermöglicht. Frl. D. hatte sich während ihres Studiums als außergewöhnlich strebsam und leistungswillig erwiesen. Mit Hilfe ihrer vorzüglichen Begabung gelang ihr auch ein recht gutes Examen. Herr M. stand ihr zwar an Begabung nicht viel nach. Doch vermochte er sich lange nicht in dem Maße wie Frl. D. auf sein Studium zu konzentrieren. Er hatte stets viel vor, führte seine Absichten jedoch nicht konsequent genug zu Ende. Sein Examen hätte seiner Begabung nach betrachtet besser sein können. Herr L. galt als ein ruhiger, stiller und bescheidener Mann, der zwar keinen größeren Ehrgeiz entfaltete, seinen Pflichten jedoch stets nachkam. Er ragte in keiner Hinsicht über den Durchschnitt hinaus, erwies sich aber als sehr zuverlässig und kam in seinem Examen noch zu hinlänglich befriedigenden Ergebnissen. Begabungs- und temperamentsmäßig betrachtet war ihm Frl. S. ähnlich. Infolge ihrer vitalen Schwäche und der sich daraus ergebenden Spannungsarmut blieben ihre Leistungen jedoch unter dem Durchschnitt.

Persönlichkeitstests

Wenn wir einen Menschen, der uns interessiert, kennenlernen wollen, dann fragen wir meistens nicht zuerst nach seinem Intelligenzquotienten oder seiner Konzentrationsfähigkeit. Wir wollen vielmehr wissen, »was das für einer ist«, wofür er sich begeistert, was ihn interessiert und bewegt, wofür er lebt, wie mit ihm auszukommen ist, und vieles andere mehr. Es ist uns zwar keineswegs gleichgültig, ob er intelligent ist oder nicht, zunächst interessiert uns jedoch, wie er »als Mensch« ist, ob man sich auf ihn verlassen kann, ob er offen und freimütig ist oder versteckt und hinterhältig. »Geld und beruflicher Erfolg ist mir gar nicht so wichtig«, sagte mir kürzlich eine Frau, »ich möchte nur wissen, ob er treu, offen, verträglich und anpassungsfähig ist.« Sie meinte, dies müsse die Psychologie doch mit ihren Tests »irgendwie« feststellen können. Da man schon so viel von der Wunderwaffe der Psychologie, den Tests, gehört hat, glaubt man, daß es auch Tests geben müsse, die den Menschen als Ganzes zu durchleuchten vermögen. Offenbar traut man seiner Menschenkenntnis nicht so viel zu, um derartige Fragen genügend sicher beantworten zu können. Kann es die Psychologie? Dies ist die Frage, die uns nun beschäftigen wird.

Zugänge zum Charakter

Einen der Wege, dem Wesen eines Menschen »auf die Spur« zu kommen, haben wir im vorhergehenden Teil des Buches schon betrachtet. Es ist der, den wir alle ohne große Überlegungen beschreiten, wenn wir einen Menschen kennenlernen wollen: wir blicken ihm ins Gesicht, achten auf seine Bewegungsweise, lassen uns von seiner Stimme beeindrucken, oder kurz gesagt: befassen uns mit den Erscheinungen des Ausdrucks. Was dabei alles herauskommen kann, haben wir gesehen. Ebenso auch, daß man sich täuschen kann.

Der Fragebogentest

Um zu exakteren Ergebnissen zu kommen, begann man zu Beginn unseres Jahrhunderts mit der Entwicklung von Tests, die Aufschluß über die Eigenart der Persönlichkeit geben sollten. Und zwar waren es die Amerikaner, die sich zur Aufstellung ihres Expeditionskorps im 1. Weltkrieg eines Fragebogentests bedienten. Man hatte ja nicht viel Zeit, wollte sich bei der Auslese der Expeditionsteilnehmer auch nicht auf die Urteile anderer Leute stützen, sondern die Frage der Eignung auf rasche und objektive Weise entscheiden. Es kam ja nur darauf an, irgendwie »auffällige« Leute, Hysteriker oder Neurastheniker auszusondern. Dies sollte mit Hilfe einer Reihe ausgetüftelter Fragen erreicht werden. Daß man dabei das eigentliche Ziel der Untersuchung nicht direkt anpeilen durfte, etwa mit der Frage: »Sind Sie hysterisch?«, liegt auf der Hand. Man mußte die Sache also indirekt angehen und nach Fragen suchen, die trotz ihres unverfänglichen Aussehens in enger Beziehung zu der festzustellenden Eigenart der Persönlichkeit stehen. Dies erforderte umfangreichste Vorarbeiten. Um herauszubekommen, was eine »normale« und »anomale« Antwort auf eine der erdachten Fragen ist, wurden diese Hunderten von normalen und neurotischen Personen vorgelegt. Auf diese Weise ermittelte man den Testwert jeder Frage und konnte nun darangehen, »die Böcke von den Schafen auszusondern«. Wer schlau genug war, um herauszubringen, worauf die Sache hinauslief, konnte freilich seine Antworten so einrichten, daß das Testergebnis seinen persönlichen Wünschen entsprechend ausfiel. Trotz seiner Mängel

wurde das Fragebogenverfahren jedoch beibehalten; in verfeinerter und erweiterter Form stellen die Fragebogentests – mit denen wir uns noch beschäftigen werden – bis zum heutigen Tag eine nicht unwesentliche Gruppe der Persönlichkeitstests dar.
Der äußeren Form nach unterscheidet sich der hier begangene Weg nicht von dem des psychologisch interessierten Laien. Auch dieser befragt ja den Menschen, den er kennenlernen will, nach seinen Interessen. Zum Test wird das Verfahren erst durch die Standardisierung der Fragen und die Aufstellung von Beurteilungsmaßstäben.

Schwierigkeiten bei Persönlichkeitstests

Selbst die Wissenschaftler haben sich bis zur Gegenwart nicht darüber einigen können, durch welche Merkmale das Phänomen »Persönlichkeit« gekennzeichnet werden soll. Wenn aber keine Klarheit über das Objekt besteht, dann ist es schwer, dieses testmäßig zu erfassen. Um in der Persönlichkeitsforschung weiterzukommen, blieb also nichts anderes übrig, als sich ein Modell von der *Struktur der Persönlichkeit* zu schaffen. Wir sind bereits früher auf derartige Baupläne zu sprechen gekommen (s. S. 48). Da nun die Ansichten über Art und Anzahl der »Faktoren« der Persönlichkeit noch weit auseinandergehen, müssen wir uns zunächst damit abfinden, daß es eine Vielzahl von Tests gibt. Die »alleinseligmachende« Methode zur Ergründung der Persönlichkeit ist noch nicht gefunden. GOETHE, der sich viel mit derartigen Fragen beschäftigt hat, war sogar der Auffassung: »Individuum est ineffabile« (ist unaussprechbar, unerforschlich). Die weitverbreitete Meinung, als ob es so etwas wie einen Allerweltstest gäbe, mit dessen Hilfe der Charakter eines Menschen bis in alle Einzelheiten hinein enthüllt werden könnte, ist – leider oder Gott sei Dank – unzutreffend.
Schon bei der Betrachtung der Leistungstests haben wir gesehen: Je exakter die Ergebnisse werden sollen, um so mehr muß das zu testende Feld eingeschränkt werden. Weil sich nun das Ganze der Persönlichkeit der Messung entzieht, hat man versucht, das Ganze in Teile zu zerlegen, was jedoch mit mancherlei Gefahren verbunden ist. Leicht geht dabei nämlich das Wesentliche verloren. Im Hinblick darauf äußerte der amerikanische Psychologe GORDON W. ALLPORT die Meinung, daß »viele Forscher sich mehr dafür interessieren, daß ihre Versuche exakt sind, als dafür, daß sie dem Gegenstand entsprechen. Infolgedessen haben sie die Komplexheit der Zusammenhänge übersehen und entweder ganz künstliche Variable zur Untersuchung herausgesucht, oder sie sind außerhalb des wirklich persönlichen Bereichs der Analyse geblieben. Das Paradoxe ist also, daß die Ergebnisse um so kümmerlicher werden, je exakter man die Forschungsmethoden macht. Hohe Zuverlässigkeitswerte kommen im allgemeinen nur in Bereichen heraus, die so elementar sind, daß sie gar keine Bedeutung für das Verständnis der Persönlichkeit haben«. Dies aus amerikanischem Munde zu hören, ist für die Sache der Persönlichkeitstests nicht besonders ermutigend. Der Natur des Gegenstandes entsprechend muß daher bei den Persönlichkeitstests mit einem größeren Unsicherheitsfaktor gerechnet werden als bei den Leistungstests. Vor allem auch deshalb, weil bei ihnen die sogenannte »Eichung« viel schwieriger ist. Woran sollen denn Eigenschaften wie Charakterstärke, Ausgeglichenheit, Zwiespältigkeit und andere gemessen werden?

Manche meinen vielleicht, die Richtigkeit eines Persönlichkeitstests müsse sich doch durch die Befragung des Getesteten selbst oder der Leute, die diesen seit langem »sehr gut kennen«, leicht feststellen lassen. Dieser Vorschlag wurde von vielen Psychologen wiederholt überprüft – und seiner negativen Ergebnisse wegen abgelehnt. Weder »man selbst« noch »die Leute« sind zu einem objektiven Urteil über die Person des Getesteten fähig (s. S. 35–36).
Es bleibt der Psychologie nichts anderes übrig, als bei der Durchführung der von ihr entwickelten Verfahren besonders kritisch und sorgfältig vorzugehen, zumal bei den Persönlichkeitstests mehr gedeutet werden muß als bei den Leistungstests. Zur Absicherung des Urteils werden daher zumeist mehrere Tests verwendet und die Ergebnisse miteinander verglichen. Neben den Fragebogentests spielen die sogenannten »projektiven Tests« eine große Rolle (s. S. 321). Im folgenden wollen wir uns nun mit einigen dieser Verfahren zur Erforschung des Charakters beschäftigen.

Interessentests

Trotz der angeführten Bedenken gegen die Selbstbeurteilung kann die Psychologie nicht auf die Befragung der Versuchspersonen verzichten. Während jedoch das psychologische Gespräch darauf abzielt, die Versuchsperson zu einer ungehinderten Aussprache zu veranlassen, und daher solche Fragen vermeidet, die nur mit Ja oder Nein zu beantworten sind, bedienen sich die Fragebogentests mit Vorliebe gerade solcher Fragen.

Wie gehen Interessentests vor?

Warum es gerade die Interessen sind, die bei jeder Erforschung der Persönlichkeit im Vordergrund stehen, ist leicht einzusehen. Zwar unterliegen die Interessen eines Menschen der Entwicklung und Beeinflussung, erweisen sich jedoch im Leben als ziemlich konstant. Eben deshalb dienten sie ja auch neben den Temperamentsunterschieden als Gesichtspunkt zur Typenbildung (s. S. 159–165). Die unterschiedliche seelische Wesensart von Mann und Frau beruht ja nicht zuletzt auf dem durchgreifenden Unterschied ihrer Interessen, der ihrer gesamten Daseinsgestaltung das typische Gepräge gibt (s. S. 139–145).
Da sich viele Menschen, insbesondere auch unsere Heranwachsenden, über die Richtung, den Umfang und die Stärke ihrer Interessen nicht ganz klar sind, kommt den Interessentests eine große Bedeutung zu. Wie aber kommt man an die Interessensphäre eines Menschen heran?

Einkreisen des Hauptinteresses. Mit direkten Fragen ist meist nicht viel zu erreichen. Oft weiß der Befragte gar nicht, welche Interessen er eigentlich hat, oder aber er wagt es nicht, diese einzugestehen. Daher versucht man den Interessenbereich durch eine längere Reihe von Fragen einzukreisen.
Zur Erkundung der Hauptinteressen von *Jungen im Alter von 12 bis 14 Jahren* bringt der Test von FRIEDRICH ARNTZEN unter vielen anderen folgende Fragen:
Was würdest du lieber kaufen: ein Aquarium oder einen Baukasten?
Was tust du lieber: eine Klingelleitung legen oder ein Beet im Garten anlegen? Bücher tauschen oder Briefmarken tauschen?

Was wäre dir lieber: im Elternhaus zu leben oder dich früh selbständig zu machen?
Für *Mädchen* dieser Altersstufe lauten die Fragen folgendermaßen:
Was tust du lieber: der Mutter bei Hausarbeiten helfen oder lesen?
Sport treiben oder Tiere und Pflanzen beobachten und pflegen?
Was wäre Dir lieber: beim Backen zu helfen oder Ball zu spielen?
Zu Weihnachten Krippenfiguren zu basteln oder Lieder (Klavier oder Geige) einzuüben?
In einem Test für *18- bis 20jährige* wird zum Beispiel gefragt: Was wäre Ihnen lieber:
Einen Radioapparat fertig kaufen oder einen selber bauen?
Körperliche Anstrengungen oder geistige Anstrengungen?
Gruppenarbeit oder Einzelarbeit?
In der Stadt leben oder auf dem Land leben?
Eine gutbezahlte, aber kurzfristige Anstellung oder eine Dauerstellung mit kleinem Einkommen?
Menschen mit Selbstbewußtsein oder bescheidene Menschen?
Die Liste im Originaltest ist wesentlich länger. Wenn auch manche Entscheidungen zufälliger Art sein mögen, so geben sie insgesamt betrachtet doch gewisse Hinweise für die Hauptinteressenrichtung.
Oft wird auch nur die Stellungnahme zu einem bestimmten Sachverhalt erfragt, der bejaht oder verneint werden kann. Da heißt es dann etwa: Schreiben Sie gern Briefe? Führen Sie über Ihre persönlichen Ausgaben Buch? Würden Sie einen Ihnen unangemessen erscheinenden Preis herunterhandeln?
Die Originalfassungen der Tests enthalten wesentlich mehr Fragen, teils sogar mehrere hundert, um Zufallsentscheidungen möglichst auszugleichen. Auch hier gilt: Keine Antwort ist auch eine. Falls sich die Befragten nicht entscheiden können, dürfen sie nämlich die Frage übergehen. Bei einer genügend großen Anzahl Fragen läßt sich die Interessenrichtung ohne weiteres erkennen, so daß auf eine Auswertung nach einer Punktskala verzichtet werden kann.

Katalogtest. In ähnlicher Weise gehen die sogenannten Katalogtests vor. Der *Bücherkatalogtest* von Moritz Tramer umfaßt eine Liste von 430 Buchtiteln verschiedener Interessengebiete. Der Befragte erhält die Aufgabe, den gesamten Katalog durchzulesen. Er darf jedoch nur 10 Bücher auswählen, die verschiedenen Teilen des Katalogs zu entnehmen sind. Nach der Wahl wird er über die Gründe derselben befragt.

Erkundung bestimmter Tendenzen. Andere Fragebogen erkunden eine ganz bestimmte Tendenz, wie etwa die Einstellung zur Introversion oder Extraversion, zur Schüchternheit, zum Besitz. Ein amerikanischer Test stellt beispielsweise zur Prüfung der *Anpassungsfähigkeit* 35 Fragen folgender Art:
Sind Sie durch den Gedanken beunruhigt, daß die Leute auf der Straße Sie beobachten?
Erröten Sie leicht?
Sind Sie durch Minderwertigkeitsgefühle beunruhigt?
Haben Sie Stimmungsschwankungen ohne ersichtlichen Anlaß?
Sind Sie oft in Gedanken verloren, wenn Sie an einer Unterhaltung teilnehmen sollten?
Wie man leicht sieht, umschreiben alle diese Fragen einen etwas neurotischen Zustand. Wer die Fragen bejahen muß, kann sich leicht selbst ausrechnen, daß er sich nicht gerade in bester psychischer Verfassung befindet.

Mehrdimensionale Tests. In zahlreichen (nach amerikanischem

Muster arbeitenden) Tests tritt der Zweck der Befragung nicht so offensichtlich zutage. Im Labyrinth der vielen hundert Fragen (die deutsche Fassung eines solchen Tests enthält über 500) verliert der Befragte jegliche Orientierung. Genaugenommen handelt es sich dabei nicht um Fragen, sondern um Feststellungen, welche die Versuchsperson treffen soll. Sie bekommt lange Reihen solcher Feststellungen vorgelegt und soll diese daraufhin beurteilen, ob der gemeinte Sachverhalt auf sie zutrifft oder nicht. Aus der einzelnen Antwort ist nicht viel zu ersehen. Das Ergebnis, zu dessen Bestimmung eine größere Anzahl von »Skalen« entwickelt wurde, erbringt erst die Serie. Der Befragte muß daher stets sämtliche Feststellungen prüfen. Dies kann unter Umständen 1½ bis 2 Stunden dauern. Das Besondere dieser »mehrdimensionalen« Tests liegt in der Weite ihres Bereichs und der Eigenart ihrer Methoden. Durch sie sollen nämlich nicht etwa nur eine einzelne Interessenrichtung oder Eigenschaft, sondern die Gesamtstruktur der Person erfaßt werden. Umfangreiche Voruntersuchungen führten zu dem Ergebnis, daß gewissen Serien von Ja- und Nein-Antworten ein ganz bestimmter Symptomwert zukommt. Man ermittelte zum Beispiel, daß die 12 Ja- und 20 Nein-Antworten auf die und die Feststellungen das Vorhandensein einer Hysterie anzeigen. Andere Serien von Antworten sollten Hinweise auf die Neigung zum Grübeln, zur Angst oder auf Anfälligkeit für Depressionen geben.

Der *MMPI-Saarbrücken*, wie die deutsche Bearbeitung des amerikanischen *Minnesota Multiphasic Personality Inventory-Test* heißt, enthält »Skalen« für den Nachweis folgender psychischer Erscheinungen: allgemeine Fehlanpassung, Psychoneurose, sexuelle Abnormität, Introversion, Impulsivität, Selbstgenügsamkeit, emotionale Unruhe, Führungseigenschaften und dergleichen mehr.

Als Beispiel für den Stil der verwendeten Feststellungen seien wenigstens einige derselben genannt:

Ich bin gerne zur Schule gegangen.
Was andere von mir denken, stört mich nicht.
Ich schwitze leicht, selbst an kühlen Tagen.
Ich habe die Angewohnheit, unwichtige Dinge zu zählen, z.B. Straßenlaternen usw.
Ich habe bestimmt mehr als genug Sorgen gehabt.
Ich habe oft Träume, die ich am besten für mich behalte.
Der Gedanke an ein Erdbeben erschreckt mich.
Manchmal komme ich mir wirklich nutzlos vor.
Ich gehe fast jede Woche zur Kirche.
Ich erröte praktisch nie.
Ich bin noch nie mit dem Gesetz in Konflikt gekommen.
Meine Mutter war eine gute Frau.

Zweifellos möchte der Leser nun wissen, was eine zustimmende oder ablehnende Antwort auf diese Feststellungen zu bedeuten hat.

Darüber läßt sich jedoch gemäß der gesamten Konstruktion des Tests – im Gegensatz zu den eingangs genannten Interessentests – nichts sagen. Die Bedeutung ergibt sich vielmehr erst aus dem Zusammenhang heraus, in dem die Antworten erscheinen. Diese Zusammenhänge aber kennt nur der wissenschaftliche Psychologe.

Psychologischer Test und ärztliches Gespräch

Die Befragung durch Tests hat eine gewisse Ähnlichkeit mit dem ärztlichen Gespräch. Der Patient weiß ja vielfach auch nicht, warum der Arzt gerade diese oder jene Frage stellt, die – vom Patienten aus gesehen – scheinbar gar keinen Zusammenhang mit dem von ihm vermuteten Leiden hat. Andererseits erwartet auch der Arzt nicht, daß ihm der Patient eine absolut zutreffende Auskunft über die Ursachen seines Leidens gibt. Seine Aufgabe ist es ja eben, diese aus den subjektiven Meinungen des Patienten zu erschließen. Arzt und Psychologe gehen freilich von der Voraussetzung aus, daß der Befragte nicht simuliert. Da der Arzt jedoch nicht allein auf die Äußerungen des Patienten angewiesen ist, kann er eine Simulation viel leichter aufdecken als der Psychologe. Dieser ist in seiner Diagnose weit mehr als der Arzt von der Aufrichtigkeit des Befragten abhängig.
Da auch der aufrichtigste Mensch jedoch nie alle Fragen sinn- und wesensgemäß beantworten kann, darf der einzelnen Frage kein zu großes Gewicht beigemessen werden. Eben deshalb muß ja auch die Anzahl der Fragen so groß sein. Die Hauptsache ist, daß der Psychologe dadurch genügend Äußerungen bekommt, aus denen er seine Schlüsse ziehen kann.

Formdeutetests

Genau betrachtet wollen alle Tests auf möglichst rasche Weise zu einem psychologisch auswertbaren Material kommen. Zu diesem Zweck »provozieren« sie die Versuchspersonen zu irgendeiner Handlung, Leistung oder Äußerung. Ob der Versuchsperson nun Fragen und Aufgaben gestellt werden oder ihr ein Stück Draht gegeben wird, ist einerlei. Wichtig ist nur, daß die geforderte Reaktion unter genau bestimmten Bedingungen und mit Hilfe vorbedachter Mittel zustande kommt.

Das Prinzip der Formdeutetests

Einen höchst originellen Einfall hatte der Schweizer Psychiater Hermann Rorschach (1884–1921). Er benützte nämlich als Reizmittel – Tintenkleckse! Für normale Menschen eine ungewöhnliche »Provokation«. Seine Idee hat sich jedoch als so fruchtbar erwiesen, daß sie den Anstoß zur Entwicklung einer völlig neuartigen Testmethode gegeben hat. Allerdings haben es die von ihm entworfenen Kleckse auch »in sich«. Sie erwecken zunächst den Eindruck, als ob ein mit schwarzer, teils auch farbiger Tinte bespritztes Papier in der Mitte zusammengefaltet worden sei. Tatsächlich handelt es sich aber bei diesen symmetrischen Gebilden nicht um Zufallsformen, sondern um wohldurchdachte Konstruktionen, die einen starken »Aufforderungscharakter« haben.
Um zu verstehen, was damit beabsichtigt ist, erinnern wir uns vielleicht am besten an das Bleigießen in der Silvesternacht. Dabei entstehen ja auch oft sehr groteske Formen, die je nach Geschlecht, Alter und Temperament der Teilnehmer zu den verschiedenartigsten Deutungen Anlaß geben. Wo Onkel Otto »sofort« den Kopf seines Pudels entdeckt, sieht seine Nichte »unzweideutig« die Umrisse der Insel Mallorca. Und jeder in der Runde weiß den Grund dafür. Onkel Otto ist ein leidenschaftlicher

Pudelfreund, und seine Nichte hat auf Mallorca im vergangenen Sommer ihren Bräutigam kennengelernt. Für nüchterne Gemüter hat die Sache vielleicht weniger Reiz, für phantasievolle dafür um so mehr.
Um ein ähnliches Hinein- oder Herauslesen handelt es sich auch bei dem *Klecksbilddeute-Versuch* von Rorschach. Meistens wird deshalb vermutet, daß dabei die Phantasie geprüft werden soll. Dies ist jedoch nicht der Fall. Zwar ist die Phantasie mit im Spiel, doch kommt es hier in erster Linie auf die Art des Sehens an. Die Wahrnehmungspsychologie hat uns ja gelehrt, daß Auge und Ohr uns keine objektiven Abbilder, sondern subjektive Sinnbilder der Wirklichkeit liefern. In erregtem Zustand sehen wir »rot«, in niedergeschlagenem »schwarz«, während Leuten in normaler Verfassung die Welt in »rosigem« Licht erscheint. Was wir sehen, hängt also sowohl von unserer Stimmung und Einstellung als auch von unseren Erlebnissen, Wünschen und Erwartungen ab. Dies gibt uns die Berechtigung, vom Gesehenen auf den Seher zu schließen. Ohne uns viel Gedanken zu machen, verfahren wir ja auch im Alltag nach dem Prinzip: »Sage mir, was du siehst (liest, liebst), und ich sage dir, wer du bist«.
Ähnliche Überlegungen liegen auch den Formdeutetests zugrunde. Sie gehen von der Annahme aus, daß die Versuchsperson ihre persönliche Welt in das vorgegebene Reizmaterial hineinsieht, daß also durch die Betrachtung eine »Projektion« der Persönlichkeit zustande kommt. Wie die Erfahrung gezeigt hat, lassen sich aus den Reaktionen der Versuchspersonen tatsächlich weitreichende Rückschlüsse auf deren Denken und Fühlen ziehen. Da sie bei ihren Deutungen ganz unbewußt ihre persönlichen Nöte und Probleme »entfalten«, bezeichnet man diese Tests als *Entfaltungstests* oder *projektive Tests*.
Voraussetzung ist allerdings, daß die Versuchsperson auf das Material, das zu diesem Zweck bewußt vieldeutig gehalten wird, anspricht und ein Verhältnis zu ihm findet. Die Art, wie sie darauf reagiert, bleibt völlig ihr selbst überlassen. Im Gegensatz zu den Leistungstests gibt es bei den Entfaltungstests weder richtige oder falsche Lösungen noch eine bestimmte Leistungsnorm. Gefragt wird lediglich: »Was könnte dies sein?« Obwohl es ein Schema zur Verrechnung der Einzelantworten gibt, erfordert die Auswertung des Tests doch ein größeres psychologisches Geschick.

Der Klecksbilddeutetest von Rorschach

Beim Rorschach-Test werden der Versuchsperson nacheinander 10 Tafeln mit klecksartigen Gebilden vorgelegt. Die Antworten und sonstigen Äußerungen der Versuchsperson werden vom Versuchsleiter wörtlich festgehalten. Da diese sozusagen nicht im Klartext erscheinen, bedürfen sie einer wohlüberlegten Interpretation, das heißt: Deutung, zu der tiefenpsychologische Kenntnisse und viel Erfahrung nötig sind. Dies braucht Sie jedoch nicht abzuhalten, die Wirkung derartiger Klecksbilder bei sich und ihren Bekannten auszuprobieren. Sie können sich das Material dazu sogar selbst anfertigen. Seien Sie jedoch vorsichtig bei Ihren Folgerungen. Selbst erfahrenen Rorschach-Spezialisten unterlaufen gelegentlich Fehldeutungen. Die Versuchspersonen bringen ihre Meinung ja nicht direkt, sondern indirekt zum Ausdruck. Im Unterschied zu den bewußt »verblümten« Äußerungen im Alltag erfolgen diejenigen in der Testsituation unbewußt, und diese sind viel schwieriger zu durchschauen.

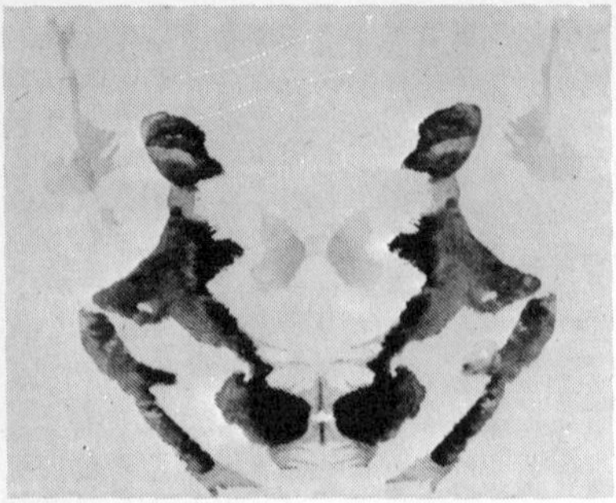

Drei Tafeln aus dem Rorschach-Test. Um eine ungefähre Vorstellung von der Methode der Klecksbilddeutung zu bekommen, betrachten wir nun einmal drei Tafeln aus dem Rorschach-Test.

(1) Nehmen wir die Tafel 3 (oben); die dunklen Stellen sind im Original schwarz, die helleren rot.

Notieren Sie sich doch bitte sofort, was Ihnen dabei einfällt. Sie dürfen das Bild auch drehen und auf den Kopf stellen. Verändert sich dabei Ihr Eindruck? Oder hat er sich bereits während der ersten Betrachtung verändert? Wie lange brauchen Sie, bis Ihnen »etwas kommt«? Dies und noch vieles wird anschließend ausgewertet.

Wenn Sie nun hier etwa zwei befrackte Kellner sehen, die in graziöser Weise eine Feuerzangenbowle servieren, über der ein Schmetterling schwebt, dann ist dies nicht weiter auffällig. Eine derartige Deutung wird häufig gegeben. Rorschach bezeichnet sie als »Vulgär-Deutung«. Manche sehen darin aber auch zwei Frauen, die sich wegen eines roten Büstenhalters (dem vorigen »Schmetterling«) streiten. Dies wäre dann schon nicht mehr ganz ohne »Hintergrund«. Im übrigen handelt es sich in beiden Fällen um »Ganzdeutungen« und »Bewegungsantworten«, weil der Betrachter das Ganze in Bewegung sieht. Andere konzentrieren sich auf einzelne Teile des Klecksbildes, sehen in den Außenteilen etwa Fische, im Hauptteil einen Drachenkopf, in der Mitte eine Krawatte. Diese Detaildeutungen erfahren – wie wir noch sehen werden – eine andere Bewertung als die Ganzdeutungen.

Auf den Kopf gestellt erscheint das Bild manchen sogar als Eingang in eine blutbefleckte Höhle, in der zwei abgehackte Negerköpfe liegen. Wieder andere glauben Schornsteinfeger, Geister oder Gespenster zu sehen. Groß ist auch die Anzahl der Tierantworten. Drachen, Bären, Affen, Störche und andere sind keine Seltenheit. Pflanzenbezeichnungen tauchen dagegen spärlicher auf. Gelegentlich werden einzelne Teile auch sexuell gedeutet. Die Tendenz der Deutung läßt sich jedoch erst aus einer größeren Anzahl von Antworten erkennen. Eben deshalb wird der Versuchsperson eine ganze Serie derartiger »Bilder« gezeigt.

(2) Die Tafel 6 (unten) wird meist als Ganzes gesehen, und zwar als Tierfell, Schildkröte, Saurier. Neben diesen Tierdeutungen kommen jedoch auch Deutungen landschaftlicher oder sachlicher Art vor. Da sieht etwa jemand den Ausbruch eines Vulkans, in der Mitte zwei alte Pistolen, Meeresbuchten, Masken oder Gartenzwerge. Detailbetrachter erinnert die untere Partie an das weibliche, die obere an das männliche Geschlechtsorgan. Man-

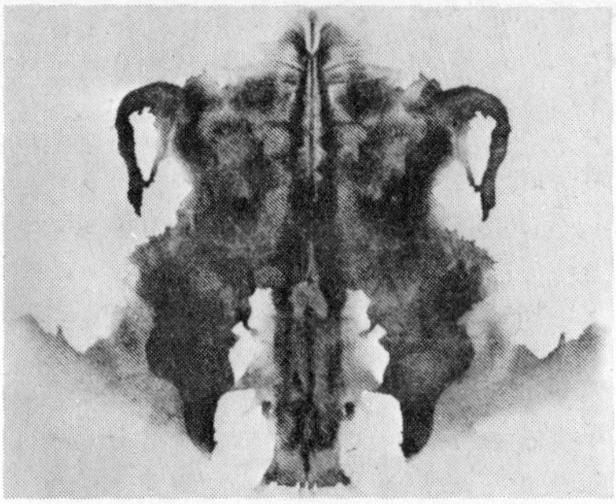

che geben durchweg überhaupt nur mehr oder weniger verschlüsselte sexuelle Deutungen.

(3) Die Tafel 4 wird oft ganzheitlich und bewegungsmäßig erfaßt. Auf ängstliche und nervöse Menschen wirkt das Bild oft schockierend. Sie sehen in ihm bisweilen ein Ungetüm im Schafspelz, das mit eingezogenem Kopf und auf riesigen Füßen auf sie zukommt und sie packen will. Neurotische Kinder deuten den Klecks als Menschenfresser, als Bären mit offenem Rachen oder als scheußliches Tier und wenden sich bald ab.

Psychisch stabileren Naturen erscheint das Bild weniger beängstigend. Sie erkennen darauf einen Mann, der auf einem Schlitten einen Hügel hinunterfährt, sich dabei zurücklehnt und mit beiden Füßen bremst. Auf den Kopf gestellt entdecken manche sogar eine Brunnenfigur oder »zwei lustige Weiber« mit fliegenden Schleiern, die um einen Brunnen tanzen.

Über so viel »Phantasie« werden nüchterne Menschen den Kopf schütteln und fragen, was man denn mit solchen Antworten anfangen soll. Freilich gibt es auch einfallsärmere und kritischere Antworten. Da heißt es dann: Vielleicht ist es eine Wurzel oder so etwas; vielleicht eine Kristallform, ein fellartiges Gebilde, unter Umständen könnte man an eine Fahne denken, wenn ... und ähnliches.

Deutung der Antworten. Die Interpretation der Antworten geschieht nach einem genau festgelegten, ziemlich komplizierten System, auf das wir hier im einzelnen nicht eingehen können. Bei der Deutung wird zunächst einmal berücksichtigt, ob das Bild als Ganzes oder nur in Teilen erfaßt wurde. Nach Ansicht der meisten Rorschach-Experten deutet ein Überwiegen der sogenannten Ganzantworten einerseits auf eine ausgeprägtere Fähigkeit zu abstraktem Denken und andererseits auf die Neigung zum Fabulieren. Da die ganzheitliche Erfassung verhältnismäßig schwierig ist, überwiegen im allgemeinen die Detailantworten. Sie sind – ungeachtet ihres Inhalts – zunächst einmal als Ausdruck eines gesunden Menschenverstandes zu werten, deuten auf eine mehr praktische Veranlagung und einen gut ausgebildeten Sinn für das Augenfällige, Gegenständliche und Greifbare. Werden diese allerdings mehr statisch aufgefaßt, fehlt es also am Erkennen einer Bewegung, dann schließt man auf eine gewisse Pedanterie oder Schwerfälligkeit im Denken und Handeln, und zwar besonders dann, wenn vorwiegend nebensächliche Details erfaßt und primitive Deutungen gegeben werden.

Wer »tanzende Frauen« oder einen »schlittenfahrenden Mann«, also Bewegungen sieht, bleibt nicht bei der Wahrnehmung stehen, sondern projiziert in diese ein eigenes Erlebnis hinein. Rorschach sieht in den Bewegungsantworten ein Zeichen von Erlebnisfähigkeit und Intelligenz, die »nichts anderes sein kann als die Fähigkeit, produktiv Neues und Eigenes zu schaffen«. Oft handelt es sich bei diesem Typ von Betrachtern um intuitiv begabte in sich gekehrte Menschen, Erfinder und Künstler, bisweilen auch um Sinnierer oder Mystiker.

Berücksichtigt wird ferner, ob die Versuchsperson ihr Interesse mehr auf die Form oder die Farbe konzentriert. Klar und scharf gesehene Formen, wie z. B. eine Fledermaus oder ein Fuß, gelten im allgemeinen als Anzeichen für intellektuelle Begabung, insbesondere für ein mehr formales und kritisches Denken. Nach RORSCHACH sind genaue Formbezeichnungen ein Ausdruck »für die Schärfe gewisser assoziativer Prozesse und zugleich für die Ausdauer, Aufmerksamkeit und Konzentrationsfähigkeit«.
Wer jedoch die roten Flecken auf einem Bild sofort ohne genauere Formbenennung als »Blutflecken« oder einfach als »Blut« und grüne Flecken als »Wasser« bezeichnet, ist mehr affektiv veranlagt. Wird die Farbe nur zur näheren Kennzeichnung der Form benützt, so gelten derartige Deutungen nicht als reine Farbantworten. Schließlich wird auch noch der Inhalt der Deutungen berücksichtigt und festgestellt, ob diese mehr vulgärer oder origineller Art sind und sich mehr auf Menschen oder Tiere beziehen. Am häufigsten werden Tierformen gesehen. Im Normalfall umfassen diese 40 bis 55% der Antworten. Bei einem höheren Prozentsatz wird auf eine stereotype Denkweise geschlossen, die häufig bei intellektuell Minderbegabten oder Bequemen, die »alles über einen Leisten schlagen«, beobachtet wird. Selbstverständlich müssen auch hier wieder die einzelnen Antworten zueinander in Beziehung gebracht werden, um zu den richtigen Schlüssen zu kommen. Bereits RORSCHACH hat darauf hingewiesen, daß die Ausdeutung seines Formtests »einer gewissen Übung in psychologischem Denken und einer längeren Erfahrung« bedarf.
Inzwischen hat der Test eine ungeahnte Verbreitung über die ganze Welt gefunden. Die Literatur darüber ist kaum noch zu übersehen. Der Test wird heute nicht nur in der Psychiatrie und der Psychotherapie, sondern auch in der Erziehungs- und Lebensberatung verwendet.

Der Zulliger-Test

Von dem Schweizer Psychologen HANS ZULLIGER wurde eine Kurzform entwickelt, die sich in der Praxis sehr bewährt hat. ZULLIGER verwendet nur drei Klecksbilder, die denjenigen von RORSCHACH sehr ähnlich sind. Von ihnen gibt es auch Dias, mit denen sich der Test als Gruppentest durchführen läßt. Er wurde speziell für den Schweizer wehrpsychologischen Dienst entwickelt und diente zunächst zur Auslese von Offiziersanwärtern. Heute ist er als psychodiagnostisches Testverfahren auch in der Erziehungsberatung und Eignungsbeurteilung sehr beliebt. Trotz seiner Bewährung warnt Zulliger davor, diesen Test als einziges Mittel zur Persönlichkeitsbegutachtung zu verwenden. Er will ihn lediglich als Hilfsmittel im Rahmen weiterer Untersuchungen verstanden wissen.

Thematische Tests

Die folgenden Tests basieren auf einer jedem Menschenkenner geläufigen Erfahrung. Aus unseren Gesprächen mit anderen Menschen wissen wir, daß jeder dazu neigt, das Geschehen um ihn herum aus seiner persönlichen Perspektive heraus zu betrachten. Ohne daß wir uns dessen so ganz bewußt sind, legen wir den Handlungsweisen der beobachteten Personen

Ein Bild aus dem Kinder-Apperzeptions-Test (Children's Apperception Test). Abdruck mit Genehmigung des Autors, Dr. Leopold Bellak, des Originalverlags C. P. S. Inc., Larchmont, N. Y., und des Lizenznehmers, Verlag für Psychologie, Dr. C. J. Hogrefe, Göttingen (Cop. 1955). Dieser Test (CAT) ist erklärt auf S. 332 f. und ähnelt dem TAT

unsere eigenen Motive, Interessen und Neigungen zugrunde. In der Deutung und Beurteilung irgendeines Sachverhalts offenbart sich daher zweifellos etwas von der Eigenart unserer persönlichen Denkweise. Dies kann jeder beispielsweise in den Gesprächen der Leute über einen Verkehrsunfall feststellen. Die Autofahrer werden zumeist den Fall aus einer anderen Sicht betrachten als die Fußgänger und die Frauen wiederum aus einer anderen als die Männer.

Diese Tatsache hat sich nun auch die Psychologie zunutze gemacht. Aus zeitlichen Gründen kann der Psychologe jedoch nicht warten, bis sich eine für seine Zwecke günstige natürliche Gesprächssituation ergibt. Um etwas über die Einstellung der zu untersuchenden Person zu erfahren, muß er daher eine künstliche schaffen. Dies hat den Vorteil, daß er die Versuchsperson zu beliebiger Zeit zu einer Äußerung veranlassen kann und die Richtung oder das *Thema* derselben zu bestimmen vermag.

Der Thematische Apperzeptions-Test

Der bekannteste Test dieser Art, der *Thematische Apperzeptions-Test* von Henry A. Murray, kurz TAT (gesprochen Te-A-Te) genannt, bedient sich als »Anreiz« einer Serie von 30 Bildtafeln, denen, wie es in der Fachsprache heißt, ein starker »Aufforderungs-Charakter« innewohnt. Die Betrachter sollen den Inhalt »apperzipieren« (lat. appercipere = etwas hinzu bemerken), also: bewußt aufnehmen und ihre Eindrücke in Form einer Geschichte wiedergeben. Aus dem Inhalt derselben zieht dann der Psychologe seine Rückschlüsse auf die persönliche Erlebniswelt des Betrachters. Die einzelnen Bilder stellen Personen, Szenen aus dem Leben, Landschaften und merkwürdige Bildwerke dar und sollen den Betrachter veranlassen, dazu eine Geschichte zu erzählen. Sämtlichen Bildern liegt absichtlich eine etwas flaue, schummerige Darstellungstechnik zugrunde, die keine eindeutige inhaltliche Bestimmung zuläßt und daher geradezu eine subjektive Interpretation herausfordert. Ein Teil der Tafeln kann Personen jeden Alters und Geschlechts vorgelegt werden, ein Teil ist nur für männliche oder weibliche Erwachsene und ein weiterer Teil nur für Knaben oder Mädchen gedacht.

Die Bilder schneiden jeweils ein ganz bestimmtes Thema an, das bald mehr einen sozialen, bald mehr einen erotischen oder sexuellen Bezug hat oder das Verhältnis des Betrachters zu seinen Eltern, seinem Ehepartner, seinen Rivalen und anderen berührt.

Der Test ist insofern ein echter *projektiver* Test, als angenommen werden darf, daß sich der Betrachter mit einer Person oder der Situation des Bildes identifiziert und sein eigenes Erleben, seine Gefühle, Gedanken und Konflikte in das Bild hineinträgt. Der Prüfling ist zwar zumeist des Glaubens, rein »zufällig« eben diese oder jene Geschichte erfunden zu haben, und ahnt nicht, daß er tatsächlich völlig unbewußt Teilstücke aus seiner eigenen Lebensgeschichte mit eingeflochten hat. Freilich ist dies nicht immer der Fall. Oft verharrt der Prüfling in einer nüchternen Beschreibung oder in einer nichtssagenden Aufzählung des Bildinhalts und muß für die Gehaltserfassung erst erwärmt werden. Unter Umständen deutet dieses Verhalten auf Hemmungen oder eine geringe Kontakt- und Ansprechbarkeit hin.

Um zu einem sichereren Urteil zu kommen, müssen der Versuchsperson daher stets ganze Reihen von Bildern vorgelegt werden. Zur Veranschaulichung der Wirkungsweise des Tests wollen wir einige der Bilder betrachten. (Das Bild S. 325 stammt aus dem Kinder-Apperzeptions-Test von Bellak, der auf S. 332–333 beschrieben ist; die TAT-Bilder sind ähnlich.)

Drei Bilder des TAT. ① Eine der Tafeln, die sämtlichen Versuchspersonen vorgelegt werden kann, zeigt einen Jungen von etwa 10 Jahren, der an einem Tisch sitzt. Auf diesem liegt eine Geige, ein Geigenbogen und ein Notenblatt. Es ist immer wieder erstaunlich zu erfahren, zu welch vielerlei Deutungen dieser an sich schlichte Sachverhalt Anlaß gibt.

Der eine Betrachter hält den Jungen für verträumt und verspielt, der andere für nachdenklich und konzentriert, wieder ein anderer für niedergeschlagen und verzweifelt. Den Berichten von Erich Stern (Experimentelle Persönlichkeitsanalyse nach dem Murray-Test. Zürich 1952) entnehmen wir folgende Geschichte zu diesem Bild.

Ein Knabe von 12½ Jahren erzählt: »Seine Eltern haben Paul einmal in ein Konzert mitgenommen. Hier hat er einen großen Künstler gehört. Von diesem Tag ab hatte er nur den einen Wunsch, selbst eine Geige zu besitzen und zu spielen. Er hat gesehen, wie der ganze Saal dem Künstler Beifall gespendet hat, und er war von dem Spiel sehr ergriffen. Er hat seine Eltern gebeten, ihm auch eine Geige zu kaufen, und die Eltern haben ihm diesen Wunsch erfüllt. Zu seinem Geburtstag hat er eine Geige bekommen. Er möchte ein großer Künstler werden, er träumt davon Tag und Nacht. Er hat nun versucht, auf der Geige zu spielen, aber dabei hat er gesehen, daß er nicht so spielen kann wie der Geiger, den er in dem Konzert gehört hat. Jetzt sitzt er vor der Geige und fragt sich, ob er jemals ein großer Musiker werden wird, so wie der Künstler, den er gehört hat. Er hat seine Geige aus der Hand gelegt und denkt nach. Morgen wird er wieder versuchen, und so wird er jeden Tag versuchen und üben, bis er es fertiggebracht hat, ein großer Künstler zu sein.«

Der kleine Erzähler fühlt sich offenbar von dem Bild angesprochen. Mittelpunkt seiner Geschichte ist der Geigenjunge, der nach einem Konzertbesuch keinen sehnlicheren Wunsch kennt, als selbst einmal ein großer Geiger zu werden. Er weiß, daß dieses Ziel nur durch Mühe, Fleiß und Ausdauer zu erreichen ist. Aber daran wird er es bestimmt nicht fehlen lassen, denn am Ende steht ja der Ruhm, der Beifall. Unwillkürlich fragt man sich, wie der Erzähler gerade zu dieser Geschichte kam. Die Vermutung liegt nahe, daß auch er so ein strebsamer Junge ist, der sich leicht für eine Sache begeistern läßt, besonders wenn damit auch ein äußerer Erfolg verbunden ist.

Ganz anders eingestellt ist ein zweiter, 13jähriger Knabe, der folgende Geschichte erzählt: »Da ist ein Junge, den seine Eltern zwingen wollen, Geige spielen zu lernen. Er hat dazu aber keine Lust; das interessiert ihn nicht, und dann denkt er auch an die anderen Jungen, die draußen herumspielen, während er dasitzen und üben muß. Er nimmt die Geige und zerschlägt sie, damit er nun nicht mehr spielen kann. Er wird dafür bestraft, und die Eltern sagen ihm, er werde es später bereuen, aber die Last ist er doch einmal los.«

Höchstwahrscheinlich hat dieser Erzähler selbst schon etwas Ähnliches erlebt wie der Held seiner Geschichte. Auf jeden Fall weckt das Bild in ihm unangenehme Erinnerungen. Wieder so ein Fall, denkt er: Eltern zwingen ihre Kinder zu Dingen, die sie gar nicht wollen! Kein Wunder, daß das Verhältnis zu den Eltern getrübt ist und die Spannung sich schließlich in einem Wutausbruch Luft schafft: Die Geige wird zertrümmert, der Held bestraft.

Es braucht keineswegs angenommen zu werden, daß der Erzähler tatsächlich gegen seinen Willen dazu gezwungen wurde, das Geigenspiel zu erlernen, und in einem Wutanfall das Instrument zerschlagen hat. Naheliegend ist dagegen, daß er sich in einem Konfliktzustand befindet und das Bild ihn dazu veranlaßt, seinem Unmut und seinem Groll gegen seine Eltern Ausdruck zu geben. Inwieweit sich die zunächst gehegten Vermutungen bestätigen, läßt sich freilich erst nach der Analyse weiterer Bildgeschichten desselben Erzählers sagen.

② Auf einer der weiteren Tafeln des Tests ist eine einfache ländliche Szene mit drei Personen zu sehen. Im Vordergrund der Szene sieht man ein Mädchen, das Bücher in der Hand hält und sich dem Betrachter zuwendet. Rechts von ihr steht eine Frau an einen Baum gelehnt, und im Hintergrund erkennt man einen Mann, der mit entblößtem Oberkörper einen Akker bearbeitet. Im Hintergrund des Bildes sieht man Bauernhäuser und ein Pferd. Die ganze Szenerie drängt auch auf diesem Bild zu der Frage, was die drei Personen eigentlich miteinander zu tun haben, und tatsächlich beschäftigen sich auch die meisten Betrachter in ihren Geschichten mit der Klärung der möglichen Beziehungen.

Da heißt es zum Beispiel in der Erzählung einer 20jährigen weiblichen Versuchsperson: »Man sieht hier einen Mann, der hart arbeitet, um dem Acker seine Ernte abzuringen. Das Mädchen daneben gehört sicher nicht auf das Land. Es ist eine Studentin aus der Stadt, die wahrscheinlich hier ihre Ferien verbringt. Sie beobachtet das Leben um sich herum und denkt, daß die Landarbeit doch hart und schwer ist, daß sie froh sein kann, in der Stadt aufgewachsen zu sein. Die Frau, die dort an einen Baum gelehnt steht, ist sicher auch vom Lande; das sieht man an ihrer Kleidung, auch an der Art, wie sie dasteht und die Dinge betrachtet; sie denkt darüber nach, ob die Ernte in diesem Jahr wohl gut sein wird.«

Die Geschichte ist etwas trocken und zeigt keine stärkere Beteiligung der Versuchsperson an der Situation. Die Menschen werden einfach nebeneinandergestellt, ohne nach einem Kontakt zwischen ihnen zu suchen. Es wird auch keinerlei Handlung gesehen, die sie in Verbindung miteinander bringen könnte.

Eine 35jährige geschiedene Frau »sieht« die Situation ganz anders. Für sie sind die beiden weiblichen Personen Rivalinnen. Die ältere weibliche Person wird in ihrer Erzählung zu einer schwangeren Magd, die von dem Knecht ein Kind empfangen hat. Die Eifersucht treibt sie nun hinaus aufs Feld, um ihre Rechte gegenüber der »studierten« Tochter des Bauern zu wahren, mit welcher der Knecht ein neues Verhältnis angebahnt hat, um dereinst Hofherr zu werden. Der Rivalinnenkomplex, mit dem die Erzählerin offenbar aus eigenem Erleben heraus belastet ist, veranlaßt sie zu einer völlig anderen Sicht der Dinge.

Wieder aus veränderter Perspektive erscheint das Bild einem älteren Mann, der in ihm einen Entwurf für ein Plakat zur Stützung der ihm sattsam bekannten Ideologie von »Blut und Boden« sieht. Das »schwindsüchtige« Mädchen im Vordergrund, das sich vom Acker abwendet, soll danach wohl Symbol für die Unfruchtbarkeit der geistigen Arbeit sein; der Bauer und die schwangere Frau hingegen Symbol des natürlichen Lebens und der Fruchtbarkeit.

③ Auf einer weiteren Abbildung des TAT ist eine Person zu sehen, die vor einer Bank oder einer Couch zusammengesunken ist. Der Kopf, von den Armen verdeckt, liegt auf dieser Bank; dem Beschauer ist der Rücken zugewendet. Weder das Alter noch das Geschlecht der Person ist erkennbar.

Ein junger Sportler hält die Person für einen Läufer, der nach hartem Ausscheidungskampf erschöpft in seiner Koje zusammengebrochen ist. Eine ledige Mutter, die schon viel Kummer erlebt hat, sieht in der Person hingegen eine Frau, die aus Verzweiflung einen Selbstmordversuch unternehmen wollte, die »Waffe« jedoch in die Ecke geschleudert hat. Was ihr als »Waffe« erscheint, ist ein absichtlich vieldeutig gezeichnetes Gebilde, das von den meisten Betrachtern gar nicht gesehen wurde.

Praktische Einsichten aus dem TAT. Die Frage, die viele Versuchspersonen nach dem Test stellen, ob ihre Deutung »richtig« gewesen sei, geht genau so am Sinn des Testes vorbei wie jene nach dem »eigentlichen« Bildinhalt. Es gibt weder richtige noch falsche Lösungen. Die Bilder haben nur den Zweck, den Betrachter zur Äußerung der ihm eigenen Sehweise der Wirklichkeit zu veranlassen. Wie die Erfahrung gelehrt hat, ist die Erwartung, daß sich dabei auch etwas von dessen persönlicher Lebensproblematik zeigt, keineswegs unbegründet.

Jeder von uns hat seine eigene Art der Welt-Anschauung. Wie wir bereits gesehen haben (S. 52–58), vermag niemand die Welt rein objektiv zu sehen. Freilich sind viele Sehweisen durch Erziehung und Gewöhnung sozusagen konfektioniert und standardisiert worden, so daß über zahlreiche Erscheinungen unseres täglichen Lebens zum Glück gemeinsame Anschauungen vorhanden sind.

Was lernen wir nun daraus für unsere Menschenkenntnis? Zunächst dies: Daß die Welt, in der wir leben, für Onkel Theodor unter Umständen ein anderes Gesicht hat als für Tante Frieda oder gar für Fräulein Elli. Jeder sieht die Dinge um sich herum wieder etwas anders und trägt in sie seine Wünsche und Erwartungen hinein.

Dieselbe Begebenheit ruft unter Umständen bei mir einen völlig anderen Eindruck wach als bei einem anderen Menschen, ohne daß sich an der Erscheinung irgend etwas geändert hat, und zwar einfach gemäß der Verschiedenartigkeit unserer *Einstellung* (S. 367).

Man muß die Einstellung des anderen kennen, wenn man ihn verstehen und mit ihm auskommen will. Dazu bedarf es im Alltag nicht unbedingt des vorgenannten Tests. Jedes Gespräch über irgendein uns bewegendes Ereignis vermag darüber Aufschluß zu geben. Die Testsituation beschleunigt zunächst nur das Ingangkommen des Gesprächs, indem sie die Versuchsperson mit exemplarischen Fällen konfrontiert und sozusagen eine Stellungnahme »provoziert«.

Der TAT in der Hand des Psychologen. In der Auswertung der mitgeteilten Bildgeschichte geht der Psychologe einen Schritt weiter. Er begnügt sich nicht mit der Registrierung der zutage getretenen Einstellung, sondern erforscht diese auch in bezug auf ihre tiefenpsychologische Bedeutung, um Einblick zu bekommen in die *Tiefenperson* des Getesteten (S. 71–73). Der Test dient ihm ja zur Erhellung der Antriebs- und Gefühlsverfassung, die den Schlüssel zum Verständnis des gesamten Verhaltens darstellt. Für die Verarbeitung und Analyse der Projektionen der Versuchsperson gibt der Verfasser des Tests genaue Anweisungen, auf die wir jedoch hier nicht eingehen können.

Der TAT hat sich in den letzten 20 Jahren als eine der brauchbarsten und ergiebigsten Methoden zur Diagnostik der Persönlichkeit erwiesen. In der Hand der Psychotherapeuten dient der Test vor allem der Erhellung der Lebensgeschichte und der Konfliktsituation der Patienten. Wer glaubt, mit Hilfe dieses Tests sozusagen im Handumdrehen zu einem kompletten Bild einer Persönlichkeit zu gelangen, sieht sich bald enttäuscht. Die Auswertung des Testmaterials erfordert nicht nur eingehende psychologische Kenntnisse, sondern auch sehr viel Erfahrung, ganz abgesehen davon, daß die Durchführung des Tests mindestens 2–3 Stunden beansprucht. Im Regelfall werden der Versuchsperson ja 20 Bilder vorgelegt. Gelegentlich reichen jedoch nicht einmal die dabei erhaltenen Geschichten aus, um zu einem klaren Bild des Charakters zu kommen. Zur Ergänzung der Befunde müssen daher noch weitere Untersuchungen vorgenommen werden.

Bild-Frustrations-Test

Während die bisher genannten projektiven Testverfahren ganz allgemein danach trachteten, Einblick in die Gesamtstruktur der Person zu gewinnen, sucht der *Picture-Frustration-Test* von Saul Rosenzweig

(abgekürzt: P-F-T) lediglich die Reaktionsweise der Person in ganz bestimmten Situationen kennenzulernen.
Auch dieser Test geht von einer uns allen bekannten Erfahrung aus. Wie oft hat uns doch schon das Verhalten eines Menschen zu einem Kellner oder einer Verkäuferin oder in irgendeiner kritischen Situation schlagartig »die Augen geöffnet« für bisher unbekannte Charaktereigenschaften. Da es im Alltag jedoch oft lange dauern kann, bis sich eine fruchtbare Beobachtungsgelegenheit ergibt, führt der Test eine solche mit Hilfe von Bildern herbei.

Durchführung des Tests. Alle 24 Bilder des Tests stellen Szenen aus dem täglichen Leben dar, zu denen die Versuchsperson Stellung nehmen soll. Absichtlich wurden dabei solche von ärgerlicher Art gewählt, um festzustellen, wie leicht dem Betrachter »der Hut hoch geht«. Dies wird immer dann der Fall sein, wenn er sich durch irgendeine Situation »frustriert«, benachteiligt, belästigt oder geschädigt fühlt (s. auch S. 69).
Zwecks Erzeugung einer Frustration werden der Versuchsperson nun nacheinander eine Reihe von Bildern vorgelegt, die meist zwei Personen zeigen, die sich in einer unerquicklichen Situation befinden. In einer »Blase« über dem Kopf einer der Personen steht zu lesen, was diese sagt. Die Versuchsperson hat nun die Aufgabe, sich vorzustellen, was wohl die andere Person auf dem Bild antworten würde, und die allererste Antwort, die ihr einfällt, rasch in die leerstehende Fahne zu schreiben.
Je nach dem Temperament der Versuchsperson oder ihrer Reizbarkeit wird dem Geschädigten auf dem Bild eine mehr oder weniger scharfe Antwort in den Mund gelegt. Auf einer Abbildung ist ein einfach angezogener Mann gerade von einem vorüberfahrenden Auto angespritzt worden. In der »Sprech-

Zwei Bilder aus dem P-F-T (Picture-Frustration-Test) von Paul Rosenzweig. Links: Form für Erwachsene, rechts: Form für Kinder. (Abdruck mit Genehmigung des Rosenzweig P-F-Study, St. Louis, Miss., Cop. 1948, und des Verlages für Psychologie, Dr. C. J. Hogrefe, Göttingen, Cop. 1957)

blase« des Autofahrers heißt es: »Es tut mir leid, daß wir Ihren Anzug eben bespritzt haben, obwohl wir uns sehr bemüht haben, um die Pfützen herumzufahren.« Die Personen, denen dieses Bild vorgelegt wurde, äußerten sich etwa so: »Sie Flegel werde ich anzeigen!« oder: »Ihre Entschuldigung können Sie sich sparen, bezahlen Sie die Reinigung«; oder: »Zum Glück hat es nur meinen alten Anzug getroffen.«
Die Antworten zum Bild S. 330 unten links lauten etwa: »Hätten Sie die Vase nicht so ungeschickt hingestellt, dann wäre sie nicht heruntergefallen«; oder: »Es tut mir schrecklich leid, daß die kostbare Vase durch meine Schuld zerbrochen ist«; oder: »Machen Sie doch nicht soviel Aufhebens wegen so einer alten Vase!«; oder: »Das war kein besonders wertvolles Stück!«; oder: »Beruhigen Sie sich, ich kaufe Ihnen wieder eine neue.«

Auswertung des Tests. Selbstverständlich läßt sich aus zwei oder drei Antworten noch kein Urteil über die Gesinnung und Reizbarkeit der Versuchsperson abgeben. Ein solches ergibt sich erst aus dem Gesetz der Reihe. Voraussetzung ist allerdings, daß sich die Versuchsperson bewußt oder unbewußt mit der auf der Zeichnung dargestellten Person, die geschädigt worden ist, identifiziert und keine fingierten Antworten gibt. Wo die Versuchsperson jedoch sozusagen mit »Leib und Seele« dabei ist, ermöglicht der Test Aussagen über das Verhalten der Versuchsperson in Belastungssituationen des Alltags.
Die Bewertung der Antworten geschieht nach einem standardisierten Auswertungsschema, das die Meßgenauigkeit des Tests erhöht und der Bestimmung des »Reaktionstyps« dient. Durch den Test kann also unter Umständen ermittelt werden, ob es sich bei dem Befragten um einen aggressiven und reizbaren oder mehr ruhigen und verträglichen Menschen handelt und ob dieser zur Gruppe derjenigen gehört, die stets alle Schuld den andern zuschieben oder sich selbst als schuldig bekennen und den Schaden wiedergutmachen wollen, oder aber die Sache bagatellisieren und die »Verhältnisse« verantwortlich machen. Wenn wir diese Typen im Auge behalten und uns genügend Zeit zur Beobachtung lassen, werden wir Vertreter dieser Typen bald auch ohne Test unter unseren Bekannten finden.

Bildertests für Kinder

Die beiden eben geschilderten Tests – der TAT und der PFT – wurden beide für Kinder umgeformt. Man bemerkte nämlich, daß Kinder auf Bilder unbefangener als Erwachsene reagieren, und richtete demnach Auswahl und Thematik der Bilder ein. Der PFT richtet sich an Kinder im Alter von 4 bis 13 Jahren, der TAT an Kinder zwischen 3 und 10 Jahren. Von beiden Tests bringen wir zur Verdeutlichung einige Beispiele.

Der P-F-Test für Kinder. Die Bilder behandeln Situationen aus dem kindlichen Lebensbereich. Auf dieser Altersstufe sind mit dem so veränderten Text gute Erfahrungen gemacht worden. Die Kinder identifizieren sich nämlich unbewußter und bereitwilliger mit den dargestellten Personen als die Erwachsenen. Die Ergebnisse sind also sicherer.
Situationen wie auf dem Bild S. 330 unten rechts sind bekannt. Die Kinder fühlen sich zumeist so-

fort angesprochen und reagieren sofort mit Antworten wie: »Ihr seid gemein!« – »Ich sage es meinem Vater, dann bekommt ihr Schläge.« – »Das kann ich auch, was ihr könnt.« – »Dann spiele ich eben mit den andern.« – »Ich will ja gar nicht mit euch spielen.«
Ebenso vertraut ist den Kindern die Situation auf einer weiteren Abbildung der Serie. Dort sieht man einen Jungen, der in der elterlichen Wohnung eifrig auf seine Kindertrommel schlägt. Der Vater ruft ihm ärgerlich zu: »Still! Mutter will schlafen!« Die Kinder, denen dieses Testbild gezeigt wird, sagen dann etwa: »Das ist mir egal, die braucht jetzt nicht zu schlafen.« – »Die schläft ja gar nicht.« – »Wozu hab' ich denn eine Trommel bekommen, wenn ich nicht trommeln darf.« – »Na ja, dann trommle ich eben im Hof.«
Die Stellungnahme eines Kindes zu all den 24 Bildsituationen des Tests erlaubt zweifellos ein Urteil über dessen soziale Reife, Anpassungsfähigkeit und Empfindlichkeit. Über die *Ursachen* einer zutage tretenden überstarken Aggressivität und Reizbarkeit gibt der Test jedoch keine Auskunft. Diese müssen vielmehr durch die Untersuchung der jeweiligen Familiensituation des Kindes ergründet werden.

Der Kinder-Apperzeptions-Test. In Anlehnung an den TAT (Thematischer Apperzeptions-Test – S. 325) hat der Amerikaner Leopold Bellak den *Kinder-Apperzeptions-Test*, kurz CAT genannt, entwickelt. Dieser umfaßt in der deutschen Fassung 10 Bildtafeln, auf denen Tiergeschichten dargestellt sind. Die Erfahrung hat nämlich gelehrt, daß sich Kinder vielfach lieber mit Tieren als mit Personen identifizieren. Da erscheinen sie nun alle, die Bären, Affen, Elefanten und Löwen, in teils wunderlichen Situationen, die den Kindern aus ihren Bilderbüchern bekannt sind.
Eines dieser Bilder zeigt die Abbildung 325. Die dargestellten Szenen sind freilich weder zufälliger, noch rein unterhaltender Art. Sie dienen vielmehr der Ergründung unterschwelliger Probleme, mit denen die Kinder dieser Altersstufe vielfach nicht fertig geworden sind. Auf direkte Fragen nach diesen würde von ihnen kaum eine Antwort zu bekommen sein. Bei genügender Ansprechbarkeit sind die Kinder jedoch dazu zu bringen, die dargestellte Situation aus der erlebten eigenen heraus zu deuten. Auf diese Weise erfährt nun der Psychologe etwas über vorhandene Ängste und geheime Wünsche, über eine etwa vorhandene Geschwister-Rivalität, über die Stellung des Kindes zu seinen Eltern oder über das Verhältnis der Eltern untereinander und anderes mehr. In der Sprache des Testurhebers handelt es sich bei diesem Test um »eine Methode zur Persönlichkeitsuntersuchung durch Erforschung der dynamischen Bedeutungshaltigkeit der individuellen Unterschiede bei der Wahrnehmung von festgelegten Reizdarbietungen«.
Leider stellt auch dieser Test kein Patentverfahren zur Erforschung der Kinderseele dar. Manche Kinder zeigen zwar Interesse für die Bilder, erzählen jedoch nicht so ohne weiteres eine Geschichte, sondern verharren in einer Beschreibung oder Aufzählung des Gesehenen. Sie müssen dann ermuntert werden, etwas zu »erzählen«, wobei allerdings die Gefahr besteht, daß ihnen etwas nahegelegt wird, was gar nicht ihren eigenen Erlebnissen entspricht.
Gelegentlich kommt es jedoch wie bei dem Hühnchenbild zu aufschlußreichen Bemerkungen wie: »Das Kleine ist immer so unartig, will nicht essen« – »Die Großen be-

kommen mehr« – »Die Mutter paßt gar nicht auf, daß alle richtig essen«. Hierdurch lassen sich Hinweise auf die Familiensituation erhalten.

Zur Deutung der »Geschichte« wird nicht nur das Was, sondern auch das Wie des Erzählten mitberücksichtigt. Von Wichtigkeit ist insbesondere auch, welches der Tiere als Hauptgestalt aufgefaßt wird. Meist identifiziert sich ja das Kind mit dieser und bringt dadurch zum Ausdruck, wie es sich selbst sieht. Oft werden den Tieren auch jene Ängste angedichtet, von denen das Kind selbst erfüllt ist. Die Aufgabe des Psychologen besteht in diesem Fall dann gerade darin, den Ursachen dieser Verunsicherung nachzuspüren. Dabei helfen oft die Aussagen über die andern Gestalten des Bildes, die etwa als übermächtig, herrisch, ungerecht, grausam, lieblos und so weiter empfunden werden.

Fabeltest. Manche Kinder vermögen, wie die Erfahrung gezeigt hat, nicht so ohne weiteres eine Geschichte zu erfinden. Deshalb ist man dazu übergegangen, ihnen eine solche zu erzählen. Diese soll sie dann zu einer Stellungnahme veranlassen.

Der sogenannte Fabeltest von LOUISA DUSS bedient sich zum Beispiel folgender »Reizdarbietungen«:

① »Ein Vogelpapa und eine Vogelmama samt Kind schlafen ruhig in ihrem Nest auf einem Baumzweig. Aber nun kommt ein heftiger Sturm, der schüttelt den Baum hin und her, und das Nest fällt zu Boden. Die drei Vögel wachen ganz plötzlich auf. Der Papa fliegt geschwind auf eine Tanne, die Mama fliegt auf eine andere Tanne. Was wird nun das Vogelkind tun? Es kann schon etwas fliegen.«

② »Eine Schafmama und ihr kleines Lämmchen tummeln sich auf der Weide. Das kleine Lämmchen springt den ganzen Tag um seine Mutter herum. Jeden Abend gibt ihm die Mutter schöne warme Milch zu trinken, die es sehr gern mag. Aber es frißt auch schon Gras. Eines Tages bringt man der Schafmama ein ganz kleines Lämmchen, das Hunger hat, damit die Mama ihm etwas von ihrer Milch geben soll. Aber die Schafmama hat nicht genug Milch für die beiden, und so sagt sie zu ihrem Lämmchen, das schon größer ist: ›Ich habe nicht genug Milch für euch beide. Du kannst gehen und frisches Gras fressen!‹ Was wird das kleine Lämmchen nun wohl tun?«

Es ist ohne weiteres ersichtlich, daß mit Hilfe der ersten Fabel festgestellt werden soll, inwieweit das Kind noch an seine Eltern gebunden ist oder welchen Grad von Selbständigkeit es erreicht hat und ob es mehr beim Vater oder bei der Mutter Hilfe sucht. Die nächste Geschichte dient der Ergründung des Geschwisterverhältnisses. Nach der Geburt des zweiten Kindes zeigt das erstgeborene gelegentlich ein merkwürdiges, der Mutter nicht so ohne weiteres verständliches Verhalten. Es wird ungebärdig, neigt zu Aggressionen und näßt vielleicht sogar wieder ein. Der Psychologe sieht darin eine sogenannte »Frustrationserscheinung«, die auf der Nichterfüllung vorhandener Bedürfnisse beruht (S. 69). Das Erstgeborene fühlt sich durch das Erscheinen eines neuen Geschwisterchens benachteiligt und versucht nun in oft sehr massiver Weise seine Rechte geltend zu machen. Ob im gegebenen Fall mit solchen Erscheinungen zu rechnen ist, soll durch den Test ergründet werden.

Je nach seiner psychischen Verfassung reagiert das Kind auf die erste Geschichte etwa mit Bemerkungen wie: »Es bleibt am Boden sitzen und weint.« – »Es fliegt zum Vater.« – »Es schlüpft unter das Nestchen und wartet, bis der Sturm vorüber ist.« Auf die zweite Geschichte kommen oft Antworten folgender Art: »Es wird weinen und nichts mehr fressen.« – »Es wird sagen: ich war zuerst da, die Milch gehört doch mir!« – »Trink du nur Milch; ich bin ja schon groß und kann Gras fressen.«

Es ist unschwer zu erkennen, daß die jeweils angegebenen Verhaltensweisen durch recht unterschiedliche Einstellungen zur Umwelt bedingt sind, die zweifellos auch bei dem betreffenden Kind vorherrschen. Aus den Stellungnahmen der Kinder zu den einzelnen Geschichten – der Test umfaßt im ganzen 10 Fabeln – ergeben sich oft recht aufschlußreiche Einblicke in die Konfliktsituation der Kinder.

Der Wunschtest

Recht ergiebig hat sich auch der Test von KURT WILDE erwiesen, der unter dem Begriff *Wunschprobe* bekanntgeworden ist. Er kann sowohl mit Kindern als auch mit Erwachsenen durchgeführt werden und gehört ebenfalls in die Reihe der projektiven Testverfahren. Der Konstruktion des Tests liegt die Erfahrung zugrunde, daß die Wünsche der Menschen oft einen tiefen Einblick in ihr »wahres Wesen« gewähren. Eben deshalb scheuen sich ja auch die Erwachsenen vielfach vor einer blanken Äußerung derselben. Kinder sind in dieser Hinsicht unbekümmerter. Zur Überwindung möglicher Hemmungen versucht WILDE in seinem Test die Versuchspersonen auf indirektem Weg zur Äußerung ihrer Wünsche zu veranlassen. Er legt ihnen eine Reihe von Kärtchen oder einfach eine Liste vor mit Namen von Pflanzen, Tieren oder Gegenständen. Danach werden die Versuchspersonen gefragt, was sie gern sein oder nicht sein möchten, wenn sie wieder einmal auf die Welt kommen würden. In jedem Fall wird dazuhin noch eine Begründung für die Wahl oder Abwahl gefordert.

Antworten auf die Wunschprobe. Als besonders »trächtig« haben sich folgende Tiere erwiesen: die Schwalbe, der Star, der Adler, die Katze und das Pferd. Unter den Pflanzen sind folgende besonders beliebt: die Rose, das Veilchen, die Eiche, die Tanne; unter den Gegenständen natürlich der Mond und die Sterne, der Luftballon oder ein Edelstein.

Wie erwartet, projizieren die Versuchspersonen ihre geheimen Wünsche, Sehnsüchte und Erwartungen samt ihren Ängsten und Befürchtungen in die Gegenstände ihrer Wahl hinein. Es ist zweifellos nicht von ungefähr, daß die überwiegende Mehrzahl der Frauen und Mädchen – wie auch durch demoskopische Erhebungen festgestellt werden konnte – ein Vöglein sein möchte. Warum? Der Begriff Vogel löst zumeist die Vorstellung des Zarten und Liebenswürdigen, des Schutz- und Hilfsbedürftigen aus. So ein kleines Vögelchen *muß* man ja liebhaben, ihm ein Nestchen verschaffen und es umsorgen! Ja, ein Vöglein müßte man sein! In diesem Wunsch drückt sich also die Sehnsucht nach Geborgenheit und Nestwärme aus, die zweifellos bei Frauen nicht an letzter Stelle steht. Ebenso verständlich ist es, daß das Vögelchen der Frauen vielfach ein Zugvogel ist, der dem kalten und rauhen Winter entfliehen kann. Wählen hingegen Männer einen Vogel, dann ist dies allermeist ein

Greifvogel, ein stolzer Adler oder Habicht, mit dem sich der Machttrieb oder das Aggressive im Mann identifizieren kann.
An zweiter Stelle steht bei den Frauen der Hund, freilich nicht der Hofhund, sondern irgendein Haushündchen, das umsorgt und gepflegt wird. Bei den Männern stehen Tiere wie das Pferd, der Tiger oder – der Elefant obenan; jedoch nicht der Hund, denn vom »Hundeleben«, als das das Berufsleben oft empfunden wird, hat man genug! Das Tier der Männer muß vor allem stark, schnell oder repräsentativ sein. Wenn ein Fisch gewählt wird, dann nicht etwa ein Zierfisch – das wäre weiblich! –, sondern ein – Haifisch.
Auch etwas ausgefallenere Tiere, wie beispielsweise die Schildkröte, können Ziel der Wünsche werden, und zwar bei beiden Geschlechtern. Ein junger Angestellter wünschte sich tatsächlich eine Schildkröte zu sein – um die täglichen Fußtritte seines Chefs besser ertragen zu können! Offenbar handelt es sich bei ihm um keine sonderlich aggressive Natur, sonst hätte er sich vermutlich in einen Tiger verwandelt. Unerklärlich erscheint zunächst die Schildkröte in der Wunschliste einer Frau. Warum wählte die Frau die Schildkröte? Ganz einfach deshalb, weil man ihr »die Jahre« nicht ansieht, ein Problem, das manchen Frauen viel zu schaffen macht! Man sieht: Wenn zwei dasselbe wählen, bedeutet dies nicht dasselbe. Die richtige Deutung ergibt sich hier wieder erst aus dem Gesetz der Reihe und im Hinblick auf die wählende Person.

Eigene Testversuche. Möchten Sie der Mond sein, um etwa den Liebespaaren in aller Ruhe zusehen zu können und obendrein noch von ihnen angeschwärmt zu werden? Oder lieber ein Grabstein oder eine Tanne? Stellen Sie sich selbst einmal eine Liste zusammen und befragen Sie Ihre Bekannten. Falls diese darauf eingehen und sich nicht einen Jux aus dem Test machen und das Blaue vom Himmel herunterwünschen, werden Sie leicht etwas von den geheimen Wünschen der Seele der Befragten erfahren. Hüten Sie sich aber vor zu weitgehenden Ausdeutungen. Aus der Lösung von 2–3 Aufgaben, der Kundgabe einiger Wünsche oder Geschichten läßt sich noch kein Bild der Persönlichkeit gewinnen, zumal stets mit zufallsbedingten Antworten gerechnet werden muß.

Zeichentests

Auch wer kein ausgeprägteres Verhältnis zur Kunst hat, der weiß doch wenigstens, daß es nichts Individuelleres gibt als die Werke der Künstler. Ob wir dabei an ein Gemälde, eine Plastik oder ein Musikstück denken, jedes Werk trägt doch unverkennbar die Züge seines Schöpfers. Wer sich in der Kunst auskennt, wird daher niemals etwa eine Zeichnung von Albrecht Dürer mit einer solchen von Rembrandt verwechseln, auch wenn beide denselben Gegenstand darstellen. Selbst eine namenlos abgegebene Schülerzeichnung vermag ein erfahrener Lehrer ohne weiteres zu identifizieren. Selbst die »naturgetreuesten« Zeichnungen der Kinder und Künstler sind mehr Sinn-, als Abbilder der Wirklichkeit. Sie stellen allesamt das Ergebnis der Auseinandersetzung ihres Schöpfers mit einem Stück Welt dar und offenbaren infolgedessen etwas von deren persönlicher »Welt-Anschauung«.

Entwicklungsstufen der Kinderzeichnung

Erst gegen Ende des vorigen Jahrhunderts wurde die ausdruckspsychologische Bedeutung der Kinderzeichnung entdeckt und mit deren systematischer Erforschung begonnen. Es zeigte sich, daß wir in allen ursprünglichen – also nicht nachgezeichneten – graphischen Gebilden äußerst aufschlußreiche Projektionen der Persönlichkeit vor uns haben, die einen Einblick in die Struktur und Dynamik der Psyche gewähren. Man stellte fest, daß jede Altersstufe ihren charakteristischen Formenschatz hat. Zeichnet daher das sechsjährige Mariechen beispielsweise die menschliche Figur noch im Stil der Vier- bis Fünfjährigen, dann ist anzunehmen, daß das Kind noch nicht die seiner Altersstufe entsprechende Reife besitzt. Voraussetzung für die psychologische Auswertung von Zeichnungen ist allerdings, daß diese »echt«, das heißt nicht Nachzeichnungen vorgegebener Schemata sind. Die Abbildungen auf Seite 336 und 337 zeigen, wie Kinder in verschiedenen Lebensaltern Menschen und Bäume zeichnen. Da sich die Entwicklung nicht in einem fahrplanmäßig bestimmbaren Tempo vollzieht, vermögen diese Entwicklungsreihen allerdings nur Anhaltspunkte zur Bestimmung der ungefähren Reife zu geben.

Menschendarstellungen. Die ersten graphischen Gebilde des Kindes bezeichnet man als »Kritzel«. Sie sind ganz Bewegung, haben noch wenig dinglichen Gehalt, zeigen jedoch bereits schon ein individuelles

Wie die Kinder in den verschiedenen Altersstufen Männchen zeichnen. Obere Reihe von links nach rechts: 4 Jahre, 5–6 Jahre, 7–8 Jahre; untere Reihe: 8–9 Jahre, 9–10 Jahre, 11–14 Jahre

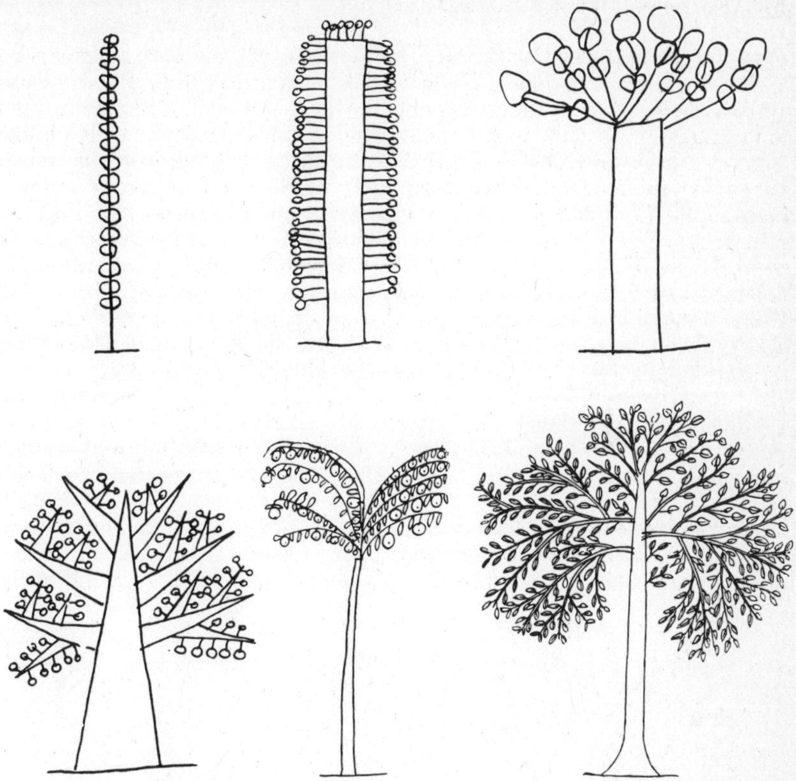

Entwicklungsstufen der Baumzeichnungen bei Kindern. Obere Reihe von links nach rechts: 3–4 Jahre, 5–6 Jahre, 7–8 Jahre; untere Reihe: 8–9 Jahre, 9–10 Jahre, 11–14 Jahre

Gepräge und lassen sich graphologisch auswerten. Das Kritzelstadium geht normalerweise im Laufe des *3. Lebensjahrs* zu Ende. Danach entwickelt sich die menschliche Gestalt, wie unsere Abb. 336 zeigt, von einem kreisförmigen Knäuel mit einigen Strichen über den zweiäugigen Kopffüßler (*4. Lebensjahr*) zu einem menschenähnlichen Gebilde, das bereits schon Kopf, Brust und Extremitäten erkennen läßt (*5.–6. Lebensjahr*).

Im weiteren Verlauf der Entwicklung werden nun die Proportionen verbessert und immer mehr Details beachtet. Die Bilder der *Siebenjährigen* zeigen bereits Augen, Nase, Mund und Ohren. Die Beine werden durch eine Doppellinie dargestellt. Die *Achtjährigen* bringen die einzelnen Elemente in ein besseres Verhältnis zueinander und die *Neunjährigen* unterscheiden die beiden Geschlechter durch unterschiedliche Frisur und Kleidung. Spätestens bei den *Zehnjährigen* werden nun auch die Arme durch eine doppelte Linie dargestellt und gelegentlich auch schon abgewinkelt.

Das zunehmende Realitätsbewußtsein führt bereits auf dieser Stufe, erst recht aber bei den *Elfjährigen* zu einer kritischen Stellungnahme gegenüber der eigenen Zeichnung.

Man bemüht sich nun um eine möglichst erscheinungsgetreue Darstellung, was vor allem zu einer besseren Proportionierung und einer noch reichhaltigeren Ausstaffierung der Person führt. Bei den *zwölfjährigen* Mädchen tragen die Frauen schon Schmuck, eine kunstvolle Frisur und ein apartes Kleid, bei den Jungen die Männer ein Gewehr, einen Rucksack und einen Bart.

Baumdarstellungen. Sehr aufschlußreich sind auch die Entwicklungsstufen der Baumdarstellung, wie die Abb. 337 zeigt. Für die *Dreijährigen* ist der Baum zunächst nur etwas, das sich senkrecht über den Erdboden erhebt und eine Menge Blätter hat, dargestellt durch einen Strich mit Knäueln. Bald darauf tritt neben die Senkrechte die Waagerechte, die besagt, daß die Blätter nicht direkt am Stamm sitzen. Etwas später streben die Zweige schräg in die Höhe. Allmählich wird der Stamm als etwas Ausgedehntes empfunden und durch einen Doppelstrich dargestellt. Ebenso »wachsen« nun auch die Äste und Blätter. Mehr und mehr werden Stamm und Krone voneinander unterschieden. Nahezu $^3/_4$ aller *Sechs-* bis *Siebenjährigen* betonen die Grenze zwischen beiden durch einen Strich, zeichnen also das, was man in der Fachsprache einen »Lötstamm« nennt. Auf diesem sitzt ein Gewirr von Zweigen und Blättern. Bereits bei den *Achtjährigen* spitzt sich der Stamm zu. Es werden Zweige und Äste unterschieden. Bei den *Neun-* bis *Zehnjährigen* tritt der Lötstamm nur noch selten auf. Vom *elften* Lebensjahr an ist er beim normalen Kind fast völlig verschwunden, während 40% der Debilen ihn immer noch nicht überwunden haben. Nach dem *zehnten* Lebensjahr wird die Gestalt des Baumes immer reichhaltiger und differenzierter. Die Kinder vermögen nun schon bestimmte Baumarten in ihren Hauptzügen zu kennzeichnen und trachten nach naturgetreuer Darstellung.

Der Baumtest

Diese starke Variierbarkeit des Baumes hat den Schweizer Psychologen Karl Koch zur Entwicklung seines *Baumtests* veranlaßt. Er geht davon aus, daß der Baum vom Zeichnenden gemäß seiner persönlichen Eigenart und Reifestufe aufgefaßt und dargestellt wird, die Zeichnung also als eine Projektion der Persönlichkeit betrachtet werden kann.

Die Aufgabe. Die Sache sieht zunächst recht einfach aus, lautet die Instruktion zu diesem Test doch nur: »Zeichnen Sie bitte einen Obstbaum, so gut Sie es können.« Die Versuchsperson erhält dazu ein Blatt weißes Papier im Format DIN A 4, einen weichen Bleistift und einen Radiergummi. Die Zeit ist nicht begrenzt. Der Test kann mit Erwachsenen und Kindern durchgeführt werden.

Sie können jederzeit selbst einen derartigen Versuch machen. Wenn sich ein Dutzend Personen daran beteiligt, werden Sie bestimmt ein Dutzend ganz verschiedenartiger Bäume bekommen. Aber nun beginnt die Schwierigkeit! Intuitiv erfaßt zwar jeder die Eigenart der Gestalt, hat aber bereits Mühe, seinen Gesamteindruck in Worte zu fassen, weil die meisten Betrachter nicht im Schauen, das die Voraussetzung der Deutung ist, geübt sind.

Die Deutung. Der Urheber des Baumtests, Karl Koch, gibt einige Hinweise. Der Gesamteindruck kann seinen Richtlinien nach beispielsweise sein:

eigenartig	–	schulmäßig
statisch	–	dynamisch
geordnet	–	ungeordnet
harmonisch	–	unharmonisch
lebendig	–	unlebendig
phantasievoll	–	nüchtern
manieriert	–	verschroben

Mit dieser Gewinnung des »Eindruckscharakters« ist jedoch (wie bei einer Schriftanalyse) erst der Anfang gemacht. Nun setzt die eigentliche Arbeit, die Merkmalsanalyse ein, die nicht nur eine entwickeltere Beobachtungsfähigkeit, sondern auch viel Zeit, Erfahrung und Wissen erfordert.
Die Interpretation des Tests führt zweifellos oft zu höchst aufschlußreichen Erkenntnissen, ist jedoch sehr kompliziert. KOCH sieht in seinem Test nicht nur ein Mittel zur Bestimmung des geistigen Entwicklungsstands einer Person, sondern auch zur Erfassung ihrer Gesamtstruktur. Insbesondere gibt der Test Aufschluß über Störungen im emotionalen und sozialen Bereich und wird daher in der Psychotherapie viel benützt.

Wartegg-Zeichentest

Um den Schwierigkeiten der Deutung völlig freier Zeichnungen zu entgehen, hat der deutsche Psychologe EHRIG WARTEGG einen Zeichentest entwickelt, der zwar der Versuchsperson in der Gestaltung freie Hand läßt, sie jedoch thematisch in gewissem Sinne bindet.
Das gestellte »Thema« mutet zunächst allerdings etwas merkwürdig an. Es besteht nämlich – wie unsere Abbildung S. 340 zeigt – lediglich aus Punkten und Strichen. Die Versuchsperson erhält das im DIN-A-4-Format gehaltene Blatt mit der Aufforderung vorgelegt, die vorgegebenen Zeichen zu einer kleinen Zeichnung zu ergänzen. Sie soll sich also durch diese »Reizdarbietung« zur Verfertigung von Abbildern anregen lassen. Wer zeichnerisch nicht besonders begabt ist, braucht keine Sorge zu haben, daß er deswegen schlechter abschneidet als ein besser Begabter. Bewertet wird nämlich nicht die Ausführung, sondern der Einfall.
Es ist immer wieder überraschend zu sehen, wie verschiedenartig die Lösungen ausfallen. Selbst wer mit der gesamten Theorie des Tests und ihren Grundlagen nicht vertraut ist, vermag schon rein intuitiv zu erkennen, daß die drei Versuchspersonen, von denen die Zeichnungen der Abbildungen auf S. 341 stammen, doch recht unterschiedliche Einfälle hatten.

Drei Testergebnisse. ① Der 58jährige Buchdrucker (Abb. oben) hat die Aufgabe zwar erfaßt, jedoch nicht viel Phantasie entwickelt. Das Ganze wirkt daher auch sachlich und nüchtern. Er hat sich genau an den vorgegebenen »Reiz« gehalten, das Pünktchen umkreist, die Schwinge und das Viereck getreulich wiederholt und die übrigen Striche zu einem ihm sinnvoll erscheinenden Gebilde ergänzt.
② Wie anders mutet uns doch die Welt der 26jährigen Kunstgewerblerin (Abb. Mitte) an! Hier hat nicht der Verstand, sondern das Gemüt den Stift geführt. Jedes der Bildchen ist voll Leben und Bewegung. Daß ihr weit mehr Phantasie zur Verfügung steht als dem Buchdrucker, unterliegt keinem Zweifel. Das einzelne Zeichen wird von ihr mit einer erstaunlichen Sicherheit als Teil eines gegenständlichen Bilds gesehen und so gründlich in dieses verschmolzen, daß man oft

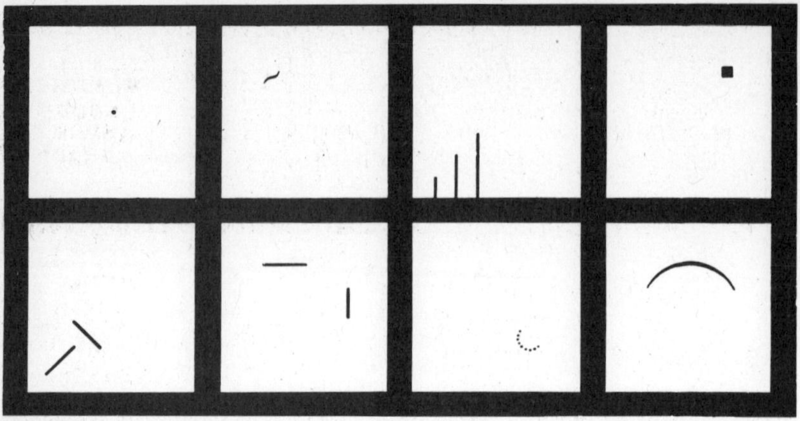

Wartegg-Zeichentest. Oben der Mittelteil des Testformulars (im Original enthält das Formular in einer Kopfleiste noch den Namen der Versuchsperson. Abdruck mit Genehmigung des Verlags für Psychologie, Dr. C. J. Hogrefe, Göttingen). Auf der gegenüberliegenden Seite drei ausgefüllte Formulare aus der Praxis des Autors dieses Buches

Mühe hat, es wiederzufinden. Das ganze Blatt macht den Eindruck des Improvisierten.

③ Von dem Blatt des 18jährigen Abiturienten (Abb. unten) unterscheidet sich das vorher besprochene stark. Hier »sitzt« sozusagen jeder Strich. Nichts bleibt im Ungefähren. Da er das Bedürfnis hat, alles äußerst exakt und präzise zur Darstellung zu bringen, muß er sich auch eines härteren Bleistifts als die Kunstgewerblerin bedienen. Dadurch wirken seine Bilder auch wesentlich schärfer, intellektueller und »männlicher« als die zuvor betrachteten. Man wird daher auch kaum fehlgehen, in ihm einen kritischen und selbständigen Kopf zu sehen.

Auswertungsprinzipien. Würde man die acht Bildchen jedes Testblatts auseinanderschneiden und miteinander vermischen, so wäre es ein leichtes, die zusammengehörigen herauszufinden. Dies gelänge auch dann noch, wenn weitere Blätter dazugenommen würden, ein Beweis dafür, daß die Lösungen stilhaltig sind, das heißt aber, daß sich in ihnen etwas von der persönlichen Eigenart der Zeichner ausdrückt. Und gerade diese sucht der Test zu erfassen. Allerdings nicht auf dem eben skizzierten Weg einer intuitiv-ganzheitlichen Interpretation.

Die Auswertung dieses äußerst durchdachten Tests ist wesentlich komplizierter und erfordert nicht nur sehr viel Zeit, sondern auch eine genaue Kenntnis der Grundlagen dieses Tests. Dazuhin muß der Auswerter mit der allgemein-ausdruckspsychologischen und der graphologischen Deutetechnik vertraut sein. Wartegg hat zur Auswertung der Testergebnisse ein umfangreiches Schema entwickelt, dem wir einige Gesichtspunkte entnehmen, deren Kenntnis und Beachtung auch für die allgemeine Menschenkenntnis von Wert sind.

Inhaltliche Deutung. Was uns bei Zeichnungen bzw. Bildwerken aller Art anspricht – oder abstößt –, ist der Inhalt. Wir schließen aus ihm auf die Interessen und Neigungen des Bildners. Der eine malt oder zeichnet mit Vorliebe Landschaften, der andere Porträts, Bauten, Tiere oder Pflanzen. Bezeichnenderweise spricht man ja in bezug

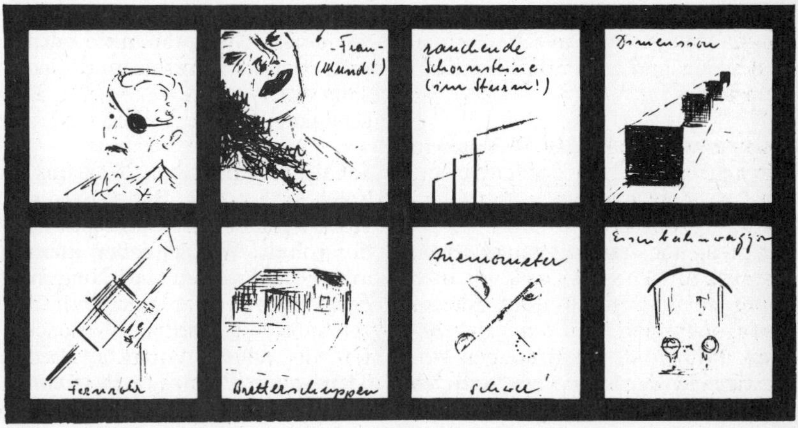
-Frau- (Mund!)
rauchende Schornsteine (im Sturm!)
Dimension
Anemometer
Eisenbahnwaggon
Fernrohr
Bretterschuppen
schnell

auf die Inhalte der Bilder geradezu von den »Motiven« derselben, die nicht zufälliger Art sind, sondern ihren Grund in der persönlichen Eigenart des Bildschaffenden haben.

Nach Wartegg gibt es vier Möglichkeiten für die inhaltliche Gestaltung. Diese kann zunächst einmal entweder mehr *sachbestimmt* oder mehr *erlebnisbestimmt* sein; ferner mehr *abstrakt* und ungegenständlich oder mehr *konkret*-gegenständlich. Die Sachlösungen, wie zum Beispiel auf der Abbildung oben Nr. 4, sprechen für eine verstandesmäßige, die Bildlösungen auf der Abbildung Mitte Nr. 2 für eine gefühlsmäßige Einstellung.

Damit ist jedoch die Analyse der kleinen Bildchen noch keineswegs abgeschlossen. Jede der acht Bildflächen enthält ja einen *Anreiz* zur Gestaltung. Diese acht Einzelzeichen sind von Wartegg nach ganz bestimmten Gesichtspunkten ausgewählt worden. So soll beispielsweise das Zeichen in Feld 2, die *Wellenlinie*, zu einer lockeren, beschwingten und dynamischen Gestaltung anregen, das Zeichen in Feld 4, das *Quadrat*, dagegen zu einer statischen, festen und gewichtigen und das Zeichen in Feld 7, der punktierte *Halbkreis*, zu einer gefühlvollen und zarten. Davon wird freilich der Versuchsperson nichts gesagt, denn es soll ja eben geprüft werden, ob und in welchem Maße sie in der Lage ist, den jeweiligen Aufforderungscharakter des Zeichens zu erfassen. Das Gespür dafür ist bei den einzelnen Versuchspersonen sehr verschieden. Die einen beachten das Zeichen aus Unkonzentriertheit oder mangelnder Intelligenz gar nicht oder überdecken es infolge der zu geringen Beherrschung ihrer Triebimpulse. Wieder andere erfassen instinktiv den Sinngehalt und beweisen damit ihre Einfühlungsfähigkeit. Aus der Auffassungsweise und Einfügung des Zeichens in die Bildgestalt zieht Wartegg weitgehende Schlüsse auf die Struktur der Persönlichkeit. Der Test gibt also Aufschluß über den Grad der Aufgeschlossenheit, Empfindsamkeit, Anpassungsfähigkeit, der Willensfestigkeit und geistigen Reife.

Formale Deutung. Das gesamte Strichgefüge der Zeichnungen wird auch nach graphologischen Gesichtspunkten ausgedeutet. Wartegg bezeichnet sein Verfahren ja geradezu als »graphoskopische Schichtdiagnostik«, weil er aus der bewegungs-, form- und raumbildlichen Betrachtung des Zeichengefüges Einblick in Aufbau und Schichtung der Person bekommen will. Entsprechend der Bedeutung des Winkels in der Graphologie (S. 260) schließt er also beispielsweise aus geradlinigen, eckigen Formen auf die Vorherrschaft des Verstands und des Willens, auf Energie, Nüchternheit, Kälte und so weiter, aus runden, bogigen Formen (entsprechend der Girlande, S. 260) auf eine solche des Gefühls. Der Test ähnelt auch noch in anderer Hinsicht der graphologischen Betrachtungsweise. Beim Schreiben wie beim Zeichnen im Wartegg-Test ist man teils frei, teils gebunden. Der Versuchsperson bleibt es zwar überlassen, was und wie sie zeichnen will; doch ist sie wie beim Schreiben an bestimmte Zeichen gebunden, die sie allerdings mehr oder weniger beachten kann. So zeichnet dann auch der eine großzügig, weit- oder geradlinig, der andere kleinlich, zart oder unregelmäßig. In jedem Fall drückt sich darin etwas von seiner persönlichen Wesensart aus.

Zusammenfassung. Der Test hat zweifellos den Vorteil, daß er einen umfassenden Einblick in die Struktur des Charakters gewährt, andererseits aber auch den Nachteil, daß seine Auswertung sehr kompliziert und zeitraubend ist. Auch läßt sich der Einwand nicht ganz von der Hand weisen, daß das Ergebnis der Testleistung bis zu einem gewissen Grad von der zeichnerischen Begabung abhängig ist. Kontrolluntersuchungen haben ergeben, »daß gute zeichnerische Fähigkeiten die Versuchsperson zu vorwiegend erlebnisbestimmter, geringe Zeichenbegabung zu vorwiegend sachbestimmter Ausgestaltung des Tests veranlassen«. Wir sehen daraus wieder, wie vorsichtig man bei der Deutung eines Tests vorgehen muß –, andererseits, wie viel selbst so ein kleines Bildchen über die Eigenart eines Charakters auszusagen vermag.

Farbtests

Daß Farben einen erregenden Einfluß auf uns ausüben, daß sie beschwingen oder verstimmen können, hat man auch schon zu Zeiten gewußt, als es noch keine Farbpsychologie gab. Von dem Wissen um die gefühlsbestimmende Wirkung der Farbe bis zu deren Verwendung als psychodiagnostisches Mittel ist es jedoch ein weiter Weg. Brauchbare Farbtests gibt es erst seit wenigen Jahren. Der bekannteste und verbreitetste unter ihnen ist der des Schweizer Psychologen MAX LÜSCHER, der mit seinem Farbwahlverfahren Einblick in die Struktur des Charakters zu bekommen versucht.

Farbpsychologie

Zum besseren Verständnis der Grundlagen des Farbtests wollen wir zunächst fragen, was die Farbe eigentlich mit dem Seelenleben zu tun hat. Seit alters her wurden Farben mit bestimmten Stimmungslagen in Beziehung gebracht.

Rot ist die Farbe der Liebe; Blau die Farbe der Treue; Grün ist die Hoffnung, Gelb der Neid, Schwarz die Trauer und Weiß die Unschuld. Nicht von ungefähr nennt der Volksmund den Pessimisten einen »Schwarzseher«. Schwarz ist das absolute Nichts. Es ist daher sicher auch kein Zufall, daß anarchistische und nihilistische Verbände gerade unter der schwarzen Fahne marschieren. Rot hingegen ist die Farbe der Revolutionäre, die von dem leidenschaftlichen Glauben des »Mit-uns-zieht-die-neue-Zeit« erfüllt sind. Wer »rot sieht«, befindet sich in starker Erregung, die einen heftigen Wutausbruch befürchten läßt. Den »eintönigen« Alltag empfinden wir als grau. Es gibt kaum jemand, der ihn etwa für rosarot hält.

Es scheint, als ob den Farben eine allgemeingültigere objektive Bedeutung zukäme. Dagegen könnte man freilich einwenden, daß in vielen asiatischen Ländern nicht Schwarz, sondern Weiß die Farbe der Trauer ist. Diese Wahl hängt jedoch mit dem Glauben zusammen, daß der Tod nicht das absolute Ende des Lebens, den Eintritt in die »ewige Ruhe« darstellt, sondern die Möglichkeit einer neuen und besseren Wiedergeburt einschließt und daher nicht als schwarz, sondern als weiß empfunden wird.

Weiß ist nicht nur das Zeichen der Unschuld, sondern auch der Reinheit und – der Reinigung. Wo es sauber zugeht oder zugehen soll, wird Weiß

getragen. Man kann sich kaum vorstellen, daß eine Waschmaschine etwa grau oder gelb lackiert wäre. Eben deshalb erscheinen ja auch alle hygienischen Artikel vorwiegend in weißer Verpackung, allenfalls mit blauer Beschriftung oder Verzierung, weil Blau beruhigend und besänftigend wirkt. Die den Farben innewohnende Eigenbedeutung muß von der Werbepsychologie daher genauestens beachtet werden. Nur eine teure Zigarettenmarke, die sich vorwiegend an vornehme Leute wendet, kann in grauer Verpackung auf den Markt gebracht werden. Teigwaren verkaufen sich am besten in hellgelber, saure Gurken in grüner und Zucker in blauer Verpackung. Die Wurst muß rot aussehen, um in uns das Empfinden zu wecken, daß sie »frisch« ist, obwohl das Fleisch durch den Kochprozeß seine rote Farbe naturnotwendigerweise verlieren muß und grau wird, aber wer kauft eine graue Wurst? Grau ist nun eben einmal das Zeichen des Alters und nicht das Zeichen der Frische. Um die Wurst verkäuflich zu machen, muß sie daher rot gefärbt werden, denn man kauft nicht nur eine Ware, sondern auch eine Empfindung. Man hat schon den Versuch gemacht, erstklassig zubereitete Speisen in »magischer Beleuchtung« verzehren zu lassen. Der Filter der verwendeten Lichtquelle ließ nur rote und grüne Strahlen durch, so daß das Fleisch fahl, der Fisch violett, Erbsen und Salat tiefblau und die Milch blutrot aussahen. Dies hatte zur Folge, daß der Appetit der Versuchspersonen merklich nachließ und sich nach der Mahlzeit Übelkeiten einstellten.
Selbst für die Tiere haben die Farben einen ganz bestimmten Stimmungsgehalt beziehungsweise »Affektwert«. Mücken und Spatzen scheinen eine Abneigung gegen Blau zu haben, weshalb gewitzigte Bauern schon blaugekleidete Vogelscheuchen aufstellten; selbst Tiger fürchten Blau. Farben rufen also bestimmt geartete Empfindungen hervor, die teils ihren Ursprung in der Farbe selbst, teils aber auch in dem die Farbe empfindenden Wesen haben.
Um die Wirkungsweise der Farben richtig verstehen zu können, müssen wir uns zunächst klarmachen, daß das, was wir zum Beispiel als »gelb« oder »rot« bezeichnen, physikalisch gesehen auf ganz bestimmten Schwingungen beruht, die infolge der Struktur unseres Auges bei uns die Empfindung des Gelben oder Roten hervorrufen. Eine Schwingung von der Wellenlänge 577 Milliontel Millimeter erzeugt für unser Auge das Gelb, eine solche von 760 das Rot. Wer farbenblind ist, nimmt wohl bestimmte Helligkeitsunterschiede wahr, nicht aber jenen Farbton, den der Normalsichtige empfindet. Das Erstaunliche ist nun, daß diese unterschiedlichen Wellenlängen nicht nur Farbempfindungen, sondern gleichzeitig auch noch andere Empfindungen und Gefühle hervorrufen. Wir sprechen unbekümmert von kalten und warmen, frohen und traurigen, belebenden und drückenden Farben, ohne zu bedenken, daß wir uns damit bereits im Bereich der Begleiterscheinungen des Farbensehens befinden. Halten wir also fest: Ein bestimmter Lichtreiz löst nicht nur physikalische, sondern auch psychologische Wirkungen aus. Und diese suchte die Farbpsychologie zunächst einmal zu ergründen.

Gefühlswerte der Farben

Charakterologisch bedeutsam wird die Farbe durch die Erforschung der subjektiven Reaktion des einzelnen Menschen auf eine bestimmte Farbe. Wie jeder aus seiner persönlichen Erfahrung heraus weiß, ist die Einstellung eines bestimmten Menschen zu einer Farbe oft recht verschieden. Das Violett, das Fräulein Lizzie liebt, ruft unter Umständen bei ihrem Freund einen höchst unsympathischen Eindruck hervor, der sich leicht auf die Person selbst überträgt. Es kann kaum bestritten werden, daß die Farben neben ihrem für die Mehrzahl der Menschen gültigen auch noch einen nur für den einzelnen gültigen Gefühlswert haben. In dieser vom Durchschnitt abweichenden subjektiven Auffassung und Bewertung einer Farbe offenbart sich zweifellos etwas von der persönlichen Eigenart des Betrachters.

Zur Klärung der Frage, welchen Gefühlswert die einzelnen Farben haben, hat man Tausende von Personen danach befragt, welche Eindrücke sie beim Erblicken einer bestimmten Farbe haben. Sie durften bei diesem Versuch sowohl Eigenschaftswörter als Hauptwörter sagen. Die folgende Tabelle gibt einen kleinen Ausschnitt aus den Ergebnissen dieser experimentellen Untersuchungen, die – wie man sieht – keineswegs zu eindeutigen Bestimmungen geführt haben.

Farbe	*Eindruck*
blau	angenehm, ruhig, gelassen, stark, voll, tief Vertrauen, Hingabe, Freund
grün	natürlich, frisch, jung, gesund, giftig
rot	stark, aktiv, laut, erregend, sexuell, herausfordernd, leidenschaftlich Liebe, Tat, Kraft
gelb	fröhlich, heiter, aufregend Eifersucht, Haß
violett	würdevoll, schwermütig, mutlos Täuschung, Gift
braun	sicher, behaglich, voll, schwermütig Mann, Erde
schwarz	traurig, entmutigend, schwermütig, beunruhigend tief, stark, würdevoll, vornehm Nacht, Tod, Angst, Mord, Elend

Die Untersucher schlossen daraus, daß Farben in enger Beziehung zur Affektivität der Person stehen. Doch ließ sich kein eindeutiger Zusammenhang zwischen bestimmten Farben und ebenso bestimmten Gefühlszuständen feststellen.

Nach der Auffassung von Max Lüscher, mit dessen Farbtest wir uns anschließend beschäftigen, haben die Farben folgende Bedeutung:

Blau ist eine kalte Farbe. Sie ist Sinnbild der Treue und der Freundschaft, aber auch der Sehnsucht und der Religiosität. Daher wird auch die Mutter Gottes vielfach in blauer Gewandung gezeigt. Blau ist auch das Symbol der Mäßigung, weshalb die Temperenzler ein blaues Kreuz als Abzeichen tragen. Räume, die blau gestrichen sind, wirken kühl und beruhigend, stimmen jedoch auch temperamentsmäßig herab. Mediziner haben gefunden, daß Blaulicht den Rückgang von Entzündungen bewirkt. Menschen von mehr ruhiger und empfindsamer Art wählen gerne Blau als Lieblingsfarbe. Laute Geselligkeit behagt ihnen weniger. Sie sehnen sich mehr nach dem

Glück im stillen Winkel, haben ein weiches Gemüt und sind sehr hingabefähig, zärtlich und liebebedürftig. Zumeist handelt es sich bei ihnen um Vertreter des introvertierten Typs. Extreme Blautypen verfallen leicht ins Grübeln, lieben die »blaue Stunde« und träumen von der »blauen Blume« der Romantik.

Grün ist die Farbe der Natur. Sie ist schlechthin das Sinnbild des Lebens im Stofflichen und der Hoffnung. Von Grün geht eine beruhigende, ausgleichende Wirkung aus. Sie wird gerne von stabilen und unkomplizierten Menschen bevorzugt, die das Leben so nehmen, wie es ist, sich zwar anzupassen, einzuordnen, aber auch zu behaupten wissen. Grün sei die Idolfarbe des »harten Mannes«, der keine Angst kennt, sagt LÜSCHER.

Rot ist der Inbegriff der seelischen Vitalität und wird von den meisten Menschen als eine erregende, den Blutdruck steigernde und zur Aktivität reizende Farbe empfunden. Es ist die Farbe des Bluts, des Lebens und der Liebe, der Leidenschaft, des Kriegs und des Aufruhrs. Rot hat aber auch Signalcharakter. Es ist das Zeichen für Gefahr und das Symbol der Majestät. Man spricht geradezu vom Königspurpur und vom Kardinalrot. Rot wirkt auf das Auge am intensivsten, wird daher auch weit stärker beachtet als etwa Grün oder Blau. Rotgestrichene Telefonzellen werden sechsmal mehr benützt als grüne. Rotlicht bewirkt eine Ausdehnung der Gefäße, fördert also die Durchblutung, während Blaulicht zu einer Verengung der Gefäße führt.

Wer Rot bevorzugt, ist zumeist eine temperamentvolle, leidenschaftliche und tatkräftige Natur. Rotliebende Menschen sind von einem starken Leistungswillen, unter Umständen auch von Ehrgeiz erfüllt, wissen sich durchzusetzen und die einmal gewonnene Stellung gegen Widerstände hartnäckig zu verteidigen. Da sie zumeist dem extravertierten Typ angehören und viel Selbstvertrauen besitzen, fällt es ihnen nicht schwer, Kontakt zu finden und eine führende Rolle zu spielen.

Gelb ist eine warme, leichte und leuchtende Farbe, die eine heitere und gelöste Stimmung auslösen kann. Sie unterscheidet sich von Rot durch die Unbestimmtheit und Ziellosigkeit ihrer Aktivität. Menschen, die Gelb bevorzugen, sind leicht ansprechbar, lebhaft und vielseitig interessiert, aber auch betriebsam und unbeständig. Sie sind dauernd auf der Suche nach Neuem, streben aus sich hinaus und neigen zu Ehrgeiz oder Neid, weshalb ja Gelb auch zur Farbe des Neids geworden ist. Einseitige Gelbtypen sind oft oberflächlich. Infolge ihrer Beweglichkeit und Anpassungsfähigkeit finden die Gelbtypen leicht Kontakt, lassen sich allerdings auch wieder leicht ablenken.

Violett vereinigt in sich die Wärme des Rots und die Kälte des Blaus. Diese gegensätzlichen Elemente geben der Farbe den Charakter des Unausgeglichenen und Zwiespältigen. Sie möchte nach Lüscher den Gegensatz zwischen Rot als impulsivem Erobern und Blau als zärtlicher Hingabe zu einer Einheit verschmelzen. Violett wird oft von unentschiedenen oder sich unverstanden fühlenden Menschen gewählt. Untersuchungen haben ergeben, daß 75% der Kinder vor der Pubertät Violett bevorzugen, was zweifellos mit der kindlichen Unbestimmtheit und Labilität zusammenhängt. Vielfach symbolisiert Violett auch den Schwebezustand des Menschen zwischen Irdischem und Geistigem.

Braun ist eine gedämpfte Farbe, die durch Trübung oder Verdunkelung von Rot und Gelb entsteht. Braun entspricht »der massigen Sinnesfülle, der behaglichen Stallwärme und problemlosen Geborgenheit« und ruft Erinnerungen an den Herbst und die feste Erdscholle wach. Von Braun fühlen sich stabile, bodenständige, bisweilen auch hausbackene Menschen angezogen, die mit beiden Füßen auf dem Boden der Wirklichkeit stehen.

Schwarz ist der Repräsentant des Nichts und der Finsternis, der Ausdruck des Endgültigen, Unabänderlichen und Grundsätzlichen. »Das unbedingte Nein des Schwarz bedeutet zugleich ein unbedingtes und ausschließliches Ja zur Farbe, die es begleitet. Rot und Schwarz heißt: ausschließlich Erobern- und Erlebenwollen; Blau und Schwarz: ausschließlich Liebe und Ruhe benötigen; Weiß und Schwarz bedeutet: ausschließlich Ja oder Nein (›das Schwarz-Weiß-Urteil‹). Weil hier alle Stufen des Grau und der bunten Farben, somit jede Relativierung und menschliche Relation fehlt, entspricht Schwarz-Weiß einer schizoiden, gemütlosen und schroffen Haltung. Auch mit der schwarzweißen Kleidung soll entweder eine unpersönliche Haltung dokumentiert werden (Servierpersonal) oder eine überpersönliche Feierlichkeit zum Ausdruck kommen (Festkleidung).«

Grau ist weder hell noch dunkel; es enthält auch keine Farbbeimischungen. Dementsprechend ist es frei von jeder psychischen Tendenz und bedeutet an sich Gleichmut, Freiheit von Erregung. Grau ist Grenzpunkt zwischen konzentrischem Innen und exzentrischem Außen. Es trennt zwischen bejahter und verneinter Welt. Wer Grau bevorzugt, schirmt sich ab; wer es ablehnt, engagiert sich, um nicht zu kurz zu kommen. Grau wird daher vielfach von »feinen Leuten« gewählt, die damit ihre Distanziertheit zum Ausdruck bringen wollen.

Der Lüscher-Farbtest

Wie jedermann aus eigener Erfahrung weiß, wirken die eben als Beispiel genannten Farben nicht auf alle Menschen in dieser Weise. Manche können das von einer großen Zahl von Menschen geliebte Rot »einfach nicht ausstehen«. Sie lehnen – oft aus ihnen völlig unbekannten Gründen – eine Farbe rundweg ab und bevorzugen eine andere, die vielen Menschen als unsympathisch erscheint. Sollte diese unterschiedliche Einstellung zu den einzelnen Farben nicht ein Ausdruck der persönlichen Affektivität beziehungsweise der Gefühlsansprechbarkeit der Persönlichkeit sein? fragte sich MAX LÜSCHER. Aus seiner Beschäftigung mit der Psychologie der Farben erwuchs der *Lüscher-Test*.

Der Test hat infolge seiner verblüffenden Einfachheit eine starke Beachtung und weite Verbreitung gefunden, aber auch laute Kritik hervorgerufen. Letztere bezog sich vor allem auf die theoretischen Grundlagen des Tests und ihre als willkürlich bezeichneten Thesen über den Bedeutungswert der einzelnen Farben.

Lüschers Hauptthesen. LÜSCHERS Auffassung nach verfügt der Mensch über vier Möglichkeiten des Verhaltens gegenüber seiner Umwelt. »Stellen Sie sich vor«, sagt LÜSCHER zur Erklärung seines philosophischen Ausgangspunkts, »Sie landen mit Fallschirm mitten im Busch unter Negern. Sie haben vier Möglichkeiten: Sie greifen an, das ist autonom-aktives Verhalten; Sie verteidigen sich, das wäre autonom-passives Verhalten; oder Sie ergreifen heteronom-aktiv die Flucht; und schließlich die vierte Variante: Sie unterwerfen sich heteronom-passiv.«

Diesen vier Grundformen ordnet Lüscher nun seine vier Grundfarben Grün und Rot, Blau und Gelb zu. Blau und Gelb sind für ihn »heteronome« Farben, weil man bei ihrer Betrachtung den Eindruck hat, daß sie sich verändern. Das Blau scheint immer dunkler, das Gelb immer heller zu werden. Weil das Gelb jedoch lebhafter wirkt als das Blau, bezeichnet er es als »heteronom-aktiv«, das Blau »heteronom-passiv«. Betrachtet man hingegen Rot und Grün, so hat man den Eindruck, daß sich diese Farben nicht verändern. Sie ruhen in sich, sind »autonom«, und zwar erscheint das Rot als »autonom-aktiv«, das Grün als »autonom-passiv«. Danach ergibt sich folgende Zuordnung:

Blau – heteronom-passiv
Grün – autonom-passiv
Rot – autonom-aktiv
Gelb – heteronom-aktiv

Ablauf des Tests. Im sogenannten »Schnell-Test« bekommt die Versuchsperson lediglich eine Tafel mit den acht Farben vorgelegt und soll sagen, welche der Farben ihr am besten, zweit-, dritt-, viertbesten und so weiter gefällt und welche ihr am wenigsten, zweit- und drittwenigsten gefällt. Dabei soll die Versuchsperson spontan ihre Wahl treffen. Insbesondere darf der Befragte die Farbe nicht nach irgendwelchen Zwecken bestimmen, also etwa sagen: »Grün steht mir nicht zu Gesicht; für ein Auto würde ich nur Blau wählen, aber für mein Arbeitszimmer Grau; für Krawatten bevorzuge ich diese, für Anzüge jene Farbe.« Von dieser Einstellung soll sich die Versuchsperson loslösen – was jedoch nicht immer gelingt. Wenn sich die Versuchsperson nicht so ohne weiteres entscheiden kann, so fragt der Versuchsleiter etwa: »Gefallen Ihnen alle Farben gleich gut? Welche Farbe gefällt Ihnen denn überhaupt nicht?«

Der Versuchsleiter schreibt nun die gewählten Farben in der Reihenfolge, in der sie genannt werden, auf. Dadurch ergeben sich vier Gruppen von Farben: 1) die sympathischen, 2) die angenehmen, 3) die gleichgültigen und 4) die unsympathischen Farben.

Die erwähnte »Schnell-Test«-Tafel enthält 8 kleine Quadrate, die zu je 2 nebeneinander stehen, und zwar in folgender Reihenfolge: 5 Violett, 1 Blau / 0 Grau, 3 Rot / 4 Gelb, 7 schwarz / 6 Braun, 2 Grün. Prof. Lüscher legt großen Wert darauf, daß der Farbwahlakt an der von ihm bestimmten Farbtonskala vorgenommen wird. Leider war es nicht möglich, für dieses Buch die Genehmigung zum Abdruck der Farbtafel zu erhalten.

Auswertung des Tests. Nehmen wir nun an, Sie hätten nacheinander die Farben 3 – 1 – 5 – 4 – 0 – 6 – 2 – 7 gewählt, dann hätte dies nach der Bewertungstabelle von Lüscher folgende Bedeutung: »Sie streben nach erlebnisstarker, harmonischer Lebensgestaltung und inniger Verbundenheit und ersehnen sich eine verständnisvolle und sensible Vertrautheit. Im Bedürfnis nach lösender Befriedigung sind Sie jedoch durch Konflikte gestört, leiden daher unter der demütigenden Spannung unbefriedigter Bedürfnisse und Ansprüche. Sie wollen unbehindert verfügen können, ertragen keine Art von Widerstand und wehren sich gegen benachteiligende Behinderungen. In Ihrem Eroberungs- und Behauptungsdrang kann es zu impulsiven Entladungen kommen.«

Deutungstabelle. Der Test führt zweifellos zu weit differenzierteren Aussagen als die von astrologischer Seite verbreitete Farb-Typenlehre. Die folgende Tabelle soll dem Leser wenigstens eine ungefähre Vorstellung von der Reichhaltigkeit der charakterologischen Deutungen dieses Tests vermitteln. Sie beschränkt sich auf die Kombination der vier Grundfarben: Rot, Blau, Grün, Gelb. Unter der Annahme, daß jeweils zwei derselben, die eine an erster, die andere an zweiter Stelle, als besonders sympathisch empfunden werden, ergeben sich folgende Gruppierungen:

Sympathische Farben			*Bedeutungen*
I		II	
rot	–	grün	Starke vitale Antriebe geben dem Charakter ein impulsives und leidenschaftliches Gepräge. Der Mensch entfaltet viel Initiative und sucht sich überall durchzusetzen und zu behaupten. Dazu steht ihm viel Ausdauer und ein größeres Beharrungsvermögen zur Verfügung.
rot	–	blau	Erfüllt von vitalkräftigen Antrieben und reichen Gemütskräften, strebt der Charakter nach erlebnisstarker, harmonischer Lebensgestaltung. Er tritt den Aufgaben des Lebens mit Energie und Tatkraft gegenüber und bewältigt auch schwierige Aufgaben.
rot	–	gelb	Menschen dieser Art stehen sozusagen mit beiden Beinen im Leben. Sie sind für alles Neue und Moderne sehr zugänglich, streben nach einer Expansion ihres Wirkungsfeldes und einer von Hemmungen und Selbstzweifeln befreienden Entfaltung ihres Erlebnisbereichs.
blau	–	rot	Draufgängerisches Zupacken liegt diesen Naturen nicht. Sie sind zwar aufgeschlossen, jedoch zu weich und gefühlsbestimmt, um sich energisch durchsetzen zu können. Sie sehnen sich nach liebevoller, zärtlicher, intimer Verbundenheit und harmonischer Lebensgestaltung.
blau	–	grün	Sie treten im Alltagsleben nicht allzu sehr hervor, sehnen sich nach der Erfüllung ihrer Idealvorstellungen und sind durch ihre Idealerwartungen im realen Urteil gegenüber sich selbst und andern befangen. Sie beanspruchen aus uneingestandenen Selbstzweifeln eine aufmerksame Anerkennung und Würdigung ihrer Person und sind empfindlich und leicht verletzbar.
blau	–	gelb	Einerseits besinnlich, andererseits erlebnisbedürftig, stehen diese Menschen manchmal in Kampf mit sich selbst. Sie sehnen sich nach einer erfüllenden Zufriedenheit und hoffen sie in einer liebevollen Gemeinschaftsbindung zu finden. Sie sind hilfsbereit und benötigen auch selbst ein verständnisvolles Entgegenkommen.

grün – rot	Menschen dieser Art zeichnen sich durch ihre Beharrlichkeit und Ausdauer aus. Sie haben feste Grundsätze, die sie zäh und energisch verteidigen. Sie wollen nicht vom Wohlwollen anderer abhängig sein, sondern ihre Welt nach eigener Ansicht mit eigenem Geschmack gestalten.
grün – blau	Diese Menschen nehmen das Leben nicht auf die leichte Schulter, sondern sind ernst, verantwortungsbewußt und zuverlässig, fühlen sich aber von ihrer Umgebung nicht immer richtig verstanden. Daher trachten sie nach Bestätigung und Anerkennung.
grün – gelb	Hier handelt es sich um außerordentlich feinfühlige und empfindsame Menschen, die sich aus dem Gefühl eigener Überlegenheit von ihrer Umgebung distanzieren, jedoch erwarten, daß sie von dieser anerkannt und bestätigt werden. Da ihre Energie nicht groß ist, werden sie nicht besonders aktiv, wissen sich aber geschickt zu behaupten.
gelb – rot	An Umtriebigkeit fehlt es diesen Naturen nicht. Sie haben mehr Ideen im Kopf, als sie verwirklichen können, sind daher oft etwas unzufrieden und stehen in Gefahr, sich zu verzetteln, weil es ihnen an einem unverrückbaren, dauerhaften Ziel fehlt.
gelb – grün	Die Unternehmungslust dieser Menschen wird durch eine gewisse Beharrungstendenz beeinträchtigt. Sie fühlen sich deshalb nicht immer ganz wohl, glauben, daß sie von ihrer Umgebung unterschätzt werden, und trachten nach Bestätigung ihrer Person.
gelb – blau	Die Haltung dieser Menschen ist stark gefühlsbetont. Sympathie- und Antipathiegefühle wechseln rasch. Sie sind leicht verstimmbar und hoffen in einer liebevollen Gemeinschaftsbindung eine befreiende Erleichterung und Zufriedenheit zu finden.

Diese Kombinationen führen freilich nur zu einer ersten Orientierung über die Charakterstruktur. Durch die Mitberücksichtigung der Einstellung zu den vier anderen Farben würde das Bild wesentlich plastischer. Bei der Verwendung des Haupt-Tests hat die Versuchsperson sogar die Wahl zwischen 73 Farbtönen, so daß der Test zweifellos stark differenzierend wirkt. Trotz der zahlreichen Wahlakte läßt sich der Test jedoch rasch durchführen – was wesentlich zu seiner Beliebtheit und Verbreitung beigetragen hat, zumal auch die Auswertung keinerlei Schwierigkeiten bereitet.

Ob den einzelnen Farben und Farbkombinationen jedoch die Bedeutung zukommt, die Lüscher ihnen in seinen Auswertungstabellen gegeben hat, ist allerdings wissenschaftlich umstritten.

Anwendung des Tests. Der Test wird nicht nur von Psychologen und Ärzten, sondern auch von Berufs- und Eheberatern, Pädagogen und Psychotherapeuten benützt. Allerdings muß auch bei diesem Test berücksichtigt werden, daß der Gesichtspunkt, unter dem die Wahl im einzelnen Fall getroffen wurde, nicht bekannt ist. Es muß stets mit der Möglichkeit gerechnet werden, daß sich die Versuchspersonen von nicht-testgemäßen Motiven leiten lassen, also beispielsweise Farben ablehnen, weil diese in ihnen unangenehme Erinnerungen wachrufen oder – weil heute »alle« diese Farbe tragen.

Tests sind keine Wundermittel

Die Betrachtung der Persönlichkeitstests ist hiermit abgeschlossen. Vielleicht hat sich mancher Leser von ihnen mehr versprochen, als sie tatsächlich zu geben vermögen. In der Form, in der sie durch die Illustrierten dargeboten werden, entsteht ja leicht der Eindruck, als ob mit ihrer Hilfe der Charakter eines Menschen absolut sicher enträtselt werden könnte. Dem ist jedoch nicht so. Das Gebilde, das wir »Charakter« oder »Persönlichkeit« nennen, ist viel zu kompliziert gebaut, um in schlagartiger Weise durchschaut werden zu können. Einer, der sich eingehender mit der Persönlichkeitsforschung beschäftigt hat und weiß, was mit derartigen Tests zu erreichen ist, nämlich Professor Richard Meili, sagt mit Recht: »Wer sich darüber klar ist, was es heißt, einen Menschen wirklich zu erkennen, der muß es fast als ein Wunder betrachten, daß unsere relativ primitiven Verfahren überhaupt gewisse positive Ergebnisse zeitigen.«

Dies gilt im besonderen Maße für alle Tests, die Charaktereigenschaften zu erfassen suchen. Ganz abgesehen von der Fragwürdigkeit des Eigenschaftsbegriffs, also der Frage, ob es überhaupt so etwas wie zum Beispiel Willensstärke, Zuverlässigkeit, Anpassungsfähigkeit und dergleichen gibt, sind die Methoden zu ihrer Erfassung noch keineswegs vollkommen. Bei all diesen Tests wird stets davon ausgegangen, daß keine Äußerung eines Menschen zufällig ist, sondern alles, was er sagt und tut und fühlt, in seiner Natur verankert ist und sein Verhalten in der Testsituation demjenigen im Alltag entspricht. Infolge der Problematik, die allen Testverfahren anhaftet, wird ein verantwortungsbewußter Psychologe sein Gutachten nie auf das Resultat eines einzigen Tests gründen. Er wird es durch andere ergänzen, insbesondere aber das Testergebnis mit dem, was er sonst über die getestete Person in Erfahrung gebracht hat, vergleichen. Dadurch lernt er beide, den Menschen und das Testergebnis, besser verstehen.

Im Grunde gesehen verfolgen alle Persönlichkeitstests dasselbe Prinzip: Sie wollen der Versuchsperson Gelegenheit geben, sich in irgendeiner Hinsicht zur Entfaltung zu bringen, sei es durch Zeichnen, Geschichtenerzählen, Farben auswählen oder sonst eine Tätigkeit.

Das Ergebnis der Persönlichkeitstests kann – wie wir gesehen haben – nicht am Material einfach abgelesen werden, sondern erfordert eine Deutung. Diese setzt aber viel Erfahrung und eine genaue Kenntnis des möglichen Bedeutungsgehalts der Äußerung voraus. In unserer Menschenkenntnis kommen wir also letzten Endes nur durch eine Vertiefung unseres Wissens über die Struktur und Dynamik der Psyche und eine intensive Schulung unseres Beobachtungsvermögens weiter.

DER MENSCH IM PLURAL

»Geht es denn nicht auch einfacher?« So wird vielleicht mancher Leser schon ausgerufen haben, während vor ihm immer neue Methoden zur Erfassung menschlicher Eigenart ausgebreitet wurden. So leid es dem Autor dieses Buches tut – es gibt nun einmal keine Allerweltsmittel zur Erleichterung der Menschenkenntnis, und die Psychologie verfügt weder über allseits befriedigende Testverfahren noch über perfektionierte Typenlehren, mit Hilfe deren man den Charakter sozusagen ablesen kann. In dem folgenden Kapitel wollen wir zunächst noch einmal zusammenzufassen, welche Methoden zur Menschenkenntnis bisher vorgeführt wurden und in welcher Weise diese anzuwenden sind. Dann gehen wir noch einen Schritt weiter. Wir müssen uns nämlich mit der Tatsache vertraut machen, daß der Charakter durch die Umwelt umgeformt werden kann und meist auch umgeformt wird. Der »Mensch im Plural« (das heißt: das Individium innerhalb einer Gruppe oder Gemeinschaft von Menschen) handelt anders als ein einzelner Mensch. Für die Menschenkenntnis bedeutet das: Wir haben uns klarzumachen, wie sich der Charakter eines Menschen, den wir zu kennen glauben, zu unserem eigenen Wesen fügt. Konkreter gesagt: Wie behandeln wir unseren Partner im Arbeits- und Privatleben, vor allem also den Mitarbeiter, den Vorgesetzten, den Kollegen und den Freund, den Gatten, unsere Kinder?

Wie kommt man zu einem Charakterbild?

Es gibt viele Mittel und Wege zur Menschenkenntnis, aber der Königsweg zum Charakter ist noch nicht gefunden worden. Schnell wirkende Rezepte zur Verbesserung der Menschenkenntnis kann es gar nicht geben.

Die menschliche Psyche ist viel zu kompliziert gebaut, als daß sie aus einem einzigen Aspekt heraus erfaßt und verstanden werden könnte. Deshalb mußte sich der Leser dieses Buches der Mühe unterziehen, die verschiedenen Sichtweisen der Psychologie kennenzulernen. Gerade in der Menschenkenntnis des Alltags bedarf man vielerlei Schlüssel, weil man immer wieder vor andersartig verschlüsselten Menschen steht. Hier sollen diese »Schlüssel« noch einmal zu einer Gesamtübersicht aneinandergereiht werden. Anschließend nennen wir noch zwei besonders wirksame Methoden zur Menschenkenntnis: die Deutung des Gesprächs und des Lebenslaufs. Zu einer Gesamtschau, welche uns das Charakterbild eines Menschen zu zeichnen erst ermöglicht, kommen wir durch eine Zusammenfassung unserer Einsichten.

Verfahren und Wege

Es wird gut sein, sich der verschiedenen Mittel und Methoden zur Menschenkenntnis, die wir bisher kennengelernt haben, nochmals zu erinnern. Vom jeweiligen Fall hängt es ab, welche Methode sich im einzelnen empfiehlt. Außerdem kommt es natürlich auf die Fähigkeit und die persönliche Neigung des Lesers an, welcher Mittel er sich mit Vorliebe bedient.

Derjenige Leser, der zunächst den zweiten Teil dieses Buches (S. 43–87) überschlagen hat, weil er ihm vielleicht zu theoretisch erschien, sei an dieser Stelle aufgefordert, dies nachzuholen. Gerade wenn er die Verschiedenartigkeit der Methoden kennengelernt hat, benötigt er ein sicheres Fundament, auf dem er aufbauen kann. Dieses Fundament ist die Vertrautheit mit der Struktur und Dynamik der Psyche.

Vom ersten Eindruck zur Ausdrucksdeutung

Wir fassen zunächst einmal die Verfahren zusammen, die wir als »Menschenkenner« bisher anzuwenden gelernt haben:

Im allgemeinen wird man bei einem persönlichen Kennenlernen danach trachten, einen möglichst umfassenden *ersten Eindruck* zu bekommen (S. 22–34). Dabei muß allerdings vermieden werden, sich in seinem Urteil schon irgendwie festzulegen. Der erste Eindruck führt keineswegs zu so sicheren Erkenntnissen, wie man gemeinhin annimmt. Hat man Glück, so fällt einem sozusagen eine Typenerkenntnis in den Schoß. Leider erweist uns jedoch nicht jeder Mensch den Gefallen, in irgendeiner Hinsicht typisch zu sein. Der Durchschnittsmensch hat eben zumeist nicht viel Typisches im Sinne der herkömmlichen *Typologien* (S. 88–165) an sich. Er ist allenfalls, wenn man so will, ein »typischer« Durchschnittsmensch.

Jeder Mensch ist viel reichhaltiger als das Bild des Typus, dem er zugeordnet wird. Eben deshalb müssen wir uns ja auch auf den Weg zur Erkenntnis seines *Charakters*, seines nur ihm eigenen Wesens, machen. Bei unseren charakterologischen Betrachtungen (S. 166–263) begegneten uns all die vielen Methoden der *Ausdrucksdeutung*, deren sich der Leser wahrscheinlich schon immer bedient hatte, ohne sich über deren Tragweite jedoch viel Rechenschaft zu geben. Vielleicht wurde er angeregt, in Zukunft etwas systematisch vorzugehen.

Noch ein Wort zum Testen

Die weitverbreitete Meinung, als ob die Seele des Menschen mit Hilfe irgendeines *Testverfahrens* sozusagen automatisch zu enträtseln und in ihre Teile zu zerlegen wäre, ist trügerisch. Auch Testergebnisse bedürfen der Deutung. Da es sich bei ihnen um höchst komplizierte diagnostische Methoden handelt, ist ihre Interpretation sogar viel schwieriger als diejenige von Ausdruckserscheinungen. Die Anwendung psychologischer Tests muß daher dem Fachmann vorbehalten bleiben.
Wenn wir uns trotzdem in so eingehender Weise mit den Tests beschäftigten (S. 264–351), so geschah dies aus drei Gründen:

1. Da wohl jeder Leser schon viel über Tests gehört und gelesen hat, erschien es angebracht, ihm zu zeigen, was mit diesem Mittel der psychologischen Diagnostik eigentlich beabsichtigt ist.
2. Viele Tests bedienen sich solcher Methoden, die in abgewandelter Form auch der Psychologie des Alltags bekannt sind. Die Kenntnis ihrer Gesichtspunkte und Fragestellungen kann daher auch zur Bereicherung der Menschenkenntnis beitragen.
3. Unter dem verführerischen Motto: »Teste dich selbst und deinen Nächsten« sind – besonders in illustrierten Zeitschriften – testähnliche Verfahren publiziert worden, die mit Hilfe scheinbar exakter Mittel mehr versprechen, als sie nach kritischer Prüfung zu halten vermögen. Wer sich um Menschenkenntnis bemüht, sollte wissen, worin sich diese von psychologischen Tests unterscheiden.

Und die soziologische Sicht?

Jede charakterologische Betrachtung des Menschen bedarf auch einer soziologischen Betrachtung. Der Mensch lebt ja nicht allein auf der Welt. Von frühester Jugend auf muß er sich mit anderen Menschen auseinandersetzen und lernen, mit ihnen auszukommen. Dadurch erfährt das in ihm Angelegte oft stärkere Veränderungen. Um den Menschen zu verstehen, muß man daher sowohl die sozialen Bezüge kennen, in denen er steckt, als auch die Rollen, die er zu spielen hat (S. 368–371). Im folgenden Kapitel werden wir abschließend noch zwei Verfahren darstellen, mit Hilfe deren man die soziale Umwelt eines Menschen erkunden kann.

Zwei praktische Mittel zur Menschenkenntnis

Die natürlichste und ursprünglichste Form, einen anderen Menschen kennenzulernen, ist zweifellos die der *Begegnung*. Auch wer keinerlei charakterologische Absichten verfolgt, gelangt dabei zu einem persönlichen Eindruck, der zwar nicht unbedingt zu einem objektiv richtigen Bild des andern führen muß, wohl aber den Rahmen für alle weiteren Beobachtungen und Urteile absteckt. Wer seinen zukünftigen Partner oder Mitarbeiter nur auf brieflichem Wege kennengelernt hat, wird vor weiteren Entscheidungen stets danach trachten, ihn einmal zu Gesicht zu bekommen und mit ihm zu sprechen. In den Fällen, wo ein persönliches Treffen nicht möglich ist oder doch erst später stattfinden kann, empfiehlt sich ein anderes Mittel: die *Lebenslaufanalyse*, die genauere Betrachtung und Diagnose des (meist geschriebenen) Lebenslaufs.

Das Gespräch

Unzweckmäßig ist es, das erste Gespräch bei einer Begegnung als selbstverständlich hinzunehmen. Es sollten vielmehr bestimmte Gesichtspunkte berücksichtigt werden. Deshalb muß man sich zunächst einmal über Sinn und Zweck des Gesprächs im allgemeinen klarwerden. Wir ziehen dazu die Ergebnisse der psychologischen Praxis heran, wo das Gespräch zwischen dem Psychologen und der zu untersuchenden Person eine wichtige Rolle spielt.

Das Gespräch des Psychologen. Fachpsychologische Untersuchungen beginnen oder enden mit einer sogenannten *Exploration* (von lat. explorare = ausforschen), einer wohlüberlegten und geplanten Aussprache. Das dabei geführte Gespräch ist Teilstück der gesamten Unterhaltung. Je nachdem, ob sie am Anfang oder Ende derselben steht, dient sie der Herstellung oder Abrundung eines Gesamtbildes. Bei jedem diagnostischen Gespräch muß besonders darauf geachtet werden, daß es von dem, der exploriert wird, nicht als Ausfragerei oder Beschnüffelung erlebt wird. Seine Führung erfordert nicht nur sehr viel Takt, sondern auch ganz klare Vorstellungen von dem, was dabei herauskommen soll. Obwohl das Gespräch genau vorbereitet sein will, muß die Führung doch so elastisch sein, daß sie dem Befragten genügend Gelegenheit zur Entfaltung seiner Persönlichkeit gibt.

Das Gespräch des Menschenkenners. Für die Menschenkenntnis im Alltag müssen die strengen Formen des psychologischen Gesprächs entsprechend abgewandelt werden. Wer die Kunst einer diagnostischen Gesprächsführung versteht, kann dabei zu umfassenderen und tiefgreifenderen Einblicken in den Persönlichkeitsbereich kommen als durch andere Methoden.

Ein derartiges Gespräch wird in der Menschenkenntnis meist am Anfang des Kennenlernens stehen und sich um sachliche oder persönliche Dinge drehen, sich vielleicht aber auch auf das Lebensschicksal des Gesprächspartners erstrecken. Auf jeden Fall sollte dabei darauf geachtet werden, möglichst viel charakterologisch bedeutsame Details in Erfahrung zu bringen.

Es ist durchaus sinnvoll, sich zuvor *Notizen* über die zu ermittelnden Punkte zu machen. Das Gespräch könnte beispielsweise folgende Bereiche umfassen: Lebenslauf, Familienverhältnisse, Schulbildung, Berufsausbildung, berufliche Laufbahn, Freizeitbeschäftigung, geistige, künstlerische und literarische Interessen, Einstellungen zu lebenswichtigen Fragen und dergleichen mehr.

Wichtig ist, dabei nicht nur auf das Was, sondern auch auf das Wie zu achten, also neben dem Inhalt auch die Äußerungsweise zu berücksichtigen, also: *Mimik* und *Gestik*, *Sprechweise* und *Haltung*. Charakterologisch betrachtet ist es keineswegs gleichgültig, ob einer langsam oder schnell, laut oder leise spricht, viel oder wenig gestikuliert, sich freimütig oder gehemmt gibt (s. auch S. 201–221).

Zur Auswertung eines solchen Gesprächs sind gute psychologische Kenntnisse unumgänglich. Man muß ein Gespür dafür haben, was echt und unecht ist, der Situation und dem Wesen entspringt. Insbesondere muß man sich stets der möglichen Fehlerquellen bewußt bleiben, die durch falsche Deutung von Äußerungen des Gegenübers entstehen.

Die Lebenslaufanalyse

Des Menschen Charakter ist seine Geschichte. Man wird daher danach trachten müssen, ein möglichst umfassendes Bild vom Lebensschicksal des anderen zu bekommen. Der schriftliche, etwa in Tabellenform fixierte Lebenslauf ist nicht so ergiebig wie der gesprächsweise ermittelte. Jedenfalls spielt die sogenannte *Lebenslaufanalyse* in der psychologischen Diagnostik eine gewichtige Rolle: vermittelt doch die Betrachtung und Analyse dieses Lebenslaufes weitgehende Erkenntnisse über das Wesen des Menschen. Mit der bloßen Registrierung der einzelnen Lebenslaufdaten ist es freilich nicht getan. Auch der Lebenslauf muß gedeutet werden.

Das Registrieren (Anamnese). Voraussetzung für eine Lebenslaufanalyse ist die Kenntnis der wichtigsten Ereignisse im Leben des einzelnen. Die Sammlung dieser Daten bezeichnet man als *Anamnese* (von griech. anamnesis – Erinnerung). Dazu gehören folgende Punkte:

a) Zeit und Ort der Geburt: Ist der Betreffende in der Kriegszeit oder Nachkriegszeit geboren worden; im Norden oder Süden; in einer Großstadt oder einem Dorf aufgewachsen; haben die Eltern öfters den Wohnsitz gewechselt und warum?
b) Lebensverhältnisse der Eltern: Welcher sozialen Schicht gehören die Eltern an (Hilfsarbeiter – Facharbeiter – Handwerker – Bauer – Beamter – Freischaffender usw.)? Wirtschaftliche Verhältnisse der Eltern; hat die Mutter mitverdienen müssen; hat sie einen eigenen Beruf; wie war das häusliche Milieu; kultiviert oder verwahrlost; leben die Eltern zusammen oder getrennt?
c) Geschwisterverhältnis: Zahl der Geschwister; Stellung in der Geschwisterreihe: jüngstes oder ältestes Kind.
d) Kindheit und Jugend: erstes Lebensjahr; Erziehung durch die Eltern: streng, behütet, verwöhnt, vernachlässigt; Einfluß der Großeltern; Stiefmutter oder Stiefvater; Schullaufbahn: Kindergarten, Volksschule, höhere Schule, Universität; Lehrzeit; Berufsausbildung; Schulleistungen; Lieblingsfächer; Interessen; Freizeitgestaltung.
e) Besondere Ereignisse: Krankheit, Krisenzeiten, Eheschließung, Berufswechsel usw.

Das Auswerten (Analyse). Aus den eben erwähnten Angaben, die noch durch solche über die *Lebensziele* und den *Lebenserfolg* zu ergänzen wären, kristallisiert sich allmählich ein Bild von den Stufen und Phasen der persönlichen Entwicklung heraus. Erst die Kenntnis des Entwicklungsgangs macht uns die »geprägte Form« der Persönlichkeit verständlich. Wir erfahren durch dessen Betrachtung etwas über die Höhen und Schwerpunkte, die Bruchstellen und Krisensituationen im Lebenslauf des Menschen, über sein Wollen und Streben und über das, was er erreicht und nicht erreicht hat.

Um Widersprüchlichkeiten im Charakter oder Lebensschwierigkeiten zu deuten, ist die Lebenslaufanalyse unerläßlich. Sie zeigt, was der einzelne aus sich gemacht hat, wie er mit den Aufgaben, die ihm das Leben stellte, fertig geworden ist, ob sein Reifegrad seinem Alter entspricht, wie es mit seinem Durchsetzungsvermögen bestellt ist und vieles andere mehr.

Die Lebenslaufanalyse sollte ferner Aufschluß geben über die *Erwartungen* und *Lebensauffassungen* des Menschen, die bewußten und unbewußten Motive, die seiner Lebensgestaltung zugrunde liegen, über sein Anspruchsniveau, seine Ideale und seine Lebensthematik.
Natürlich gehört zu der Auswertung der Lebenslaufdaten viel Erfahrung. Vor allem muß man sich vor voreiligen Schlüssen hüten. Ein Schulversagen braucht noch keineswegs auf mangelnde Begabung oder Antriebsschwäche hinzudeuten, ein Berufswechsel noch nicht auf fehlende Lebensplanung. Auch hier gilt das, was wir schon wiederholt betont haben: Die Einzelerscheinung wird erst aus dem Gesamtbild heraus verständlich. Spezieller ausgedrückt: Sinn und Bedeutung der einzelnen Daten ergeben sich erst aus dem Stil des Gesamtverlaufs. Aus der Rückschau auf den Gang der Entwicklung lassen sich zumeist Schlüsse auf die der Persönlichkeit innewohnende Dynamik ziehen, die ihrerseits wieder vorsichtige Schlüsse auf die mögliche Weiterentwicklung zuläßt.

Die Zusammenschau

Die Ergebnisse der *Lebenslaufanalyse* und des *Gesprächs* kommen zum Tragen in der Zusammenschau mit den anderen Methoden der Persönlichkeitsforschung. Über die *Intelligenzstruktur* läßt sich beispielsweise aus dem Lebenslauf so gut wie nichts entnehmen. Zur Stützung der Vermutungen über die weitere Entwicklung muß daher ein Intelligenztest herangezogen werden.
Keine der vielen Methoden, die wir kennengelernt haben, einschließlich des Gesprächs und der Lebenslaufanalyse, kann für sich den Anspruch erheben, dem Ganzen der Persönlichkeit gerecht zu werden. Man muß schon viele Wege und Irrwege auf der Suche nach Menschenkenntnis gegangen sein, um hoffen zu dürfen, schließlich einen schmalen Zugang zur Seele des anderen zu finden. Trotz der zahlreichen Erkenntnisse der modernen Psychologie ist der Mensch als Ganzes noch immer ein unbekanntes Wesen, dessen Innenwelt noch viele Rätsel birgt. Daher gilt noch das Wort des alten griechischen Philosophen HERAKLIT: »Die Grenzen der Seele wirst du niemals finden und gingest du alle Wege zu Ende.«

Der Einfluß der Umwelt

Jeder hat schon die Beobachtung gemacht, daß Bekannte, die man gut zu kennen glaubte, plötzlich Eigenschaften zeigen, die man gar nicht bei ihnen vermutet hätte. Woher rührt dies? Vieles wird uns verständlicher, wenn wir betrachten, in welcher Situation diese Eigenschaften in die Erscheinung traten. Dabei zeigt sich, daß die Situation, die Verhältnisse, nicht nur die Eigenschaften verändern, die wir bisher von einem Menschen kannten, sondern auch neue zutage fördern.
In den folgenden Abschnitten befassen wir uns mit den Wirkungen, die von der *Umwelt* ausgehen. Zunächst legen wir einen Fall zugrunde, der Eltern mit Schulkindern wohlbekannt sein dürfte. An diesem Fall werden wir sodann einige Probleme der Umweltbeeinflussung aufrollen.

»Zu Hause ist er ganz anders!«

Frau Lieblich hat drei Kinder, zwei Mädchen und einen Jungen, der die vierte Grundschulklasse besucht. Mit den beiden jüngeren Mädchen hat sie keine Sorgen; Fritz, der älteste aber, macht ihr Schwierigkeiten. Er will absolut keine Schularbeiten machen, wirft seine Schulmappe nach dem Nachhausekommen in die Ecke und tyrannisiert seine kleineren Schwestern. Diese kommen dann weinend und schutzsuchend zur Mutter, weil Fritz sie schlägt und ihnen dauernd die Spielsachen wegnimmt. Nur unter Aufbietung all ihrer zur Verfügung stehenden Kräfte bringt sie ihren Jungen schließlich dazu, seine Hausaufgaben zu machen.
Da er diese stets schlecht und unvollständig bewältigt, bittet der Lehrer Frau Lieblich schließlich zu einer Unterredung. »Von mir läßt er sich ja nichts sagen«, klagt die Mutter, »nur vor meinem Mann hat er Respekt. Dem darf ich aber nichts sagen, weil er sich sofort furchtbar aufregt und Fritz schlägt.« Ob denn der Lehrer nicht auf Fritz einwirken könne, daß dieser »artiger« werde, fragt die besorgte Mutter.
Zu ihrem Erstaunen erfährt sie aber vom Lehrer, daß dieser keinen Anlaß habe, über Unarten zu klagen. In der Schule sei Fritz »lammfromm«. Er müsse ihn allerdings oft vor den Klassenkameraden in Schutz nehmen, die ihn leider dauernd hänselten und stießen. Fritz hat nämlich nicht nur rote Haare, sondern auch eine etwas »schwere Zunge« und stößt beim Sprechen gelegentlich an. Da er dazuhin etwas schwächlich ist, kann er sich Stärkeren gegenüber nicht durchsetzen. Er sei leider einer der wenigen Außenseiter der Klasse und oft auch der Prügelknabe.

Diagnose des Falles »Fritz Lieblich«

Zur Bekräftigung seiner Aussage legt der Lehrer Frau Lieblich eine merkwürdige Zeichnung vor, die er als das *Soziogramm* der Klasse bezeichnet (S. 359). Mit diesem Gewirr von Linien und Kreisen kann sie zwar gar nicht viel anfangen. Der Lehrer erklärt ihr aber, daß man aus dieser Zeichnung den *sozialen Status* jedes einzelnen Schülers der Klasse ablesen könne. Aus dem Soziogramm sei deutlich zu erkenen, daß Fritz in der Klasse unbeliebt sei und »nichts zu sagen« habe.
Der Lehrer hatte sich zur Erfassung der Kontaktverhältnisse innerhalb seiner Klasse eines Mittels bedient, das in den Schulen mehr und mehr in Gebrauch kommt. Er hatte dabei einen Trick angewandt: Am Tage vor dem Schulausflug erinnerte er die Schüler an das Gedränge, das es regelmäßig beim Besteigen des Autobusses gibt. Um diesem zu entgehen, schlug er vor, einen Sitzplan zu entwerfen. Zur raschen und geräuschlosen Erledigung dieser Sache gab er schnell jedem der Schüler einen kleinen Zettel, auf dem diejenigen Mitschüler vermerkt werden sollten, neben denen man sitzen oder nicht sitzen möchte. Jeder könne drei bis vier Mitschüler nennen. Niemand außer ihm solle davon etwas erfahren.
Aus der Zusammenstellung der einzelnen Wahlakte ergibt sich nun jenes graphische Gebilde, das als Soziogramm bezeichnet wird. Es zeigt in übersichtlicher Weise, welche Beziehungen zwischen den Gliedern einer Schulklasse oder allgemein einer Menschengruppe bestehen.
Wir wollen nunmehr unsere Abbildung, auf welcher der Übersichtlichkeit halber nur ein Teil des gesamten Klassensoziogramms dargestellt ist, analysieren.

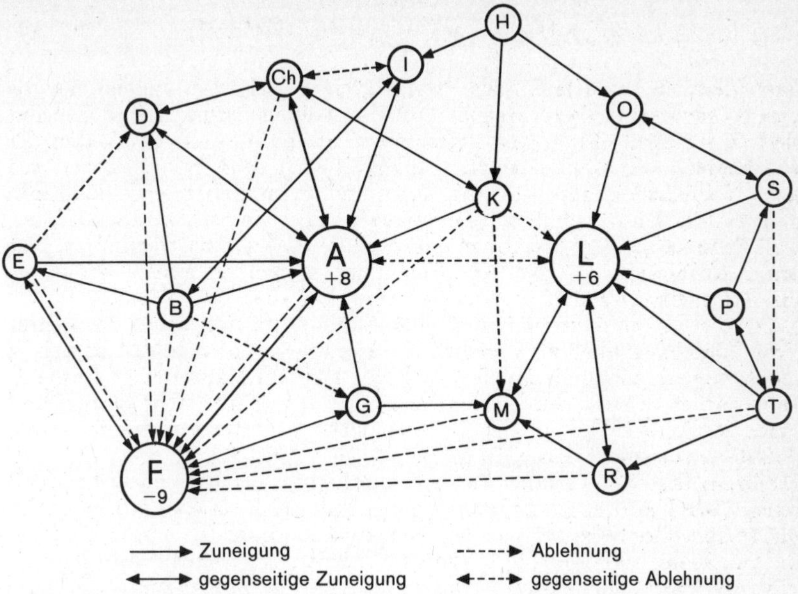

Soziogramm einer Schulklasse. Die Kreise stellen die Schüler mit ihren Vornamen dar, Plus- oder Minuszahlen halten die Häufigkeit von Zu- und Abneigungen fest

Analyse des Soziogramms. Da wir uns hauptsächlich um das Sorgenkind Fritz bemühen wollen, erkennen wir rasch, daß dieser sich in einer wenig beneidenswerten Lage befindet. Er wird nämlich nur von G als Nebensitzer gewünscht, sonst aber abgelehnt. Er besitzt in der Klasse einen ganz anderen Status als beispielsweise die beiden Stars A (Albert) und L (Ludwig). Neben A wollen 8, neben L immerhin 6 Mitschüler sitzen. Die beiden scheinen also in der Klasse sehr beliebt zu sein – was man von unserem Fritz, der von neun Mitschülern deutlich abgelehnt wird, nicht sagen kann. Um aus dieser unangenehmen Situation herauszukommen, versucht er sowohl bei dem Star A als auch bei den Randfiguren G und E Anschluß zu finden. Erfolg hat er jedoch nur bei G, der ihn als Nebensitzer genannt hat. Daß sich die beiden Stars A und L gegenseitig ablehnen, ist sowenig verwunderlich wie die Tatsache, daß sich auch manche »Satelliten« der Großen nicht mögen. Wie das Soziogramm zeigt, befindet sich auch H in einer isolierten Position, doch ist seine Lage nicht so bedauerlich wie die von Fritz. Er wird zwar von keinem der Mitschüler als Nebensitzer benannt, aber auch von keinem abgelehnt. Er gehört zu denen, die »ferner liefen«, zu den »Stillen« der Klasse. Seiner ganzen Art und Position nach wagt er es schon gar nicht, bei den Großen anzukommen, sondern versucht sein Glück bei den Satelliten J, K und O – ohne jedoch bei denen Gehör zu finden. Er wird also von niemandem in der Klasse beachtet, was für ihn zweifellos auch nicht angenehm ist.

Stars und Außenseiter. Es gehört nicht viel Phantasie dazu, um sich vorzustellen, welche Gruppeneigenschaften die beiden Stars A

und L zeigen. Getragen von der Zuneigung zahlreicher Verehrer, legen sie ein sehr selbstbewußtes Gebaren an den Tag. Sie sind nicht nur die Spielführer, sondern auch die Angeber der Klasse, die sich alles leisten können. Wie sie zu ihrem Rang in der Klasse gekommen sind, läßt sich aus dem Soziogramm allerdings nicht entnehmen. Die Vermutung, daß sie diesen etwa lediglich aufgrund ihrer Schulleistungen erlangt hätten, wäre jedoch irrig.
Wenn sich der Klassenrang nach dem Lehrerurteil richten würde, müßte H einen höheren Rang bekleiden. Er gehört nämlich seinen Leistungen nach betrachtet nicht zu den Schlechtesten, ist aber ein »stilles Bübchen«, das nichts aus sich zu machen vermag und sich mit seiner Rolle in der Klasse abgefunden hat.

Die Stellung von Fritz. Auch unser Fritz ist ein Außenseiter, aber ganz anderer Art als sein Klassenkamerad H. Fritz möchte nämlich ganz gerne eine Rolle spielen, sucht da und dort Anschluß zu bekommen, stößt aber auf keine Gegenliebe, sondern zieht sich sogar noch die Abneigung der anderen zu.
Fritz, so sagte unser Soziogramm, wird jedenfalls von seinesgleichen abgelehnt. Dies ist für ein Kind nicht leicht zu ertragen. Was alles zu seiner Isolierung beigetragen und ihn zum Außenseiter gemacht hat, läßt sich schwer sagen. Vielleicht beanspruchte er im Umgang oder beim Spiel Sonderrechte, die ihm von der Gruppe nicht zugebilligt werden konnten; vielleicht war er streitsüchtig und zu wenig anpassungsbereit; vielleicht hat er aus Ungeschicklichkeit nicht bei den Spielen der anderen mitmachen können oder gar seine Mitschüler beim Lehrer verpetzt. Unter Umständen wurden ihm aber auch seine roten Haare oder sein Stottern zum Verhängnis.
Vermutlich hat Fritz zunächst gegen diese opponiert, war aber nicht kräftig genug, sich durchzusetzen. Nun resigniert er – wenigstens in der Schule. Zu Hause dagegen sucht er sich für seine Abseitsstellung zu entschädigen. Seine beiden kleinen Schwestern können sich ihm gegenüber ja nicht zur Wehr setzen. Auch seine Mutter dient ihm nur dazu, seine Kraft zu erproben und zu einem Gefühl der Überlegenheit zu kommen. Letzten Endes hat sein gesamtes häusliches Verhalten *kompensatorischen* Charakter. Der psychologische Begriff der *Kompensation* (von lat. compensare = ausgleichen) besagt, daß ein Mensch, der sich in seinem Entfaltungsstreben behindert sieht, danach strebt, diesen Nachteil auf anderen Bereichen, die ihm leichter zugänglich sind, auszugleichen, zu kompensieren.
Unserem kleinen Fritz dient nun sozusagen sein ungebärdiges Betragen zu Hause als Ausgleich für die in der Schule erlittenen Demütigungen. Schwierig ist es für ihn jedoch nur mit dem Vater. Mit dem ist nicht gut Kirschen essen. Er beurteilt den Sohn nur nach seinen Leistungen und faßt ihn bei jedem Versagen hart an. Fritz soll es ja einmal weiter bringen als er selbst. Und deshalb werden an Fritz hohe, zu hohe Anforderungen gestellt.

Vorschläge zur Therapie

Nach der Diagnose des Falles von Fritz Lieblich scheint klar zu sein, daß die Quelle des ganzen Übels beim Vater liegt. Wenn es mit Fritz besser werden soll, muß hier der Hebel angesetzt werden. Die meisten Schwierigkeiten mit Schulkindern erklären sich übrigens aus irgendwelchen Unstimmigkeiten in der häuslichen, der familiären Harmonie. Leider ist es den Eltern meist verwehrt, dies selbst zu erkennen. Vielleicht hilft ihnen der Fall »Fritz Lieblich« ein wenig zur Selbsterkenntnis. Hier ließen sich die entsprechenden praktischen Vorschläge machen, die im folgenden angedeutet seien. Es möge dadurch klar werden, in welch hohem Maße das Verhalten des einzelnen durch die Gruppe, in der er steht, beeinflußt wird.

Therapie im Elternhaus. Fritzens Vater müßte dazu gebracht werden, sich seinem Sohn mehr zu widmen, ihm nicht nur fordernd, sondern auch helfend und verstehend gegenüberzutreten. Vielleicht hat sich der Vater auch zuviel mit seinen niedlichen kleinen Töchtern beschäftigt, was der Junge als Benachteiligung empfinden mußte. Fritz ist zwar als Rothaariger, nicht aber als Stotterer zur Welt gekommen. Das Stottern sowie seine Uninteressiertheit an der Schule und seine Unbotmäßigkeit zu Hause sind Erscheinungen, die sich nur aus seiner Gruppensituation in der Klasse und in der Familie erklären lassen (denn auch die Familie ist eine Form der Gruppe [s. nächste Seite!]). Was Fritz braucht, ist Liebe, Zuneigung und Ermutigung.

Therapie in der Schule. Nachdem der Lehrer die Position des Jungen in der Klasse erkannt hatte, versuchte er, ihn in Kontakt mit G zu bringen. Dieser ist zwar auch ziemlich isoliert, wird aber nicht in dem Maße abgelehnt wie Fritz und hat diesen ja auch gewählt. Im übrigen versuchte der Lehrer, dem Jungen durch geschickte Aufgabenstellungen Erfolgsgefühle zu verschaffen. Unter den vereinten Anstrengungen des Elternhauses und des Lehrers hat sich das Verhalten des Jungen auch tatsächlich geändert. Er wurde fleißiger, kam dadurch zu besseren Schulleistungen, was wesentlich zur Hebung seines Selbstbewußtseins beitrug und ihm die Kontaktgewinnung erleichterte. Nun hatte er es auch nicht mehr nötig, sich durch die Tyrannisierung seiner Schwestern ein Überlegenheitsgefühl zu verschaffen. Je ausgeglichener und anpassungsbereiter er wurde, desto mehr besserte sich auch seine Stellung in der Klasse. Und damit änderte sich auch wieder sein – gesamtes Verhalten.

Gruppenbedingtes Verhalten

Die Schulklasse ist eines der wichtigsten Gebilde im Alltag, an denen man das *gruppenbedingte Verhalten* des Menschen studieren kann. Deshalb haben wir den Fall des Schülers Fritz Lieblich so ausführlich behandelt. Er zeigte mit großer Deutlichkeit, wie sehr der einzelne von seiner Umwelt abhängig ist, besonders aber von den anderen Gliedern einer Gruppe, der er selber angehört.

Gruppe, Klasse, Masse

In unserem Beispiel hatte der Lehrer mit seiner Befragung (S. 358) nur zum Schein den Zweck verfolgt, einen Sitzplan für eine Omnibusfahrt zu bekommen; in Wirklichkeit wollte er etwas über die *unterschwelligen*

Kontaktverhältnisse in seiner Klasse erfahren. Das Soziogramm ist für diese Zwecke ein vorzügliches Mittel, das selbstverständlich auch in anderen Bereichen angewandt werden kann und angewandt wird (Arbeitsgruppen, militärische Gruppen usw.).

Der Lehrer war dabei auf das gestoßen, was die Sozialpsychologie als *informelle Gruppe* bezeichnet. Es handelt sich bei diesen Gebilden um Zusammenschlüsse auf freiwilliger Basis. Für den Lehrer ist es zumeist schwierig, solche Gruppen zu erkennen. Er beschäftigt sich in erster Linie mit den sogenannten *formellen Gruppen.* Beide Arten von Gruppen sind für die Psychologie von Bedeutung. Wir müssen sie jetzt ein wenig systematischer betrachten.

Formelle Gruppen. Das sind solche, die von außen gebildet, »geformt« wurden (von lat. formare = formen, bilden). Wenn wir wieder an die Schule denken, so sind es solche Gruppen, die der Lehrer nach bestimmten Gesichtspunkten zusammenstellt, zum Beispiel: die »Schwachen«, die Versager, die »Begabten«, die Musikalischen, die Sportler und andere. Solche formellen Gruppen entstehen also aufgrund ganz bestimmter Zielsetzungen. Zweck der Zusammenfassung der Musikalischen einer Schule ist die Bildung eines Schülerorchesters, das die Schulfeiern musikalisch umrahmen soll.

Informelle Gruppen. Die informellen Gruppen (lat. in = nicht, also *nicht* gebildete, geformte Gruppen) entstehen sozusagen von selbst, jedenfalls ohne das Dazutun des Lehrers. Maßgebend für die Zugehörigkeit zu einer solchen informellen Gruppe kann zwar auch eine bestimmte Leistung sein. Ausschlaggebend ist aber nicht das Können, sondern die Haltung und Gesinnung, denn die informelle Gruppe wird in erster Linie durch gefühlsmäßige Bande zusammengehalten. Ihre Glieder stehen in einem innigen Kontakt miteinander, der zu einem »Wir-Bewußtsein« führt, und halten unter Umständen wie »Pech und Schwefel« zusammen, was man von einem »Haufen« von Schülern nicht sagen kann. Diesem fehlt sowohl die Beziehung der Glieder untereinander, das »Wir-Bewußtsein«, als auch der Führer und die Aufgabe.

Haufe und Masse. Ein *Haufe* ist eine Ansammlung von Menschen, die persönlich nicht viel miteinander zu tun haben. Ein solcher bildet sich etwa anläßlich eines Verkehrsunfalls, einer Werbe- oder Sport-Veranstaltung. Bei der letzteren ist unschwer zu beobachten, wie aus dem Haufen eine *Masse* wird. Man sitzt oder steht auf dem Sportplatz zunächst beziehungslos nebeneinander und wartet auf den Beginn des Spiels. Im Verlauf desselben entdeckt man aber bald, daß der Nebenmann für die Spieler im roten Trikot Partei ergreift, während man selbst für die im weißen schwärmt. Je nach Temperament kommt es dann früher oder später zu »Aus-einander-Setzungen«. Man sucht nach Gleichgesinnten und gibt seiner Gesinnung lautstarken Ausdruck. Durch die gemeinsame Sympathie mit einer der Spielerparteien ist plötzlich ein »Wir-Bewußtsein« entstanden. Obwohl in der Masse – im Gegensatz zur Gruppe – keiner den anderen kennt oder zu kennen braucht, fühlen sich doch alle solidarisch. Durch den Zuruf irgendeines Namenlosen kann die Masse zu affektiven Tätlichkeiten hingerissen werden. So rasch, wie die Erregung gekommen ist, klingt sie jedoch auch wieder

ab. Die Masse zerfällt, und der einzelne kommt wieder zu sich selbst und wundert sich nachträglich vielleicht, wie stark er sich doch in der Masse gefühlt hatte.
In der Masse entwickelt der einzelne Eigenschaften, die ihm selbst und anderen bislang oft unbekannt geblieben sind. Er schreit, gestikuliert, schlägt unter Umständen auf andere ein, demoliert Mobiliar oder Häuser, plündert und mordet. Er kennt sich selbst nicht mehr, ist seiner selbst nicht mächtig. In der damit einhergehenden Entselbstung des einzelnen liegt eben die Gefahr der Masse. Glücklicherweise sind Massenerscheinungen dieser Art nicht gerade an der Tagesordnung.

Probleme der Schulklasse

Die psychologische Forschung hat sich erst in jüngster Zeit ernsthafter mit der Gruppenpsychologie befaßt und dabei einige auffällige Erscheinungen festgestellt. Das wichtigste Ergebnis ist, kurz gesagt, daß die Gruppensituation das Verhalten des Menschen wesentlich beeinflußt. Besonders nachhaltig ist das *Gruppenerlebnis.* Es führt nämlich dazu, daß die sozialen Distanzen zwischen den Gruppenmitgliedern abnehmen und ein deutliches Wir-Bewußtsein entsteht: Die Gruppe fühlt und erlebt sich als eine Einheit, wobei sie sich fast ausschließlich positive Eigenschaften zuschreibt. Merkbar ist auch das *Abschließen* der Gruppe gegenüber anderen Zusammenschlüssen oder Einzelpersonen, bei denen man überwiegend Negatives zu sehen glaubt. Ein weiteres wichtiges Merkmal der Gruppe ist die *Rollendifferenzierung,* das heißt: In jeder Gruppe werden den Mitgliedern bestimmte Rollen zugeteilt, was sich insbesondere in der Rangstufung zeigt. Bei dieser Gelegenheit wird oft auf die Hackordnung im Hühnerhof verwiesen (s. auch S. 376–380).
Die Probleme der Gruppenpsychologie lassen sich besonders gut an der Schulklasse ablesen; und sie sind ja auch für die Eltern von besonderem Interesse. Am Fall des Schülers Fritz Lieblich hatten wir das Problem des schwierigen Kindes schon herausgestellt. Hier sollen zwei Fragenkomplexe noch gesondert behandelt werden.

Gruppenposition und Leistung. Die Stellung eines Schülers in der Klasse – oder, allgemein gesprochen, die Gruppenposition eines Menschen – wirkt sich nicht nur auf sein Alltagsverhalten, sondern auch auf seine Leistungsfähigkeit aus. Ein Kind, das sich in einer emotional unbefriedigenden Gruppensituation befindet, von anderen verlacht und vom Lehrer nicht gestützt wird, kommt nicht zu den seinem Intelligenzquotienten (S. 289) entsprechenden Leistungen. Es erscheint dümmer, als es tatsächlich ist. Dies kann sich jedoch rasch ändern. Wie viele Eltern immer wieder beobachtet haben, führt ein Lehrer- oder Klassenwechsel oft schlagartig zu einer Veränderung der Schulleistung. Wenn sich nämlich der Status des Schülers in der Klasse bessert und die Methode des neuen Lehrers anspricht, dann erhöht sich auch das Leistungsniveau.
Die Leistung ist von der Gruppenatmosphäre abhängig. Das Versagen so mancher Schüler, insbesondere auch in der höheren Schule, ist vielfach weniger auf Intelligenzmängel als auf die unbeachtet gebliebenen Gemeinschaftsbezüge zurückzuführen.
Die Ergebnisse der Lernpsychologie könnten übrigens in dieser Hinsicht

viel helfen. Durch zahlreiche Untersuchungen konnte nachgewiesen werden, daß in bestimmten Fällen das Lernen in Gruppen – wobei selbstverständlich an harmonisierende Gruppen gedacht ist – zu einem größeren Erfolg führt als das Einzellernen. Es hat sich gezeigt, daß auch der beste Vortrag eines Lehrers oder Redners nicht zum gleichen Erfolg führt wie eine Gruppendiskussion.

Über die Führungsstile. Die Untersuchungen der Psychologen LEVIN und TAUSCH ließen erkennen, daß die Atmosphäre einer Schulklasse in erster Linie durch den Begegnungsstil des Lehrers geprägt wird. Darunter versteht man die Art und Weise, wie der Lehrer mit seinen Schülern umgeht, wie er unterrichtet, seine Anordnungen trifft und dergleichen mehr. In den Schulklassen mit überwiegend lenkendem, das heißt: »autoritärem« Stil zeigten die Kinder andere Eigenschaften als in denen mit mehr »demokratischem« Stil. Letzterer darf jedoch nicht mit dem »Laissez-faire-Verhalten« verwechselt werden, das Ziel- und Planlosigkeit begünstigt.
In Schulklassen mit ausgeglichener Atmosphäre sind die Schüler im allgemeinen höflicher, freundlicher, hilfsbereiter, selbständiger, unternehmungsfreudiger, urteilsfähiger und interessierter als in Klassen mit gespannter Atmosphäre.
Durch eigene Untersuchungen des Verfassers konnte nachgewiesen werden, daß sich das »Klima« einer Klasse sogar auch auf den Stil der Handschrift auswirkt. Gedrückte Kinder drücken auch auf die Feder!

Der Charakter unter dem Einfluß der Umwelt

Charaktereigenschaften sind kein starres Besitztum, sondern sie wandeln sich durch den Einfluß der Umwelt, durch die Bezüge, in denen jeder Mensch steckt. Eigenschaften sind somit *funktionale Bereitschaften*. Dies erfordert, daß neben die statische Betrachtung der Person die dynamische treten muß.
Jeder Mensch befindet sich mit dem, was sich bei ihm im Laufe der Zeit an sogenannten Eigenschaften herausgebildet hat, dauernd in Auseinandersetzungen mit der Umwelt. Unterbleiben diese, so erscheint uns der Mensch erstarrt und verkalkt.

Trotz und Hemmung

Zwei der bekanntesten »Eigenschaften« sind Trotz und Gehemmtheit. Betrachten wir uns das Verhalten solcher Menschen näher, erkennen wir allerdings, daß ihr Benehmen gar nicht »angeboren« sein kann, sondern sich im Widerstreit und im Zusammensein mit der Umwelt entwickelt. Auch hier ist das Milieu der Schulklasse für den jungen Menschen ebenso wichtig wie das Elternhaus.

Trotz bei Kindern. An anderer Stelle hatten wir schon einiges über die Verhaltensweisen der Kinder im sogenannten Trotzalter, also im 2. und 3. Lebensjahr (S. 147), sowie der Jugendlichen während der Pubertät, im 12. bis 14. Lebensjahr (S.151), gehört. Zunächst hatte man angenommen, daß Trotz, Eigenwilligkeit und Flegelhaftigkeit entweder angeborener oder entwicklungsbedingter Natur seien. Nachdem jedoch festgestellt wurde, daß diese Erscheinungen durchaus nicht bei allen Heranwachsenden auftreten, neigen heute viele Psychologen dazu, diese als solche umweltbedingter Art aufzufassen. Am deutlichsten läßt sich dies bei den Pubertierenden beobachten. Die Ungebärdigkeit bei den Knaben und die Verschlossenheit bei den Mädchen sind zweifellos in erheblichem Maße durch die Schwierigkeiten bedingt, die mit der Einordnung in die Welt der Erwachsenen verbunden sind. Man möchte zwar gerne dies und das tun, stößt jedoch überall auf Verbote. Dies führt zu einem Stau unbefriedigter Gefühlsbedürfnisse, der sich gelegentlich in aggressiver Form löst.

Gehemmtheit. Auch die Gehemmtheit ist keine Charaktereigenschaft, mit welcher der betreffende Mensch sozusagen von Natur aus behaftet ist. Wäre dem so, dann müßte sich diese Erscheinung jederzeit und überall zeigen. Dies ist jedoch meist nicht der Fall. Herr Hertkorn, ein etwas weicher und sensibler Mensch, macht zum Beispiel im Alltagsbetrieb seines Geschäfts keineswegs den Eindruck eines gehemmten Menschen. Sobald er jedoch einmal vor der Belegschaft sprechen soll, fühlt er sich unsicher. Er muß sich deshalb seine Rede vorher aufschreiben und diese ablesen, was ihn ärgert und dazu veranlaßt, derartigen Verpflichtungen möglichst auszuweichen.
Ähnlich verhält es sich bei der Studentin Elisa. Sie wird von allen Professoren, deren Übungen sie besucht, als gehemmt bezeichnet, weil sie nichts spricht, mit niemand Kontakt aufnimmt und bei Befragungen errötend wegblickt. Um so erstaunter ist man jedoch, sie auf dem Studentenball als gewandte Tänzerin wiederzufinden, die sich den ganzen Abend über angeregt mit ihrem Tischherrn unterhält. Von Hemmungen keine Spur.
Diese Beispiele zeigen, daß Hemmungen offenbar nur in bestimmten Situationen auftreten, und zwar überall dort, wo der Betreffende den Eindruck hat, daß er die Situation nicht bewältigt.
Es gibt allerdings auch Menschen, die stets und überall gehemmt sind. Mit solchen Menschen ist sehr schwierig umzugehen. Auf keinen Fall darf man sie auf ihre Hemmungen hin ansprechen und etwa sagen: »Bei mir brauchen Sie nicht gehemmt zu sein.« Dies könnte unangenehme Folgen haben, denn der Betreffende will ja gar nicht gehemmt sein und möchte vor allem nicht darauf hin angesprochen werden. Das Vernünftigste, was man hier tun kann, ist dies: Still und unauffällig Situationen zu schaffen, in denen sich der Gehemmte sicher fühlt. Dies ist zwar leichter gesagt als getan, muß jedoch in unserem Fall genügen.

Gibt es unveränderliche Eigenschaften?

Die eben genannten Beispiele sollten uns vor Augen führen, daß es in der Menschenkenntnis nicht mit der Feststellung einiger Einzeleigenschaften getan ist (wie etwa faul, frech, gehemmt und dergleichen). Man muß vielmehr stets danach fragen, in welchem Zusammenhang diese auftreten, wie tief sie sitzen, ob sie mehr von innen heraus gewachsen oder mehr von außen her aufgeprägt wurden.
Gibt es aber nicht doch naturgegebene Eigenschaften? Man sagt doch: »Die Katze läßt das Mausen nicht.« Amerikanische Verhaltensforscher haben jedoch den Nachweis erbracht, daß es auch Katzen gibt, die sich

Mäusen gegenüber durchaus friedlich verhalten, daß Mausen also nicht Natur, sondern eine Gewohnheit ist, die man auch Katzen abgewöhnen kann. Anhänger dieser psychologischen Richtung möchten am liebsten überhaupt nicht mehr von Eigenschaften, sondern nur noch von Verhaltensweisen reden.

Trotzdem können wir in der Menschenkenntnis nicht auf den Eigenschaftsbegriff verzichten. Wir sollten uns aber bewußt sein, daß das Auftreten dieser oder jener Eigenschaft oft an bestimmte Situationen gebunden ist. Es ist durchaus möglich, daß jemand im zivilen Bereich entgegenkommend und nachgiebig ist und daher aus dieser Situation heraus betrachtet als ein umgänglicher Mensch erscheint. Im Dienst hingegen erfordert es vielleicht seine Pflicht, häufig nein sagen zu müssen, so daß er im Rufe steht, ein unnachgiebiger und hartherziger Mensch zu sein. Man muß sich also bei den beobachteten Eigenschaften und Verhaltensweisen stets fragen, welchen Motiven sie entspringen.

Der Psychologe Ludwig Klages gibt dafür ein bezeichnendes Beispiel. Er sagt:

»Ehrlich« kann einer sein

a) aus ethischer Überzeugung,
b) aus Ehrgefühl,
c) aus Furcht vor dem Entdecktwerden und der Strafe,
d) aus Ehrgeiz, stets im besten Licht zu erscheinen,
e) aus Mangel an Eigennutz usw.

Oder nehmen wir ein anderes Beispiel:

»Faul« im landläufigen Sinn kann einer sein

a) weil es ihm an vitalen Antrieben fehlt, er ein Phlegmatiker ist,
b) weil es ihm an Interessen fehlt, er also nicht genügend motiviert ist, was der Hauptgrund der sogenannten »Schulfaulheit« ist,
c) weil es ihm an Vorbildern für ein fleißiges Verhalten fehlt,
d) weil er keinen Ehrgeiz hat,
e) weil er aus einer Vertrotztheit heraus gar nicht will,
f) weil er gehemmt ist,
g) weil er infolge einer Überforderung resigniert.

Wollen wir einen Menschen verstehen, dann müssen wir sein Verhalten auch aus der Situation heraus zu begreifen versuchen.

Der einzelne und die anderen

Wer je ein psychologisches Gutachten über einen seiner Bekannten gelesen hat oder gar als Personalchef dauernd solche zu lesen bekommt, der mag im einen oder anderen Fall vielleicht schon den Kopf geschüttelt haben. Nicht etwa deshalb, weil das Gutachten in einer ihm nicht ganz verständlichen Fachsprache abgefaßt war, sondern weil es den Beurteilten in einer dem Empfänger nicht geläufigen Form und Verfassung zeigt. Dabei hat der Psychologe nach bestem Wissen geurteilt. Er ist zu seinen Aussagen aufgrund zuverlässiger Methoden gekommen, hat den Reifegrad ermittelt, den Intelligenzquotienten errechnet und im übrigen ein Bild von der Struktur der Persönlichkeit entworfen – das jedoch als uncharakteristisch empfunden wurde. Wie ist dies zu erklären?

Vielleicht hat der eine oder andere Leser mit Paßbildern ähnliche Erfahrungen gemacht. Wie, das soll ich sein? fragt er sich. Zeigt er das Bild einem anderen, dann hört er manchmal zu seinem Erstaunen, daß er »ganz gut« getroffen sei. Offenbar gibt man sich also bezüglich seines Erscheinungsbildes gewissen Illusionen hin. Vielfach finden wir aber auch die Paßbilder unserer Bekannten wenig charakteristisch. Dabei sollte man doch annehmen dürfen, daß die Linse des Fotoapparates ein objektiv richtiges Bild gibt. Dies hat sie auch zweifellos getan. Trotzdem ist die Aufnahme jedoch für den Betroffenen uncharakteristisch. Was ist geschehen? Wo liegt der Fehler?

Von den Einstellungen

Der Eindruck, den ein anderer von uns bekommt, wird keineswegs allein durch eine Reihe objektiv feststellbarer psychischer Merkmale bestimmt; wesentlicher ist vielfach die *Einstellung*, die der andere uns gegenüber an den Tag legt.

Wenn ein Gutachten also Fehler aufweist, so hat sich der Gutachter womöglich nur auf die Ergebnisse einer Prüfung gestützt, oder es ist sogar ohne persönliche Kenntnis des zu Beurteilenden zustande gekommen. Der Prüfer hat dann nicht richtig erkannt, welche *Einstellung* der Geprüfte einnahm.

Der Begriff der *Einstellung* ist inzwischen zu einem Forschungsgegenstand der Psychologie geworden. Als Tatsache wird allgemein anerkannt, daß sich das Erscheinungsbild des Charakters durch die wechselnden Einstellungen verändert. Extreme Vertreter der sogenannten Verhaltenspsychologie neigen daher dazu, das, was wir unter Charakter verstehen, kurzweg als eine Fiktion zu bezeichnen (S. 80 f.). Soweit möchten wir jedoch nicht gehen. Wenn der Mensch auch in jeder Situation wieder ein anderes Gesicht zeigt, so haftet den verschiedenen Bildern bei genauerem Zusehen doch ein durchgehender Zug an, den wir als seinen Charakter bezeichnen können.

Änderung der Einstellung. Jeder ändert im Lauf des Tages je nach der Situation, in der er sich befindet, mehrmals seine Einstellung. Die Art und Weise, in der er dies tut, ist für ihn jedoch höchst charakteristisch. Niemand wird Herrn Wandel etwa deshalb als »charakterlos« bezeichnen, weil er den Pförtner anders begrüßt als den Direktor und seine männlichen Kollegen wiederum anders als die Damen seines Büros. Dieser Wechsel der Einstellung vollzieht sich meist ganz unbewußt. Vielfach vermögen wir nicht einmal zu sagen, wie wir zu dieser und jener Einstellung gekommen sind. Einstellungen sind einfach da.

Nichts erschwert das gegenseitige Verstehen mehr als die Tatsache, daß jeder seine persönliche Einstellung für mehr oder weniger selbstverständlich hält. Dies gilt besonders für die geschlechtsspezifischen Einstellungen. Erfahrungsgemäß sind Frauen meist mehr auf Kleidung, Mode und Schmuck eingestellt. Daher sehen sie auch viel rascher als die Männer, was die »andere« trägt, und sind erstaunt, daß diese all die Dinge, auf die Frauen oft so großen Wert legen, gar nicht würdigen – weil sie auf deren Bemerken oft nicht eingestellt sind. Einstellungen machen uns also einerseits sehender, andererseits aber auch blinder, was

Autofahrer leicht feststellen können. Wer auf Parkplatzsuche ist, hat nur noch ein Auge für Lücken – und übersieht Verbotstafeln, was ihm sonst nicht passiert.

Entstehung der Einstellung. Darüber, wie Einstellungen entstehen, gehen die Ansichten der Psychologen weit auseinander. Die einen versuchen, die Einstellung von innen heraus, also aus der »Natur« und den Anlagen des Menschen zu erklären, die andern von außen her, also aus der Situation.

Zweifellos wurzeln viele Einstellungen in den Tiefenschichten der Person und bleiben daher oft konstant. Die Einstellungen, welche die Eltern bewußt oder unbewußt ihren Kindern in früher Jugend mitgeben, haften meist das ganze Leben hindurch. Ebenso stabil erweisen sich auch jene Einstellungen, die auf religiösen, weltanschaulichen, politischen, künstlerischen oder wissenschaftlichen Überzeugungen beruhen. Hier ist aber zu beachten, daß diese erworbenen Einstellungen beim einen mehr, beim andern weniger unverändert bleiben, je nach der Struktur des charakterlichen Gefüges (vgl. S. 153–159 über den mehr von außen und den mehr von innen geprägten Typ).

Ein Großteil der Einstellungen beruht freilich auf äußeren Einwirkungen. Je nach der Situation, in der wir uns befinden, treten bald diese, bald jene Eigenschaften mehr in die Erscheinung.

Von den Rollen, die jeder spielt

Eine ganze Reihe von Eigenschaften lassen sich zwar – wie wir gesehen haben – mit hinlänglicher Sicherheit als vorhanden nachweisen. Ob sich diese jedoch auch »unter allen Umständen« und jederzeit zeigen, läßt sich nicht voraussagen.

In der neueren Psychologie werden die Erscheinungen, mit denen wir uns eben beschäftigt haben, unter dem erweiterten Begriff der *Rolle* behandelt. Darunter versteht man die Gesamtheit der Einstellungen, Gesinnungen und Verhaltensweisen, die ein Mensch in einer bestimmten Situation und Position an den Tag legt. Wer die Rolle erfaßt hat, die einer spielt oder zu spielen gezwungen wird, ist schon ein gutes Stück in seiner Menschenkenntnis vorangekommen.

Die Rolle des Schauspielers. Der Begriff der *Rolle* ist der Welt des Schauspielers entnommen. Was dieser beispielsweise im »Faust« zu sagen hat, schreibt ihm seine Rolle vor. Selbst wenn er in dieser oder jener Situation auch gerne etwas anderes tun oder sagen möchte, muß er seine eigene Meinung und Einstellung unterdrücken und seiner Rolle gemäß handeln. Sein Spiel wird um so besser beurteilt, je deutlicher er die Verhaltensweisen und Eigenschaften der von ihm dargestellten Person zum Ausdruck bringt.

Um eine Gewähr dafür zu haben, daß die Person, die dem Schöpfer des Theaterstückes vorschwebte, auch tatsächlich so in die Erscheinung tritt, wie er sich's dachte, legt er dem Träger der Rolle nicht nur bestimmte Worte und Gedanken in den Mund, sondern gibt auch genaue Regieanweisungen. Er schreibt ihm also beispielsweise genau vor, in welcher Weise er zu sprechen hat, wie er gekleidet sein muß und wie er sich bewegen soll. Trotz dieser Bindungen, welche die Rolle dem Schauspieler auferlegt, schimmert doch stets etwas von der Person des Trägers hindurch. Zu jeder Rolle gehört gemeinhin ein Partner. Soll das Spiel gelingen, dann muß jeder Spieler vom anderen die Einhaltung der Spielregeln, und das heißt: die Einhaltung ganz bestimmter Verhaltensweisen erwarten dürfen.

Die Rollen im Alltag. Auch wer nichts mit dem Theater zu tun hat, spielt Tag für Tag mehr oder weniger bewußt nicht nur eine, sondern sogar mehrere Rollen. Er legt, wie der Schauspieler, Verhaltensweisen an den Tag, die nicht unbedingt seinen eigenen Wünschen entsprechen, sondern ihm von der Gesellschaft, dem Betrieb, der Familie, der Kirche oder sonstigen Institutionen vorgeschrieben oder zum mindesten nahegelegt werden. Wir sind ja keine Robinsons auf einsamer Insel, sondern Menschen, die dauernd mit anderen Menschen zusammen leben und ihr Verhalten an andern ausrichten müssen. Wie wir alle aus Erfahrung wissen, ist dies keineswegs immer angenehm (siehe hierzu auch S. 171–173).
Je individualistischer einer veranlagt oder eingestellt ist, um so drückender empfindet er die Einengung seiner Bewegungs- und Verhaltensweise durch die Gesellschaft oder die Gruppen, denen er angehört. Er sehnt sich geradezu danach, seine *Berufs-*, *Standes-* oder *Familienrolle* einmal ablegen zu können, um zu sich selbst zu kommen, wie er sagt. Er will nicht Ferien vom Ich, sondern Ferien von der Rolle, die er im Alltag zu spielen gezwungen ist. Die Frage ist allerdings, ob dies Herrn Jedermann heute noch gelingt.

Lösung von der Alltagsrolle. Die konformistische Gesellschaft schreibt Herrn Jedermann weitgehend vor, wie er sich in der Freizeit zu verhalten hat. Er muß auch in seinem Urlaub eine Rolle, nämlich die »Freizeitrolle«, spielen. Er kauft sich also eine »Freizeitjacke« – um sich darin so zu bewegen, wie »man« sich als Urlauber bewegt. Viele nehmen sich zwar gelegentlich die Freiheit, aus einer ihrer zahlreichen Rollen zu schlüpfen, werden also »frei von ...«, wissen aber gar nicht, wozu sie eigentlich die Freiheit benützen sollen. Im fortschreitenden Prozeß der Entpersönlichung und Verfremdung des einzelnen empfindet es dieser sogar als Entlastung, wenn ihm die Gesellschaft auch noch sagt, was er in seiner Freizeit zu tun hat. Es ist deshalb keineswegs sicher, daß wir etwa auf Mallorca oder am Strand von Rimini Herrn Jedermann so kennenlernen, wie er »eigentlich« ist. Er geht ja eben deshalb dorthin, um irgendeine der von ihm erdachten Varianten der Feriengastrolle zu spielen.
Für den Menschenkenner heißt es, vorsichtig zu sein. Unter Umständen sind nämlich diejenigen Eigenschaften, die sich im Freizeitbetrieb zeigen, keine Persönlichkeits-, sondern Rolleneigenschaften. Um etwas über die Person und ihre wahren Eigenschaften zu erfahren, muß man sie in vielen Rollen gesehen haben.

Rollenspiel als Pflicht. Jeder Mensch, nicht nur der Schauspieler, spielt dauernd Rollen. Unsere Umgebung erwartet sogar, daß wir diese gut spielen und nicht »aus der Rolle fallen«. Diese Gefahr besteht immer dann, wenn uns die Rolle, die wir zu spielen haben, nicht gemäß ist. Dies hat zur Folge, daß unser Verhalten in der Rolle nicht den Erwartungen der andern, der Gruppennorm oder dem »guten Ton« entspricht. Nicht von ungefähr haben Bücher über den »guten Ton« in unserer konformistischen Gesellschaft Riesenauf-

lagen. Niemand will aus der Rolle fallen und trachtet daher danach, sein Verhalten nach dem auszurichten, was »man« tut. Man gibt sich also nicht so, wie man ist, sondern so, wie es die Rolle erfordert. Und diese verlangt von uns oft, daß wir Eigenschaften an den Tag legen, die uns gar nicht liegen.
Dies ist nicht etwa eine Erscheinung unserer Zeit. In früheren Jahrhunderten war die Verpflichtung zum Rollenspiel sogar viel strenger als heute. Als Angehöriger eines bestimmten Standes hatte man nicht nur ein genau festgelegtes Benehmen an den Tag zu legen, sondern auch eine streng vorgeschriebene Kleidung zu tragen. Jedes Aus-der-Rolle-Fallen, sei es durch einen Verstoß gegen die guten Sitten oder gegen die Kleidervorschriften, wurde von der Obrigkeit streng geahndet.
Die Sitten bezüglich des Kleidertragens und Benehmens haben sich heute zwar gelockert. Die Verpflichtung der Gesellschaft, bestimmte Rollen zu übernehmen, ist aber geblieben.

Beurteilung des Rollenspiels

Über das »Rollenspiel«, den Widerspruch zwischen persönlichen Wünschen und dem zur Schau getragenen Ausdruck, haben wir bereits früher gesprochen (S. 171–173). Dort interessierte uns in erster Linie die Äußerungsform einer Eigenschaft; hier ist noch die Rolle in ihren sozialen Bedingtheiten zu erwähnen.
Wir fragen also: Wodurch wird der einzelne zur Übernahme einer Rolle veranlaßt? Und wie steht der Mensch zu der Rolle?
Eines wurde uns bereits klar: Das Verhalten eines Menschen ist keineswegs dauernd konstant, sondern richtet sich nach der Situation, es muß sich sogar danach richten, wenn der einzelne nicht »anstoßen« will. In den einzelnen Rollen wiederum verhält sich der Mensch oft derart überzeugend, daß es schwer wird, das Gewicht der zutage getretenen Eigenschaften zu erkennen. Wer Herrn Redlich nur in der Rolle des Staatsanwalts sieht, wird sich kaum vorstellen können, welche Eigenschaften er etwa in der Rolle des Sohnes seiner alten Mutter gegenüber entwickelt. Für diese ist er immer noch ihr Kind, und sie würde es ihm sehr verübeln, wenn er ihr anders als in der Rolle des Sohnes begegnen würde.
Die Schwierigkeiten mit unseren Heranwachsenden bestehen ja nicht zuletzt in deren mangelnder Fähigkeit zum Rollenwechsel (S. 150–152).

Bereitschaft zum Rollenspiel. Daß es gelegentlich zu Komplikationen beim Rollenspiel kommt, liegt auf der Hand. Es ist nicht jedem gegeben, mühelos von einer Rolle in die andere zu schlüpfen. Dazu ist nicht nur viel Elastizität, sondern auch die Bereitschaft notwendig, Rollen zu übernehmen. Wer spielt schon gern die Rolle des Außenseiters, des Bittstellers, des Prügelknaben? Jeder hat nämlich gewisse Vorstellungen von den Rollen, die er im Leben gern spielen möchte. Die Frage nach diesen eröffnet wesentliche Einblicke in die Wunschwelt der Persönlichkeit. Wir erfahren dadurch etwas über deren Leitbilder, die zu kennen für die Menschenkenntnis sehr aufschlußreich ist.

Widersprüche im Rollenspiel. Das Leben nimmt zumeist wenig Rücksicht auf die Rollen, die wir zu spielen beabsichtigen. Wir werden schon in bestimmte Rollen hineingeboren, in andere hineinerzogen und müssen sehen, wie wir mit ihnen fertig werden. Dabei kann es gelegentlich zu heftigen Auseinandersetzungen des Ichs mit der ihm zugemuteten Rolle kommen. Auf die Frage: »Möchten Sie, wenn Sie noch einmal geboren würden, lieber ein Mann oder eine Frau sein«, antworteten 25% der befragten Frauen: »Lieber ein Mann.« Manche leiden lebenslang unter dem Widerspruch zwischen der erstrebten und der zudiktierten Rolle. Andern gelingt sowohl das Hineinwachsen in eine Rolle wie der Wechsel derselben spielend leicht. Die scheinbaren Widersprüche in einem Charakter rühren vielfach aus der Tatsache, daß jeder Mensch verschiedene Rollen zu spielen hat und dementsprechend unterschiedliche Eigenschaften an den Tag legt.

Die Auseinandersetzung mit der Umwelt

In den vorangehenden Kapiteln wurde uns deutlich, in welch starkem Maße unser Verhalten durch die Umwelt geprägt wird. Wir wenden uns nun der mehr aktiven Seite unserer Umweltberührung zu. Zwei Bereiche sind es vor allem, in denen der Mensch von heute hauptsächlich lebt, wirkt und denkt: die Familie und der Beruf. Konkreter gesagt: die Ehe, die Partnerschaft zwischen Mann und Frau, und der Betrieb, die Fabrik, das Büro, die Arbeitsgruppe. Mancherlei Schwierigkeiten und Komplikationen, die auf diesen Bereichen auftreten, können gemindert und harmonisiert werden, wenn wir besonders beherzigen, was soeben über die Bedeutung der »Einstellung« und der »Rolle« gesagt wurde (S. 366–371).

Die Arbeitswelt

Die moderne Arbeitswelt stellt ein sehr kompliziertes Gebilde dar. Ihre Probleme sind nicht mehr allein durch ökonomische und technische Maßnahmen, durch soziologische und politische Überlegungen zu bewältigen, hinzu treten heute vielfältige Aufgaben und Untersuchungen der Psychologie.

Für ein erfolgreiches Operieren in der Welt der Arbeit reicht »der gesunde Menschenverstand« nicht mehr aus, aber auch das Fachwissen der Betriebsleiter, Ingenieure und Meister genügt nicht mehr zur Bewältigung der menschlichen Probleme, die man im Betrieb als *human relations* (= menschliche Beziehungen) bezeichnet. Hier beginnt der Aufgabenbereich der Betriebs-, Arbeits- und Sozialpsychologen.

Probleme der Berufswahl

In der ständisch gegliederten Gesellschaft und noch im 19. Jahrhundert war die Wahl des Berufs kein Problem. Die Söhne der Bauern wurden wieder Bauern oder wanderten aus, um in einem andern Land Bauern zu werden. Nicht anders war es mit den Söhnen der Handwerker, die meist sogar dasselbe Handwerk wie ihre Väter erlernten. Bei den Töchtern existierte dieses Problem bis zum Beginn unseres Jahrhunderts überhaupt nicht. Zu einer allgemeinen beruflichen Tätigkeit des weiblichen Geschlechts kam es ja erst in jüngster Zeit.

Heute ist die Wahl eines Berufs eine schwierige Sache geworden; denn erstens hat sich die Zahl der Berufe derart vermehrt, daß die gesamte Berufswelt nur noch von wenigen Fachleuten übersehen werden kann, und zum andern wird es den Jugendlichen sehr schwer gemacht, die einzelnen Berufe kennenzulernen. Tatsächlich wissen die wenigsten jungen Leute Genaues über den von ihnen erstrebten Beruf. Schule, Eltern und öffentliche Einrichtungen müssen dem jungen Menschen also bei der Berufswahl helfen.

Unsicherheit in der Wahl. Der größte Teil der Jugendlichen ist in der Berufswahl äußerst unsicher. Für die Volksschüler fällt diese zudem in eine Zeit, in der sie für eine derartige Entscheidung überhaupt noch nicht reif sind. Zumeist wissen jedoch auch die Mittel- und Oberschüler nicht zu sagen, was sie eigentlich werden wollen. Man verläßt sich daher auf die Meinungen des Elternhauses oder der Bekannten und Verwandten und wendet sich aus Gründen des Prestiges oder des Verdienstes irgendwelchen Modeberufen zu. Oder man beruft sich auf seine Neigung für einen bestimmten Beruf, womit jedoch noch nicht gesagt ist, daß dafür auch die erforderliche Eignung vorhanden ist. Neigung und Eignung decken sich nämlich vielfach nicht. Infolge solch unklarer Vorstellungen kommt es gar nicht so selten schon in der Lehrzeit zu einem Berufswechsel. Manche betrachten ihren zunächst erwählten Beruf sowieso nur als Ausgangsbasis. Andererseits ist die gesamte Wirtschaftsstruktur in einem solchen Wandel begriffen, daß mehr und mehr auch erwachsene Berufstätige zu einem Umlernen veranlaßt werden.

Es ist zu erwarten, daß sich in Zukunft die Berufswahl praktisch gewissermaßen über das ganze Berufsleben hin erstrecken wird. Dadurch ist vieles von dem, was über Berufsverbundenheit, Berufstreue und Berufsehre gesagt wurde, heute leider schon Romantik geworden.

Berufsberatung. Seit Anfang des Jahrhunderts gibt es Ansätze für eine öffentliche Berufsberatung. Sie wird in Deutschland durch die Arbeitsämter durchgeführt. Die Beratung verläuft hauptsächlich in zwei Richtungen: Der Jugendliche braucht erstens eindeutige Vorstellungen von den verschiedenen Berufen und deren Anforderungen, und er muß über seine persönlichen Fähigkeiten Klarheit gewinnen. Dem ersten Zweck dienen anschauliche *Berufsbilder*, die neuerdings durch sogenannte Funktionsbilder von den einzelnen Berufen ergänzt werden, und für die zweite Forderung ist die *Eignung* des Jugendlichen für den in Aussicht genommenen Beruf festzustellen.

Berufsbilder. Als Berufsbild bezeichnet man eine Berufsbeschreibung, die eine vollständige Darstellung des Arbeitsplatzes gibt, aus welcher hervorgeht, welche Anforderungen an den Bewerber gestellt werden und wie die Aufstiegsmöglichkeiten und wirtschaftlichen und sozialen Verhältnisse zu beurteilen sind. Diese *Berufsbilder* werden von der Fachorganisation erstellt. Sie sollen Angaben über folgende Punkte enthalten:

1. Sinn und Aufgabe des Berufs,
2. Mindestanforderungen hinsichtlich der Vorbildung,
3. Gang und Dauer der Ausbildung,
4. Prüfungsbestimmungen,
5. Anwendungsbereich für die erworbenen Kenntnisse,
6. Aufstiegsmöglichkeiten,
7. Verdienstaussichten.

Das dazugehörige *Funktionsbild* soll dem Jugendlichen vor Augen führen, welche psychischen Voraussetzungen erfüllt sein müssen, um einen bestimmten Beruf ausüben zu können. Dazu gehören neben den allgemeinen charakterlichen Eigenschaften, die für jede berufliche Tätigkeit notwendig sind, wie Fleiß, Ordnungsliebe, Gewissenhaftigkeit, Pflichtbewußtsein, Einordnungsbereitschaft, vor allem Angaben über die berufsspezifischen Eigenschaften. Als Beispiel dafür nennen wir eine Reihe derjenigen Fähigkeiten, die gemäß einer psychologischen Analyse für den Beruf des Maschinenschlossers erforderlich sind.
Von einem solchen werden verlangt:

1. Kräftige Konstitution, insbesondere Muskelkraft, Belastbarkeit, Ausdauer;
2. Gute Augen und Augenmaß;
3. Stabiles Nervensystem;
4. Geringe Wärmeempfindlichkeit;
5. Handgeschicklichkeit;
6. Technisches Verständnis;
7. Konzentrations-, Beobachtungs- und Kombinationsfähigkeit;
8. Rasche Formauffassung;
9. Gutes Gedächtnis;
10. Rasch arbeitendes Reaktionsvermögen.

Eignungsprüfung. Durch Prüfungen, die nur vom Fachpsychologen durchgeführt werden können, muß nun festgestellt werden, über welche Kräfte und Funktionen der Berufsanwärter verfügt. Dabei kommen viele der in den vorangegangenen Teilen dieses Buchs genannten Verfahren in Anwendung, so die Tests zur Prüfung der technischen Begabung, der Handfertigkeit, der Ausdauer und Belastungsfähigkeit und der Intelligenz-Struktur-Test.
Als Ergebnis dieser Untersuchungen sind folgende Fälle denkbar: Der Anwärter besitzt

a) Neigung und Eignung;
b) Neigung, aber keine Eignung;
c) Eignung, aber keine Neigung;
d) Weder Eignung noch Neigung.

Arbeitsmarktlage. Bei der Berufsberatung muß die Situation in den einzelnen Arbeitsbereichen, die Arbeitsmarktlage, mit berücksichtigt werden. Durch Gespräche mit dem Jugendlichen und seinen Eltern wird der Berufsberater versuchen, die bestmögliche Lösung zu finden.

Der Betrieb als soziale Gruppe

Noch zu Anfang unseres Jahrhunderts wurde der industrielle Betrieb lediglich als eine »Stätte der technischen Produktion von Gütern« betrachtet. Im Zuge der tiefgreifenden Umschichtungsprozesse, die nicht nur das politische, sondern auch das soziale, wirtschaftliche und kulturelle Leben erfaßten, erlangte der Faktor Mensch eine immer größere Bedeutung. Aus der Erkenntnis heraus, daß der Mensch im Betrieb nur dann zu seiner optimalen Leistung gelangt, wenn die Arbeitsplatz- und Betriebsstruktur seinen Bedürfnissen angepaßt ist, ging man daran, die Beziehungen des Menschen zur Arbeit eingehender zu untersuchen. In moderner Sicht erscheint der Betrieb als ein »technisch-ökonomisch-sozial-menschliches Gebilde«, dessen »Klima« von kaum zu unterschätzender Bedeutung für das Wohlbefinden der einzelnen Betriebsangehörigen und damit auch für den Leistungserfolg ist.
Dieses vielberedete *Betriebsklima* oder die *Gruppenatmosphäre* ist ein sehr komplexes Gebilde. Obwohl man nichts von ihm sieht, ist das Klima

doch ein höchst wirksamer Faktor. Wir haben es hier wiederum mit einer jener psychischen Erscheinungen zu tun, die man schwer definieren, messen und erklären kann. Nichtsdestoweniger wird sie aber von jedermann wahrgenommen.

Ein Zwischenfall im Betrieb. Ob im Betrieb »dicke Luft« herrscht oder nicht, merkt auch der jüngste Lehrling. Er feilt zwar heute genau so an seinem Werkstück herum wie gestern, kann aber »dem Alten« nichts recht machen. Auf dessen fortgesetzte Kritik reagiert er nun seinerseits sauer, macht in der Pause »Krach«, was er sonst noch nie getan hatte, und benimmt sich zu Hause seiner Mutter gegenüber rüpelhaft. Der Junge konnte freilich nicht wissen, daß sich auch sein Lehrlingsmeister nur in der Rolle des »getretenen Hunds« befand. Er hatte nämlich kurz zuvor vom Betriebsingenieur eine »Zigarre« bekommen, die er hinnehmen mußte. Da er sich jedoch unschuldigerweise getreten fühlte, machte er seiner Wut nach unten hin Luft. Aber auch der Anpfiff des Betriebsingenieurs kam nicht von ungefähr. Dieser hatte nämlich vom Chef auch einen bekommen. Der Chef hatte nämlich tags zuvor rein zufällig gehört, wie sich ein Herr der Industrie- und Handelskammer rühmend über die Lehrlingswerkstätte eines benachbarten Betriebs geäußert hatte. Daß sein Betrieb nicht genannt wurde, ärgerte ihn. Dabei hatte er sich doch alle Mühe gegeben, die Lehrlingswerkstätte nach den modernsten Gesichtspunkten auszustatten. »Denen« wird er es aber sagen! Da er keine Gelegenheit hatte, seine Mißstimmung an der richtigen Stelle zum Ausdruck zu bringen, reagierte er sie innerbetrieblich ab. Diese – im übrigen unbeabsichtigte – Beeinträchtigung seines persönlichen Prestiges löste nun jene Kettenreaktion aus, die zu einer merklichen Verschlechterung des Betriebsklimas führte. An Beispielen dieser Art wird es wohl keinem Leser fehlen, der in irgendeinem Betrieb steckt.

Vom Betriebsklima. Das Klima ergibt sich also aus der Gestimmtheit der einzelnen Glieder, aus der ihrerseits wieder eine Reihe von Verhaltensweisen entspringen. Je nachdem, ob die Atmosphäre als kühl, streng und gereizt oder freundlich, warm und herzlich empfunden wird, ist auch das Benehmen der Glieder untereinander gespannter oder ausgewogener.
Zur Erklärung dieser »Klimaerscheinungen« müssen wir uns nun an das erinnern, was zuvor über die Gruppenbezüge, über Einstellungen und Rollen ausgeführt wurde. Überall, wo Menschen zusammen leben und zusammen arbeiten, entstehen unter ihnen Beziehungen, die teils angenehm, teils unangenehm empfunden werden und entweder Liebe und Zuneigung oder Haß, Neid, Aggressionen, Minderwertigkeitsgefühle und dergleichen mehr auslösen. Warum wird denn einer beispielsweise mißmutig, verstimmt, niedergedrückt und schließlich aggressiv? Doch in erster Linie deshalb, weil er in seinen berechtigten oder unberechtigten Erwartungen enttäuscht wurde, er den Gruppenstatus nicht erreichte, nach dem er strebte, die Rolle nicht spielen durfte, die er wollte, oder ihm ein anderer seine Rolle streitig machte, die er tatsächlich spielt. Zur Verhütung unfruchtbarer Spannungen müßten sich daher alle, die etwas mit der Menschenführung im Betrieb zu tun haben, mit den Gesetzen der Gruppendynamik beschäftigen.

Der Führungsstil. Von ausschlaggebender Bedeutung für das Betriebsklima ist die Art des Führungsstils, der in einem Betrieb herrscht (vgl. S. 364!).

Nach Ansicht der Sozialpsychologen gibt es deren drei: den *demokratischen*, *autoritären* und *Laissez-faire-Stil*, wobei allerdings zu bemerken ist, daß praktisch keiner derselben in reiner Form auftritt.

Als *demokratisch* wird ein Führungsstil bezeichnet, der unter anderm folgende Merkmale aufweist:

1. Wenig Machtäußerung, nach der Devise: soviel Freiheit für den einzelnen als möglich, so wenig Zwang wie möglich;
2. keine Verstöße gegen die Würde der Person, insbesondere keine herabwürdigende Kritik;
3. Anerkennung der Gruppenglieder als gleichberechtigte Partner, Recht zur Mitsprache;
4. Berücksichtigung des Denkens und Fühlens anderer, jeden »nach seiner Fasson« leben lassen – soweit diese das Zusammenleben nicht beeinträchtigt;
5. Förderung der Selbständigkeit und Initiativfreudigkeit der Gruppenglieder.

Diese Art der Führung erregt nicht nur weniger Verärgerung, sondern fördert auch das »Wir-Bewußtsein« der Gruppe. Wenn der einzelne einer Gruppe nicht dauernd kommandiert wird, dann zeigt er auch selbst weniger Neigung, andere herumzukommandieren, was zur Folge hat, daß das Klima freundlicher und der Umgangston höflicher wird und keine aggressiven Formen annimmt. Freilich muß damit gerechnet werden, daß nicht jeder gleich gut »spurt«, die Verständnisbereitschaft und Gutmütigkeit anderer mißbraucht und sich gehenläßt, falls er nicht durch die Disziplin der Gruppe selbst in Ordnung gebracht wird. Die Zurechtrückung des einzelnen gelingt erfahrungsgemäß besser durch positive als durch negative Kritik. Eine gelegentliche Anerkennung der Leistung, ein kleines Lob hat im allgemeinen weit größere Wirkung als fortgesetzter Tadel.

Als *autoritär* wird ein Führungsstil bezeichnet, der unter anderem folgende Merkmale aufweist:

1. Viel Machtäußerung in Form von Befehlen, Anordnungen, Verboten und Verwarnungen;
2. geringe Respektierung des Selbstgefühls anderer durch Herabsetzung der Leistung und häufige Kritik;
3. Betonung der hierarchischen Rangordnung: Was hier geschieht, bestimmt nur einer – und der bin ich!
4. kein Mitspracherecht und keine Berücksichtigung anderer Meinungen;
5. starke Einschränkung der Handlungsfreiheit des einzelnen.

Da nicht viel gefragt und verhandelt wird, »klappt« in einem derart geführten Betrieb äußerlich zwar alles recht gut. Dieser Stil empfiehlt sich vor allem dort, wo rasches und zielstrebiges Vorgehen erforderlich ist. Es ist allerdings nicht zu übersehen, daß der Leistungserfolg vielfach auf Kosten der Atmosphäre geht. Diese ist meist wesentlich gespannter als bei einer demokratischen Führung. Infolge des Drucks geraten die Gruppenmitglieder häufiger in Erregung, beschimpfen sich gegenseitig, suchen nach »Sündenböcken« und werden gelegentlich sogar aggressiv.

Die dritte der genannten Stilformen ist eigentlich gar kein Stil im eigentlichen Sinne des Worts, weil es ihm an einer durchgängigen Form der Führung fehlt. Das *Laissez-faire-Verhalten* ist dadurch gekennzeichnet, daß die »Oberen« den Dingen weithin ihren Lauf lassen. Die Folge davon ist ein

Durcheinander im Zuständigkeitsbereich des Betriebs, das gelegentlich dazu zwingt, die Zügel anzuziehen, was »unten« als willkürlich empfunden wird und zu Verstimmungen führt. Wo anstatt des Chefs die Sekretärin regiert, maßen sich auch die Zwischeninstanzen Rechte an, die ihre Kompetenz eigentlich überschreiten.

Von den Rangordnungen

Das zuletzt genannte Beispiel zeigt, daß es im Zusammenwirken von Menschen nicht ohne eine klar ersichtliche *Rangordnung* geht. Schon kleine Schüler können es nicht ertragen, wenn ihnen der Lehrer alles durchgehen läßt. Sie seufzen aber auch unter dem strengen Lehrer, der nicht mit sich spaßen läßt, schätzen jedoch einen Lehrer, der seine Rolle als Führer im demokratischen Stil spielt.
Wer den Kopf nicht geradezu in den Sand steckt, wird nicht leugnen können, daß jede Gruppenbildung zwangsweise zu einer bestimmten Rangordnung führt, die von den Gruppenmitgliedern beachtet werden muß, wenn es nicht zu Unfrieden kommen soll. Dies ist schon im Tierreich so, wie uns die Tierpsychologen und Verhaltensforscher berichtet haben.

Die Rangordnung der Tiere. Nach den Beobachtungen von Professor Konrad Lorenz (* 1903) benehmen sich die Tiere gegenüber »Ranghöheren und Rangniedrigeren« keineswegs anders als die Menschen. »Jeder Hühnerbesitzer weiß«, sagt Lorenz, »daß selbst unter den Bewohnern der *Hühnerhöfe* eine feste Reihenfolge besteht, nach der ein Huhn vor dem andern Angst hat. Nach einigen wenigen Auseinandersetzungen, die nicht einmal handgreiflich sein müssen, weiß jedes der Tiere, wem es und auch wer ihm auszuweichen hat. Für die Stellung innerhalb dieser Rangordnung sind durchaus nicht nur die Körperkräfte, sondern mindestens ebenso sehr der persönliche Mut, die Energie, ich möchte sagen, die Selbstsicherheit des betreffenden Vogels maßgebend.
Solche Rangordnungen bei sozialen Tieren sind ungemein konservativ. Wer in einer Auseinandersetzung und sei dies auch nur »moralisch« unterliegt, merkt sich das für sehr lange Zeit und wagt es nicht so leicht, gegen seinen Überwinder aufzumucken, vorausgesetzt, daß die Tiere dauernd miteinander in Berührung bleiben. Sogar bei den höchsten und klügsten Säugetieren ist das der Fall.«

Beobachtung einer Dohlengesellschaft. »Die Rangordnungsstreitigkeiten innerhalb einer Dohlenkolonie unterscheiden sich in einem sehr wesentlichen Punkte von denen im Hühnerhof. Hier haben die Ranguntersten nichts zu lachen. In jeder künstlichen Anhäufung nichtsozialer Tiere, und zwar im Hühnerhof wie auch unter den Kleinvögeln in einem Flugkäfig, hacken die hoch im Rang Stehenden besonders gern und wütend auf die Ranguntersten. Ganz anders bei den Dohlen. In der *Dohlengesellschaft* sind die Ranghohen, vor allem der »Despot« selbst, durchaus nicht angriffslustig gegen die, die *tief* unter ihnen stehen. Nur gegen die, die ihnen im Rang *unmittelbar* unterstehen, sind sie gereizt, vor allem der ›Despot‹ gegen den ›Thronprätendenten‹, Nummer eins gegen Nummer Zwei.

Ein Beispiel: Die Dohle A sitzt am Futterplatz und frißt. Die Dohle B kommt in ›Imponierhaltung‹, Kopf hoch aufgerichtet, Nacken herausgedrückt, gravitätisch heran, worauf A beiseiterückt, im übrigen aber sich nicht stören läßt. Nun kommt C, deren Imponierhaltung weniger ausgesprochen ist, heran, worauf überraschenderweise A sofort flieht, B Drohstellung einnimmt, das Rückengefieder sträubt, C angreift und vertreibt. Die Erklärung: C stand in der Rangordnung zwischen den beiden andern, der rangtiefen A nahe genug, sie zu ängstigen, der ranghohen B nahe genug, ihren Zorn zu erregen.

Sehr ranghohe Dohlen sind gegen *sehr* rangtiefe ausgesprochen gutmütig. Sie betrachten sie gewissermaßen als Luft, und ihr Imponiergehaben ist ihnen gegenüber nur reine Formalität; es geht nur bei allernächster Annäherung in Drohstellung, kaum je in wirklichen Angriff über. Die Reizbarkeit der Rangoberen gegen die ihnen Untergeordneten ist genau nach dem Rang der letzteren abgestuft. Dieses an sich sehr einfache Verhalten wirkt sich in einer außerordentlich ›gerechten‹ Schlichtung der Streitigkeiten zwischen den Mitgliedern aus. Wie auf uns Menschen wirken auf die Dohlen die Ausdrucksbewegungen von Affekten auch für *den* suggestiv, auf den sie nicht gemünzt sind. So greifen ranghohe Dohlen energisch in den Streit zweier untergeordneter ein, sobald deren Auseinandersetzung heftigere Formen annimmt. Da der Angreifende aber immer gegen den jeweils Ranghöheren der kämpfenden Partner merkbar reizbarer ist als gegen den im Rang tieferstehenden, so handelt die ranghohe Dohle, vor allem der Koloniedespot, regelmäßig nach dem ritterlichen Grundsatz: Wo es Stärkere gibt, tritt den Schwächeren zur Seite.

Und weil ein ernster Streit so gut wie immer um Nistplätze entbrennt – in fast allen anderen Fällen weicht der Untergebene kampflos –, schützt dieses Verhalten der starken Dohlenmänner die Nester rangtieferer Koloniemitglieder.

Ist sie einmal eingespielt, wird die soziale Rangordnung zwischen den Mitgliedern der Dohlenkolonie ungemein konservativ beibehalten. Ich habe nie eine spontane Umschichtung ohne äußeren Anlaß gesehen, etwa dadurch, daß eine bisher untergeordnete Dohle aufgemuckt hätte. In meiner Dohlenkolonie kam es nur ein einziges Mal vor, daß der Despot entthront wurde; und zwar von einem Rückkömmling, einem früheren Koloniemitglied, dem während der langen Abwesenheit auch der tief eingeprägte Respekt vor dem Herrscher abhanden gekommen war. Der Heimkehrer hatte sich sofort in ein junges, im Rang tiefer stehendes Mädchen verliebt und im Laufe von höchstens zwei Tagen sich fest mit ihm verlobt. Da nun die Gatten eines Dohlenpaares in jedem Streit getreu und mutig füreinander einstehen, zwischen ihnen eine Rangordnung im eigentlichen Sinn nicht mehr besteht, haben beide automatisch dieselbe Rangnummer in ihren Auseinandersetzungen mit andern Koloniemitgliedern. Die Braut rückt also mit ihrer Verlobung zwangsläufig sofort in den Rang des Bräutigams auf. Das Umgekehrte gibt es nicht: ein unverbrüchliches Gesetz schreibt nämlich vor, daß kein Dohlenmann eine ihm übergeordnete Frau heiraten darf.

Das Außerordentliche an der Sache ist weniger die Umschichtung selbst als die Geschwindigkeit, mit der es sich in der Dohlenkolonie herumspricht, daß eine solche kleine Dohlenfrau, die bisher von der überwiegenden Mehrheit geprügelt wurde, ab heute ›Frau Präsident‹ ist und von niemandem daher auch nur schief angesehen werden darf. Das Erstaunlichste aber für den Kundigen ist, daß sie selbst es weiß! Nach einer schlechten Erfahrung scheu und ängstlich werden, das können Tiere sehr rasch. Aber verstehen, daß eine bisher bestehende Gefahr beseitigt ist, und dementsprechend Mut fassen, dazu gehört sehr, sehr viel mehr. Jene kleine Dohle wußte nach genau 48 Stunden, was sie sich herausnehmen durfte, und leider muß gesagt werden, daß sie von ihren neuen Rechten reichlich Gebrauch machte. Dabei ließ sie jedoch durchaus jene ›noble‹ oder auch ›blasierte‹ Toleranz vermissen, die ranghohe Dohlen sonst für tiefuntergeordnete haben; sie nützte vielmehr jede Gelegenheit, ihren einstigen Vorgesetzten eins auszuwischen. Dabei ließ sie es nicht bei der bloßen Imponiergeste bewenden, sondern wurde sofort handgreiflich. Mit einem Wort, sie benahm sich ausgesprochen ordinär.«

Das Tierische im Menschen. Das Zitat von Professor Lorenz schließen wir hiermit ab. Er betont ausdrücklich, daß er mit seiner Ausdrucksweise nicht vermenschliche; denn das sogenannte Allzumenschliche sei fast immer das *Vor*-Menschliche. Es würden keine menschlichen Eigenschaften in das Tier projiziert, eher das Gegenteil: es zeige sich, wieviel tierisches Erbe auch heute noch im Menschen stecke.

Rangordnung einer Institution. Es bedarf keiner großen Phantasie, um die Grundzüge der von Prof. Lorenz geschilderten »Hackordnung« in menschlichen Bereichen wiederzuentdecken. Derartige Rangordnungen gibt es nicht nur beim Militär, sondern auch in jedem Behörden-, Wirtschafts- und Industriebetrieb, in den Familien, Kirchen und Vereinen und vielen andern Institutionen. Um niemanden zu kränken, wählen wir zur Veranschaulichung der Probleme, die sich aus den einzelnen Rangstellungen ergeben können, ein neutrales Beispiel.

Die Abbildung S. 379 zeigt das Modell eines vierschichtigen Stufenbaus unter dem Gesichtspunkt der Führung. Mit den Buchstaben A, B und C samt ihren Unter- und Oberchargen sollen die Vertreter der einzelnen Rangstufen dargestellt werden, über denen auf einsamer Höhe D, der »Despot«, thront. Mit Ausnahme der UA haben alle eine bestimmte Befehlsgewalt, die mit steigender Höhe zunimmt.

Betrachten wir nun einmal B. Er hat es auf der Stufenleiter – sagen wir seines Betriebs oder seiner Behörde – schon verhältnismäßig weit gebracht und ist darauf nicht wenig stolz. So ganz glücklich fühlt er sich allerdings nicht, da der OB darüber wacht, daß er sich nicht zu viele Rechte herausnimmt. Dabei ist B der Überzeugung, daß er die Funktionen von OB genau so gut, wenn nicht sogar noch besser ausüben könnte. Dies sagt er allerdings nur zu den Leuten auf der A-Stufe. Von ihnen droht ihm ja keine Gefahr. Daher kann er sich ihnen gegenüber auch loyal und großzügig geben, was wiederum den UB ärgert.

Selbstverständlich ist auch der UB der Meinung, daß ihm schon längst der Rang von B hätte zukommen müssen, denn was der kann, das traut er sich auch noch zu. Die Beziehungen des B zum Rangniederen und Ranghöheren werden daher in den meisten Fällen etwas gespannt sein.

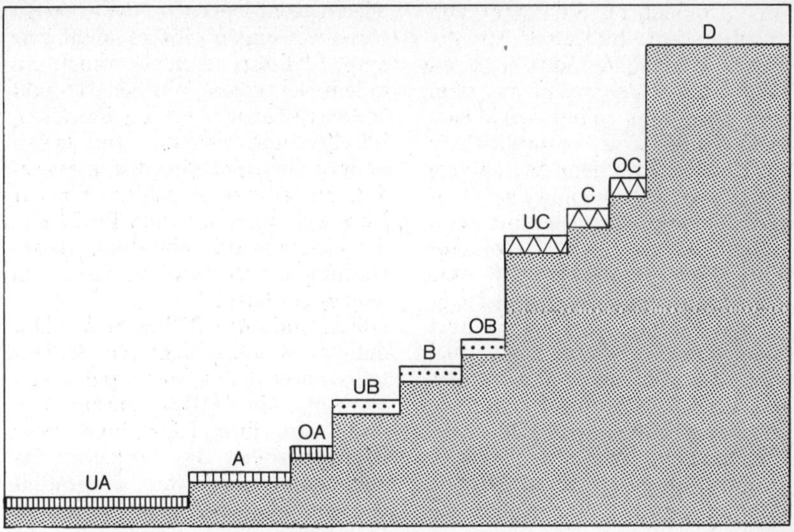

Betriebshierarchie. Das Modell eines vierschichtigen Stufenbaus

Nicht so jedoch die zum UC oder gar C. Da B weiß, daß er deren Position wohl kaum jemals erreichen dürfte, hat er auch keinen Grund, sich mit diesen zu messen. Er hält UC sogar für einen »feinen Mann« und fühlt sich geehrt, wenn dieser ihn um einen Dienst bittet. Infolge dieser Einstellung zu UC sind sich OB und UB einig, daß B ein ganz gewöhnlicher »Radfahrer« ist. Falls B dies zu Ohren kommt, wird er mindestens UB gegenüber sehr streng sein und ihm genau auf die Finger sehen. Als der Rangniedrigere vermag er ja seiner Verstimmung und seiner Wut nicht nach oben hin Luft zu machen. Daher reagiert er diese dem Unteren gegenüber ab, was diesen verständlicherweise dazu veranlaßt, sich dem Nächsthöheren – in unserem Fall also dem OB – zuzuwenden. Diese Beziehungen nehmen auf allen Ebenen unseres Modells wieder eine besondere Tönung an.

Der Rangneid und seine Abmilderung. Das soeben geschilderte Phänomen des *Rangneids* kann der Leser unschwer in dem ihm vertrauten Bereich wiederentdecken. Der Rangneid ist eine urmenschliche Eigenschaft, die in allen hierarchisch gegliederten Systemen mehr oder weniger deutlich in die Erscheinung tritt.

Mittel und Wege zur *Milderung* der dadurch bedingten Spannungen zu finden, ist Aufgabe der Betriebspsychologen. Viel ist schon gewonnen, wenn Meister, Ingenieure und Abteilungsleiter das Netz dieser Rangbeziehungen durchschauen. Der Idealfall wäre dann erreicht, wenn jeder mit sich zufrieden wäre. Da sich jedoch in jedem Betrieb immer wieder Leute finden, deren Rollenerwartung höher liegt als ihre Rangposition, muß das Betriebsklima dauernd überwacht werden. Nicht jeder Unzufriedene ist bereit oder in der Lage, den Betrieb zu wechseln, wenn ihm seine Rangstellung nicht zusagt. Er bleibt auf seinem angestammten Platz sitzen – und verschlechtert die Atmosphäre, falls

es nicht gelingt, ihm eine *Ersatzbefriedigung* zu verschaffen.
Aus der Gruppe dieser Leute rekrutieren sich nicht nur die Miesmacher und Störenfriede, sondern auch die allzu pedantischen und überstrengen kleinen und großen Vorgesetzten. Sie wollen »denen da oben« schon zeigen, wessen sie fähig sind, und »die da unten« fühlen lassen, wer sie eigentlich sind. Diese mit Aggressionen geladenen Menschen sind es auch, die nach Betriebsschluß auf der Heimfahrt sich als die rücksichtslosesten Fahrer entpuppen. Irgendwie und -wo sucht der Mensch ja sein Geltungsbedürfnis und seinen Herrschaftsanspruch zu befriedigen. Da wird dann auf das Gas getreten und dem Kerl in seinem großen Wagen da vorne gezeigt, daß man auch wer ist. Der Urmensch ergreift gewissermaßen das Steuer und stellt mit Hilfe der Motorkraft das gestörte Gleichgewicht wieder her.
Glücklicherweise gibt es jedoch auch noch andere Kompensationsmöglichkeiten für unbefriedigte Rangerwartungen. Der Mensch steht ja nicht nur in einer, sondern in mehreren Gruppen. Ein Angehöriger der A-Gruppe in unserem Beispiel kann Mitglied der Betriebssportgruppe sein und dort unter Umständen sogar eine führende Rolle bekleiden, die ihm nicht nur die Beachtung der B- und C-Leute, sondern sogar auch des ihm im Betriebsalltag völlig fernen D einträgt.
Erst recht außerhalb des Betriebs verschaffen sich viele Menschen Ersatz für die ihnen anderswo versagt gebliebene Rangstellung, und zwar durch die Betätigung in Klubs und Vereinen.

Behandlung der Menschentypen im Betrieb

Die unterschiedliche Rangstellung der Betriebsangehörigen ist leider nicht die einzige Quelle der Schwierigkeiten, die sozusagen verstopft werden müßte. Ein Großteil der täglichen Reibereien in einem Betrieb entspringt ja der Unkenntnis und Mißachtung der Eigenart des andern. Man hält den andern kurzerhand für einen Langweiler, weil dessen Arbeitstempo nicht dem eigenen entspricht. Dabei ist dieser jedoch ein sehr gewissenhafter und pünktlicher Mann, aber nicht am richtigen Platz, weil es dort auf rasche Entscheidungen ankommt. Naiverweise halten die meisten Menschen ihre persönliche Wesensart, ihr Temperament und ihre Einstellung für die »normale« und einzig mögliche. Infolgedessen wirft der Zyklothyme dem Schizothymen Engstirnigkeit, Pedanterie und Versteckheit vor und dieser wiederum dem Zyklothymen Oberflächlichkeit, Charakterlosigkeit und Geschwätzigkeit. Dabei müßten sich beide den Spruch eines alten Weisen vor Augen halten: »Solange du dem andern sein Anderssein nicht verziehen hast, bist du noch weit entfernt vom Wege der Weisheit.«
Wer es mit Menschenführung im Betrieb zu tun hat, sollte sich zunächst mit den typischen Verschiedenartigkeiten der Menschen vertraut machen, denn die auf S. 94–165 unseres Buchs dargestellten Typen begegnen uns selbstverständlich auch hier wieder in mehr oder weniger deutlicher Ausprägung. Trotzdem dürfen wir natürlich nicht alle Menschen nach Schema F behandeln. Wir müssen vielmehr ganz einfach wieder lernen, die Menschen anzusehen und anzuhören und uns zu über legen, warum sie sich gerade so verhalten und nicht anders. Die folgenden Ausführungen sollen daher nur Hinweise sein, keine Richtlinien.

Menschentypen und ihre Verhaltensweisen. Trotz der Warnung vor einer »Schematisierung« der Typen ist es möglich, bestimmte Verhaltensweisen zu analysieren und dementsprechend zu behandeln. Dafür gibt das Buch »Erfolgreiche Menschenführung« von HEINZ DIRKS (C. Bertelsmann Verlag, Gütersloh 1962) einige Hinweise. Als Beispiel für ausgeprägtere Typen nennen wir den Pedanten, den Geltungsbedürftigen, den Schüchternen und Unzufriedenen. DIRKS zeigt deren Verhalten in drei Standardsituationen, nennt die Ursache des Verhaltens, den Erlebnishintergrund und gibt schließlich einen Hinweis zur Behandlung des Typs.

Situation I: Verhaltensschema bei Meinungsverschiedenheiten

Typus	Reaktionsweise	Erlebnishintergrund	Behandlung
Der Pedant	Formale Rechthaberei	»Nach der Vorschrift bin ich im Recht«	Zusammenhänge erkennen lassen
Der Geltungsbedürftige	Aggressive Durchsetzung	»Das weiß ich besser«	Sachlich argumentieren, Ansprüche reduzieren
Der Schüchterne	Unsichere Behauptung	»Da kann ich nicht gegen an, obwohl ich eigentlich recht habe«	Aussprache anregen, Selbstgefühl schonen
Der Unzufriedene	Subjektiv gefärbte Meinung	»Natürlich, mir geben Sie immer unrecht«	Zur Selbsterkenntnis führen

Allgemeine Regel: »Behandle die unterschiedlichen Meinungen sachlich und sorge dafür, daß affektive Äußerungen unterbleiben und rational begründete Argumente wirksam werden.«

Situation II: Verhaltensschema bei der Aufnahme einer neuen Arbeit

Typus	Reaktionsweise	Erlebnishintergrund	Behandlung
Der Pedant	Ausschau nach der Anordnung	»Wie lauten die Vorschriften?«	Erläuterung der Zusammenhänge
Der Geltungsbedürftige	Übertriebene Sicherheit	»Die sollen mal sehen, was ich kann«	Gründliche sachliche Belehrung
Der Schüchterne	Unsicherheit	»Wenn ich das nur schaffen werde«	Schrittweise Einführung, Ermunterung
Der Unzufriedene	Mürrische Skepsis	»Wer weiß, was das wieder wird«	Entwicklungsmöglichkeiten zeigen

Allgemeine Regel: »Führe den Mitarbeiter ruhig, besonnen und mit gründlicher Belehrung ein, treibe ihn nicht an, mache ihm aber die Leistungsnotwendigkeit bewußt.«

Situation III: Verhaltensschema in Fällen von Kritik und Tadel

Typus	Reaktionsweise	Erlebnishintergrund	Behandlung
Der Pedant	Berufung auf die Vorschrift	»Nach der Vorschrift habe ich es richtig gemacht«	Einsicht in das Ganze vermitteln
Der Geltungsbedürftige	Empfindlichkeit	»Mir können solche Fehler gar nicht passieren«	Zur sachlichen Einsicht führen, Selbsterkenntnis
Der Schüchterne	Unsicherheit	»Ich werde mir größte Mühe geben«	Ermunterung
Der Unzufriedene	Verärgerung	»Ich muß immer herhalten«	Positive Ziele aufweisen

Allgemeine Regel: »Kritisiere und tadle wohlwollend! Übertreibe nicht und gib dem andern die Chance, sein Gesicht zu wahren und neue Ansätze für ein erfolgreicheres Verhalten zu finden!«

All diese Typen und noch viele andere, wie der Außenseiter, der Duckmäuser, der Ressentimenttyp und andere, begegnen uns auf den einzelnen Betriebsebenen in den verschiedensten Varianten. Was dabei am meisten Mühe macht, ist der Umgang mit dem *schwierigen Menschen.* Gibt es überhaupt einen solchen?

Der schwierige Mensch. »Schwierig« wird ein Mensch für den anderen immer dann, wenn mit seinem Selbstgefühl etwas nicht in Ordnung ist. Wenn Fritzchen von seinem ehrgeizigen Vater dauernd gesagt bekommt, er sei ein Taugenichts, dann darf man sich nicht wundern, wenn er mit der Zeit die Flügel hängen läßt. Dabei wollte der Vater mit seiner Kritik den Jungen nur »anspornen«, doch er beachtete nicht, daß er dadurch auch den Glauben des Jungen an sich selbst beeinträchtigte. Dies kann schließlich dazu führen, daß Fritzchen den Kampf um die Palme aufgibt und je nach Temperament entweder resigniert oder in irgendeiner Form aggressiv und damit »schwierig« wird.

Ähnliche Ursachen liegen bei all den vielen Spielarten von schwierigen Menschen vor, mit denen wir es im Alltag zu tun haben. Ihr Selbstwertgefühl hat durch irgendwelche Ereignisse einen Knick bekommen. Und dieser Zustand drängt sie nun ihrer Wesensart gemäß in die Rolle des Querulanten, des Miesmachers, des Außenseiters oder ressentimentgeladenen Menschen.

Im Normalfall befindet sich der Mensch in einem ausgewogenen Verhältnis zu seiner Umwelt. Dies schließt natürlich nicht aus, daß er danach trachtet, voranzukommen und sich zu vervollkommnen. Vorausgesetzt, daß er seine Möglichkeiten und Grenzen kennt, wird er dabei auch nicht in eine Fehlhaltung geraten.

Zu den Grundbedürfnissen jedes Menschen gehört die Bestätigung durch seine Umwelt. Bleibt ihm diese versagt, dann zweifelt er an seinem *Selbstwert,* bekommt vielleicht einen *Minderwertigkeitskomplex,* wird geltungssüchtig, flüchtet in die Krankheit oder sucht sein gestörtes Gleichgewicht auf *kompensatorischem* Weg wieder herzustellen (S. 360). Er ist dann doppelt empfindlich für alle Kritik und sieht im andern von vornherein seinen Widersacher. Andererseits dürfte es kaum einen Menschen geben, der sich nicht demjenigen verbunden fühlt, der ihn in seinem Selbstsein bestärkt und sein Selbstgefühl nicht beeinträchtigt.

Vom Selbstwertgefühl. Das *Selbstwertgefühl* ist ein sehr kompliziertes Gebilde, das seine Wurzeln in den verschiedensten Bereichen innerhalb und außerhalb der Person haben kann. So hebt sich das Selbstbewußtsein oft schon in schönen Kleidern. Oder es wird getragen durch körperliche oder geistige Kraft und Leistungsfähigkeit oder schließlich durch die Rolle, die man spielt – sofern diese den persönlichen Erwartungen entspricht.

Schwierig wird die Situation immer dann, wenn einer zu viel von seiner Umgebung erwartet und dadurch in Konflikt mit den Erwartungen anderer Menschen gerät. Mancher trägt dauernd eine unsichtbare Krone auf seinem Haupt und wird sehr böse, wenn andere diese nicht sehen. Anstatt aber deren Realitätswert zu überprüfen und eventuell seine Leistungen zu steigern, zeiht er die andern der Ungerechtigkeit. Die erlebten Ent-Täuschungen können leicht zu einer Art Beziehungswahn führen. In dem davon Befallenen setzt sich die Überzeugung fest, daß alle gegen ihn sind und ihn nicht hochkommen lassen wollen.

Für Meister und Abteilungsleiter ist es freilich nicht leicht, gegenüber Psychopathen und Neurotikern stets den richtigen Ton zu finden. Schließlich ist ja ein Betrieb auch keine psychotherapeutische Klinik. Doch sollten sich alle Führungskräfte im Interesse des Betriebsklimas bemühen, im Verkehr mit Untergebenen alles zu unterlassen, was deren Selbstgefühl beeinträchtigen könnte. Auch da, wo Kritik am Platze ist, sollte sich diese in erster Linie auf die Sache und nicht die Person beziehen. »Niemand ist belehrbar, der sich gleichzeitig angegriffen fühlt«, sagt DIRKS mit Recht. Da sich schwierige Menschen vielfach auch dann angegriffen fühlen, wenn seitens der Vorgesetzten gar keine Absicht dazu bestand, ist größte Vorsicht am Platze. Auf keinen Fall sollte ein Mitarbeiter vor andern oder gar vor seinen Untergebenen getadelt werden. Ein solches Vorgehen wirkt sich stets negativ aus. Sofern der Getadelte in seiner Gruppe genügend Rückhalt besitzt, wird dadurch nicht nur das Betriebsklima, sondern auch das Leistungsniveau beeinträchtigt. Dagegen ist es durchaus angezeigt, Lob und Anerkennung öffentlich auszusprechen. Dies hebt auf jeden Fall das Selbstwertgefühl.

Erfolgreiche Menschenbehandlung. Wer sich in Worten und Taten bemüht, nie das Selbstgefühl des andern zu verletzen, hat das Grundprinzip der Menschenbehandlung erfaßt. Wie soll man dieses Prinzip nun praktisch durchführen? Darüber haben nicht nur Psychologen und Philosophen, sondern auch Erfolgsmenschen wie HENRY FORD oder der edle Freiherr von KNIGGE viel nachgedacht. Von FORD stammt das Wort: »Wenn es ein Geheimnis für den Erfolg gibt, so ist es das: den Standpunkt des andern verstehen und die Dinge mit seinen Augen sehen.«

Eine Fundgrube von Hinweisen für den Verkehr mit anderen ist noch immer das berühmte Buch KNIGGES »Über den Umgang mit Menschen«. Wer den Namen KNIGGE hört, denkt zwar zumeist an »Fisch ohne Messer« und die vielerlei Regeln des sogenannten »Guten Tons«. Sein Buch ist aber kein Anstandsbuch im herkömmlichen Sinn, sondern vielmehr eine handfeste Psychologie für den Alltag. In ihm finden wir so beherzigenswerte Sätze wie die folgenden: »Empfänglichkeit für die Urteile, Ansichten und Meinungen anderer ist eine der besten Eigenschaften für den Umgang. Setze dich in Gedanken oft an anderer Leute Stelle und frage dich selbst: Wie würde es dir unter denselben Umständen gefallen, wenn man dir dies zumuten würde, von dir diesen Dienst, diese Verwendung und diese langweilige Arbeit forderte?« – »Interessiere dich für andere, wenn du willst, daß andere sich für dich interessieren sollen. Wer unteilnehmend, ohne Sinn für Freundschaft, Wohlwollen und Liebe nur sich selber lebt, der bleibt verlassen, wenn er sich nach fremdem Beistand sehnt.«

Gerade diesen letzten Satz sollten alle, die es mit Menschenführung zu tun haben, beherzigen. »Sich für andere interessieren« heißt freilich nicht, in deren Intimsphäre einzudringen, sondern Anteil an ihren

Sorgen und Freuden zu nehmen. Je niedriger ein Mensch auf der sozialen Rangstufe steht, um so dankbarer ist er, wenn einer der »Oberen« sich nach seinem Befinden erkundigt. Nichts trägt mehr zur Hebung des Betriebsklimas bei, als wenn der Vorgesetzte gelegentlich mit dem Mann im »blauen Anton« spricht, sich etwa nach seinen Kindern und seinem Hobby erkundigt oder ihm gar zu seinem Geburtstag persönlich die Hand drückt. Das sind Kleinigkeiten, die zwar Zeit kosten, sich aber lohnen. Wenn sich dazuhin noch jeder im Umgang mit anderen bemüht, seine schlechte Laune, seinen Mißmut und Ärger nicht am Nächstbesten abzureagieren, sondern für sich zu behalten, dann ist schon viel zur Harmonisierung der mitmenschlichen Beziehungen im Betrieb getan.

Die Quintessenz all der vielen Rezepte, um mit andern gut auszukommen, läßt sich in zwei Regeln fassen: Lerne dich selbst beherrschen und nimm auf andere Rücksicht.

»Bin überall willkommen«, sagt GOETHE, »weil ich die Menschen lasse, wie sie sind, niemandem etwas nehme, sondern nur empfange und gebe.«

Die Arbeitsplatzbesetzung

Eine der wichtigsten Aufgaben für jeden Betrieb besteht in der besten Lösung der Arbeitsplatzbesetzung. Den richtigen Mann auf den richtigen Platz zu bringen, erfordert heute nicht nur Fach- und Sachkenntnis, sondern auch Menschenverständnis. Jeder Arbeitsplatzwechsel kostet den Betrieb viel Geld. Zur Verminderung der sogenannten *Fluktuation* (von lat. fluctum = die Welle, also Wechsel, Wandel, heute meist in engerem Sinne von Arbeitsplatzwechsel gebraucht) muß daher danach getrachtet werden, die vorhandenen Mitarbeiter ihrem Leistungsniveau entsprechend aufsteigen zu lassen und neueintretende Mitarbeiter sorgfältig zu prüfen.

Planmäßige Arbeitsbeurteilung. Die Beurteilung am Arbeitsplatz erfolgt meist durch die Meister oder Abteilungsleiter – die für die Persönlichkeitsbeurteilung keine besondere Vorbildung besitzen. Dementsprechend läßt auch die Brauchbarkeit ihrer Urteile vielfach zu wünschen übrig. Sie sind oft zu nichtssagend, zu einseitig oder zu subjektiv und zeigen all die Fehler, denen wir schon bei der Betrachtung des ersten Eindrucks begegnet sind.

Um diesen zu entgehen, sind manche Betriebe dazu übergegangen, die Beurteilung nach bestimmten Gesichtspunkten vornehmen zu lassen. Zu diesem Zweck wurden *Beobachtungs- und Beurteilungsbogen* geschaffen, die den ungeschulten Beurteilern die Arbeit erleichtern sollen. Da wird dann etwa nach der Einstellung zur Arbeit gefragt und dem Beurteiler eine Reihe von Beschreibungsbegriffen zur Auswahl vorgelegt. Er hat dann nur noch den seiner Meinung nach richtigen Begriff zu unterstreichen. Aus einem derartigen Fragebogen greifen wir als Beispiel einige Sparten heraus.

1) *Einstellung zur Arbeit und zum Betrieb:*
Äußere und innere Einstellung zu Beruf und Arbeit, der Wille und die Bereitschaft zur Arbeit. Die Beurteilung sollte sich auf Berufsauffassung, Initiative, Interesse an der Arbeit und Arbeitsnutzung erstrecken und

im Hinblick auf die innere Beteiligung und Anteilnahme an den Auswirkungen der eigenen Leistung und der Gesamtleistung des Betriebs erfolgen.

Beschreibungsbegriffe:

a) *Berufsauffassung:*
Geht im Beruf auf – ist bestrebt, Besonderes zu leisten – läßt sich gut anregen und interessieren – ausreichend interessiert – gleichgültig.

b) *Initiative:*
Sehr aktiv und entschlußfreudig – hat gute Ideen – bedachtsam mit hinreichender Initiative – schwunglos – passiv und untätig.

c) *Interesse an der Arbeit:*
Schaffensfreudig – lebhaft mitgehend – pflichtbewußt – bedarf der laufenden Anregung – uninteressiert.

d) *Arbeitszeitnutzung:*
Pünktlich anwesend – manchmal verspätet – planmäßige Einteilung – verschwendet leicht die Zeit – bummelt häufig.

2) *Verhalten am Arbeitsplatz:*
Fähigkeiten und Vermögen, übernommene Arbeiten anweisungsgemäß, ohne Kontrolle, termingerecht und ordentlich durchzuführen und bei der Arbeit durchzuhalten.
Die Beurteilung sollte sich auf Arbeitszuverlässigkeit, Ordnungssinn und Genauigkeit, Arbeitsrhythmus, Belastbarkeit und Ausdauer, Selbständigkeit bei der Arbeit, Einarbeit in andere Aufgaben und allgemeines Bildungsstreben erstrecken und im Hinblick auf das Anpacken und Durchführen der praktischen Arbeit erfolgen.

Beschreibungsbegriffe:

a) *Arbeitszuverlässigkeit:*
Unbedingt gewissenhaft und zuverlässig – planvoll und überlegt – zuverlässig – bedarf gelegentlicher Kontrollen – nicht verläßlich.

b) *Ordnungssinn und Genauigkeit:*
Systematischer Arbeiter – sorgfältig, jedoch nicht kleinlich – korrigiert auftretende Fehler – läßt mitunter etwas durchgehen – nachlässig.

c) *Arbeitsrhythmus:*
Übereilt – flottes Arbeiten – gleichmäßig – wechselnd – langsam.

d) *Belastbarkeit und Ausdauer:*
Zäh und ausdauernd – stetig – normalen Belastungen gewachsen – leicht ermüdbar – ohne Ausdauer.

e) *Selbständigkeit:*
Lehnt Hilfe ab – besonnen – sicher – braucht mitunter Anleitung – unselbständig.

f) *Einarbeitung in andere Aufgaben:*
Sehr gewandt – beweglich – findet sich zurecht – braucht Hilfe – schwerfällig.

g) *Verhalten in besonderen Lagen:*
Vorschnell – beispielgebend – geistesgegenwärtig – entschlußarm und passiv – ängstlich, weiß sich nicht zu helfen.

h) *Allgemeines und berufliches Bildungsstreben:*
Fleißig und strebsam – bildet sich genügend weiter – zeigt allgemeines Interesse – denkt nicht an eigene Weiterbildung – Voraussetzungen zur Weiterbildung fehlen.

3) *Verhalten zum Mitmenschen:*
Einstellung zur Umwelt, Verhalten in der Gemeinschaft, Fähigkeit zur Einordnung, zur Kontaktnahme und zur Anpassung an einzelne Gruppen. Die Beurteilung sollte sich auf das Verhalten zu Betriebsangehörigen und Betriebsfremden erstrecken und im Hinblick auf die mitmenschlichen Beziehungen und das Betriebsklima erfolgen.

Beschreibungsbegriffe:

a) *Verhalten zu Vorgesetzten:*
Anmaßend und schwer lenkbar – freimütig und taktvoll – weiß seinen Standpunkt zu vertreten – anpassungsfähig – unterwürfig.

b) *Verhalten zu gleichgeordneten Mitarbeitern:*
Herrschsüchtig – von gutem Einfluß – kameradschaftlich und verträglich – findet nicht leicht Kontakt – hält sich abseits.

c) *Verhalten zu nachgeordneten Mitarbeitern:*
Aufdringlich – fürsorglich und vertrauenerweckend – verständnisvoll und bestimmt – förmlich und unpersönlich – rücksichtslos.

d) *Verhalten zu Betriebsfremden:*
Anbiedernd – zuvorkommend und hilfsbereit – höflich – ungeduldig – abweisend.

e) *Unparteilichkeit und Gerechtigkeit:*
Betontes Rechtsempfinden – frei von Vorurteil – im allgemeinen sachlich und gerecht – nicht frei von Vorurteilen – ungerecht.

f) *Verschwiegenheit:*
Verschlossen – unbedingt zuverlässig – vertrauenswürdig – vertrauensselig – geschwätzig.

Wie leicht zu erkennen ist, liegt den Beurteilungen eine fünfgliedrige Skala zugrunde, nach der die Ausprägung der geforderten Eigenschaft bestimmt werden soll. Dabei wird von einer Durchschnittsform ausgegangen, die in der Reihe jeweils in der Mitte steht. Von dieser werden je zwei Steigerungs- und zwei Abschwächungsformen angegeben. Diese Skala ist unten zeichnerisch dargestellt.
Neben diesen als Beispiel angeführten Bereichen fordern die Beurteilungsbogen je nach Bedürfnis noch Angaben über allgemeine geistige und charakterliche Eigenschaften, berufliche Kenntnisse, Eignung als Führungskraft und andere.

Graphologische Gutachten. Zur Beurteilung neueintretender Bewerber bedienen sich die Betriebe vielfach des Graphologen. Aus diesem Grunde fordern die meisten Betriebe bei Stellenausschreibungen einen handgeschriebenen Lebenslauf an.
Das psychologische Gutachten bietet eine wesentliche Hilfe für die Entscheidung bei Einstellungen; denn es gibt gerade über jene Punkte Aufschluß, über die aus den Zeugnissen wenig zu ersehen ist. Zwar kann auf graphologischem Weg über das Vorhandensein oder Nichtvorhandensein spezieller Fachkenntnisse so gut wie nichts ausgesagt werden. Trotzdem sollte dem Graphologen so genau wie

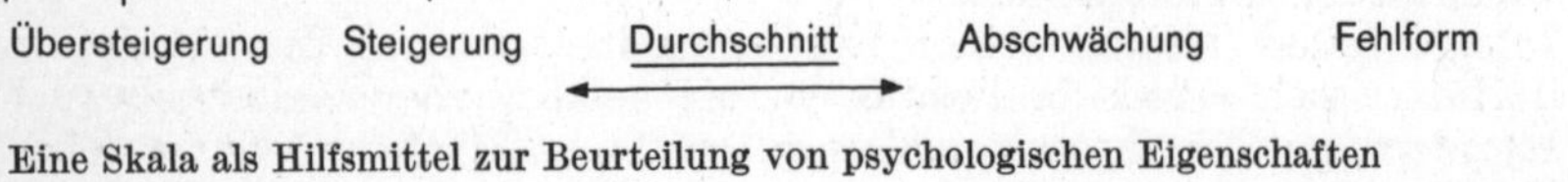

Eine Skala als Hilfsmittel zur Beurteilung von psychologischen Eigenschaften möglich gesagt werden, auf welche Kenntnisse und Fähigkeiten der Betrieb besonderen Wert legt. Am günstigsten wirkt sich die Beratung aus, wenn der Graphologe nicht nur die leitenden Persönlichkeiten des Betriebs, sondern auch den Betrieb selbst persönlich kennengelernt hat.

Die Entscheidung über die Einstellung allerdings darf nicht dem Graphologen überlassen bleiben. Diese hat vielmehr der Beauftragte der Unternehmensleitung zu verantworten. Das Schriftgutachten fungiert dabei stets nur als eines der Hilfsmittel neben andern. Die letzte Entscheidung sollte jedenfalls erst nach dem persönlichen Gespräch mit dem Bewerber getroffen werden. Selbstverständlich muß der Bewerber erwarten dürfen, daß das eingeholte Gutachten mit größter Diskretion behandelt wird. Außer den an der Entscheidung beteiligten Herren sollte niemand davon Kenntnis erhalten.

Zur Veranschaulichung dieser Art graphologischer Gutachten bringen wir nachfolgend zwei Beispiele.

I

Im ersten Fall handelt es sich um einen 24jährigen Mann aus einfachen ländlichen Verhältnissen. Nach dem Abschluß der Mittelschule praktizierte er in einem Industriebetrieb und besuchte dann zweieinhalb Jahre lang eine Fachschule. Nach bestandenem Examen bewarb er sich für eine Stellung in einem Großbetrieb, für die insbesondere Urteils-, Entscheidungs- und Durchsetzungsfähigkeit erforderlich ist. Der Graphologe gab folgendes Urteil ab:

»Bei dem Bewerber handelt es sich um einen grundsoliden, charakterlich vertrauenswürdigen jungen Mann, der sich redlich Mühe gibt, die in seiner Begabung liegenden Schwächen durch Fleiß auszugleichen. Den beachtlich hohen Notendurchschnitt von 2,2 im letzten Zwischenzeugnis der Fachschule hat er zweifellos in erster Linie durch seine große Anstrengungsbereitschaft errungen. Er hat sicherlich fleißig gelernt und sich ein geordnetes Schulwissen erworben, das jedoch noch nicht viel von Verarbeitung erkennen läßt. Dazu fehlt es ihm im ganzen an geistiger Beweglichkeit und Selbständigkeit. Bezeichnend für ihn in dieser Hinsicht ist sein letztes Schulzeugnis, das folgende Feststellungen trifft: Betragen sehr lobenswert, Fleiß erfreulich, Religion sehr gut, Englisch ausreichend, Französisch mangelhaft, Mathematik und Chemie ausreichend. Er nimmt in gutgläubiger Weise alles hin, was ihm geboten wird, ist aber nicht in der Lage, dazu kritisch Stellung zu nehmen. Wo es auf ein eigenes Urteil, auf rasche und selbständige Entschlüsse ankommt, wäre er daher nicht am rechten Platz. Daran wird sich auch in Kürze nicht viel ändern, was jedoch nicht ausschließt, daß er sich im Bereich routinemäßig zu bewältigender Arbeiten gut bewährt.

Er hält sich genau an die ihm erteilten Anweisungen, ohne die er nicht auskommen kann, arbeitet pünktlich und gewissenhaft, entfaltet aber kaum eine bemerkenswertere Eigeninitiative. Da er eine etwas schwerblütige, in sich ruhende Natur mit mehr ruhigem Temperament ist, darf auch kein besonders flottes Arbeitstempo erwartet werden. Er arbeitet zwar sehr gleichmäßig, kann aber noch nicht Wesentliches von Unwesentlichem unterscheiden.

Infolge seines Fleißes, seiner Einsatzbereitschaft und Zuverlässigkeit dürfte er sich jedoch in Positionen, die keine größere Selbständigkeit erfordern, gut bewähren, zumal es ihm nicht an Pflichtbewußtsein fehlt.

An seiner Führung wird nichts auszusetzen sein. Er ist ein verträglicher, einordnungswilliger Mensch, der sich in jeder Hinsicht korrekt verhält, zunächst jedoch für einen Aufsichtsposten noch nicht genügend Selbständigkeit aufbringt.«

Nach der persönlichen Vorstellung des Bewerbers gelangte der Betrieb zu der Auffassung, daß der junge Mann für den vorgesehenen Posten noch nicht geeignet ist.

II

Im zweiten Fall handelt es sich um eine akademisch gebildete Kraft im Alter von 27 Jahren. Es sollte geprüft werden, ob sich der Bewerber für die Stellung eines Assistenten bei einem Abteilungsleiter eignet. Gefragt war ferner, ob er zur Vertretung desselben über genügend Initiative, Entschlossenheit und Kontaktfähigkeit verfügt und gegebenenfalls einmal in späterer Zeit dessen Posten einnehmen kann. Der Graphologe urteilte:

»Für die Beurteilung der betrieblichen Eignung des Bewerbers mag es zwar zunächst unerheblich erscheinen, daß er im Abitur in den Fächern Deutsch, Bildende Kunst und Leibesübungen nur die Note Ausreichend erhielt. Zum Verständnis seiner Wesensart sind diese Zeugnisse jedoch höchst aufschlußreich. Sie besagen nämlich, daß er keine besonders aktivistische und dynamische, sondern eine mehr ruhige und statisch veranlagte Natur ist, deren Begabungsschwerpunkt mehr im logisch-theoretischen Bereich liegt.
Dies schmälert zwar – wie sein gutes Diplom-Zeugnis zeigt – nicht seine Tüchtigkeit für wissenschaftliche Arbeiten, besagt aber, daß er nicht besonders temperamentvoll und umtriebig ist. Er hat sich wahrscheinlich überhaupt etwas langsam entwickelt, sich aber mit Hilfe seiner nachdenklichen und nüchternen Art genaue und wohlgeordnete Kenntnisse angeeignet, die allerdings noch einer gründlicheren Verarbeitung bedürfen. Erscheinungsmäßig betrachtet macht er vermutlich einen etwas farblosen und unpersönlichen Eindruck, zumal er keinen Ehrgeiz hat, sich hervorzutun und etwas aus sich zu machen.
In charakterlicher Hinsicht gereicht ihm dies wieder zum Vorteil, insofern er als ein absolut schlichter, bescheidener und anspruchsloser Mensch bezeichnet werden kann, an dessen Anständigkeit nicht zu zweifeln ist. Als Persönlichkeit betrachtet muß allerdings festgestellt werden, daß er noch wenig ausgeprägt ist, also noch nicht viel Reife, Lebens- und Berufserfahrung besitzt. Dies dürfte jedoch insofern nicht schwerer ins Gewicht fallen, da sowohl vom Betrieb als auch von ihm selbst die ihm gebotene Stellung als ›Anfangsposition‹ betrachtet wird. Es wird sicherlich einige Zeit dauern, bis er sich eingearbeitet und an das Tempo in einem modernen Betrieb gewöhnt hat. Was ihm jedoch an Dynamik und Frische fehlt, gleicht er durch Gründlichkeit und Zuverlässigkeit wieder aus. Seine Außenwirksamkeit ist allerdings – mindestens zunächst – nicht sehr stark. Die Auseinandersetzung mit Sachverhalten, die er in Ruhe hinter dem Schreibtisch bearbeiten kann, liegt ihm sicherlich mehr als die mit Menschen im Betrieb. Es dürfte deshalb zu empfehlen sein, ihn zunächst nur für solche Aufgaben einzusetzen, die keine größere Kontaktfähigkeit erfordern. Vermutlich wird er mit der Zeit noch etwas gewandter und geht mehr aus sich heraus. Zunächst wirkt er jedoch etwas trocken und karg. Dies schließt nicht aus, ihn als einen verträglichen, fügsamen und

einordnungsbereiten Menschen zu bezeichnen, der sich in allen Beziehungen zu andern korrekt und vorschriftsmäßig verhält.
Für eine Assistententätigkeit bringt er gute Voraussetzungen mit, insofern er keineswegs eigenwillig oder geltungssüchtig ist und sich nicht mehr anmaßt, als ihm zukommt, sich an die ihm erteilten Aufträge hält und diese mit größter Pünktlichkeit und Gewissenhaftigkeit erledigt.
Wenn er vielleicht auch etwas mehr Initiative entfalten dürfte, so ist doch andererseits anzuerkennen, daß er es weder an Fleiß noch an Ausdauer fehlen läßt. Er ist keineswegs oberflächlich, kümmert sich vielmehr um alle Kleinigkeiten, nimmt es überhaupt mit seinen Pflichten sehr genau und hält auf Ordnung. Besonders fix und wendig ist er allerdings nicht, und allzuviel Großzügigkeit und Schlagfertigkeit darf man von ihm auch nicht erwarten. Dazu müßte er sich schon etwas mehr von den erlernten Gedankengängen freigemacht haben.
Wenn es ihm aber auch noch etwas an Kritikfähigkeit und Urteilsselbständigkeit fehlt, so ist doch nicht zu verkennen, daß er geistig geschult und in der Lage ist, streng logisch und sachlich zu denken. Insgesamt betrachtet stellt er daher eine entwicklungsfähige Nachwuchskraft dar, die – ihren Fähigkeiten nach eingesetzt – in ihrem Bereich Tüchtiges leistet.«

Trotzdem der Bewerber auf der Bewerberliste erst an vierter Stelle stand, kam der Betrieb nach eingehender Besprechung und unter Berücksichtigung des Gutachtens mit dem Bewerber zu der Auffassung, daß er für den vorgesehenen Posten der richtige Mann ist.

Die Partnerwahl

Wo die »Liebe auf den ersten Blick« die Partner zusammengeführt hat, braucht man keinen Eheberater und Psychologen. Man liebt sich und glaubt an den »ewigen« Bestand der Liebe. Tatsächlich sind auch die Ehen, die aus instinktiver Zuneigung geschlossen worden sind, nicht die schlechtesten. Oft leben die Partner zunächst in einer Art Probe-Ehe zusammen. Zeigen sich während dieser Zeit bei den Partnern keine unerträglichen Eigenschaften, dann wird das Verhältnis legalisiert.

Instinkt oder Verstand?

Eine absolute Gewähr für ein harmonisches Zusammenleben vermag die Instinktwahl jedoch nicht zu geben, wie die steigende Zahl der Ehescheidungen gerade unter den Jungverheirateten zeigt. »Vor der Ehe war er ganz anders«, klagen so manche Frauen und fragen nach den Ursachen der Veränderung. Hat sich der Partner nun tatsächlich verändert, oder hat man seine – immer schon vorhandenen – Eigenschaften nur übersehen oder nicht für belastend gehalten? Beides ist möglich. Viele Männer und Frauen heiraten nämlich das Wunschbild ihres Partners, und sie sind dann sehr erstaunt, wenn sich nach einer gewissen Zeit herausstellt, daß das »wahre Wesen« des Partners gar nicht der Idealvorstellung entspricht. Liebe macht blind – und die Ehe sehend, heißt es im Volksmund. Vielfach werden in den anderen Eigenschaften hineingesehen, die diesem gar nicht eigen sind. Andererseits wird aber auch tatsächlich vorhandenen Eigenschaften zu wenig Gewicht beigemessen. In den allermeisten Fällen liegt die Hauptursache der Enttäuschung jedoch in einem andern Bereich.

Wie jedermann weiß, erfordert die Partnergewinnung Anstrengungen. Man muß sich um den andern Menschen bemühen, darf sich nicht alltäglich geben, sondern muß versuchen, sich von seiner besten Seite zu zeigen. Tierpsychologen sprechen vom Imponiergehabe während der Werbung, das letztlich dem Zweck dient, auf den Geschlechtspartner »reizend« und anziehend zu wirken. Überlegen Sie sich doch bitte selbst einmal, was junge Leute beiderlei Geschlechts nicht alles tun, um anziehend aufeinander zu wirken und ihre Reize zu erhöhen! Da werden Versprechungen gemacht und Erwartungen geweckt, die *zu* begehrenswert sind, um sie sich entgehen zu lassen.

Und schließlich »hat« man sich, ist glücklich über den »Besitz« und – vergißt, wodurch er zustande kam. Nur allzu leicht verfallen viele dem Glauben, nun seien all die Aufmerksamkeiten, die man sich bisher zuteil werden ließ, nicht mehr nötig. Und während man all die guten Sitten aus der Zeit der Werbung unter den Tisch fallen läßt, wird die Ehe zur Überraschung beider Teile mehr und mehr alltäglich. Anstatt jedoch schleunigst wieder zu den Verhaltensweisen der früheren Tage zurückzukehren, rücksichtsvoll, zärtlich und liebenswürdig zueinander zu sein, läßt man sich gehen, macht sich gegenseitig Vorwürfe und rechnet einander vor, was man alles schon für die Ehe getan hat.

All die vielen problematisch gewordenen Ehen lassen natürlich die Frage aufkommen, welche Eigenschaften denn für das Zustandekommen einer guten Ehe vorauszusetzen sind. Bevor man sich mit dieser Frage befaßt, wird es gut sein, sich folgendes klarzumachen: Jede Eigenschaft hat nicht nur ihre Kehrseite, sondern ist auch stets nur soviel wert, wie ihr der Partner beimißt. Selbst ein tugendhafter Engel wird auf den langweilig wirken, der sich ein leidenschaftliches Teufelchen gewünscht hat. Verträglichkeit ist sicherlich eine sehr schätzenswerte Eigenschaft, die bei keinem der Partner fehlen sollte. Unter Umständen kann mit ihr aber auch eine übergroße Nachgiebigkeit verbunden sein. »Um des lieben Friedens willen« setzt sich dann der Mann vielleicht gerade dort nicht durch, wo es der Frau sehr wünschenswert wäre. Ist er aber tatkräftig und energisch, dann führt auch dies leicht zu Schwierigkeiten. Seine Tatkraft darf sich zwar nach außen hin, das heißt gegen andere, nicht aber gegen sie selbst auswirken. Oder denken wir an die Ordnungsliebe. Sobald sich diese in den Bereichen eines Partners mit anderen Ordnungsvorstellungen bemerkbar macht, wird sie als pedantisch und kleinlich empfunden.

Ferner muß man sich stets vor Augen halten, daß sich – wie wir bereits gesehen haben (S. 364–370) – im Zusammenleben mit anderen Menschen vorhandene Eigenschaften abschwächen oder verstärken, oder daß ganz neue Eigenschaften auftreten. Da war einer der Partner bislang ein bescheidener und ausgeglichener Mensch, fühlte sich aber vom andern vielleicht sogar ohne dessen Absicht mehr und mehr an die Wand gedrückt. Was Wunder, daß er sich in zunehmendem Maße seiner Haut wehrt und Eigenschaften entwickelt, die man ihm gar nicht zugetraut hätte.

Die Frage nach den »ehe-besten« Eigenschaften läßt sich gar nicht so einfach beantworten. Genau besehen hängt Glück oder Unglück einer

Ehe überhaupt nicht von einzelnen, für sich betrachteten Eigenschaften ab, sondern vom *Zusammenwirken* aller, also vom Charakter als Ganzem. Es hängt ab von den bewußt gehegten oder unbewußt wirkenden Erwartungen der Partner und nicht zuletzt natürlich von der Bereitschaft zum gemeinsamen Schicksal. Wo der Wille fehlt, Freud und Leid miteinander zu teilen, den begonnenen Weg in Gemeinschaft miteinander zu gehen, nützen auch die besten Einzeleigenschaften nichts. Dies aber setzt voraus, daß sich die Partner, schlicht gesagt, in altmodischer Weise lieben oder aber sehr viel Vernunft besitzen, also in einer Art Vernunft-Ehe leben. Darüber vermag jedoch ein Außenstehender, wie zum Beispiel ein Eheberater oder Graphologe, nicht viel zu sagen. Ebenso wenig übrigens auch über den Grad der erotischen Bindung und der sexuellen Anziehungskraft, die von den Partnern ausgeht. Eben deshalb haftet Eheprognosen aufgrund charakterologischer Begutachtungen der einzelnen Partner ein größerer Unsicherheitsfaktor an.
Dies sollten sich all diejenigen vergegenwärtigen, die sich auf jenem »heute nicht mehr ungewöhnlichen Weg« kennengelernt haben und nun beispielsweise vom Graphologen wissen möchten, ob sie den richtigen Partner gefunden haben. Sofern nämlich nicht einer der Partner beispielsweise unter einer schweren Psychose leidet, also geisteskrank, frigid oder homosexuell ist, kann ein verantwortungsbewußter Psychologe weder zu- noch abraten. Er kann lediglich beiden Partnern die Augen öffnen und ihnen zeigen, mit welchen Eigenschaften sie bei sich selbst und bei ihrem Partner rechnen müssen. Aus der Kenntnis der Hauptwesenszüge des einzelnen lassen sich dann unter Umständen mit einiger Vorsicht Schlüsse auf das Miteinanderauskommen ziehen.

Kontrastehe oder verwandte Seelen?

Wird über Grundsätze der Partnerwahl gesprochen oder geschrieben, dann begegnen einem meist zwei verschiedene Thesen. Die eine besagt: Gleich und gleich gesellt sich gern; die andere: Gegensätze ziehen sich an. Im ersten Fall verspricht man sich die Harmonie und das Glück in der Ehe von der Gleichheit der Eigenschaften und Interessen, des Herkommens und Alters und der Verhaltensweisen, im zweiten Fall von deren Verschiedenartigkeit. Was ist richtig? Tatsache ist jedenfalls, daß sowohl Ehen, die unter dem ersten, als auch solche, die unter dem zweiten Gesichtspunkt geschlossen wurden, glücklich verlaufen können.
Erfahrungsgemäß ist die *Kontrastehe* problematischer als die Ehe aufgrund gleichartiger Eigenschaften. Freilich vermögen sich in einer Kontrastehe beide Partner unter Umständen zu ergänzen. Ob sie sich dabei jedoch innerlich näherkommen, ist fraglich. Doch lockt und reizt vielfach gerade das, was man selbst nicht besitzt, wohl aber der andere. Ein älterer Mann verfällt leicht dem Reiz der Jugend, eine jüngere Frau dem Reiz der Reife. Daß eine Ehe zwischen kontrastierenden Partnern gutgehen kann, soll nicht bestritten werden. Es fragt sich jedoch, ob sie stets »ein Herz und eine Seele« sein können. Wer impulsiv und draufgängerisch veranlagt ist, hätte es zwar nötig, einen besonnenen und ruhigen Menschen zu seiner Ergänzung zur Seite zu haben. Ob er dessen dämpfenden Einfluß jedoch als angenehm empfindet, ist zweifelhaft. Ebenso unsicher ist es, ob für den ruhigeren Partner die ungestüme Art des andern immer beglückend ist. Feuer und Wasser vertragen sich nun

einmal nicht. Es gehört schon sehr viel Reife und Begabung dazu, um das Anderssein des Partners bejahen und als persönliche Bereicherung und Ergänzung empfinden zu können. Oft bereiten ja schon die geschlechtsspezifischen Unterschiede der Interessen und Bedürfnisse für jeden Partner kaum zu bewältigende Schwierigkeiten. Ob man sich dazuhin noch solche des Alters, des Temperaments, des Herkommens und der Bildung zumuten kann, muß jeder selbst entscheiden.
Im Regelfall werden sich eher »verwandte Seelen« zusammenfinden. Daß auch die *Gleichheit* der Veranlagung und Interessen Gefahren in sich birgt, ist freilich nicht zu übersehen. Ehen zwischen antriebsschwachen und interesselosen Menschen bleiben zwar von aufwühlenden Konflikten verschont, werden jedoch leicht langweilig. Doch besteht in Ehen gleichveranlagter und gleichgesinnter Partner eher die Möglichkeit, sich zu verstehen und miteinander auszukommen. Zwei einheitlich veranlagte und ausgeglichene Charaktere vertragen sich jedenfalls besser als ein ausgeglichener und ein unausgeglichener Charakter. Eher gelingt es noch zwei Widersprüchlichen, miteinander auszukommen. Sie haben sich jedenfalls in puncto Gegensätzlichkeit nichts vorzuwerfen.

Ehegefährdende Eigenschaften

Fragt man junge Leute, welche Eigenschaften ihnen für eine Ehe am wichtigsten erscheinen, dann werden zumeist solche genannt, die sich auf die moralische Gesinnung und das ethische Verhalten beziehen, wie etwa Treue, Zuverlässigkeit, Aufrichtigkeit, Kameradschaftlichkeit, Anpassungsfähigkeit. Von derartigen Eigenschaften war bereits früher die Rede (S. 364–366). Da sie sich als Folge von Erziehungs- und Umwelteinflüssen oder als Ergebnis anderer, tiefer liegender Eigenschaften herausbilden, spricht man von *Folgeeigenschaften*.
Psychologen und Graphologen, von Ehewilligen um Rat gefragt, bekommen von diesen hauptsächlich Hinweise über *Wesenseigenschaften* des Partners, weniger jedoch Aufschluß darüber, wie sich der Partner verhält. Die Empfänger derartiger Gutachten sind dann oft etwas enttäuscht, denn sie wollten ja über den in Aussicht genommenen Partner andere, sozusagen konkretere Dinge hören. Zwar ist die Art des Benehmens für das Zusammenleben zweier Menschen von besonderer Bedeutung, aber Verhaltensweisen sind auch leichter zu beeinflussen und zu verändern als Wesenseigenschaften; sie lassen sich also kaum vorhersagen. Im folgenden sei eine Reihe von Eigenschaften aufgeführt, die erfahrungsgemäß von den Ratsuchenden viel zuwenig beachtet werden und die als gefährdend für ein Zusammenleben angesehen werden können. (Zugrunde liegen dieser Aufzählung die Untersuchungen des Psychologen HEINRICH STEINITZER, einem Mitarbeiter von LUDWIG KLAGES.)

Gemütskälte. Nach Ansicht des eben erwähnten Psychologen ist die *Gemüts-* oder *Gefühlswärme* die allerwichtigste Eigenschaft für den Eheverlauf. Der Grad der Gemütswärme bestimmt nämlich den Grad der Liebesfähigkeit. Sie ist auch Voraussetzung für das gesamte soziale Empfinden. Die Frage nach dieser wenig beachteten Eigenschaft ist um so wichtiger, als »weder der eigene Wille noch irgendwelche Umwelteinflüsse (also auch nicht die Ehe!) den angeborenen Gehalt an Wärme oder Kälte zu steigern oder zu vermindern vermögen«. Dies schließt freilich nicht aus, daß die jeweiligen Verhältnisse einen fördernden oder hemmenden Einfluß auf die Gemüts- und Gefühlskräfte auszuüben vermögen. Dadurch ändert sich jedoch am vorhandenen Quantum von Wärme oder Kälte nichts. Wenn daher ein Mensch, der seelischer Wärme bedarf, nichtsahnend an einen kaltblütigen und kaltherzigen Partner gerät, sind Enttäuschungen unausbleiblich. Der Gemütskalte vermag sich bestenfalls noch mit Hilfe seines Intellekts in den andern hineinzudenken, nicht aber hineinzufühlen.

Nüchternheit. Eng verwandt mit den eben genannten Konfliktmöglichkeiten sind diejenigen, die durch die Nüchternheit eines Partners entstehen können. Die Nüchternheit ist eine Eigenart des Verstandes, die mit Phantasielosigkeit, Kühle und geringer Sinnenhaftigkeit einhergeht. Der Nüchterne ist seiner Umwelt gegenüber vorwiegend rational eingestellt. Nun ist zwar in vielen Fällen eine nüchterne Betrachtung der Dinge durchaus am Platze. Die Überbetonung des zweckrationalen Gesichtspunktes jedoch führt zu einer Vereinseitigung des Weltbildes, die sich besonders im Zusammenleben mit einem mehr emotional veranlagten, idealistischen und begeisterungsfähigen Menschen sehr unangenehm bemerkbar machen kann. Damit soll keineswegs gesagt werden, daß dem Nüchternen Gefühlsregungen fremd wären, nur räumt er ihnen in seinem Leben keinerlei Bedeutung ein, verdrängt sie womöglich noch und gelangt kaum zu jenem Grad von Ergriffenheit und Gefühlsgewißheit, den der Gefühlsmensch erreicht. Er kann sich gar nicht in ihn einfühlen, versteht daher auch nicht dessen Einstellung und Verhaltensweise. Die Folgen davon sind – »Aus-einander-Setzungen«, die zur Entfremdung der Partner und einem gegenseitigen Auseinanderleben führen können, zumal der Nüchterne oft wenig tolerant ist und sich immer im Recht fühlt.

Widersprüchlichkeit. Zumeist kümmern sich die angehenden Ehepartner auch nicht um den beim andern vorhandenen Grad der *Einheitlichkeit seiner Wesensart.* Selbst wer im Umgang mit dem Partner auf Widersprüchlichkeiten gestoßen ist, neigt dazu, diese für vorübergehende Erscheinungen zu halten, die sich mit etwas »gutem Willen« beseitigen lassen. Nur die wenigsten wissen, daß anlagemäßig bedingte Widersprüchlichkeiten des Charakters weder durch gutes Zureden noch durch »Liebe« abgebaut werden können. Die Ehe eines ausgeglichenen, einheitlich veranlagten Menschen mit einem konfliktbehafteten Menschen kann daher unter Umständen recht schwierig werden, so daß eine Warnung am Platz ist.

Mangelndes Selbstbewußtsein. Man erkennt zwar rasch, ob der Partner oder die Partnerin befangen, unsicher und gehemmt oder selbstbewußt, überheblich und eitel ist. Wie sich diese Eigenschaften jedoch auf das Zusammenleben auswirken, wird vielfach nicht bedacht. Der *Befangene* ist ein innerlich verunsicherter Mensch, der überall Schwierigkeiten vermutet und seiner Umgebung mit Mißtrauen begegnet. Er kann sich meist auch gegenüber dem erwählten Partner nicht frei und ungezwungen geben und verbaut sich dadurch das Zueinanderkommen. Es gehört viel Geduld dazu, die Hemmungen des andern abzubauen, was nur durch eine Stärkung des Selbstvertrauens möglich ist.

Übertriebenes Selbstbewußtsein. Nicht weniger problematisch kann das Zusammenleben mit Menschen werden, die allzu selbstbewußt und selbstsicher sind. Der Durchschnittsmensch fühlt sich ihnen gegenüber fast stets an die Wand gedrängt. Aus seinem Gefühl der Unterlegenheit heraus bezeichnet er die Überlegenheit des andern als Überheblichkeit und Anmaßung und versucht, dem allzu Selbstbewußten, wo es nur geht, ein Bein zu stellen.

Fehlende Anpassungsfähigkeit. Genügend Beachtung wird im allgemeinen der Frage der Anpassungsfähigkeit geschenkt. Der andere soll sich anpassen können, wird gewünscht. Man weiß offenbar um seine eigene Besonderheit und seine Schwächen und würde es begrüßen, wenn der Partner darauf Rücksicht nähme. Eben dies erfordert aber ein gewisses Anpassungsvermögen.

Bei der Prüfung dieser Frage verfällt der Beurteiler leicht in den Fehler, *Fähigkeiten* mit Bereitschaften zu verwechseln. Mancher ist durchaus bereit, sich an den andern anzupassen, kann es aber trotz guten Willens nicht, weil es ihm an der dazu nötigen Fähigkeit fehlt. Wenn sich beispielsweise das Denken, Fühlen und Wollen in allzu festgefahrenen Geleisen bewegt, dann nützt auch die Bereitschaft nicht viel, den andern zu verstehen. Der Vorwurf der Verständnislosigkeit trifft aber den Anpassungsbereiten, jedoch Anpassungsunfähigen besonders hart, weil er es ja nicht am Versuch zum Brückenschlag fehlen ließ. Eine Änderung des Zustands ist in den meisten Fällen nicht zu erhoffen.

Anders liegt der Fall, wenn zwar die Fähigkeit zur Anpassung vorhanden ist, nicht aber die *Bereitschaft.* Da letztere eine Sache der Einstellung ist, kann hier eher mit einer Änderung gerechnet werden. Das Zusammenleben mit einem Anpassungsunwilligen führt zwar auch zu Auseinandersetzungen; doch lassen sich diese eher beilegen. Voraussetzung ist allerdings, daß der Unwillige, der meist ein ausgesprochener Ich-Mensch ist, zu der Einsicht gelangt, daß er das für sich beanspruchte Recht auf Eigenart beim andern mißachtet. In diesem Fall trifft man sich dann auf einer mittleren Linie.

Menschen, denen es sowohl an der Bereitschaft als auch an der Fähigkeit fehlt, sich andern Menschen anzupassen, werden zumeist gar nicht den Wunsch nach einer ehelichen Gemeinschaft haben. Ideal zu nennen ist selbstverständlich der Fall, wo es weder am einen noch am andern fehlt.

Unechte Interessen. Die stärkste Beachtung seitens beider Partner finden fast stets die Interessen. Vielfach gibt ja die *Gleichartigkeit* derselben den Anlaß, miteinander in Verbindung zu treten. Andererseits braucht jedoch die *Verschiedenartigkeit* der Interessen kein Hinderungsgrund für das Eingehen einer Ehe zu sein. Eher könnte es sein, daß Gleichinteressierte mit der Zeit in Konflikt miteinander geraten, weil jeder glaubt, sein Weg zur Erreichung des Ziels sei der beste. Eine Gefahr für die Harmonie in der Ehe bilden nur die unechten Interessen. Dabei ist weniger an die häufig vorkommenden Fälle zu denken, in denen etwa eine Frau beginnt, sich für die Berufsaufgaben und Liebhabereien ihres Mannes zu interessieren, ohne ein inneres Verhältnis zu diesen zu haben. Das Interesse gilt in diesen Fällen weniger der Sache als der Person. Doch ist es durchaus denkbar, daß sich daraus ein echtes Interesse entwickelt.

Wesentlich problematischer wird die Situation, wenn jemand *vorgibt* oder gar des Glaubens ist, beispielsweise künstlerische, literarische oder philosophische Interessen zu haben, tatsächlich jedoch diese Vorgabe nur zur Befriedigung seiner Eitelkeit oder seines Geltungsbedürfnisses benutzt. Derart eingestellte Menschen verfolgen ihre Ziele meist mit viel Energie und trachten danach, daß ihr Tun auch geschätzt wird. Im Grund geht es ihnen jedoch nur um sich selbst. Wer es wagt, die Echtheit ihrer Interessen anzuzweifeln, muß mit hartnäckiger Verteidigung rechnen, untergräbt sein Zweifel doch den Lebensnerv der ganzen Person. Durch den Hinweis auf die Unechtheit seiner Interessen fühlt sich der Mensch beleidigt und durchschaut. Beides ist unangenehm und beeinträchtigt das Selbstbewußtsein in erheblichem Maße, so daß es nicht verwunderlich ist, wenn der Unechte gereizt und aggressiv wird.

Es ist daher ratsam, vor dem Eingehen einer partnerschaftlichen Verbindung sich Klarheit über die Echtheit und den Tiefgang der zutage getretenen Interessen zu verschaffen.

Lösungen

Antworten zu den „Intelligenzfragen", S. 280 f.:

1. a) Werkzeuge b) Fahrzeuge
2. a) Einschränkung des Verbrauchs an Geld und anderen Verbrauchsgütern
   b) Ein heftiger Unwille über eine als unrecht empfundene Handlung
   c) Unerschütterliches Festhalten an eingegangenen Bindungen
3. a) Die Leiter ist frei beweglich, die Treppe hingegen nicht, sondern fest mit einem Gebäude oder einem Weg verbunden
   b) Beide unterscheiden sich hinsichtlich ihrer Höhe und ihres Zwecks; der Stuhl hat eine Lehne, der Schemel keine.
4. Beide sind spröd, zerbrechlich, durchsichtig usw.
5. a) Firma: Angestellte = Verein: Mitglieder
   b) Gut: besser = viel : mehr
6. Ein wachsamer Hund ist für ein einsam gelegenes Gehöft unentbehrlich.

Antworten zum Spearman-Test, S. 281 f.:

1. a) das Gegenteil b) dasselbe c) dasselbe
2. a) gewandt b) ungewöhnlich c) nett
3. a) Fisch b) komisch c) wund
4. a) Gepäckträger b) Beweis c) wenig erwarten
5. a) Zeichen b) schnell c) der Plan
6. a) zu Diamant b) zu Tür c) zu Aktivität
7. a) weder das eine noch das andere b) keines von beiden c) die Taube

Bildnachweise

Quellennachweis der Abbildungen und Fotos

Seite 52 Zeichnung eines Frauenkopfes. Aus: A. Wellek, Psychologie, Dalp-Taschenbuch Nr. 372 D, S. 57

Seite 53 Neckerscher Würfel. Nach: A. Wellek, Psychologie, Dalp-Taschenbuch Nr. 322 D, S. 56, Abb. 6

Seite 54 Schriftzeilen. Aus: W. Metzger, Gesetze des Sehens, Frankfurt 1953

Seite 99 Rassentypen. Mit frdl. Genehmigung des Verlegers, Autors (und Fotografen); aus: L. F. Clauss, Die Seele des Anderen. Verlag Bruno Grimm, Baden-Baden 1958

Seite 123 Statistik der Geisteskrankheiten. Nach: E. Kretschmer, Körperbau und Charakter. 23.–24. Aufl.

Seite 125 Schreibdruckkurven. Nach: E. Kretschmer, Körperbau und Charakter. 23.–24. Aufl., Abb. 69

Seite 184 Ausdruckswirkungen des Gesichts. Aus: A. Rohracher, Kleine Charakterkunde. Verlag Urban & Schwarzenberg, Wien, 2. Aufl., 1961, Abb. 30

Seite 225 Handlinien und Handberge. Nach: U. v. Mangoldt, Zeichen des Schicksals im Bild der Hand. Walter-Verlag, Olten 1961

Seite 254 Schema der Raum- und Richtungsqualitäten. Nach: Wilhelm Müller und Alice Enskat, Graphologische Diagnostik. Verlag Hans Huber, Bern 1961

Seiten 306, 307, 308 Göppinger Schulreifetest. Etwas veränderte Auszüge mit Genehmigung des Urhebers aus: Göppinger Schulreifetest, herausgegeben von Alf. Kleiner, Arbeitsgemeinschaft für Schulteste, Schwäb. Gmünd/Göppingen, Ausgabe 1967

Seite 309 Irrgarten. Aus dem Frankfurter Schulreifetest, Abdruck mit Genehmigung des Deutschen Instituts für Internationale Pädagogische Forschung, Frankfurt, sowie des Originalverlages, Verlag für Jugend und Volk, Wien, aus: Dr. Edeltraud Baar, Arbeitsblätter für die Schulreifeentwicklung

Seite 322 u. 323 Rorschach-Test. Verkleinerte Wiedergaben mit Genehmigung des Verlages Hans Huber, Bern, aus: H. Rorschach, Psychodiagnostik, Bern 1954

Seie 325 Kinder-Apperzeptions-Test. Abdruck mit Genehmigung des Urhebers, Dr. Leopold Bellak, des Originalverlages C. P. S. Inc., Larchmont, N. Y., und des Verlages für Psychologie, Dr. C. J. Hogrefe, Göttingen, Cop. 1955

Seite 330 links Bild-Frustrations-Test (P-F-T). Abdruck mit Genehmigung des Rosenzweig P-F-Study, St. Louis, Miss., Cop. 1948, und des Verlages für Psychologie, Dr. C. J. Hogrefe, Göttingen, Cop. 1957

Seite 330 rechts Bild-Frustrations-Test für Kinder (P-F-T, Children's Form). Mit Genehmigung des Rosenzweig P-F-Study, St. Louis, Miss., Cop. 1948, und des Verlages für Psychologie, Dr. C. J. Hogrefe, Göttingen, Cop. 1957

Seite 336 Männchen (Kinderzeichnungen). Abdruck mit Genehmigung des Verlages aus: R. Kienzle. Die Schülerzeichnung als Ausdruck des Charakters, Burgbücherei Wilh. Schneider, Eßlingen

Seite 337 Bäume (Kinderzeichnungen). Abdruck mit Genehmigung des Aloys Henn Verlages, Ratingen, und des Autors, Prof. Hans Herrmann, Oberschondorf, aus: H. Herrmann, Zeichnen fürs Leben

Seite 340 und 341 Wartegg-Zeichentest. Verkleinerte Wiedergabe des Originals, mit Genehmigung des Verlages für Psychologie Dr. C. J. Hogrefe, Göttingen (im Original enthält das Formular in einer Kopfleiste noch Namen und andere Angaben über die Versuchsperson). Die ausgefüllten Formulare auf S. 341 stammen aus der Praxis des Autors, Prof. R. Spieth, Eßlingen.

Fotonachweis

Bartcky-Photo, Frankfurt (1), Bavaria-Verlag, Gauting (2), Bayer. Staatsgemäldesammlungen, München (1), Prof. Dr. L. F. Clauss, Huppert (4), Conti-Press, Hamburg (1), Deutsche Fotothek, Dresden (1), Foto Saebens, Worpswede (1).

Literaturverzeichnis

Grundlegende Werke zum ganzen Buch

Handbuch der Psychologie, Herausgeber: Philipp Lersch, Friedrich Sander und Helmut Thomae, Verlag für Psychologie, Dr. C. J. Hogrefe, Göttingen. Band IV: Persönlichkeitsforschung und Persönlichkeitstheorie (Philipp Lersch und Helmut Thomae), 1960; Band V: Ausdruckspsychologie (Robert Kirchhoff), 1965; Band VI: Psychologische Diagnostik (Robert Heiss), 1963

Gordon W. Allport: Persönlichkeit, Verlag Anton Hain, Meisenheim/Glan, 2. Aufl., 1959

Frederik J. J. Buytendijk: Allgemeine Theorie der menschlichen Haltung und Bewegung, Springer-Verlag, Berlin-Göttingen-Heidelberg 1956

Ludwig Klages: Grundlegung der Wissenschaft vom Ausdruck, H. Bouvier & Co., Bonn, 7. Aufl., 1950

– : Grundlage der Charakterkunde, H. Bouvier & Co., Bonn 1948

Philipp Lersch: Aufbau der Person, Johann Ambrosius Barth, München, 8. Aufl., 1962

Richard Meili: Lehrbuch der psychologischen Diagnostik, Verlag Hans Huber, Bern-Stuttgart 1961

Heinz Remplein: Psychologie der Persönlichkeit, Ernst Reinhard Verlag, München 1962

Hubert Rohracher: Einführung in die Psychologie, Verlag Urban & Schwarzenberg, Wien, 7. Aufl., 1960

Zum I. und II. Teil

Heinz Dirks: Psychologie, Eine moderne Seelenkunde, C. Bertelsmann Verlag, Gütersloh 1960

Peter R. Hofstätter: Die Psychologie und das Leben, Sammlung Die Universität, Band 23, Humboldt-Verlag, Wien/Stuttgart 1951

– : Psychologie, Das Fischer-Lexikon, Band 6, Verlag Fischer-Bücherei, Frankfurt 1957

Wolfgang Metzger: Gesetze des Sehens, Verlag Waldemar Kramer, Frankfurt 1953

Richard Müller-Freienfels: Menschenkenntnis und Menschenbehandlung, Eine praktische Psychologie für jedermann, Ullstein-Verlag, Berlin 1951

Erich Rothacker: Die Schichten der Persönlichkeit, H. Bouvier & Co., Bonn, 5. Aufl., 1952

Rudolf Ritter: Ein Menschenschlag, G. Thieme Verlag, Leipzig 1937

Albert Wellek: Psychologie, Dalp-Taschenbuch, Band 372, A. Francke & Co., Bern/München 1963

Zum III. Teil

Ludwig Ferdinand Clauss: Die Seele des Andern, Verlag Bruno Grimm, Baden-Baden 1958

Klaus Conrad: Der Konstitutionstypus als genetisches Problem, Springer-Verlag, Berlin 1941

Gerhard Heberer, Gottfried Kurth, Ilse Schwidetzky-Roesig: Anthropologie, Das Fischer-Lexikon, Band 15, Verlag Fischer-Bücherei, Frankfurt 1959

Willy Hellpach: Deutsche Physiognomik, Walter de Gruyter & Co., Berlin 1949

Ernst Kretschmer: Körperbau und Charakter, Untersuchungen zum Konstitutionsproblem und zur Lehre von den Temperamenten, Springer-Verlag, Berlin/Göttingen/Heidelberg, 26.–27. Aufl., 1963

Philipp Lersch: Vom Wesen der Geschlechter, Ernst Reinhardt Verlag, München, 3. Aufl., 1959

Margaret Mead: Mann und Weib, Das Verhältnis der Geschlechter in einer sich wandelnden Welt, Rowohlts Deutsche Enzyklopädie, Band 69/70, Rowohlt Verlag, Reinbek bei Hamburg, 2. Aufl., 1962

– : Geschlecht und Temperament in primitiven Gesellschaften, Rowohlts Deutsche Enzyklopädie, Band 96, Rowohlt Verlag, Reinbek bei Hamburg 1959

José Ortega y Gasset: Über die Liebe, Deutsche Verlags-Anstalt, Stuttgart 1960

Gerhard Pfahler: Der Mensch und sein Lebenswerkzeug, Ernst Klett Verlag, Stuttgart 1954

Hubert Rohracher: Kleine Charakterkunde, Verlag Urban & Schwarzenberg, Wien, 9. Aufl., 1961

Rudolf Spieth: Der Mensch als Typus, CES-Bücherei, Band 24, Curt E. Schwab Verlag, Stuttgart 1949

Eduard Spranger: Lebensformen, Geisteswissenschaftliche Psychologie und Ethik der Persönlichkeit, Max Niemeyer Verlag, Tübingen, 8. Aufl., 1950

Zum IV. Teil

Robert Heiss: Die Deutung der Handschrift, Claassen Verlag, Hamburg, 2. Aufl., 1966

Hans Herrmann, Zeichnen fürs Leben, Aloys Henn Verlag, Ratingen 1964

Franz Kiener: Hand, Gebärde und Charakter, Ernst Reinhardt Verlag, München 1962

– : Kleidung, Mode und Mensch, Ernst Reinhardt Verlag, München 1956

Richard Kienzle: Die Schülerzeichnung als Ausdruck des Charakters, Burgbücherei, Eßlingen 1951

Ludwig Klages: Handschrift und Charakter, H. Bouvier & Co., 26. Aufl., Bonn 1956

– : Die Handschrift des Menschen, J. F. Lehmann's Verlag, München 1964

Lawrence Langner: Vom Sinn und Unsinn der Kleidung, Ullstein-Verlag, Darmstadt 1952

Philipp Lersch: Gesicht und Seele, Grundlinien einer mimischen Diagnostik, Ernst Reinhardt Verlag, München 1961

Ursula von Mangoldt: Zeichen des Schicksals im Bild der Hand, Walter Verlag, Olten/Freiburg 1961

Wilhelm Müller und Alice Enskat: Graphologische Diagnostik, Verlag Hans Huber, Bern/Stuttgart 1961

Heinrich Pfanne: Lehrbuch der Graphologie, Walter de Gruyter & Co., Berlin 1961

Richard Pokorny: Über den Ausdruck des menschlichen Ganges, in: Zeitschrift für Menschenkunde, 23. Jahrg., Wien/Stuttgart 1959

Rudolf Spieth: Konstanz und Variabilität des Schriftbildes im Verlauf der Entwicklung, in: Zeitschrift für Menschenkunde, 28. Jahrg., Wien/Stuttgart 1964

– : Die Auswirkungen des Unterrichtsstils auf die Handschrift der Schüler, in: Psychologie und Schule, 13. Jahrg., München 1966

Heinrich Steinitzer: Aus der Lebensarbeit eines Graphologen, Johann Ambrosius Barth, München 1952

Hermann Strehle: Mienen, Gesten und Gebärden. Analyse des Gebarens, Ernst Reinhardt Verlag, München, 3. Aufl., 1960

Zum V. Teil

a) Gesamtdarstellungen:

Hildegard Hiltmann: Kompendium der psychodiagnostischen Tests, Verlag Hans Huber, Bern/Stuttgart 1966

Albert Huth: Handbuch psychologischer Eignungsuntersuchungen, Pilger-Verlag, Speyer 1953

R. Pauli: Psychologisches Praktikum, herausgegeben von Wilhelm Arnold, Gustav Fischer Verlag, Stuttgart, 6. Aufl., 1957

Erich Stern: Die Tests in der klinischen Psychologie, 2 Bände, Rascher Verlag, Zürich 1954/55

b) Einzeldarstellungen von Testverfahren:

Rudolf Amthauer: I-S-T, Intelligenz-Struktur-Test, Verlag für Psychologie, Dr. C. J. Hogrefe, Göttingen, 2. Aufl., 1955

Wilhelm Arnold: Der Pauli-Test, Johann Ambrosius Barth, München 1961

Friedrich Arntzen: Psychologische Testreihe für Kinderuntersuchungen, Verlag für Psychologie, Dr. C. J. Hogrefe, Göttingen 1955

Leopold und Sorya Bellak: Der Kinder-Apperzeptions-Test, Verlag für Psychologie, Dr. C. J. Hogrefe, Göttingen 1955

Louisa Duess: Fabelmethode und Untersuchungen über den Widerstand in der Kinderanalyse, Institut für Psycho-Hygiene, Biel 1956

Alfons Kleiner: Göppinger Schulreifetest, Arbeitsgemeinschaft für Schulteste, Göppingen/Schwäbisch Gmünd, 43. Aufl., 1967

Karl Koch: Der Baumtest, Verlag Hans Huber, Bern/Stuttgart, 4. Aufl., 1962

Gustav Adolf Lienert: Drahtbiegeprobe, Verlag für Psychologie, Dr. C. J. Hogrefe, Göttingen 1961

Max Lüscher: Farb-Test, Schnell-Test, Test-Verlag, Basel 1958

Heinz Rolf Lückert: Der Stanford-Intelligenz-Test, Verlag für Psychologie, Dr. C. J. Hogrefe, Göttingen 1957

Josefine Kramer: Intelligenztests, St. Antonius-Verlag, Solothurn 1954

Henry A. Murray: Thematic Apperception Test (T-A-T), Verlag für Psychologie, Dr. C. J. Hogrefe, Göttingen 1957

Hermann Rorschach: Psychodiagnostik, Verlag Hans Huber, Bern/Stuttgart, 1954

Saul Rosenzweig: Der Rosenzweig P-F-Test, Verlag für Psychologie, Dr. C. J. Hogrefe, Göttingen 1957

Otfried Spreen: MMPI-Saarbrücken, Verlag Hans Huber, Bern/Stuttgart 1963

Ehrig Wartegg: Schichtdiagnostik, Verlag für Psychologie, Dr. C. J. Hogrefe, Göttingen 1953

David Wechsler: Hamburg-Wechsler-Intelligenz-Test für Erwachsene (HAWIE), Verlag Hans Huber, Bern/Stuttgart 1961

Kurt Wilde: Die Wunschprobe, in: Psychologische Rundschau, Göttingen 1950

Hans Zulliger: Der Z-Test, Verlag Hans Huber, Bern 1948

Zum VI. Teil

Peter R. Hofstätter: Einführung in die Sozialpsychologie, Kröners Taschen-Ausgaben, Band 195, Alfred Kröner Verlag, Stuttgart, 3. Aufl., 1963

– : Gruppendynamik, Rowohlts Deutsche Enzyklopädie, Band 38, Rowohlt Verlag, Reinbek bei Hamburg 1957

Philipp Lersch: Der Mensch als soziales Wesen, Johann Ambrosius Barth, München, 2. Aufl., 1965

Konrad Lorenz: Er redet mit dem Vieh, den Vögeln und den Fischen, Dr. Borotha-Schöler, Wien 1952

Jakob von Uexküll: Streifzüge durch die Umwelten von Tieren und Menschen, Rowohlts Deutsche Enzyklopädie, Band 13, Rowohlt Verlag, Reinbek bei Hamburg 1956

Reinhard und Anne-Marie Tausch: Erziehungspsychologie, Verlag für Psychologie, Dr. C. J. Hogrefe, Göttingen 1966

REGISTER

Sachregister

B

C

D

E

F

G

H

K

L

M

S

T

U

V

W

Z

Namenregister

A

B

C

D

E

F

G

H

I

J

K

L

M

N

O

P

R